Für registrierte Leser halten wir zusätzliche Informationsangebote bereit.

Bitte geben Sie Ihren Code auf der Verlagswebsite ein.

Ihr persönlicher Registrierungscode 04GP52212126

Leseproben · Artikel · Angebote · Newsletter · BuchScanner · Foren · Glossar

Liebe Leserin, lieber Leser,

vielen Dank, dass Sie sich für ein Buch von SAP PRESS entschieden haben.

SAP PRESS ist eine gemeinschaftliche Initiative von SAP und Galileo Press. Ziel ist es, Anwendern qualifiziertes SAP-Wissen zur Verfügung zu stellen. SAP PRESS vereint das fachliche Know-how der SAP und die verlegerische Kompetenz von Galileo Press. Die Bücher bieten Expertenwissen zu technischen wie auch zu betriebswirtschaftlichen SAP-Themen.

Die technischen Bücher von SAP PRESS sind von Mitarbeitern der SAP oder qualifizierter Beratungsunternehmen konzipiert, verfasst und geprüft. Niemand wäre berufener als diese Experten, Sie bei Ihren anspruchsvollen Administrations-, Entwicklungs- und Beratungsaufgaben zu unterstützen.

Jedes unserer Bücher will Sie überzeugen. Damit uns das immer wieder neu gelingt, sind wir auf Ihre Rückmeldung angewiesen. Bitte teilen Sie uns Ihre Meinung zu diesem Buch mit. Ihre kritischen und freundlichen Anregungen, Ihre Wünsche und Ideen werden uns weiterhelfen.

Wir freuen uns auf den Dialog mit Ihnen.

Ihr Stefan Proksch
Lektorat SAP PRESS

Galileo Press
Gartenstraße 24
53229 Bonn

stefan.proksch@galileo-press.de
www.sap-press.de

# PRESS

SAP PRESS wird herausgegeben von
Bernhard Hochlehnert, SAP AG

Sascha Krüger, Jörg Seelmann-Eggebert
ABAP Best Practices
2005, ca. 450 Seiten, geb.
ISBN 3-89842-354-9

Heuvelmans, Krouwels, Meijs, Sommen
Enhancing the Quality of ABAP Development
2004, 500 Seiten, geb.
ISBN 1-59229-030-2

Horst Keller
ABAP-Referenz
2. Auflage 2004, 1256 Seiten, geb., mit 3 CDs
ISBN 3-89842-444-8

Andreas Schneider-Neureither et al.
Java für ABAP-Entwickler
2004, 576 Seiten, geb., mit CD
ISBN 3-89842-408-1

Frédéric Heinemann, Christian Rau
Webentwicklung in ABAP mit dem SAP Web Application Server
2. Auflage 2005, 640 Seiten, geb., mit 3 CDs
ISBN 3-89842-523-1

Horst Keller, Sascha Krüger
ABAP Objects – Einführung in die SAP-Programmierung
2. Auflage 2001, geb., mit 2 CDs
ISBN 3-89842-147-3

Aktuelle Angaben zum gesamten SAP PRESS-Programm finden Sie unter
www.sap-press.de.

Andreas Blumenthal, Horst Keller

ABAP – Fortgeschrittene Techniken und Tools

Galileo Press

Bibliografische Information Der Deutschen Bibliothek
Die Deutsche Bibliothek verzeichnet diese Publikation in der Deutschen Nationalbibliografie; detaillierte bibliografische Daten sind im Internet über http://dnb.ddb.de abrufbar.

ISBN 3-89842-522-3

© Galileo Press GmbH, Bonn 2005
1. Auflage 2005

Der Name Galileo Press geht auf den italienischen Mathematiker und Philosophen Galileo Galilei (1564–1642) zurück. Er gilt als Gründungsfigur der neuzeitlichen Wissenschaft und wurde berühmt als Verfechter des modernen, heliozentrischen Weltbilds. Legendär ist sein Ausspruch **Eppur se muove** (Und sie bewegt sich doch). Das Emblem von Galileo Press ist der Jupiter, umkreist von den vier Galileischen Monden. Galilei entdeckte die nach ihm benannten Monde 1610.

Lektorat Stefan Proksch und Florian Zimniak **Korrektorat** Johannes Gerritsen, Emmerich-Elten **Einbandgestaltung** Silke Braun **Herstellung** Iris Warkus **Satz** Typographie & Computer, Krefeld **Druck und Bindung** Bercker, Kevelaer

Das vorliegende Werk ist in all seinen Teilen urheberrechtlich geschützt. Alle Rechte vorbehalten, insbesondere das Recht der Übersetzung, des Vortrags, der Reproduktion, der Vervielfältigung auf fotomechanischen oder anderen Wegen und der Speicherung in elektronischen Medien.

Ungeachtet der Sorgfalt, die auf die Erstellung von Text, Abbildungen und Programmen verwendet wurde, können weder Verlag noch Autor, Herausgeber oder Übersetzer für mögliche Fehler und deren Folgen eine juristische Verantwortung oder irgendeine Haftung übernehmen.

Die in diesem Werk wiedergegebenen Gebrauchsnamen, Handelsnamen, Warenbezeichnungen usw. können auch ohne besondere Kennzeichnung Marken sein und als solche den gesetzlichen Bestimmungen unterliegen.

Sämtliche in diesem Werk abgedruckten Bildschirmabzüge unterliegen dem Urheberrecht © der SAP AG, Neurottstr. 16, D-69190 Walldorf.

SAP, das SAP-Logo, mySAP, mySAP.com, SAP R/3, SAP R/2, SAP B2B, SAPtronic, SAPscript, SAP BW, SAP CRM, SAP EarlyWatch, SAP ArchiveLink, SAPGUI, SAP Business Workflow, SAP Business Engineer, SAP Business Navigator, SAP Business Framework, SAP Business Information Warehouse, SAP inter-enterprise solutions, SAP APO, AcceleratedSAP, InterSAP, SAPoffice, SAPfind, SAPfile, SAPtime, SAPmail, SAPaccess, SAP-EDI, R/3 Retail, Accelerated HR, Accelerated HiTech, Accelerated Consumer Products, ABAP, ABAP/4, ALE/WEB, BAPI, Business Framework, BW Explorer, Enjoy-SAP, mySAP.com e-business platform, mySAP Enterprise Portals, RIVA, SAPPHIRE, TeamSAP, Webflow und SAP PRESS sind Marken oder eingetragene Marken der SAP AG, Walldorf.

Inhalt

Vorwort — 13

1 Fallen bei grundlegenden ABAP-Operationen vermeiden — 17

- 1.1 Falle Nr. 1: Durchführung arithmetischer Operationen in ABAP im Gegensatz zu C, C++ und Java — 18
- 1.2 Falle Nr. 2: Ambivalentes Verhalten von Festpunkt- und Gleitpunktarithmetik des ABAP-Typs p — 20
- 1.3 Falle Nr. 3: Falsches Runden in Feldern des ABAP-Typs f — 23
- 1.4 Falle Nr. 4: Fehler bei der Arbeit mit Zahlenliteralen — 27
- 1.5 Falle Nr. 5: Überflüssige Konvertierungen bei der Verwendung von Zeichenliteralen mit Zahlenwerten — 29
- 1.6 Falle Nr. 6: Irrtümliche Verwendung von Zahlenliteralen statt Zeichenliteralen — 31
- 1.7 Falle Nr. 7: Falscher Gebrauch von In-place-Datendeklarationen für Initialisierungen — 33
- 1.8 Falle Nr. 8: Deklaration von Daten im falschen Kontext — 36
- 1.9 Falle Nr. 9: Verwendung flacher Strukturen mit numerischen Komponenten als Textfelder — 39
- 1.10 Falle Nr. 10: Verwendung flacher Strukturen mit numerischen Komponenten in anonymen Containern — 42
- 1.11 Fazit — 46

2 Dynamische und generische Programmierung — 47

- 2.1 Konzepte und Vorteile der dynamischen Programmierung — 48
    - 2.1.1 Eine klassische statische Prozedur — 49
    - 2.1.2 Eine sowohl statische als auch dynamische Prozedur — 49
    - 2.1.3 Eine dynamische Prozedur — 50
    - 2.1.4 Vor- und Nachteile der dynamischen Programmierung — 50
- 2.2 Generische Typen — 52
    - 2.2.1 Datentypen und Objekttypen — 53
    - 2.2.2 Komplexe Datentypen und Referenztypen — 54
    - 2.2.3 Generische Typen im Überblick — 55

2.3	Dynamische Typen	57
	2.3.1 Interne Tabellen	57
	2.3.2 Strings	62
2.4	Feldsymbole	65
2.5	Referenzen	69
2.6	Dynamische Token-Angabe	76
2.7	Dynamischer Prozeduraufruf	80
2.8	Run Time Type Services	85
2.9	Programmgenerierung	93
	2.9.1 Transiente Programmgenerierung	94
	2.9.2 Persistente Programmgenerierung	96

3 Neue Ausnahmebehandlung in ABAP 99

3.1	Warum ein neues Ausnahmekonzept?	99
3.2	Hauptmerkmale des neuen Ausnahmekonzepts	101
3.3	Ausnahmen auslösen und behandeln	102
	3.3.1 Ausnahmen auslösen	102
	3.3.2 Ausnahmen abfangen und behandeln	103
3.4	Ausnahmen in Schnittstellen deklarieren	109
	3.4.1 Syntax und Semantik der Deklaration	109
	3.4.2 Nachteile einer erzwungenen Deklaration	111
	3.4.3 Kategorien von Ausnahmen	114
	3.4.4 Verletzung einer Prozedurschnittstelle	115
	3.4.5 Ausnahmen in Ereignisbehandlern und statischen Konstruktoren	116
3.5	Ausnahmen definieren	117
	3.5.1 Konstruktoren für Ausnahmen	117
	3.5.2 Ausnahmetexte	118
	3.5.3 Attribute und Methoden von Ausnahmen	121
3.6	Zusammenspiel mit bestehenden Verfahren zur Fehlerbehandlung	122
	3.6.1 Klassische Ausnahmen bei Methoden und Funktionsbausteinen	123
	3.6.2 Migration von abfangbaren Laufzeitfehlern	123
	3.6.3 Nachrichten der Anweisung MESSAGE	125
	3.6.4 Einschränkungen	126
3.7	Allgemeine Anwendungsfälle	127
	3.7.1 Returncodes vs. Ausnahmen	127
	3.7.2 Assertions vs. Ausnahmen	128
	3.7.3 Verkettung von Ausnahmen	129
	3.7.4 Gemeinsame Verwendung klassenbasierter und nicht-klassenbasierter Ausnahmen	130
	3.7.5 Ausnahmen zu bereits verwendeten Methoden hinzufügen	131
3.8	Fazit	132

4 Dynamisches Open SQL — 135

4.1	Allgemeines Konzept	136
	4.1.1 Tabellennamen zur Laufzeit angeben	136
	4.1.2 Dynamische interne Tabelle	139
4.2	Dynamische WHERE-Klausel	141
4.3	Neue Möglichkeiten mit dynamischem Open SQL	143
4.4	Dynamische SELECT-, GROUP BY- und HAVING-Klauseln	146
	4.4.1 Die dynamischen SELECT- und GROUP BY-Klauseln	146
	4.4.2 Die dynamische HAVING-Klausel	149
4.5	Ausnahmebehandlung	151
4.6	Änderungsoperationen	153
	4.6.1 Verwendung von dynamischen Tabellennamen für Datenbankaktualisierungen	153
	4.6.2 Verwendung dynamischer WHERE- und SET-Klauseln für Datenbankaktualisierungen	155
4.7	Komplexe dynamische FROM-Klauseln	157
4.8	Dynamische Datentypen für Arbeitsbereiche	162
4.9	Auswirkungen auf die Performance	166
4.10	Fazit	169

5 Persistente Objekte und Transaktionen mit Object Services — 171

5.1	Was sind Object Services?	172
5.2	Funktionsweise des Persistenzdienstes	173
5.3	Objektrelationales Mapping zwischen Klassen und Tabellen	175
5.4	Eine persistente Klasse anlegen	176
5.5	Fortgeschrittene Überlegungen für objektrelationales Mapping	181
	5.5.1 Verwaltung von Objektreferenzen	181
	5.5.2 Behandlung von Vererbung	182
5.6	Mit persistenten Klassen arbeiten	184
	5.6.1 Zugriff auf Klassenakteure	184
	5.6.2 Lebenszyklus einer Instanz	185
	5.6.3 Verwaltung des Lebenszyklus	186
	5.6.4 Ein persistentes Objekt erzeugen	188
	5.6.5 Ein persistentes Objekt laden	190
	5.6.6 Ein persistentes Objekt löschen	192
5.7	Funktionsweise des Transaktionsdienstes	192
	5.7.1 Transaktionsinteroperabilität	196
5.8	Tipps für die Arbeit mit Object Services	198
5.9	Fazit	199

6 Praktische Einführung in die ABAP-Dateischnittstelle — 201

- 6.1 Grundlegendes zur Ein- und Ausgabe von Dateien 201
  - 6.1.1 Öffnen einer Datei 204
  - 6.1.2 Schließen einer Datei 206
  - 6.1.3 Lesen aus einer Datei 207
  - 6.1.4 Schreiben in eine Datei 208
- 6.2 Fallen bei der Ein- und Ausgabe von Dateien 208
  - 6.2.1 Probleme impliziter Mechanismen der ABAP-Laufzeit 209
  - 6.2.2 Plattformabhängige Probleme 211
  - 6.2.3 Probleme in Hinblick auf den Öffnungsmodus 211
  - 6.2.4 Probleme bei gleichzeitigem Zugriff mehrerer Benutzer 212
  - 6.2.5 Netzwerkprobleme 213
- 6.3 Die ABAP-Dateischnittstelle seit Release 6.10 214
  - 6.3.1 Neue Anforderungen durch Unicode 215
  - 6.3.2 Textformaterweiterungen 216
  - 6.3.3 Erweiterte Prüfungen in UC-Programmen 217
  - 6.3.4 Kompatibilitäts- und Umsetzungsprobleme 219
- 6.4 Weitere neue Merkmale 222
  - 6.4.1 Unterstützung für große Dateien 222
  - 6.4.2 Positionierung des Dateizeigers 222
  - 6.4.3 Festlegen und Ändern von Eigenschaften geöffneter Dateien 224
  - 6.4.4 Dateinamen mit Leerzeichen 225
- 6.5 Fazit 226

7 ABAP und XML – XSLT als Brücke — 227

- 7.1 Hintergründe zu XML und XSLT 229
  - 7.1.1 Warum hat XSLT diese XML-Syntax? 230
  - 7.1.2 XML und XSLT im SAP-System 232
- 7.2 XML, ABAP und XSLT: Zwei Datenmodelle und eine Brücke 233
  - 7.2.1 Ein XML-Format für ABAP-Datenstrukturen 233
  - 7.2.2 Der Umgang mit externen XML-Formaten 237
  - 7.2.3 Baumtransformation mit XSLT 238
- 7.3 XSLT im SAP Web Application Server 241
  - 7.3.1 Implementierung von XSLT im SAP Web Application Server 241
  - 7.3.2 Die Pflege von XSLT-Programmen in der ABAP Workbench 243
  - 7.3.3 XSLT-Programme aus ABAP heraus aufrufen 247
  - 7.3.4 ABAP aus XSLT aufrufen und andere SAP XSLT-Erweiterungen .. 249
  - 7.3.5 Dokumentzentrische Anwendungen 252
- 7.4 Fazit 254
- 7.5 Beispielprogramme 255

8 ABAP und XML – Serialisierung mit dem asXML-Format 265

8.1	Überblick über die ABAP-XML-Serialisierung	266
	8.1.1 Die Rolle des ABAP-Datentyps	267
	8.1.2 Serialisierung aus ABAP aufrufen	268
	8.1.3 Einführung in das asXML-Format	270
	8.1.4 Serialisierung eines Strings	271
8.2	Darstellung von Datenwerten in asXML	272
	8.2.1 ABAP-Bindungsnamen und XML-Elementnamen	272
	8.2.2 Darstellung elementarer Datentypen	273
	8.2.3 Darstellung von Strukturen	277
	8.2.4 Darstellung interner Tabellen	278
8.3	Darstellung von Referenzen	279
	8.3.1 Herausforderungen bei der Darstellung von Referenzen in asXML	280
	8.3.2 Darstellung von Referenzvariablen	281
	8.3.3 Darstellung anonymer Datenobjekte	283
	8.3.4 Darstellung von Objekten	286
8.4	Darstellung von Werten serialisierbarer Objekte	287
	8.4.1 Die Aufteilung von Objektwerten in Objektteile	288
	8.4.2 Standarddarstellung eines Objektteils	290
	8.4.3 Selbst definierte Darstellung eines Objektteils	293
8.5	Fazit	297
8.6	XML-Namensräume	298

9 Erstellung von BSP- und MVC-basierten Webanwendungen 301

9.1	Überblick	301
	9.1.1 Web AS vs. Internet Transaction Server	301
	9.1.2 Web AS und Java/J2EE	302
9.2	Einführung in Business Server Pages	304
	9.2.1 Web Application Builder	305
9.3	Erstellung einer BSP-Anwendung	307
	9.3.1 Anlegen einer neuen BSP-Anwendung	308
	9.3.2 Seitenparameter hinzufügen	310
	9.3.3 HTML-Tags einfügen	311
	9.3.4 Daten und Code in der Seite einbetten	313
	9.3.5 Eventhandler hinzufügen	314
	9.3.6 Seite fertig stellen	315
	9.3.7 Zusätzliche Formatierungen	316
9.4	Verarbeitung von Benutzereingaben	320
9.5	Testen und Debugging	325

9.6		MIME Repository und WebDAV-Zugriff	327
	9.6.1	Das MIME Repository	327
	9.6.2	Zugriff über WebDAV	330
9.7		BSP-Extensions	331
	9.7.1	Wie funktionieren BSP-Extensions?	332
	9.7.2	Webanwendung mithilfe von BSP-Extensions erstellen	334
	9.7.3	Einzelheiten zu HTMLB-Extensions	337
	9.7.4	Webanwendung mithilfe von BSP-Extensions erweitern	338
9.8		Model View Controller (MVC)	346
	9.8.1	BSP-Unterstützung für das MVC-Modell	348
	9.8.2	Hilfreiche Hinweise für die Verwendung des MVC-Modells	354
9.9		Fazit	355

10 Qualitätsüberprüfung mit dem Code Inspector — 357

10.1		Dynamische und statische Tests zur Bestimmung der Programmqualität	358
10.2		Die Prüfumgebung des Code Inspectors	360
	10.2.1	Inspektion	362
	10.2.2	Prüfvariante	362
	10.2.3	Objektmenge	363
	10.2.4	Globale und lokale Elemente	364
10.3		Mit dem Code Inspector arbeiten	364
	10.3.1	Den Code Inspector für ein Einzelobjekt aufrufen	365
	10.3.2	Den Code Inspector für mehrere Objekte aufrufen	366
	10.3.3	Top-Down-Methode	379
10.4		Standardprüfungen im Code Inspector	380
	10.4.1	Syntaxprüfungen und Programmgenerierung	380
	10.4.2	Sicherheitsprüfungen	382
	10.4.3	Performance-Prüfungen	386
	10.4.4	Suchfunktionen	395
	10.4.5	Namenskonventionen (ab Release 6.40)	396
	10.4.6	Anweisungsstatistik (ab Release 6.40)	396
10.5		Fazit	397

11 Verbesserte Testabdeckung mit dem Coverage Analyzer — 399

11.1		Funktionsweise des Coverage Analyzers	399
	11.1.1	Auswirkungen auf die gesamte Systemperformance	402
	11.1.2	Nützliche Eigenschaften für das Testen in einer realen Testumgebung	402
11.2		Inbetriebnahme des Coverage Analyzers	404

11.3	Verwendung des Coverage Analyzers		404
	11.3.1 Was ist ein guter Test?		405
	11.3.2 Wie wird ein Programm verwendet?		411
	11.3.3 Wie weit ist ein Projekt zur Umstellung auf Unicode?		414
11.4	**Hilfreiche Hinweise**		415
11.5	Fazit		416

Herausgeber und Autoren   417

Index   423

Vorwort

Dieses Buch vereinigt elf Kapitel über ABAP und das ABAP-Umfeld, die in den Jahren 2000 bis 2002 in englischer Sprache als Artikel im SAP Professional Journal erschienen sind, in einem Band. Da das SAP Professional Journal im deutschsprachigen Raum nicht so stark verbreitet ist wie im englischsprachigen Raum und ABAP-spezifische Artikel dort in loser Folge erscheinen, wollen wir sie mit diesem Buch einer erweiterten und zugleich fachlich spezieller interessierten Leserschaft zugänglich machen.

Allen Kapiteln ist gemein, dass sie von denjenigen Entwicklern der SAP, die die Sprache ABAP und die dazugehörigen Werkzeuge entwickeln, selbst geschrieben sind. Das heißt, Sie erhalten hier Wissen aus erster Hand. Thematisch gesehen rundet das vorliegende Buch die anderen beiden SAP PRESS-Bücher ab, die in der Gruppe »NetWeaver Developer Tools ABAP« der SAP entstanden sind, nämlich *ABAP Objects – Einführung in die SAP-Programmierung* sowie die *ABAP-Referenz*. Jedes Kapitel widmet sich einem Themengebiet, das in den anderen Büchern entweder nur kurz, gar nicht oder mit einem anderen Tenor erwähnt wird. Letzteres trifft natürlich insbesondere auf die *ABAP-Referenz* zu. Jedes Kapitel stellt eine abgeschlossene Einheit zu einem Themenbereich dar. Manche Kapitel sollen es ABAP-Entwicklern ermöglichen, Zusammenhänge zu erkennen, die sonst nur verstreut zugänglich sind, wie z.B. die Zusammenstellung und Bewertung dynamischer Programmiermethoden. Andere Kapitel geben dem erfahrenen ABAP-Entwickler[1] alle Werkzeuge an die Hand, die es ihm ermöglichen, sich selbstständig in ein neues Themengebiet wie z.B. Transformationen zwischen ABAP-Daten und XML einzuarbeiten.

Alle Kapitel, von denen einige im Original den Stand von Release 4.6 beschreiben, wurden von ihren Autoren nochmals einer fachlichen Überarbeitung unterzogen und spiegeln das aktuelle Release 6.40 (SAP NetWeaver '04) wider. Neue-

---

[1] Zur sprachlichen Bezeichnung einzelner oder Gruppen von Menschen, die durch gewisse Eigenschaften charakterisiert sind – etwa die Gruppe derjenigen, die in der Programmiersprache ABAP Software entwickeln –, wird in diesem Buch durchgehend die männliche Form verwendet, im eben genannten Beispiel also »der ABAP-Entwickler« statt etwa »die ABAP-Entwicklerin und der ABAP-Entwickler« oder »die ABAP-EntwicklerInnen«. Die Problematik dieser Entscheidung, die wir getroffen haben, weil die gängigen Gebrauchsweisen der deutschen Sprache durchgehend geschlechtsneutralen Formulierungen in den Augen der meisten Leserinnen und Leser stilistisch eher holprig erscheinen lassen, ist uns bewusst. Sprachkritische Leserinnen und Leser bitten wir dafür um Verständnis sowie um Entschuldigung.

rungen der Releases 6.10 bis 6.40 wurden aufgenommen, wie z. B. die Run Time Type Creation[2] im Kapitel zur dynamischen Programmierung und ihre Verwendung zur vollständig dynamischen Erzeugung einer strukturierten internen Tabelle im Kapitel über dynamisches SQL. Zwei einzelne Artikel zur Erstellung von Webanwendungen wurden in einem Kapitel zusammengefasst. Von der Herausgeberseite wurden alle Kapitel in enger Zusammenarbeit mit den Autoren einem sprachlichen und terminologischen Abgleich unterzogen, und es wurden auch einige Abschnitte, Fußnoten und Querverweise ergänzt. Obwohl dieses Mehrautorenwerk seinen Charakter eines Sammelbands durchaus nicht verleugnen kann (und auch nicht soll), war es uns wichtig, dass alle Kapitel die gleichen Begriffe verwenden, wie Sie sie in der *ABAP-Referenz* und seit Release 6.40 auch durchgehend in der ABAP-Schlüsselwortdokumentation finden.

Wir danken allen Autoren, die sich nochmals der Mühe einer Überarbeitung ihrer Artikel unterzogen haben, Wellesley Information Services und dort insbesondere Bonnie Penzias und Heather Black, dass sie zunächst die Originalartikel so hilfreich editorisch begleitet und uns dann auch die Genehmigung zur deutschsprachigen Veröffentlichung der Artikel erteilt haben, und Galileo Press für die Übersetzung der Artikel ins Deutsche. Bei Galileo Press sei insbesondere Florian Zimniak und Stefan Proksch vom Lektorat SAP PRESS für die wie immer sehr nette Zusammenarbeit und gute Betreuung bei der Erstellung dieses Buches gedankt.

Wir hoffen, dass dieses Buch dazu beiträgt, Ihnen einen der wesentlichsten Vorzüge der Anwendungsentwicklung in ABAP deutlich zu machen – die Verfügbarkeit angemessener, hinreichend einfacher Abstraktionen zur Bewältigung komplexer Softwareentwicklungsaufgaben. Die diesbezüglichen Entwicklungsanstrengungen der SAP haben übrigens nicht nachgelassen und zu einer ganzen Reihe weiterer produktivitätssteigernder Neuentwicklungen im ABAP-Bereich geführt, die mit SAP NetWeaver '04 verfügbar sind, im vorliegenden Sammelband aber leider noch nicht berücksichtigt werden konnten: ABAP Unit, aktivierbare Assertions und Breakpoints, Memory Inspector, Shared Objects, Simple Transformations und ein neuer ABAP Debugger, um nur die wichtigsten zu nennen.

Es würde uns freuen, wenn Ihnen dieses Buch eine Hilfe bei der täglichen Arbeit ist, eine gute Einführung in neue Themengebiete liefert, auch Altbekanntes aus einem neuen Blickwinkel zeigt und eventuell Lust auf mehr macht – sei es, dass

---

2 Es sei uns an dieser Stelle eine zweite sprachreflexive Anmerkung gestattet: »Run Time Type Creation« ist ein gutes Beispiel dafür, dass wir uns in einigen Fällen dafür entschieden haben, englischsprachige Fachterminologie unübersetzt beizubehalten, insbesondere wenn diese Terminologie auch in der Literatur zu anderen Programmiersprachen geläufig ist und/oder nur die englische Terminologie die Auflösung gebräuchlicher Abkürzungen (etwa RTTC für Run Time Type Creation) erlaubt.

wir Ihre Neugier auf das SAP Professional Journal (*http://www.sappro.com*) geweckt haben, in dem eine ganze Reihe von Artikeln zu den eben erwähnten jüngsten ABAP-Neuerungen demnächst veröffentlicht werden bzw. bereits erschienen sind, oder dass wir bei entsprechendem Interesse nach einiger Zeit wieder eine Reihe von Artikeln in einem weiteren Buch zusammenfassen.

Walldorf, im November 2004

Andreas Blumenthal
Horst Keller

1 Fallen bei grundlegenden ABAP-Operationen vermeiden

Christoph Stöck und Horst Keller

Wie jeder gute Programmierer weiß, bereitet das in Lehrbüchern vermittelte Wissen bezüglich der Entwicklung von Software nur sehr begrenzt auf die tatsächlich anfallende praktische Arbeit vor. Wahres Können auf dem Gebiet der Softwareentwicklung gründet sich auf Erfahrungen – sowohl gute als auch schlechte.

Unter den schlechten Erfahrungen gibt es eine besondere Kategorie: Fehler, die man auf keinen Fall ein zweites Mal machen möchte. Solche sind wohl jedem Entwickler in seinem Programmiererleben widerfahren und seither in bleibender Erinnerung. Ziel dieses Kapitels ist es, Sie vor einigen dieser schmerzlichen Fehler zu bewahren. Sie erhalten eine Übersicht der häufigsten Fallen, in die Sie tappen könnten, wenn Sie mit den grundlegenden ABAP-Operationen und ABAP-Datentypen, d.h. mit einfacher Arithmetik und Konvertierungen, mit vordefinierten ABAP-Datentypen und flachen Strukturen arbeiten. Insgesamt werden wir die folgenden zehn Fallen behandeln:

1. Durchführung arithmetischer Operationen in ABAP im Gegensatz zu C, C++ und Java
2. Ambivalentes Verhalten von Festpunkt- und Gleitpunktarithmetik des ABAP-Typs p
3. Falsches Runden in Feldern des ABAP-Typs f
4. Fehler bei der Arbeit mit Zahlenliteralen
5. Überflüssige Konvertierungen bei der Verwendung von Zeichenliteralen mit Zahlenwerten
6. Irrtümliche Verwendung von Zahlenliteralen statt Zeichenliteralen
7. Falscher Gebrauch von In-place-Datendeklarationen für Initialisierungen
8. Deklaration von Daten im falschen Kontext
9. Verwendung flacher Strukturen mit numerischen Komponenten als Textfelder
10. Verwendung flacher Strukturen mit numerischen Komponenten in anonymen Containern

Sie werden sich jetzt fragen, wie gerade diese Liste zustande gekommen ist: Diese Stolpersteine für ABAP-Entwickler stehen stellvertretend für die meistgeschilderten Probleme, für deren Lösung der *ABAP Development Support* in den letzten

Jahren in Anspruch genommen wurde. Vielleicht kommt Ihnen das eine oder andere Problem durchaus bekannt vor ...

1.1 Falle Nr. 1: Durchführung arithmetischer Operationen in ABAP im Gegensatz zu C, C++ und Java

Arithmetische Berechnungen in ABAP werden üblicherweise mithilfe des ABAP-Schlüsselwortes COMPUTE und folgender Syntax realisiert:

```
COMPUTE result = <arithmetic expression>.
```

Das Schlüsselwort COMPUTE selbst kann auch weggelassen werden, so dass die Anweisung in der Regel folgendermaßen lautet:

```
result = <arithmetic expression>.
```

result ist dabei das Ergebnisfeld und <arithmetic expression> ist ein beliebiger arithmetischer Ausdruck. Ein Beispiel für solch eine Berechnung ist:

```
r = 1 / 3.
```

Dies scheint einfach und leicht prognostizierbar zu sein – und zumindest für erfahrene ABAP-Entwickler ist es das auch. Leider gilt das aber nicht für diejenigen Entwickler, deren Vorstellung vom Ablauf einer solchen arithmetischen Operation von einer anderen Programmiersprache geprägt ist. Wenn Sie nämlich davon ausgehen, dass ABAP dieselbe Strategie wie C, C++ oder Java verfolgt, um den arithmetischen Typ zu bestimmen, mit dem arithmetische Operationen ausgeführt werden, sind Sie bereits in die erste der zehn häufigsten ABAP-Fallen getappt!

In C, C++ und Java werden arithmetische Ausdrücke nach einer Bottom-up-Strategie abgewickelt. Das heißt, dass der arithmetische Typ für jede einzelne Operation anhand der beteiligten Operandentypen bestimmt wird. Nachdem eine elementare Operation ausgeführt wurde, wird das Ergebnis weitergereicht und dient auf der nächsten Operationsebene als Operand. Gehen wir von folgender Rechenanweisung aus:

```
double d;
d = 1 / 3;     // d = 0!!!
```

Bei dieser Strategie läuft die Berechnung wie folgt ab: Zunächst wird der elementare Ausdruck 1/3 ausgeführt. Die beiden ganzzahligen Operanden sind Integer-Literale und führen zu einem Ergebnis des Typs int. Das Ergebnis ist 0. Dieses

Ergebnis wird dann dem Ergebnisfeld des Typs `double` zugeordnet, das dementsprechend mit 0 gefüllt wird.

Betrachten Sie nun die folgende Berechnung in ABAP:

```
DATA r TYPE f.
r = 1 / 3.      " r = 0.333...
```

Im Gegensatz zum oben beschriebenen C-, C++- oder Java-Verhalten analysiert der ABAP-Prozessor den gesamten Ausdruck unter Einbeziehung aller beteiligten Operanden, des Resultates, der Operatoren und der eingebundenen Funktionen, um daraus den arithmetischen Typ für die *gesamte Anweisung* abzuleiten. Dies geschieht, bevor die arithmetische Anweisung überhaupt ausgeführt wird.

Etwas vereinfacht kann man sagen, dass ABAP bei der Analyse eines arithmetischen Ausdrucks folgenden Regeln folgt:

1. Sind alle beteiligten Felder – d.h. alle Operanden und das Ergebnisfeld – vom Datentyp `i` (Integer), führt ABAP eine Arithmetik des Typs `i` durch.
2. Ist mindestens ein Feld vom Datentyp `p` (gepackte Zahlen) und kein Feld vom Datentyp `f` (Gleitpunktzahl), führt ABAP eine Arithmetik des Typs `p` durch.
3. Ist mindestens ein Feld vom Datentyp `f` (Gleitpunktzahl), führt ABAP eine Arithmetik des Typs `f` durch.[1]

Dieser Strategie folgend führt ABAP die oben aufgeführte arithmetische Berechnung wie folgt aus: Zunächst wird der gesamte arithmetische Ausdruck analysiert. Dies geschieht üblicherweise während des Kompilierens; es sei denn, es läge ein Operand generischen Typs vor. Abhängig vom Ergebnis der Analyse wird der arithmetische Typ für die gesamte Anweisung gesetzt. In unserem Fall hat das Ergebnisfeld `r` den Datentyp `f`, und die gesamte Berechnung wird daher mithilfe einer Arithmetik des Typs `f` durchgeführt. Das heißt, dass vor der Berechnung jeder Operand zunächst in den Datentyp `f` konvertiert wird. Das Ergebnis ist daher 0,333333333333333.

Die Auswertung arithmetischer Ausdrücke, wie sie in ABAP ausgeführt wird, führt in beinahe allen Fällen zu dem Ergebnis, das Sie intuitiv erwarten würden.

---

[1] Eine Anzahl eingebauter Funktionen, wie `sin`, `cos` etc., haben Rückgabewerte des Typs `f` und führen so zur Arithmetik des Typs `f`. Ebenfalls zum Typ `f` führen der Operator `**` (Potenzierung) und die Verwendung funktionaler Methoden mit Rückgabewerten des Typs `f`.

1.2 Falle Nr. 2: Ambivalentes Verhalten von Festpunkt- und Gleitpunktarithmetik des ABAP-Typs p

ABAP enthält drei verschiedene numerische Typen, deren Eigenschaften in Tabelle 1.1 aufgeführt sind. Zwei der Typen, f und p, erlauben den Umgang mit Nachkommastellen.

Typ	Typart	Interner arithmetischer Typ	Genauigkeit	Wertebereich
f	binäre Gleitpunktzahl	binäre Gleitpunktzahl	mindestens 16 Dezimalziffern	0, $\pm 2{,}22507385850720E-308$ ... $\pm 1{,}79769313486232E+308$
p	dezimale Festpunktzahl	dezimale Gleitpunktzahl*	31 Dezimalziffern	0, $\pm 10^{-14}$ ... $\pm 10^{31}-1$**
i	Integer	Integer	mindestens neun Dezimalziffern	-2147483648 ... +2147483647

* Nur bei Zwischenergebnissen innerhalb einer COMPUTE-Anweisung kommt diese Eigenschaft der Gleitpunktarithmetik zum Vorschein. Es gilt dabei ein Exponentenbereich von -255 bis 0 (d.h. Zwischenergebnisse können Werte von $\pm 10^{-255}$ bis zu $\pm 10^{31}-1$ haben).
** Maximal-/Minimalwerte über alle möglichen Ausprägungen des Datentyps p. Für konkrete einzelne Typen ist der Wertebereich u.U. kleiner.

Tabelle 1.1 Übersicht der numerischen ABAP-Typen

Die Verwendung des Datentyps p (gepackte Zahlen) bietet gegenüber Datentyp f (Gleitpunktzahlen) gewisse Vorteile:

▶ Er besitzt eine Genauigkeit von bis zu 31 Dezimalstellen.

▶ Es wird mit einer Dezimalarithmetik gearbeitet, die derjenigen ähnelt, die Sie von Berechnungen mit Papier und Bleistift her kennen.

▶ Rundungen werden als Dezimalrundungen realisiert.

Aufgrund dieser Eigenschaften wird der Datentyp p üblicherweise für Größen, Längen, Gewichte und Geldsummen verwendet.

Die grundlegende Syntax zur Deklarierung eines Datenobjekts vom Typ p lautet:

```
DATA p(len) TYPE p LENGTH len DECIMALS dec.
```

Wenn Sie ein Feld des Datentyps p deklarieren, können Sie dessen Länge `len` in Bytes von 1 bis 16 (die Standardeinstellung ist 8) und die Anzahl an Nachkommastellen `dec` von 0 bis 14 (die Standardeinstellung ist 0) spezifizieren. Die Gesamtzahl der Dezimalziffern *d* für die resultierende gepackte Zahl wird dann aus der angegebenen Länge in Bytes mithilfe der folgenden Formel berechnet:

$d = 2 \times len - 1$

Jedes außer dem letzten Byte enthält zwei Dezimalzahlen. Die zweite Hälfte des letzten Bytes ist für das verschlüsselte Vorzeichen reserviert, was die »– 1« in der obigen Längenberechnungsformel erklärt. Ein Feld des Datentyps p mit fünf Dezimalziffern, davon zwei Nachkommastellen, kann z. B. folgendermaßen deklariert werden:

```
DATA my_p TYPE p LENGTH 3 DECIMALS 2.
```

Die Anzahl von Nachkommastellen für ein Feld des Datentyps p ist eine Eigenschaft des spezifizierten Typs und nicht Teil der Daten selbst, die im Datenobjekt gespeichert werden. Der Datentyp p ist demnach ein *Festpunktzahl*-Typ, bei dem der Dezimalpunkt an einer bestimmten, zuvor bei der Deklaration festgelegten Stelle erscheint.

Anders verhält es sich bei den *Gleitpunktzahlen* wie z. B. dem Datentyp f, bei denen der Wert der Dezimalpunktstelle *Teil des Feldwertes ist*. Daraus resultiert, dass der Feldwert bei Gleitpunktzahlen zweierlei Informationen enthält:

▶ Den Wert selbst, der z. B. durch eine bestimmte Anzahl von Dezimalziffern dargestellt wird.

▶ Einen Exponenten, der festlegt, wie viele Dezimalziffern als Nachkommastellen anzusehen sind und wie viele Nullen links oder rechts hinzugefügt werden müssen, um den Feldwert zu erhalten.

Dieser Unterschied zwischen Gleitpunkt- und Festpunktarithmetik hat schon viele ABAP-Programmierer in die Irre geführt. Sehen Sie sich dazu Listing 1.1 an.

```
1 PROGRAM traps_1.
2
3 DATA: value   TYPE p LENGTH 3 DECIMALS 2,
4       result  TYPE p LENGTH 3 DECIMALS 2,
5       percent TYPE p LENGTH 3 DECIMALS 2.
6
7 value   = 100.
8 percent = '55.55'.
9
```

```
10 * Berechnung 1
11
12 result  = value * ( percent / 100 ).   " Ergebnis = 55.55
13
14 * Berechnung 2
15
16 percent = percent / 100.
17 result  = value * percent.             " Ergebnis = 56.00???
```

Listing 1.1 Berechnung eines Bruchs mit Festpunktarithmetik

Mithilfe von Festpunktzahlen des Datentyps p mit zwei Nachkommastellen sollen 55,55 Prozent von 100 berechnet werden.

In der ersten Berechnung (Zeile 12) geschieht dies in einem einzigen Ausdruck, indem der Prozentwert von 55.55 durch 100 geteilt und anschließend mit dem Initialwert multipliziert wird, um das Ergebnis zu erhalten. Das Ergebnis 55.55 stimmt exakt.

In der zweiten Berechnung (Zeile 16 und 17) wird der Prozentwert 55.55 in einem ersten Schritt durch 100 geteilt, die Multiplikation wird in einem zweiten Schritt vorgenommen. Überraschenderweise erhalten wir als Ergebnis 56.00. Wie ist das zu erklären?

Das in Listing 1.1 gezeigte Beispielprogramm ist darauf ausgelegt, mit Daten in den Feldern value, result und percent zu arbeiten, die aus jeweils fünf Dezimalziffern bestehen, von denen jeweils zwei als Nachkommastellen vorgesehen sind. Das heißt, dass jeder in einem dieser Felder gespeicherte Wert 999,99 nicht übersteigen kann und intern auf zwei Nachkommastellen gerundet wird.

In der zweiten Berechnung wird das Feld percent als Speicher für ein Zwischenergebnis missbraucht. Das Ergebnis der Division von 55,55 durch 100 ist 0,5555. Bei der Zuweisung an das Feld percent wird dieser Wert wegen der Begrenzung auf zwei Dezimalstellen allerdings auf den Wert 0,56 aufgerundet. Der zweite Schritt der Berechnung führt daher für result zu dem Wert 56,00.

Die Frage, die sich in diesem Zusammenhang sofort aufdrängt, ist, warum die erste Berechnung überhaupt zu einem genauen Ergebnis führt. Die Antwort findet sich, wenn man die von ABAP beim Typ p angewandte Arithmetik genauer unter die Lupe nimmt:

- Ein arithmetischer Ausdruck des Typs p wird mit einer internen Genauigkeit von 31 Dezimalziffern und einer *dezimalen Gleitpunktsemantik* berechnet. Das heißt, dass sich Zwischenergebnisse des Rechentyps p innerhalb arithmetischer Ausdrücke aufgrund der Variabilität des Dezimalpunkts wie dezimale Gleitpunktzahlen verhalten. Beachten Sie, dass das Verhalten der Zwischenergebnisse unterschiedlich zum ABAP-Datentyp p ist, bei dem der Dezimalpunkt ja unverrückbar als Teil des Typs festgelegt ist.

- Weiterhin verwirft die dezimale Gleitpunktsemantik im Vergleich zur Standardarithmetik des Gleitpunktzahl-Typs f keine Stellen vor dem Dezimalpunkt. Falls die Anzahl der zur Verfügung stehenden Stellen nicht ausreicht, können beim Runden nur Nachkommastellen verloren gehen. Bevor Stellen vor dem Dezimalpunkt verworfen werden, löst das System eine abfangbare Ausnahme wegen eines Überlaufs aus.[2]

Demnach wird bei der ersten Berechnung in einer einzelnen Anweisung eine interne Genauigkeit von 31 signifikanten Dezimalziffern in Verbindung mit dem dezimalen Gleitpunktverhalten eingesetzt. Das Zwischenergebnis 0,5555 wird genau behandelt und nicht aufgerundet.

Wenn Sie also Datenobjekte des Typs p für Zwischenergebnisse verwenden, sollten Sie beachten, dass Sie – und nicht das System – die Genauigkeit der gesamten Berechnung steuern. Sie sollten daher die Länge und Anzahl der Nachkommastellen der betreffenden Felder in ausreichendem Maß angeben. Um zu verhindern, dass eine Speicherung von Zwischenergebnissen in Feldern des Datentyps p zu anderen Ergebnissen führt, als es bei Berechnungen in einem Schritt der Fall wäre, und um eine fälschliche Rundung von Werten zu unterbinden, sollten Sie Felder des Typs p nur für Werte verwenden, wenn genügend Nachkommastellen für die erforderliche Genauigkeit vorhanden sind.

1.3 Falle Nr. 3: Falsches Runden in Feldern des ABAP-Typs f

ABAP-Entwickler verwenden oft den Datentyp f für Berechnungen mit Nachkommastellen, da seine Arithmetik für eine wesentlich schnellere Verarbeitung sorgt als die des Typs p. Dies liegt daran, dass Berechnungen mit dem Typ f, ähnlich wie bei Typ i, direkt von den schnellen Maschinenbefehlen der unterliegenden Hardware ausgeführt werden können. Die Arithmetik des Typs p basiert hin-

---

2 Tatsächlich ist das Verhalten etwas komplexer. Wenn ein Zwischenergebnis größer als $10^{31} - 1$ wird, wird seit Basis-Release 4.6 der gesamte arithmetische Ausdruck in einem zweiten Versuch nochmals ausgeführt, bevor eine Ausnahme wegen eines Überlaufs ausgelöst wird. Hierbei wird eine interne Genauigkeit von 63 Ziffern oder ein Maximalwert von $10^{63} - 1$ für Zwischenergebnisse verwendet.

gegen auf einer SAP-spezifischen Software-Emulation, da sie auf so gut wie keiner Hardwareplattform unterstützt wird.

Einige Entwickler neigen deshalb dazu, von Typ p zu Typ f zu wechseln, sobald der Berechnungsteil eines ABAP-Programms erhebliche negative Auswirkungen auf die Performance des Programms hat. Dieser Wechsel sollte jedoch nicht unüberlegt vollzogen werden. Bevor Sie sich für diesen Weg entscheiden, sollten Sie zwei Dinge in Betracht ziehen:

1. Die Genauigkeit Ihrer Berechnung nimmt ab. Sie verschlechtert sich von möglichen 31 Dezimalziffern beim Typ p auf üblicherweise 16 Dezimalziffern beim Typ f.
2. Bei der Arithmetik des Typs f handelt es sich *nicht* um eine Dezimalarithmetik. Werden bei der Mulitplikation beispielsweise 10er-Potenzen (positiv oder negativ) verwendet, ist dies keine exakte Operation, und das Runden auf eine bestimmte Anzahl von Nachkommastellen kann fehlerhaft sein. Hier tut sich eine recht tückische Falle auf, die Auswirkungen auf beinahe jede Rundungsoperation mit Gleitpunktzahlen haben kann.

Um diese Falle besser zu verstehen, sehen wir uns Listing 1.2 einmal genauer an. Dort werden dem Feld float des Datentyps f verschiedene Werte zugeordnet. Anschließend werden die Inhalte des Feldes in eine Liste geschrieben, wobei sie auf unterschiedlich viele Dezimalstellen gerundet werden. Dies geschieht mithilfe des Zusatzes DECIMALS der Anweisung WRITE.

```
 1 PROGRAM traps_2.
 2
 3 DATA float TYPE f.
 4
 5 float = '1.5'.
 6 WRITE / float DECIMALS 0. " Ausgabe: 2E+00
 7
 8 float = '1.05'.
 9 WRITE / float DECIMALS 1. " Ausgabe: 1.1E+00
10
11 float = '1.005'.
12 WRITE / float DECIMALS 2. " Ausgabe: 1.00E+00???
```

Listing 1.2 Zuweisung unterschiedlicher Werte zu einem Feld float des Typs f

Das Runden der Werte 1,5 und 1,05 auf null Dezimalstellen respektive eine Dezimalstelle führt zu den erwarteten Ergebnissen 2E+00 bzw. 1,1E+00 (Zeile 6 und 9). Wird der Wert 1,005 hingegen auf zwei Dezimalstellen gerundet, führt dies zum Ergebnis 1,00E+00 anstatt 1,01E+00 (Zeile 12). Letzteres wäre aber das Ergebnis, das man nach den Regeln für das Runden von Dezimalzahlen erwarten würde.

Dieses Phänomen ist keinesfalls auf ABAP beschränkt. Solange der unterliegende Maschinentyp eines Datentyps einer Programmiersprache ein binärer Gleitpunkttyp ist, werden Sie Rundungsphänomene dieser Art auch in anderen Programmiersprachen wie C, C++ oder Java finden. Auch der ABAP Datentyp f baut auf den 8-Byte-Gleitpunktzahlen der unterliegenden Plattformen auf. Diese Zahlen werden üblicherweise in einem 1-Bit-Vorzeichen »s«, einem 11-Bit-Exponenten »e« und einer 52-Bit-Mantisse »m« verschlüsselt. Dies führt zu einer Dezimalgenauigkeit von mindestens 16 Dezimalziffern und einem Exponentenbereich von 10^{-308} bis 10^{+308}. Im Gegensatz zur üblichen Darstellung von Dezimalbrüchen werden Gleitpunktzahlen intern in einer Dualbruchdarstellung verschlüsselt. Der Exponententeil »e« trägt daher mit einem Ausdruck zur Basis 2 zum Ergebniswert bei. Für 8-Byte-Gleitpunktzahlen ist dieser Ausdruck 2^{e-1023}.

Das Problem des Rundens entsteht dadurch, dass die Dezimalbruchdarstellung und die interne Dualbruchdarstellung nicht immer wechselseitig den Wert der jeweils anderen Darstellung abbilden können, da die jeweilige Genauigkeit begrenzt ist.

Abbildung 1.1 zeigt einen Vergleich der Zahlen aus unserem Beispiel in Dezimal- und Dualbruchdarstellung. Da der Dezimalwert 1,5 durch einen einfachen Ausdruck zur Basis 2 dargestellt werden kann (nämlich $1,5 = 1 \times 2^0 + 1 \times 2^{-1}$), repräsentieren die Dualbruch- und die Dezimalbruchdarstellung den gleichen Wert. Für den nächsten Wert des Beispiels, nämlich 1,05, sind die Dualbruch- und die Dezimalbruchdarstellung nicht wertidentisch, da die Genauigkeit der 8-Byte-Gleitpunktzahl nicht ausreicht. Daher wählt das System den nächstliegenden Wert, der in der Dezimaldarstellung einem Wert von 1,0500000000000003 entspricht und etwas größer ist als 1,05. Glücklicherweise verschwindet diese Abweichung beim abschließenden Runden.

Dies funktioniert jedoch nicht mit dem Wert 1,005 im dritten Beispiel. Hier sind die Dualbruch- und die Dezimalbruchdarstellung ebenfalls nicht wertidentisch. In diesem Fall jedoch ist der nächstliegende Dualbruchwert etwas kleiner, nämlich 1,0049999999999998. Das Ergebnis der abschließenden Rundung ist daher 1,00 anstatt 1,01.

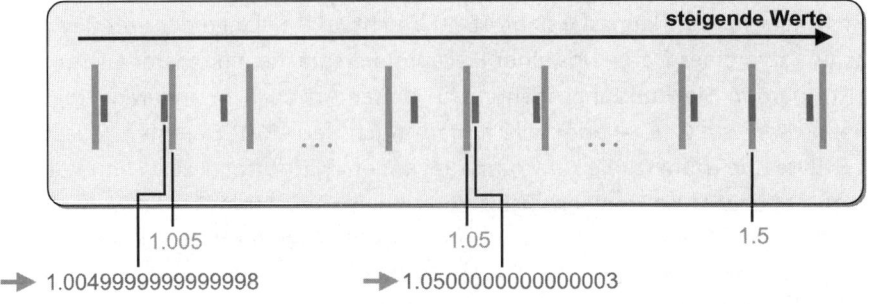

Abbildung 1.1 Vergleich von Dezimalbruch- und Dualbruchdarstellungen

Wir könnten eine Reihe von Beispielen wie das des Wertes 1,005 anführen – und Sie könnten das wahrscheinlich auch. Aber leider sind diese Situationen nicht vorhersehbar. Es besteht keine Möglichkeit, im Voraus in Erfahrung zu bringen, ob die Umwandlung der Dezimalbruchdarstellung in die interne Dualbruchdarstellung einen Wert als Ergebnis hat, der kleiner ist als der exakte Wert, was unweigerlich zur falschen Rundung der Dezimalzahl führt.

Diese Falle des falschen Rundens in Feldern des Typs f können Sie nur umgehen, wenn Sie die Rundung nicht in nur einem einzigen Schritt, sondern in zwei Schritten erfolgen lassen. Im ersten Schritt wird z. B. auf 15 Dezimalziffern, d. h. eine Ziffer weniger als die Genauigkeit der in das Dezimalsystem übersetzten 8-Byte-Gleitpunktdarstellung gerundet. Anschließend wird der Ergebniswert in einem zweiten Schritt auf die finale Anzahl von Dezimalziffern gerundet, um das erwartete Ergebnis zu erhalten. Tabelle 1.2 zeigt, wie der Fehler für die Werte des vorangegangenen Beispiels auf diese Weise umgangen werden kann.

Wert als Dualbruch	Rundung auf 15 Stellen	Ergebnis mit zwei Stellen
1,5000000000000000	1,50000000000000	1,50E+00
1,0500000000000003	1,05000000000000	1,05E+00
1,0049999999999998	1,00500000000000	1,01E+00

Tabelle 1.2 Runden von Gleitpunktzahlen in zwei Schritten

Für die Rundung auf 15 Dezimalziffern können Sie die statische Methode `round_f_to_15_decs` der Klasse `CL_ABAP_MATH` aus der ABAP-Klassenbibliothek verwenden, Listing 1.3 zeigt hierfür ein Beispiel.

```
1 PROGRAM traps_3.
2
3 DATA float TYPE f.
4
5 float = '1.5'.
6 float = cl_abap_math=>round_f_to_15_decs( float ).
7 WRITE / float DECIMALS 2.   " Ausgabe: 1.50E+00
8
9 float = '1.05'.
10 float = cl_abap_math=>round_f_to_15_decs( float ).
11 WRITE / float DECIMALS 2.   " Ausgabe: 1.05E+00
12
13 float = '1.005'.
14 float = cl_abap_math=>round_f_to_15_decs( float ).
15 WRITE / float DECIMALS 2.   " Ausgabe: 1.01E+00
```

Listing 1.3 Verwendung der statischen Methode ROUND_F_TO_15_DECS

Der wichtigste Aspekt bei Verwendung dieser Methode ist, dass sie das Feld des Datentyps f auf 15 Dezimalziffern rundet und f im binären Gleitpunktformat belässt, so dass die folgenden Anweisungen weiterhin mit einem Feld des Typs f arbeiten können. Wie zuvor wird auch hier der zweite Rundungsschritt mithilfe des Zusatzes DECIMALS der Anweisung WRITE vollzogen. Ein solches Runden von Gleitpunktzahlen ist in der Praxis gang und gäbe.

Vergessen Sie jedoch niemals, dass durch die Verwendung der Methode round_f_to_15_decs die Genauigkeit für den Gleitpunktwert von 16 auf 15 Dezimalziffern sinkt. Verwenden Sie diese Methode daher nur, wenn Sie die Ausgabe von verwirrenden Ergebnissen der Gleitpunktrundung bei der Datenpräsentation verhindern wollen, aber nicht, um weiter mit den Ergebnissen zu rechnen. Um Ihren Anwendungscode vor dem Verlust an Berechnungsgenauigkeit zu schützen, sollten Sie alle Rundungen, die nur aus Darstellungsgründen durchgeführt werden, in den für die Darstellung zuständigen Programmteilen kapseln.

1.4 Falle Nr. 4: Fehler bei der Arbeit mit Zahlenliteralen

Das ABAP-Typenkonzept stellt zehn eingebaute elementare Datentypen zur Verfügung. Diese sind c, n, d, t, x, i, f, p, string und xstring. Mit diesen Typen können Sie z. B. mit der Anweisung DATA zehn verschiedene elementare Typen von Datenobjekten deklarieren. Diese Datenobjekte haben Namen und werden als *benannte Datenobjekte* bezeichnet. In einem ABAP-Programm können Sie auch Datenobjekte ohne Namen verwenden, nämlich mit CREATE DATA erzeugte *anonyme Datenobjekte* und die so genannten *Literale*, wobei zwischen Zeichenliteralen (Textfeldliterale und Stringliterale) und Zahlenliteralen unterschieden wird.

Um Textfeldliterale und Stringliterale in Ihrem Programmcode zu definieren, fassen Sie die Zeichen in Hochkommata bzw. Backquotes:

`'I''m a text field'` und `` `I'm a string` ``.

ABAP behandelt alle Textfeldliterale wie Datenobjekte des Datentyps c und Stringliterale wie Datenobjekte des Datentyps string.

Zahlenliterale bestehen einfach aus den Ziffern 0 bis 9. Sie können mit bis zu 31 Dezimalziffern definiert und mit einem Minuszeichen (-) als Präfix versehen werden. Beispiele hierfür sind

12345 und −9876.

ABAP behandelt Zahlenliterale wie Datenobjekte des Typs i oder des Typs p. Literale mit Werten zwischen −2147483648 (oder -2^{31}) und 2147483647 (oder $2^{31} - 1$) werden als Typ i, alle anderen Literale mit Werten bis zu $\pm 10^{31} - 1$ als Typ p behandelt. Geben Sie mehr als 31 Dezimalziffern ein, erhalten Sie einen Syntaxfehler.

Dass die Werte von Zahlenliteralen für die Bestimmung ihres Datentyps entscheidend sind, hat einzig und allein Optimierungsgründe. In allen Fällen, in denen Typ i verwendet werden kann, bringt dies nämlich einen erheblichen Geschwindigkeitsvorteil im Vergleich zum Typ p, weshalb der ABAP-Compiler – wann immer möglich – den Typ i verwendet. In beinahe allen Fällen macht das für die Programmierung keinen Unterschied, da sich Konvertierungsregeln und Arithmetik des Typs i und des Typs p ohne Dezimalstellen sehr ähnlich sind. In einigen wenigen Fällen macht es jedoch einen Unterschied – und es tut sich eine unangenehme Falle für den nichts ahnenden ABAP-Programmierer auf, in die er nur allzu leicht tappt.

Das in Listing 1.4 gezeigte Coding veranschaulicht diese Falle. In einer Folge arithmetischer Ausdrücke mit Zahlenliteralen führt der letzte Ausdruck zu einem unerwarteten Ergebnis.

```
1 PROGRAM traps_4.
2
3 DATA i TYPE i.
4
5 i = 1 / 3 * 2.                " Ergebnis 0
6 i = 11 / 33 * 2.              " Ergebnis 0
```

```
 7 i = 111 / 333 * 2.                " Ergebnis 0
 8 ...
 9 i = 111111111 / 333333333 * 2.    " Ergebnis 0
10 i = 1111111111 / 3333333333 * 2.  " Ergebnis 1???
```

Listing 1.4 Unerwartetes Ergebnis bei einer Sequenz aus Zahlenliteralen

Außer dem fett gesetzten Literal 3333333333 werden alle in diesem Beispiel verwendeten Zahlenliterale als Datenobjekte des Typs i behandelt. Da der Wert 3333333333 in Zeile 10 aber größer als $2^{31} - 1$ ist, wird er wie ein Datenobjekt des Typs p behandelt. Daraus resultiert, dass alle Berechnungen vollständig in der Arithmetik des Typs i ausgeführt werden – außer der letzten, bei der die Arithmetik des Typs p verwendet wird.

Aufgrund der in Abschnitt 1.2 beschriebenen Gleitpunktsemantik ist das Zwischenergebnis der Division in der letzten Berechnung nicht 0, sondern 0,333... Aus diesem Grund führt hier, anders als bei den anderen Anweisungen, die anschließende Multiplikation mit 2 zu einem Zwischenergebnis von 0,666... – und das aufgerundete Endergebnis ist demnach 1.

Nun sind Zahlenliterale, die größer sind als die Maximalwerte für Typ i, sicherlich ähnlich selten anzutreffen wie Situationen, in denen der Unterschied zwischen der Arithmetik des Typs i und der des Typs p zu unterschiedlichen Ergebnissen führt. Dennoch schildern wir diese Problematik hier, so rar sie im Vergleich zu den anderen Fallen auch sein mag, denn ein Programmierer, der in diese Falle tappt, würde sich schwer tun, dieses Verhalten zu erklären. Das liegt daran, dass der Wechsel von Typ i nach p für den Programmierer relativ unmerklich von der ABAP-Laufzeitumgebung vorgenommen wird.

Um dieses Hindernis zu umgehen, sollten Sie die Anzahl von Dezimalziffern in Zahlenliteralen im Auge behalten, wenn Sie diese dort verwenden, wo Sie die Arithmetik des Typs i erwarten.

1.5 Falle Nr. 5: Überflüssige Konvertierungen bei der Verwendung von Zeichenliteralen mit Zahlenwerten

Da Zahlenliterale in ABAP nur ganzzahlig sind, müssen Sie für Dezimalbruchwerte oder Exponentenausdrücke auf Zeichenliterale zurückgreifen, wie z.B.:

'3.1415926' oder '6.023E23'.

In arithmetischen Ausdrücken werden solche Zeichenliterale in den arithmetischen Typ des Ausdrucks konvertiert. Möglicherweise tendieren Sie nun aus

Gründen der Einheitlichkeit dazu, Zeichenliterale anstelle von Zahlenliteralen auch für ganzzahlige Werte zu verwenden. Dies führt jedoch zu unnötigem Konvertierungsaufwand.

Das Beispiel in Listing 1.5 zeigt die Laufzeitmessung zweier fast identischer Berechnungen. Der einzige, auf den ersten Blick winzige Unterschied, nämlich dass die erste Berechnung in Zeile 21 zwei Zeichenliterale anstelle von Zahlenliteralen verwendet, verlängert die Laufzeit um den Faktor 20 bis 30. In beiden Fällen ist der arithmetische Typ f, da result vom Typ f ist. Im ersten Beispiel wird ein Großteil der Laufzeit von der Konvertierung der Textfeldliterale (Typ c) in Typ f in Anspruch genommen. Es handelt sich dabei um eine der zeitintensivsten und damit kostenträchtigsten Konvertierungen. In der zweiten Berechnung in Zeile 29 benötigt die Konvertierung von Zahlenliteralen des Typs i in Operanden des Typs f nur in etwa dieselbe Zeit wie die Division selbst.

```
 1 PROGRAM traps_5.
 2
 3 DATA: t1 TYPE i,
 4       t2 TYPE i,
 5       r0 TYPE i,
 6       r1 TYPE i,
 7       r2 TYPE i,
 8       fr TYPE p DECIMALS 2.
 9 DATA result TYPE f.
10
11 * Laufzeit für leere Schleife -> r0
12 GET RUN TIME FIELD t1.
13 DO 10000 TIMES.
14 ENDDO.
15 GET RUN TIME FIELD t2.
16 r0 = t2 - t1.
17
18 * Laufzeit für "Berechnung 1" -> r1
19 GET RUN TIME FIELD t1.
20 DO 10000 TIMES.
21   result = '123' / '456'. " Berechnung 1
22 ENDDO.
23 GET RUN TIME FIELD t2.
24 r1 = t2 - t1 - r0.
25
26 * Laufzeit für "Berechnung 2" -> r2
```

```
27 GET RUN TIME FIELD t1.
28 DO 10000 TIMES.
29   result = 123 / 456.        " Berechnung 2
30 ENDDO.
31 GET RUN TIME FIELD t2.
32 r2 = t2 - t1 - r0.
33
34 fr = r1 / r2.                 " ungefähr 20 bis 30!!!
```

Listing 1.5 Laufzeitmessung einer Berechnung mit Textfeldliteralen und Zahlenliteralen

Ziel dieses Beispiels ist es, Ihnen zu zeigen, dass Sie Anführungszeichen (Hochkommata oder Backquotes) um ganzzahlige Werte in arithmetischen Ausdrücken immer vermeiden sollten, auch wenn das in Listing 1.5 gezeigte Beispiel keinesfalls eine »gefährliche« Falle darstellt und beide Berechnungen zum gleichen Ergebnis führen. Ob Sie bei der einfachen Zuweisung von Werten Anführungszeichen verwenden sollten, hängt vom Datentyp des Zielfelds ab; das wird im nächsten Beispiel sehr deutlich.

1.6 Falle Nr. 6: Irrtümliche Verwendung von Zahlenliteralen statt Zeichenliteralen

In Listing 1.6 werden für das Feld date des Typs d und für das Feld time des Typs t Startwerte mit dem Zusatz VALUE vergeben (Zeile 3 und 4). In beiden Fällen scheint der Startwert korrekt gesetzt zu sein, und viele Programmierer werden erwarten, dass nach der Initialisierung das Feld date mit 20001231 (31. Dezember 2000) und das Feld time mit 235959 (die Uhrzeit 23:59:59) gefüllt sein wird. Doch beide Felder enthalten anschließend unerwartete Werte.

```
1 PROGRAM traps_6.
2
3 DATA: date TYPE d VALUE 20001231,
4       time TYPE t VALUE 235959.
5
6 WRITE: /(10) date,      " Ausgabe 0000/00/00???
7        /(8)  time.      " Ausgabe 17:32:39???
```

Listing 1.6 Initialisierungen für Felder der Typen d und t

Die beiden Typen d und t gehören wie c, n und string zu den zeichenartigen ABAP-Typen. Jede Stelle in einem zeichenartigen Feld benötigt im Speicher den Platz eines Zeichens. Im speziellen Fall von d wird der Inhalt als Datumsangabe im Format YYYYMMDD aufgefasst, wobei »YYYY« das Jahr spezifiziert, »MM« den

Monat und »DD« den Tag. Für den Typ t wird der Inhalt als Zeitangabe im Format HHMMSS aufgefasst; in diesem Fall spezifiziert »HH« die Stunden, »MM« die Minuten und »SS« die Sekunden.

Da YYYYMMDD und HHMMSS Textformate sind, sollten die Initialisierungen der Datentypen d und t immer mit Zeichenliteralen anstelle von Zahlenliteralen durchgeführt werden. Und tatsächlich führt die Konvertierung der Zahlenliterale in Textfeldliterale durch das Hinzufügen von vier Hochkommata im Coding von Listing 1.6 zum beabsichtigen Verhalten.

Zahlenliterale sind als Startwerte der Typen d und t denkbar ungeeignet, da hier eine Konvertierung durchgeführt wird, die eher für Datums- und Zeitberechnungen vorgesehen ist. Um die unerwarteten Ergebniswerte des Beispiels in Listing 1.6 zu verstehen, wollen wir uns kurz die Konvertierungsregeln für die Typen d und t ansehen:

- In arithmetischen Ausdrücken und bei Konvertierungen von numerischen oder in numerische Werte werden die Daten in Feldern des Typs d in die Anzahl von Tagen, die seit dem ersten Januar des Jahres 0001 vergangen sind, konvertiert. Ein Feld des Typs d wird auf den Initialwert gesetzt, wenn es mit einem Zahlenwert gefüllt werden soll, aus dem ein ungültiges Datum resultiert.

- Zahlenwerte werden beim Umgang mit Typ t als die Anzahl von Sekunden, die seit Mitternacht vergangen sind, behandelt, wobei Mitternacht als 00:00:00 dargestellt wird. Wenn ein Zahlenwert 86400, die Anzahl der Sekunden eines Tages, übersteigt, wird bei der Zuweisung an ein Feld vom Typ t der ganzzahlige Rest der Division des Wertes durch 86400 verwendet.

Nach diesen Regeln wird in unserem Beispiel bei der Zuweisung des Startwerts an das Feld date das Zahlenliteral als Anzahl der seit dem 1. Januar 0001 vergangenen Tage interpretiert, nämlich 20.001.231 Tage, was einem Datum im 54. Jahrtausend entspricht. Da das höchste zulässige Datum für Typ d aber der 31. Dezember 9999 ist, wird der Wert des Feldes date auf seinen typgerechten Initialwert 00000000 gesetzt.

Bei der Zuweisung des Startwerts an das Feld time wird das Zahlenliteral 235959 als Anzahl der vergangenen Sekunden seit Mitternacht interpretiert. Das entspricht zwei Tagen und einer Zeit von 17 Stunden, 32 Minuten und 39 Sekunden am dritten Tag, weshalb nach obiger Regel time mit 173239 gefüllt wird.

Da ABAP zwar über zehn eingebaute Datentypen, jedoch nur über zwei Arten von Literalen verfügt, steht für die meisten Typen kein entsprechender Literaltyp zur Verfügung und Sie können nur Zeichenliterale (Datentyp c oder string) oder Zahlenliterale (Datentyp i oder p) verwenden. Bei jeder nicht typgerechten Verwendung eines Literals sind immer die zugehörigen Konvertierungsregeln zu beachten. Um vor Überraschungen sicher zu sein, sollten Sie deshalb in Verbindung mit den klar erkennbar zeichenartigen Datentypen wie c, string oder n Zeichenliterale verwenden.[3] In Verbindung mit den numerischen Datentypen i, p und f sollten hingegen – und wenn möglich – Zahlenliterale Verwendung finden.

Die Datentypen d und t haben zwei Gesichter: Einerseits sind es zeichenartige Typen – eine Tatsache, die man sich sehr häufig zu Nutze macht. Um beispielsweise nur Informationen über den Monat aus einem Datum zu filtern, können Sie einen Offset/Längen-Zugriff verwenden, der für zeichenartige Felder zulässig ist, und einfach date+4(2) schreiben. Andererseits basiert ein wichtiger Teil der Funktionalität der Datentypen d und t auf ihrer internen numerischen Darstellung, also die Anzahl der vergangenen Tage seit dem 1. Januar 0001 bzw. die Anzahl der vergangenen Sekunden seit Mitternacht. Das Hinzufügen einer Anzahl von Tagen zu einem spezifischen Datum oder die Festlegung eines Zeitraums durch die Subtraktion zweier Zeiten sind gebräuchliche Beispiele, die auf der internen numerischen Darstellung basieren.

Wenn Sie also mit den Datentypen d und t arbeiten, müssen Sie die Verwendung von Zeichenliteralen oder Zahlenliteralen gut gegeneinander abwägen. Eine Faustregel lässt sich jedoch wie folgt formulieren: Wenn die Typen d oder t in ihrer numerischen Ausprägung verwendet werden sollen, sind Zahlenliterale erste Wahl, andernfalls verwenden Sie besser Zeichenliterale. Ähnliche Überlegungen gelten auch für die Typen x oder xstring, die hier aber nicht dargestellt werden sollen.

1.7 Falle Nr. 7: Falscher Gebrauch von In-place-Datendeklarationen für Initialisierungen

Wenn Sie aus dem Java- oder C++-Umfeld kommen, sind Sie es möglicherweise gewohnt, Objekte in einem Schritt und *in-place* zu deklarieren und zu instanziieren, wie folgendes Beispiel zeigt:

```
Object Obj = new Object();
```

Die Variable Obj ist nach dieser Anweisung im aktuellen Bereich sichtbar und wird mit der Anweisung in-place instanziiert. Der Vorteil dieser Methode ist, dass Sie in der Lage sind, den potenziell hohen Aufwand für die Instanziierung riesiger Objekte dort zu umgehen, wo Sie sie nicht brauchen. Auch für die Deklaration und Initialisierung von elementaren Objekttypen wie z. B.

```
int i = 123;
```

---

[3] Ab Release 6.10 des SAP Web Application Servers sollten selbstverständlich Stringliterale für Strings verwendet werden.

verfahren C++- und Java-Programmierer oft in dieser Weise, um ihre Programme übersichtlicher zu halten.

Die typische Anweisung zum Deklarieren von Datenobjekten in ABAP ist `DATA`. Für die eben genannte Deklaration lautet die Entsprechung in ABAP

`DATA i TYPE i VALUE 123.`

Wie auch in C++ oder Java ist es mit der ABAP-Syntax möglich, Datenobjekte an beinahe jeder Stelle eines Programms zu deklarieren. Das heißt, dass Sie die Anweisung `DATA` genau vor die Anweisungen schreiben können, die von den Datenobjekten Gebrauch machen. Wenn Sie jedoch die Methode der In-place-Datendeklaration und -Initialisierung für systemeigene Objekttypen aus C++ oder Java auf ABAP übertragen, werden Sie in eine unangenehme Falle tappen.

Listing 1.7 zeigt ein Beispiel innerhalb einer Schleife, in der der Schleifenindex `sy-index` zur Variablen `value` hinzuaddiert wird:

```
1 METHOD m1.
2   ...
3   DO 10 TIMES.
4     DATA value TYPE i VALUE 10.
5     ...
6     value = value + sy-index. " value = 11, 13, 16, ...
7     ...
8   ENDDO.
9 ENDMETHOD.
```

Listing 1.7 Hinzuaddieren einer inkrementierenden Zahl zur Variablen value

Die Variable `value` wird mit der Anweisung `DATA` innerhalb des DO-Blocks in Zeile 4 deklariert und initialisiert und dann bei jedem Schleifendurchlauf um den aktuellen Wert von `sy-index` erhöht (Zeile 6). Auf den ersten Blick könnte man erwarten, dass der Wert `value` auf die Werte 11, 12, 13 etc. gesetzt wird. Das Ergebnis ist jedoch ein anderes.

Anders als in C++ oder Java besteht nämlich in ABAP nicht die Möglichkeit, einen lokalen Bereich dadurch zu öffnen, dass man Daten in Kontrollblöcken deklariert, wie z.B. in `IF...ENDIF`- oder `DO...ENDDO`-Konstrukten. In ABAP gibt es nur drei Kontexte, in denen Daten deklariert werden können:

▶ im Kontext einer Prozedur (Methode, Funktion oder Unterprogramm)

▶ im Kontext einer Klasse bzw. im Kontext einer Instanz einer Klasse

▶ im Kontext eines ABAP-Programms selbst

In der Hierarchie von lokalen zu globalen Daten enthalten Prozeduren die »am meisten lokalen« Daten, während die im Deklarationsteil eines ABAP-Programms deklarierten Daten die »am meisten globalen« Daten sind. Klassen und ihre Objekte bilden Kontexte, die zwischen den beiden Extremen liegen.

Die Variable `value` im Beispielprogramm ist im Kontext der Methode `m1` definiert. Sie lebt während der Ausführung der Methode und wird bei deren Aufruf initialisiert. Die Konsequenz ist, dass die in der DATA-Anweisung vorgenommene Zuweisung eines Startwerts für den aktuellen Kontext, also die Ausführung der Methode, gilt und nicht in jedem Schleifendurchgang der DO-Anweisung wiederholt wird. Daher ist der Inhalt von `value` zu Beginn des zweiten Schleifenschritts 11, und nicht 10, wie man möglicherweise aus der Programmsequenz abgeleitet könnte.

Sie können Deklarationsanweisungen inklusive der Zuweisung von Startwerten zwar überall innerhalb eines Kontextes (wie im vorliegenden Fall gezeigt sogar innerhalb einer Schleife) platzieren, das einzige spürbare Ergebnis einer solchen Anordnung ist aber lediglich, dass die Daten nur hinter dieser Deklaration sichtbar sind; die Initialisierungen und Datendeklarationen selbst werden jedoch immer am Anfang des Kontextes durchgeführt. Aus diesem Grund sollten Sie auch die DATA-Anweisung an dieser Stelle in das Coding aufnehmen: In Prozeduren wäre das direkt hinter den Anweisungen METHOD, FUNCTION oder FORM und in ABAP-Programmen nur im Bereich für globale Datendeklarationen zwischen der einleitenden Anweisung (PROGRAM, REPORT, FUNCTION-POOL etc.) und dem ersten Verarbeitungsblock. In Klassen können Sie Daten ohnehin nur im explizit definierten Deklarationsbereich deklarieren, der durch CLASS...DEFINITION eingeleitet wird.

Wenn Sie eine Initialisierung am Anfang eines Anweisungsblocks durchführen möchten, wie es z.B. in der DO-Schleife in Listing 1.7 geschieht, müssen Sie eine entsprechende Wertzuweisung programmieren. Listing 1.8 zeigt das korrekte Beispiel.

```
1 METHOD m1.
2   DATA value TYPE i.
3   ...
4   DO 10 TIMES.
5     value = 10.
6     ...
7     value = value + sy-index. " value = 11, 12, 13, ...
8     ...
```

```
 9   ENDDO.
10   ENDMETHOD.
```

Listing 1.8 In-place-Zuweisung von Initialwerten

Die Tatsache, dass durch Deklarationsanweisungen generierte Initialisierungen am Anfang des aktuellen Kontextes ausgeführt werden, führt uns direkt in die nächste Falle: Zur Problematik von Datendeklarationen im falschen Kontext (siehe Abschnitt 1.8).

Wenn Sie bestehenden Daten während der Abfolge eines Verarbeitungsblocks nicht nur Initialwerte zuweisen, sondern Datenobjekte an bestimmten Stellen dynamisch instanziieren möchten, können Sie die In-place-Anweisung CREATE DATA verwenden, die in ABAP seit Basis-Release 4.6 zur Verfügung steht. Während die Instanziierung von Datenobjekten, die mit der DATA-Anweisung deklariert wurden, am Anfang ihres Kontextes implizit ausgeführt wird, steuern Sie die Instanziierung mit CREATE DATA explizit. Diese Anweisung versetzt Sie in die Lage, große und komplexe Datenmengen nur dann zu erzeugen, wenn sie auch gebraucht werden, und so den Speicherbedarf Ihres Programms zu optimieren.[4]

1.8 Falle Nr. 8: Deklaration von Daten im falschen Kontext

In Abschnitt 1.7 haben Sie gelernt, dass es drei Bereiche gibt, in denen Daten in ABAP deklariert werden können: in Prozeduren, in Klassen bzw. deren Instanzen und im Programm selbst. Vergleichen Sie diese Tatsache nun mit dem ABAP-Programm in Abbildung 1.2.

Es handelt sich dabei um einen klassischen Modul-Pool, der als Container für unterschiedliche Dialogmodule dient.[5] In Abbildung 1.2 wird ein Datenobjekt flag innerhalb eines Dialogmoduls deklariert und initialisiert. Die DATA-Anweisung ist gemäß Abschnitt 1.7 ordnungsgemäß am Anfang des Dialogmoduls platziert. Viele ABAP-Programmierer mögen jetzt denken, dass flag im Dialogmodul lokal ist und jedes Mal initialisiert wird, wenn das Modul aus der Ablauflogik heraus aufgerufen wird. Doch diese Annahme stellt sich spätestens dann als falsch heraus, wenn – vielleicht Jahre nach Freigabe des Programms – ein Fehler auftritt und das Dialogmodul sich nicht wie erwartet verhält.

---

[4] Im Gegensatz zu kontextbezogenen Datenobjekten werden dynamisch erzeugte Datenobjekte automatisch durch den eingebauten *Garbage Collector* gelöscht, wenn sie nicht mehr benötigt werden.

[5] Die Dialogmodule werden üblicherweise in unterschiedlichen Include-Programmen angelegt. Beachten Sie, dass die hier gezeigte Falle von der Organisation des Programms in Include-Programmen völlig unabhängig ist. Sie kann auch in anderen Programmtypen wie z.B. ausführbaren Programmen oder Funktionsgruppen auftreten.

```
                                          ABAP-Programm SAPM...
                                          Include-Programm M...
  MODULE screen_...
    DATA flag(1) TYPE c ... VALUE ...
    ...
    IF flag = ...            " flag auswerten
    ...
  ENDMODULE.

  ...
                                          Include-Programm M...
  MODULE screen_...
    ...
    flag = ...               " flag setzen
    ...
  ENDMODULE.
```

Abbildung 1.2 Klassischer Modul-Pool mit Dialogmodulen

Wie schon erwähnt, können in ABAP nicht alle Verarbeitungsblöcke, sondern nur Prozeduren im engeren Sinn, d.h. Methoden, Funktionsbausteine und Unterprogramme, über lokale Daten verfügen. Davon ausgeschlossen sind also Dialogmodule, die zwischen MODULE und ENDMODULE definiert werden, sowie Ereignisblöcke, die nach Ereignisschlüsselwörtern wie z.B. START-OF-SELECTION oder AT LINE-SELECTION definiert werden. Alle Datendeklarationen in Dialogmodulen oder Ereignisblöcken haben den Gültigkeitsbereich des aktuellen ABAP-Programms und sind Teil seiner globalen Daten.[6] Alle Anweisungen in allen Verarbeitungsblöcken, die im Programm unterhalb der Datendeklaration aufgeführt sind, kennen diese Daten und können mit ihnen arbeiten.

Stellen Sie sich vor, dass das zweite Dialogmodul in unserem Beispiel aus Abbildung 1.2 in einem anderen Include-Programm von einem anderen Entwickler und zu einem späteren Zeitpunkt als das erste Dialogmodul programmiert wird. Das zweite Modul kennt flag implizit und ändert das Feld seinen eigenen Bedürfnissen entsprechend. Besonders in großen Dialogprogrammen mit vielen Dynpros und vielen verschiedenen Anwendungsszenarien können solcherart latente Feh-

---

[6] Unglücklicherweise gibt es keine Regel ohne Ausnahmen. In diesem Fall ist die Ausnahme, dass durch AT SELECTION-SCREEN und GET definierte Ereignisblöcke intern als Prozeduren implementiert werden und daher lokale Daten enthalten können. Um Verwirrung zu vermeiden, sollten Sie diese Tatsache nicht ausnutzen, sondern mit diesen Blöcken wie mit normalen Ereignisblöcken ohne lokale Daten arbeiten und dort keine Daten deklarieren.

lerpotenziale trotz umfangreicher Tests und sogar in der produktiven Verwendung lange unerkannt bleiben, weil es oft eines ganz bestimmten Anlasses bedarf, den Fehler auszulösen. Doch eines Tages wird es zu einer Situation kommen, in der das zweite Dialogmodul das Datenobjekt ändert, bevor das erste Dialogmodul aus der Ablauflogik heraus aufgerufen wird – mit dem Resultat, dass das erste Dialogmodul von einem falschen Wert ausgeht.

Um zu vermeiden, dass dieses Problem überhaupt auftritt, sollten Sie globale Programmdaten einzig und allein im globalen Deklarationsbereich des Programms deklarieren. In großen Programmen werden sämtliche globalen Deklarationen üblicherweise in das Top-Include des Programms geschrieben. Deklarieren Sie Daten niemals in Verarbeitungsblöcken, die keine eigenen lokalen Daten enthalten können.

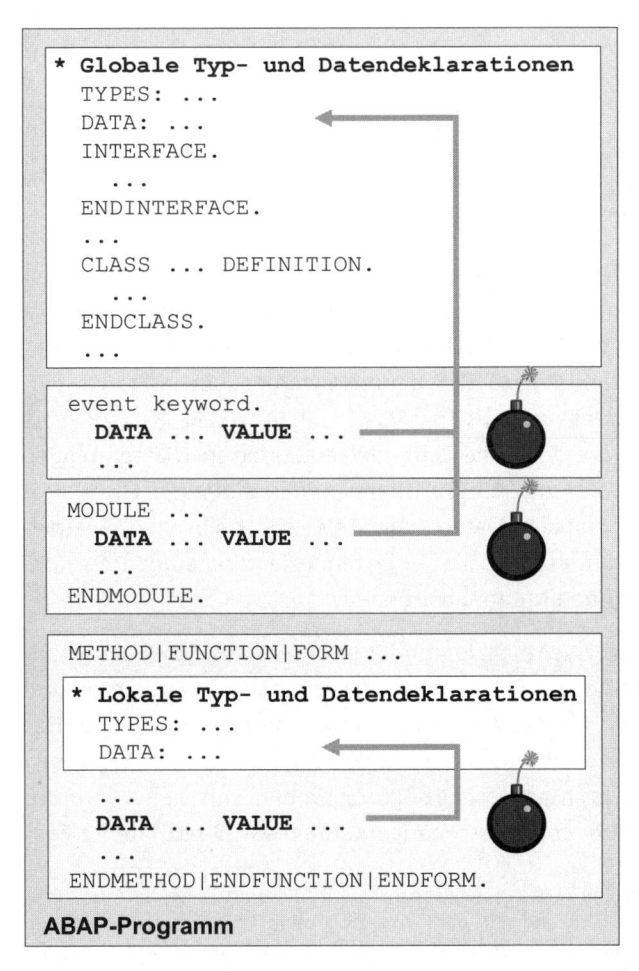

```
* Globale Typ- und Datendeklarationen
  TYPES: ...
  DATA: ...
  INTERFACE.
    ...
  ENDINTERFACE.
  ...
  CLASS ... DEFINITION.
    ...
  ENDCLASS.
  ...

event keyword.
  DATA ... VALUE ...
  ...

MODULE ...
  DATA ... VALUE ...
  ...
ENDMODULE.

METHOD|FUNCTION|FORM ...
* Lokale Typ- und Datendeklarationen
  TYPES: ...
  DATA: ...
  ...
  DATA ... VALUE ...
  ...
ENDMETHOD|ENDFUNCTION|ENDFORM.

ABAP-Programm
```

Abbildung 1.3 Deklaration von lokalen und globalen Typen und Daten

Verwenden Sie darüber hinaus so wenig globale Daten wie möglich. Als Faustregel gilt: Sie sollten Ihre Daten zunächst in Prozeduren kapseln und nur die Daten, die in verschiedenen Prozeduren gebraucht werden, in einer gemeinsame Klasse definieren (*poor man's object orientation*). Mit der technisch bedingten Ausnahme der Schnittstellen-Arbeitsbereiche, die für den Datenaustausch mit Dynpros oder logischen Datenbanken nötig sind, gibt es keinen Grund, warum ABAP-Programme überhaupt globale Daten enthalten sollten. In-place-Datendeklarationen und Datendeklarationen in Ereignisblöcken und Dialogmodulen sind potenziell gefährlich. Platzieren Sie daher alle Datendeklarationen an den Stellen im Programm, an die sie gehören: Lokale Daten also am Beginn der Prozedur, globale Daten im globalen Deklarationsteil (siehe Abbildung 1.3). Wenn Sie Daten kapseln wollen, nutzen Sie Klassen oder Prozeduren und rufen Sie sie aus Ereignisblöcken und Dialogmodulen heraus auf.

1.9 Falle Nr. 9: Verwendung flacher Strukturen mit numerischen Komponenten als Textfelder

Sie wissen, dass in ABAP elementare Datentypen zu komplexen Datentypen zusammengefasst werden können, nämlich zu strukturierten Typen und Tabellentypen. Bei strukturierten Typen sind flache Strukturen und tiefe Strukturen zu unterscheiden. Eine tiefe Struktur ist dadurch bestimmt, dass sie mindestens eine tiefe Komponente enthält, bei der es sich um einen String, eine interne Tabelle oder eine auf ein Objekt verweisende Referenzvariable handeln kann. Die eigentlichen Daten solcher tiefen Komponenten können wegen ihrer dynamischen Natur nicht im statisch festgelegten Speicherbereich der Struktur selbst abgelegt werden. Stattdessen enthält eine tiefe Struktur für jede tiefe Komponente lediglich eine technische Referenz, die auf Daten verweist, die in einen dynamisch verwalteten Speicherbereich ausgelagert sind (siehe Abbildung 1.4).

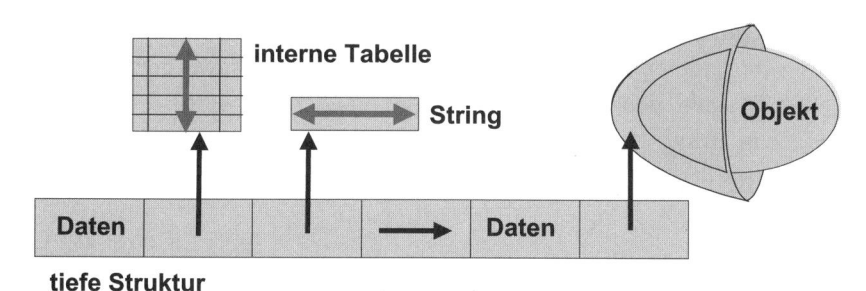

Abbildung 1.4 Organisation tiefer Strukturen

Wenn Sie mit tiefen Strukturen arbeiten, sind alle Operationen unzulässig, die potenziell die Informationen der technischen Referenzen zerstören könnten.

Auch Casting-Operationen, die spätere Zugriffe auf die technische Referenz erlauben würden, sind unzulässig. Der Beispielcode in Listing 1.9 löst daher einen Syntaxfehler in Zeile 9 aus.

```
1 PROGRAM traps_9.
2
3 FIELD-SYMBOLS <fs> TYPE any.
4
5 DATA: BEGIN OF deep_struc,
6        str TYPE string,
7       END OF deep_struc.
8
9 ASSIGN deep_struc TO <fs> CASTING TYPE c. " Syntax error
```

Listing 1.9 Unzulässige Casting-Operation auf einer tiefen Struktur

Bei flachen Strukturen sind dagegen alle Daten tatsächlich Teil der Struktur. Eine flache Struktur wird in einem Speicherbereich einer spezifischen Länge abgelegt, in dem alle Strukturkomponenten hintereinander gespeichert sind. Zumindest ein nicht-Unicode-Programm hat noch uneingeschränkten Zugriff auf den Speicher im Datenbereich, und Sie können dessen Inhalt unmittelbar neu interpretieren oder manipulieren, indem Sie unterschiedliche Casting-Methoden einsetzen. Bitte beachten Sie, dass auch geschachtelte Strukturen flach sind, wenn alle Unterstrukturen flache Komponenten enthalten.

Die vor der Einführung von Unicode übliche Casting-Methode für flache Strukturen war das Interpretieren der gesamten Struktur als ein Feld des Typs c mit der Länge der Struktur. Für ein solches (implizites) Casting brauchen Sie in einem nicht-Unicode-Programm lediglich den Namen einer flachen Struktur anzugeben, wo elementare Felder erwartet werden. ABAP interpretiert dann die gesamte Struktur als ein Feld des Typs c mit der Länge der Struktur. Dies wird oft nicht als ein Typecast wahrgenommen; es ist jedoch durchaus einer. Diese Vorgehensweise kann in einer Vielzahl von ABAP-Anweisungen verwendet werden. Die Programmsequenz in Listing 1.10 zeigt ein gängiges Beispiel.

```
1 PROGRAM traps_10.
2
3 DATA: BEGIN OF flat_struc,
4        date TYPE d,
5        time TYPE t,
6       END OF flat_struc.
7
8 flat_struc-date = sy-datum.
```

```
 9 flat_struc-time = sy-uzeit.
10
11 DATA date TYPE d.
12
13 WRITE / flat_struc.
14 date = flat_struc(8).
15 flat_struc = '20041017120000'.
```

Listing 1.10 Casting einer flachen Struktur auf den Typ c

Die flache Struktur `flat_struc` in Listing 1.10 besteht aus den zwei flachen zeichenartigen Komponenten date (Typ d) und time (Typ t). Die Anweisung WRITE in Zeile 13 sieht `flat_struc` als Feld des Typs c in der kompletten Strukturlänge und gibt sie als Folge von 14 Zeichen in einer Liste aus. In der nächsten Anweisung werden durch die Spezifikation von Offset und Länge nur die ersten acht Zeichen von `flat_struc` ausgewählt und in einem Feld date des elementaren Typs d gespeichert (Zeile 14). Die letzte Anweisung in Zeile 15 speichert schließlich das Zeichenliteral '20041017120000' in `flat_struc`, wobei die Komponenten `flat_struc-date` und `flat_struc-time` implizit mit Werten von '20041017' und '120000' gefüllt werden. Die hier gezeigten Anweisungen sind sowohl in nicht-Unicode- als auch in Unicode-Programmen ausführbar.

In vielen Fällen ist dieser implizite Typecast äußerst hilfreich. Insbesondere wenn alle Komponenten der beteiligten flachen Strukturen zeichenartige Typen sind (c, d, n oder t), ist diese Methode mehr ein Wrapping-Mechanismus als eine wirkliche Casting-Methode.

Verfügen jedoch eine oder mehrere Komponenten der flachen Strukturen über numerische Typen wie i, f oder p, führt das Casting der gesamten Struktur zu Typ c und beispielsweise die Zuweisung eines Textwertes zumindest zu unsinnigen Daten für die numerischen Felder. Im schlimmsten Fall sind ungültige Daten und sogar Laufzeitfehler möglich. In Unicode-Programmen sind solche Zuweisungen daher nicht mehr möglich.

Der Code in Listing 1.11 ist nur noch in nicht-Unicode-Programmen kompilierbar, endet aber spätestens zur Laufzeit mit einer Ausnahme. Das System findet keine Daten im Feld `flat_struc-number`, die als numerischer Wert interpretiert werden könnten. Der Code wird in Zeile 8 mit dem Laufzeitfehler BCD_BADDATA beendet, da das gepackte Feld kein korrektes BCD-Format enthält (das letzte Halb-Byte ist nicht als Vorzeichen interpretierbar).

```
1 PROGRAM traps_11.
2
3 DATA: BEGIN OF flat_struc,
4   number TYPE p LENGTH 14 DECIMALS 0,
5 END OF flat_struc.
6
7 flat_struc = '20041017120000'.
8 ADD 1 TO flat_struc-number. " inkonsistenter Inhalt, Ausnahme!
```

Listing 1.11 Ausnahme am Ende des Codes

Um solche ungültigen numerischen Daten zu vermeiden, die das Ergebnis impliziter Typecasts flacher Strukturen sind, müssen sowohl die Offsets der numerischen Komponenten als auch die numerischen Typen in den beteiligten flachen Strukturen zueinander passen. Eine flache Struktur mit drei Komponenten, am Anfang zwei Komponenten des Typs c mit der Länge 5 und darauf folgend eine Komponente des Typs f, kann z.B. ohne größere Schwierigkeiten einer flachen Struktur mit zwei Komponenten, einer Komponente des Typs c mit der Länge 10 und einer Komponente des Typs f zugeordnet werden. Ab Release 6.10 des SAP Web Application Servers sagt man in einem solchen Fall, dass die *Unicode-Fragmentsichten* der beiden Strukturen übereinstimmen. In einem Unicode-Programm – ein ABAP-Programm, das in einem Unicode-System ausführbar ist – sind nur noch Zuweisungen zwischen Strukturen möglich, bei denen genau das der Fall ist. Bei Zuweisungen, bei denen numerische oder auch hexadezimale Feldwerte zerstört würden, tritt ein Syntaxfehler auf. Dieser *sichere Modus* ist auch für nicht-Unicode-Systeme verfügbar, indem Sie einfach das optionale Programmattribut *Unicodeprüfungen aktiv* in den Programmeigenschaften aktivieren. Wir empfehlen Ihnen, neue Programme ab Release 6.10 nur noch als Unicode-Programme anzulegen, selbst wenn Sie keinen Wechsel auf ein Unicode-System planen, um diese Falle zu vermeiden.

Doch auch wenn man diese Regeln befolgt, ist man nicht in allen möglichen Szenarien wirklich auf der sicheren Seite, wie das Beispiel in Abschnitt 1.10 mehr als deutlich macht.

1.10 Falle Nr. 10: Verwendung flacher Strukturen mit numerischen Komponenten in anonymen Containern

Abbildung 1.5 zeigt eine häufig verwendete Container-Methode: Eine Datenbanktabelle kann Daten unterschiedlicher Strukturtypen in einem anonymen Container enthalten. Der Typ des anonymen Datenbank-Containerfeldes ist üblicherweise x (oder auch c). Ein Vorgängerfeld in jeder Zeile der Datenbanktabelle enthält Kennungen id, die als Identifikatoren für die Struktur der Containerdaten dienen. Mit dem Wert der Kennung kann ein ABAP-Programm bestimmen, welcher strukturierte Typ für das Casting der Containerinhalte verwendet werden muss. »id 1« in der ersten Spalte der Datenbanktabelle kann beispielsweise einen strukturierten Typ identifizieren, der aus zwei Komponenten, einem Hauptfeld des Typs i und einem zweiten Feld des Typs f, besteht.

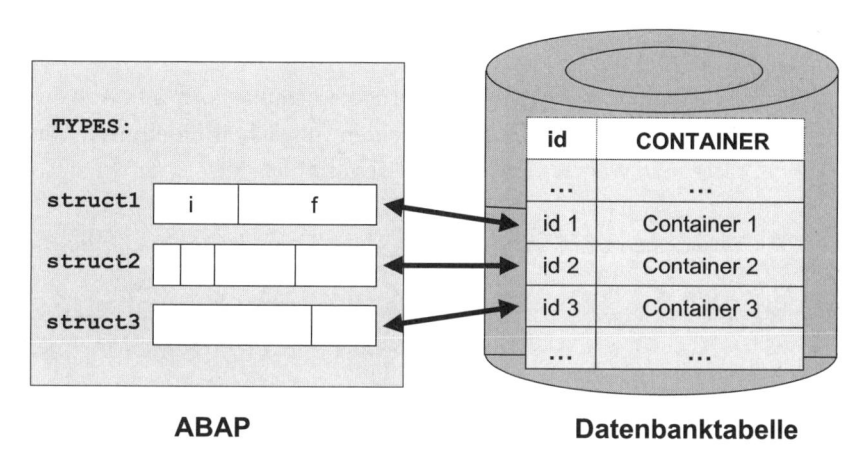

Abbildung 1.5 Anonyme Container in Datenbanktabellen

Gehen wir davon aus, dass für beide Felder der Wert 1 gesetzt worden ist und im entsprechenden Container für die Struktur struct1 in der Datenbank gespeichert wurde. Unsere Aufgabe ist es nun, die Daten wieder auszulesen. Dies kann mithilfe des Beispielcodes in Listing 1.12 geschehen; dieses Coding ist auch in Unicode-Programmen ausführbar. In nicht-Unicode-Programmen könnte man sich sogar den Umweg über das explizite Casting eines Feldsymbols sparen und den im letzten Abschnitt beschriebenen impliziten Strukturcast verwenden.

```
 1 PROGRAM traps_12.
 2
 3 TYPES: BEGIN OF struct1,
 4          int   TYPE i,
 5          float TYPE f,
 6        END OF struct1.
 7
 8 FIELD-SYMBOLS <struct1> TYPE struct1.
 9
10 SELECT ...
11        FROM dbtab
```

```
12        INTO  wa
13        WHERE id = 'id 1'.
14
15 ASSIGN wa-container TO <struct1> CASTING. " Cast!!!
16
17 WRITE: / `struct-int:   `, <struct1>-int,
18        / `struct-float: `, <struct1>-float.
```

Listing 1.12 Auslesen der Daten nach der Speicherung des Wertes

Überraschenderweise kann das Ergebnis von der Hardwareplattform des Anwendungsservers abhängen. Tabelle 1.3 zeigt die beiden möglichen Ergebnisse. Das zweite Ergebnis hätte man wahrscheinlich nicht erwartet.

Feld	Ergebnis 1	Ergebnis 2
<struct1>-int	1	16.777.216
<struct1>-float	1,0000000000000000E+00	3,0386519416174186E-319

Tabelle 1.3 Mögliche Ergebnisse nach einem Typecast eines Containers

SAP unterstützt eine Reihe verschiedener Anwendungsserver-Plattformen, u. a. Windows, Solaris, HP-UX, AIX und Linux. Die verschiedenen Plattformen arbeiten mit unterschiedlichen Hardwarearchitekturen. Ein häufig zu wenig beachteter, aber wichtiger Unterschied zwischen den Plattformen ist die Bytereihenfolge, in der eingebaute Typen wie z. B. 4-Byte-Integer gespeichert werden. In Unicode-Systemen betrifft dies sogar die Ablage von Zeichen. Auf Intel-basierten Plattformen wie Windows NT oder Linux ist die Bytereihenfolge beispielsweise *Little Endian*, bei der das niederwertigste Byte in der ersten Speicherstelle des gesamten belegten Speichers steht. Im Gegensatz dazu wird auf den meisten UNIX-Plattformen die *Big-Endian*-Bytereihenfolge angewandt, bei der das höchstwertige Byte an der ersten Speicherstelle steht. Aus diesem Grund ist die Reihenfolge der vier Bytes für einen Integer genau umgekehrt, wenn Sie beispielsweise von Windows NT auf Solaris umschalten.

Normalerweise stellen die unterschiedlichen Bytereihenfolgen kein Problem dar, und Little-Endian- und Big-Endian-Maschinen können in einer gemeinsamen SAP-Systemlandschaft recht gut nebeneinander arbeiten. Die Konvertierungen, die den Datenaustausch zwischen den Servern erst ermöglichen, werden von der ABAP-Laufzeitumgebung automatisch durchgeführt, wodurch die Endian-Architektur für den Anwender meistens transparent bleibt.

Die wesentliche Voraussetzung für den Start der automatischen Endian-Konvertierung ist aber, dass der ABAP-Laufzeitumgebung die Typinformation der Rohdaten zur Verfügung steht. Wenn Rohdaten aus vier Bytes beispielsweise von einem Server auf einen anderen übertragen werden und die Typinformation fehlt, die besagt, dass diese vier Bytes ein Integer sind, kann auch keine Endian-Konvertierung stattfinden.

Solche Situationen können – wie im vorgestellten Beispiel – bei der Verwendung anonymer Container entstehen. Zunächst wird eine Folge aus einem 4-Byte-Integer (Datentyp i) und einer 8-Byte-Gleitpunktzahl (Datentyp f) im anonymen Container der Datenbank gespeichert, wobei die Bytereihenfolge des aktualisierenden Anwendungsservers beibehalten wird. In der Datenbank stehen keine Typinformationen mehr für die einzelnen im Container gespeicherten Komponenten der Struktur zur Verfügung. Später werden die Daten, ähnlich wie im Beispielcode aus Listing 1.12, reimportiert. Wenn dies auf einem Server mit einer anderen Bytereihenfolge geschieht, lässt das Casting bei der Zuordnung von <struct1> zu wa-container die Bytereihenfolge unverändert – und die Daten werden falsch interpretiert.

Die Verwendung von Containern für numerische Werte sowie Datenobjekte des Typs i und f – und in Unicode-Systemen auch für Zeichen – stellt eine ernstzunehmende Falle dar, da »alles gut geht«, solange Sie Ihre Programme in homogenen Serverumgebungen ausführen. Nur dann, wenn Sie Container in Umgebungen mit Servern unterschiedlicher Endian-Architektur speichern und lesen, treten unerwartete Fehler auf.

Die einzige effektive Maßnahme, um dieser Falle zu entgehen, besteht darin, in nicht-Unicode-Systemen jegliche Art numerischer Komponenten bei Strukturen zu vermeiden, die in anonymen Containern gespeichert werden. Hier können nur die flachen byte- bzw. zeichenartigen Typen c, n, d, t oder x ungestraft gespeichert werden. Um numerische Informationen in anonymen Containern zu speichern, können Sie die numerischen Datenobjekte durch einfache Wertzuweisung in zeichenartige Komponenten umwandeln. Da aber in Unicode-Systemen selbst zeichenartige Typen nicht mehr gefahrlos in anonymen Containern gespeichert werden, empfehlen wir, dass Sie auf diese Art von Containern vollständig verzichten und die Strukturen stattdessen in ein plattformunabhängiges Format konvertieren und speichern. Hierfür bietet sich das XML-Format an. Seit Release 6.10 lassen sich ABAP-Daten über die Anweisung CALL TRANSFORMATION bequem mit XSLT-Programmen nach XML konvertieren und vice versa. Seit Release 6.40 steht mit *Simple Transformations* (ST) hierfür sogar eine maßgeschneiderte Programmiersprache zur Verfügung, die einfacher und performanter als XSLT ist.

1.11 Fazit

Sie kennen nun die häufigsten Fallen, in die Sie im Zusammenhang mit grundlegenden Operationen und Datentypen in ABAP tappen und die Probleme verursachen können:

- Bezüglich der grundlegenden Arithmetik haben Sie gelernt, wie ABAP den arithmetischen Typ bestimmt und warum Felder des Datentyps p sorgfältig dimensioniert sein sollten, um falsches Runden zu vermeiden. Zudem haben Sie erfahren, wie das Problem des falschen Rundens bei Gleitpunktzahlen umgangen werden kann.

- Für die Arbeit mit Literalen wissen Sie nun, wann Sie Zeichenliterale und wann Sie Zahlenliterale verwenden sollten.

- Wir haben die Probleme mit In-place-Datendeklarationen aufgezeigt, die Sie generell und um beinahe jeden Preis verhindern sollten.

- Wir hoffen, dass Sie die Tücken numerischer Komponenten in flachen Strukturen erkannt haben, wenn Sie in nicht-Unicode-Programmen mit impliziten Castings flacher Strukturen arbeiten. Allein dieses Problem sollte ein Anreiz sein, neue Programme als Unicode-Programme anzulegen und eventuell auch bestehende Programme in Unicode-Programme zu ändern.

- Schließlich sollte Ihnen auch die Problematik anonymer Container klar geworden sein, bei denen in nicht-Unicode-Systemen zumindest die numerischen Komponenten vermieden werden sollten und die in Unicode-Systemen eigentlich gar nicht mehr verwendbar sind. Da durch anonyme Container hervorgerufene Fehler nicht evident werden, solange Sie in einer homogenen Anwendungsserver-Umgebung arbeiten, kann es sich um eine sehr gefährliche Falle handeln, die am besten durch die Verwendung neuer Techniken wie z.B. XML-Container umgangen wird.

2 Dynamische und generische Programmierung

Holger Janz

Im Gegensatz zu Programmiersprachen, die hauptsächlich der Entwicklung von Softwarewerkzeugen dienen, wird die Weiterentwicklung der Programmiersprache ABAP seit mehr als 20 Jahren durch die Anforderungen von Geschäftsanwendungen angetrieben. Dies hat zur Folge, dass ABAP verschiedene besondere Merkmale zu bieten hat, die in anderen Sprachen üblicherweise nicht zur Verfügung stehen. Insbesondere das Konzept der dynamischen Programmierung ermöglicht auf vielfältige Weise die mühelose Anpassung Ihrer ABAP-Programme zur Laufzeit. Durch das Beherrschen dieser Techniken werden ABAP-Programme leistungsstärker und flexibler. Die dynamische Programmierung kann ferner den Bedarf an zusätzlicher Programmierung reduzieren, wenn mehrere Eigenschaften implementiert werden müssen, die ähnlich, aber nicht identisch sind.

ABAP ist eine leistungsfähige, aber auch komplexe Programmiersprache für die Entwicklung betriebswirtschaftlicher Anwendungen. Die Programmierung in ABAP und insbesondere die dynamische Programmierung kann deshalb nicht in einem einzigen Kapitel eingehend behandelt werden. Um Ihnen die ersten Schritte bei der dynamischen Programmierung in ABAP zu erleichtern, haben wir hier einen zentralen Überblick über die dazugehörigen Konzepte zusammengestellt.[1]

Wir werden dazu sämtliche Schlüsselkonzepte untersuchen, die die dynamische Programmierung innerhalb des SAP-Applikationsservers unterstützen. Beginnen wollen wir mit der grundlegenden Terminologie und den Konzepten hinter der dynamischen Programmierung im Allgemeinen. Der nächste Schritt besteht in der Erläuterung und Anwendung der acht dynamischen Programmiertechniken, die in ABAP möglich sind:

- generische Typen
- dynamische Typen
- Feldsymbole
- Referenzen
- dynamische Token-Angabe

---

1 Falls Sie an einer detaillierten Beschreibung von ABAP interessiert sind, empfehlen wir die ABAP-Schlüsselwortdokumentation des Web Application Servers (Transaktion ABAPHELP) oder die *ABAP-Referenz* von Horst Keller (SAP PRESS, Bonn 2004).

- dynamischer Prozeduraufruf
- Run Time Type Services
- Programmgenerierung

In diesem Kapitel finden Sie viele Beispiele und Beispielcode, um zu veranschaulichen, wie Sie die einzelnen Techniken in Ihren eigenen Programmen umsetzen können. Die Komplexität dieser Beispiele nimmt im Verlauf des Kapitels zu, wobei die Beispiele aufeinander aufbauen. Zur Eingrenzung des Schwerpunktes und aus Platzgründen setzt dieses Kapitel voraus, dass Sie bereits mit ABAP und ABAP Objects sowie mit dem prozeduralen und dem objektorientierten Programmiermodell vertraut sind.

2.1 Konzepte und Vorteile der dynamischen Programmierung

Grundsätzlich kommt die dynamische Programmierung in fast allen ABAP-Programmen zu einem gewissen Grad zum Einsatz. Die meisten Programme bestehen aus dynamischen und statischen Komponenten. Metaphorisch gesprochen sind ABAP-Programme selten schwarz oder weiß – dynamisch oder nicht dynamisch –, sondern entsprechen Graustufen. Der beste Weg zur Beantwortung der Frage, was dynamische Programmierung genau ist und worin ihre Vorteile liegen, ist vielleicht die Gegenüberstellung von dynamischer und statischer Programmierung.

In diesem Kontext gelten die Begriffe *dynamisch* und *statisch* für Daten und/oder auf Daten angewendete Operationen innerhalb eines Programms. Alle Eigenschaften von Daten oder Operationen, die zur Kompilationszeit bekannt und festgelegt sind, gelten als statisch. Sie werden im Programmquelltext explizit definiert und zur Laufzeit nicht geändert. Alle Eigenschaften von Daten oder Operationen, die zur Kompilationszeit nicht bekannt und festgelegt sind, gelten dagegen als dynamisch. Sie werden von Parameterwerten festgelegt, die erst zur Laufzeit des Programms zur Verfügung stehen.

Um dies in einem praktischen Kontext zu verdeutlichen, sollen drei Beispiele untersucht werden, in denen die statischen und dynamischen Aspekte von ABAP-Parametern und -Operationen gegenübergestellt werden. In diesen Beispielen soll Folgendes ausgeführt werden:

1. Berechnung der Anzahl der Tage zwischen zwei Datumsangaben (eine klassische statische Prozedur)
2. Erstellung einer angepassten Begrüßungsmeldung (eine Prozedur, die sowohl statisch als auch dynamisch ist)

3. Schreiben des Inhalts einer beliebigen internen Tabelle in eine ABAP-Liste (eine dynamische Prozedur)

2.1.1 Eine klassische statische Prozedur

Stellen Sie sich eine Prozedur (Unterprogramm, Funktionsbaustein oder Methode) vor, die die Anzahl der Tage zwischen zwei Datumsangaben berechnet. Sie erfordert zwei Datumsangaben als Eingabeparameter und gibt als Ausgabeparameter die Anzahl der Tage zurück. Basierend auf diesen Informationen wissen Sie, dass die Prozedur die folgenden Merkmale hat:

- Datentyp und Länge der Eingabedaten (zwei Datumsangaben) sind zur Kompilationszeit bekannt (statisch).
- Datentyp und Länge der Ausgabedaten (ein Integer-Wert) sind zur Kompilationszeit bekannt (statisch).
- Die Operation der Prozedur (Berechnungen des Unterschiedes zweier Datumsangaben) ist zur Kompilationszeit bekannt (statisch).

Wenn wir nur die Prozeduroperation, Parametertypen und Parametergrößen berücksichtigen, können wir diese Prozedur als statisch klassifizieren.

2.1.2 Eine sowohl statische als auch dynamische Prozedur

Als Nächstes wollen wir eine Variation der klassischen Programmierübung »Hallo Welt« betrachten: Eine Prozedur übernimmt den Namen einer Person als Eingabeparameter und erzeugt eine an diese Person gerichtete Begrüßungsmeldung. Demzufolge hat sie die folgenden Merkmale:

- Der Datentyp des Eingabeparameters (der Name einer Person) ist zur Kompilationszeit bekannt (statisch), dessen Länge (die Länge des Namens der Person) ist jedoch nur zur Laufzeit bekannt (dynamisch).
- Der Datentyp des Ausgabeparameters (die Begrüßungsmeldung) ist zur Kompilationszeit bekannt (statisch). Seine Länge ist jedoch nur zur Laufzeit bekannt (dynamisch), da die Länge der sich ergebenden Begrüßungsmeldung von der Länge des Namens der Person abhängig ist.
- Die Operation der Prozedur ist zur Kompilationszeit bekannt (statisch), sie muss die Begrüßungsmeldung und den Namen der Person verknüpfen.

An diesem Beispiel erkennen Sie das erste Element dynamischer Programmierung: Die Prozedur ist hinsichtlich der Parametergröße dynamisch, denn sie muss Parameter verschiedener Größen verarbeiten können.

2.1.3 Eine dynamische Prozedur

In diesem letzten Beispiel wollen wir eine Prozedur untersuchen, die den Inhalt einer beliebigen internen Tabelle in eine ABAP-Liste schreibt. Diese Prozedur hat eine beliebige interne Tabelle als Eingabeparameter und schreibt alle Komponenten aller Zeilen in eine als Ausgabeparameter fungierende ABAP-Liste. Wenngleich diese Prozedur komplexer ist, können Sie erkennen, dass sie die folgenden Merkmale aufweist:

- Datentyp und Größe (Zeilentyp und Anzahl der Zeilen) des Eingabeparameters (beliebige interne Tabelle) sind nur zur Laufzeit bekannt (dynamisch).
- Da die ABAP-Liste der Ausgabeparameter ist, sind zur Kompilationszeit die Größe (die Anzahl der Zeilen und Komponenten) und die enthaltenen Datentypen nicht bekannt (dynamisch).
- Die Prozeduroperationen sind zur Kompilationszeit nur teilweise bekannt, da die Anzahl der benötigten WRITE-Anweisungen oder die jeweiligen Datentypen nicht bekannt sind, die in die ABAP-Liste geschrieben werden sollen (dynamisch).

Diese Prozedur ist in allen drei Aspekten dynamisch: Operationen, Parametertyp und Parametergröße. Sie muss in der Lage sein, interne Tabellen verschiedener Typen und Größen als Eingabe zu verarbeiten. Darüber hinaus muss sie die korrekten Parameter für die WRITE-Anweisungen für alle Komponenten aller Zeilen als Ausgabe bereitstellen können.

2.1.4 Vor- und Nachteile der dynamischen Programmierung

Ausgehend von diesen drei Beispielen können wir nun die dynamische Programmierung wie folgt definieren: Die dynamische Programmierung ist die Nutzung spezieller Programmierkonstrukte, mit deren Hilfe ausgewählte Merkmale von Daten und/oder Operationen zur Laufzeit verwendet werden können, die aus verschiedenen Gründen zur Kompilationszeit nicht bestimmt werden konnten.

Mithilfe dynamischer Programmiertechniken können Programme flexibler entworfen werden. Es kann beispielsweise zur Laufzeit zwischen Parametertypen unterschieden und sowohl das Verhalten als auch die Folge von Operationen angepasst werden. Es können ferner generische Prozeduren anstelle mehrerer spezifischer Prozeduren erstellt werden. Das dritte Beispiel veranschaulicht die Möglichkeit des Schreibens aller beliebigen internen Tabellen in eine ABAP-Liste. Demzufolge kann dieselbe Prozedur mit einem neuen internen Tabellentyp oder selbst dann verwendet werden, wenn sich ein vorhandener interner Tabellentyp geändert hat. Diese leistungsstarke Flexibilität hat neben Vorteilen jedoch auch Nachteile.

Obschon Programme und Prozeduren mit dynamischen Merkmalen flexibler sein können, werden sie jedoch gleichzeitig auch komplexer und schwieriger zu pflegen. Der Compiler kann z.B. dynamische Merkmale nicht überprüfen oder analysieren, da die benötigten Informationen erst zur Laufzeit verfügbar sind. Dies bedeutet, dass einige Prüfungen zur Laufzeit erfolgen müssen, was der Performance nicht gerade dienlich ist. Außerdem ist das Testen einer Prozedur oder eines Programms mit dynamischen Merkmalen wesentlich schwieriger. Der Bereich zulässiger Parameter ist wesentlich größer und die Laufzeitreihenfolge von Operationen kann von diesen Parametern abhängen.

Nachdem Sie jetzt das Prinzip der dynamischen Programmierung kennen gelernt haben, wollen wir nun untersuchen, welche Möglichkeiten ABAP bietet. Tabelle 2.1 zeigt einen Überblick über die dynamischen Merkmale von ABAP, die wir in den folgenden Abschnitten besprechen werden.

Merkmal	Beschreibung	Anwendung
generische Datentypen	Definieren eine Gruppe von ähnlichen (aber nicht gleichen) Datentypen. Diese Typen beschreiben Datenobjekte nur teilweise. Datenobjekte können nicht von diesen Typen erzeugt werden.	Typisierung von Parametern, Bearbeiten von unterschiedlichen Daten mit ähnlichen Eigenschaften.
dynamische Datentypen	Datentypen, deren Datenobjekte ihre Größe zur Laufzeit ändern können. Die ABAP-Laufzeit übernimmt die Speicherverwaltung.	Findet Verwendung, wenn der Grundtyp bekannt ist, aber die Größe (Speicherbelegung) des Datenobjekts erst zur Laufzeit feststeht oder sich zur Laufzeit ändert.
Feldsymbole	Ein Alias für Datenobjekte.	Dynamischer Zugriff auf Datenobjekte.
Referenzen	Sichere Zeiger auf Daten.	Erstellen von oder Navigieren durch Datennetze(n).
dynamische Token-Angabe	Teile von ABAP-Anweisungen können erst zur Laufzeit angegeben werden.	Anpassung von ABAP-Anweisungen an die zu verarbeitenden Daten.
dynamischer Proceduraufruf	Namen von Prozeduren und ihrer Formalparameter können erst zur Laufzeit angegeben werden.	Aufruf von Methoden oder Funktionsbausteinen, die erst zur Laufzeit bekannt sind.
Run Time Type Services	Mit der Klasse CL_ABAP_TYPEDESCR und ihren Unterklassen können Typobjekte zur Repräsentation beliebiger Typen zur Laufzeit erzeugt werden.	Beschaffung von Informationen zu Datentypen, Klassen, Interfaces oder Erzeugung neuer Datentypen aus Typobjekten.

Tabelle 2.1 Dynamische Merkmale von ABAP

Merkmal	Beschreibung	Anwendung
Programmgenerierung	Teilweise oder vollständige Erzeugung von ABAP-Programmen zur Laufzeit.	Letzte Möglichkeit, wenn die übrigen Möglichkeiten der dynamischen Programmierung in ABAP erschöpft sind.

Tabelle 2.1 Dynamische Merkmale von ABAP (Forts.)

2.2 Generische Typen

Um generische Typen im Kontext der dynamischen Programmierung besser zu verstehen, sollten Sie sich zuerst mit der ABAP-Typenhierarchie vertraut machen. ABAP ist eine Hybridsprache mit einem Typsystem, das sowohl das prozedurale (auf Ereignissen der ABAP-Laufzeitumgebung basierende) als auch das objektorientierte Programmierungsmodell widerspiegelt. Objekttypen (z.B. Klassen und Interfaces) und Datentypen (z.B. Strukturen und Tabellen) sind in ein gemeinsames Typsystem integriert und nutzen gemeinsam denselben Namensraum. Das bedeutet, dass eine globale (oder lokale) Klasse oder ein Interface nicht denselben Namen haben dürfen wie ein globaler (oder lokaler) Datentyp und umgekehrt.

Stellen Sie sich Typen einfach als Baupläne vor: Baupläne enthalten Beschreibungen zum Bau von Häusern. Typen sind Pläne zum Erzeugen von Objekten (Datenobjekten und Instanzen von Klassen). Diese Analogie erleichtert es, sich die Unterscheidung zwischen Typen und Objekten (die nie verwechselt werden dürfen) einzuprägen.

Ein Typ ist als »Eigenschaftsmenge, die für alle Objekte dieses Typ gilt« definiert, während es sich bei Objekten um eine Folge von Bytes im Speicher des Programms handelt – für Datenobjekte ist diese Definition direkt einsichtig, für Instanzen von Klassen gilt im Prinzip das Gleiche, wobei zusätzlich noch Methoden hinzukommen. Ein Datentyp, der eine vollständige Beschreibung enthält, die zum Anlegen von Datenobjekten erforderlich ist, heißt *vollständiger Datentyp* (auch *konkreter Datentyp*). Im Gegensatz dazu enthält ein *generischer Typ* nur eine Teilbeschreibung der Daten, wenn z.B. die Länge nicht innerhalb eines Datentyps definiert ist. Da weitere Informationen zur vollständigen Beschreibung der Datenobjekte benötigt werden, können anhand eines generischen Datentyps keine Datenobjekte anlegt werden. Generische Datentypen dienen der Definition der Eigenschaften, die ein Parameter aufweisen muss, um die Anforderungen einer bestimmten Operation oder einer bestimmten Prozedur zu erfüllen. Während

Datenobjekte stets anhand vollständiger Datentypen angelegt werden, können die Datenobjekte mehrerer verschiedener vollständiger Datentypen einem einzelnen generischen Datentyp zugeordnet werden.

2.2.1 Datentypen und Objekttypen

In Abbildung 2.1 werden alle ABAP-Typen, ob generisch oder vollständig, innerhalb einer Hierarchie kategorisiert. Diese Hierarchie trennt die Typen in zwei Teilmengen, Datentypen und Objekttypen. Objekttypen spielen nur bei der objektorientierten Programmierung eine Rolle. Datentypen werden sowohl bei der prozeduralen als auch bei der objektorientierten Programmierung verwendet.

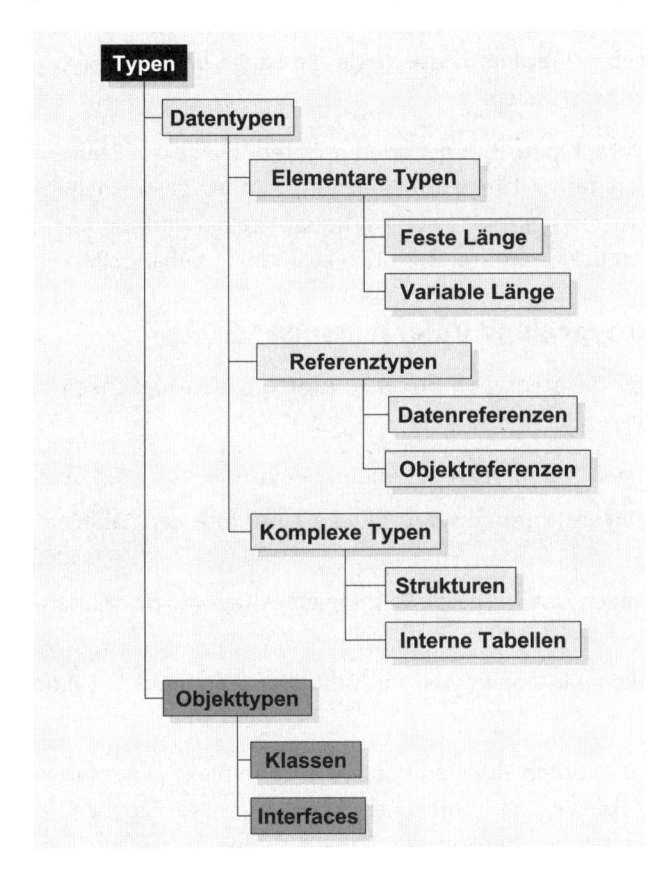

Abbildung 2.1 ABAP-Typenhierarchie

▶ **Datentypen** beschreiben Datenobjekte und werden in elementare, Referenz- und komplexe Typen unterteilt. Datentypen können lokal im Programm oder systemweit im Repository (ABAP Dictionary) des SAP-Applikationsservers definiert werden. Datentypen sind beispielsweise ganze Zahlen (Integer), Strukturtypen und Tabellentypen.

- **Objekttypen** beschreiben Objekte für das objektorientierte Programmiermodell und werden in Klassen und Interfaces unterteilt. Klassen beschreiben ein Objekt vollständig, während Interfaces einen Teil eines Objekts beschreiben.

ABAP enthält acht eingebaute elementare Datentypen für Datenobjekte fester Länge: c für Textfelder, n für numerischen Text, d für Datumsfelder, t für Zeitfelder, i für Integer, f für Gleitpunktzahlen, p für gepackte Zahlen und x für Bytefelder. Einige dieser Datentypen sind vollständige Typen (d, t, i, f); andere Typen (c, n, p, x) sind dahingehend generisch, dass zum Erzeugen von Datenobjekten weitere Informationen angeben werden müssen, wie die Länge und beim Typ p zusätzlich die Anzahl der Dezimalstellen.

Neben den elementaren Datentypen c und x, deren Datenobjekte zur Laufzeit stets einem Speicherbereich fester Länge entsprechen, gibt es zwei entsprechende Datentypen mit dynamischer Speicherverwaltung, string und xstring. Deren Eigenschaften werden in Abschnitt 2.3.2 noch ausführlich behandelt.

2.2.2 Komplexe Datentypen und Referenztypen

Zusätzlich zu den elementaren Datentypen bietet ABAP folgende Möglichkeiten zur Definition komplexer Datentypen und Referenztypen:

- Kombination von beliebigen Datentypen zur Bildung eines strukturierten Typs
- Verwendung eines beliebigen Datentyps zur Bildung eines internen Tabellentyps
- Verwendung eines beliebigen Datentyps zur Bildung eines Typs für eine Datenreferenzvariable
- Verwendung eines beliebigen Objekttyps zur Bildung eines Typs für eine Objektreferenzvariable

Mithilfe von Strukturen und internen Tabellen können Sie komplexe Datentypen und – darauf basierend – komplexe Datenobjekte erstellen. Zeilentyp, Tabellenart, Tabellenschlüssel und Schlüsseleindeutigkeit von Tabellen können für Tabellentypen generisch sein, was bedeutet, dass generische Tabellen definiert werden können, indem beliebige dieser Informationen weglassen werden. Eine interne Tabelle kann jedoch nicht direkt aus einem generischen Tabellentyp erzeugt werden.

Sowohl Daten- als auch Objekttypen können zum Bilden eines Referenztyps verwendet werden. Ein Referenztyp ist eine Beschreibung für Referenzvariablen. Eine Referenzvariable enthält zur Laufzeit eine Referenz auf ein Objekt (Datenobjekt oder Instanz einer Klasse) und dient als Zeiger auf dieses Objekt. In Release 4.6 konnte nur der generische Typ `data` (siehe Tabelle 2.2) zum Bilden von Datenreferenztypen verwendet werden. Vollständige typisierte Datenreferenzen werden ab Release 6.10 unterstützt.

2.2.3 Generische Typen im Überblick

ABAP umfasst neben den oben erwähnten, in der Länge generischen elementaren Datentypen `c`, `n`, `p` und `x` sowie generischen Tabellentypen je nach Release des Web Application Servers bis zu 14 weitere eingebaute generische Typen. Diese sind in Tabelle 2.2 aufgelistet.

Typ	Beschreibung	ab Release
any	zurzeit wie `data` (vorgesehen für alle Typen)	4.6
data	umfasst alle Datentypen	4.6
simple	umfasst alle Typen von `numeric`, `xsequence` und `clike`	6.10
numeric	umfasst `i`, `p` und `f`	6.10
csequence	umfasst `c` und `string`	6.10
clike	umfasst alle Typen von `csequence`, zusätzlich die Typen `n`, `d` und `t`	6.10
xsequence	umfasst `x` und `xstring`	6.10
any table	umfasst alle Tabellentypen	4.6
index table	umfasst `standard table` und `sorted table`	4.6
standard table	Standardtabellen	4.6
table	wie `standard table`	4.6
sorted table	sortierte Tabellen	4.6
hashed table	Hash-Tabellen	4.6

Tabelle 2.2 Spezielle generische ABAP-Typen

Typ	Beschreibung	ab Release
object	umfasst alle Objekttypen*	4.6

* object ist die vordefinierte abstrakte leere Wurzelklasse aller Klassen von ABAP Objects und kann im Gegensatz zu data nur hinter REF TO angegeben werden. Eine mit REF TO object typisierte Referenzvariable kann auf alle Instanzen von Klassen zeigen, wie eine mit REF TO data typisierte Referenzvariable auf alle Datenobjekte zeigen kann. In diesem Sinn kann auch jede Oberklasse und jedes Interface als generischer Typ bezeichnet werden. Der generische Typ any kann noch nicht hinter REF TO angegeben werden.

Tabelle 2.2 Spezielle generische ABAP-Typen (Forts.)

Zusammengefasst unterstützt ABAP drei Kategorien generischer Typen:

1. **Typen ohne Eigenschaften**

   Typen (fast) ohne Eigenschaften sind data (bzw. any) und object. Diese Typen werden für vollständig dynamische Operationen mit Feldsymbolen (siehe Abschnitt 2.4) und Schnittstellenparametern in Prozeduren verwendet. Zu den Eigenschaften können zur Kompilationszeit keinerlei Annahmen gemacht werden, außer dass es sich gegebenenfalls um Daten- bzw. Objektreferenzvariablen handelt.

2. **Teilgenerische Typen**

   Bei den übrigen Typen aus Tabelle 2.2 und bei generischen Tabellentypen liegt der Typ teilweise fest. Diese Typen werden für dynamische Operationen mit Feldsymbolen und Prozeduren verwendet, bei denen gewisse Typeigenschaften vorausgesetzt werden, z.B. dass es sich um eine interne Tabelle handelt. Nur zu den nicht definierten Eigenschaften können zur Kompilationszeit keine Annahmen gemacht werden.

3. **Elementare Typen mit generischer Länge**

   Wenn die elementaren Typen c, n, x und p ohne Längenangaben zur Typisierung von Feldsymbolen oder Prozedurparametern verwendet werden, wirken sie als teilgenerische Typen. Zur Länge (Anzahl der Zeichen oder Bytes) können zur Kompilationszeit keine Annahmen gemacht werden. Der Unterschied zwischen elementaren Typen mit generischer Länge und den teilgenerischen Typen aus Tabelle 2.2 ist im Wesentlichen der, dass sie zur Deklaration von Datenobjekten verwendet werden können, wobei die Länge bei fehlender Längenangabe automatisch auf 1, bzw. 8 beim Datentyp p, gesetzt wird.

Der »generischste« Datentyp ist data, der »generischste« Objekttyp ist die Wurzelklasse object. Es gibt zurzeit aber keinen generischen Typ, der diese beiden umfasst, also keinen generischen Typ für alle Typen. Hierfür ist any vorgesehen, der zurzeit noch gleichbedeutend zu data ist.

Die Verwendung generischer Typen ist im Zusammenhang mit dynamischen Typen leichter zu verstehen. Wir wollen deshalb mit einer Übersicht dynamischer Typen fortfahren. In einem Beispiel wird dort der Einsatz generischer Typen und die Behandlung nicht definierter Parametereigenschaften veranschaulicht.

2.3 Dynamische Typen

Dynamische Typen, im Speziellen interne Tabellen und Strings, stellen vielleicht die am meisten verwendete dynamische Programmiertechnik in ABAP dar. Nahezu jeder Anwendungsentwickler hat bestimmt schon einmal diese dynamische Typen, mitunter vielleicht sogar unbewusst, verwendet. Da die ABAP-Laufzeitumgebung die Speicherverwaltung für dynamische Typen übernimmt, muss hierfür kein zusätzlicher Programmcode geschrieben werden. Wie Sie sehen werden, stellen dynamische Typen leistungsstarke Entwicklungswerkzeuge für den Zugriff auf und die Bearbeitung von Daten dar.

Der Unterschied zwischen generischen und dynamischen Typen besteht in der Behandlung von Dateneigenschaften. Wie Sie im letzten Abschnitt erfahren haben, unterscheiden sich generische Typen von vollständigen Typen darin, dass sie einige Eigenschaften (z.B. die Länge) nicht beschreiben. Bei dynamischen Typen wird eine Eigenschaft (z.B. die Länge) nicht weggelassen, sondern ist stattdessen eine Variable zur Laufzeit. Deshalb können Sie Datenobjekte direkt aus dynamischen Typen erstellen, was bei generischen Typen prinzipiell nicht möglich ist[2]. Wenn Sie ein dynamisches Datenobjekt anlegen, übernimmt die ABAP-Laufzeitumgebung die Verwaltung der Dateneigenschaft. Bei Strings vergrößern und verkleinern sich z.B. die Datenobjekte automatisch.

Interne Tabellen und Strings werden wie Referenztypen auch als tiefe Datentypen bezeichnet. Das liegt daran, dass die Datenobjekte dynamischer Typen von der ABAP-Laufzeitumgebung intern über Referenzen behandelt werden. Am Speicherort eines dynamischen Datenobjekts liegt zunächst eine Referenz, die auf die tatsächliche interne Tabelle bzw. den String verweist.

2.3.1 Interne Tabellen

Interne Tabellen sind die ältesten und wichtigsten dynamischen Datentypen in ABAP. Sie eignen sich für das Arbeiten mit Open SQL sowie für die Implementierung anderer abstrakter Datentypen. Als häufigster Anwendungsfall werden interne Tabellen als temporäre Darstellung von Datenbanktabellen im Hauptspei-

---

[2] Zwar erwecken manche Kurzformen von ABAP-Anweisungen den Eindruck, dass es durchaus möglich sei, aber beispielsweise wird bei einer Anweisung wie DATA text TYPE c. implizit die Standardlängenangabe LENGTH 1 ergänzt.

cher verwendet. Sie dienen der Aufnahme von Daten nach Datenbankabfragen sowie dem Erfassen von Änderungen an den Daten zur späteren Datenbankaktualisierung. In Kombination mit Open SQL sind interne Tabellen ein wichtiges, effektives und elegantes Merkmal von ABAP für die Entwicklung von betriebswirtschaftlichen Anwendungen.

Wie Sie in Tabelle 2.3 sehen können, unterstützt ABAP Operationen auf internen Tabellen, die denen ähneln, die Datenbanksysteme und Open SQL für Datenbanktabellen bereitstellen. Einige Open-SQL-Operationen (wie z. B. Subqueries, Joins usw.) werden von internen Tabellen zwar nicht direkt unterstützt, können aber mithilfe von Kombinationen interner Tabellenoperationen leicht simuliert werden.

Open SQL	Interne Tabellen
SELECT - ENDSELECT	LOOP - ENDLOOP
SELECT SINGLE	READ
INSERT	INSERT
UPDATE	MODIFY
DELETE	DELETE

Tabelle 2.3 Gegenüberstellung von Open SQL und internen Tabellenoperationen

ABAP unterstützt drei Arten interner Tabellen: Standardtabellen, sortierte Tabellen und Hash-Tabellen. Standardtabellen können keinen eindeutigen Schlüssel haben. Die sequenzielle Reihenfolge der Operationen APPEND und INSERT steuert die Reihenfolge der Tabelleneinträge. Standardtabellen dienen hauptsächlich für den Zugriff mit Zeilennummer (INDEX). Sortierte Tabellen haben einen besonderen Sortierschlüssel, der für den Zugriff verwendet wird. Das System stellt die Sortierreihenfolge nach jeder Operation sicher. Sie können auch auf sortierte Tabellen mit Zeilennummer (INDEX) zugreifen. Auf Hash-Tabellen kann nur mit Schlüssel zugegriffen werden, sie bieten dafür auch den schnellsten Schlüsselzugriff. Der Schlüssel einer Hash-Tabelle ist immer eindeutig.

Abbildung 2.2 zeigt eine Übersicht der internen Tabellenarten in ABAP sowie die Zugriffsmethode und die dazugehörigen Kosten, wobei O(n) soviel wie »in der Ordnung von n« bedeutet. Die generischen Tabellentypen any table und index table wurden bereits in Abschnitt 2.2.3 erläutert.

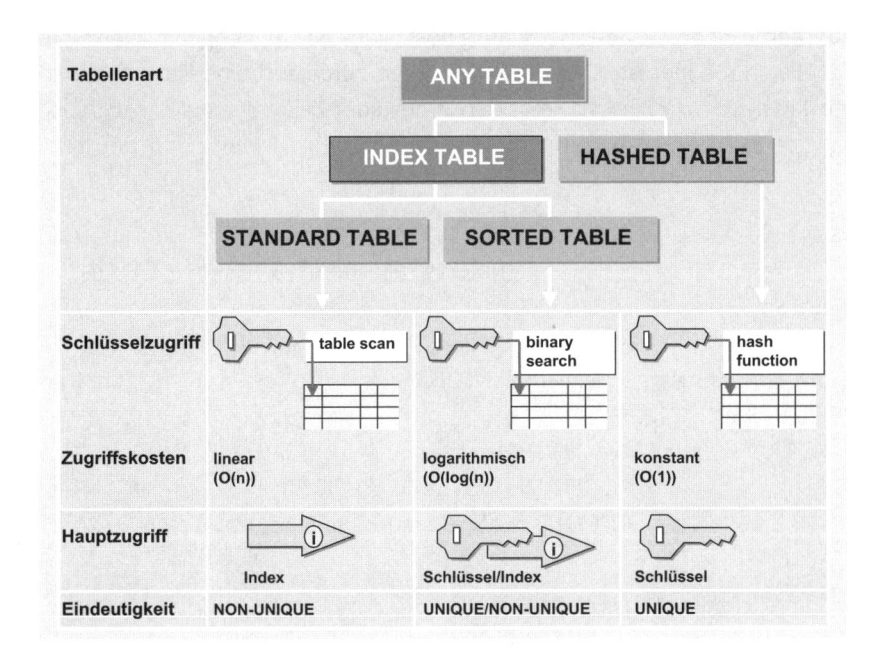

Abbildung 2.2 ABAP-Tabellentypen

Ein Hauptmerkmal interner Tabellen ist, dass die ABAP-Laufzeitumgebung die Speicherverwaltung übernimmt, sodass Sie sich als Entwickler nicht um die Größe, respektive die Anzahl der Zeilen kümmern müssen. Eine nähere Betrachtung interner Tabellen ergibt aber auch, dass diese mehr als bloße Abbilder zweidimensionaler Tabellen sein können. Aus technischer bzw. abstrakter Sicht verhalten sie sich wie ein Array oder eine doppelt verknüpfte Liste. Mit diesem Wissen können Sie mithilfe interner Tabellen andere abstrakte dynamische Datentypen wie z. B. Stack, List oder Map implementieren.

Listing 2.1 zeigt die Verwendung einer internen Standardtabelle, die sich wie ein Array verhält, um einen Integer-Stack zu implementieren. Die Klasse `lcl_integer_stack` kapselt diese Implementierung eines Integer-Stacks mit einer internen Tabelle. Das private Attribut `stack` ist eine interne Standardtabelle, auf die nur über die Methoden `push`, `pop` und `write` zugegriffen werden kann. Die Methode `push` hängt die Integer-Zahl `p_x` am Tabellenende an. Die Methode `pop` liest die letzte Zeile in `p_x` ein und löscht sie. Hierfür wird als Hilfsvariable das private Attribut `stack_size` mitgeführt.[3] Misslingt die Leseoperation, wird in Zeile

---

[3] Wenn bei `push` die Zeile mit INSERT an der ersten Stelle eingefügt würde, statt sie mit APPEND anzuhängen, wäre keine Hilfsvariable nötig. Es ist aber zu beachten, dass beim Einfügen von Zeilen vor vorhandene Zeilen in Indextabellen intern ein logischer Index verwendet wird, für den Indexpflegekosten entstehen. Diese Kosten treten nicht auf, solange nur die letze Zeile bearbeitet wird, was bei großen Tabellen zu Performancegewinnen führt.

Dynamische Typen

26 die Ausnahme `stack_underflow` ausgelöst. Dies ist nur möglich, wenn die interne Tabelle `stack` leer ist. Die Methode `write` durchläuft eine Schleife durch die interne Tabelle `stack` und schreibt den Wert jeder Zeile.

```
 1 PROGRAM dynamic_1.
 2
 3 CLASS lcx_stack_underflow DEFINITION
 4                           INHERITING FROM cx_static_check.
 5 ENDCLASS.
 6
 7 CLASS lcl_integer_stack DEFINITION.
 8   PUBLIC SECTION.
 9     METHODS: push IMPORTING p_x        TYPE i,
10              pop  RETURNING value(p_x) TYPE i
11                   RAISING   lcx_stack_underflow,
12              write.
13   PRIVATE SECTION.
14     DATA: stack      TYPE STANDARD TABLE OF i,
15           stack_size TYPE i.
16 ENDCLASS.
17
18 CLASS lcl_integer_stack IMPLEMENTATION.
19   METHOD push.
20     APPEND p_x TO stack.
21     ADD 1 TO stack_size.
22   ENDMETHOD.
23   METHOD pop.
24     READ TABLE stack INTO p_x INDEX stack_size.
25     IF sy-subrc <> 0.
26       RAISE EXCEPTION TYPE lcx_stack_underflow.
27     ENDIF.
28     DELETE stack INDEX stack_size.
29     SUBTRACT 1 FROM stack_size.
30   ENDMETHOD.
31   METHOD write.
32     DATA x TYPE i.
33     WRITE / 'stack = {'.
34     LOOP AT stack INTO x.
35       WRITE x.
36     ENDLOOP.
37     WRITE '}'.
```

```
38    ENDMETHOD.
39 ENDCLASS.
40
41 DATA: my_stack TYPE REF TO lcl_integer_stack,
42       x TYPE i.
43
44 START-OF-SELECTION.
45   CREATE OBJECT my_stack.
46   TRY.
47       my_stack->push( 5 ).
48       my_stack->push( 7 ).
49       my_stack->push( 11 ).
50       my_stack->push( 13 ).
51       x = my_stack->pop( ).
52       my_stack->push( 17 ).
53     CATCH lcx_stack_underflow.
54       MESSAGE 'Stack operation failed' TYPE 'I'.
55   ENDTRY.
56   my_stack->write( ).
```

Listing 2.1 Implementierung eines Stacks mit einer internen Tabelle

Dieses Listing zeigt wie einfach es ist, mithilfe einer internen Standardtabelle einen Stack zu implementieren. Das Arbeiten mit internen Tabellen kann jedoch mitunter auch recht kompliziert werden. Überprüfen Sie beispielsweise anhand von Listing 2.2, was passieren würde, wenn eine interne Tabelle innerhalb des Durchlaufs einer Schleife über dieselbe Tabelle geändert wird.

```
 1 PROGRAM dynamic_2.
 2
 3 DATA: wa   TYPE i,
 4       itab TYPE STANDARD TABLE OF i.
 5
 6 APPEND 1 TO itab.
 7 APPEND 2 TO itab.
 8 APPEND 3 TO itab.
 9
10 LOOP AT itab INTO wa.
11   IF sy-tabix = 2.
12     DELETE itab INDEX 2.
13   ENDIF.
14 ENDLOOP.
```

```
15
16 LOOP AT itab INTO wa.
17   WRITE / wa.
18 ENDLOOP.
```

Listing 2.2 Modifikation einer internen Tabelle in einer Schleife

Listing 2.2 zeigt eine Situation, deren Ergebnis Sie eventuell überrascht. Die interne Tabelle itab wird in den Zeilen 6 bis 8 mit drei Einträgen aufgefüllt. In der ersten Schleife (Zeile 10 bis 14) wird die zweite Zeile mit dem Zusatz INDEX 2 gelöscht. In der zweiten Schleife (Zeile 16 bis 18) wird anschließend jede Zeile der internen Tabelle auf die ABAP-Liste ausgegeben. Die resultierende Liste enthält nur eine Zeile mit der Nummer 1. Was ist geschehen?

Beim zweiten Durchlauf durch die erste Schleife wird durch das Löschen der zweiten Zeile automatisch die dritte Zeile zur neuen zweiten Zeile. Beim dritten Durchlauf wird die neue zweite Zeile bearbeitet. Stellen Sie sich für dieses Beispiel eine interne Tabelle als doppelt verkettete Liste vor, in der jeder Eintrag genau einmal bearbeitet wird. Aufgrund des Löschvorgangs ändern sich die Indizes der Tabellenzeilen, dennoch wird jede Zeile bearbeitet.

In Listing 2.7 werden wir zeigen, wie mithilfe einer Hash-Tabelle und anderen Eigenschaften von internen Tabellen ein Dictionary implementiert werden kann. Doch zuvor müssen wir weitere dynamische Eigenschaften in ABAP untersuchen, die für diese Übung erforderlich sind.

2.3.2 Strings

Der elementare Datentyp string ist ein leistungsstarker ABAP-Datentyp, der eine sehr elegante Möglichkeit zur Bearbeitung von Zeichenfolgen ermöglicht. Zusammen mit seinem Pendant für Bytefolgen, xstring, erweitert er seit Release 4.6 die ABAP-Typenhierarchie. ABAP unterstützt demnach zwei Typen von Strings: Textstrings vom Typ string und Bytestrings vom Typ xstring. Stellen Sie sich diese einfach als Arrays mit einer variablen Anzahl von Zeichen oder Bytes vor. Wie bei internen Tabellen wird die Speicherverwaltung für Strings von der ABAP-Laufzeitumgebung übernommen. Sie müssen sich also nicht mit der Speicherverwaltung beschäftigen, wenn sich die Größe einer Zeichen- oder Bytefolge während einer Operation ändert.

Weitere Besonderheiten von Strings sind *Copy on write* und *Sharing*, die ebenfalls von der ABAP-Laufzeitumgebung behandelt werden.

- **Copy on write** bedeutet, dass ein String nicht bei der Zuweisung, sondern erst bei einer Änderungsoperation kopiert wird. Der Vorteil ist, dass die Zuweisung sehr performant ist. Ab Release 6.10 ist Copy on write auch für interne Tabellen implementiert.

- **Sharing** bedeutet, dass alle Strings gleichen Inhalts mit dem gleichen Speicherinhalt arbeiten. Der Vorteil ist die Speicherersparnis, wenn beispielsweise viele gleiche Strings in großen Tabellen vorkommen.

Die beiden Konzepte werden bei Zuweisungen an Strings verwendet, was uns zu einer weiteren Besonderheit von Strings führt: Bei der Zuweisung von Textfeldern (Typ `c`) an Textstrings findet eine Konvertierung (Typ `string`) statt.[4] Zuerst mag es sich merkwürdig anhören, dass Sie ein Textfeld in einen Textstring konvertieren müssen. Denken Sie jedoch daran, dass Textfelder eine feste Länge haben und am Ende in der Regel mit Leerzeichen aufgefüllt sind. Bei fast allen auf Textfelder angewendeten Operationen werden schließende Leerzeichen entweder ignoriert oder hinzugefügt, um auf die Länge eines resultierenden Textfeldes zu kommen. Textfelder emulieren durch dieses Verhalten sozusagen Textstrings mit einer Maximallänge. Echte Textstrings haben jedoch keine Maximallänge, sondern werden nur durch die Größe des verfügbaren Speichers beschränkt. Die Länge eines Textstrings entspricht stets der tatsächlichen Anzahl von Zeichen, die von allen Operationen verwendet werden soll. Abschließende Leerzeichen sind bei allen Operationen mit Textstrings signifikant, d.h. sie werden nicht ignoriert oder hinzugefügt.

Für Zuweisungen gelten für Textfelder und Textstrings dieselben Regeln wie für alle anderen Operationen. Die abschließenden Leerzeichen eines Textfeldes werden bei einer Zuweisung zu einem Textstring ignoriert. Deshalb führt die Zuweisung eines Leerzeichens (ein Feld mit einem Zeichen des Wertes " ") zu einem Textstring in einen leeren Textstring (einem Textstring der Länge Null). Um abschließende Leerzeichen in Textstrings zu erzeugen, können Sie Stringliterale einsetzen, die aber erst seit Release 6.10 zur Verfügung stehen. Vor Release 6.10 konnte u.a. der kleine Trick zum Erzeugen eines Textstrings, der ein Leerzeichen enthält, verwendet werden, der auch in Listing 2.3 eingesetzt wird.

Alle Textfeldoperationen werden auch für Textstrings unterstützt. Sie können auch Textfelder und Textstrings in Operationen kombinieren, die mit mehr als einem Operanden arbeiten.

```
1 PROGRAM dynamic_3.
2
3 PARAMETER sentence(255) TYPE c LOWER CASE
4                         DEFAULT 'This is a test!'.
```

---

[4] Alle folgenden Ausführungen zu Textfeldern und Textstrings gelten sinngemäß auch für Bytefelder und Bytestrings.

```
 5
 6 DATA: str        TYPE string,
 7       str_space  TYPE string, " VALUE ` ` ab 6.10
 8       str_tab    TYPE TABLE OF string,
 9       str_wa     TYPE string.
10
11 SHIFT str_space RIGHT.                  " Trick für 4.6
12
13 str = sentence.
14
15 WRITE: / str.
16 skip.
17
18 SPLIT str AT space INTO TABLE str_tab.
19 LOOP AT str_tab INTO str_wa.            " kein Kopieren!
20   WRITE / str_wa.
21 ENDLOOP.
22 SKIP.
23
24 CLEAR str.
25 LOOP AT str_tab INTO str_wa.            " kein Kopieren!
26   CONCATENATE str str_wa
27               INTO str
28               SEPARATED BY str_space.
29 ENDLOOP.
30
31 SHIFT str LEFT.
32
33 WRITE / str.
```

Listing 2.3 Stringoperationen

Listing 2.3 zeigt, wie einfach es ist, Textstrings ohne Rücksichtnahme auf Länge oder Speicherverwaltung zu verwenden. Es verwendet Textstrings zum Aufteilen eines Satzes in Wörter und stellt anschließend den Satz wieder her.

Das Programm in Listing 2.3 empfängt eine Zeichenfolge über den Parameter sentence. Zuerst wird der Textstring str_space in Zeile 11 initialisiert, sodass er ein Leerzeichen enthält. Beachten Sie, dass eine Operation wie SHIFT vor Release 6.10 die *einzige* Möglichkeit dafür darstellte. Ab Release 6.10 würde man stattdessen natürlich eine Konstante str_space mit dem Startwert ` ` anlegen oder das Stringliteral direkt in der Anweisung CONCATENATE verwenden.

Als Nächstes wird `sentence` in Zeile 13 dem Textstring `str` zugewiesen, wobei abschließende Leerzeichen ignoriert werden. Der Textstring `str` wird in die aktuelle Liste geschrieben (Zeile 15). Nun wird der Textstring `str` in Tabelle `str_tab` in Wörter aufgeteilt, bei der es sich um eine Standardtabelle mit dem Zeilentyp `string` handelt (Zeile 18). Nach der Aufteilung des Satzes wird jedes Wort in eine eigene Zeile der Liste geschrieben (Zeile 19 bis 21). Es erfolgt keine Kopie des Textstrings, da keine Zeile der Tabelle `str_tab` in der Schleife geändert wird.

Schließlich wird der ursprüngliche Textstring wieder hergestellt und in die Liste geschrieben (Zeile 24 bis 33).

Wie Listing 2.3 zeigt, ist das Arbeiten mit Textstrings einfach und intuitiv, wenn wir die fehlende Unterstützung für Stringliterale vor Release 6.10 außer Acht lassen. Sie müssen den Unterschied zwischen Textfeldern und Textstrings jedoch immer im Hinterkopf behalten, selbst wenn dieser noch so klein ist.

Immer wenn die Länge einer Zeichenfolge variabel ist, sollten Sie Textstrings anstelle von Textfeldern verwenden. Wählen Sie Textfelder nur für Zeichenfolgen fester Länge. Beachten Sie aber, dass der Einsatz von Textstrings in Open SQL erst ab Release 6.10 unterstützt wird.

Als Nächstes wollen wir Feldsymbole und Referenzen in ABAP untersuchen. Bei gemeinsamer Verwendung mit den bereits besprochenen generischen und dynamischen Datentypen bieten sie sichere und zuverlässige Methoden für den dynamischen Datenzugriff.

2.4 Feldsymbole

Feldsymbole sind ein besonderes Konzept in ABAP, das es in den meisten anderen Programmiersprachen in dieser Form nicht gibt. Sie können sich Feldsymbole als Alias-Namen für vorhandene Datenobjekte vorstellen. Sie können vorhandenen Datenobjekten – oder einem Teil davon – einen neuen Namen zuweisen und anschließend mit diesen Daten unter ihrem neuen Namen arbeiten. Für die dynamische Programmierung ist wichtig, dass Feldsymbole mit generischen Typen typisiert werden können.

Bevor Sie ein Feldsymbol nutzen können, müssen Sie es zuerst deklarieren und ihm einen Typ zuordnen. Sein Name muss mit 〈 beginnen und mit 〉 enden. Die Syntax zum Deklarieren eines Feldsymbols ähnelt der Syntax zum Deklarieren einer Variablen:

```
FIELD-SYMBOLS <name> TYPE type.
```

Vor seiner Verwendung müssen Sie einem Feldsymbol ein vorhandenes Datenobjekt, genauer gesagt, einen belegten Speicherbereich zuweisen. Ein Feldsymbol, dem kein Datenobjekt zugewiesen ist, kann man mit einem Namen vergleichen, zu dem es keine Person gibt. Zum Zuweisen eines Datenobjekts an ein Feldsymbol können Sie verschiedene ABAP-Anweisungen verwenden. Im Folgenden sollen die beiden gebräuchlichsten Anweisungen vorgestellt werden: ASSIGN und LOOP...ASSIGNING.

Die Anweisung ASSIGN weist einem Feldsymbol beliebige Daten zu:

ASSIGN data TO <name>.

Dabei beschreibt data den zugewiesenen Speicherbereich. Im einfachsten Fall ist data der Bezeichner eines Datenobjektes; es sind aber noch viele andere, insbesondere auch dynamische Angaben möglich, beispielsweise können einzelne Komponenten einer Struktur dynamisch zugewiesen werden.

Wie bei Parametern, die an eine Prozedur übergeben werden, wird zwischen dem Datentyp der zugewiesenen Daten und dem Typ des Feldsymbols eine Typprüfung durchgeführt. Die Operation wird nur ausgeführt, wenn die Typen zueinander passen. Nach der Zuweisung hat das Feldsymbol den (dynamischen) Datentyp des zugewiesenen Datenobjektes.

Vor Release 4.6 war die Operandenposition von data in der Anweisung ASSIGN eine der wenigen Stellen, an der für ein Datenobjekt dynamische Offset- und Längenangaben in der Form +off(len) gemacht werden konnten und eines der Hauptanwendungsgebiete für Feldsymbole war der Zugriff auf dynamisch angegebene Speicherbereiche. Inzwischen ist die dynamische Offset-/Längenangabe an allen Operandenpositionen erlaubt und die Hauptverwendung von Feldsymbolen ist der Zugriff auf Zeilen einer internen Tabelle ohne Kopiervorgang über die Anweisung LOOP...ASSIGNING. Diese weist einem Feldsymbol eine Zeile einer internen Tabelle zu:

LOOP...ASSIGNING <name>.
...
ENDLOOP.

Anstatt den Inhalt der Tabellenzeile mit dem Zusatz INTO wa in einen Arbeitsbereich zu kopieren, wird er dem Feldsymbol zugewiesen. Das Zuweisen an das Feldsymbol verursacht weniger Verarbeitungsaufwand als das Kopieren der Tabellenzeile, insbesondere bei Tabellen mit langen Zeilen.

Es gibt auch spezielle Anweisungen zum expliziten Aufheben der Zuweisung an ein Feldsymbol oder zum Überprüfen, ob einem Feldsymbol Daten zugewiesen sind:

```
UNASSIGN <name>.
IF <name> IS ASSIGNED.
```

Listing 2.4 zeigt die Möglichkeiten der Verwendung von Feldsymbolen. Es verwendet eine Kombination von Feldsymbolen und generischen Typen zum Implementieren einer Ausgabemethode für eine beliebige interne Tabelle.

```
 1 PROGRAM dynamic_4.
 2
 3 CLASS lcl_util DEFINITION.
 4   PUBLIC SECTION.
 5     CLASS-METHODS write_table
 6                 IMPORTING p_table TYPE any table.
 7 ENDCLASS.
 8
 9 CLASS lcl_util IMPLEMENTATION.
10   METHOD write_table.
11     FIELD-SYMBOLS: <line>  TYPE any,
12                    <field> TYPE any.
13     WRITE / '{'.
14     LOOP AT p_table ASSIGNING <line>.
15       WRITE /4 '('.
16       DO.
17         ASSIGN COMPONENT sy-index OF STRUCTURE <line>
18           TO <field>.
19         IF sy-subrc <> 0.
20           EXIT.
21         ENDIF.
22         WRITE /8 <field>.
23       ENDDO.
24       WRITE /4 ')'.
25     ENDLOOP.
26     WRITE / '}'.
27   ENDMETHOD.
28 ENDCLASS.
29
30 TYPES: BEGIN OF my_line_type,
31         name       TYPE string,
32         birth_date TYPE d,
33         salary     TYPE p LENGTH 8 DECIMALS 2,
34   END OF my_line_type,
```

```
35   my_table_type TYPE HASHED TABLE OF my_line_type
36                           WITH UNIQUE KEY name birth_date.
37
38 DATA: my_wa      TYPE my_line_type,
39       my_table TYPE my_table_type.
40
41 START-OF-SELECTION.
42
43   my_wa-name       = 'Peter Smith'.
44   my_wa-birth_date = '19640303'.
45   my_wa-salary     = '20000.00'.
46   INSERT my_wa INTO TABLE my_table.
47
48   my_wa-name       = 'April May June'.
49   my_wa-birth_date = '19660401'.
50   my_wa-salary     = '1000000.00'.
51   INSERT my_wa INTO TABLE my_table.
52
53   my_wa-name       = 'Mary McWeather'.
54   my_wa-birth_date = '19710711'.
55   my_wa-salary     = '1.00'.
56   INSERT my_wa INTO TABLE my_table.
57
58   lcl_util=>write_table( my_table ).
```

Listing 2.4 Generische Ausgabemethode mit Feldsymbolen

Zum Implementieren der Tabellenausgabe wird eine lokale Klasse lcl_util verwendet. Die statische Methode write_table implementiert die Listenerstellung für Tabellen. Diese Methode hat genau einen Parameter p_table. Da dieser Parameter mit dem generischen Typ any table typisiert ist, kann eine beliebige interne Tabelle an diese Methode übergeben werden.

Die Methode write_table verwendet zwei lokale Feldsymbole. Da beide Feldsymbole mit any typisiert sind (Zeile 11 und 12), können ihnen Datenobjekte eines beliebigen Typs zugewiesen werden. Die Anweisung LOOP...ASSIGNING durchläuft die übergebene Tabelle p_table in einer Schleife (ab Zeile 14) und weist die Tabellenzeilen dem Feldsymbol <line> zu. In der DO-Schleife ab Zeile 16 werden dem Feldsymbol <field> mithilfe einer speziellen Variante der Anweisung ASSIGN Daten zugewiesen – hier sind es die Komponenten der Zeilenstruktur basierend auf ihrer Position. Dies würde auch mit Komponentennamen funktionieren. Alle Komponenten einer Struktur sind von 1 bis n nummeriert. sy-index ist der Schleifenzähler der Schleife DO...ENDDO. Die Anweisung ASSIGN setzt sy-subrc auf ungleich Null, wenn sy-index größer als die Komponentenanzahl der übergebenen Zeilenstruktur ist, wodurch die Schleife verlassen wird.

Um auch geschachtelte Tabellen korrekt zu behandeln, müsste dieses Beispiel geändert werden. Der dynamische Typ des Feldsymbols <field> müsste nach jeder Zuweisung geprüft werden. Zeigt <field> auf eine Tabelle, muss die Methode rekursiv aufgerufen werden. Die zur Typerkennung erforderlichen Techniken werden in Abschnitt 2.8 behandelt.

Wie Sie an diesem Beispiel sehen, sind Feldsymbole eine bequeme Methode zum Auslesen interner Tabellen in einer Schleife. Diese Methode ist zum einen dynamisch, da das verwendete Feldsymbol generisch typisiert sein kann, und zum anderen schneller als das Verwenden eines Arbeitsbereiches – insbesondere, wenn die Tabellenzeile sehr lang ist –, da nicht die gesamte Tabellenzeile in den Arbeitsbereich kopiert werden muss. Weiterhin zeigt das Beispiel den dynamischen Zugriff auf Komponenten von Strukturen mithilfe von Feldsymbolen.

Bedenken Sie jedoch immer, dass ein Feldsymbol lediglich ein Alias für ein Datenobjekt ist und dass alle Operationen, die das Feldsymbol als Operanden haben, in Wirklichkeit mit dem Datenobjekt arbeiten. Als Nächstes werden Referenzen erläutert, die konzeptionell zwar ähnlich sind, jedoch leistungsstärkere Möglichkeiten für den Zugriff auf Daten bieten.[5]

2.5 Referenzen

Referenzen sind ein gängiges Konzept, das von den meisten Programmiersprachen unterstützt wird, so auch von ABAP. In ABAP sind Referenzen Inhalt von Referenzvariablen, und wie Feldsymbole müssen Referenzvariablen typisiert werden. Der Unterschied zwischen Feldsymbolen und Referenzvariablen besteht jedoch darin, dass eine Referenzvariable nicht bloß ein Alias für ein Datenobjekt ist. Eine Referenzvariable enthält tatsächlich Daten, die aber nur auf andere Datenobjekte zeigen. Mithilfe von Referenzen können Sie Datenketten und Rekursionen zwischen Daten erzeugen. Darüber hinaus können Sie Referenzvariablen als Komponenten von Strukturen, als Attribute von Objekten und als Tabellenzeilen definieren, was bei Feldsymbolen nicht möglich ist.

---

[5] Tatsächlich sind Feldsymbole ein eingeschränktes Referenzkonzept, wobei der Zugriff auf ein Feldsymbol in etwa dem Zugriff auf eine dereferenzierte Referenzvariable entspricht.

ABAP unterstützt zwei Arten von Referenzen:

▶ **Objektreferenzen** zeigen auf Instanzen von Klassen (oder einfach Objekte). Eine Objektreferenz ist Inhalt einer Objektreferenzvariablen und diese ist statisch entweder als Klassen- oder als Interface-Referenzvariable deklariert. Da Objektreferenzen ein grundlegendes Konzept von objektorientierten Sprachen sind, werden sie in diesem Kapitel nicht behandelt.

▶ **Datenreferenzen** zeigen auf Datenobjekte. Eine Datenreferenz ist Inhalt einer Datenreferenzvariablen, und diese ist statisch entweder vollständig generisch oder mit einem vollständigem Datentyp (seit Release 6.10) typisiert.

Sowohl Objekt- als auch Datenreferenzvariablen sind wiederum Datenobjekte, selbst wenn sie lediglich Zeiger auf andere Datenobjekte darstellen. Alle Referenzen haben dieselbe Länge und müssen auch wie andere Datenobjekte deklariert werden:

```
DATA dref TYPE REF TO type.
```

Für `type` kann ein beliebiger nicht-generischer Datentyp (seit Release 6.10) oder der vollständig generische Datentyp `data` angegeben werden.[6] Die neu deklarierte Datenreferenzvariable hat einen leeren Initialwert und zeigt noch nicht auf Daten. Wie bei anderen Datenobjekten können Sie diesen Zustand einer Datenreferenzvariablen mit dem logischen Ausdruck `IS INITIAL` überprüfen. Nach der Deklaration können Sie der Variablen auf folgende Arten eine Datenreferenz zuweisen:

▶ Eine Referenz auf vorhandene Datenobjekte mit der Anweisung GET REFERENCE besorgen.

```
GET REFERENCE OF dobj INTO dref.
```

▶ Ein neues Datenobjekt mit der Anweisung CREATE DATA zur Laufzeit erzeugen und die Referenz in die Variable stellen. Dabei muss der Typ des erzeugten Objekts zum statischen Typ der Referenzvariablen passen.

```
CREATE DATA dref TYPE type.
```

▶ Eine vorhandene Datenreferenz mit dem Operator = kopieren. Dabei müssen die statischen Typen der Referenzvariablen zueinander passen. Wenn die Quellvariable generisch und die Zielvariable vollständig typisiert ist, muss statt = der Casting-Operator ?= verwendet werden, der eine Prüfung zur Laufzeit veranlasst.

```
dref2 = dref1.
```

---

[6] Bei der Angabe einer Klasse oder eines Interfaces für `type` wäre es die Deklaration einer Objektreferenzvariable.

Alle Operationen mit Datenreferenzvariablen wirken sich auf die Referenz und nicht auf die Daten aus, auf die diese zeigt. So wird beim Kopieren einer Referenz nur die Referenz kopiert, aber nicht das Datenobjekt, auf das die Referenz zeigt. Nach dem Kopieren zeigen beide Referenzvariablen auf dasselbe Datenobjekt. Um auf die Daten selbst zuzugreifen, müssen Sie den speziellen Dereferenzierungsoperator ->* verwenden, der vor Release 6.10 nur für die Anweisung ASSIGN implementiert war. Bei allen anderen Operationen konnten Sie vor Release 6.10 nicht in einem einzigen Schritt auf die Daten zugreifen, sondern mussten den Umweg über ein Feldsymbol gehen.

Damit Sie sich das Arbeiten mit Referenzen besser vorstellen können, wollen wir uns ein kleines Beispiel anschauen. Listing 2.5 und Listing 2.6 zeigen, wie Referenzen zum Erstellen, Schreiben und Lesen von Daten verwendet werden. Beachten Sie, dass Sie ab Release 6.10 den Operator ->* in allen Anweisungen für vollständig typisierte Datenreferenzen und nicht nur in der Anweisung ASSIGN einsetzen können. Die in den Zeilen 7 und 8 von Listing 2.5 gezeigte Wertzuweisung und die WRITE-Anweisung waren zu Release 4.6 noch nicht möglich.

```
 1 PROGRAM dynamic_5.
 2
 3 DATA data_ref TYPE REF TO i.
 4
 5 CREATE DATA data_ref TYPE i.
 6
 7 data_ref->* = 13.
 8 WRITE / data_ref->*.
 9
10 CLEAR data_ref.
```

Listing 2.5 Arbeiten mit Datenreferenzen seit Release 6.10

Vor Release 6.10 war nur die generische Typisierung von Datenreferenzvariablen mit data möglich. In diesem Fall muss immer über ein Feldsymbol dereferenziert werden, wie in Zeile 7 von Listing 2.6 gezeigt.

```
1 PROGRAM dynamic_6.
2
3 DATA data_ref TYPE REF TO data.
4 FIELD-SYMBOLS <fs> TYPE i.
5
6 CREATE DATA data_ref TYPE i.
7 ASSIGN data_ref->* TO <fs>.
```

```
 8
 9 <fs> = 13.
10 WRITE / <fs>.
11
12 UNASSIGN <fs>.
13 CLEAR data_ref.
```

Listing 2.6 Arbeiten mit Datenreferenzen vor Release 6.10

Beim Verwenden der Anweisung CREATE DATA werden alle zur Laufzeit erstellten Datenobjekte wie die Instanzen von Klassen in ABAP Objects verwaltet. Sie müssen keine besonderen Anweisungen benutzen, um die Daten explizit zu entfernen oder die Speicherverwaltung zu aktivieren. Stattdessen übernimmt der Garbage Collector beide Aufgaben automatisch. Sobald die Daten durch keine Referenz mehr verwendet werden, wird der Speicher automatisch freigegeben. Wenn Sie auch keine Anweisung verwenden müssen, um Speicher freizugeben, müssen Sie daran denken, Referenzvariablen, die auf nicht-benötigte Objekte zeigen, zurückzusetzen. Solange auch nur eine Referenzvariable auf die Daten zeigt, kann die ABAP-Laufzeitumgebung den Speicher nicht freigeben. Wie Sie in Zeile 13 von Listing 2.6 sehen, beendet die Anweisung CLEAR die Nutzung des mit CREATE DATA erzeugten Datenobjekts durch eine Referenzvariable.

Sehen wir uns ein praxisbezogeneres – wenngleich komplexeres – Beispiel an, wie Sie mit Referenzen arbeiten können. Listing 2.7 zeigt, wie Sie Textstrings und Referenzen zum Implementieren eines Dictionaries kombinieren können. Ein Dictionary ist in diesem Kontext eine abstrakte Datenstruktur zum Speichern und Abrufen von Daten mithilfe eines eindeutigen Schlüssels. Daten werden mit demselben zeichenartigen Schlüssel gespeichert und abgerufen. Referenzen können auf eine beliebige Datenmenge zeigen, z.B. auf geschachtelte interne Tabellen und Strukturen. Der Schlüssel jedes Eintrags im Dictionary ist eindeutig.

```
 1 PROGRAM dynamic_7.
 2
 3 CLASS lcx_duplicated_key DEFINITION
 4                  INHERITING FROM cx_static_check.
 5 ENDCLASS.
 6
 7 CLASS lcx_key_not_found DEFINITION
 8                  INHERITING FROM cx_static_check.
 9 ENDCLASS.
10
```

```
11 CLASS lcl_dictionary DEFINITION.
12   PUBLIC SECTION.
13     METHODS: put IMPORTING p_key    TYPE string
14                            p_value TYPE REF TO data
15                RAISING    lcx_duplicated_key,
16              get IMPORTING p_key           TYPE string
17                RETURNING value(p_value) TYPE REF TO data
18                RAISING    lcx_key_not_found,
19              remove IMPORTING p_key         TYPE string
20                 RAISING    lcx_key_not_found,
21              write.
22   PRIVATE SECTION.
23     TYPES: BEGIN OF dictionary_line_type,
24              key   TYPE string,
25              value TYPE REF TO data,
26            END OF dictionary_line_type,
27            dictionary_type TYPE HASHED TABLE
28                              OF dictionary_line_type
29                              WITH UNIQUE KEY key.
30     DATA dictionary TYPE dictionary_type.
31 ENDCLASS.
32
33 CLASS lcl_dictionary IMPLEMENTATION.
34   METHOD put.
35     DATA x TYPE dictionary_line_type.
36     x-key = p_key.
37     x-value = p_value.
38     INSERT x INTO TABLE dictionary.
39     IF sy-subrc <> 0.
40       RAISE EXCEPTION TYPE lcx_duplicated_key.
41     ENDIF.
42   ENDMETHOD.
43   METHOD get.
44     DATA x TYPE dictionary_line_type.
45     READ TABLE dictionary INTO x
46              WITH TABLE KEY key = p_key.
47     IF sy-subrc <> 0.
48       RAISE EXCEPTION TYPE lcx_key_not_found.
49     ENDIF.
50     p_value = x-value.
```

```abap
51    ENDMETHOD.
52    METHOD remove.
53      DELETE TABLE dictionary WITH TABLE KEY key = p_key.
54      IF sy-subrc <> 0.
55        RAISE EXCEPTION TYPE lcx_key_not_found.
56      ENDIF.
57    ENDMETHOD.
58    METHOD write.
59      DATA x TYPE dictionary_line_type.
60      FIELD-SYMBOLS <fs> TYPE any.
61      WRITE / 'dictionary = {'.
62      LOOP AT dictionary INTO x.
63        ASSIGN x-value->* TO <fs>.
64        WRITE: /4 x-key, ':', <fs>.
65      ENDLOOP.
66      WRITE / '}'.
67    ENDMETHOD.
68 ENDCLASS.
69
70 DATA: my_dictionary TYPE REF TO lcl_dictionary,
71       data_ref      TYPE REF TO data.
72
73 FIELD-SYMBOLS <fs> TYPE any.
74
75 START-OF-SELECTION.
76   CREATE OBJECT my_dictionary.
77   CREATE DATA data_ref TYPE i.
78   ASSIGN data_ref->* TO <fs>.
79
80   <fs> = 13.
81   my_dictionary->put( p_key   = `Integer`
82                       p_value = data_ref ).
83   CREATE DATA data_ref TYPE f.
84   ASSIGN data_ref->* TO <fs>.
85
86   <fs> = '13.13'.
87   my_dictionary->put( p_key   = `Float`
88                       p_value = data_ref ).
89   CREATE DATA data_ref LIKE sy-repid.
90   ASSIGN data_ref->* TO <fs>.
```

```
91
92     <fs> = sy-repid.
93     my_dictionary->put( p_key   = `Very Very Very Long Key`
94                         p_value = data_ref ).
95
96     data_ref = my_dictionary->get( p_key = `Float` ).
97     ASSIGN data_ref->* TO <fs>.
98     WRITE: / 'Float :', <fs>.
99
100    my_dictionary->remove( `Float` ).
101    my_dictionary->write( ).
```

Listing 2.7 Implementierung eines Dictionaries mit Strings und Datenreferenzen

Wir verwenden die lokale Klasse `lcl_dictionary` zum Implementieren eines Dictionaries, das Datenreferenzen unter einem Schlüsselnamen speichert. Die Klasse verfügt über die vier Methoden `put`, `get`, `remove` und `write`. Die Methode `put` hat einen Textstring und eine Datenreferenz als Eingabeparameter. Sie fügt den Eintrag in das Dictionary `dictionary` ein, das als Hash-Tabelle mit einem Textstring als Schlüssel implementiert ist. Die Methode `get` hat einen Textstring (den Schlüssel eines Eintrags im Dictionary) als Eingabeparameter und gibt die dazugehörige Datenreferenz zurück. Die Methode `remove` hat einen Textstring als Eingabeparameter und entfernt den entsprechenden Eintrag aus dem Dictionary. Die Methode `write` schreibt das Dictionary in die aktuelle Liste.

Bei der Ausführung von Listing 2.7 wird das Dictionary in Zeile 77 über die Objektreferenzvariable `my_dictionary` erzeugt, in das drei Einträge eingefügt werden:

1. Eine Datenreferenz auf eine Integer-Zahl mit dem Wert 13 und dem Dictionary-Schlüssel `Integer` (Zeile 81).

2. Eine Datenreferenz auf eine Gleitpunktzahl mit dem Wert 13.13 und dem Dictionary-Schlüssel `Float` (Zeile 87).

3. Eine Datenreferenz auf das Systemfeld mit dem Programmnamen als Wert und dem Dictionary-Schlüssel `Very Very Very Long Key` (Zeile 93).

Die Referenz mit dem Schlüsselwert `Float` wird in Zeile 96 mit der Methode `get` aus dem Dictionary abgerufen. Das Datenobjekt, auf das die Referenz zeigt, wird in die Liste geschrieben, der Eintrag `Float` wird in Zeile 100 aus dem Dictionary entfernt. In Zeile 101 wird das gesamte Dictionary in die Liste geschrieben. Da die hier verwendeten Datenreferenzvariablen generisch mit `data` typisiert sind, können sie nur in `ASSIGN`-Anweisungen dereferenziert werden. Beim Aufruf der

Methoden haben wir aus Gründen der Übersichtlichkeit die TRY-CATCH-ENDTRY-Anweisungen zur Ausnahmebehandlung weggelassen.

Bislang haben wir verschiedene Möglichkeiten zum Verwenden generischer und dynamischer Datentypen in ABAP untersucht, um dynamisch auf Daten *zuzugreifen*. Nun wollen wir beginnen, Möglichkeiten zum dynamischen *Generieren* von ABAP-Anweisungen zu betrachten, mit deren Hilfe ganze Operationen dynamisch ausgeführt werden können. In diesem Zusammenhang wollen wir auch nicht vergessen, die Vererbung und Interfaces wenigstens zu erwähnen. Diese grundlegenden Merkmale objektorientierter Programmiersprachen eröffnen mit der Polymorphie ebenfalls große Freiheitsgrade für die dynamische Programmierung, werden in diesem Kapitel aber nicht weiter behandelt. Hier geht es vielmehr um den von ABAP angebotenen einfachen Mechanismus zum dynamischen Ausführen von Operationen, nämlich die dynamische Token-Angabe.

2.6 Dynamische Token-Angabe

Die meisten ABAP-Anweisungen lassen die dynamische Angabe einiger Teile einer Anweisung zu. Das bedeutet im Wesentlichen, dass Sie verschiedene Bestandteile (ABAP-Worte und Operanden) von ABAP-Anweisungen über eine allgemeine Syntax erst zur Laufzeit angeben können.

Wir wollen dies anhand eines Beispiels veranschaulichen: Angenommen, Sie haben eine interne Tabelle, die eine bestimmte Sortierreihenfolge aufweisen soll. Der Name der Komponente zum Sortieren der internen Tabelle soll erst zur Laufzeit angegeben und in einem Textfeld oder einem Textstring übergeben werden. Die dynamische Token-Angabe ist die Technik, um das in ABAP zu erreichen, Listing 2.8 zeigt den Basiscode für ihre Implementierung.

```
1 * dynamic sort
2 name = 'AGE'.
3 SORT itab BY (name).
4
5 * static sort
6 SORT itab BY age.
```

Listing 2.8 Dynamische Sortierung

Zuerst wird in Zeile 2 der Name der Komponente zum Sortieren der internen Tabelle itab zur Laufzeit im Textstring name gespeichert, name kann natürlich auch ein Parameter sein. Gemäß den Syntaxregeln für dynamische Anweisungen *müssen* Sie in den meisten Fällen den Komponentennamen in Großbuchstaben angeben. Anstatt den Namen der Komponente in der Anweisung SORT statisch anzugeben, wird der eingeklammerte Textstring (ohne Leerzeichen zwischen dem Variablennamen und den Klammern) angegeben (Zeile 3).

Damit Sie die dynamische Anweisung mit ihrer statischen Entsprechung vergleichen können, ist am Ende des Beispiels die entsprechende statische Anweisung hinzugefügt (Zeile 6).

Die dynamische Token-Angabe kann am besten mit einer Ersetzung verglichen werden. Die Anweisung wird zur Laufzeit vervollständigt, indem die Variable in Klammern durch ihren Wert ersetzt wird. In Listing 2.8 wird (name) also durch AGE ersetzt.

Das Arbeiten mit der dynamischen Token-Angabe hat Vorteile bei der dynamischen Programmierung. Dennoch sollten Sie sich über die Folgen im Klaren sein, wenn eine ABAP-Anweisung zur Kompilationszeit nicht vollständig bestimmt werden kann:

- Für die dynamischen Teile einer Anweisung kann weder eine statische Typprüfung noch eine Syntaxprüfung erfolgen.
- Wenn die dynamische Anweisung zur Laufzeit nicht korrekt ist, treten Ausnahmen auf. Die meisten dieser Ausnahmen können jedoch behandelt werden. Mehr zu jeder Anweisung, in der eine dynamische Token-Angabe möglich ist, finden Sie in der ABAP-Schlüsselwortdokumentation.

Thematisch gesehen kann man die in ABAP mögliche dynamische Token-Angabe in folgende fünf Formen unterteilen, von denen jede für einen bestimmten Teil einer Anweisung vorgesehen ist:

1. **Die dynamische Feldangabe** enthält den Namen eines Datenobjekts. Beispielsweise kann ein Datenobjekt, das in einer ASSIGN-Anweisung einem Feldsymbol zugewiesen werden soll, dynamisch angegeben werden.
2. **Die dynamische Typangabe** enthält den Namen eines Typs (Datentyp oder Objekttyp). Beispielsweise kann die Typangabe hinter CREATE DATA dynamisch sein.
3. **Die dynamische Komponentenangabe** enthält den Namen einer Komponente einer Struktur. Beispielsweise sind Komponeten von internen Tabellen dynamisch angebbar (siehe Listing 2.8).
4. **Die dynamische Klauselangabe** enthält einen vollständigen Teil einer Anweisung inklusive ABAP-Sprachelementen. Alle Klauseln der Open-SQL-Anweisung SELECT können beispielsweise dynamisch angegeben werden. In diesem Fall kann die Variable auch eine interne Tabelle mit zeichenartigem Zeilentyp sein.

5. **Die dynamische Zielangabe** enthält den Namen einer Prozedur oder eines Programms. Methoden, Unterprogramme und ausführbare Programme können dynamisch aufgerufen werden. Beachten Sie aber auch, dass manche Aufrufe, wie die von Funktionsbausteinen und Transaktionen, prinzipiell dynamisch sind. Bei Letzteren gibt es keine statische Form und die Unterscheidung durch Klammerung ist nicht nötig bzw. möglich. Abschnitt 2.7 geht darauf ein, wie beim dynamischen Aufruf einer Prozedur auch die Aktualparameter dynamisch angegeben werden können.

Um zu bestimmen, ob und wie eine Anweisung die dynamische Token-Angabe unterstützt, konsultieren Sie am besten die ABAP-Schlüsselwortdokumentation. Mögliche Ausprägungen sind die nur statische Angabe (z.B. READ TABLE itab), die dynamische und statische Angabe (z.B. SUBMIT report|(name)) sowie die nur dynamische Angabe (z.B. CALL FUNCTION name).

Im nächsten Schritt werden wir untersuchen, wie dynamische Token-Angaben in der Praxis eingesetzt werden. In Listing 2.9 werden die dynamische Token-Angabe, Feldsymbole und Datenreferenzen zum Implementieren eines Anzeigeprogramms für eine beliebige Datenbanktabelle genutzt. Dabei wird eine WHERE-Klausel als Eingabeparameter entgegengenommen.

```
 1 PROGRAM dynamic_9.
 2
 3 PARAMETERS: p_from  TYPE c LENGTH 30 DEFAULT 'SNAPT',
 4             p_where TYPE c LENGTH 255
 5                 DEFAULT `LANGU = 'DE' AND ` &
 6                         `ERRID = 'CREATE_DATA_UNKNOWN_TYPE'`.
 7
 8 CLASS lcl_util DEFINITION.
 9   PUBLIC SECTION.
10     CLASS-METHODS write_struct IMPORTING p_struct TYPE any.
11 ENDCLASS.
12
13 CLASS lcl_util IMPLEMENTATION.
14   METHOD write_struct.
15     FIELD-SYMBOLS <field> TYPE any.
16     WRITE / '('.
17     DO.
18       ASSIGN COMPONENT sy-index OF STRUCTURE p_struct
19         TO <field>.
20       IF sy-subrc <> 0.
21         EXIT.
```

```
22      ENDIF.
23      WRITE /4 <field>.
24    ENDDO.
25    WRITE / ')'.
26  ENDMETHOD.
27 ENDCLASS.
28
29 DATA: data_ref  TYPE REF TO data,
30       where_tab LIKE TABLE OF p_where.
31
32 FIELD-SYMBOLS <line> TYPE any.
33
34 START-OF-SELECTION.
35   CREATE DATA data_ref TYPE (p_from).
36   ASSIGN data_ref->* TO <line>.
37
38   APPEND p_where TO where_tab.
39   SELECT * FROM (p_from) INTO <line> WHERE (where_tab).
40     lcl_util=>write_struct( <line> ).
41   ENDSELECT.
```

Listing 2.9 Implementierung eines generischen Anzeigeprogramms für Datenbanktabellen

Das Programm in Listing 2.9 hat den Namen einer Datenbanktabelle und eine gesamte WHERE-Klausel als Eingabeparameter. Die Parameter werden mit Werten für die Datenbanktabelle SNAPT initialisiert (Zeile 3 bis 6); SNAPT ist eine Systemtabelle, die die statischen Texte für alle Kurzdumps von Laufzeitfehlern enthält.

Bei der Programmausführung wird zuerst wird mithilfe der dynamischen Typangabe unter Verwendung des Namens einer Datenbanktabelle ein geeigneter Arbeitsbereich erstellt (Zeile 35). Für jede Datenbanktabelle ist ein entsprechender ABAP-Strukturtyp mit demselben Namen im ABAP Dictionary vorhanden[7]. Das Feldsymbol <line> dient dem Zugriff auf den Arbeitsbereich (Zeile 36). Wir realisieren die dynamische WHERE-Klausel über eine interne Tabelle und hängen den Parameter p_where deshalb an die Tabelle where_tab an (Zeile 38). Seit Release 6.10 kann p_where auch direkt in der dynamischen WHERE-Klausel angegeben werden. Die SELECT-Schleife, die die dynamische Angabe des Namens der Datenbanktabelle und die WHERE-Klausel enthält, liest die Einträge aus der Datenbank in den dynamisch erzeugten Arbeitsbereich (Zeile 39). Alle ausgelesenen

---

[7] Vor Release 6.40 konnten nur Strukturen mit Bezug auf bekannte Typen mit CREATE DATA erstellt werden. Seit Release 6.40 können Sie durch Bezug auf selbst definierte Beschreibungsobjekte der RTTS beliebige Strukturen erzeugen (siehe Listing 2.3).

Einträge werden in Zeile 40 mithilfe der Methode `write_struct` der Klasse `lcl_util` in die aktuelle Liste geschrieben (siehe Listing 2.4). Um oben angegebenen Punkt 5, die dynamische Zielangabe, auszunutzen, muss noch etwas ausgeholt werden. Dies geschieht im nächsten Abschnitt.

2.7 Dynamischer Prozeduraufruf

Wie schon in Abschnitt 2.6 erwähnt, können die Namen von Prozeduren beim Aufruf dynamisch als Inhalte von Datenobjekten angegeben werden. Bei Methoden und Unterprogrammen erfolgt dies durch folgende Formen der Anweisungen CALL METHOD bzw. PERFORM:

```
CALL METHOD (mname) ...
CALL METHOD oref->(mname) ...
CALL METHOD (cname)=>(mname) ...
PERFORM (sname) IN PROGRAM (pname) ...
```

Dabei sind `mname`, `cname`, `sname` und `pname` zeichenartige Felder, die bei Ausführung der jeweiligen Anweisung den Namen von vorhandenen Methoden, Klassen, Unterprogrammen bzw. Programmen enthalten müssen.

Beim Aufruf von Funktionsbausteinen gibt es keine statische Form, von der die dynamische Form durch Klammern unterschieden werden müsste:

```
CALL FUNCTION fname ...
```

Funktionsbausteine werden immer durch ein zeichenartiges Feld `fname` angegeben, das den Namen eines Funktionsbausteins enthalten muss. Zur statischen Angabe eines Funktionsbausteins wird in der Regel ein Zeichenliteral verwendet:

```
CALL FUNCTION '...' ...
```

Obwohl die Möglichkeit der dynamischen Angabe des Prozedurnamens für Unterprogramme und Funktionsbausteine schon lange möglich ist, hatte sie vor Release 6.10 nur eingeschränkten Nutzen, da es keine Möglichkeit gab, beim Aufruf auch die Aktualparameter dynamisch anzugeben. Der dynamische Prozeduraufruf beschränkte sich somit auf Prozeduren ohne Parameterschnittstellen oder auf solche mit einheitlichen Schnittstellen. Für den dynamischen Prozeduraufruf mit dynamischer Parameterübergabe blieb nur die Möglichkeit der Programmgenerierung (siehe Abschnitt 2.9).

Deshalb wurde für den dynamischen Methodenaufruf (ab Release 4.6) und den Aufruf von Funktionsbausteinen (ab Release 6.10) eine Möglichkeit eingeführt, Aktualparameter dynamisch zu übergeben und mit EXCEPTIONS definierte Ausnahmen dynamisch zu behandeln. Für Unterprogramme wird dies weiterhin nicht unterstützt, da diese bei Neuentwicklungen ohnehin durch Methoden abgelöst werden sollten. Für klassenbasierte Ausnahmen ist keine Sonderbehandlung des dynamischen Aufrufs notwendig, da diese unabhängig von der Aufrufart in einer TRY-Kontrollstruktur behandelt werden können (siehe Kapitel 3).

Für die dynamische Parameterübergabe und (nicht-klassenbasierte) Ausnahmebehandlung können bei CALL METHOD und CALL FUNCTION statt der statischen Zusätze EXPORTING, IMPORTING, CHANGING, TABLES und EXECPTIONS die Zusätze PARAMETER-TABLE und EXCEPTION-TABLE angegeben werden:

```
CALL METHOD ... PARAMETER-TABLE p_tab
                EXCEPTION-TABLE exc_tab.
CALL FUNCTION ... PARAMETER-TABLE p_tab
                  EXCEPTION-TABLE exc_tab.
```

Die Zuordnung von Aktualparametern an Formalparameter und von Rückgabewerten an Ausnahmen erfolgt in speziellen internen Tabellen p_tab und exc_tab. Diese Tabellen müssen die in der Typgruppe ABAP vordefinierten Tabellentypen abap_parmbind_tab, abap_excpbind_tab beim Methodenaufruf und abap_func_parmbind_tab, abap_func_excpbind_tab beim Aufruf eines Funktionsbausteins haben.

Wir zeigen die Funktionsweise eines vollständig dynamischen Proceduraufrufs in Listing 2.10 am Beispiel einer Methode, die beliebige im System vorhandene Funktionsbausteine aufrufen kann, die genau einen Ein- und einen Ausgabeparameter haben und noch keine klassenbasierten Ausnahmen verwenden.

```
 1 PROGRAM dynamic_10.
 2
 3 TYPE-POOLS abap.
 4
 5 CLASS lcl_function_caller DEFINITION.
 6   PUBLIC SECTION.
 7     CLASS-METHODS call_in_out_function
 8                   IMPORTING func     TYPE csequence
 9                             in_name  TYPE csequence
10                             out_name TYPE csequence
11                             in_value TYPE data
12                   EXPORTING out_value TYPE data.
13 ENDCLASS.
14
15 CLASS lcl_function_caller IMPLEMENTATION.
16   METHOD call_in_out_function.
```

```
17     DATA: p_tab          TYPE abap_func_parmbind_tab,
18           p_tab_line     TYPE abap_func_parmbind,
19           exc_tab        TYPE abap_func_excpbind_tab,
20           exc_tab_line   TYPE abap_func_excpbind.
21
22     p_tab_line-name   = in_name.
23     p_tab_line-kind   = abap_func_exporting.
24     GET REFERENCE OF in_value INTO p_tab_line-value.
25     INSERT p_tab_line INTO TABLE p_tab.
26
27     p_tab_line-name   = out_name.
28     p_tab_line-kind   = abap_func_importing.
29     GET REFERENCE OF out_value INTO p_tab_line-value.
30     INSERT p_tab_line INTO TABLE p_tab.
31
32     exc_tab_line-name = 'OTHERS'.
33     exc_tab_line-value = 4.
34     INSERT exc_tab_line INTO TABLE exc_tab.
35
36     TRY.
37
38        CALL FUNCTION func
39          PARAMETER-TABLE p_tab
40          EXCEPTION-TABLE exc_tab.
41
42        IF sy-subrc <> 0.
43          ...                              " Raise an exception
44        ENDIF.
45
46      CATCH  cx_sy_dyn_call_error ...
47
48        ...                                " Exception handling
49
50     ENDTRY.
51
52   ENDMETHOD.
53 ENDCLASS.
54
55 PARAMETERS: func     TYPE c LENGTH 30
56                     DEFAULT 'READ_SPFLI_INTO_TABLE',
```

```
57              in_name   TYPE c LENGTH 30 DEFAULT 'ID',
58              in_type   TYPE c LENGTH 30
59                        DEFAULT 'SPFLI-CARRID',
60              in_value  TYPE c LENGTH 30 DEFAULT 'LH',
61              out_name  TYPE c LENGTH 30 DEFAULT 'ITAB',
62              out_type  TYPE c LENGTH 30 DEFAULT 'SPFLI_TAB'.
63
64 DATA: in_ref   TYPE REF TO data,
65       out_ref  TYPE REF TO data.
66
67 FIELD-SYMBOLS: <in>   TYPE data,
68                <out>  TYPE data.
69
70 START-OF-SELECTION.
71
72   CREATE DATA in_ref TYPE (in_type).
73   ASSIGN in_ref->* TO <in>.
74   <in> = in_value.
75
76   CREATE DATA out_ref TYPE (out_type).
77   ASSIGN out_ref->* TO <out>.
78
79   lcl_function_caller=>call_in_out_function(
80                   EXPORTING func       = func
81                             in_name    = in_name
82                             in_value   = <in>
83                             out_name   = out_name
84                   IMPORTING out_value  = <out>    ).
85
86   ... " Do something with <out>
```

Listing 2.10 Dynamischer Aufruf eines Funktionsbausteins

Die Methode `call_in_out_function` erwartet den Namen der aufzurufenden Funktion, die Namen ihrer Ein- und Ausgabeparameter sowie geeignete Aktualparameter für die Ein- und Ausgabeparameter. In die interne Tabelle `p_tab` wird für jeden Formalparameter des aufzurufenden Funktionsbausteins jeweils eine Zeile eingefügt (Zeile 17 bis 30). Den Komponenten `name` und `kind` müssen Namen und Art des jeweiligen Parameters zugewiesen werden. Für letzteres gibt es vordefinierte Konstanten in der Typgruppe ABAP. Die Komponente `value` hat den Typ einer Datenreferenzvariable und ihr muss eine Referenz auf den gewünschten Aktualparameter zugewiesen werden. Dies geschieht durch Anwendung der Anweisung GET REFERENCE auf in_value und out_value. In der Ausnahmetabelle exc_tab wird in diesem einfachen Beispiel nur der allgemeinen Ausnahme OTHERS ein Rückgabewert zugewiesen (Zeile 32 bis 34).

Schließlich erfolgt in den Zeilen 38 bis 40 der dynamische Aufruf des Funktionsbausteins in einer TRY-Kontrollstruktur. Nach erfolgreichem Abschluss enthält out_value den Ausgabewert. Die Ausnahmebehandlung wurde in diesem einfachen Beispiel nur ansatzweise implementiert.

Das Coding unter START-OF-SELECTION zeigt einen möglichen Aufruf der Methode call_in_out_function, wobei die Signatur des gewünschten Funktionsbausteins über ein Selektionsbild eingegeben werden kann. Aus der Typangabe werden mit CREATE DATA passende Aktualparameter für die Parameter in_value und out_value der Methode erzeugt und diese mit den Feldsymbolen <in> und <out> verknüpft (Zeile 72 bis 77). Vor dem Methodenaufruf bekommt der durch <in> bezeichnete Aktualparameter in Zeile 74 den Eingabewert zugewiesen. Nach dem Methodenaufruf enthält der durch <out> bezeichnete Aktualparameter den Ausgabewert. Eine Erweiterung der Methode call_in_out_function für Aufrufe von Funktionsbausteinen mit beliebigen Parametern sollte Ihnen durch die Verwendung von jeweils einem tabellenartigen Parameter für jede Parameterart und deren Verarbeitung in Schleifen problemlos möglich sein.

Im hier gezeigten Beispiel müssen der Methode call_in_out_function die Aktualparameter für den Aufruf des Funktionsbausteins bereits typgerecht übergeben werden, ansonsten kommt es beim Aufruf des Funktionsbausteins zu einer Ausnahme. Probieren Sie es aus, indem Sie im Selektionsbild beispielsweise »SPFLI-CONNID« für in_type angeben. In einer anderen Spielart könnte man die Schnittstelle der Methode um Parameter erweitern, die zusätzlich die Typbezeichnungen für die Aktualparameter entgegennehmen. Aus diesen könnten dann in der Methode geeignete Aktualparameter mit CREATE DATA erzeugt werden. Dies vermeidet den eventuellen Typkonflikt beim Aufruf des Funktionsbausteins. Der tatsächliche Eingabewert muss dann an einen solcherart erzeugten Aktualparameter zugewiesen werden und umgekehrt muss der Ausgabewert nach dem Aufruf vom zugehörigen Aktualparameter übernommen werden. Dabei müssen die Typen aber nicht unbedingt identisch sein, sondern es findet, falls möglich, eine Konvertierung statt.

Bevor wir uns der dynamischen Generierung ganzer Programme zuwenden, muss noch ein weiteres, für die dynamische Programmierung sehr wichtiges Konzept angesprochen werden: Sie wissen jetzt, wie Sie dynamisch auf Daten zugreifen und Operationen auf diese anwenden können. Jetzt zeigen wir Ihnen, wie Sie zur

Laufzeit an Informationen zu Daten herankommen, von denen Sie statisch nur die generischen Typen kennen.

2.8 Run Time Type Services

Die Run Time Type Services (RTTS) sind eine leistungsstarke Technik zum Abrufen sämtlicher Informationen (RTTI, Run Time Type Identification) und zum Erzeugen (RTTC, Run Time Type Creation) von Typen zur Laufzeit. Wenn Sie mit dynamischen Programmiertechniken arbeiten, ist es mitunter erforderlich, den Datentyp oder weitere Dateneigenschaften zu bestimmen, um entscheiden zu können, wie die Daten behandelt werden sollen. Dieser Fall tritt in der Regel ein, wenn Sie generische Typen verwenden, für die Sie erst zur Laufzeit die fehlenden Eigenschaften abrufen können, die nicht vom generischen Typ beschrieben werden. Wenn Sie beispielsweise den generischen Typ any für einen Prozedurparameter verwenden, müssen Sie zur Laufzeit der Prozedur Informationen zum Typ der übergebenen Daten abrufen, um typgerecht mit ihnen arbeiten zu können.

Die RTTS beschreiben einen Typ mithilfe eines Beschreibungsobjekts. Dieses Objekt enthält in seinen Attributen alle Informationen zu einem Typ (Name, Typ, Länge usw.). Sie können das Beschreibungsobjekt für einen Typ entweder aus den Daten oder dem Namen des Typs ableiten. Sie können auch zwischen Beschreibungsobjekten navigieren. Ein Beschreibungsobjekt für den Zeilentyp einer internen Tabelle kann z. B. aus dem Beschreibungsobjekt des internen Tabellentyps bestimmt werden. Ein Beschreibungsobjekt für den Komponententyp eines Strukturtyps kann aus dem Strukturtyp bestimmt werden usw.

Die RTTS sind in ABAP Objects implementiert. Beschreibungsobjekte für Typen werden aus Beschreibungsklassen erstellt. Jeder Typ in der ABAP-Typenhierarchie (siehe Abbildung 2.1) verfügt über eine entsprechende Beschreibungsklasse. Jede Beschreibungsklasse bietet spezielle Attribute und entsprechende Navigationsmethoden. Die Klasse CL_ABAP_TABLEDESCR enthält beispielsweise das Attribut table_kind und die Navigationsmethode get_table_line_type.

Abbildung 2.3 zeigt die RTTS-Klassenhierarchie. Wie Sie sehen, ist die Klasse CL_ABAP_TYPEDESCR die Wurzelklasse. Sie enthält bereits alle Methoden, um ein Beschreibungsobjekt aus einem Typnamen, einem direkt angegebenen Datenobjekt oder einem referierten (Daten-) Objekt abzuleiten.

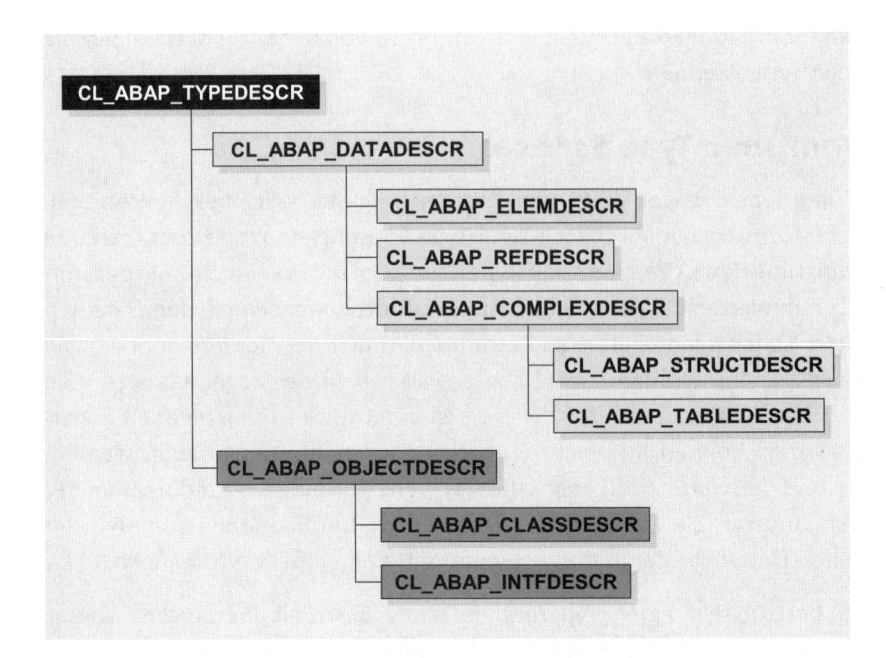

Abbildung 2.3 RTTS-Klassenhierarchie

Die Klasse CL_ABAP_TYPEDESCR bietet vier Methoden zum Bestimmen eines Beschreibungsobjekts für einen Typ:

- describe_by_name
 Diese Methode übernimmt den Namen eines Typs als Eingabeparameter und gibt eine Objektreferenz auf das entsprechende Beschreibungsobjekt zurück.

- describe_by_data
 Diese Methode übernimmt ein Datenobjekt als Eingabe und gibt eine Objektreferenz auf das Beschreibungsobjekt des Datentyps des Datenobjekts zurück.

- describe_by_data_ref
 Diese Methode übernimmt eine Datenreferenz als Eingabe und gibt eine Objektreferenz auf das Beschreibungsobjekt des Datentyps des Datenobjekts zurück, auf das die Referenz zeigt.

- describe_by_object_ref
 Diese Methode übernimmt eine Objektreferenz als Eingabe und gibt eine Objektreferenz auf das Beschreibungsobjekt des Objekttyps des Objekts zurück, auf das die Referenz zeigt.

Es gibt verschiedene Möglichkeiten, sich eine Referenz auf ein Beschreibungsobjekt für einen Typ zu beschaffen, z. B. über den Namen, über ein Datenobjekt, per Navigation usw. Die RTTS stellen sicher, dass für jeden Typ exakt ein Beschreibungsobjekt existiert; alle Referenzen zeigen unabhängig von der Art der Bestimmung auf dasselbe Beschreibungsobjekt.

Das nächste Beispiel zeigt, wie die RTTS zum Implementieren einer strengeren Parameterprüfung verwendet werden können. ABAP führt eine technische Parameterprüfung durch. Typen mit denselben Merkmalen gelten als kompatibel, auch wenn sie unterschiedliche Namen haben. Wenn die Parametrisierung einer Methode auf Typeigenschaften basiert, die nicht für die Typprüfung in ABAP relevant sind, z.B. spezielle Eigenschaften im ABAP Dictionary, kann diese von der ABAP-Laufzeitumgebung nicht festgestellt werden.

Listing 2.11 zeigt die Verwendung der RTTS – genauer gesagt, des Teilbereiches RTTI – zur Implementierung einer strengeren Parameterprüfung. Entspricht der Typ des übergebenen Datenobjekts nicht exakt der Typisierung des Parameters, wird eine Fehlermeldung ausgegeben.

```
 1 PROGRAM dynamic_11.
 2
 3 TYPE-POOLS abap.
 4
 5 CLASS lcx_type_not_found DEFINITION
 6                          INHERITING FROM cx_static_check.
 7 ENDCLASS.
 8
 9 CLASS lcl_typecheck DEFINITION.
10   PUBLIC SECTION.
11     METHODS: constructor
12                IMPORTING p_type_name   TYPE string
13                RAISING   lcx_type_not_found,
14              check
15                IMPORTING p_x            TYPE any
16                RETURNING value(p_flag)  TYPE abap_bool.
17   PRIVATE SECTION.
18     DATA rtti_ref TYPE REF TO cl_abap_typedescr.
19 ENDCLASS.
20
21 CLASS lcl_typecheck IMPLEMENTATION.
22   METHOD constructor.
23     cl_abap_typedescr=>describe_by_name(
24       EXPORTING p_name          = p_type_name
25       RECEIVING p_descr_ref     = rtti_ref
26       EXCEPTIONS type_not_found = 4 ).
```

```abap
27     IF sy-subrc <> 0.
28       RAISE EXCEPTION TYPE lcx_type_not_found.
29     ENDIF.
30   ENDMETHOD.
31   METHOD check.
32     DATA check_ref TYPE REF TO cl_abap_typedescr.
33     check_ref = cl_abap_typedescr=>describe_by_data( p_x ).
34     IF check_ref = rtti_ref.
35       p_flag = abap_true.
36     ELSE.
37       p_flag = abap_false.
38     ENDIF.
39   ENDMETHOD.
40 ENDCLASS.
41
42 CLASS lcl_app DEFINITION.
43   PUBLIC SECTION.
44     CLASS-METHODS except_only_my_special_type
45                     IMPORTING p_x TYPE data.
46 ENDCLASS.
47
48 CLASS lcl_app IMPLEMENTATION.
49   METHOD except_only_my_special_type.
50     DATA my_type TYPE REF TO lcl_typecheck.
51     TRY.
52         CREATE OBJECT my_type
53           EXPORTING p_type_name = 'MY_SPECIAL_TYPE'.
54         IF my_type->check( p_x ) = abap_true.
55           MESSAGE 'Typecheck OK' TYPE 'I'.
56         ELSE.
57           MESSAGE 'Typecheck ERROR' TYPE 'I'
58                                     DISPLAY LIKE 'E'.
59         ENDIF.
60       CATCH lcx_type_not_found.
61         MESSAGE 'RTTI-Exception' TYPE 'I'
62                                     DISPLAY LIKE 'E'.
63     ENDTRY.
64   ENDMETHOD.
65 ENDCLASS.
66
```

```
67 TYPES: my_special_type TYPE HASHED TABLE OF i
68                        WITH UNIQUE KEY table_line.
69
70 DATA: my_special_data TYPE my_special_type,
71       some_other_data TYPE HASHED TABLE OF i
72                        WITH UNIQUE KEY table_line.
73
74 START-OF-SELECTION.
75   lcl_app=>except_only_my_special_type( my_special_data ).
76   lcl_app=>except_only_my_special_type( some_other_data ).
```

Listing 2.11 Implementierung einer strengeren Parameterprüfung

In diesem Beispiel implementiert die Klasse lcl_typecheck eine strenge Typprüfung. Die Methode constructor übernimmt den zu überprüfenden Typnamen als Eingabeparameter. Nach dem Anlegen des Objekts lcl_typecheck in Zeile 52 wird in Zeile 54 die Methode check aufgerufen. Sie prüft, ob der Datentyp des übergebenen Datenobjekts p_x dem Typ entspricht, der bei der Erstellung des Objekts my_type übergeben wurde.

In der Methode constructor wird die Objektreferenz auf das Beschreibungsobjekt des übergebenen Typs im privaten Instanzattribut rtti_ref gespeichert (Zeile 25). Die nicht-klassenbasierte Ausnahme type_not_found wird, falls sie auftritt, auf eine klassenbasierte Ausnahme lcx_type_not_found abgebildet (Zeile 27 bis 29). Die Methode check ruft das Beschreibungsobjekt des Datentyps ab. Da die RTTS sicherstellen, dass für jeden Typ exakt ein Beschreibungsobjekt existiert, besteht die Typprüfung einfach aus einem Objektreferenzvergleich (Zeile 34). Wenn ein an die Methode check übergebenes Datenobjekt denselben Typ wie das Beschreibungsobjekt hat, auf das im Attribut rtti_ref gezeigt wird, gibt die Methode describe_by_data eine Referenz auf dasselbe Beschreibungsobjekt zurück (Zeile 33). Die Methode check gibt abhängig vom Erfolg der Typprüfung entweder abap_true oder abap_false zurück.

Die Klasse lcl_app ist eine Beispielanwendung zur Verwendung der Klasse lcl_typecheck. Die Methode except_only_my_special_type hat einen zu überprüfenden Eingabeparameter. Wurde der Parameter mit my_special_type typisiert, wird eine Erfolgsmeldung, andernfalls eine Fehlermeldung ausgegeben.

Die Methode der Beispielanwendung wird zweimal aufgerufen: Zuerst mit der Variablen my_special_data, die mit my_special_type typisiert ist (Zeile 75), anschließend mit der Variablen some_other_data (Zeile 76). Beide Variablen haben technisch denselben Datentyp – sie können ja auch beide an einen Parameter vom Typ my_special_type übergeben werden –, die zweite Variable wurde aber nicht mit dem Typ `my_special_type` typisiert[8]. Aus diesem Grund gibt die Anwendung im ersten Fall eine Erfolgs- und im zweiten Fall eine Fehlermeldung aus.

Sie können die RTTI auch für folgende Aufgaben einsetzen:

▶ Implementieren anderer Arten von Parameterprüfungen mithilfe der Technik in der Methode `check` der Klasse `lcl_typecheck`.
Sie können beliebige Attribute des Beschreibungsobjekts vergleichen, um zu entscheiden, ob eine Prüfung wahr oder falsch ist. So könnten Sie beispielsweise die von der ABAP-Laufzeitumgebung vorgegebene Typprüfung für Ihre Zwecke nachprogrammieren, um eventuelle Fehler selbst zu behandeln, bevor die Laufzeitumgebung sie feststellt.

▶ Grafisches Abbilden von ABAP-Daten (Strukturen, Tabellen, Referenzen usw.) mithilfe eines generischen Dienstes.
Die ABAP Workbench verwendet beispielsweise die RTTI für ihre vorgegebenen Dienste.

Mit den RTTS kann man aber nicht nur die Eigenschaften von existierenden Typen abfragen (RTTI), sondern auch neue Typen zur Laufzeit erzeugen (RTTC). Diese Funktionalität steht aber erst ab Release 6.40 zur Verfügung.

Die Klassen CL_ABAP_ELEMDESCR, CL_ABAP_STRUCTDESCR und CL_ABAP_TABLEDESCR besitzen hierfür die statische Methode `create`. Diese Methoden erzeugen aus den übergebenen Parametern einen neuen Typ und liefern eine Referenz auf das dazugehörige Beschreibungsobjekt zurück. Die Anweisung `CREATE DATA` hat einen neuen Zusatz `TYPE HANDLE` bekommen, mit dem man über die Angabe einer Referenz auf ein Beschreibungsobjekt ein Datenobjekt erzeugen kann.

Listing 2.12 zeigt, wie man mithilfe der dynamischen Typerzeugung eine interne Tabelle mit passendem Typ für eine `SELECT`-Anweisung erzeugen kann.

```
1 PROGRAM dynamic_12.
2
3 CLASS lcl_util DEFINITION.
4   PUBLIC SECTION.
5     CLASS-METHODS write_table IMPORTING p_table
6                               TYPE any table.
7 ENDCLASS.
```

---

8 Genauer gesagt hat die zweite Variable einen so genannten gebundenen Datentyp, der bei der Deklaration der Variable ausschließlich als deren Eigenschaft erzeugt wird. Dieser Datentyp ist nicht der gleiche wie der eigenständige Datentyp `my_special_type`.

```abap
  8
  9 CLASS lcl_util IMPLEMENTATION.
 10   METHOD write_table.
 11     FIELD-SYMBOLS: <line>  TYPE data,
 12                    <field> TYPE any.
 13     LOOP AT p_table ASSIGNING <line>.
 14       WRITE: / sy-tabix, ':'.
 15       WRITE: / '('.
 16       DO.
 17         ASSIGN COMPONENT sy-index OF STRUCTURE <line>
 18           TO <field>.
 19         IF sy-subrc <> 0.
 20           EXIT.
 21         ENDIF.
 22         WRITE /4 <field>.
 23       ENDDO.
 24       WRITE / ')'.
 25     ENDLOOP.
 26   ENDMETHOD.
 27 ENDCLASS.
 28
 29 PARAMETERS: p_select TYPE c LENGTH 255 DEFAULT 'ERRID',
 30             p_from   TYPE c LENGTH 30  DEFAULT 'SNAPT',
 31             p_where  TYPE c LENGTH 255 DEFAULT
 32                       `TTYPE = 'K' AND LANGU = 'D'`.
 33
 34 DATA: struct_descr   TYPE REF TO cl_abap_structdescr,
 35       table_descr    TYPE REF TO cl_abap_tabledescr,
 36       comp_tab       TYPE
 37                        cl_abap_structdescr=>component_table,
 38       new_comp_tab   LIKE comp_tab,
 39       table_ref      TYPE REF TO data,
 40       string_table   TYPE TABLE OF string,
 41       string_buffer  TYPE string.
 42
 43 FIELD-SYMBOLS: <table> TYPE any table,
 44                <comp>  LIKE LINE OF comp_tab.
 45
 46 START-OF-SELECTION.
 47   struct_descr ?=
```

```
48         cl_abap_typedescr=>describe_by_name( p_from ).
49    comp_tab = struct_descr->get_components( ).
50
51    SPLIT p_select AT space INTO TABLE string_table.
52    LOOP AT string_table INTO string_buffer.
53      READ TABLE comp_tab ASSIGNING <comp>
54                     WITH KEY name = string_buffer.
55      IF sy-subrc = 0.
56        INSERT <comp> INTO TABLE new_comp_tab.
57      ENDIF.
58    ENDLOOP.
59
60    struct_descr =
61         cl_abap_structdescr=>create( new_comp_tab ).
62    table_descr =
63         cl_abap_tabledescr=>create( struct_descr ).
64
65    CREATE DATA table_ref TYPE HANDLE table_descr.
66    ASSIGN table_ref->* TO <table>.
67
68    SELECT (p_select)
69           FROM (p_from)
70           INTO TABLE <table>
71           WHERE (p_where).
72
73    lcl_util=>write_table( <table> ).
```

Listing 2.12 Dynamische Erzeugung einer Struktur mit der RTTC

Das Programm in Listing 2.12 erweitert das Beispiel aus Listing 2.9 und empfängt als Parameter die SELECT-, FROM- und WHERE-Klauseln für eine SELECT-Anweisung. Die Klasse lcl_util implementiert mit der Methode write_table eine Anzeige für beliebige Tabellen. Dies entspricht wieder dem Beispiel aus Listing 2.4. Bei der Programmausführung werden zunächst alle Komponenten der in p_from übergebenen Datenbanktabelle ermittelt und in comp_tab abgelegt (Zeile 49). Anschließend werden nur die Komponenten nach new_comp_tab übernommen, die in p_select angegeben wurden (Zeile 51 bis 58). Als nächster Schritt wird aus new_comp_tab ein neuer Strukturtyp struct_descr und dann ein neuer Tabellentyp table_descr erzeugt (Zeile 60 bis 63). Als letzten Schritt vor der SELECT-Anweisung wird aus dem neuen Tabellentyp table_descr dynamisch eine interne Tabelle erzeugt und dem Feldsymbol <table> zugewiesen

(Zeile 65 und 66). Nun kann die dynamische SELECT-Anweisung mit passender interner Tabelle in der INTO-Klausel aufgerufen werden (Zeile 68 bis 71). Zum Schluss wird mit der Methode write_table der Klasse lcl_util das Ergebnis der dynamischen SELECT-Anweisung ausgegeben (Zeile 73).

Sie haben nun alle wichtigen Konzepte für die dynamische Programmierung in ABAP kennen gelernt. Angefangen haben wir mit Techniken des dynamischen Zugriffs auf Daten, wobei zuerst generische Typen und anschließend die dynamischen Typen von internen Tabellen und Strings behandelt wurden. Danach haben wir Techniken zum dynamischen Ausführen von Operationen mithilfe verschiedener Formen der dynamischen Token-Angabe und den dynamischen Prozeduraufruf untersucht. Zuletzt haben wir uns mit den RTTS zum dynamischen Abrufen von Parametermerkmalen und zur dynamischen Erzeugung von Typen beschäftigt.

Doch mitunter sind selbst alle diese Techniken nicht ausreichend, um bestimmte Probleme zu lösen. Als letzten Ausweg wollen wir deshalb die dynamische Programmgenerierung und -ausführung untersuchen.

2.9 Programmgenerierung

In seltenen Fällen ist die bisher vorgestellte dynamische Programmierung allein nicht leistungsstark genug, um bestimmte Anwendungsprobleme zu lösen. Angenommen, die meisten Informationen, die Sie zum Schreiben eines bestimmten Unterprogramms oder Programms benötigen, stehen nur zur Laufzeit zur Verfügung. In dieser Situation ist die Programmgenerierung gegebenenfalls Ihre einzige Möglichkeit.[9] Ein bekanntes Szenario ist die Migration von Legacy-Daten. In diesen Fällen können Sie ein Hilfsprogramm schreiben, das zur Laufzeit ein Programm mit der erforderlichen Logik generiert und ausführt.

Die Programmgenerierung ist dynamische Programmierung auf höchster Ebene, da der Quelltext zur Laufzeit erstellt wird und alle Konzepte der Sprache ABAP unabhängig von irgendwelchen Eingabeparametern verwendet werden können. Sie müssen sich jedoch immer klar darüber sein, dass es sich um eine aufwändige und schwierige Möglichkeit handelt. Programme zum dynamischen Generieren von Programmen sind meist sehr komplex und im Allgemeinen schwer zu pflegen.

Wenn Sie sich für diesen Ansatz entscheiden, müssen Sie bereits am Anfang eine grundlegende Entscheidung treffen. ABAP unterstützt nämlich zwei Typen der

---

[9] Vor Einführung der RTTC, also noch zu Release 6.20, war die Programmgenerierung die einzige Möglichkeit, statisch unbekannte Strukturen zur Laufzeit zu erzeugen.

Programmgenerierung, transiente und persistente. Lassen Sie uns zum Abschluss dieses Kapitels die beiden Methoden der Programmgenerierung gegenüberstellen.

In ABAP können Sie Programme zur Laufzeit generieren und ausführen. Zur Generierung eines Programms muss der Quelltext zur Laufzeit eines anderen Programms erzeugt werden und wird dort dann an spezielle ABAP-Befehle übergeben, um das neue Programm zu generieren und auszuführen.

Der Unterschied zwischen transienter und persistenter Programmgenerierung besteht in der Lebensdauer des generierten Programms. Transient bedeutet, dass das generierte Programm nur so lange wie der interne Modus des aktuellen Programms existiert. Wird der interne Modus beendet, werden alle transient generierten Programme gelöscht. Bei der persistenten Programmgenerierung wird das generierte Programm dauerhaft im Repository gespeichert, bis es explizit wieder gelöscht wird.

2.9.1 Transiente Programmgenerierung

Das Generieren von transienten Programmen zur Laufzeit erfolgt in der Regel zur Behandlung dynamischer Daten. Es ist möglich, für spezielle Daten zur Laufzeit sehr effiziente Programme zu generieren. Beachten Sie jedoch die folgenden Nachteile:

- Das Generieren eines transienten Programms ist sehr zeitaufwändig und speicherintensiv.
- Das Debuggen transienter Programme ist schwierig.
- Transiente Programme können zu einem potenziellen Sicherheitsproblem werden, da es nicht möglich ist, die generierten Programme statisch zu prüfen.

Angesichts dieser Vorbehalte sollte die Grundregel lauten: Generieren Sie transiente Programme nur dann, wenn Sie sonst keine andere Wahl haben.

Die einzig möglichen ABAP-Programme, die transient generiert werden können, sind Subroutinen-Pools; also Programme, die nicht direkt aufgerufen werden, deren Unterprogramme aber aus anderen Programmen aufgerufen werden können. Ein transient generiertes Programm wird deshalb *temporärer Subroutinen-Pool* genannt. In einem internen Modus können maximal 36 temporäre Subroutinen-Pools generiert werden. Listing 2.13 zeigt, wie ein temporärer Subroutinen-Pool generiert und ein Unterprogramm darin ausgeführt wird.

```
1 PROGRAM dynamic_13.
2
```

```
 3 DATA:   src         TYPE TABLE OF string,
 4          prog_name   TYPE string,
 5          msg         TYPE string,
 6          word        TYPE string,
 7          line        TYPE i,
 8          off         TYPE i.
 9
10 APPEND `PROGRAM subpool.`               TO src.
11 APPEND `FORM dyn1.`                     TO src.
12 APPEND `  WRITE / 'Hello, I am dyn1!'.` TO src.
13 APPEND `ENDFORM.`                       TO src.
14
15 GENERATE SUBROUTINE POOL src  NAME     prog_name
16                               MESSAGE  msg
17                               LINE     line
18                               WORD     word
19                               OFFSET   off.
20 IF sy-subrc <> 0.
21   WRITE: / 'Error during generation in line', line,
22          / msg, / 'Word:', word, 'at offset', off.
23 ELSE.
24   PERFORM dyn1 IN PROGRAM (prog_name).
25 ENDIF.
```

Listing 2.13 Anlegen und Verwenden eines temporären Subroutinen-Pools

Das Programm in Listing 2.13 generiert einen temporären Subroutinen-Pool mit einem Unterprogramm dyn1 und führt dieses Unterprogramm aus. Zuerst wird der Quelltext erstellt und in einer internen Tabelle mit einem zeichenartigen Zeilentyp, der vor Release 6.10 kein String sein durfte, gespeichert (Zeile 10 bis 13). Jede Zeile in der internen Tabelle src steht für eine Zeile Quelltext. Das Unterprogramm dyn1 enthält nur einen Befehl, der den Text 'Hello, I am dyn1!' in die aktuelle Liste schreibt. Der Befehl GENERATE SUBROUTINE POOL generiert einen temporären Subroutinen-Pool aus der internen Tabelle src und legt diesen im internen Modus ab (Zeile 15 bis 19). Der interne Programmname wird an die Variable prog_name übergeben. Der Befehl GENERATE SUBROUTINE POOL erzeugt einen eindeutigen Namen für jeden temporären Subroutinen-Pool, der für den externen Aufruf seiner Unterprogramme verwendet werden kann. Wenn ein Syntaxfehler während der Generierung des temporären Subroutinen-Pools auftritt, werden die Variablen msg, line, word und offs mit Informationen zum

Syntaxfehler gefüllt und `sy-subrc` wird auf 4 gesetzt. Wenn kein Syntax-, aber dennoch ein Generierungsfehler auftritt, wird `sy-subrc` auf 8 gesetzt.

2.9.2 Persistente Programmgenerierung

Neben den Vorteilen der transienten Programmgenerierung hat die persistente Programmgenerierung die zusätzlichen Vorteile, dass persistent generierte Programme wie jedes ABAP-Programm aufgerufen werden können (z. B. über SUBMIT) und dass es keine Beschränkung der Anzahl generierter Programme gibt.

Natürlich kommen auch wieder einige Nachteile hinzu:

- Es gibt keine statischen Prüfungen oder Scans (z. B. Scans nach der Verwendung wichtiger ABAP-Befehle in einem System) für zur Laufzeit generierte Programme.
- Zur Laufzeit generierte Programme werden nicht vollständig von der ABAP Workbench unterstützt, es ist beispielsweise kein Verwendungsnachweis verfügbar.
- Spezielle Dienste, wie z. B. die Verbindung zum Transport Organizer, müssen manuell implementiert werden.

Beachten Sie auch, dass die persistente Programmgenerierung noch zeitaufwändiger und speicherintensiver als die transiente Programmgenerierung ist. Sie umfasst spezielle Datenbankoperationen (wie z. B. `INSERT REPORT` und `UPDATE REPORT`), um die Persistenz des generierten Programms zu erreichen. Der große Vorteil gegenüber der transienten Programmgenerierung ist aber, dass das generierte Programm allen Programmen auf allen SAP-Applikationsservern eines SAP-Systems zur Verfügung steht und nicht nur dem internen Modus, in dem es generiert wurde. Sie können diese Art der Programmgenerierung verwenden, wenn das Programm von mehr als einem Programm oder Applikationsserver bzw. mehrfach verwendet werden soll.

Listing 2.14 zeigt die Generierung und Ausführung eines persistenten Programms. Beachten Sie, dass das generierte Programm nach Beendigung des Beispielprogramms weiterhin vorhanden ist. Persistent generierte Programme müssen mit dem ABAP-Befehl `DELETE REPORT` explizit wieder gelöscht werden.

```
1 PROGRAM dynamic_14.
2
3 DATA src TYPE TABLE OF string.
4
5 CONSTANTS prg_name TYPE c LENGTH 30
6                  VALUE 'MY_DYN_GEN_TEST'.
```

```
 7
 8 APPEND `PROGRAM my_dyn_gen_test.`
 9        TO src.
10 APPEND `WRITE / 'Hello, I am dynamically created!'.`
11        TO src.
12
13 INSERT REPORT prg_name FROM src.
14
15 IF sy-subrc <> 0.
16   WRITE: / 'Error during insertion'.
17 ELSE.
18   SUBMIT (prg_name) AND RETURN.
19 ENDIF.
```

Listing 2.14 Anlegen und Verwenden eines persistenten Programms

Zuerst wird der Programmtext erstellt und in der internen Tabelle src gespeichert (Zeile 8 bis 11). Der spezielle Befehl INSERT REPORT fügt das Programm unter dem in prg_name enthaltenen Namen in das Repository des SAP-Applikationsservers ein, der Programmstatus wird auf aktiv gesetzt (Zeile 13). Der Name sollte den Namenskonventionen der ABAP Workbench folgen. Ein vorhandenes Programm gleichen Namens wird dabei überschrieben. Der Befehl SUBMIT führt das Programm aus, wobei der Name als dynamische Token-Angabe (siehe Abschnitt 2.6) übergeben wird (Zeile 18). Bei seiner ersten Ausführung wird das Programm automatisch kompiliert. Der Zusatz AND RETURN bewirkt, dass das aufrufende Programm nach der Ausführung des mit SUBMIT ausgeführten Programms fortgesetzt wird.

Zusammenfassend ist die Programmgenerierung die leistungsstärkste und flexibelste Methode der dynamischen Programmierung. Der Nachteil ist, dass diese Programme sehr aufwändig zu erstellen und schwierig zu pflegen sind. Deshalb sollten Sie bei der Lösung eines Entwicklungsproblems nach Möglichkeit erst alle anderen Methoden der dynamischen Programmierung ausschöpfen, bevor Sie auf die Programmgenerierung zurückgreifen.

Als abschließender Hinweis sei aber nicht verschwiegen, dass die Programmgenerierung in bestimmten Fällen aber auch Performancevorteile gegenüber den übrigen Methoden der dynamischen Programmierung haben kann. In Abschnitt 4.9 werden Sie zwar sehen, dass die Verwendung dynamischer Token in Open SQL für eine einzelne Anweisung erheblich performanter gegenüber der Programmgenerierung ist; das kann sich aber ändern, wenn eine Anweisung mit dynamischen Anteilen oder auch wenn Methoden der RTTS sehr häufig in der gleichen Ausprägung während der Ausführung eines oder mehrere Programme gebraucht werden. In diesem Fall können die Kosten der jedes Mal erneut auszuführenden syntaktischen Interpretation der dynamischen Anteile die Kosten einer einmalig durchgeführten Generierung durchaus übersteigen. In solchen Fällen kann es sich lohnen, für beide Methoden eine Performancemessung mit realen Daten durchzuführen um sich dann für die günstigere Variante zu entscheiden.

3   Neue Ausnahmebehandlung in ABAP

Gerd Kluger und Christoph Wedler

In der Softwareentwicklung ist kaum etwas so sicher wie die Tatsache, dass Fehler passieren. Als Softwareentwickler müssen Sie diese Tatsache in Ihren Programmen berücksichtigen und festlegen, wie mit Fehlern umgegangen werden soll. Soll das Programm beendet werden oder kann ein konsistenter Zustand wiederhergestellt werden? Und was ist die beste Möglichkeit, auf bestimmte Fehlersituationen zu reagieren?

In modernen Programmiersprachen gibt es ein Konzept, das sich dieser Thematik annimmt. Dieses Konzept heißt *Ausnahmebehandlung*. Eine Ausnahme ist ein Ereignis während der Ausführung eines Programms, das den normalen Kontrollfluss unterbricht. Ein Ausnahmebehandlungsmechanismus macht es möglich, auf solche Ereignisse zu reagieren.

Dieses Kapitel stellt das neue Ausnahmekonzept in ABAP vor, das mit Release 6.10 eingeführt wurde, und erklärt detailliert, wie Sie mit diesen neuen Ausnahmen arbeiten. Ein Vergleich mit bestehenden Fehlerbehandlungsmöglichkeiten in ABAP rundet das Kapitel ab.[1]

Da das neue Ausnahmekonzept auf objektorientierten (OO) Konzepten beruht, werden Grundkenntnisse der OO-Prinzipien vorausgesetzt. Einen guten Überblick dazu liefert das Buch *ABAP Objects* von Horst Keller und Sascha Krüger (SAP PRESS, Bonn 2001).

3.1   Warum ein neues Ausnahmekonzept?

Im bestehenden Konzept von ABAP können Funktionsbausteine oder Methoden Ausnahmen über die Klausel `EXCEPTIONS` deklarieren, und diese Ausnahmen können über die Anweisung `RAISE` ausgelöst werden. Um diese Ausnahmen zu behandeln, kann beim Aufruf des Funktionsbausteins oder der Methode jeder Ausnahme über ihren Namen ein numerischer Wert zugeordnet werden. Sobald der Funktionsbaustein oder die Methode beendet ist, lässt sich im Systemfeld `sy-`

---

[1] Bitte beachten Sie, dass einige dieser bestehenden Fehlerbehandlungsmöglichkeiten unglücklicherweise auch als »Ausnahmen« bezeichnet werden. Um diese beiden Ausprägungen innerhalb dieses Kapitels zu unterscheiden, wird für die neuen Ausnahmen der Begriff *klassenbasierte Ausnahmen*, für die bestehenden der Begriff *klassische Ausnahmen* verwendet. Sprechen wir nur von »Ausnahmen«, meinen wir immer klassenbasierte Ausnahmen, sofern dies nicht anders gekennzeichnet ist.

subrc der numerische Wert bestimmen und somit feststellen, ob eine und – wenn ja – welche Ausnahme aufgetreten ist.

ABAP-Programmierer werden wissen, wie lästig das Arbeiten mit klassischen Ausnahmen ist, da *alle* Ausnahmen, die in einer Funktion bzw. Methode auftreten können, *sofort* nach einem entsprechenden Funktions- oder Methodenaufruf behandelt werden müssen. Oftmals möchte man jedoch nicht alle, sondern nur bestimmte Ausnahmen behandeln und die übrigen an einen vorhergehenden Aufrufer weitergeben. Dies ist mit den klassischen Ausnahmen zwar prinzipiell möglich, doch handelt es sich dabei um einen recht mühsamen Prozess, da die Zuordnung manuell Ausnahme für Ausnahme durchgeführt werden muss. Dieses Zuordnen ist nicht nur umständlich, sondern es macht den Code auch unübersichtlich und schwer lesbar – in einem solchen Coding gibt es keine klare Trennung zwischen dem herkömmlichen Code, der der Funktionalität einer Anwendung dient, und dem Code, der für die Behandlung von Fehlern bestimmt ist.

Ein weiteres Thema ist die Gruppierung von Ausnahmen. Bei der Definition der Zuordnung von Ausnahmen zu numerischen Werten können all jene, die nicht explizit zugeordnet sind, in eine einzige Gruppe mit dem Namen others eingeteilt werden. Abgesehen davon besteht keine Möglichkeit zur Behandlung ähnlicher Ausnahmen. Nur bei der Behandlung abfangbarer Laufzeitfehler mit CATCH SYSTEM-EXCEPTIONS war diese Möglichkeit bisher schon gegeben. Hier gibt es vordefinierte Ausnahmegruppen wie ARITHMETIC_ERRORS und CONVERSION_ERRORS, die einen Satz zugehöriger Laufzeitfehler umfassen. Nach einer Möglichkeit, eigene Ausnahmegruppen anzulegen, sucht man jedoch vergebens.

Auch das Thema Kontrollfluss ist in diesem Zusammenhang zu berücksichtigen, oder vielmehr dessen Nichtvorhandensein. Nimmt man den Ablauf einer klassischen ABAP-Ausnahme näher unter die Lupe, dann erkennt man, dass eine wirkliche Änderung des Kontrollflusses, die ja eines der Hauptmerkmale von Ausnahmen ist, überhaupt nicht stattfindet. Statt eine echte Ausnahmesituation hervorzurufen, werden lediglich Returncodes zurückgegeben. Eine tatsächliche Änderung des Kontrollflusses ist jedoch auch über mehrere Ebenen einer Aufrufhierarchie hinweg überaus wünschenswert. Programmierer sollten die Ausnahmen, mit denen sie umzugehen in der Lage sind, möglichst einfach behandeln können; alle übrigen sollten automatisch an die nächste Ebene in der Aufrufhierarchie weitergeleitet werden.

Letztendlich signalisiert eine klassische Ausnahme lediglich, dass ein Problem aufgetreten ist. Es fehlen zusätzliche Informationen bezüglich der Ausnahme wie beispielsweise Informationen über den Kontext, in dem sie aufgetreten ist (z. B. den Ort). Für die Behandlung klassischer Ausnahmen mag das von geringerer Bedeutung sein, da sich die Behandler üblicherweise in unmittelbarer Nähe des Ortes befinden, an dem die Ausnahme auftritt (da Ausnahmen, wie bereits erwähnt, sofort behandelt werden müssen) und daher der Behandler wahrscheinlich den Kontext, in dem der Fehler auftritt, genau kennt (z. B. bestimmte Parameterwerte). Gäbe es jedoch Ausnahmen, die den Kontrollfluss ändern könnten, wäre die Nähe des Behandlers zur Auslösestelle nicht mehr so wahrscheinlich und die Möglichkeit, zusätzliche Informationen an den Behandler zu transportieren, würde schnell an Bedeutung gewinnen.

Mit Release 6.10 führte SAP ein völlig neues Ausnahmekonzept in ABAP ein, um diese Mängel zu beheben. Im neuen ABAP-Ausnahmekonzept sind Einflüsse von Sprachen wie C++ und Java unverkennbar. Darüber hinaus verfügt es jedoch über einige eigene besondere Merkmale, die es von den Ausnahmekonzepten anderer Sprachen abhebt.

3.2 Hauptmerkmale des neuen Ausnahmekonzepts

Seit Release 6.10 werden Ausnahmen durch Ausnahmeobjekte dargestellt, die Instanzen spezieller Klassen von ABAP Objects sind. Jede dieser Klassen – *Ausnahmeklassen* genannt – beschreibt eine typische Ausnahmesituation, z. B. eine Division durch Null, ein überzogenes Konto etc. Das Ausnahmeobjekt repräsentiert das Auftreten einer solchen Situation zu einem bestimmten Zeitpunkt während der Laufzeit.

Dieser neue Ansatz löst eine Reihe von Problemen, mit denen Programmierer in früheren Releases zu kämpfen hatten:

- Attribute können zusätzliche Informationen über den Grund der Ausnahmesituation speichern. Da das Ausnahmeobjekt jede Art von Daten speichern kann, muss ein Behandler den Ausnahmekontext nicht mehr kennen, er kann ihn einfach vom Ausnahmeobjekt erfahren.
- Das Gruppieren wird mittels Vererbung ermöglicht. Jede Ausnahmeklasse ist ein natürlicher Repräsentant für die Ausnahmesituationen ihrer Unterklassen. Für alle Ausnahmeklassen gibt es eine gemeinsame vordefinierte Oberklasse namens CX_ROOT. Im Extremfall könnte diese Klasse verwendet werden, um Behandler für alle Arten von Ausnahmen zu definieren.
- Durch die Vererbung können auch bestehende Ausnahmen wieder verwendet werden, indem speziellere Varianten von ihnen definiert werden. Die Spezialisierung kann beispielsweise durch das Hinzufügen neuer Attribute geschehen.

Das Schlüsselprinzip der Ausnahmebehandlung ist die Änderung des Kontrollflusses. Das Auslösen einer Ausnahme beinhaltet demzufolge:

1. das Erzeugen eines Ausnahmeobjekts und
2. das Weiterreichen dieses Objekts entlang der Aufrufkette, bis ein geeigneter Behandler gefunden wird.

Wird kein Behandler gefunden, tritt ein Laufzeitfehler auf. Da die Kontextinformation im Ausnahmeobjekt gespeichert werden kann, wird eine detaillierte Beschreibung des Fehlers abrufbar. Doch dazu später mehr (siehe Abschnitt 3.5).

3.3 Ausnahmen auslösen und behandeln

Ausnahmen werden ausgelöst, um das Auftreten einer Ausnahmesituation anzuzeigen. In der Regel wird ein Ausnahmebehandler versuchen, den Fehler zu beheben, eine alternative Lösung zu finden oder, wenn das nicht möglich ist, das System in einen konsistenten Zustand zu bringen, um dann den Fehler weiterzuleiten. Wenn das System innerhalb der gesamten Aufrufhierarchie keinen Behandler für eine Ausnahme finden kann, wird das Programm mit einem Laufzeitfehler beendet. Der Kurzdump des Laufzeitfehlers beschreibt dann, welche Ausnahme nicht behandelt wurde.

3.3.1 Ausnahmen auslösen

Ausnahmen können in jedem Verarbeitungsblock eines ABAP-Programms ausgelöst werden – in einer Methode, einem Funktionsbaustein, einem Unterprogramm usw. Das Auslösen einer klassenbasierten Ausnahme ist auf zweierlei Arten möglich:

1. Als Ergebnis eines Fehlers, der durch die ABAP-Laufzeitumgebung entdeckt wurde – das heißt, das System löst eine Ausnahme aus, während es ABAP-Anweisungen ausführt.
2. Ein ABAP-Programmierer löst explizit eine Ausnahme aus, um eine Fehlersituation in seinem Coding anzuzeigen.[2]

Die folgende, einfache arithmetische Anweisung zeigt ein Beispiel, das zu einer von der ABAP-Laufzeitumgebung ausgelösten Ausnahme führt.

```
x = 1 / 0.
```

Die Laufzeitumgebung reagiert auf einen solchen Versuch, durch Null zu teilen, mit einer Ausnahme der Klasse CX_SY_ZERODIVIDE.

---

2 Da man eine Ausnahme, die man programmgesteuert auslöst, in der Regel nicht im gleichen Kontext abfängt, ist das Auslösen einer Ausnahme nur in einer Prozedur sinnvoll, aus der die Ausnahme an einen Aufrufer weitergereicht werden kann. Aus Dialogmodulen und Ereignisblöcken sind Ausnahmen nicht weiterreichbar und das Auslösen einer Ausnahme ist dort in der Regel gleichbedeutend zum programmgesteuerten Auslösen eines Laufzeitfehlers.

Die Syntax zum Auslösen einer Ausnahme aus ABAP-Coding heraus lautet RAISE EXCEPTION[3]. Es existieren hierbei zwei verschiedene Varianten:

1. Es kann eine Ausnahme unter gleichzeitiger Erzeugung eines Ausnahmeobjekts ausgelöst werden.
2. Eine Ausnahme kann mit einem bereits bestehenden Ausnahmeobjekt ausgelöst werden.

Für das erste Szenario wird die folgende Syntax verwendet:

```
RAISE EXCEPTION TYPE exc_class [EXPORTING a1 = ... b1 = ...].
```

Nach RAISE EXCEPTION folgt der Zusatz TYPE mit dem Namen der Ausnahmeklasse, aus der das Ausnahmeobjekt erzeugt werden soll. Wie Sie sehen, ähnelt diese Syntax derjenigen der Anweisung CREATE OBJECT. Mithilfe des EXPORTING-Zusatzes können Werte an den Konstruktor der Ausnahmeklasse übergeben werden. Der Konstruktor versorgt dann die Objektattribute mit den Werten, auf die der Behandler zu einem späteren Zeitpunkt zugreifen kann.

Das zweite, weniger übliche Szenario kann auftreten, wenn ein Ausnahmeobjekt bereits existiert. Es könnte beispielsweise explizit mit der Anweisung CREATE OBJECT erzeugt worden sein. Die Ausnahme könnte auch bereits abgefangen worden sein, doch nach der Prüfung einiger Attribute hat der Behandler möglicherweise festgestellt, dass er nicht in der Lage ist, diese Ausnahme zu behandeln, woraufhin er die Ausnahme erneut auslöst. In diesem Fall ist die Syntax einfach:

```
RAISE EXCEPTION ex.
```

ex muss dabei eine Referenzvariable sein, die auf ein Ausnahmeobjekt zeigt.

3.3.2 Ausnahmen abfangen und behandeln

Behandler werden eingesetzt, um klassenbasierte Ausnahmen »abzufangen«. Behandler werden für die Anweisungen eines so genannten TRY-Blocks definiert. Jede Ausnahme, die zwischen dem Einstiegs- und Ausstiegspunkt eines solchen Blocks ausgelöst wird – und nur eine solche –, kann von einem geeigneten Behandler abgefangen werden.

Ein TRY-Block wird zusammen mit seinen Behandlern durch ein neues syntaktisches Konstrukt definiert: Das TRY-ENDTRY-Konstrukt beginnt mit dem Schlüsselwort TRY und endet mit ENDTRY. Innerhalb dieses Konstrukts können Behandler eingefügt werden, indem man CATCH-Anweisungen spezifiziert, die mit dem

---

[3] Das Auslösen klassenbasierter Ausnahmen unterscheidet sich vom Auslösen klassischer Ausnahmen dadurch, dass für klassenbasierte Ausnahmen der Zusatz EXCEPTION hinter dem Schlüsselwort RAISE verwendet wird.

Schlüsselwort CATCH eingeleitet werden. Der TRY-Block umfasst einfach alle Anweisungen zwischen TRY und dem ersten CATCH.

Ein Behandler besteht aus allen Anweisungen eines CATCH-Blocks, den Anweisungen zwischen seiner CATCH-Anweisung und der CATCH-Anweisung des nächsten Behandlers (oder ENDTRY, wenn es keine weiteren Behandler gibt). Nach dem Schlüsselwort CATCH folgen die Namen der Ausnahmeklassen der abzufangenden Ausnahmen. Auf diese kann wiederum der optionale Zusatz INTO folgen, der den Namen einer Referenzvariablen für das Ausnahmeobjekt enthält. Dieser Zusatz ist optional, da man möglicherweise nur an der Tatsache interessiert ist, dass eine bestimmte Art von Ausnahme aufgetreten ist, nicht jedoch am Ausnahmeobjekt selbst. Die Anweisungen eines CATCH-Blocks werden nur ausgeführt, wenn der Behandler eine Ausnahme abfängt. Eine Ausnahme wird nur einmal und vom ersten geeigneten Behandler abgefangen. Ein Behandler gilt als »geeignet«, wenn seine CATCH-Anweisung entweder die Klasse der Ausnahme oder eine ihrer Oberklassen aufführt.

```
1  PROGRAM exceptions_1.
2
3  ...
4
5  CALL METHOD o1->m1.        " kann Ausnahmen der Klasse cx_my1
                                auslösen
6
7  ...
8
9  TRY.
10     IF ... . RAISE EXCEPTION TYPE cx_my2. ENDIF.
11     CALL METHOD o1->m3.    " kann Ausnahmen der Klasse cx_my3
                                auslösen
12   CATCH cx_my1 cx_my3.
13     " Behandler von Ausnahmen der Klasse cx_my1 und cx_my3
         (und ihren Unterklassen)
14     " --- beliebige Anzahl von Anweisungen ---
15   CATCH cx_root.
16     " Behandler aller übrigen Ausnahmen
17     " --- beliebige Anzahl von Anweisungen ---
18  ENDTRY.
```

Listing 3.1 Abfangen einer Ausnahme zur Behandlung

Im Beispiel in Listing 3.1 wird, wenn eine Ausnahme der Klasse CX_MY1 in Zeile 5 ausgelöst wird, keiner der beiden Behandler diese Ausnahme abfangen, da sie auftritt, bevor der Kontrollfluss in den TRY-Block eintritt. Wird eine Ausnahme der Klasse CX_MY2 in Zeile 10 ausgelöst, fängt sie der Behandler in den Zeilen 15 bis 17 ab. Dies geschieht, weil CX_MY2 wie alle anderen Ausnahmeklassen eine Unterklasse von CX_ROOT ist und sie der Behandler in den Zeilen 12 bis 14 nicht behandelt. Wird eine Ausnahme der Klasse CX_MY3 in der Methode m3 ausgelöst, dort jedoch nicht abgefangen, so fängt der Behandler in den Zeilen 12 bis 14 diese Ausnahme ab. Sobald der Kontrollfluss das Ende des Behandlers[4] erreicht hat, setzt die Laufzeitumgebung die Ausführung des Programms nach dem Schlüsselwort ENDTRY in Zeile 18 fort. Dasselbe gilt, wenn innerhalb des TRY-Blocks keine Ausnahme ausgelöst wird: Das System fährt dann nach Zeile 18 fort, nachdem die Anweisung in Zeile 11 ausgeführt wurde.

Dieses Beispiel zeigt Folgendes:

- Jeder Behandler kann Ausnahmen von mehr als einer Klasse abfangen. Dies geschieht entweder explizit, indem mehr als eine Ausnahmeklasse angegeben wird (wie für den ersten Behandler in den Zeilen 5 bis 7), oder implizit, indem eine Ausnahmeklasse angegeben wird, die mehrere Unterklassen hat, deren Instanzen dann ebenfalls von diesem Behandler abgefangen werden. Im bereits erwähnten Extremfall werden alle Ausnahmen abgefangen, indem einfach nur die Klasse CX_ROOT angegeben wird.

- Die Reihenfolge der Behandler ist von Bedeutung. Würde die Reihenfolge der Behandler vertauscht werden, würde das System den Behandler der Klasse CX_ROOT für alle im TRY-Block auftretenden Ausnahmen verwenden, der andere Behandler würde niemals zum Zuge kommen. Um dies zu verhindern, ist ein Programm nur dann syntaktisch korrekt, wenn die Behandler eines TRY-ENDTRY-Konstrukts hinsichtlich der Vererbung in aufsteigender Reihenfolge aufgelistet werden.

- Wird innerhalb eines TRY-Blocks eine Prozedur aufgerufen, so fängt ein passender Behandler im TRY-ENDTRY-Konstrukt auch alle Ausnahmen ab, die innerhalb dieser Prozedur ausgelöst, dort aber nicht lokal abgefangen werden.

Nur Ausnahmen, die im TRY-Block auftreten, können von einem Behandler desselben TRY-ENDTRY-Konstrukts abgefangen werden. Da der TRY-Block nur die Anweisungen zwischen TRY und dem ersten CATCH enthält, können Ausnahmen innerhalb des Behandler-Codes nicht von einem Behandler in demselben TRY-

---

[4] Das Ende des Behandlers wird möglicherweise nicht erreicht, nämlich dann, wenn es im Behandler eine Anweisung gibt, die den Kontrollfluss selbst ändert – z.B. RETURN oder das Auftreten einer anderen Ausnahme.

ENDTRY-Konstrukt abgefangen werden. Da TRY-ENDTRY-Konstrukte jedoch beliebig geschachtelt werden können, ist es möglich, dass Ausnahmen in Behandlern einfach von lokalen TRY-ENDTRY-Konstrukten innerhalb des Behandlers abgefangen werden. Darüber hinaus werden sie natürlich auch von Behandlern eines äußeren TRY-ENDTRY-Konstrukts abgefangen, sofern diese einen geeigneten Behandler besitzen.

Kann das System keinen geeigneten Behandler in einem TRY-ENDTRY-Konstrukt finden, durchsucht es das nächstäußere TRY-ENDTRY-Konstrukt nach einem solchen. Dies ist das TRY-Konstrukt, dessen TRY-Block zuvor begonnen (aber noch nicht verlassen) wurde.[5] Wird auch dort kein geeigneter Behandler gefunden, setzt das System die Suche fort. Wird schließlich ein Behandler gefunden – möglicherweise etliche Stufen weiter oben in der Aufrufhierarchie –, beendet das System die Verarbeitung aller dazwischenliegenden Prozeduren, Schleifen usw. und springt sofort zum ersten geeigneten Behandler.

Wenn ein Behandler eine Ausnahme abfängt, wird demnach der normale Kontrollfluss geändert. In vielen Fällen hat ein solches vorzeitiges Beenden von Prozeduren zur Folge, dass sich Objekte in einem inkonsistenten Zustand befinden oder dass Ressourcen nicht freigegeben werden. Speziell wenn die Kontrolle einige Ebenen in der Hierarchie nach oben wechselt, ist der Behandler möglicherweise nicht mehr in der Lage, geeignete Korrekturmaßnahmen einzuleiten. Aus diesem Grund gibt es eine weitere Klausel für das TRY-ENDTRY-Konstrukt: die CLEANUP-Klausel. Sie besteht aus dem Schlüsselwort CLEANUP und einer Reihe von Anweisungen, die den CLEANUP-Block bilden.

Die Anweisungen des CLEANUP-Blocks werden ausgeführt, wenn eine Ausnahme in einem TRY-Block auftritt, die nicht von einem Behandler desselben TRY-ENDTRY-Konstrukts abgefangen wird, sondern in einem umgebenden TRY-Konstrukt.[6] Innerhalb des CLEANUP-Blocks kann man versuchen, ein Objekt wieder in einen konsistenten Zustand zu bringen oder externe Ressourcen freigeben.

Jedes TRY-ENDTRY-Konstrukt enthält maximal eine CLEANUP-Anweisung. Wenn überhaupt, muss diese hinter dem letzten CATCH und vor ENDTRY eingefügt werden. Die Anweisungen zwischen CLEANUP und ENDTRY bilden den CLEANUP-Block. Ist eine CLEANUP-Anweisung vorhanden, führt das System in oben genann-

---

[5] Dies erklärt, warum im Beispiel von Listing 3.1 der erste Behandler auch Ausnahmen abfangen kann, die in der Methode m3 ausgelöst werden.
[6] Das ist ein Unterschied zur Java-Klausel finally, die immer ausgeführt wird. Um die Java-Klausel finally in ABAP zu simulieren, müssten deren Anweisungen in der CLEANUP-Klausel sowie hinter ENDTRY angegeben werden. Um die ABAP-Klausel CLEANUP in Java zu simulieren, müsste ein Flag einfügt werden, das die Ausführung der Anweisungen im finally-Block steuert.

ter Situation die darauf folgenden Anweisungen des CLEANUP-Blocks aus und reicht die Ausnahme dann nach oben weiter. Aufeinander folgendes Weiterreichen kann dazu führen, dass das System die Anweisungen in anderen CLEANUP-Blöcken (in umgebenden TRY-ENDTRY-Konstrukten) ausführt, bis die Ausnahme von einem geeigneten Behandler abgefangen wird.[7]

Der einzige Zweck des CLEANUP-Blocks ist es, Objekte wieder in einen konsistenten Zustand zu bringen. Da für die aktuelle Ausnahme bereits ein Behandler auf seine Ausführung wartet, *muss* der Block auf dem »normalen« Weg über ENDTRY verlassen werden. Das heißt, dass eine Anweisung, die das System zum frühzeitigen Verlassen des CLEANUP-Blocks zwingen würde – wie z. B. RETURN oder REJECT[8] –, nicht zulässig ist. Kommt es innerhalb des CLEANUP-Blocks zu einer Ausnahme und wird diese nicht innerhalb des Blocks behandelt, dann führt dies umgehend zu einem (nicht abfangbaren) Laufzeitfehler.

```
 1 PROGRAM exceptions_2.
 2
 3 ...
 4
 5 TRY.
 6     CALL METHOD o1->m1.    " kann Ausnahme der Klasse cx_my1
                                        auslösen
 7     PERFORM f1.
 8   CATCH cx_root.
 9     " Behandler für alle Ausnahmen
10     " --- beliebige Anzahl von Anweisungen ---
11 ENDTRY.
12
13 FORM f1 RAISING cx_my.
14    TRY.
15       IF ... . RAISE EXCEPTION TYPE cx_my2. ENDIF.
16       CALL METHOD o1->m3.   " kann Ausnahme der Klasse cx_my3
                                        auslösen
17     CATCH cx_my1 cx_my3 INTO ex.
18       RAISE EXCEPTION TYPE cx_my4.
```

---

[7] Das System verarbeitet CLEANUP-Blöcke nur dann, wenn eine Ausnahme von einem Behandler auf ihrem Weg durch die Aufrufhierarchie auch wirklich abgefangen wird. Ist kein Behandler verfügbar, tritt ein Laufzeitfehler auf. In diesem Fall verarbeitet das System den CLEANUP-Block nicht, sodass es (für den Kurzdump) auf die relevanten Objekte in dem Zustand zugreifen kann, in dem sie sich befanden, als die Ausnahme ausgelöst wurde.

[8] Anweisungen wie EXIT, CHECK oder CONTINUE sind nur unzulässig, wenn sie tatsächlich dazu führen würden, dass das System den CLEANUP-Block verlässt. Dies ist z.B. nicht der Fall, wenn sie in einer Schleife *innerhalb* des CLEANUP-Blocks auftreten.

```
19     CATCH cx_my4.
20       " Behandler für Ausnahmen der Klasse cx_my4
21       " --- beliebige Anzahl von Anweisungen ---
22     CLEANUP.
23       " CLEANUP-Block, um konsistenten Zustand
                wiederherzustellen
24       " --- beliebige Anzahl von Anweisungen ---
25     ENDTRY.
26 ENDFORM.
```

Listing 3.2 Verwendung des CLEANUP-Blocks

Listing 3.2 zeigt, wie der CLEANUP-Mechanismus funktioniert: Wenn in Zeile 6 eine Ausnahme der Klasse cx_my1 auftritt, verzweigt das System sofort zum Behandler in Zeile 8. Wenn in f1 eine Ausnahme der Klasse cx_my2 auftritt (Zeile 15), dann steht im TRY-ENDTRY-Konstrukt der Zeilen 14 bis 25 kein Behandler zur Verfügung, um diese Ausnahme abzufangen. Da jedoch der Behandler in Zeile 8 die Ausnahme abfängt, führt das System zunächst die Anweisungen im CLEANUP-Block (Zeile 22 bis 24) aus und springt dann sofort zum Behandler (Zeile 8).

Wenn in Zeile 16 eine Ausnahme der Klasse cx_my3 auftritt, wird sie von dem Behandler in den Zeilen 17 und 18 abgefangen und in der Variablen ex gespeichert. Da der Behandler auch für Ausnahmen der Klasse cx_my1 verwendet wird, muss der statische Typ der Variable ex allgemein genug, also beispielsweise vom Typ einer Oberklasse von cx_my1 und cx_my3 sein. Der Behandler löst dann eine Ausnahme der Klasse cx_my4 aus. Beachten Sie, dass der Behandler in Zeile 19 diese neue Ausnahme nicht abfängt, weil sie nicht im zugehörigen TRY-Block aufgetreten ist. Aus demselben Grund übergeht das System die Anweisungen im CLEANUP-Block und verzweigt stattdessen sofort zum Behandler in Zeile 8.

Listing 3.3 fasst nochmals die grundlegende Syntax für das Abfangen und Behandeln von Ausnahmen zusammen. Es können beliebig viele (oder kein) Behandler festgelegt werden. Der CLEANUP-Bereich ist optional. Jede CATCH-Anweisung kann eine oder mehrere Ausnahmeklassen aufführen. Der Zusatz INTO ist optional.[9]

```
TRY.
  " --- Anweisungen des TRY-Blocks ---
  CATCH cx_a1 ... cx_an [INTO ex_a].
    " Behandler für Ausnahmen der Klassen cx_a1 to cx_an, n>=1
    ...
```

---

[9] Der optionale INTO-Zusatz bei CLEANUP ist ab Release 6.20 verfügbar.

```
      CATCH cx_z1 ... cx_zm [INTO ex_z].
        " Behandler für Ausnahmen der Klassen cx_z1 to cx_zm, m>=1
        ...
[ CLEANUP [INTO ex_root].
        " --- Anweisungen des CLEANUP-Blocks --- ]
ENDTRY.
```

Listing 3.3 Syntax des TRY-ENDTRY-Konstrukts

3.4 Ausnahmen in Schnittstellen deklarieren

Ausnahmen, die nicht abgefangen werden, führen zu einem Laufzeitfehler. Um das Auftreten solcher Laufzeitfehler zu verhindern, ist es daher wichtig, in einem Aufrufer alle Ausnahmen zu kennen, die von aufgerufenen Prozeduren (Methoden, Funktionsbausteine oder Unterprogramme) ausgelöst werden können.

Aus diesem Grund *müssen* alle Ausnahmen, die während des Ausführens einer Prozedur auftreten können und dort nicht lokal abgefangen werden, grundsätzlich in der Definition der Schnittstelle der Prozedur deklariert werden. Eine solche Deklaration dient nicht nur der Dokumentation, sondern garantiert dem Aufrufer der Prozedur, dass mit keinen anderen Ausnahmen – außer den aufgelisteten – zu rechnen ist. Die Deklaration klassenbasierter Ausnahmen und ihre Verwendung ist Thema der folgenden Abschnitte.

3.4.1 Syntax und Semantik der Deklaration

Eine Ausnahme wird mithilfe der RAISING-Klausel bei der Definition der Schnittstelle einer Prozedur deklariert. Dem Schlüsselwort RAISING folgt die Angabe der Klassen aller Ausnahmen, die von der Prozedur ausgelöst werden könnten. Jede in der RAISING-Klausel deklarierte Klasse bezieht automatisch auch alle ihre Unterklassen mit ein.[10]

Im Class Builder oder Function Builder wählen Sie hierzu den **Ausnahme**-Button oder den Karteireiter **Ausnahme** für die jeweilige Prozedur, markieren die Checkbox **Ausnahmeklassen** für klassenbasierte Ausnahmen und geben die Namen der Ausnahmeklassen in die entsprechenden Felder ein (siehe Abbildung 3.1).[11]

---

[10] Wenn Sie betonen möchten, dass eine Ausnahme einer in solcher Weise implizit deklarierten Unterklasse von einer Prozedur ausgelöst werden kann, können Sie diese auch zusätzlich explizit in der RAISING-Klausel aufführen, wobei Unterklassen wie bei der CATCH-Anweisung vor ihren Oberklassen angegeben werden müssen.
[11] Ist die Checkbox **Ausnahmeklassen** nicht markiert, handelt es sich um mit EXCEPTIONS definierte, klassische Ausnahmen von Methoden bzw. Funktionsbausteinen.

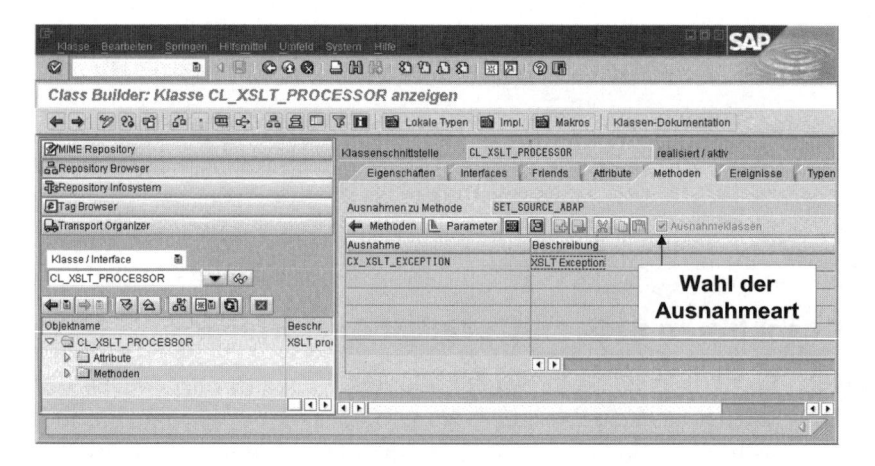

Abbildung 3.1 Ausnahmen im Class Builder deklarieren

Um dem Aufrufer der Prozedur zu garantieren, dass nur die in der RAISING-Klausel aufgeführten Ausnahmen die Prozedur verlassen, prüft der Compiler, ob alle Ausnahmen, die innerhalb der Prozedur auftreten können und nicht lokal abgefangen werden, in der Schnittstelle deklariert sind.[12] Fehlt eine solche Deklaration, löst die Syntaxprüfung bzw. der Compiler eine Warnmeldung aus, die Kompilierung wird jedoch nicht mit einem Syntaxfehler angehalten.

Warum eine Warn- anstatt einer Fehlermeldung angezeigt wird, hat einen leicht nachvollziehbaren Grund: Prozedurschnittstellen in realen Systemen ändern sich gelegentlich, und da es in großen Anwendungssystemen wie dem SAP Web Application Server wahrscheinlich viele Anwendungen gibt, die eine solche Prozedur verwenden, wäre es unklug, alle Verwender sofort zu invalidieren, insbesondere wenn sie die geänderte Prozedur nur wegen einer selten genutzten Eigenschaft verwenden. Wird lediglich eine Warnung erzeugt, können einer Prozedurschnittstelle problemlos neue Ausnahmen hinzugefügt werden, ohne damit sofort das gesamte System zu invalidieren.

Auf der anderen Seite kann durch den Verzicht auf eine Fehlermeldung natürlich nicht mehr statisch garantiert werden, dass bei Aufruf einer Methode nur die in der RAISING-Klausel aufgezählten Ausnahmen die Prozedur verlassen können. Der Programmierer könnte ja einfach die Warnung des Compilers ignoriert haben. Diese Garantie muss daher von der Laufzeitumgebung erbracht werden. Wenn also eine Ausnahme die Aufrufschnittstelle einer Prozedur verlässt, ohne in der RAISING-Klausel für diese Schnittstelle deklariert worden zu sein, kommt es

---

12 Die Syntaxprüfung prüft aber nur Methodenschnittstellen. Um Funktionsbausteine und Unterprogramme zu prüfen, müssen Sie die erweiterte Programmprüfung verwenden (Transaktion SLIN).

zu einem Laufzeitfehler.[13] Diese Vorgehensweise ist weitaus geeigneter, als Quelltextänderungen in allen Verwendern zu erzwingen, was zur Konsequenz hätte, dass das System nicht eingesetzt werden könnte, bevor alle Änderungen vollständig durchgeführt wären. Das System läuft somit stabil, solange die entsprechende Fehlersituation nicht eintritt.

Die RAISING-Klausel erfüllt also die folgenden zwei Ziele:

1. Sie wird von der Laufzeitumgebung verwendet, um dem Proceduraufrufer zu garantieren, dass nur die in der Schnittstelle definierten Ausnahmen auftreten können.

2. Sie ermöglicht es dem Compiler zu prüfen, ob auf eine mögliche Fehlersituation adäquat reagiert wird: Sei es durch lokales Abfangen innerhalb einer Prozedur oder durch die Information über das mögliche Auftreten an ihre Aufrufer, womit eine spätere Behandlung ermöglicht wird.

Wenn in einer Prozedur eine weitere Prozedur aufgerufen wird, in deren Schnittstelle Ausnahmen deklariert sind, muss sich die aufrufende Prozedur entscheiden, ob sie alle Ausnahmen behandelt oder einige oder alle Ausnahmen unbehandelt an den eigenen Aufrufer weiterreicht. Die Ausnahmen, die weitergereicht werden sollen, müssen dann natürlich mit RAISING in der eigenen Schnittstelle deklariert sein. Dies wird wie bei mit RAISE EXCEPTION ausgelösten Ausnahmen statisch bzw. zur Laufzeit überprüft.

3.4.2 Nachteile einer erzwungenen Deklaration

Es gibt Fehler, die beinahe überall auftreten können, die aber die meisten Entwickler aus unterschiedlichsten Gründen nicht behandeln wollen oder können. Genannt seien z. B. Ressourcenengpässe oder Konfigurationsfehler. Würden die Regeln für das Deklarieren von Ausnahmen konsequent eingehalten, müssten solche Fehler in beinahe jeder Schnittstelle deklariert werden, was die Programme nicht gerade robuster werden ließe. Sie wären vielmehr schlecht lesbar, weniger brauchbar oder schlimmstenfalls sogar *weniger* robust.

Dieser überraschende, kontraproduktive Effekt liegt darin begründet, dass Benutzer (Prozeduren), die Prozeduren oder Anweisungen nutzen, in denen solche Fehler auftreten können, nur die folgenden (unzureichenden) drei Möglichkeiten hätten:

1. Sie könnten die Ausnahme weiterreichen und müssten sie dafür in ihre eigene RAISING-Klausel integrieren. Da es sich aber um Fehler handelt, die beinahe

---

13 Genauer gesagt löst diese Fehlersituation erst einmal eine eigene Ausnahme aus, deren Nichtbehandlung dann zum Laufzeitfehler führt. Mehr dazu finden Sie in Abschnitt 3.4.4.

überall auftreten können, und es wahrscheinlich eine Vielzahl solcher Fehler gibt, heißt das, dass die RAISING-Klausel beinahe jeder Prozedur mit unwichtigen Informationen vollgestopft werden müsste.

2. Sie könnten die Ausnahme abfangen und das Programm beenden. Dadurch wird verhindert, dass ein geeigneter Behandler, der eventuell in der Aufrufhierarchie weiter oben steht, auf die Ausnahme reagiert und vielleicht etwas Sinnvolleres tut.

3. Benutzer, die davon ausgehen, dass die Ausnahme in ihrer Anwendung nicht auftreten wird, könnten leere Ausnahmebehandler schreiben. Auf solche CATCH-Anweisungen, die die Ausnahme zwar abfangen, jedoch weiter nichts unternehmen, trifft der Begriff »Behandler« nicht zu. Deshalb handelt es sich dabei um die schlechteste aller Möglichkeiten, da so Programmfehler unentdeckt bleiben, auch wenn die Ausnahme doch auftritt. Unglücklicherweise ist es genau diese Möglichkeit, für die sich die meisten Benutzer entscheiden, falls alle Ausnahmen deklariert werden müssen.

Um dieses Problem zu umgehen, gibt es die vordefinierte Oberklasse CX_NO_CHECK, deren Unterklassen sich nicht an die üblichen Deklarationsregeln halten müssen:[14] Weder die statische Programmprüfung noch die Laufzeitumgebung überprüfen, ob von CX_NO_CHECK abgeleitete Ausnahmen in der RAISING-Klausel aufgeführt sind. Als Benutzer einer Prozedur müssen Sie sich der Tatsache bewusst sein, dass diese Ausnahmen jederzeit zusätzlich zu den in der RAISING-Klausel aufgeführten Ausnahmen ausgelöst (weitergereicht) werden können.

Darüber hinaus gibt es Ausnahmen, für die zwar sichergestellt werden sollte, dass sie eine Prozedur nur dann verlassen, wenn sie in der RAISING-Klausel dieser Prozedur aufgeführt sind. Benutzer dieser Prozedur sollten jedoch nicht dazu gezwungen werden, sich mit dem Auftreten der entsprechenden Fehlersituation auseinander zu setzen, wenn sie sich sicher sein können, dass diese *nie* eintritt. Diese Ausnahmen, zu denen z. B. CX_SY_ZERODIVIDE gehört, werden ausgelöst, wenn eine Prozedur mit den falschen Parameterwerten (wie z. B. einem Nulldivisor für die Operation »/«) aufgerufen wird oder, allgemeiner ausgedrückt, wenn ihre Vorbedingungen nicht erfüllt werden.

Benutzer von Prozeduren oder Anweisungen, die solche Ausnahmen auslösen können, sollten nicht vom Compiler dazu gezwungen werden, die Ausnahme entweder abzufangen oder sie in ihre eigene RAISING-Klausel aufzunehmen. Beispielsweise kann man sich bei einer Division durch 2 sicher sein, dass eine Ausnahme der Klasse CX_SY_ZERODIVIDE nicht auftreten kann, obwohl dies im

---

14 Von CX_NO_CHECK abstammende Ausnahmeklassen können nicht in einer RAISING-Klausel deklariert werden.

Generellen bei Divisionen nicht ausgeschlossen werden kann. Daher ist hier eine statische Prüfung, ob die Ausnahme auch behandelt wurde, unerwünscht.

Das heißt jedoch nicht, dass die RAISING-Klausel nicht von der Laufzeitumgebung überprüft wird, wie es bei Ausnahmen der Fall ist, die von CX_NO_CHECK erben. Ein kleines Beispiel mag Ihnen das verdeutlichen: Nehmen wir an, CX_SY_ZERODIVIDE stammte von CX_NO_CHECK ab und es wird eine Prozedur geschrieben, die den reziproken Wert einer ganzen Zahl berechnet (es wird 1 durch diese Zahl geteilt), von der Sie *annehmen*, dass sie niemals Null sein könnte. Diese Annahme wird als Irrtum entlarvt, wenn eine Ausnahme der Klasse CX_SY_ZERODIVIDE ausgelöst wird, und weist Sie eindeutig auf einen Programmierfehler hin. Nun gibt es zwei mögliche Szenarien:

1. Es gibt für diese Ausnahme der Klasse CX_SY_ZERODIVIDE keinen Behandler und ein Laufzeitfehler tritt auf. Der zugehörige Kurzdump zeigt den Ort der Divisionsoperation in der Prozedur und die Aufrufhierarchie an, es gibt jedoch keinen klaren Hinweis, dass die Reziprok-Prozedur dafür verantwortlich war.

2. Weit oben in der Aufrufhierarchie gibt es einen Behandler für Ausnahmen der Klasse CX_SY_ZERODIVIDE, der alle Ausnahmen des Typs CX_SY_ZERODIVIDE abfängt – sogar den, der durch den Programmierfehler verursacht ist. Dadurch würde verhindert, dass solche Fehler entdeckt werden.

Während das erste Szenario nur ärgerlich ist, ist das zweite Szenario schlichtweg gefährlich. Um diese Szenarien zu vermeiden, stammt CX_SY_ZERODIVIDE nicht von CX_NO_CHECK ab, sondern von einer weiteren vordefinierten Oberklasse namens CX_DYNAMIC_CHECK. Diese Klasse hat die Eigenschaft, dass für ihre Unterklassen zwar nicht statisch, sehr wohl aber nach einem Auftreten einer solchen Ausnahme zur Laufzeit überprüft wird, ob diese in der RAISING-Klausel aufgeführt werden.

In unserem Beispiel überprüft folglich die Laufzeitumgebung die RAISING-Klausel der Reziprok-Prozedur. Da CX_SY_ZERODIVIDE dort nicht aufgeführt ist, führt die durch den Programmfehler ausgelöste Ausnahme durch die Verletzung der Schnittstelle (und nicht beim Ausführen der Division) zu einem Laufzeitfehler. Dessen Kurzdump enthält eine Nachricht, die darauf hinweist, dass der Laufzeitfehler von eben jener Reziprok-Prozedur ausgelöst wurde, weil sie die Ausnahme weder lokal abfängt noch weiterreicht.

Zusammengefasst liegt der Vorteil dieses Ansatzes darin, dass Benutzer, die wissen, dass diese Ausnahmen nicht auftreten können, nicht durch von CX_DYNAMIC_CHECK abstammende Ausnahmen »belästigt« werden können (wie bei von CX_STATIC_CHECK abstammenden Ausnahmen) und das Problem auch nicht auf andere abgewälzt wird, wenn diese »unmöglichen« Ausnahmen doch einmal auftreten (wie im Fall von Ausnahmen, die von CX_NO_CHECK abstammen).

3.4.3 Kategorien von Ausnahmen

Aus den vorhergehenden Abschnitten wissen Sie jetzt, dass es vier vordefinierte Ausnahmeklassen (CX_ROOT, CX_STATIC_CHECK, CX_DYNAMIC_CHECK und CX_NO_CHECK) gibt, von denen CX_ROOT die allgemeinste ist, und Sie kennen die Motivation, die hinter den anderen drei Klassen steht. Diese vier Klassen bilden die Spitze der Hierarchie *aller* Ausnahmeklassen in ABAP (siehe Abbildung 3.2).

```
CX_ROOT
    ├── CX_STATIC_CHECK
    ├── CX_DYNAMIC_CHECK
    └── CX_NO_CHECK
```

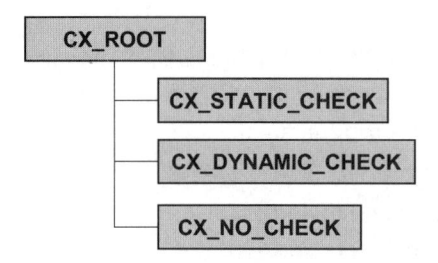

Abbildung 3.2 Oberste Klassen in der Ausnahmehierarchie

Alle vier Klassen sind abstrakt. Außer den gezeigten kann CX_ROOT keine direkten Unterklassen haben. Zu den wichtigsten Eigenschaften der drei vordefinierten Unterklassen der Oberklasse CX_ROOT zählen:

- Eine CX_STATIC_CHECK-Ausnahme kann eine Prozedur nur dann verlassen, wenn sie in der RAISING-Klausel der Prozedurschnittstelle deklariert wurde. Wie in Abschnitt 3.4.2 erwähnt, prüfen sowohl der Compiler als auch die Laufzeitumgebung, ob alle Ausnahmen dieser Kategorie, die auftreten können, aber nicht lokal in der Prozedur behandelt werden, deklariert wurden.

- Eine CX_DYNAMIC_CHECK-Ausnahme kann eine Prozedur ebenfalls nur dann verlassen, wenn sie in der RAISING-Klausel der Prozedurschnittstelle deklariert wurde. Hier wird die Prüfung nur von der Laufzeitumgebung durchgeführt, sobald eine Ausnahme versucht, die Prozedur zu verlassen.

- Eine CX_NO_CHECK-Ausnahme kann die Schnittstelle einer Prozedur *immer* verlassen, weder der Compiler noch die Laufzeitumgebung führen Schnittstellenprüfungen durch. Eine CX_NO_CHECK-Ausnahme muss nicht und kann nicht in der RAISING-Klausel der Prozedurschnittstelle deklariert werden.

Wenn Sie für eine Anwendung eine neue Ausnahme definieren wollen, müssen Sie auf die Auswahl der richtigen Kategorie achten. Die folgenden Entscheidungskriterien sind dabei relevant:

- Die Kategorie CX_STATIC_CHECK sollten Sie auswählen, wenn Sie sicherstellen wollen, dass diese Ausnahme immer behandelt wird, und wenn ein lokaler Ausnahmebehandler die Möglichkeit hat, in der Ausnahmesituation etwas Sinnvolles zu tun. Wenn Sie sich für CX_DYNAMIC_CHECK entscheiden, wenn eigentlich CX_STATIC_CHECK angebracht wäre, verlieren Sie die Absicherung des Compilers, dass die Ausnahme immer behandelt wird – zur Laufzeit können dann Laufzeitfehler auftreten und anzeigen, dass die Ausnahme nicht behandelt wurde. Die Wahl von CX_NO_CHECK erschwert in diesem Fall die Programmierung der eigenen Anwendung beträchtlich, da die Ausnahme nun ständig berücksichtigt werden muss. Wenn die Ausnahme zu einem Laufzeitfehler führt, ist zudem nicht leicht auszumachen, wodurch der Fehler verursacht wurde.

- Die Kategorie CX_DYNAMIC_CHECK ähnelt der Kategorie CX_STATIC_CHECK und sollte gewählt werden, wenn Programmierer das Auftreten der Ausnahme normalerweise von vornherein verhindern können. In den meisten Fällen wissen Programmierer, dass eine solche Ausnahme im Kontext ihrer Anwendung nicht ausgelöst wird. Wenn Sie CX_NO_CHECK wählen, obwohl Sie sich für CX_DYNAMIC_CHECK hätten entscheiden sollen, führt das zu denselben Problemen wie oben – die Absicherung, dass alle Ausnahmen behandelt werden, geht verloren. Mit der Wahl von CX_STATIC_CHECK riskieren Sie, die Programmierung der eigenen Anwendung zu umständlich zu gestalten, mit der Konsequenz, dass leere Ausnahmebehandler geschrieben werden, die wiederum das Erkennen von Programmierfehlern verhindern.

- Die Kategorie CX_NO_CHECK sollten Sie nur wählen, wenn die Ausnahme beinahe überall auftreten kann, Sie – wie die meisten Programmierer – eine solche Ausnahme jedoch nicht behandeln wollen oder können. Ein Beispiel dafür sind Ressourcenengpässe. Fällt die Wahl auf CX_STATIC_CHECK oder CX_DYNAMIC_CHECK, obwohl CX_NO_CHECK die richtige Entscheidung gewesen wäre, dann ist es sehr wahrscheinlich, dass Sie leere Ausnahmebehandler schreiben[15], die Programmierfehler unentdeckt bleiben lassen.

3.4.4 Verletzung einer Prozedurschnittstelle

Wird die Schnittstelle einer Prozedur durch das Auftreten einer Ausnahme der Kategorie CX_STATIC_CHECK oder CX_DYNAMIC_CHECK verletzt – tritt also eine solche Ausnahme in der Prozedur auf und wird sie nicht lokal in der Prozedur behandelt und ist sie nicht in der RAISING-Klausel der Prozedurschnittstelle deklariert –, entspricht dies einer Fehlersituation. Das Programm wird aber nicht

---

15 Befinden Sie sich als Programmierer in einer Situation, in der Sie eine CX_STATIC_CHECK- oder eine CX_DYNAMIC_CHECK-Ausnahme erhalten, die als CX_NO_CHECK hätte deklariert sein sollen, schreiben Sie keinen leeren Ausnahmebehandler. Lösen Sie stattdessen Ihre eigene Ausnahme der Kategorie CX_NO_CHECK aus.

direkt mit einem Laufzeitfehler beendet, sondern es wird eine Ausnahme der Klasse CX_SY_NO_HANDLER (einer Unterklasse von CX_NO_CHECK) ausgelöst und eine Referenz auf die ursprüngliche Ausnahme in der Ausnahme CX_SY_NO_HANDLER gespeichert.

Das Auftreten einer Ausnahme der Klasse CX_SY_NO_HANDLER stellt prinzipiell einen Programmierfehler desjenigen dar, der die Prozedur implementiert hat, deren Schnittstelle durch das Auftreten der ursprünglichen Ausnahme verletzt wurde: Entweder hat er vergessen, die ursprüngliche Ausnahme selbst abzufangen, oder er hat vergessen, seine Aufrufer per Deklaration in der RAISING-Klausel darüber in Kenntnis zu setzen, dass er sich um die Ausnahme kümmern soll. Solche Situationen können dadurch entstehen, dass der Programmierer der Prozedur die Warnung des Compilers ignoriert hat, dass die ursprüngliche Ausnahme auftreten kann (bei CX_STATIC_CHECK-Ausnahmen), oder weil er von der falschen Annahme ausging, diese Situation könne nie auftreten (bei CX_DYNAMIC_CHECK-Ausnahmen). In beiden Fäll trägt jedoch er die Verantwortung für den Fehler. Sie sollten es sich daher zweimal überlegen, eine solche CX_SY_NO_HANDLER-Ausnahme abzufangen.[16] Bis auf die wenigen Situationen, in denen dies sinnvoll sein könnte – wie z. B. für eine temporäre Lösung zur Behebung des Programmierfehlers –, sollte eine Ausnahme der Klasse CX_SY_NO_HANDLER immer unbehandelt zu einem Laufzeitfehler führen, bis das eigentliche Problem behoben ist.

3.4.5 Ausnahmen in Ereignisbehandlern und statischen Konstruktoren

In der Schnittstelle von Ereignisbehandlermethoden gibt es keine RAISING-Klausel. Dies ist folgerichtig, da das Konzept des »Erwartens« spezifischer Ausnahmen nicht mit dem allgemeinen *Publish-and subscribe*-Mechanismus von Ereignissen vereinbar ist. Der Auslöser eines Ereignisses macht nämlich keine Annahmen über potenzielle Ereignisbehandler, die für dieses Ereignis registriert sind. Er weiß nicht einmal, ob sich überhaupt ein Ereignisbehandler registriert hat; welche Annahmen sollte er dann über deren Fehlersituationen machen? Im Fall von Ereignissen läuft der Informationsfluss in nur eine Richtung: Der Auslöser versorgt den oder die Ereignisbehandler mit Informationen, er erwartet selbst jedoch keinerlei Rückmeldung.

Kurz gesagt: Der Auslöser eines Ereignisses, also der Aufrufer von Ereignisbehandlern, kennt die Behandler nicht und kann deshalb nicht deren Ausnahmen behan-

---

16 Bedenken Sie, dass nicht nur die Ausnahmeklasse selbst, sondern bereits jede Oberklasse, die in einer CATCH-Klausel aufgelistet ist, einen geeigneten Ausnahmebehandler darstellt. Jeder Behandler, der CX_SY_NO_HANDLER, CX_NO_CHECK oder CX_ROOT abfängt, muss vorbereitet sein, diese Art von Ausnahme zu behandeln. Damit der Programmierfehler nicht unentdeckt bleibt, sollte er also wenigstens ein Fehlerprotokoll schreiben.

deln. Alle CX_STATIC_CHECK- und CX_DYNAMIC_CHECK-Ausnahmen, die in Ereignisbehandlern auftreten, müssen lokal behandelt werden oder führen zur Verletzung der Schnittstelle. Nur Ausnahmen der Kategorie CX_NO_CHECK, wozu auch eine Ausnahme der Klasse CX_SY_NO_HANDLER gehört, die durch eine solche Schnittstellenverletzung ausgelöst wurde, können außerhalb der Grenzen der Ereignisbehandlung abgefangen werden.

Ebenso wenig können RAISING-Klauseln in der Schnittstelle von mit CLASS-CONSTRUCTOR definierten statischen Konstruktoren angegeben werden. Der Benutzer einer Klasse weiß für gewöhnlich nicht, ob die Klasse zum ersten Mal benutzt wird, und es ist daher nicht vorhersehbar, wann der Klassenkonstruktor ausgeführt wird. Konsequenterweise können Ausnahmen auch einen statischen Konstruktor nicht verlassen.

3.5 Ausnahmen definieren

Sie definieren eine neue Ausnahme, indem Sie einfach eine neue Ausnahmeklasse – eine Unterklasse der Klassen CX_ROOT, CX_STATIC_CHECK, CX_DYNAMIC_CHECK oder CX_NO_CHECK – anlegen.[17]

Ausnahmeklassen können sowohl globale als auch lokale Klassen sein. Zur Erstellung einer globalen Ausnahmeklasse wählen Sie im Class Builder beim Anlegen der Klasse im Dialogfenster, in dem die grundlegenden Eigenschaften der Klasse eingegeben werden müssen, Ausnahmeklasse. Dadurch wird der Class Builder speziell für Ausnahmeklassen konfiguriert. Unter anderem wird sichergestellt, dass dem Namen aller globalen Ausnahmeklassen das Präfix CX_ (bzw. YCX_, ZCX_ oder /cust/cx_ im Kundennamensraum) vorangestellt wird. Darüber hinaus verfügen Ausnahmeklassen über spezifische Eigenschaften wie z.B. über einen erklärenden Text, der die Ausnahme beschreibt. Diese Eigenschaften sind Gegenstand der folgenden Abschnitte, wobei auch erläutert wird, wie der Class Builder diese Eigenschaften unterstützt. Bei der Definition lokaler Ausnahmeklassen steht dieses Werkzeug nicht zur Verfügung, sodass Sie sich als Programmierer selbst darum kümmern müssen.

3.5.1 Konstruktoren für Ausnahmen

Beim Auftreten einer Fehlersituation wird unmittelbar eine Ausnahme ausgelöst, wobei gleichzeitig ein Ausnahmeobjekt erzeugt wird, das alle Informationen zum aufgetretenen Fehler enthalten soll. Das heißt, dass bereits der Konstruktor alle

---

17 Wir möchten nochmals darauf verweisen, dass im klassischen Ausnahmekonzept keine Definition eigener Ausnahmen möglich war, wenn man von den bisherigen »Ausnahmen« in den Schnittstellen von Funktionsbausteinen und Methoden absieht, die keine echte Ausnahmebehandlung erlaubten.

Attribute setzen muss, da dem Aufruf des Konstruktors einer Ausnahmeklasse in der Regel keine weiteren Aufrufe von `set`-Methoden oder Attributzuweisungen folgen können. Der Class Builder generiert beim Anlegen einer globalen Ausnahmeklasse einen nicht änderbaren Instanzkonstruktor, der für jedes nicht private Attribut einen gleichnamigen optionalen Parameter enthält.[18]

3.5.2 Ausnahmetexte

Jeder Ausnahme ist ein erklärender Text zugeordnet, der die Ausnahme beschreibt. Dieser Ausnahmetext wird zur Fehleranalyse in Fehlerprotokollen oder Kurzdumps verwendet und beschreibt die Ausnahme aus technischer Sicht. Eine gute Benutzeroberfläche zeichnet sich dadurch aus, dass sie Ausnahmen abfängt und den Fehler aus Sicht des Benutzers beschreibt, anstatt lediglich die technische Nachricht des Ausnahmeobjekts weiterzuleiten.

Um Ausnahmesituationen angemessenen beschreiben zu können, müssen die Ausnahmetexte parametrisierbar sein. Abbildung 3.3 zeigt ein Beispiel.

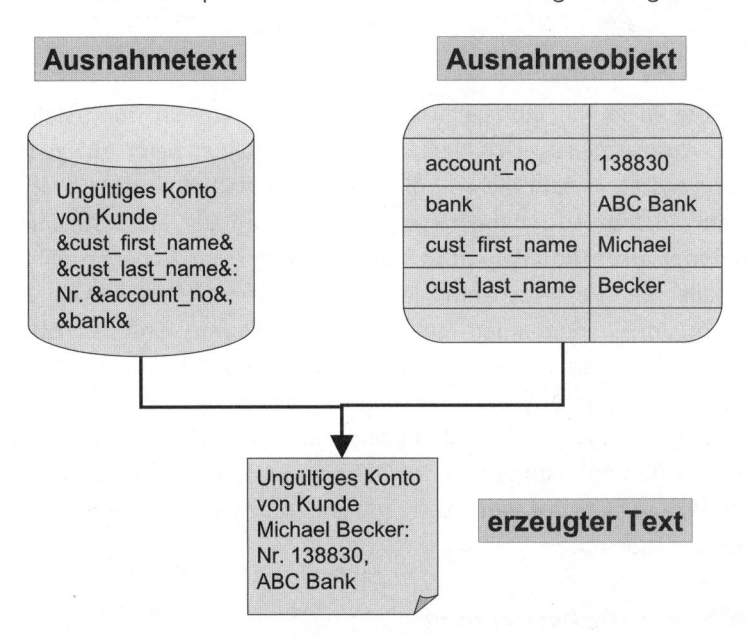

Abbildung 3.3 Parameter für Ausnahmetexte

In diesem Beispiel wird nicht nur angezeigt, dass ein Fehler in einem Kundenkonto aufgetreten ist, sondern auch, welches Kundenkonto davon betroffen ist.

---

18 Für private Attribute kann kein solcher Parameter angelegt werden, da diese im Gegensatz zu öffentlichen und geschützten Attributen nicht in einem gemeinsamen Namensraum für Ober- und Unterklassen liegen.

Das wird dadurch erreicht, dass Parameter in Ausnahmetexten verwendet werden können, die durch textartige Attribute des Ausnahmeobjekts ersetzt werden können; in diesem Zusammenhang bedeutet *textartig*, dass das Attribut ein skalarer Typ ist, beispielsweise ein `c`-Feld, ein Textstring oder ein Integer. Dies schließt interne Tabellen, Objektreferenzen und Strukturen aus.

Attributwerte können in den Text integriert werden, indem der Name des Attributs in »&« eingeschlossen im Text verwendet wird, z. B. `&name_of_attribute&`. Soll das Symbol »&« im tatsächlichen Text verwendet werden, müssen Sie es zweimal angeben, das folgende Beispiel mag dies verdeutlichen:

```
'Anwaltskanzlei &lawyer&&&&partner&'
```

mit den Attributen:

```
lawyer  = 'Müller'
partner = 'Meyer'
```

erzeugt den Text:

```
'Anwaltskanzlei Müller&Meyer'
```

Wenn sich Fehlersituationen sehr ähnlich sind, möchten Sie vielleicht nicht für jeden dieser Fehler eine eigene Ausnahmeklasse anlegen. Trotzdem ist es sinnvoll, die Fehler unterscheidbar zu machen, um die Fehleranalyse zu unterstützen bzw. um differenziert über die Ausnahme Auskunft geben zu können. Entsprechend können Sie für eine Ausnahmeklasse verschiedene Texte angeben.

Texte für Ausnahmeklassen werden entweder im *Online Text Repository* (OTR) gespeichert oder (seit Release 6.40) der Datenbanktabelle für Nachrichtentexte (T100) entnommen. OTR-Texte sind für Systemprogramme vorgesehen, in denen der Text nicht an den Programmbenutzer gesendet wird, während Nachrichtentexte an den Benutzer gesendet werden können (siehe auch Abschnitt 3.6.3).

Für Texte im OTR enthält ein Ausnahmeobjekt lediglich einen Schlüssel, der zusammen mit der Systemsprache den Text festlegt. Um das Definieren von Texten für eine Ausnahme zu vereinfachen, bietet der Class Builder den Karteieiter Texte für Ausnahmeklassen an. Für jeden Text, den man dort eingibt, wird eine *Ausnahme-ID* festgelegt, bei der es sich um einen sprachunabhängigen Schlüssel für den Text handelt. Für den *Standardtext* hat die Ausnahme-ID immer denselben Namen wie die Ausnahmeklasse selbst. Abbildung 3.4 zeigt ein Beispiel.

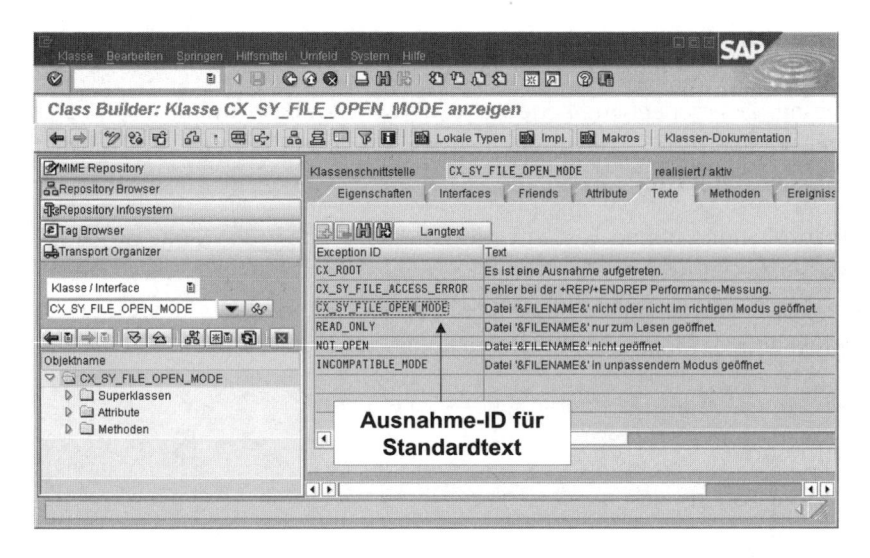

Abbildung 3.4 Beispiel einer Textzuordnung für OTR-Texte

Um den Text einer Ausnahme direkt mit der MESSAGE-Anweisung verwenden zu können, ist es ab Release 6.40 möglich, Nachrichtentexte aus der T100 zu verwenden. Hierzu muss die Ausnahmeklasse das Interface IF_T100_MESSAGE implementieren. Jede Ausnahme-ID besteht dann aus der Nachrichtenklasse, der Nachrichtennummer und einer Zuordnung von Attributen auf die vier möglichen Platzhalter eines Nachrichtentextes aus der T100 (siehe Beispiel in Abschnitt 3.6.3).

Wenn eine Ausnahme ausgelöst wird, der kein spezifischer Text zugeordnet ist, wird automatisch der Standardtext gewählt. Man kann ein Ausnahmeobjekt mit einem anderen Text erzeugen, wenn für den Parameter textid des Ausnahmekonstruktors ein Wert angegeben wird. Bei OTR-Texten entspricht jede Ausnahme-ID einer Konstanten der Klasse, die den OTR-Schlüssel für den entsprechenden Text enthält. Wenn Sie etwa die Ausnahme CX_SY_FILE_OPEN_MODE mit dem durch die Ausnahme-ID READ_ONLY identifizierten nicht-Standard-Text (siehe Abbildung 3.4) erzeugen und auslösen möchten, erreichen Sie das mit folgendem Befehl:

```
RAISE EXCEPTION TYPE cx_sy_file_open_mode
  EXPORTING textid = cx_sy_file_open_mode=>read_only.
```

3.5.3 Attribute und Methoden von Ausnahmen

Attribute von Ausnahmen werden eingesetzt, um dem Behandler weitere Informationen über die Fehlersituation zu liefern. Das Deklarieren von Attributen für Ausnahmeklassen unterscheidet sich nicht von dem für normale Klassen.

Jede Ausnahmeklasse erbt bereits die folgenden Attribute von CX_ROOT:

- `textid`
  Dieses Attribut wird verwendet, um für eine bestimmte Ausnahmeklasse verschiedene Ausnahmetexte festzulegen (siehe Abschnitt 3.5.2). Dadurch wird das Ergebnis der Methode `get_text` (siehe unten) beeinflusst.

- `previous`
  Wird bei der Behandlung einer Ausnahme eine neue Ausnahme ausgelöst und dadurch die ursprüngliche Ausnahme auf die neue abgebildet, kann dieses Attribut, eine Referenzvariable vom Typ CX_ROOT, die ursprüngliche Ausnahme speichern. Dadurch ist es möglich, Ausnahmen beliebig zu verketten. Tritt ein Laufzeitfehler auf, enthält der Kurzdump die Texte, die zu allen Ausnahmen dieser Kette gehören. Das Verketten von Ausnahmen kann sinnvoll sein, wenn z. B. eine Fehlersituation eine vorhergehende näher beschreibt oder wichtige Kontextinformationen für den Fehler enthält. Ein typisches Beispiel sind Ausnahmen vom Typ CX_SY_NO_HANDLER, die die ursprüngliche Ausnahme, die für den Fehler verantwortlich war, über das `previous`-Attribut zur Verfügung stellt.[19]

Jede Ausnahmeklasse erbt die folgenden Methoden von CX_ROOT:

- `get_text`
  Diese Methode gibt den Ausnahmetext als Zeichenstring in der Anmeldesprache zurück (siehe Abschnitt 3.5.2).

- `get_longtext` (verfügbar seit Release 6.20)
  Diese Methode gibt den Langtext eines Ausnahmetexts als Zeichenstring in der Anmeldesprache zurück. Im Class Builder kann für jede Ausnahme-ID ein zusätzlicher Langtext definiert werden.

- `get_source_position`
  Diese Methode gibt den Namen des Rahmenprogramms, den Namen eines eventuellen Include-Programms und die Zeilennummer der Auslösestelle zurück.

Außer dem Konstruktor, der automatisch erstellt wird (siehe Abschnitt 3.5.1), konnten in Release 6.10 noch keine weiteren Methoden definiert werden. Auch

---

[19] Ein weiteres Beispiel finden Sie in Abschnitt 3.7.3.

Aliasnamen, Interfaces, Freunde, Ereignisse und interne Typen konnten für Ausnahmeklassen in Release 6.10 noch nicht deklariert werden. Diese Einschränkungen sind seit Release 6.20 aufgehoben.

3.6 Zusammenspiel mit bestehenden Verfahren zur Fehlerbehandlung

Wie bereits zu Beginn dieses Kapitels erwähnt, standen in ABAP auch vor der Einführung des klassenbasierten Ausnahmekonzepts bereits verschiedene Arten der Fehlerbehandlung zur Verfügung, die aus Gründen der Abwärtskompatibilität nicht abgeschafft werden können. Im Einzelnen sind dies:

- Die klassischen ABAP-Ausnahmen, die durch RAISE während der Verarbeitung von Funktionsbausteinen oder Methoden ausgelöst und durch die Verwendung der EXCEPTIONS-Klausel bei deren Aufruf behandelt werden. Diese Ausnahmen können nicht beim Aufruf von Unterprogrammen behandelt werden, sondern werden automatisch an den nächsthöheren Funktionsbaustein der Aufrufhierarchie weitergegeben, in dessen Schnittstelle die Ausnahme definiert ist.

- Eine spezielle Menge von Laufzeitfehlern, die als abfangbar definiert sind (*abfangbare Laufzeitfehler*). Diese Laufzeitfehler werden abgefangen, wenn die Anweisung, die den Fehler ausgelöst hat, sich in einem passenden CATCH SYSTEM-EXCEPTIONS-Block befindet. Dabei ist zu beachten, dass abfangbare Laufzeitfehler nicht über Modularisierungseinheiten hinweg weitergegeben werden können.

- Nachrichten, die während der Verarbeitung von Funktionsbausteinen oder Methoden mit der Anweisung MESSAGE und dem Nachrichtentyp »E« oder »A« gesendet werden, können wie klassische Ausnahmen behandelt werden, indem beim Aufruf von Methoden oder Funktionsbausteinen in der EXCEPTIONS-Klausel die spezielle vordefinierte Ausnahme ERROR_MESSAGE angegeben wird.

- Die vordefinierten klassischen Ausnahmen SYSTEM_FAILURE und COMMUNICATION_FAILURE, die beim Remote Function Call auftreten können.

Alle diese Verfahren zur Fehlerbehandlung können prinzipiell durch die klassenbasierte Ausnahmebehandlung ersetzt werden. Die Konzepte, die diesen Verfahren zugrunde liegen, sind jedoch zu unterschiedlich zum klassenbasierten Konzept, als dass eine geeignete, *automatische* Abbildung auf klassenbasierten Ausnahmen möglich wäre. Aus diesem Grund wird im nächsten Abschnitt erläutert, wie die Konzepte interagieren.

3.6.1 Klassische Ausnahmen bei Methoden und Funktionsbausteinen

Klassische Ausnahmen und die neuen klassenbasierten Ausnahmen sind zwei völlig unterschiedliche Konzepte, die Sie strikt voneinander trennen sollten. Klassische Ausnahmen können nicht mithilfe der CATCH-Anweisung eines TRY-Blocks abgefangen werden. Umgekehrt ist ein Abfangen einer klassenbasierten Ausnahme mithilfe einer EXCEPTIONS-Klausel ebenso wenig möglich.

Um die Trennung noch zu verstärken, muss jede Prozedur entscheiden, ob sie entweder die alten oder die neuen Ausnahmen auslöst. Syntaktisch ist es unmöglich, eine RAISING-Klausel und eine EXCEPTIONS-Klausel gleichzeitig für dieselbe Prozedur zu spezifizieren. Entscheiden Sie sich für die neuen Ausnahmen, hat das zur Konsequenz, dass in einer Prozedur keine RAISE- oder MESSAGE...RAISING-Anweisungen mehr verwendet werden können. Bei Prozeduren, in deren Schnittstelle die alten Ausnahmen definiert sind, ist umgekehrt die Verwendung der neuen Anweisung RAISE EXCEPTION verboten.

Natürlich kann es bei der Implementierung einer Prozedur zu der Situation kommen, dass andere Prozeduren aufgerufen werden müssen und in diesen jeweils die andere Art von Ausnahmen ausgelöst wird. Wenn eine lokale Behandlung dieser Ausnahmen ausgeschlossen ist, müssen sie auf Ausnahmen des geeigneten Typs abgebildet werden: Die einen Ausnahmen müssen abgefangen werden und es müssen entsprechende Ausnahmen des anderen Typs ausgelöst werden. Siehe hierzu auch die Beispiele in Abschnitt 3.7.4.

3.6.2 Migration von abfangbaren Laufzeitfehlern

Der Prozess des Abfangens von Laufzeitfehlern mithilfe von CATCH SYSTEM-EXCEPTIONS wurde mit der Einführung des klassenbasierten Ausnahmekonzepts obsolet. Eine Reihe von Regeln ermöglicht ein einfaches Modell für die Koexistenz der alten und neuen Arten.

Jedem abfangbaren Laufzeitfehler, der mithilfe von CATCH SYSTEM-EXCEPTIONS abgefangen werden kann, ist nun eine entsprechende vordefinierte Ausnahmeklasse mit dem Präfix CX_SY_ zugeordnet, die in einem TRY-ENDTRY-Konstrukt verwendet werden kann. Die Einteilung von abfangbaren Laufzeitfehlern in Ausnahmegruppen wird durch die Vererbungsbeziehungen der zugeordneten Klassen abgebildet. Dabei wird beispielsweise die Ausnahmegruppe ARITHMETIC_ERRORS aller arithmetischen Fehler nun durch die Oberklasse CX_SY_ARITHMETIC_ERRORS dargestellt (siehe Abbildung 3.5). Beachten Sie, dass einige Laufzeitfehler, die fast identisch sind, derselben Klasse zugeordnet wurden.

COMPUTE_INT_ZERODIVIDE und COMPUTE_FLOAT_ZERODIVIDE werden beispielsweise durch die Ausnahmeklasse CX_SY_ZERODIVIDE[20] abgedeckt.

Abfangbare Laufzeitfehler

ARITHMETIC_ERRORS
- COMPUTE_INT_ZERODIVIDE
- COMPUTE_FLOAT_ZERODIVIDE
- COMPUTE_INT_TIMES_OVERFLOW
- COMPUTE_FLOAT_TIMES_OVERFLOW
- ...

Ausnahmeklassen

CX_DYNAMIC_CHECK
- CX_SY_ARITHMETIC_ERRORS
  - CX_SY_ZERODIVIDE
  - CX_SY_ARITHMETIC_OVERFLOW
  - ...

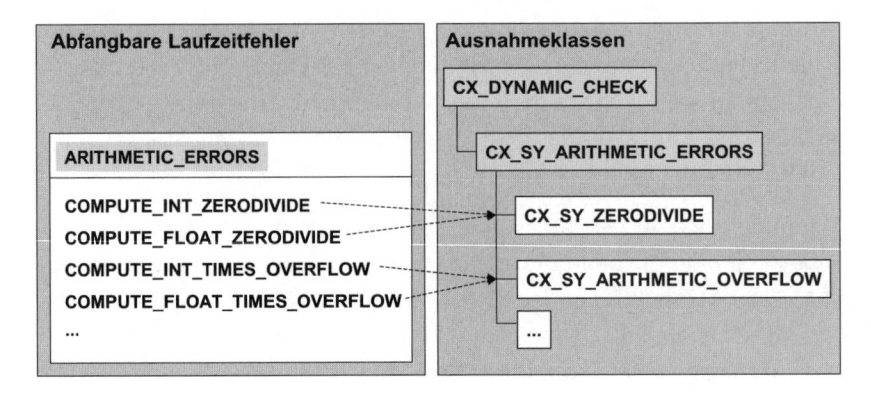

Abbildung 3.5 Zuordnung von abfangbaren Laufzeitfehlern zu Ausnahmeklassen

Obwohl die Anweisung CATCH SYSTEM-EXCEPTIONS durch die Einführung der vordefinierten Ausnahmeklassen nun obsolet ist, kann sie aus Gründen der Abwärtskompatibilität weiterhin verwendet werden. Allerdings werden seit Release 6.10 keine neuen abfangbaren Laufzeitfehler mehr eingeführt, sondern es werden für Fehlersituationen in der Laufzeitumgebung, die als abfangbar erachtet werden, nur noch Ausnahmeklassen definiert. Beispielsweise sind seit Release 6.10 viele Fehlersituationen bei der Ausführung von Open SQL behandelbar, aber eben nur über ein TRY-ENDTRY-Konstrukt und nicht über CATCH SYSTEM-EXCEPTIONS.

Für die Koexistenz der alten und neuen Arten von behandelbaren Systemausnahmen gelten die folgenden Regeln:

1. CATCH SYSTEM-EXCEPTIONS können nicht gleichzeitig mit TRY-ENDTRY-Konstrukten oder der Anweisung RAISE EXEPTION innerhalb *einer* Prozedur verwendet werden. Enthält eine Prozedurschnittstelle eine RAISING-Klausel, schließt das ebenfalls die Verwendung von CATCH SYSTEM-EXCEPTIONS in dieser Prozedur aus.

2. Wenn ein abfangbarer Laufzeitfehler in einer Prozedur auftritt, wird gleichzeitig die zugeordnete klassenbasierte Ausnahme ausgelöst. Wenn die Prozedur nicht CATCH SYSTEM-EXCEPTIONS verwendet, gelten die in Abschnitt 3.3.2 beschriebenen Regeln für die Behandlung klassenbasierter Ausnahmen.

---

20 Wenn Sie unbedingt zwischen den beiden Typen der Division durch Null unterscheiden wollen, können Sie das immer noch über die Attribute des Ausnahmeobjekts tun.

3. Wenn ein abfangbarer Laufzeitfehler in einer Prozedur auftritt, die CATCH SYSTEM-EXCEPTIONS verwendet, versucht das Lauftzeitsystem, den Fehler gemäß der Semantik von CATCH SYSTEM-EXCEPTIONS abzufangen. Schlägt dieser Versuch fehl, kommt die klassenbasierte Ausnahmebehandlung ins Spiel: Da es gemäß Regel 1 keinen lokalen Behandler geben kann, muss nach einem geeigneten Behandler in der Aufrufhierarchie gesucht werden. Dazu muss die Ausnahme aber die Prozedur verlassen, wobei für Ausnahmen der Kategorien CX_STATIC_CHECK und CX_DYNAMIC_CHECK eine Ausnahme der Klasse CX_SY_NO_HANDLER ausgelöst wird, da die Prozedur nach Regel 1 auch keine RAISING-Klausel haben kann. Gibt es für diese Ausnahme keinen passenden Behandler, kommt es zum Programmabbruch mit Kurzdump.

3.6.3 Nachrichten der Anweisung MESSAGE

Die ABAP-Anweisung MESSAGE erfüllt je nach Nachrichtentyp im Wesentlichen zwei Funktionen:

- Anzeigen eines Fehlers und Beenden des normalen Programmablaufs
- Auswahl eines Fehlerbehandlers je nach Nachrichtentyp und Kontext sowie Übergabe von Nachrichtentyp und Nachrichtentext an den Behandler

Diese Funktionen sind bei der klassenbasierten Ausnahmebehandlung streng voneinander getrennt. Insbesondere werden an der Stelle, an der die Ausnahme ausgelöst wird, keine Vermutungen über mögliche Behandler angestellt. Wenn man eine Ausnahme mit RAISE EXCEPTION auslöst, muss der Fehler so detailliert charakterisiert werden (z.B. durch Auswahl der korrekten Ausnahmeklasse und Setzen der Attribute), dass der korrekte Behandler aktiviert wird und dieser adäquat auf die Fehlersituation reagieren kann.

Erst während der Behandlung einer klassenbasierten Ausnahme kann dann die Anweisung MESSAGE zur Anzeige von Nachrichtentexten, die zur Interaktion mit dem Endbenutzer dienen, verwendet werden. Damit Ausnahmeklassen diese in der Datenbanktabelle T100 abgelegten Texte verwenden können, müssen Sie das Interface IF_T100_MESSAGE implementieren. Der folgende Coding-Abschnitt zeigt ein Beispiel, in dem eine Referenzvariable, die auf ein Ausnahmeobjekt zeigt, direkt in der Anweisung MESSAGE verwendet wird, um den Ausnahmetext als Nachricht vom Typ »E« zu senden.

```
DATA: excp TYPE REF TO cx_my_exception.  " implementiert
                                         " IF_T100_MESSAGE
TRY.
  ...
  CATCH cx_my_exception INTO excp.
```

```
    MESSAGE excp TYPE 'E'.
ENDTRY.
```

Wenn Ausnahmetexte über die Anweisung MESSAGE an die Oberfläche gebracht werden sollen, wird empfohlen, immer wie hier gezeigt vorzugehen, und Texte der Tabelle 100 zu verwenden. Da diese Möglichkeit aber erst seit Release 6.40 besteht, gibt es auch noch die Möglichkeit, im OTR gespeicherte Texte als Nachrichten zu senden. Dabei wird der Text durch den Aufruf der Methode get_text ermittelt und in ein zeichenartiges Datenobjekt wie z.B. ein String gestellt. Dieses kann dann in einer Syntaxvariante der Anweisung MESSAGE verwendet werden, die es erlaubt, den Inhalt eines zeichenartigen Datenobjekt direkt als Kurztext einer Nachricht zu senden.[21] Da die Lokalisierung des Textes nicht in der Anweisung MESSAGE, sondern während der Ausführung der Methode get_text erfolgt, sind dann beispielsweise in der Hintergrundverarbeitung die entsprechenden Einträge im Batch-Protokoll sprachspezifisch. Weiterhin hat eine solche Nachricht keinen Langtext und die Systemfelder sy-msgid und sy-msgno werden nicht spezifisch gefüllt. Beim Senden von Nachrichten aus der Datenbanktabelle T100 erzeugt die Anweisung MESSAGE dagegen sprachunabhängige Einträge und füllt die zugehörigen Systemfelder.

3.6.4 Einschränkungen

Wie bereits bei den vorhergehenden abfangbaren Laufzeitfehlern (Anweisung CATCH SYSTEM-EXCEPTIONS) ist es auch mit den klassenbasierten Ausnahmen nicht möglich, alle Systemausnahmen in allen Kontexten abzufangen. So können z.B. Konvertierungsfehler zwar bei der Anweisung MOVE, nicht aber bei der Anweisung SELECT abgefangen werden. Es ist zwar geplant, die Zahl der nichtbehandelbaren Systemausnahmen nach und nach zu minimieren und gleichzeitig die Zahl der Kontexte, in denen sie abgefangen werden können, zu maximieren – dies wird aber eben nur nach und nach geschehen.[22]

Ausnahmen in einem statischen Konstruktor oder in einer Konvertierungsroutine (Konvertierungs-Exit) einer Domäne im ABAP Dictionary, die nicht lokal behan-

---

[21] Aus Gründen der Abwärtskompatibilität können hinter MESSAGE sogar noch Referenzen auf ein Ausnahmeobjekte angegeben werden, dessen Klassen nicht das Interface IF_T100_MESSAGE implementieren. In diesem Fall wird implizit auf im OTR abgelegte Ausnahmetexte zugegriffen. Von diesem impliziten Zugriff auf das OTR in der Anweisung MESSAGE wird dringend abgeraten: Das OTR ist keine Ablage von Nachrichtentexten und das System verhält sich nicht wie beim Senden echter Nachrichten aus der Tabelle T100. Wenn überhaupt noch Texte aus dem OTR als Nachrichten gesendet werden sollen, ist die im Text beschriebene explizite Verwendung eines zeichenartigen Datenobjekts vorzuziehen, da diese weniger falsche Erwartungen weckt.
[22] Wir möchten nochmals darauf hinweisen, dass keine neuen abfangbaren Laufzeitfehler mehr eingeführt werden, sondern nur noch neue vordefinierte Ausnahmeklassen.

delt werden, führen immer zu einem Laufzeitfehler; dies gilt auch für Ausnahmen der Kategorie CX_NO_CHECK. Dieser Vorgang ist mit Ausnahmen vergleichbar, die versuchen, CLEANUP-Blöcke zu verlassen. Der Grund hierfür ist einfach: Da beide implizit (sozusagen »hinter den Kulissen«) ablaufen, werden sie von Verwendern von Klassen bzw. Verwendern von Datenelementen nicht wahrgenommen, sodass sie lokal behandelt werden müssen.

3.7 Allgemeine Anwendungsfälle

Um Sie mit dem neuen Ausnahmebehandlungskonzept noch vertrauter zu machen, erläutern wir Ihnen nun noch Schritt für Schritt einige der häufigsten Anwendungsfälle.

3.7.1 Returncodes vs. Ausnahmen

Bevor wir detailliert darauf eingehen, wie Ausnahmen zu verwenden sind, wollen wir in diesem und dem unmittelbar folgenden Abschnitt zunächst klären, wann es überhaupt sinnvoll ist, Ausnahmen zu verwenden. Die Praxis hat nämlich gezeigt, dass Programmierer oft Ausnahmen verwenden, wenn der Einsatz von Returncodes besser geeignet wäre. Als Faustregel gilt: Sie sollten sich immer fragen, ob eine bestimmte Situation wirklich eine Ausnahme ist oder ob der Benutzer diese Situation als »normales« Ereignis erwarten kann. Bei einer allgemeinen Prozedur beispielsweise, die nach einem spezifischen Element in einer Liste sucht, ist es eigentlich kein besonders überraschendes Ereignis, wenn das Element in der Liste nicht gefunden werden kann. Hier bietet sich ein spezieller Returncode an, um genau das anzuzeigen. Es wäre in diesem Fall weniger angebracht, gleich eine Ausnahme auszulösen.

Andererseits gibt es Situationen, bei denen es sich zweifellos um eine Ausnahme handelt, die dann auch ausgelöst werden sollte, wie es z. B. bei der oben erwähnten Division durch Null der Fall ist.

In den meisten Situationen hängt es jedoch von der jeweiligen Sichtweise ab, ob eine Ausnahmesituation vorliegt oder nicht. Soll beispielsweise eine Methode definiert werden, die ein Element aus einer Liste löscht, stellt sich die Frage, wie reagiert werden soll, wenn das zu löschende Element nicht existiert. Hier gilt es, situativ zu entscheiden, ob eine Ausnahme vorliegt oder nicht: Wird die Existenz des Elements vorausgesetzt, sollte das zur Auslösung einer Ausnahme führen, andernfalls wäre – wenn überhaupt eine Reaktion erforderlich ist – ein Returncode das Mittel der Wahl.

3.7.2 Assertions vs. Ausnahmen

Seit Release 6.20 (Support Package 29) unterstützt ABAP Assertions. Eine Assertion ist eine Bedingung, die bei der Anweisung `ASSERT` angegeben und zur Laufzeit ausgewertet wird. Bei Verletzung der Bedingung wird das Programm mit einem Laufzeitfehler abgebrochen, in den ABAP Debugger verzweigt oder ein Protokolleintrag erzeugt, wobei das genaue Verhalten durch Aktivierungseinstellungen gesteuert werden kann, die außerhalb des Programms gesetzt werden.

Wie Ausnahmen dienen auch Assertions dem Zweck, zuverlässige Programme zu erstellen. Ein zuverlässiges Programm ist robust und korrekt. Während Ausnahmen der Robustheit von Programmen dienen, dienen Assertions der Korrektheit.

Ein Programm ist robust, wenn es sich in allen möglichen Situationen angemessen verhält; beispielsweise wenn auf nicht vorhandene Ressourcen zugegriffen werden soll, wenn unsinnige Benutzereingaben gemacht werden, wenn Funktionen für andere Zwecke verwendet werden als vorgesehen usw. Das Auslösen von Ausnahmen und ihre Behandlung dient dazu, ein Programm entweder fortzuführen oder geordnet zu beenden.

Ein Programm ist korrekt, wenn es sich unter bestimmten Voraussetzungen so verhält wie erwartet. Beispielsweise werden von einer Funktion bestimmte Eingabewerte erwartet, im Gegenzug erwartet der Aufrufer, dass die Ausgabewerte ein »korrektes« Ergebnis liefern. Im Englischen nennt sich dieses Prinzip *design by contract*.

Die Überprüfung dieser Wenn-dann-Beziehungen geschieht durch den Test von zwei Bedingungen: am Anfang der Funktion wird die so genannte Vorbedingung überprüft, am Ende der Funktion die so genannte Nachbedingung. Gilt die Vorbedingung nicht, so ist das Verhalten der Funktion nicht spezifiziert und es ist am sinnvollsten, die Funktion sofort abzubrechen. Gilt die Nachbedingung nicht, so ist die Wenn-dann-Beziehung invalidiert, denn die Funktion wird ja sofort abgebrochen, wenn die Prüfung der Vorbedingung fehlgeschlagen ist; damit wird auch der Test der Nachbedingung nicht durchgeführt.[23] Gilt die Wenn-dann-Beziehung nicht, liegt ein Fehler in der Funktion vor. Damit ist eine Assertion der geeignete Mechanismus, die Nachbedingung zu testen.

Wird die Vorbedingung verletzt, so hat der Aufrufer etwas falsch gemacht. Hier gibt es zwei Situationen:

---

23 Wie anfangs erwähnt, kann es bei der Verletzung einer Assertion auch nur zu einem Protokolleintrag und damit zu keinem Programmabbruch kommen. Damit würde die Nachbedingung auch dann getestet, wenn die Vorbedingung verletzt würde. Eventuell auftretende, paarweise Protokolleinträge (Fehlschlagen der Vorbedingung und Fehlschlagen der Nachbedingung) weisen dann nicht auf einen Fehler der Funktion hin.

- Eine interne Funktion (z. B. private Methode) hat nur interne Aufrufer und der Fehler liegt klar im betrachteten Paket, d. h., dieses Paket ist inkorrekt. Damit werden Vorbedingungen von internen Funktion am besten ebenfalls durch Assertions überprüft.
- Bei öffentlichen Funktionen (API-Funktionen) kann es aber externe Verwender geben und es liegt damit nicht in der Kontrolle des Pakets, ob diese Funktionen korrekt aufgerufen werden. Fehlgeschlagene Assertions führen zu einem Programmabbruch, was kaum als robust zu bezeichnen ist. Daher sollten Vorbedingungen von API-Funktionen nicht mit Assertions überprüft werden[24], sondern mit einem normalen Test über eine *IF*-Kontrollstruktur, der beim Fehlschlagen zum Auslösen einer Ausnahme führt.

Damit hat der Aufrufer die Möglichkeit, angemessen auf die Verletzung der Vorbedingung zu reagieren.

3.7.3 Verkettung von Ausnahmen

Eine Ausnahme kann behandelt werden, indem eine neue Ausnahme ausgelöst wird, etwa um einen Benutzer in der spezifischen Situation mit aussagekräftigeren Informationen zu versorgen. In solchen Fällen ist auch die ursprüngliche Ausnahme von Wichtigkeit und sollte deshalb im neuen Ausnahme-Objekt gespeichert werden.

Um dies zu ermöglichen, verfügt jede Ausnahme über ein `previous`-Attribut. Beim Erzeugen der neuen Ausnahme kann dieses wie in Listing 3.4 gezeigt gesetzt werden. Da jede Ausnahme über das Attribut `previous` verfügt, können sich somit ganze Ketten von Ausnahmen bilden. Gibt es keinen Behandler, der die letzte Ausnahme einer Kette abfängt, tritt ein Laufzeitfehler auf. In dessen Kurzdump wird die gesamte Kette aller Ausnahmen, die durch das Attribut `previous` miteinander verbunden sind, angezeigt.

```
1 PROGRAM exceptions_4.
2
3 ...
4
5 TRY.
6   ...
7   CATCH cx_low_level_exception INTO caught_exception.
8     RAISE EXCEPTION TYPE cx_higher_level_exception.
```

---

24 Es kann auch bei einer API-Funktion sinnvoll sein, die Vorbedingung mit Assertions zu überprüfen, wenn der Test viel Rechenzeit in Anspruch nimmt wie z. B. die Überprüfung, ob eine Tabelle sortiert ist. Damit ist die API-Funktion zwar weniger robust, aber der Test von Assertions kann ausgeschaltet werden, was die Verwendung der Funktion auch im Produktivsystem möglich macht.

```
 9            EXPORTING attr1    = ...
10                       previous = caught_exception.
11 ENDTRY.
```

Listing 3.4 Attribut previous im Handler setzen

3.7.4 Gemeinsame Verwendung klassenbasierter und nicht-klassenbasierter Ausnahmen

Stellen Sie sich folgende Situation vor: Es soll eine Methode m_new geschrieben werden, deren Schnittstelle klassenbasierte Ausnahmen deklariert. Bei der Implementierung dieser Methode soll auf einen Funktionsbaustein F_OLD zurück gegriffen werden, der alte Ausnahmen auslöst, die an den Aufrufenden der Methode m_new weitergereicht werden sollen.

Da alte und neue Ausnahmen nicht gemeinsam verwendet werden können, müssen Sie zunächst eine Ausnahmeklasse für die Ausnahme definieren, die an den Aufrufer weitergereicht werden soll, z. B. CX_M_NEW. Das Coding sieht dann wie in Listing 3.5 aus.

```
 1 CLASS-POOL ...
 2
 3 CLASS class DEFINITION.
 4   ... SECTION.
 5     ...
 6     METHODS m_new RAISING cx_m_new.
 7     ...
 8 ENDCLASS.
 9
10 CLASS class IMPLMENTATION.
11   ...
12   METHOD m_new.
13     ...
14     CALL FUNCTION 'F_OLD' EXCEPTIONS not_found = 1.
15     IF sy-subrc = 1.
16       " Abbilden alter Ausnahmen auf neue
17       RAISE EXCEPTION TYPE cx_m_new.
18     ENDIF.
19     ...
20   ENDMETHOD.
21   ...
22 ENDCLASS.
```

Listing 3.5 Abbilden von alten Ausnahmen auf neue

Nun zum umgekehrten Fall: Ein Funktionsbaustein F_OLD, dessen Schnittstelle eine EXCEPTIONS-Klausel enthält, soll bei der Implementierung die Methode m_new aufrufen, die neue Ausnahmen auslöst. Da neue Ausnahmen in einem solchen Fall nicht weitergereicht werden können, müssen sie entweder behandelt oder auf alte Ausnahmen abgebildet werden. In beiden Fällen ist die neue Ausnahme mithilfe eines TRY-Konstrukts in F_OLD abzufangen, wie in Listing 3.6 gezeigt.

```
 1 FUNCTION-POOL ...
 2
 3 ...
 4
 5 FUNCTION f_old EXCEPTIONS old_exc_1 ... old_exc_n.
 6   ...
 7   TRY.
 8     CALL METHOD o->m_new.
 9   CATCH cx_m_new.
10     " Abbilden neuer Ausnahmen auf alte
11     RAISE old_exc_1.
12   ENDTRY.
13   ...
14 ENDFUNCTION.
```

Listing 3.6 Abbilden von neuen Ausnahmen auf alte

Wenn der Funktionsbaustein F_OLD nicht bereits über eine EXCEPTIONS-Klausel verfügt und die Ausnahme aus m_new nicht lokal behandelt werden soll, kann diese Ausnahme einfach weitergereicht werden, indem zu F_OLD eine RAISING-Klausel angegeben wird, die CX_M_NEW enthält.

3.7.5 Ausnahmen zu bereits verwendeten Methoden hinzufügen

Angenommen, eine Methode do_something, die Ausnahmen der Klasse CX_SOMETHING (in der RAISING-Klausel von do_something deklariert) auslösen kann, wird bereits von vielen anderen Prozeduren verwendet. Wenn die Methode im Zuge einer Weiterentwicklung eine neue Ausnahme namens CX_NEW auslösen muss, gibt es zwei Möglichkeiten:

1. CX_NEW ist eine Unterklasse von CX_SOMETHING

    In diesem Fall hat sich die Schnittstelle der Methode do_something nicht geändert. Die RAISING-Klausel ist noch gültig und die Prozeduren, die sie verwenden, müssen nicht angepasst werden.

2. CX_NEW ist keine Unterklasse von CX_SOMETHING

Damit handelt es sich um eine Änderung der Schnittstelle, da jeder Aufrufer von `do_something` einen neuen Ausnahmetyp erhalten kann, der bislang nicht zu erwarten war. In diesem Fall muss der Entwickler die neue Ausnahmeklasse zur RAISING-Klausel von `do_something` hinzufügen:

```
METHOD do_something RAISING cx_something cx_new.
```

Hierdurch können bestehende Verwender von `do_something` invalidiert werden, da sie auf die neue Ausnahme CX_NEW nicht vorbereitet waren; sie haben diese also weder lokal abgefangen noch selbst mit RAISING in ihrer Schnittstelle spezifiziert. Um den Änderungsprozess in solchen Fällen zu vereinfachen, führt die Invalidierung nicht zu einem Syntaxfehler, sondern lediglich zu einer Warnung (siehe Abschnitt 3.4.1).

3.8 Fazit

In diesem Kapitel wurde ein einheitliches Konzept für alle Arten von Fehlern und anderen Ausnahmesituationen vorgestellt. Ein solches Konzept ist für das Schreiben generischer Dienste äußerst wichtig, da diese in unterschiedlichen Kontexten verwendet werden sollen.

Wir haben Ihnen gezeigt, welche Vorteile das klassenbasierte Ausnahmekonzept mit sich bringt und wie Ausnahmeklassen in neuen und in bestehenden Programmen verwendet werden können. Die Vorteile lassen sich wie folgt zusammenfassen:

- Es gibt eine klare Trennung zwischen der Erkennung und der Behandlung von Fehlern sowie eine klare Trennung zwischen »normalem« Coding und der Behandlung von Fehlern. Ein Fehler führt durch die Änderung des Kontrollflusses zum geeigneten Ausnahmebehandler.

- Die Verwendung von Klassen macht es möglich, dass sowohl Ausnahmebehandler für spezifische Ausnahmen und Situationen, in denen äußerst detaillierte Informationen nötig sind, als auch generische Behandler, die für eine ganze Gruppe von Ausnahmen geeignet sind, unterstützt werden.

- Das automatische Weiterreichen der Ausnahmen über alle Arten von Prozeduren (Methoden, Funktionsbausteine, Unterprogramme) hinweg ermöglicht eine gleichartige Ausnahmebehandlung, ohne dass man sich auf eine spezielle Modularisierungsart beschränken muss.

- Das Konzept der Deklaration von Ausnahmen in Schnittstellen macht es möglich, unbehandelte Ausnahmen schon während der Kompilierung zu finden oder die Prozedur, die diese Ausnahme hätte behandeln müssen, zu identifizieren. Die unterschiedlichen Stufen der Prüfungen machen kontraproduktive Workarounds wie leere Ausnahmebehandler unnötig, die bei einem weniger flexiblen Konzept eventuell nötig wären.

▶ Programmierer sind in der Lage, »Cleanup-Coding« zu spezifizieren, das beim vorzeitigen Verlassen einer Prozedur ausgeführt wird, und damit den konsistenten Zustand ihrer Applikation zu garantieren.

Den neuen Ausnahmen gehört sicherlich die Zukunft, denn ihre einfache Handhabung und die verbesserte Funktionalität wird jeden Programmierer überzeugen, zumal bestehende Prozeduren, die mit den klassischen Ausnahmen arbeiten, auch weiterhin verwendet werden können.

4 Dynamisches Open SQL

Adrian Görler und Ulrich Koch

ABAP zeichnet sich insbesondere dadurch aus, dass Datenbankzugriffe über Open SQL bereits in die Sprache eingebettet sind. Diese enge Integration führt zu einer optimalen Performance, gewährleistet die Plattformunabhängigkeit und macht eine Syntaxprüfung schon während der Kompilation möglich. Dennoch können Probleme auftreten, die nicht mit statischem Open SQL gelöst werden können, wie z. B. generische Datenbankabfragen. Das liegt daran, dass nicht alle Datenbanktabellen, Tabellenfelder oder logischen Bedingungen bereits während der Kompilation bekannt sein müssen. Solchen Situationen kann man zwar begegnen, indem man ein ABAP-Programm dynamisch generiert (siehe auch Kapitel 2) und ausführt, doch dieser Ansatz birgt die folgenden schwer wiegenden Nachteile:

- Für wenig erfahrene Programmierer ist es meist ebenso schwierig, einen Quelltextgenerator zu schreiben, wie ihn anschließend daraufhin zu überprüfen, ob er den eigenen Erwartungen entsprechend funktioniert.
- Was die Rechenzeit angeht, ist das persistente Generieren eines ABAP-Programms für dynamische Zwecke eine äußerst aufwändige Operation.
- Wenn der generierte Quelltext durch die Verwendung der Anweisung `GENERATE SUBROUTINE POOL` nur transient vorhanden ist, kann die Fehleranalyse relativ schwierig werden.

Dieses Kapitel beschäftigt sich mit dynamischem Open SQL, einer Variante von Open SQL, die eine wesentlich bessere Art und Weise darstellt, Projekte zu verwirklichen, bei denen ein dynamischer oder semidynamischer Datenbankzugriff nötig ist, weil manche Teile von SQL-Anweisungen erst zur Laufzeit angegeben werden können. Dynamisches Open SQL wird nicht durch die Nachteile der Quelltextgenerierung behindert, sondern stattdessen werden alle möglichen Syntaxprüfungen schon während der Kompilation durchgeführt. Der erhöhte Aufwand für die Syntaxanalyse der dynamischen Komponenten der Anweisung zur Laufzeit ist minimal, und das Debugging des Programms gestaltet sich einfach, da kein zwischengeschalteter Quelltext generiert wird.

Im Verlauf der Entwicklung von ABAP wurde der Funktionsumfang von dynamischem Open SQL von Release 3.0 bis Release 6.40 kontinuierlich erweitert. Insbesondere zu ABAP Release 6.10 wurde die Funktionspalette noch einmal deutlich umfassender. Falls nicht anders angegeben, bezieht sich dieses Kapitel auf die seit Release 4.6 in ABAP verfügbaren Techniken. Die ABAP-Beispiele dieses Kapitels, die ein höheres Release voraussetzen, sind als solche gekennzeichnet. Sie sollen dazu dienen, Ihnen einige der neueren Möglichkeiten bis einschließlich Release 6.40 vorzustellen.

Wir zeigen Ihnen, wie die Namen von Datenbanktabellen zur Laufzeit angegeben und wie Daten in eine dynamisch angelegte interne Tabelle ausgelesen werden können. Dem schließt sich eine Erläuterung der dynamischen WHERE-, SELECT-, GROUP BY-, HAVING- und FROM-Klauseln an. Darüber hinaus werden die Ausnahmebehandlung und dynamische Änderungsoperationen behandelt. Dies alles geschieht mithilfe einiger leicht nachvollziehbarer Programme, die Sie mit der Funktionsweise von dynamischem Open SQL vertraut machen.

4.1 Allgemeines Konzept

Dynamisches Open SQL ist eine Variante von Open SQL, die es erlaubt, Teile von SQL-Anweisungen erst zur Laufzeit anzugeben; die dazugehörige Technik ist die in Kapitel 2 beschriebene *dynamische Token-Angabe*. Eine SQL-Anweisung wird dabei nicht vollständig dynamisch angegeben: Die Teile der Anweisung, die statisch bekannt sind, können wie gewohnt als statischer ABAP-Code geschrieben werden. Anstelle der Teile des Open-SQL-Befehls, die erst zur Laufzeit bekannt sind, steht im Quelltext ein eingeklammertes ABAP-Datenobjekt als Platzhalter. Das Programm muss Anweisungen enthalten, die den ABAP-Quelltext für die dynamischen Fragmente erzeugen und im entsprechenden Datenobjekt speichern. Zur Laufzeit wird der ABAP-Quelltext der dynamischen Fragmente analysiert und in die statischen Teile der Anweisung eingefügt. Dynamische und statische Teile werden als eine einzige SQL-Anweisung zur Datenbank geschickt. Dieser Prozess ist für die Datenbank vollständig unsichtbar.

4.1.1 Tabellennamen zur Laufzeit angeben

Unser erstes, sehr einfaches Beispiel in Listing 4.1 veranschaulicht das Arbeiten mit einem dynamisch angegebenen Tabellennamen. Das Programm zeigt eine Liste mit den Namen von drei Datenbanktabellen an. Über einen Doppelklick kann der Benutzer eine Tabelle in der Liste auswählen, woraufhin das Programm die Anzahl der Einträge in der ausgewählten Tabelle anzeigt.

```
1 PROGRAM dynamic_sql_1.
2
3 DATA: tabname TYPE tabname,
4       count   TYPE i.
5
6 START-OF-SELECTION.
7   WRITE: / 'SPFLI', / 'SFLIGHT', / 'SBOOK'.
```

```
 8
 9 AT LINE-SELECTION.
10   READ CURRENT LINE LINE VALUE INTO tabname.
11
12   SELECT COUNT(*) FROM (tabname) INTO count.
13
14   WRITE: / 'The table', tabname(7), 'contains',
15            count, 'entries.'.
```

Listing 4.1 Dynamisch angegebener Tabellenname

Beim Ereignis AT LINE-SELECTION wird der Inhalt der ausgewählten Zeile in das Feld tabname eingelesen. In der Anweisung SELECT wird der Name der Datenbanktabelle nicht statisch angegeben, stattdessen gibt die FROM-Klausel (tabname) an, dass der Name der Datenbanktabelle aus der Variablen tabname eingelesen und in die SELECT-Anweisung eingesetzt werden soll (Zeile 12). Bei der Ausführung der SELECT-Anweisung wird das Feld tabname darauf geprüft, ob es einen gültigen Namen einer Datenbanktabelle enthält. Ist das nicht der Fall, wird eine Ausnahme ausgelöst.

In ABAP Release 4.6 und früher musste ein dynamischer Tabellenname in Großbuchstaben angegeben werden. Diese Einschränkung ist seit ABAP Release 6.10 aufgehoben.

Zumeist geht es beim Arbeiten mit Open SQL darum, Datensätze aus der Datenbank zu beschaffen. Als problematisch erweist sich bei der dynamischen Angabe von Datenbanktabellen die Wahl eines geeigneten Arbeitsbereiches, der die selektierten Daten aufnehmen soll. Nahe liegend und praktikabel wäre ein Container, der groß genug ist, die Daten aus der dynamisch angegebenen Tabelle aufzunehmen. Auf die Felder der abgerufenen Datensätze könnte dann zugegriffen werden, indem auf den Container über einen geeigneten Typ zugegriffen wird, z. B. durch Zuweisung an ein entsprechend typisiertes Feldsymbol. Leider hat dieser Ansatz zwei Nachteile:

- Es muss ein Container ausgewählt werden, der für die Aufnahme einer beliebigen Datenbanktabelle ausreichend dimensioniert ist.[1]
- Der Ansatz erfordert einen flachen Container, also ein Container ohne Strings, interne Tabellen oder Referenzen, da für tiefe Container kein uneingeschränktes Casting möglich ist.

---

[1] Außerdem muss der Container passend zur Struktur der Datenbanktabelle ausgerichtet sein, was z.B. durch die Aufnahme eines Felds vom Typ f in eine Rahmenstruktur des Containers erreicht werden kann.

Obgleich die Wahl eines sehr großen Containers üblicherweise zu einer Ressourcenvergeudung führt, kann dies in der Praxis häufig toleriert werden. Die Notwendigkeit eines flachen Containers ist die schwerer wiegende der beiden Einschränkungen, da sie die Ausführung des Programms mit Tabellen, die Strings enthalten, was in ABAP seit Release 6.10 möglich ist, verhindert.[2]

Mit dem Befehl CREATE DATA, der seit Release 4.6 verfügbar ist, gibt es eine bessere Alternative, einen geeigneten Arbeitsbereich anzulegen. Mit ihm können Datenobjekte eines zur Laufzeit angegebenen Typs dynamisch erzeugt werden. Mit dieser Technik kann bereits ein einfaches Werkzeug für generelle Abfragen geschrieben werden. Im folgenden Beispiel (siehe Listing 4.2) kann der Benutzer eine von drei Datenbanktabellen aus einer Liste durch Doppelklick auswählen, woraufhin das Programm deren Inhalt anzeigt.

```
 1 PROGRAM dynamic_sql_2.
 2
 3 DATA: dref    TYPE REF TO data,
 4       tabname TYPE tabname.
 5
 6 FIELD-SYMBOLS: <row>       TYPE any,
 7                <component> TYPE any.
 8
 9 START-OF-SELECTION.
10   WRITE: / 'SPFLI', / 'SFLIGHT', / 'SBOOK'.
11
12 AT LINE-SELECTION.
13   READ CURRENT LINE LINE VALUE INTO tabname.
14
15 * dynamically create appropriate internal table
16   CREATE DATA dref TYPE (tabname).
17   ASSIGN dref->* TO <row>.
18
19 * fetch the data
20   SELECT *
21     FROM (tabname) UP TO 20 ROWS
22     INTO <row>.
23 * display the result
24   NEW-LINE.
25   DO.
```

---

[2] Wenn in der Datenbankstruktur Spalten vom Typ SSTRING, STRING oder RAWSTRING vorkommen, muss der Arbeitsbereich kompatibel zur Datenbankstruktur sein.

```
26         ASSIGN COMPONENT sy-index OF STRUCTURE <row>
27           TO <component>.
28         IF sy-subrc <> 0.
29           EXIT. " no more components
30         ENDIF.
31         WRITE: <component>.
32       ENDDO.
33     ENDSELECT.
```

Listing 4.2 Dynamischer Arbeitsbereich

Zunächst wird die Referenzvariable `dref` mit dem Typ REF TO DATA deklariert, der eine Referenz auf ein beliebiges Datenobjekt enthalten kann (Zeile 3). Anschließend wird ein Arbeitsbereich mit dem Zeilentyp `tabname` durch den ABAP-Befehl CREATE DATA in Zeile 16 dynamisch erzeugt. Nach der Ausführung dieser Anweisung verweist die Datenreferenz `dref` auf diesen Arbeitsbereich, auf den nicht direkt zugegriffen werden kann, da ein mit CREATE DATA erzeugter Arbeitsbereich im Gegensatz zu mit DATA deklarierten Arbeitsbereichen ein so genanntes *anonymes Datenobjekt* ist, auf das nicht über einen Namen zugegriffen werden kann. Stattdessen wird der Arbeitsbereich, auf den `dref` verweist, dem Feldsymbol `<row>` zugewiesen (Zeile 17).

Nun können die Daten aus der Tabelle `tabname` sicher in `<row>` eingelesen werden, da gewährleistet ist, dass die Datenbanktabelle mit dem Arbeitsbereich typkompatibel ist. Die Ergebnismenge wird auf 20 Zeilen begrenzt:

```
20    SELECT *
21        FROM (tabname) UP TO 20 ROWS
22        INTO <row>.
      [...]
33    ENDSELECT.
```

Alle Komponenten von `<row>` werden in den Zeilen 25 bis 32 in einer Schleife durchlaufen und die abgerufenen Daten werden in Listenform angezeigt.

4.1.2 Dynamische interne Tabelle

Seit ABAP Release 6.10 können nicht nur *Strukturen* eines dynamisch angegebenen Typs, sondern auch *interne Tabellen* eines dynamisch angegebenen Zeilentyps dynamisch erzeugt werden; ab Release 6.40 ist es sogar möglich, Struktur- bzw. Zeilentyp nicht nur dynamisch anzugeben, sondern sogar dynamisch zu konstruieren (siehe Abschnitt 4.8). Mit dieser Möglichkeit können Sie im Beispielcode die

SELECT-ENDSELECT-Schleife durch einen so genannten Array-Fetch ersetzen (siehe Listing 4.3).

```
 1 PROGRAM dynamic_sql_3.
 2
 3 DATA: tabname TYPE tabname,
 4       dref    TYPE REF TO data.
 5
 6 FIELD-SYMBOLS <itab> TYPE STANDARD TABLE.
 7
 8 START-OF-SELECTION.
 9   WRITE: / 'SPFLI', / 'SFLIGHT', / 'SBOOK'.
10
11 AT LINE-SELECTION.
12   READ CURRENT LINE LINE VALUE INTO tabname.
13
14   CREATE DATA dref TYPE TABLE OF (tabname).
15   ASSIGN dref->* TO <itab>.
16
17   SELECT *
18     FROM (tabname) UP TO 20 ROWS
19     INTO TABLE <itab>.
20
21   CALL FUNCTION 'REUSE_ALV_GRID_DISPLAY'
22     EXPORTING
23       i_structure_name = tabname
24     TABLES
25       t_outtab         = <itab>.
```

Listing 4.3 Dynamische interne Tabelle (ab Release 6.10)

In der Anweisung CREATE DATA erzeugt der von der Anweisung DATA her bekannte Zusatz TABLE OF eine anonyme interne Tabelle. Diese Tabelle wird dem Feldsymbol <itab> zugewiesen und hinter SELECT als Zielbereich verwendet (Zeile 14 bis 19).

Der Array-Fetch verkürzt die Ausführungsdauer, weil die Datenbankschnittstelle nur noch einmal für alle Zeilen der Ergebnismenge und nicht mehrfach für jede selektierte Zeile einzeln aufgerufen wird.

Anstatt die Ergebnismenge als Liste anzuzeigen, wird sie in diesem Beispiel über ein ALV-Grid-Control dargestellt. Dazu wird der Funktionsbaustein REUSE_ALV_GRID_DISPLAY gerufen, dem der dynamisch angegebene Tabellenname tabname und die Ergebnismenge <itab> übergeben werden (Zeile 21 bis 25). Die passenden Spaltenüberschriften mit Quick-Info-Text werden automatisch erzeugt.

4.2 Dynamische WHERE-Klausel

Eine sehr nützliche Eigenschaft von dynamischem Open SQL ist es, dass die WHERE-Klausel dynamisch angegeben werden kann. Listing 4.4 veranschaulicht ihren Gebrauch. Das Programm fragt den Benutzer nach den Namen der Abflug- und Ankunftsorte eines Fluges. Der Benutzer kann wählen, ob Datensätze gesucht werden sollen, für die beide Bedingungen gleichzeitig erfüllt werden müssen (op_and), oder ob es genügt, dass eine Bedingung erfüllt ist (op_or). Das Programm zeigt anschließend eine Liste aller entsprechenden Flüge.

```
 1 PROGRAM dynamic_sql_4.
 2
 3 PARAMETERS: depart TYPE spfli-cityfrom,
 4             arrive TYPE spfli-cityto,
 5             op_and RADIOBUTTON GROUP 1 DEFAULT 'X',
 6             op_or  RADIOBUTTON GROUP 1.
 7
 8 DATA: where_tab   TYPE TABLE OF edpline,
 9       source_line TYPE edpline,
10       operator    TYPE c LENGTH 3 VALUE 'AND',
11       carrid      TYPE spfli-carrid,
12       connid      TYPE spfli-connid.
13
14 IF op_or = 'X'.
15   operator = 'OR'.
16 ENDIF.
17
18 CONCATENATE 'cityfrom = ''' depart '''' INTO source_line.
19 APPEND source_line TO where_tab.
20
21 APPEND operator TO where_tab.
22
23 CONCATENATE 'cityto = ''' arrive '''' INTO source_line.
24 APPEND source_line TO where_tab.
25
26 SELECT carrid connid cityfrom cityto
27     FROM spfli
28     INTO (carrid, connid, depart, arrive)
```

```
29      WHERE (where_tab).
30      WRITE: / carrid, connid, depart, arrive.
31 ENDSELECT.
```

Listing 4.4 Dynamische WHERE-Klausel

Zunächst gilt es, die interne Tabelle where_tab zu deklarieren, die den Quelltext der dynamischen WHERE-Klausel aufnehmen soll. Dies geschieht in den Zeilen 8 und 9.

Daraufhin wird der Quelltext für die WHERE-Klausel erzeugt. Sie soll die Werte der Datenbankspalten cityfrom bzw. cityto auf die Werte der Parameter depart bzw. arrive beschränken. Während die beteiligten Feldnamen statisch bekannt sind, ist der Operator (AND oder OR), der die beiden logischen Bedingungen verbindet, erst zur Laufzeit bekannt. Zum Anlegen des Quelltextes der WHERE-Klausel werden statische und dynamische Teile verkettet und an where_tab angefügt (Zeile 18 bis 24). In der Verkettung werden doppelte Hochkommata verwendet, um ein Hochkomma in einem Textfeldliteral darzustellen. Seit Release 6.10 könnten statt Textfeldliteralen auch in Backquotes (`) eingeschlossene Stringliterale verwendet werden, in denen ein einzelnes Hochkomma angegeben werden kann – und umgekehrt (siehe Abschnitt 4.3).

Angenommen, ein Benutzer hat die Werte »FRANKFURT« und »NEW YORK« für die Parameter depart bzw. arrive eingegeben und die Option op_and gewählt, dann enthält where_tab an dieser Stelle die folgenden Zeilen:

```
cityfrom = 'FRANKFURT'
AND
cityto = 'NEW YORK'
```

Bei der Ausführung der SELECT-Anweisung wird die WHERE-Klausel aus der internen Tabelle where_tab gelesen, dynamisch analysiert und anschließend ausgeführt (Zeile 26 bis 31).

Es ist möglich, statische und dynamische Teile einer WHERE-Klausel zu kombinieren. Wenn z.B. die Auswahl stets auf Flüge der Fluggesellschaft Lufthansa (carrid = 'LH') beschränkt werden sollte, könnte die obige SELECT-Anweisung wie folgt geändert werden:

```
SELECT carrid connid cityfrom cityto
    FROM spfli
    INTO (carrid, connid, depart, arrive)
    WHERE carrid = 'LH' AND (where_tab).
```

```
    [...]
ENDSELECT.
```

Die statischen und dynamischen Teile der WHERE-Klausel werden zur Laufzeit kombiniert und als eine Klausel zur Datenbank gesendet. Es sind beliebige Kombinationen statischer und dynamischer Teile zulässig, solange jedes einzelne dynamische Fragment eine logische Bedingung darstellt.

Die dynamische WHERE-Klausel wurde seit Release 4.6 kontinuierlich verbessert. In Abschnitt 4.3 werden die Änderungen zu Release 6.10 beschrieben. Zusätzlich ist seit Release 6.20 die Auswertung einer hinter FOR ALL ENTRIES angegebenen internen Tabelle möglich, und seit Release 6.40 können Selektionstabellen mit IN ausgewertet werden.

4.3 Neue Möglichkeiten mit dynamischem Open SQL

Dynamisches Open SQL folgt dem grundlegenden Konzept, dass der Quelltext einer dynamisch angegebenen Klausel oder logischen Bedingung in einem ABAP-Datenobjekt bereitgestellt wird. Mit ABAP Release 6.10 wurden einige Beschränkungen aufgehoben, die zuvor für die Angabe dynamischer Quelltexte galten. Zur Veranschaulichung dieser »neuen« Möglichkeiten mag das bereits bekannte Beispiel aus Listing 4.4 dienen, wobei wir jetzt allerdings von den praktischeren Möglichkeiten Gebrauch machen (siehe Listing 4.5).

```
 1 PROGRAM dynamic_sql_5.
 2
 3 PARAMETERS: depart TYPE spfli-cityfrom,
 4             arrive TYPE spfli-cityto,
 5             op_and RADIOBUTTON GROUP 1 DEFAULT 'X',
 6             op_or  RADIOBUTTON GROUP 1.
 7
 8 DATA: where_clause TYPE string,
 9       operator     TYPE c LENGTH 3 VALUE 'AND',
10       carrid       TYPE spfli-carrid,
11       connid       TYPE spfli-connid.
12
13 CONSTANTS tabname TYPE tabname VALUE 'spfli'.
14
15 IF op_or = 'X'.
16   operator = 'OR'.
17 ENDIF.
18
```

```
19 CONCATENATE ` cityfrom = depart `
20             operator
21             ` cityto = `` arrive `'`
22   INTO where_clause.
23
24 SELECT carrid connid cityfrom cityto
25    FROM (tabname)
26    INTO (carrid, connid, depart, arrive)
27    WHERE (where_clause).
28    WRITE: / carrid, connid, depart, arrive.
29 ENDSELECT.
```

Listing 4.5 Dynamischer Quelltext ab Release 6.10

Bis ABAP Release 4.6D waren ABAP-Programmierer an zwei Typen von Datenobjekten gebunden, die Quelltextinformationen der dynamischen Teile einer Open-SQL-Anweisung aufnehmen konnten:

▶ Dynamisch angegebene Tabellennamen mussten in Variablen vom Typ c bereitgestellt werden.

▶ Der Quelltext aller anderen Klauseln musste in einer internen Tabelle mit dem Zeilentyp c und einer Zeilenbreite von 72 Zeichen bereitgestellt werden; ein passender Zeilentyp für die interne Tabelle ist der im ABAP Dictionary definierte Typ edpline.

Mit ABAP Release 6.10 sind die gültigen Datentypen vielfältiger geworden und es stehen die folgenden vier Datentypen für alle dynamischen Klauseln zur Verfügung:

▶ c, beliebige Länge

▶ Zeichenstring string

▶ interne Tabelle mit dem Zeilentyp c, beliebige Zeilenbreite

▶ interne Tabelle mit dem Zeilentyp string

In unserem modifizierten Beispiel in Listing 4.5 verwenden wir in Zeile 6 den Zeichenstring where_clause, um die dynamische WHERE-Klausel aufzunehmen und so die statischen und dynamischen Teile direkt in der Zeichenkette where_clause verketten zu können, ohne dass sie in einem zweiten Schritt an eine interne Tabelle angefügt werden müssten:

```
19 CONCATENATE ' cityfrom = depart '
   [...]
22   INTO where_clause.
```

Wenn ein Zeichenstring anstelle einer internen Tabelle mit Zeilen fester Länge den Quelltext der Klausel aufnimmt, bringt das einen weiteren Vorteil mit sich: Sie brauchen sich wegen der Überschreitung der Zeilenbreite der internen Tabelle keine Gedanken zu machen. Allerdings ist der Quelltext der generierten Klausel eventuell nicht so einfach zu lesen wie eine interne Tabelle, was sich bei einem eventuellen Debugging negativ auswirken kann. Deshalb mag für lange dynamische Abschnitte eine interne Tabelle mit dem Zeilentyp string das Mittel der Wahl sein.

Bis ABAP Release 4.6D war die rechte Seite einer Vergleichsoperation in einer dynamischen WHERE-Klausel auf ein Literal oder den Namen einer Spalte einer der Datenbanktabellen aus der FROM-Klausel beschränkt. Seit ABAP Release 6.10 ist diese Beschränkung aufgehoben, sodass es auch möglich ist, eine Hostvariable in Form eines ABAP-Datenobjekts anzugeben. Ein Beispiel ist die ABAP-Variable depart, die direkt in den Quelltext der dynamischen WHERE-Klausel in Zeile 19 eingefügt wurde.

Bei der Ausführung des Programms wird die WHERE-Klausel analysiert. Das Laufzeitsystem sucht nach einem ABAP-Datenobjekt mit dem Namen depart und ermittelt dessen Wert. Diese Suche des Wertes eines Datenobjekts anhand seines Namens verursacht einen geringen zusätzlichen Rechenaufwand. Deshalb empfehlen wir Ihnen, dass dynamische Klauseln nur dann ABAP-Datenobjekte enthalten sollten, wenn die dynamischen Klauseln nur einmal erzeugt und dann mehrmals mit verschiedenen Werten der Variablen ausgeführt werden sollen. In diesem Fall kann die Ersparnis durch die nur einmal erfolgte Erzeugung des Quelltextes den Aufwand für die dynamische Suche des Datenobjekts ausgleichen.

Wie das Beispiel in Listing 4.5 zeigt, enthält der Quelltext einer dynamischen Klausel häufig Text in einfachen Hochkommata. Beim Schreiben der Klauseln gilt es allerdings Folgendes zu beachten:

- Alle einfachen Anführungszeichen ('), die Textfeldliterale[3] umgeben, müssen verdoppelt werden.
- Sie müssen beachten, dass schließende Leerzeichen bei den meisten Zuweisungen aus Textfeldliteralen entfernt werden.

Diese Bedingungen beeinträchtigen nicht nur die Lesbarkeit der Quelltextgenerierung, sondern erschweren zudem eventuell anfallenden Pflegeaufwand. Die

---

3 Bei einem Textfeldliteral handelt es sich um eine mit einfachen Hochkommata (') umgebene Zeichenfolge. Textfeldliterale weisen den ABAP-Typ c auf. Abschließende Leerzeichen werden in den meisten Operationen ignoriert.

Verwendung von Stringliteralen[4], die ab ABAP Release 6.10 möglich ist, beseitigt diese Beeinträchtigungen, denn ein einfaches Hochkomma in einem Stringliteral muss nicht mit einem Fluchtsymbol versehen werden. Darüber hinaus werden abschließende Leerzeichen nicht entfernt, ein Vergleich der Zeilen 16 bis 22 in Listing 4.4 mit den Zeilen 19 bis 22 in Listing 4.5 macht deutlich, wie vorteilhaft sich die Verwendung von Stringliteralen auswirkt. Ab ABAP Release 6.10 empfehlen wir Ihnen, prinzipiell mit Strings bzw. Stringliteralen zu arbeiten, wenn Sie den Quelltext einer dynamischen Klausel schreiben. Seit diesem Release sind auch Konstanten vom Typ string möglich.

Da das Beispiel ab Release 6.10 ausführbar sein soll, kann die dynamische Angabe der Tabelle sowohl in Groß- als auch in Kleinschreibung erfolgen. Auch in dieser Klausel waren vor Release 6.10 nur Textfelder möglich und die Tabellen mussten in Großbuchstaben angegeben werden.

4.4 Dynamische SELECT-, GROUP BY- und HAVING-Klauseln

Bisher haben wir die dynamischen FROM- und WHERE-Klauseln besprochen, die sich auf die Auswahl der Datenbanktabellen und der zu lesenden Zeilen beziehen. Die dynamischen SELECT-, GROUP BY- und HAVING-Klauseln gestatten es, Projektionen und Aggregationen ausgewählter Zeilen zur Laufzeit anzugeben. Die Funktionsweise dieser drei Klauseln ist Gegenstand der folgenden Abschnitte.

4.4.1 Die dynamischen SELECT- und GROUP BY-Klauseln

In allen Beispielen dieses Kapitels sind bislang vollständige Datenzeilen aus der Datenbank ausgelesen worden. Wenn jedoch nur Werte bestimmter Spalten in der Datenbank von Interesse sind, stellt eine solche Vorgehensweise eine Verschwendung von Datenbankressourcen dar. In dynamischem Open SQL wird dieses Problem mithilfe einer dynamischen SELECT-Klausel angegangen. Wie für alle dynamischen Klauseln können Sie den Quelltext einer SELECT-Liste in einem ABAP-Datenobjekt bereitstellen. Das Datenobjekt kann die gleichen Angaben wie die statische Syntax enthalten, also auch Aggregatfunktionen und Aliasnamen.

Wenn eine SELECT-Liste Aggregatfunktionen enthält, erfordert der SQL-Standard, dass alle Spalten in der SELECT-Liste, die nicht aggregiert werden, in der GROUP BY-Klausel aufgeführt werden.

---

[4] Bei einem Stringliteral handelt es sich um eine mit einfachen Backquotes (`) umgebene Zeichenfolge. Stringliterale haben den ABAP-Typ string auf. Abschließende Leerzeichen werden in keiner Operation entfernt.

Um diese Regel einhalten zu können, kann der Benutzer – wenn eine dynamische SELECT-Klausel benutzt wird – auch ein Datenobjekt als dynamische GROUP BY-Klausel angeben, das die erforderliche Liste von Spaltenbezeichnern zum Inhalt hat.

Das folgende Beispiel (siehe Listing 4.6) veranschaulicht die Verwendung der dynamischen SELECT- und GROUP BY-Klauseln. Der Benutzer kann beliebige Spalten aus der Tabelle SPFLI auswählen, das Programm bestimmt die Projektion von SPFLI für die ausgewählten Spalten. Alle unterschiedlichen Zeilen dieser Projektion und die Häufigkeit ihres Vorkommens in der Projektion bilden die Ergebnismenge, die als Liste angezeigt wird. So kann beispielsweise die Anzahl der Flüge für jede Verbindung zwischen zwei Orten in SPFLI ausgegeben werden.

```
 1 PROGRAM dynamic_sql_6.
 2
 3 TYPE-POOLS abap.
 4
 5 PARAMETERS: lt     RADIOBUTTON GROUP 1 DEFAULT 'X',
 6             gt     RADIOBUTTON GROUP 1,
 7             value TYPE i.
 8
 9 DATA: BEGIN OF wa,
10         count    TYPE i.
11 INCLUDE TYPE spfli.
12 DATA  END OF wa.
13
14 DATA: checked    TYPE abap_bool,
15       name       TYPE fieldname,
16       lines      TYPE i,
17       descr_ref  TYPE REF TO cl_abap_structdescr,
18       sel_list   TYPE TABLE OF edpline,
19       group_list TYPE TABLE OF edpline,
20       having     TYPE string.
21
22 FIELD-SYMBOLS: <fs>      TYPE ANY,
23                <comp_wa> TYPE abap_compdescr.
24
25 START-OF-SELECTION.
26
27   SET PF-STATUS 'MAIN'.
28
29 * get all components of table 'SPFLI'
```

```abap
30   descr_ref ?=
31     cl_abap_typedescr=>describe_by_name( 'SPFLI' ).
32
33   LOOP AT descr_ref->components ASSIGNING <comp_wa>.
34     name = <comp_wa>-name.
35     WRITE: / checked AS CHECKBOX, name.
36   ENDLOOP.
37   lines = LINES( descr_ref->components ).
38
39 AT USER-COMMAND.
40
41 * determine selected columns
42   CLEAR: sel_list, group_list.
43   APPEND 'count(*) as count' TO sel_list.
44   DO lines TIMES.
45     READ LINE sy-index FIELD VALUE checked.
46     IF checked = 'X'.
47       READ LINE sy-index FIELD VALUE name.
48       APPEND name TO: sel_list, group_list.
49     ENDIF.
50   ENDDO.
51
52 * determine operator
53   IF gt = 'X'.
54     having = 'count(*) > value'.
55   ELSE.
56     having = 'count(*) < value'.
57   ENDIF.
58
59   SELECT (sel_list)
60      FROM spfli UP TO 20 ROWS
61      INTO CORRESPONDING FIELDS OF wa
62      GROUP BY (group_list)
63      HAVING (having).          " remove in Release 4.6
64
65 * write all components to list
66    WRITE / wa-count.
67    LOOP AT group_list INTO name.
68      ASSIGN COMPONENT name OF STRUCTURE wa TO <fs>.
69      WRITE <fs>.
```

```
70     ENDLOOP.
71     ENDSELECT.
```

Listing 4.6 Dynamische SELECT-, GROUP BY- und HAVING-Klausel

Im Beispielprogramm in Listing 4.6 werden in Zeile 18 und 19 die beiden internen Tabellen `sel_list` und `group_list` deklariert, die den Quelltext der dynamischen SELECT- und GROUP BY-Klauseln aufnehmen sollen. Der in den Zeilen 9 bis 12 deklarierte Arbeitsbereich `wa` soll die ausgewählten Daten aufnehmen.

Beim Ereignis START-OF-SELECTION wird eine Liste aller Spalten der Tabelle SPFLI mit Checkboxen angezeigt, aus denen der Benutzer die gewünschten auswählen kann. Wenn der Benutzer die Eingabetaste drückt, wird das Ereignis AT USER-COMMAND ausgelöst. Für eine erfolgreiche Ausführung muss das Programm den GUI-Status MAIN besitzen, der eine Drucktaste mit dem Funktionscode ENTER definiert.

Beim Ereignis USER-COMMAND wird `count(*)` der SELECT-Liste als erstes Feld hinzugefügt. Der Alias `count` stimmt mit dem Namen der Komponente `count` des Arbeitsbereiches `wa` überein. Als Nächstes werden die Werte der Checkboxen aus der Liste extrahiert, um die ausgewählten Spalten zu bestimmen. Diese Aufgabe erfüllt eine Schleife (Zeile 44 bis 50). Sie durchläuft die Liste und fügt die Namen der ausgewählten Spalten den internen Tabellen `sel_list` und `group_list` hinzu. Da die SELECT-Liste die Aggregatfunktion `count(*)` enthält, müssen die Namen aller Spalten, über die nicht aggregiert wird, in der GROUP BY-Klausel aufgeführt werden.

Die Daten der in `sel_list` angegebenen Spalten werden aus der Datenbank SPFLI abgerufen und gemäß `group_list` gruppiert:

```
59     SELECT (sel_list)
60       FROM spfli UP TO 20 ROWS
61       INTO CORRESPONDING FIELDS OF wa
62       GROUP BY (group_list)
       [...]
71     ENDSELECT.
```

Alle bisher vorgestellten Techniken stehen bereits in ABAP Release 4.6 zur Verfügung. Um das Beispiel unter Release 4.6 auszuführen, müssen Sie allerdings Zeile 63 auskommentieren und die Anweisung in Zeile 62 mit einem Punkt (.) beenden.

4.4.2 Die dynamische HAVING-Klausel

Die in einer WHERE-Klausel angegebene logische Bedingung bestimmt eine Ergebnismenge, die gemäß den Angaben einer GROUP BY-Klausel weiter gruppiert werden kann, wobei eine Zwischenergebnismenge gebildet wird. Da die WHERE-Klausel angewendet wird, bevor die Daten aggregiert und gruppiert werden, darf sie keine Aggregatfunktionen enthalten. Mittels einer logischen Bedingung in der HAVING-Klausel können die gruppierten Daten jedoch weiter reduziert werden. Eine HAVING-Klausel wird im Wesentlichen wie eine WHERE-Klausel angegeben, kann aber zusätzlich Aggregatfunktionen als Argumente enthalten. Eine dynamische HAVING-Klausel wird exakt wie eine dynamische WHERE-Klausel angegeben. Seit ABAP Release 6.10 ist es möglich, in dynamischen HAVING-Klauseln auch Aggregatfunktionen anzugeben.

Die Angabe einer dynamischen HAVING-Klausel ist zwar schon mit Release 4.6 möglich, sie darf dort aber noch keine Aggregatfunktionen enthalten, weshalb das Beispiel aus Listing 4.6 ohne die zuvor beschriebenen Änderungen (Auskommentierung von Zeile 63 und Abschluss von Zeile 62 mit einem Punkt) erst ab Release 6.10 ablauffähig ist.

Das vollständige Beispiel aus Listing 4.6 demonstriert die Verwendung einer dynamischen HAVING-Klausel, die eine Aggregatfunktion enthält. Der Benutzer wird aufgefordert, einen Wert einzugeben, der count(*) einschränkt. Er kann anschließend entscheiden, ob value ein oberer (lt) oder unterer (gt) Grenzwert von count sein soll.

Der Quelltext der dynamischen HAVING-Klausel wird, abhängig vom Wert des Parameters gt, einfach aus einem von zwei Literalen gewählt. Die HAVING-Klausel enthält die Aggregatfunktion count(*) und die ABAP-Variable value. Beide Möglichkeiten stehen seit ABAP Release 6.10 zur Verfügung (Zeile 53 bis 57).

In der SELECT-Anweisung wird in Zeile 63 die dynamisch angegebene HAVING-Klausel nun zum Filtern der sich aus der GROUP BY-Klausel ergebenden Zwischendaten verwendet. Schließlich wird die Ergebnismenge wie zuvor spaltenweise angezeigt.

Bitte beachten Sie, dass es in einigen Fällen nicht – wie vielleicht zu erwarten wäre – zu einer Ausnahme führt, wenn dynamische Klauseln leer, also mit initialen Datenobjekten angegeben werden (siehe Abschnitt 4.5). Das System interpretiert leere Klauseln vielmehr nach besonderen Regeln:

- Eine leere WHERE- oder HAVING-Klausel entspricht einem logischen Ausdruck, der immer wahr ist.
- Bei einer leeren SELECT-Klausel werden alle Spalten ausgewählt.

4.5 Ausnahmebehandlung

In den bisherigen Beispielprogrammen war es dem Anwender erlaubt, den Namen einer Datenbanktabelle oder Spalte aus einer Liste vordefinierter Werte auszuwählen. Diese Technik stellt sicher, dass die Tabellen- und Spaltennamen gültig sind. Wenn es dem Benutzer jedoch gestattet wäre, einen Tabellennamen manuell einzugeben, würde ihm wohl von Zeit zu Zeit eine ungültige Eingabe unterlaufen. Das wiederum hätte die Auslösung einer Systemausnahme und die Beendigung des Programms mit einem Laufzeitfehler zur Folge.

In einem Produktivsystem ist ein solches Programmverhalten natürlich inakzeptabel. Um solche Situationen korrekt behandeln zu können, müssen Ausnahmen, die während der Ausführung einer dynamischen SQL-Anweisung ausgelöst werden, behandelbar sein. Deshalb sind diese Ausnahmen seit Release 6.10 klassenbasiert und können in einem TRY-ENDTRY-Konstrukt mit CATCH abgefangen werden (siehe auch Kapitel 3).

Listing 4.7 ist eine veränderte Version von Listing 4.2, in der ein Benutzer den Tabellennamen nicht mehr aus einer Liste auszuwählen braucht, sondern einen Tabellennamen als Parameter frei eingeben kann.

```
1 PROGRAM dynamic_sql_7.
2
3 PARAMETER tabname TYPE tabname.
4
5 DATA: dref         TYPE REF TO data,
6       xref         TYPE REF TO cx_dynamic_check,
7       message_txt TYPE string.
8
9 FIELD-SYMBOLS: <itab>      TYPE standard table,
10                <row>       TYPE any,
11                <component> TYPE any.
12
13 START-OF-SELECTION.
14
15   TRY.
16 * dynamically create appropriate internal table
17       CREATE DATA dref TYPE TABLE OF (tabname).
18       ASSIGN dref->* TO <itab>.
19
20 * fetch the data
21       SELECT *
```

```
22           FROM (tabname) UP TO 20 ROWS
23             INTO TABLE <itab>.
24
25      CATCH cx_sy_create_data_error
26            cx_sy_dynamic_osql_error INTO xref.
27        message_txt = xref->get_text( ).
28        MESSAGE message_txt TYPE 'S' DISPLAY LIKE 'E'.
29        RETURN.
30    ENDTRY.
31
32  * display the result
33    LOOP AT <itab> ASSIGNING <row>.
34      NEW-LINE.
35      DO.
36        ASSIGN COMPONENT sy-index OF STRUCTURE <row>
37            TO <component>.
38        IF sy-subrc <> 0.
39          EXIT. " no more components
40        ENDIF.
41        WRITE: <component>.
42      ENDDO.
43    ENDLOOP.
```

Listing 4.7 Ausnahmebehandlung für dynamisches Open SQL

Im Listing 4.7 gibt es zwei Anweisungen, in denen ein ungültiger Tabellenname eine Systemausnahme auslösen kann: CREATE DATA und SELECT. Um eine Ausnahme abfangen zu können, ist es erforderlich, den kritischen Abschnitt in einem TRY-ENDTRY-Block zu implementieren, auf den passende CATCH-Anweisungen folgen; in unserem Beispiel geschieht das in den Zeilen 15 bis 30. Wird der kritische Abschnitt zwischen TRY und CATCH ohne Fehler durchlaufen, dann wird der CATCH-Block nicht erreicht, sodass der Kontrollfluss hinter ENDTRY fortgesetzt wird.

Wenn tabname dagegen einen ungültigen Wert enthält, lösen CREATE DATA oder SELECT eine Ausnahme der Klasse CX_SY_CREATE_DATA_ERROR bzw. CX_SY_DYNAMIC_OSQL_ERROR aus, wobei ein Ausnahmeobjekt erzeugt wird. Eine Situation, in der zwar ein Datenobjekt erzeugt wird, SQL aber eine Ausnahme auslöst, tritt beispielsweise auf, wenn der Benutzer einen nicht generischen Typ aus dem ABAP Dictionary angibt, der keine Datenbanktabelle ist. Der Kontrollfluss wird zum CATCH-Block umgeleitet, in dem auf dieses Ausnahmeobjekt über die Referenzvariable xref zugegriffen werden kann. Die Methode get_text gibt einen beschreibenden Fehlertext zurück, der als Statusmeldung ausgegeben wird. Der aktuelle Verarbeitungsblock wird über RETURN verlassen und der Benutzer kann auf dem Selektionsbild den fehlerhaften Tabellennamen korrigieren.

4.6 Änderungsoperationen

Mit dynamischem Open SQL ist es möglich, Datenbankaktualisierungen mithilfe von Anweisungen durchzuführen, die sowohl dynamische Tabellennamen als auch eine dynamische SET- oder WHERE-Klausel enthalten können.

4.6.1 Verwendung von dynamischen Tabellennamen für Datenbankaktualisierungen

Das einfache Beispielprogramm in Listing 4.8 soll Ihnen zeigen, wie in Open SQL dynamische Tabellennamen zum Ausführen von Datenbankaktualisierungen verwendet werden können. Unter der Annahme, dass die Lufthansa Flug LH0455 streicht und stattdessen ihr Kooperationspartner United Airlines dieselbe Verbindung als Flug UA3505 anbietet, soll das Programm die notwendigen Änderungen in einer Flugdatenbank vornehmen.

```
 1 PROGRAM dynamic_sql_8.
 2
 3 TYPES: BEGIN OF key,
 4          mandt  TYPE sflight-mandt,
 5          carrid TYPE sflight-carrid,
 6          connid TYPE sflight-connid,
 7        END OF key.
 8
 9 DATA: tabnames TYPE TABLE OF tabname,
10       dref     TYPE REF TO DATA.
11
12 FIELD-SYMBOLS: <tabname> TYPE tabname,
13                <wa>      TYPE any,
14                <key>     TYPE key.
15
16 APPEND: 'SFLIGHT' TO tabnames,
17         'SPFLI'   TO tabnames,
18         'SBOOK'   TO tabnames.
19
20 LOOP AT tabnames ASSIGNING <tabname>.
21   CREATE DATA dref TYPE (<tabname>).
22   ASSIGN: dref->* TO <wa>,
```

```
23              <wa>    TO <key> CASTING.
24      SELECT * FROM (<tabname>) INTO <wa>
25        WHERE carrid = 'LH' AND connid = '0455'.
26        DELETE (<tabname>) FROM <wa>.
27        <key>-carrid = 'UA'.
28        <key>-connid = '3505'.
29        INSERT (<tabname>) FROM <wa>.
30      ENDSELECT.
31  ENDLOOP.
```

Listing 4.8 Verwendung eines dynamischen Tabellennamens in einer Änderungsoperation

Am Anfang des Programms wird der Datentyp `key` definiert, der die ersten drei Schlüsselfelder enthält, die die zu ändernden Tabellen gemeinsam haben (Zeile 3 bis 7).

Im Anschluss daran wird die interne Tabelle `tabnames`, in der die Namen der zu aktualisierenden Datenbanktabellen enthalten sind, in einer Schleife durchlaufen. Innerhalb der Schleife wird dynamisch ein Arbeitsbereich erzeugt, dessen Datentyp der Struktur der verarbeiteten Datenbanktabelle entspricht. Dieser Arbeitsbereich wird den Feldsymbolen <wa> und <key> zugewiesen (Zeile 21 bis 23).

In einer inneren Schleife werden alle Datensätze in der verarbeiteten Tabelle ausgewählt, die Flug LH0455 entsprechen:

```
24      SELECT * FROM (<tabname>) INTO <wa>
25        WHERE carrid = 'LH' AND connid = '0455'.
        [...]
30      ENDSELECT.
```

Schlüsselwerte innerhalb eines Datensatzes können natürlich nicht mit der Anweisung UPDATE...FROM geändert werden. Deshalb muss der Datensatz zunächst gelöscht werden. Anschließend werden die Schlüsselwerte im Arbeitsbereich <wa> mithilfe der <key>-Feldsymbole geändert, woraufhin der geänderte Datensatz in Zeile 29 in einem zweiten Schritt neu eingefügt wird.

Die Verwendung dynamischer Tabellennamen in den Anweisungen UPDATE und MODIFY verläuft analog.

Seit ABAP Release 6.10 ist es möglich, einen dynamischen Tabellennamen in einer UPDATE-Anweisung auch in Kombination mit einer SET-Klausel zu verwenden (vor Release 6.10 war nur der Zusatz FROM möglich). Bedient man sich dieser Variante, dann vereinfacht sich das Beispielprogramm in Listing 4.8 beträchtlich, da sich die äußere Schleife (Zeile 20 bis 31) auf die folgenden Zeilen reduziert:

```
LOOP AT tabnames ASSIGNING <tabname>.
  UPDATE (<tabname>) SET carrid = 'UA'
                         connid = '3505'
                     WHERE carrid = 'LH'
                     AND   connid = '0455'.
ENDLOOP.
```

Diese Version des Programms ist nicht nur wesentlich schlanker, sondern zudem schneller, da die Änderungsoperationen vollständig auf der Datenbank ausgeführt werden, ohne die zu ändernden Daten erst zum Applikationsserver zu übertragen.

4.6.2 Verwendung dynamischer WHERE- und SET-Klauseln für Datenbankaktualisierungen

In ABAP-Releases vor Release 6.10 gab es zwei Möglichkeiten, eine Menge von Datensätzen zu bestimmen, die einer dynamischen Änderungsoperation unterzogen werden sollte:

- Die Datensätze konnten über ihre Primärschlüssel, die in einem Arbeitsbereich wa (oder einer internen Tabelle itab) enthalten sind, mithilfe der folgenden Variante angegeben werden:

  DELETE | UPDATE | INSERT | MODIFY (dbtab) FROM wa.

  bzw.

  DELETE | UPDATE | INSERT | MODIFY (dbtab) FROM TABLE itab.

- Alternativ konnten die zu löschenden oder zu aktualisierenden Datensätze mithilfe einer WHERE-Klausel mit einer statischen logischen Bedingung wie folgt ausgewählt werden:

  DELETE | UPDATE (dbtab) WHERE logical_condition.

Für das Beispiel in Listing 4.8 sind diese Techniken ausreichend. Wenn aber eine zu aktualisierende oder zu löschende Menge von Datensätzen nicht anhand ihrer Primärschlüssel, sondern durch eine dynamisch bestimmte logische Bedingung definiert wird, ist es durchaus wünschenswert, die WHERE-Klausel dynamisch angeben zu können.

Bis einschließlich ABAP Release 4.6 war es auch nicht möglich, mit der SET-Klausel einer UPDATE-Anweisung ein bestimmtes Feld einer einzelnen Zeile zu ändern, falls der Tabellenname der UPDATE-Anweisung dynamisch angegeben wurde. Es musste vielmehr immer eine vollständige Zeile einer Datenbanktabelle auf einmal aktualisiert werden. Hat eine Datenbanktabelle viele Spalten, von denen nur wenige geändert werden sollen, ist ein solches Vorgehen äußerst unökonomisch, denn dabei werden viele überschüssige Daten über das Netzwerk zur Datenbank transportiert.

Seit ABAP Release 6.10 gibt es für diese Fälle Abhilfe: Sie können zu einer UPDATE- oder DELETE-Anweisung eine dynamische WHERE-Klausel angeben. Darüber hinaus ist die dynamische Angabe der SET-Klausel bei UPDATE möglich. Das Beispielprogramm in Listing 4.9 veranschaulicht diese neuen Möglichkeiten mithilfe eines generischen Aktualisierungswerkzeugs. Dieses Beispiel dient allerdings nur zu Anschauungszwecken, da in einem »richtigen« Programm auch eine Berechtigungsprüfung der Benutzerdaten durchgeführt werden müsste.

```
 1 PROGRAM dynamic_sql_9.
 2
 3 PARAMETERS: tabname    TYPE tabname,
 4             column     TYPE fieldname,
 5             where      TYPE c LENGTH 80 LOWER CASE,
 6             value      TYPE c LENGTH 30.
 7
 8 DATA: set_clause    TYPE string,
 9       value_ref     TYPE REF TO data,
10       xref          TYPE REF TO cx_sy_dynamic_osql_error,
11       message       TYPE string,
12       count         TYPE string.
13
14 CONCATENATE column ` = value` INTO set_clause.
15
16 TRY.
17     UPDATE (tabname) SET (set_clause) WHERE (where).
18     IF sy-dbcnt <> 0.
19       count = sy-dbcnt.
20       CONCATENATE `The field '` column
21         `' has been set to the new value '` value
22         `' in ` count `row[s] of table '` tabname `'.`
23         INTO message.
24     ELSE.
25       message = `No columns changed.`.
26     ENDIF.
27   CATCH cx_sy_dynamic_osql_error INTO xref.
28     message = xref->get_text( ).
```

```
29 ENDTRY.
30 MESSAGE message TYPE 'I'.
```

Listing 4.9 Verwendung der dynamischen WHERE- und SET-Klauseln in Änderungsoperationen

Das Programm fordert den Benutzer auf, den Namen einer Datenbanktabelle, den Namen eine Spalte dieser Tabelle und einen neuen Wert für die ausgewählte Spalte anzugeben. Dabei kann er die Menge der zu aktualisierenden Zeilen durch Eingabe einer logischen Bedingung (der WHERE-Klausel) beschränken.

In Zeile 14 wird zunächst die dynamische SET-Klausel aus den Eingabeparametern erstellt. Die dynamische Klausel SET enthält den Bezeichner der ABAP-Variablen value, wie es auch in anderen dynamischen Klauseln seit Release 6.10 möglich ist. Der geschützte Bereich eines TRY-ENDDTRY-Konstrukts enthält eine UPDATE-Anweisung, in der alle Klauseln dynamisch angegeben sind (Zeile 17).

Wenn der Benutzer gültige Daten eingegeben hat, verläuft die Änderungsanweisung problemlos. Wenn die Anweisung aufgrund ungültiger Eingabedaten des Benutzers misslingt, wird eine Ausnahme der Klasse CX_SY_DYNAMIC_OSQL_ERROR ausgelöst und die Ausführung wird im CATCH-Block fortgesetzt. Das Programm zeigt eine Nachricht, die den Benutzer über den Erfolg oder Misserfolg der Operation informiert. In diesem einfachen Beispiel sind natürlich insbesondere Fehleingaben der SQL-Syntax für die dynamische WHERE-Bedingung zu erwarten.

Bei der Angabe einer UPDATE- oder DELETE-Anweisung mit einer dynamischen WHERE-Klausel sollten Sie unbedingt beachten, dass eine dynamisch angegebene WHERE-Klausel immer als wahr interpretiert wird, wenn sie leer ist (das angegebene Datenobjekt ist initial), was dazu führt, dass alle Datensätze in der Datenbank aktualisiert bzw. gelöscht werden.

4.7 Komplexe dynamische FROM-Klauseln

In allen vorangegangenen Beispielen waren die dynamischen FROM-Klauseln auf die Angabe einer einzelnen Datenbank beschränkt. Dies war auch die einzige Angabe, die bis einschließlich Release 4.6 möglich war.

Wenn jedoch die gewünschten Daten auf mehrere Tabellen verteilt sind, ist ein effizienter Zugriff auf die Daten nur mittels eines Joins möglich. Bis ABAP Release 4.6 konnte ein solcher Join nur mithilfe einer statischen FROM-Klausel ausgedrückt werden. Seit ABAP Release 6.10 kann die gesamte hinter FROM statisch mögliche Syntax auch in der dynamischen FROM-Klausel angegeben werden; insbesondere kann jetzt auch ein Join über mehrere Tabellen dynamisch angegeben werden. Listing 4.10 zeigt ein Beispiel für eine Anwendungsmöglichkeit von Joins in der dynamischen FROM-Klausel.

```
 1 PROGRAM dynamic_sql_10.
 2
 3 PARAMETERS: cities   AS CHECKBOX,
 4             carriers AS CHECKBOX,
 5             seats    AS CHECKBOX,
 6             names    AS CHECKBOX.
 7
 8 DATA: BEGIN OF wa,
 9         carrid   TYPE sbook-carrid,
10         connid   TYPE sbook-connid,
11         fldate   TYPE sbook-fldate,
12         customid TYPE sbook-customid,
13         cityfrom TYPE spfli-cityfrom,
14         cityto   TYPE spfli-cityto,
15         carrname TYPE scarr-carrname,
16         seatsmax TYPE sflight-seatsmax,
17         seatsocc TYPE sflight-seatsocc,
18         name     TYPE scustom-name,
19       END OF wa,
20       from TYPE string VALUE `sbook as b`,
21       list TYPE string VALUE
22         `b~carrid b~connid b~fldate b~customid`.
23
24 IF cities = 'X'.
25   CONCATENATE
26     from ` join spfli as p`
27     ` on b~carrid = p~carrid and b~connid = p~connid`
28     INTO from.
29   CONCATENATE list ` cityfrom cityto` INTO list.
30 ENDIF.
31
32 IF carriers = 'X'.
33   CONCATENATE
34     from ` join scarr as c on b~carrid = c~carrid`
35     INTO from.
36   CONCATENATE list ` c~carrname` INTO list.
37 ENDIF.
38
39 IF seats = 'X'.
40   CONCATENATE
```

```
41    from ` join sflight as f`
42    ` on b~carrid = f~carrid and b~connid = f~connid`
43    ` and b~fldate = f~fldate`
44    INTO from.
45    CONCATENATE list ` seatsmax seatsocc` INTO list.
46 ENDIF.
47
48 IF names = 'X'.
49   CONCATENATE
50     from ` join scustom as u`
51     ` on b~customid = u~id`
52     INTO from.
53   CONCATENATE list ` name` INTO list.
54 ENDIF.
55
56 SELECT (list) FROM (from) INTO CORRESPONDING FIELDS OF wa.
57   WRITE: / wa-connid, wa-carrid, wa-fldate, wa-customid.
58   IF cities = 'X'.
59     WRITE: wa-cityfrom, wa-cityto.
60   ENDIF.
61   IF carriers = 'X'.
62     WRITE: wa-carrname.
63   ENDIF.
64   IF seats = 'X'.
65     WRITE: wa-seatsmax, wa-seatsocc.
66   ENDIF.
67   IF names = 'X'.
68     WRITE: wa-name.
69   ENDIF.
70 ENDSELECT.
```

Listing 4.10 Komplexe dynamische FROM-Klausel

Das Programm in Listing 4.10 erzeugt eine Liste mit Flugbuchungen. Immer angezeigt werden:

- die Kennung der Fluggesellschaft
- die Flugnummer
- das Datum des Fluges
- die Kundenkennung

Diese Informationen werden alle aus der Tabelle SBOOK extrahiert. Optional kann sich der Benutzer die folgenden Zusatzinformationen anzeigen lassen:

- den Namen des Ankunfts- und Abflugortes (aus der Tabelle SPFLI)
- den Namen der Fluggesellschaft (aus der Tabelle SCARR)
- die Anzahl der freien und besetzten Plätze (aus der Tabelle SFLIGHT)
- den Name des Kunden (aus der Tabelle SCUSTOM)

Der Benutzer trifft seine Wahl durch die Auswahl der entsprechenden Checkboxen in einem Selektionsbild.

In Listing 4.10 werden zunächst die vier Parameter `cities`, `carriers`, `seats` und `names` deklariert, mit deren Hilfe der Benutzer die zusätzlich anzuzeigenden Felder bestimmen kann. Die Variablen `list` bzw. `from` sind für die Quelltexte der dynamischen SELECT- und FROM-Klauseln vorgesehen:

```
 3 PARAMETERS: cities    AS CHECKBOX,
 4             carriers  AS CHECKBOX,
 5             seats     AS CHECKBOX,
 6             names     AS CHECKBOX.
   [...]
20 DATA: from TYPE string VALUE `sbook as b`,
21       list TYPE string VALUE
22       `b~carrid b~connid b~fldate b~customid`.
```

Die Variable `from` enthält den Anfangswert »`sbook as b`«, da die Daten aus der Tabelle SBOOK immer ausgewählt werden sollen.

Analog wird `list` mit den Namen der Spalten in SBOOK initialisiert, die immer in die SELECT-Liste einbezogen werden sollen. Dabei verhindert der vor die Spaltenbezeichner gesetzte Tabellenbezeichner »`b~`«, dass die Spaltenbezeichner bei der Verknüpfung mehrerer Tabellen doppeldeutig werden.

Abhängig von den Werten der Parameter `cities`, `carriers`, `seats` und `names` werden die Tabellen SPFLI, SCARR, SFLIGHT und SCUSTOM mit der Tabelle SBOOK gemäß ihrer Fremdschlüsselabhängigkeiten verknüpft.

Abbildung 4.1 zeigt eine Übersicht der Tabellen des bekannten Flugdatenmodells sowie deren Verknüpfung über Fremdschlüsselbeziehungen.

Die Zusatzfelder, die in den abhängigen Tabellen ausgewählt werden sollen, werden der SELECT-Liste in `list` hinzugefügt, in den Zeilen 24 bis 30 etwa in Abhängigkeit vom Wert des Parameters `cities` die Felder `cityfrom` und `cityto` aus der Datenbanktabelle SPFLI.

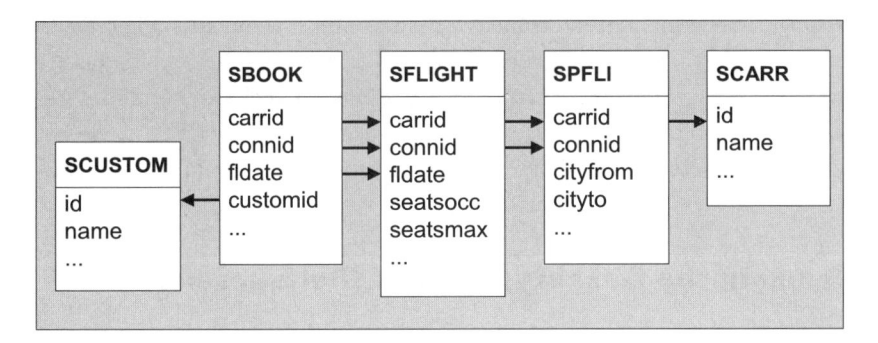

Abbildung 4.1 Tabellen des Flugdatenmodells

Analog werden die Parameter `carriers`, `seats` und `names` behandelt. Wenn der Benutzer beispielsweise »cities« und »names« auswählt, hat der Zeichenstring `from` an dieser Stelle den folgenden Wert:

```
sbook as b join spfli as p on b~carrid = p~carrid and b~connid =
p~connid join scustom as u on b~customid = u~id
```

Der Zeichenstring `list` hat in diesem Fall den folgenden Wert:

```
b~carrid b~connid b~fldate b~customid cityfrom cityto name
```

Dann werden die im Zeichenstring `list` deklarierten Felder aus den in der dynamischen FROM-Klausel angegebenen Tabellen selektiert:

```
56 SELECT (list) FROM (from) INTO CORRESPONDING FIELDS OF wa.
   [...]
70 ENDSELECT.
```

Die Daten werden in den entsprechenden Feldern des Arbeitsbereiches `wa` gespeichert. In der SELECT-ENDSELECT-Schleife werden die Zusatzfelder abhängig von den Werten der Parameter `cities`, `carriers`, `seats` und `names` in die Liste geschrieben.

Die Verwendung der dynamischen FROM-Klausel vereinfacht die zur Datenbank gesendete Anweisung beträchtlich. Bei der Verwendung einer statischen FROM-Klausel hätten alle fünf Tabellen in den Join mit einbezogen werden müssen, selbst wenn eine der Tabellen keinerlei Felder zu liefern gehabt hätte. In unserem Beispiel sind alle Felder, die in der Ergebnismenge der SELECT-Anweisung möglicherweise auftreten können, von vornherein bekannt. Deshalb genügt die statische INTO-Klausel `INTO CORRESPONDING FIELDS OF wa`, um die Daten in den gleichnamigen Komponenten des Arbeitsbereiches `wa` mit einem übereinstimmenden Typ zu speichern.

Für die Lösung des allgemeineren Problems, das sich stellt, wenn auch die Namen der zu verknüpfenden Tabellen erst zur Laufzeit bekannt sind, ist eine dynamische FROM-Klausel bis einschließlich ABAP Release 6.20 leider nicht anwendbar. Das liegt daran, dass bis zu diesem Release keine Technik zur Verfügung steht, die zur Laufzeit einen geeigneten Arbeitsbereich für einen Join mehrerer Tabellen erzeugen kann.

4.8 Dynamische Datentypen für Arbeitsbereiche

In Abschnitt 4.1.2 haben wir dynamische Arbeitsbereiche durch den Bezug auf vorhandene Datentypen erzeugt. Am Ende von Abschnitt 4.7 haben wir gesehen, dass diese Technik bei einer völlig dynamischen Auswahl der Spalten mehrerer Datenbanktabellen nicht ausreicht. Dieses Problem wird mit Release 6.40, dem zurzeit neuesten ABAP-Release, das mit SAP NetWeaver '04 ausgeliefert wird, gelöst.

Denn ab ABAP Release 6.40 ist es möglich, mit dem Befehl CREATE DATA ... TYPE HANDLE zur Laufzeit ein Datenobjekt zu erzeugen, dessen Typ ebenfalls erst zur Laufzeit als Typbeschreibungsobjekt erzeugt wird. Diese Technik erlaubt es, für eine dynamische FROM-Klausel einen genau passenden Arbeitsbereich zu erzeugen. Das Beispiel in Listing 4.11 veranschaulicht diese Vorgehensweise.

```
 1 PROGRAM dynamic_sql_11.
 2
 3 TYPE-POOLS: abap, slis.
 4
 5 CONSTANTS: left       TYPE tabname VALUE 'SFLIGHT'.
 6
 7 DATA: right          TYPE tabname,
 8       struct_type    TYPE REF TO cl_abap_structdescr,
 9       table_type     TYPE REF TO cl_abap_tabledescr,
10       comp_tab1 TYPE cl_abap_structdescr=>component_table,
11       comp_tab2 TYPE cl_abap_structdescr=>component_table,
12       comp1          LIKE LINE OF comp_tab1,
13       comp2          LIKE LINE OF comp_tab2,
14       select         TYPE TABLE OF edpline,
15       sublist        TYPE edpline,
16       from           TYPE string,
17       first_on       TYPE abap_bool VALUE abap_true,
18       tref           TYPE REF TO data,
19       field_catalog TYPE slis_t_fieldcat_alv,
20       catalog_field TYPE LINE OF slis_t_fieldcat_alv.
```

```abap
21
22 FIELD-SYMBOLS: <component> TYPE any,
23                <itab>      TYPE standard table.
24
25 START-OF-SELECTION.
26
27   WRITE: / 'SPFLI', / 'SCARR', / 'SAPLANE'.
28
29 AT LINE-SELECTION.
30
31   first_on = abap_true.
32   CLEAR: select, sublist, from, field_catalog.
33   READ CURRENT LINE LINE VALUE INTO right.
34
35   struct_type ?=
36     cl_abap_typedescr=>describe_by_name( left ).
37   comp_tab1 = struct_type->get_components( ).
38
39   struct_type ?=
40     cl_abap_typedescr=>describe_by_name( right ).
41   comp_tab2 = struct_type->get_components( ).
42
43   CONCATENATE left ` join ` right ` on ` INTO from.
44
45   LOOP AT comp_tab1 INTO comp1.
46     CONCATENATE left '~' comp1-name INTO sublist.
47     APPEND sublist TO select.
48     catalog_field-fieldname     = comp1-name.
49     catalog_field-ref_tabname   = left.
50     catalog_field-ref_fieldname = comp1-name.
51     APPEND catalog_field TO field_catalog.
52   ENDLOOP.
53
54   LOOP AT comp_tab2 INTO comp2.
55     READ TABLE comp_tab1 INTO comp1
56       WITH TABLE KEY name = comp2-name.
57     IF sy-subrc <> 0.
58       APPEND comp2 TO comp_tab1.
59       CONCATENATE right '~' comp2-name INTO sublist.
60       APPEND sublist TO select.
```

```
61        catalog_field-fieldname      = comp2-name.
62        catalog_field-ref_tabname    = right.
63        catalog_field-ref_fieldname  = comp2-name.
64        APPEND catalog_field TO field_catalog.
65      ELSE.
66        IF first_on = abap_false.
67          CONCATENATE from ` and ` INTO from.
68        ELSE.
69          first_on = abap_false.
70        ENDIF.
71        CONCATENATE from left `~` comp2-name ` = ` right `~`
72          comp2-name INTO from.
73      ENDIF.
74    ENDLOOP.
75
76    struct_type = cl_abap_structdescr=>create( comp_tab1 ).
77    table_type = cl_abap_tabledescr=>create( struct_type ).
78    CREATE DATA tref TYPE HANDLE table_type.
79    ASSIGN tref->* TO <itab>.
80
81    SELECT (select) INTO TABLE <itab> FROM (from).
82
83    CALL FUNCTION 'REUSE_ALV_GRID_DISPLAY'
84      EXPORTING
85        it_fieldcat = field_catalog
86      TABLES
87        t_outtab    = <itab>.
```

Listing 4.11 Dynamischer Datentyp für einen Arbeitsbereich

Nach dem Programmstart wird eine Liste mit den Namen der Tabellen SPFLI, SCARR und SAPLANE angezeigt. Per Doppelklick kann der Benutzer eine der Tabellen auswählen, die dann mit der Tabelle SFLIGHT gemäß ihrer Fremdschlüsselbeziehung verknüpft wird. Hierbei wird einfach davon ausgegangen, dass alle namensgleichen Felder in einer Fremdschlüsselbeziehung zueinander stehen. Der Inhalt der über einen Join verknüpften Tabellen wird in einem ALV-Grid-Control angezeigt.

Beim Ereignis AT LINE-SELECTION wird der ausgewählte Tabellenname in das Feld right eingelesen. Mithilfe der RTTS-Klasse[5] CL_ABAP_TYPEDESCR wird zunächst die Typbeschreibung für die Spalten der linken und rechten Tabelle des Joins bestimmt und in zwei Typbeschreibungstabellen comp_tab1 bzw. comp_tab2 abgelegt, die für jede Spalte der jeweiligen Datenbanktabelle einen Eintrag enthalten (Zeile 35 bis 41).

In Zeile 43 wird zunächst ein Fragment der FROM-Klausel erzeugt, das die Namen der zu verknüpfenden Tabellen enthält; die FROM-Klausel wird später mit den ON-Bedingungen vervollständigt.

In die SELECT-Liste sollen alle Spalten der linken Tabelle aufgenommen werden, sowie diejenigen Spalten der rechten Tabelle, für die es keine namensgleichen Spalten in der linken Tabelle gibt. Der Inhalt der Typbeschreibungstabellen wird in Schleifen prozessiert. In den Zeilen 45 bis 52 werden zunächst die Spalten der linken Tabelle behandelt.

In den Zeilen 46 und 47 wird dabei die aktuelle Spalte in die dynamische SELECT-Liste aufgenommen, die in der internen Tabelle select angegeben werden soll. Dem Spaltennamen comp1-name wird der Tabellenname in left vorangestellt, um die Eindeutigkeit zu gewährleisten.

Für die spätere Listendarstellung wird die Spalte in den Zeilen 48 bis 51 in den Feldkatalog field_catalog für die ALV-Ausgabe aufgenommen.

Die Spalten der rechten Tabelle werden in den Zeilen 55 und 56 in der linken Tabelle gesucht. Falls die Spalte comp2-name nur in der rechten Tabelle existiert, wird sie in Zeile 58 zunächst in die Typbeschreibungstabelle comp_tab1 aufgenommen. Anschließend wird sie – genau wie zuvor – allen Spalten der linken Tabelle der SELECT-Liste select und dem Feldkatalog field_catalog für die ALV-Ausgabe hinzugefügt; dies geschieht in den Zeilen 59 bis 64.

Falls die in comp2-name enthaltene Spalte in beiden Tabellen existiert, so wird eine ON-Bedingung, die die gleichnamigen Spalten der linken und rechten Tabelle vergleicht, in den Zeilen 66 bis 73 an die dynamische FROM-Klausel from angehängt.

Mittels der Typbeschreibungstabelle comp_tab1 und der statischen Methode create der Klasse CL_ABAP_STRUCTDESCR kann nun ein passendes Typbeschreibungsobjekt für die Struktur des Zielbereiches der SELECT-Anweisung angelegt werden. Dieses Typbeschreibungsobjekt könnte jetzt hinter dem Zusatz TYPE HANDLE der Anweisung CREATE DATA angegeben werden, um einen struk-

---

5 Die Klassen der RTTS (Run Time Type Services) umfassen Methoden für die RTTI (Run Time Type Information) und RTTC (Run Time Type Creation); siehe auch Kapitel 2.

turierten Arbeitsbereich zu erzeugen. Wir gehen aber gleich einen Schritt weiter und legen mit der Methode `create` der Klasse CL_ABAP_TABLEDESCR ein Typbeschreibungsobjekt für eine interne Tabelle dieses Zeilentyps an und erzeugen diese mit CREATE DATA. Durch die Zuweisung der dynamisch erzeugten internen Tabelle an ein Feldsymbol <itab> erzeugen wir uns einen in der INTO-Klausel der SELECT-Anweisung verwendbaren Bezeichner für die interne Tabelle (Zeile 76 bis 79). Die direkte Angabe einer Dereferenzierung `tref->*` in Anweisungen außer ASSIGN ist nur möglich, wenn `tref` nicht generisch typisiert ist. In unserem Beispiel ist `tref` aber generisch mit TYPE REF TO data typisiert.

In Zeile 81 werden anschließend die Daten mit einer vollständig dynamischen SELECT-Anweisung gelesen, und mit dem Feldkatalog `field_catalog` wird schließlich der Inhalt der internen Tabelle <itab> zur Anzeige gebracht (Zeile 83 bis 87).

Mit der Verfügbarkeit des Zusatzes TYPE HANDLE zur Anweisung CREATE DATA ist dynamisches Open SQL also auch in allen Fällen einsetzbar, in denen man vor Release 6.40 noch die Quelltextgenerierung einsetzen musste, um einen passenden Arbeitsbereich für eine dynamische SELECT-Anweisung zu erzeugen.

4.9 Auswirkungen auf die Performance

Wenn eine SQL-Anweisung dynamische Teile enthält, müssen diese Teile zur Laufzeit syntaktisch analysiert und ausgewertet werden, was sich in der Ausführungszeit einer dynamischen SQL-Anweisung niederschlägt.

Zur Quantifizierung dieser Auswirkung auf die Performance wurde die Laufzeit einer einfachen SELECT-Anweisung in zwölf verschiedenen Varianten bestimmt. Um zu einer Aussage zu kommen, die von der eigentlichen Ausführung der Anweisung auf der Datenbank unabhängig ist, haben wir nicht nur die Laufzeit der SELECT-Anweisungen selbst, sondern auch die folgender Anweisungen gemessen:

OPEN CURSOR c FOR SELECT ...

Die Open-SQL-Anweisung OPEN CURSOR bereitet lediglich den Datenbankzugriff vor, ohne aber tatsächlich mit der Datenbank zu kommunizieren. Aus diesem Grund wird die gesamte Ausführung von der ABAP-Laufzeitumgebung und nicht von der Datenbank vorgenommen und es ergeben sich bei der Messung der Laufzeit sehr gut reproduzierbare Werte.

Zur Bestimmung des Mehraufwands von dynamischen Klauseln wurden die SELECT-Klausel, die FROM-Klausel und die WHERE-Klausel in verschiedenen Kombinationen sowohl statisch als auch dynamisch angegeben. Weiterhin wurden die

Kosten von Datenbankzugriffen mit dynamischen Klauseln mit denen verglichen, die bei einer Programmgenerierung anfallen.

Tabelle 4.1 listet die Kombinationen sowie die zugehörigen Messergebnisse auf.[6]

Variante		Mikrosekunden

1	`OPEN CURSOR c FOR SELECT carrid connid`
	`                FROM sbook`
	`                WHERE carrid = 'LH'.`
		10

2	`OPEN CURSOR c FOR SELECT carrid connid`
	`                FROM ('sbook')`
	`                WHERE carrid = 'LH'.`
		20

3	`OPEN CURSOR c FOR SELECT ('carrid connid')`
	`                FROM ('sbook')`
	`                WHERE carrid = 'LH'.`
		30

4	`OPEN CURSOR c FOR SELECT ('carrid connid')`
	`                FROM ('sbook')`
	`                WHERE ('carrid = ''LH'').`
		40

5a	`SELECT carrid connid`
	`   INTO (carrid, connid)`
	`   FROM sbook UP TO 1 ROWS`
	`   WHERE carrid = 'LH'`
		500

5b	`SELECT carrid connid`
	`   INTO (carrid, connid)`
	`   FROM sbook`
	`   WHERE carrid = 'LH'`
		72.000

6a	`SELECT ('carrid connid')`
	`   INTO (carrid, connid)`
	`   FROM ('sbook') UP TO 1 ROWS`
	`   WHERE ('carrid = ''LH'').`
		600

6b	`SELECT ('carrid connid')`
	`   INTO (carrid, connid)`
	`   FROM ('sbook')`
	`   WHERE ('carrid = ''LH'').`
		72.000

7a	`GENERATE SUBROUTINE POOL` für `SELECT carrid connid ... UP TO 1 ROWS ...`	6.000
7b	`GENERATE SUBROUTINE POOL` für `SELECT carrid connid ...`	78.000

Tabelle 4.1 Ausführungszeiten verschiedener SQL-Anweisungen

---

[6] Für das vorliegende Buch wurden die Laufzeiten mit einem Mini Web Application Server 6.20 (ABAP Engine) auf einem Laptop mit einem Pentium-M-Prozessor, Taktrate 1,6 GHz über den ABAP-Befehl `GET RUN TIME` bestimmt. Die reine ABAP-Rechenzeit skaliert in etwa mit der Taktrate. Die Zeiten für die eigentlichen Datenbankzugriffe hängen von mehreren Faktoren ab und können Schwankungen unterliegen. Aus diesem Grund sind in der Tabelle ungefähre Werte angegeben. Das für die Messung verwendete ABAP-Programm kann bei Interesse von Horst Keller (*horst.keller@sap.com*) zur Verfügung gestellt werden.

Variante		Mikrosekunden
8a	INSERT REPORT für SELECT carrid connid ... UP TO 1 ROWS ...	12.000
8b	INSERT REPORT für SELECT carrid connid ...	86.000

Tabelle 4.1 Ausführungszeiten verschiedener SQL-Anweisungen (Forts.)

Die erste Variante ist vollkommen statisch. In den Varianten 2 bis 4 wurden der Anweisung nach und nach mehr dynamische Elemente hinzugefügt: ein dynamischer Tabellenname, eine dynamische SELECT-Klausel und eine dynamische WHERE-Klausel. Das Hinzufügen jeder dynamischen Klausel erhöht die Rechenzeit um einen Betrag, der in der Größenordnung von etwa zehn Mikrosekunden liegt.

Bei den ersten vier Varianten werden keine Daten aus der Datenbank abgerufen, sondern lediglich der Datenbankzugriff in der ABAP-Laufzeitumgebung vorbereitet. In den übrigen Varianten werden Daten aus der Datenbank ausgelesen. In den mit »a« bezeichneten Varianten wird eine Zeile, in den mit »b« bezeichneten Varianten werden ca. 20.000 Zeilen gelesen. Beim Vergleich der statischen SQL-Anweisungen (Variante 5a und 5b) mit SQL-Anweisungen mit dynamischen Klauseln (Variante 6a und 6b) wird deutlich, dass die Kosten der dynamischen Elemente gegenüber der Zugriffszeit auf die Datenbank umso weniger ins Gewicht fallen, je mehr Datensätze gelesen werden. Beim Lesen vieler Datensätze können die Kosten der dynamischen Elemente vernachlässigt werden.[7]

Die Situation ändert sich, wenn nicht mit dynamischem Open SQL, sondern mit der Quelltextgenerierung gearbeitet wird (siehe auch Abschnitt 2.9). In den Varianten 7a und 7b wurde für jeden Datenbankzugriff ein transienter Subroutinen-Pool mit einem Unterprogramm generiert, das die Anweisung der statischen Variante 5 ausführt. In den Varianten 8a und 8b wurde für jeden Zugriff ein generiertes ABAP-Programm, das die SELECT-Anweisung enthält, persistent im Repository gespeichert. Insbesondere, wenn nur wenige Datensätze gelesen werden, sind die Mehrkosten für die Programmgenerierung dramatisch, und selbst beim Lesen vieler Datensätze haben die Generierungskosten immer noch einen relativ hohen Anteil an den Gesamtkosten. Ein vernachlässigbarer Anteil der Generierungskosten wäre beim hier gezeigten Beispiel erst beim Einlesen einer zehnfachen Datenmenge pro SQL-Anweisung zu erwarten.[8]

---

[7] Genau gesagt gilt dies nur für ungepufferte Datenbanktabellen. Beim Zugriff auf im SAP-Puffer abgelegte Tabelleninhalte ist der Anteil der Kosten der dynamischen Elemente an den Gesamtkosten in der Regel höher.

[8] Auch hier verschieben sich die Verhältnisse nochmals zu Ungunsten der Programmgenerierung, wenn auf im SAP-Puffer gepufferte Datenbanktabellen zugegriffen wird.

4.10 Fazit

Dynamisches Open SQL ist ein überaus leistungsstarkes Werkzeug, das für die meisten Programmiersituationen geeignet ist, in denen ein generischer Datenbankzugriff erforderlich ist. Mit dynamischem Open SQL ist es nicht notwendig, den ABAP-Quelltext eines gesamten Unterprogramms oder Programms zur Laufzeit zu generieren. Es müssen nur die Teile einer Anweisung zur Laufzeit erstellt werden, die dynamische Elemente enthalten sollen. Dies geschieht ganz einfach mithilfe der Angabe eines eingeklammerten ABAP-Datenobjekts. Alle statisch angegebenen Teile einer SQL-Anweisung werden während der Kompilation weiterhin der statischen Syntaxprüfung unterzogen.

Die meisten Klauseln einer Open-SQL-Anweisung, wie z. B. FROM-Klausel, SELECT-Klausel, WHERE-Klausel, GROUP BY-Klausel, HAVING-Klausel und ORDER BY-Klausel, können zur Laufzeit angegeben werden. Mit ABAP Release 6.10 wurde die Handhabung der dynamischen Angabe nochmals erheblich verbessert und die Möglichkeiten, welche Angaben gemacht werden können, wurde stark erweitert. Insbesondere kann bei der UPDATE-Anweisung eine dynamische SET-Klausel angegeben werden und in der dynamischen FROM-Klausel ist die Angabe mehrerer Datenbanktabellen über Joins möglich. Ab Release 6.40 kann für die INTO-Klausel eine Struktur angegeben werden, deren Datentyp erst zur Laufzeit erzeugt wird – wodurch der letzte Grund für eine dynamische Programmgenerierung hinfällig wird.

Seit ABAP Release 6.10 können Ausnahmen, die während der Ausführung einer dynamischen SQL-Anweisung ausgelöst wurden, abgefangen werden. Bis einschließlich Release 4.6 wurde ein Programm in einem solchen Fall unweigerlich mit einem Laufzeitfehler beendet. Während beispielsweise das Vorhandensein einer Datenbanktabelle leicht selbst in einem Programm überprüft werden kann, ist eine eigene Überprüfung komplexer dynamischer Anweisungen, die ein Programm auch von außen erhalten kann, kaum möglich. In solchen Fällen ist die Überprüfung durch den Compiler und die Behandlung eventueller Ausnahmen die günstigere Lösung.

Eine Open-SQL-Anweisung mit dynamischen Komponenten beansprucht nur eine geringfügig längere Ausführungszeit als ihre statische Entsprechung. Obgleich messbar, ist dieser Wert in der Regel wesentlich kleiner als die für den eigentlichen Datenbankzugriff benötigte Zeit und kann im Vergleich zu dem hohen Aufwand, den eine vollständige Quelltextgenerierung erfordern würde, vernachlässigt werden.

5 Persistente Objekte und Transaktionen mit Object Services

Stefan Bresch, Christian Fecht und Christian Stork

Objektpersistenz in ABAP ermöglicht es, den Zustand von Objekten, die zur Laufzeit eines Programms als Instanzen von Klassen transient in dessen internen Modus leben, dauerhaft in einem geeigneten Medium abspeichern und zu einem späteren Zeitpunkt wieder laden zu können. Ähnlich wie der Zustand einer klassischen ABAP-Anwendung durch den Inhalt von (globalen) Datenobjekten eines Programms und zugehörigen persistenten Daten in der Datenbank bestimmt wird, muss auch der Zustand einer objektorientierten Anwendung durch die Objekte eines Programms und deren persistente Ablage darstellbar sein. Der Zustand einer mit ABAP Objects erstellten Anwendung wird zur Programmlaufzeit ganz oder teilweise durch die Attribute der beteiligten Objekte bestimmt, die über Referenzbeziehungen miteinander verknüpft sein können. Die Attribute und eventuelle Objektbeziehungen müssen also genau wie die Daten einer klassischen Geschäftsanwendung persistent gespeichert und manipuliert werden können. Für ABAP Objects als objektorientierte Erweiterung von ABAP, der Programmierschnittstelle des SAP Web Application Server, stellt dies eine besondere Herausforderung dar: Der Datenspeicher des SAP Web Application Server ABAP ist und bleibt vorerst eine zentrale relationale Datenbank. Aufgrund der Lücke, die sich zwischen objektorientierten und relationalen Modellen auftut, ist die direkte Speicherung von Objektzuständen in der Datenbank nicht ohne Weiteres möglich. Während man nämlich in einer objektorientierten Anwendung von Objekten ausgeht, die durch Referenzen miteinander verbunden sind, geht es bei einer relationalen Datenbank im Wesentlichen um Tabellen – deren Zeilen und Spalten –, die durch Fremdschlüsselbeziehungen miteinander verbunden sein können.

Es wäre äußerst hinderlich, wenn jeder Anwendungsentwickler die Lücke zwischen Objektwelt und relationaler Welt selbst schließen müsste. Entweder würde er objektorientierte Entwicklungsprinzipien nur eingeschränkt umsetzen oder er müsste sich selbst eine Infrastruktur schaffen, um die Lücke zu schließen. Um Objekte aus der Datenbank zu laden und sie dort zu speichern, müssen Klassen zu relationalen Tabellen zugeordnet und entsprechender Open-SQL-Code geschrieben werden. Der Aufwand für Entwicklung und Implementierung eines eigenen Persistenzframeworks könnte deshalb ein ernsthafter Grund sein, ABAP Objects nicht in der Anwendungsentwicklung einzusetzen.

Aus diesem Grund stellt SAP seit Release 6.10 die so genannten *Object Services* zur Verfügung. Die Systemklassen und -Interfaces der Object Services bilden zusammen mit dem im Class Builder integrierten Werkzeug für das objektrelationale Mapping ein Persistenzframework, das die Lücke zwischen Objektwelt und relationaler Welt schließt. Bei der Verwendung von Object Services in der Anwendungsentwicklung erübrigt es sich, eigenen Open-SQL-Code zu schreiben, da das Laden und Ändern von persistenten Objekten in bzw. aus der Datenbank von den Object Services übernommen wird. Object Services stellen also ein Framework zur Verfügung, mit dem die meisten Persistenzfunktionen automatisch und für den Entwickler transparent abgehandelt werden können, sodass er sich voll und ganz auf die Geschäftslogik der eigentlichen Anwendung konzentrieren kann.

5.1 Was sind Object Services?

Objektorientiertes Programmieren wird in ABAP durch die objektorientierte Erweiterung ABAP Objects angemessen unterstützt. Die Anweisungen von ABAP Objects allein bieten jedoch nicht alles, was für die objektorientierte Anwendungsentwicklung erforderlich ist. So wird eine Vielzahl von Diensten der Systemebene, die in vielen Anwendungen üblich sind, nicht durch direkte Sprachbefehle unterstützt, beispielsweise:

- Bindung eines Objekts an eine UI-Darstellung
- Ablegen von Objekten in einer Datenbank
- Transaktions- und Sperrverwaltung

Die Vorgehensweise, solche Dienste in verschiedenen Anwendungen immer wieder erneut zu entwickeln und zu implementieren, ist alles andere als effizient. Um dieses Manko zu beseitigen, wurden die Object Services entwickelt. Die Object-Services-Laufzeitumgebung, die selbst in ABAP Objects implementiert und zwischen der Anwendung und dem ABAP-Prozessor angesiedelt ist, stellt solche Dienste bereit. Abbildung 5.1 zeigt, wie sich die Object Services – zurzeit bestehend aus einem Persistenzdienst und einem Transaktionsdienst – in die Gesamtarchitektur des SAP Web Application Servers einfügen. Wie der Persistenzdienst zum Speichern von Objekten in der Datenbank und der Transaktionsdienst zum Steuern von Transaktionen verwendet werden kann – beide Dienste stehen seit Release 6.10 zur Verfügung – erfahren Sie im weiteren Verlauf dieses Kapitels.

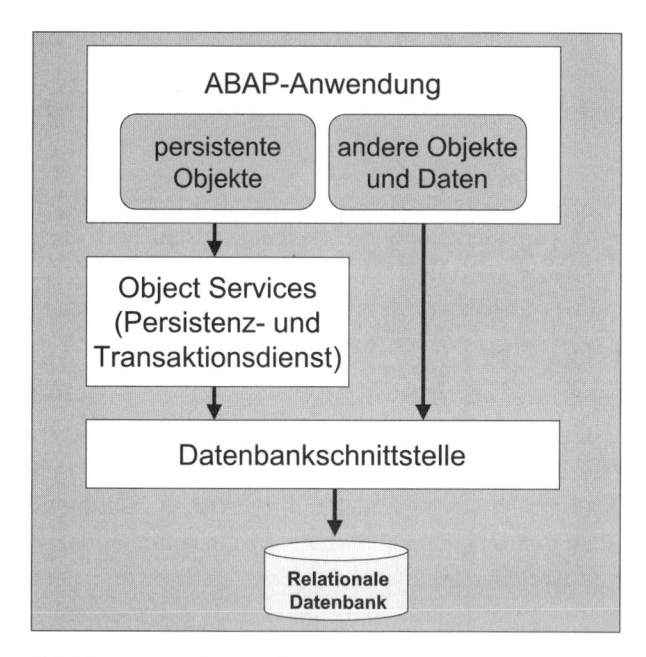

Abbildung 5.1 Rolle der Object Services im SAP Web Application Server ABAP

5.2 Funktionsweise des Persistenzdienstes

Aufgabe des Persistenzdienstes ist es, eine transparente Objektpersistenz bereitzustellen und so den Entwickler von den damit verbundenen Aufgaben zu entlasten. Zu diesen Aufgaben gehört die Zuordnung von Objekten zu den Zeilen von Datenbanktabellen, das Schreiben eines Codes, um Objekte zu laden und zu speichern, sowie Änderungen an Objekten zu verfolgen. Der Persistenzdienst automatisiert die meisten dieser Aufgaben:

▶ Für die Manipulation von Datenbankinhalten braucht kein eigener Code mehr geschrieben zu werden. Der Persistenzdienst kennt die Zuordnung der Objekte zu Tabellen der Datenbank und weiß, wie diese geladen und gespeichert werden.

▶ Der Persistenzdienst verfolgt automatisch alle Änderungen in Objekten. Während des Commit-Zeitpunktes[1] werden die Objekte mit der Datenbank abgeglichen; gegebenenfalls werden Datenbankeinträge eingefügt, aktualisiert oder gelöscht.

---

[1] Der Commit-Zeitpunkt ist der Zeitpunkt, an dem eine LUW (*Logical Unit of Work*) abgeschlossen wird. In unserem Zusammenhang geht es hauptsächlich um SAP-LUWs, die in der Regel mehrere Datenbank-LUWs umfassen.

Der Persistenzdienst verwaltet nur Instanzen so genannter persistenter Klassen. Persistente Klassen sind spezielle globale Klassen, die im Class Builder angelegt werden können (siehe Abschnitt 5.4). Persistente Klassen können sowohl transiente als auch persistente Instanzen besitzen.

Transiente Instanzen existieren wie die Objekte normaler Klassen nur im Speicher des Anwendungsservers, sie werden nicht in der Datenbank gespeichert. Ihre Lebensdauer ist auf die Lebensdauer des internen Modus begrenzt, in dem sie erzeugt wurden. Im Gegensatz zu normalen Objekten werden transiente Instanzen persistenter Klassen aber vom Persistenzdienst verwaltet.

Eine persistente Instanz einer persistenten Klasse wird dagegen einem persistenten Objekt in der Datenbank zugeordnet. Wie die transienten Instanzen sind auch persistente Instanzen Objekte, die im Speicher für die Dauer eines internen Modus bestehen, wobei aber zusätzlich das eigentliche persistente Objekt in der Datenbank gespeichert ist. Sie können sich eine persistente Instanz und das dazugehörige persistente Objekt als zwei Darstellungen derselben Entität vorstellen: Wird der Zustand der persistenten Instanz aktualisiert, muss auch das persistente Objekt in der Datenbank aktualisiert werden. Aus Effizienzgründen wird diese Aktualisierung bis zum Commit-Zeitpunkt aufgeschoben. Daher können das persistente Objekt und die persistente Instanz vorübergehend inkonsistent sein (wie auch die Daten eines klassischen ABAP-Programms und die zugrunde liegenden Daten der Datenbank in der Regel zeitweise inkonsistent sind).

Bevor auf ein Attribut eines persistenten Objekts zugegriffen oder eine seiner Methoden aufgerufen werden kann, muss das persistente Objekt zunächst von der Datenbank als persistente Instanz in den Speicher geladen werden. Diesen Ladevorgang führt der Persistenzdienst automatisch aus.

Objekte werden immer auf Anforderung sowie eines nach dem anderen geladen. Enthält beispielsweise das persistente Objekt A eine Referenz auf das persistente Objekt B und richtet man dann eine Anfrage an Objekt A, wird auch nur Objekt A in den Speicher geladen. Erst ein Zugriff auf Objekt B führt dazu, dass es ebenfalls in den Speicher geladen wird. Man bezeichnet diesen Vorgang auch als *transparente Navigation*. Wenn man z.B. durch einen Objektgraphen navigiert und dabei den Referenzen eines Objekts auf ein anderes folgt, werden die Objekte – wenn benötigt – transparent für den Entwickler geladen.

Jedes persistente Objekt verfügt über eine eindeutige Identität, die es von allen anderen persistenten Objekten unterscheidet. Der Persistenzdienst unterstützt die folgenden zwei Typen von Objektidentitäten:

- **Business Key**
  Der so genannte »Business Key« ist ein semantischer Schlüssel, der durch die Teilmenge der persistenten Objektattribute bestimmt wird, die als Schlüsselattribute gekennzeichnet sind, z. B. eine Kundennummer oder eine Belegnummer zusammen mit ihrer Positionsnummer.
- **GUID**
  Der »Global Unique Identifier« wird vom Persistenzdienst automatisch erzeugt, wenn das persistente Objekt erzeugt wird. Eine GUID ist nicht Teil des Zustands eines persistenten Objekts, wird also nicht in einem persistenten Attribut gespeichert. Die Erzeugung der GUID ist demnach nicht durch die Anwendung steuerbar.

Ein persistentes Objekt wird eindeutig durch eine einzige persistente Instanz im internen Modus dargestellt. Wenn also ein bestimmtes persistentes Objekt mehrere Male innerhalb desselben Modus angesprochen wird, dann erhält man immer die Referenz auf dieselbe persistente Instanz. Um diese Eindeutigkeit der Darstellung zu implementieren, verwaltet der Persistenzdienst eine Zuordnung von Identitäten zu persistenten Instanzen. Für jeden internen Modus gibt es genau eine solche Zuordnung.

5.3 Objektrelationales Mapping zwischen Klassen und Tabellen

In der Welt der objektorientierten Programmierung hat Persistenz im relationalen Sinn eigentlich keine Bedeutung. Um diese Lücke zu schließen, muss die Verbindung zwischen den Klassen von ABAP Objects und den Tabellen in der Datenbank des Web Application Servers künstlich hergestellt werden. Diese Verbindung wird als *objektrelationales Mapping* bezeichnet, wobei die Objekte einer Klasse ihre exakten Entsprechungen in den Tabelleneinträgen einer oder mehrerer Tabellen haben. Um dies zu erreichen, ordnet man im objektrelationalen Mapping die persistenten Attribute einer Klasse eindeutig den Feldern einer oder mehrerer Tabellen zu. Neben den persistenten Attributen können persistente Klassen auch über transiente Attribute verfügen. Das objektrelationale Mapping muss lediglich für die persistenten Attribute definiert werden. Bei der Festlegung der Objektidentität sollten Sie folgende Punkte beachten:

- Bei einer Objektidentität vom Typ »Business Key« müssen die identitätskonstitutiven persistenten Attribute den Schlüsselfeldern von Tabellen zugeordnet werden, dem eigentlichen semantischen Schlüssel. Die Identität der Instanzen wird durch diese Attribute bestimmt. Da die Objektidentität nicht geändert werden darf, sind diese Attribute schreibgeschützt.

▶ Bei einer Objektidentität vom Typ »GUID« muss die Tabelle genau ein Schlüsselfeld des Datentyps OS_GUID aus dem ABAP Dictionary enthalten. Diesem Schlüsselfeld wird der spezielle Attributname OS_GUID zugewiesen. Das Attribut OS_GUID ist *keine* Komponente der persistenten Klasse. Der Persistenzdienst selbst verwendet das Schlüsselfeld zur Adressierung der persistenten Objekte.

Ein objektrelationales Mapping kann auf unterschiedliche Weise durchgeführt werden, wie in Tabelle 5.1 gezeigt.

Mapping-Art	Wann anzuwenden?
Mapping einer Klasse auf eine Datenbanktabelle (Eintabellen-Mapping)	Wann immer es möglich ist. Dieses Szenario ist das häufigste und auch das effizienteste.
Mapping einer Klasse auf mehrere Datenbanktabellen (Mehrtabellen-Mapping)	Wenn die Daten einer Klasse über mehr als eine Tabelle verteilt sind. Die Schlüsselfelder müssen für alle beteiligten Tabellen vom gleichen Typ sein.
Mapping mehrerer Klassen auf eine Tabelle	Zur Implementierung von Vererbung (siehe Abschnitt 5.5).

Tabelle 5.1 Objektrationales Mapping von persistenten Klassen zu Datenbanktabellen

5.4 Eine persistente Klasse anlegen

Zum Anlegen von persistenten Klassen gibt es prinzipiell zwei Möglichkeiten.

▶ Beginnend mit dem Objektmodell:
Nach der Implementierung der Klassen werden die benötigten Datenbanktabellen angelegt.

▶ Beginnend mit den Datenbanktabellen:
Vorhandene Tabellen werden dazu verwendet, um das Objektmodell anzulegen.

Zurzeit wird lediglich die zweite Möglichkeit durch die ABAP Workbench unterstützt, und zwar mit dem Werkzeug namens Persistenzabbildung im Class Builder (Transaktion SE24).

Da eine neue Technik erfahrungsgemäß am besten im Kontext eines realen Beispiels zu erlernen ist, wollen wir eine Beispielanwendung erstellen, mit der Sitzplätze in einem Flugzeug reserviert werden können.[2] Dabei werden wir Ihnen zunächst zeigen, wie Sie zwei persistente Klassen anlegen: Eine Klasse, deren

---

2 Wir nehmen an, dass Sie die Tabellen SFLIGHT und SBOOK des ABAP-Schulungs- und Beispieldatenmodells kennen und setzen ihre Existenz im System voraus.

Instanzen den Flügen der Datenbanktabelle SFLIGHT entsprechen, und eine Klasse, deren Instanzen den Reservierungen der Tabelle SBOOK entsprechen. Anschließend werden wir uns mit dem Coding selbst befassen, mit dem geprüft werden soll, ob ein Sitzplatz verfügbar ist, und mit dem dieser Sitzplatz dann auch reserviert werden kann.

Zunächst legen wir die persistente Klasse ZCL_FLIGHT an, die die Entität »Flug« darstellt:

1. Öffnen Sie den Class Builder und wählen Sie **Anlegen**, um eine Klasse anzulegen. Daraufhin erscheint das in Abbildung 5.2 gezeigte Dialogfenster.

Abbildung 5.2 Persistente Klasse im Class Builder anlegen

2. Wählen Sie als Klassentyp **Persistente Klasse** aus und beachten Sie, dass der Wert unter **Inst.-Erzeugung** automatisch in »Protected« geändert wird. Die Instanzierung einer persistenten Klasse kann nur die Werte »Protected« oder »Abstract« annehmen, andere Werte sind nicht zulässig.

3. Wählen Sie **Sichern**. Sie gelangen zum Hauptbild des Class Builders.

4. Wählen Sie **Persistenz** (oder verwenden Sie den Menüpunkt **Springen • Persistenzabbildung**), geben Sie im daraufhin erscheinenden Dialogfenster die Datenbanktabelle an, der Sie die persistente Klasse zuordnen möchten – in unserem Fall ist dies SFLIGHT –, und bestätigen Sie Ihre Angabe. Sie erreichen die Persistenzabbildung.

5. Doppelklicken Sie auf das Tabellenfeld **CARRID** im unteren Bildschirmbereich, um den Attributbearbeitungsbereich in der Mitte des Bildschirms mit Vorschlagswerten zu füllen, die anhand der Eigenschaften des Tabellenfelds bestimmt werden. Das Werkzeug hat nun das in Abbildung 5.3 gezeigte Aus-

sehen. Als Attributname wird der Name des Tabellenfelds vorgeschlagen, Sie können den Namen jedoch auch frei wählen.

Abhängig von den Feldeigenschaften können Sie für jedes Attribut die Sichtbarkeit (»public«, »protected«, »private«), die Art des Zugriffs (»Nur lesbar«, »Änderbar«) und den Mapping-Typ[3] (»Business-Key«, »Wertattribut«, »GUID«, »Objektreferenz«, »Klassenidentifikator«, »Typidentifikator«) wählen.

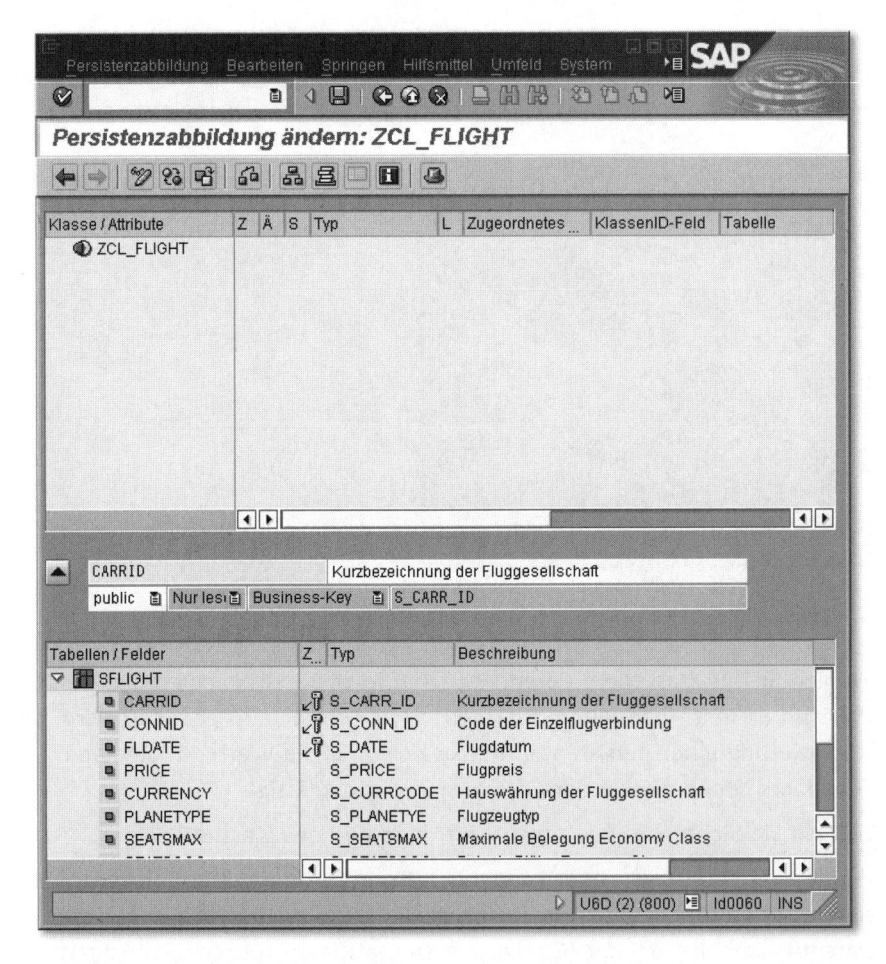

Abbildung 5.3 Verwendung des Werkzeugs Persistenzabbildung

6. Bestätigen Sie mit **Weiter** (oder mit der **Returntaste**), um die Werte im Bearbeitungsbereich zu übernehmen. In der oberen Hälfte der Persistenzabbildung erscheint nun das neu angelegte persistente Attribut mit Mapping und weiteren Eigenschaften.

---

3 Die letzten vier Mapping-Typen werden in Abschnitt 5.5 noch einmal genauer betrachtet.

7. Übernehmen Sie alle[4] Felder gemäß den Vorschlagwerten als persistente Attribute. Abbildung 5.4 zeigt die Persistenzabbildung, wie sie anschließend aussehen sollte.

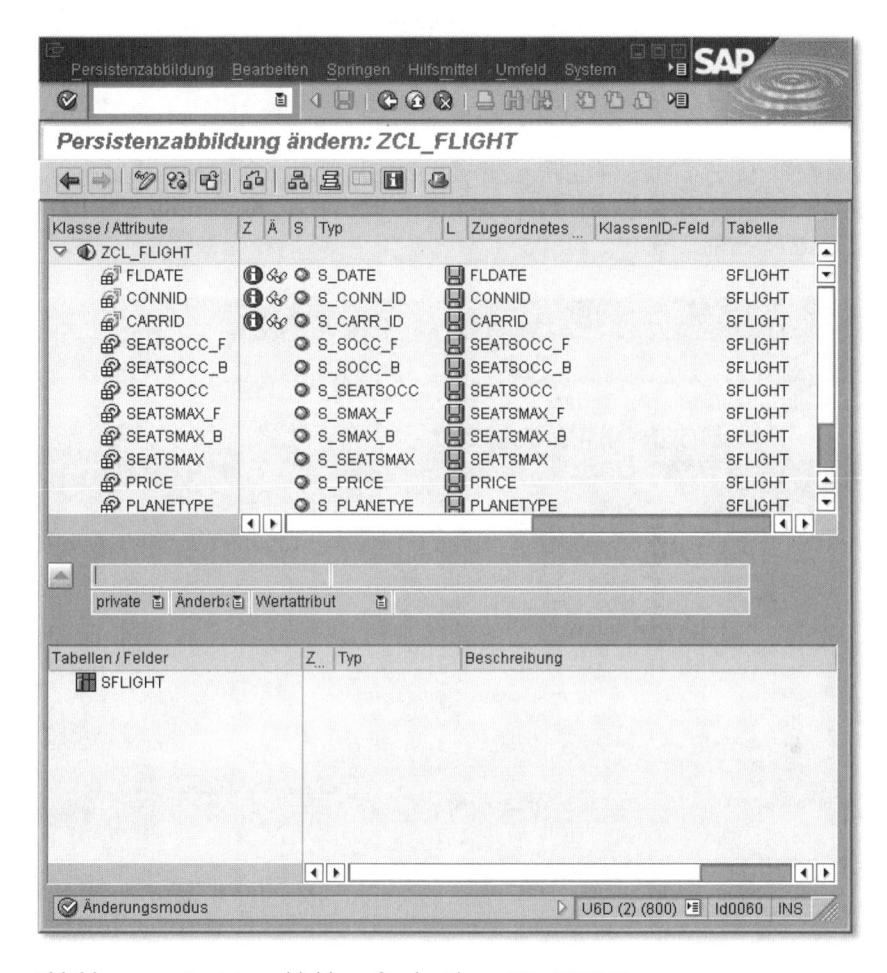

Abbildung 5.4 Persistenzabbildung für die Klasse ZCL_FLIGHT

8. **Sichern** Sie die Änderungen und navigieren Sie zurück in den Class Builder.

9. **Aktivieren** Sie die persistente Klasse im Class Builder. Im folgenden Dialogfenster werden Sie gefragt, ob der Klassenakteur aktiviert werden soll; bestätigen Sie die Anfrage.

Wenn ein persistentes oder transientes Attribut angelegt wird, erzeugt der Class Builder automatisch die so genannten Zugriffsmethoden der persisten-

---

[4] Es müssen alle Felder übernommen werden. Geändert werden können nur die Eigenschaften der Attribute wie z.B. der Name.

ten Klasse. Diese Methoden werden verwendet, um auf die Attribute der Klassen zuzugreifen. Für das Attribut SEATSOCC von CL_FLIGHT sind dies die Methoden SET_SEATSOCC und GET_SEATSOCC. Beachten Sie, dass sich die angezeigte Sichtbarkeit auf die Zugriffsmethode bezieht, nicht etwa auf das Attribut. Das Attribut selbst ist geschützt oder privat.

10. Wiederholen Sie diese Schritte, um die zweite persistente Klasse ZCL_BOOKING anzulegen, die die Entität »Reservierung« darstellt. Ordnen Sie diese Klasse der Datenbanktabelle SBOOK zu. Übernehmen Sie alle Felder anhand der Vorschlagswerte als persistente Attribute. Abbildung 5.5 zeigt die Persistenzabbildung.

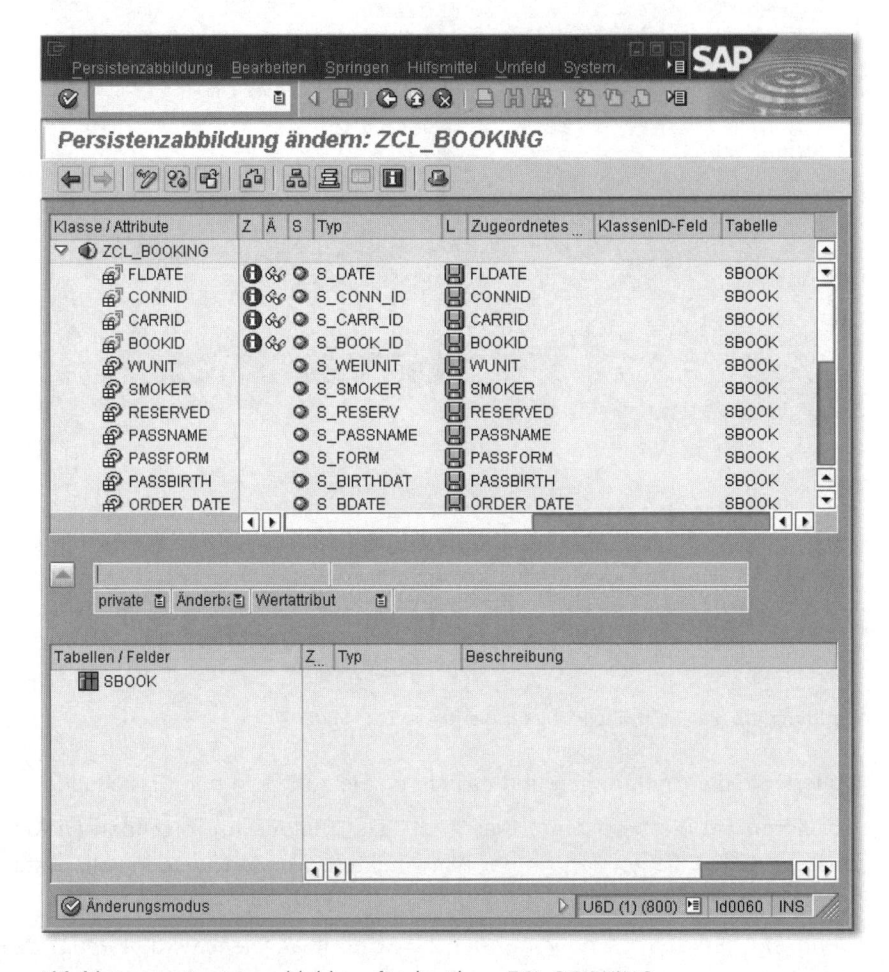

Abbildung 5.5 Persistenzabbildung für die Klasse ZCL_BOOKING

Um einer Klasse mehr als eine Tabelle zuzuordnen (oder wenn kein Dialogfenster zum Auswählen einer Tabelle erscheint), verwendet man das Kontextmenü (rechte Maustaste) des Tabellenbereiches im unteren Teil der Persistenzabbildung. Ein transientes Attribut wird wie gewohnt über den Karteireiter Attribute im Class Builder angelegt.

Die Antwort auf die Frage, wie der Code zur Verwendung dieser persistenten Klassen geschrieben wird, möchten wir vorerst bis Abschnitt 5.6 zurückstellen. Zunächst werden einige besondere Szenarien näher untersucht, mit denen Sie beim Mapping von Klassen auf Tabellen konfrontiert werden können.

5.5 Fortgeschrittene Überlegungen für objektrelationales Mapping

Objektrelationales Mapping ist ein einfaches Konzept, das durch den Class Builder leicht anzuwenden ist. Folgende Szenarien sollten allerdings näher betrachtet werden:

- Verwaltung von Objektreferenzen
- Behandlung von Vererbung

Programmierer mit wenig Erfahrung in objektorientierter Entwicklung sollten sich zunächst mit den damit verbundenen Prinzipien vertraut machen, bevor sie mit diesen Szenarios arbeiten.

5.5.1 Verwaltung von Objektreferenzen

Objekte enthalten in der Regel auch Referenzen auf andere Objekte. Bei persistenten Klassen können persistente Attribute Referenzen auf andere (persistente) Instanzen enthalten. Das Speichern dieser Referenzen in der Datenbank stellt jedoch ein Problem dar: Die Referenzen im Speicher (Laufzeitreferenzen) verweisen nämlich auf Objekte im internen Modus und sind daher nur für die Dauer dieses Modus gültig. Um Referenzen automatisch über den Persistenzdienst in der Datenbank zu speichern (persistente Referenzen), müssen folgende Vorraussetzungen erfüllt sein:

- Die referenzierte persistente Klasse muss die Objektidentität »GUID« haben.
- Eine Tabelle der referenzierenden Klasse muss zum Speichern einer persistenten Referenz zwei Felder des Typs OS_GUID enthalten: eine für die GUID der Instanz und eine für die GUID der Klasse. Beide zusammen bilden eine so genannte *Object Identity* (OID). Die Object Services behandeln die Umwandlung zwischen Laufzeitreferenzen und persistenten Referenzen dann automatisch.

Wenn eine persistente Instanz über ein persistentes Attribut eine transiente Instanz (einer persistenten Klasse) referenziert, wird zum Commit-Zeitpunkt ein Laufzeitfehler ausgelöst.

Um beim Mapping ein Attribut als persistente Referenz zu definieren, wählen Sie für dieses Attribut einen Namen und ordnen Sie die beiden Tabellenfelder vom Typ OS_GUID diesem Namen zu, einmal mit dem Mapping-Typ »Objektreferenz«, das andere Mal mit dem Mapping-Typ »Klassenidentifikator«. Das Datenelement OS_GUID ist für alle Tabellenfelder zu verwenden, die GUIDs enthalten und für den Persistenzdienst eine besondere Rolle spielen. Andernfalls ist es nicht möglich, einen der Mapping-Typen »GUID«, »Objektreferenz«, »Klassenidentifikator« oder »Typidentifikator« auszuwählen (siehe Abschnitt 5.5.2).

Es können auch Referenzen auf persistente Instanzen mit der Objektidentität »Business Key« gespeichert werden. Diese können aber nicht automatisch von der Object-Services-Laufzeitumgebung verwaltet werden. Ein Attribut, das eine solche Referenz enthalten soll, muss transient sein. Die Komponenten des semantischen Schlüssels der referierten Instanz müssen als persistente Attribute vorliegen, diese Attribute können als Fremdschlüsselattribute aufgefasst werden. Bei der Initialisierung der Instanz kann in der Rückrufmethode IF_OS_STATE~INIT der persistenten Klasse die referierte Instanz über die Komponenten ihres semantischen Schlüssels geladen und das Referenzattribut gesetzt werden; beim Invalidieren der Instanz in der Methode IF_OS_STATE~INVALIDATE muss das Referenzattribut dann auch wieder initialisiert werden.

5.5.2 Behandlung von Vererbung

Das Mapping von Klassen auf Tabellen wird im Zusammenhang mit der Vererbung von Klassen erheblich komplexer. Wenn es beispielsweise eine persistente Klasse A gibt und eine persistente Klasse B definiert werden soll, die von dieser Klasse A erbt, ist es zunächst wichtig zu wissen, dass beim Persistenzdienst der Object Services folgende vier Regeln für das Mapping bei Vererbung gelten:

- Das Mapping kann nur für konkrete[5] persistente Klassen definiert werden.
- Das Mapping wird vererbt.
- Das Mapping kann nicht redefiniert werden.
- Abgesehen von der Wurzelklasse OBJECT muss die Oberklasse einer persistenten Klasse ebenfalls persistent sein.

Daraus folgt, dass die Objektidentität durch die oberste persistente Klasse in der Vererbungshierarchie bestimmt wird und in allen Unterklassen dieselbe sein

---

5 Konkret bedeutet in diesem Fall nicht-abstrakt.

muss. Wie in Tabelle 5.2 gezeigt, gibt es für das Mapping einer konkreten Klasse auf eine Tabelle bei der Vererbung im Wesentlichen drei Möglichkeiten.

Vererbungstyp	Mapping-Art	Eigenschaften der Mapping-Art
konkrete persistente Klasse, die von einer konkreten persistenten Klasse erbt	vertikales Mapping auf mehrere Tabellen, im Allgemeinen mit »Typidentifikator«	Alle persistenten Attribute dieser Klasse (und gegebenenfalls noch nicht gemappte Attribute abstrakter Oberklassen) werden einer eigenen Tabelle zugeordnet. Diese Tabelle muss die gleichen Schlüsselfelder besitzen wie die Tabelle der Oberklasse. Diese Schlüsselfelder müssen den von der Oberklasse geerbten Identitätsattributen (»Business Key« bzw. »GUID«) zugeordnet werden. Damit können mehrere Tabellen einem Identitätsattribut zugeordnet sein. Der Begriff »vertikal« drückt aus, dass das Mapping über mehrere Ebenen der Vererbungshierarchie definiert ist.
	Mapping auf eine Tabelle mit »Typidentifikator«	Mehrere konkrete Klassen werden auf eine Tabelle gemappt. Diese Tabelle enthält Felder für alle persistenten Attribute dieser Klassen (und gegebenenfalls für noch nicht gemappte Attribute abstrakter Oberklassen).
konkrete persistente Klasse, die nur von abstrakten persistenten Klassen erbt	horizontales Mapping	Für jede konkrete Unterklasse einer abstrakten Oberklasse wird das Mapping für alle persistenten Attribute, inklusive der von der abstrakten Oberklasse geerbten, auf ihre eigene Tabelle definiert. Der Begriff »horizontal« drückt aus, dass das Mapping in einer Ebene der Vererbungshierarchie definiert ist.

Tabelle 5.2 Mapping von persistenten Unterklassen zu Tabellen

Werden mehrere Klassen einer Tabelle zugeordnet, dann entsprechen die Tabelleneinträge nicht mehr nur Objekten einer Klasse, sondern den Objekten mehrerer, verschiedener Klassen. Um nun die Klasse bestimmen zu können, die zu einem Tabelleneintrag gehört, muss diese Zuordnung in der Tabelle hinterlegt werden. Dies wird durch ein Feld vom Typ OS_GUID erreicht, das die GUID der Klasse enthält, die zu diesem Tabelleneintrag gehört. Dieses Feld wird »Typidentifikator« – oder oft auch »Diskriminator« – genannt. Auf den Typidentifikator kann nur dann verzichtet werden, wenn die zugehörige Klasse eines persistenten Objektes bzw. des zugehörigen Tabelleneintrages implizit bekannt ist.

5.6 Mit persistenten Klassen arbeiten

Bei der Arbeit mit persistenten Klassen spielt der so genannte Klassenakteur eine große Rolle – und den wir in Schritt 9 von Abschnitt 5.4 auch aktiviert haben, ohne näher darauf einzugehen. Der Klassenakteur verwaltet die Instanzen seiner persistenten Klasse. Klassenakteure sind selbst globale Klassen, die Lebenszyklusmethoden (CREATE, GET und DELETE) zur Verwaltung des Lebenszyklus der Instanzen von persistenten Klassen in einem Programm enthalten. Instanzen persistenter Klassen können nur vom zugehörigen Klassenakteur erzeugt werden.[6] Zudem wird er benachrichtigt, wenn ein Attribut der persistenten Klasse angesprochen wird. Das erklärt, warum nur mit den automatisch generierten Zugriffsmethoden auf persistente und transiente Attribute zugegriffen werden kann: Die Zugriffsmethode signalisiert dem Klassenakteur den Zugriff auf ein Attribut.

Alle Klassen und Interfaces der Object Services lösen im Fehlerfall entsprechende klassenbasierte Ausnahmen aus. Es sind Ausnahmeklassen für beinahe jede Fehlersituation vorhanden (z.B. Fehler beim Erzeugen, Laden und Löschen von Instanzen). Dies ermöglicht es, auf Fehler angemessen zu reagieren. Wir empfehlen Ihnen deshalb, die Anweisungen zum Arbeiten mit persistenten Klassen prinzipiell in TRY-ENDTRY-Konstrukten mit geeigneten CATCH-Anweisungen zu codieren (siehe auch Kapitel 3).

5.6.1 Zugriff auf Klassenakteure

Für jede persistente Klasse legt der Class Builder beim Aktivieren automatisch zwei weitere Klassen an:

- Basisklassenakteur
- Klassenakteur

Für die persistente Klasse ZCL_FLIGHT der Beispielanwendung heißt der Klassenakteur ZCA_FLIGHT und der Basisklassenakteur ZCB_FLIGHT. Der Klassenakteur ist die einzige Unterklasse des abstrakten Basisklassenakteurs und folgt dem Singleton-Pattern: Die einzige Instanz (der eigentliche Klassenakteur) wird in einem ABAP-Programm implizit erzeugt und ist über das öffentliche statische Attribut ZCA_FLIGHT=>AGENT adressierbar.

Beim Aktivieren einer persistenten Klasse werden vom Class Builder Klassenkomponenten wie Methoden, Attribute und Typen im Basisklassenakteur generiert. Der Klassenakteur selbst bleibt unberührt (mit Ausnahme des Konstruktors und des statischen Attributs AGENT). Ein Entwickler kann also durch die Redefinition sowohl der im Basisklassenakteur generierten als auch der von dessen Oberklasse

---

6 Technisch gesehen ist ein Klassenakteur Freund der von ihm verwalteten persistenten Klasse.

CL_OS_CA_COMMON geerbten Methoden oder durch Hinzufügen neuer Methoden in der Klasse des Klassenakteurs sein Verhalten ändern, z. B. zur Implementierung eines eigenen Datenbanktabellenpuffers.

Wenn Sie eine persistente Klasse neu angelegt haben, werden beim erstmaligen Aktivieren der persistenten Klasse die Klassenkomponenten des Basisklassenakteurs generiert und der Basisklassenakteur wird dabei aktiviert. Dies gilt auch für den Klassenakteur, allerdings mit dem Unterschied, dass die Aktivierung übersprungen werden kann. In diesem Fall müssen Sie den Klassenakteur spätestens dann selbst im Class Builder aktivieren, wenn Sie mit dieser persistenten Klasse arbeiten möchten. Die Programme in den folgenden Listings führen zu Syntaxfehlern beim Aktivieren, wenn die Klassenakteure ZCA_FLIGHT und ZCA_BOOKING nicht auch aktiviert wurden.

Wenn Sie in der Persistenzabbildung Änderungen am objektrelationalen Mapping vornehmen, werden beim Aktivieren der persistenten Klasse die Klassenkomponenten des Basisklassenakteurs nachgeneriert; der Klassenakteur bleibt unverändert. Sie können diese Generierung über den Menüpunkt **Hilfsmittel** • **Generieren** • **Klassenakteur** • **Klasse** auch erzwingen, wenn Sie sich im Anzeigemodus befinden.

5.6.2 Lebenszyklus einer Instanz

Eine Instanz einer persistenten Klasse hat an jedem Punkt in ihrem Lebenszyklus, von der Erzeugung bis zur Entfernung durch die Garbage Collection, einen wohl definierten Zustand. Tabelle 5.3 zeigt die möglichen Zustände persistenter Instanzen persistenter Klassen während ihres Lebenszyklus.

Zustand	Beschreibung
NEW	Instanzen, die mit einer CREATE_PERSISTENT-Methode des Klassenakteurs als persistente Instanz erzeugt wurden.
LOADED	Instanzen, die mit einer GET_PERSISTENT-Methode des Klassenakteurs aus der Datenbank geladen wurden. Wenn es sich bei einem persistenten Attribut einer geladenen persistenten Instanz um eine persistente Referenz handelt, wird eine leere Instanz mit Zustand NOT LOADED erzeugt. Erst wenn auf ein Attribut der referierten Instanz zugegriffen wird, wird die Instanz aus der Datenbank geladen und ihr Zustand ändert sich zu LOADED.
CHANGED	Wenn ein Attribut einer geladenen persistenten Instanz über eine SET-Methode der persistenten Klasse geändert wurde.

Tabelle 5.3 Zustände persistenter Instanzen persistenter Klassen

Zustand	Beschreibung
DELETED	Wenn die DELETE_PERSISTENT-Methode des Klassenakteurs für diese Instanz aufgerufen wurde.
NOT LOADED	Instanzen nach Ende einer Transaktion oder nach Aufruf einer REFRESH_PERSISTENT-Methode des Klassenakteurs. Das heißt, dass sie von der Garbage Collection entfernt werden können.

Tabelle 5.3 Zustände persistenter Instanzen persistenter Klassen (Forts.)

Wird eine persistente Instanz erzeugt oder aus der Datenbank geladen, wird die Rückrufmethode IF_OS_STATE~INIT der persistenten Klasse aufgerufen. Wenn sich der Zustand in NOT LOADED ändert (z. B. beim Ende einer Transaktion) oder die persistente Instanz gelöscht wird, führt das zum Aufruf der Rückrufmethode IF_OS_STATE~INVALIDATE. Innerhalb dieser Methoden kann eine Anwendung transiente Attribute oder benötigte Ressourcen verwalten.

Wir möchten Sie ausdrücklich darauf hinweisen, dass transiente Instanzen von persistenten Klassen immer den Zustand TRANSIENT haben und von den Object Services verwaltet werden. Transiente Instanzen persistenter Klassen werden ausschließlich mit der CREATE_TRANSIENT-Methode des Klassenakteurs erzeugt, wobei die Rückrufmethode IF_OS_STATE~INIT der persistenten Klasse aufgerufen wird.[7] Es ist nicht möglich, transiente Instanzen direkt in persistente zu verwandeln oder umgekehrt.

5.6.3 Verwaltung des Lebenszyklus

Ein Klassenakteur bietet mehrere Arten von Methoden zur Verwaltung des Lebenszyklus von Instanzen persistenter Klassen an. Zum einem sind dies Interface-Methoden, die generisch parametrisiert sind. Diese lassen sich unterteilen in Methoden, die als Parameter die Identität eines Objektes erfordern, Methoden, die als Parameter eine Referenz auf das Objekt erfordern, sowie parameterlose Methoden. Zum anderen gibt es klassenspezifische Methoden, deren Signatur vom Typ der Objektidentität abhängig ist. Die klassenspezifischen CREATE-Methoden haben optionale Parameter für alle Attribute, die keine Schlüsselattribute sind.

Bei der Objektidentität »Business Key« haben die klassenspezifischen Methoden einen Parameter für jede Komponente des semantischen Schlüssels. Bei den generischen Interface-Methoden, die die Identität eines Objektes erfordern, erwartet der Klassenakteur eine Struktur, die die Komponenten des semantischen

---

[7] Das Anlegen einer Instanz persistenter Klassen mit der Anweisung CREATE OBJECT ist nicht möglich.

Schlüssels in der festgelegten Reihenfolge enthält. Tabelle 5.4 fasst die Methoden des Klassenakteurs für die Objektidentität »Business Key« zusammen.

Kategorie	Methode
klassenspezifische Methoden, die die Komponenten des semantischen Schlüssels als einzelne Parameter erwarten	CREATE_PERSISTENT(bkey$_1$ ... bkey$_n$, attr$_1$ ... attr$_m$)
	CREATE_TRANSIENT(bkey$_1$ ... bkey$_n$, attr$_1$ ... attr$_m$)
	GET_PERSISTENT(bkey$_1$ ... bkey$_n$)
	DELETE_PERSISTENT(bkey$_1$ ... bkey$_n$)*
generische Interface-Methoden, die eine Struktur mit dem semantischen Schlüssel als Parameter erwarten	IF_OS_FACTORY~CREATE_PERSISTENT_BY_KEY(bkey)
	IF_OS_FACTORY~CREATE_TRANSIENT_BY_KEY(bkey)
	IF_OS_CA_PERSISTENCY~GET_PERSISTENT_BY_KEY(bkey)
generische Interface-Methoden, die eine Objektreferenz als Parameter erwarten	IF_OS_FACTORY~DELETE_PERSISTENT(oref)
	IF_OS_FACTORY~REFRESH_PERSISTENT(oref)
	IF_OS_FACTORY~RELEASE(oref)

* Die klassenspezifische Methode DELETE_PERSISTENT sollte nicht mehr verwendet werden. Stattdessen soll die Interfacemethode IF_OS_FACTORY~DELETE_PERSISTENT verwendet werden (siehe Abschnitt 5.6.6).

Tabelle 5.4 Methoden zur Verwaltung des Lebenszyklus für persistente Instanzen mit der Objektidentität »Business Key«

Für die Objektidentität »GUID« gibt es eine Interface-Methode, die einen Parameter für die GUID vom Typ OS_GUID erwartet. Tabelle 5.5 fasst die Methoden für die Objektidentität »GUID« zusammen.

Kategorie	Methode
klassenspezifische Methoden	CREATE_PERSISTENT(attr$_1$ ... attr$_m$)
	CREATE_TRANSIENT(attr$_1$ ... attr$_m$)
parameterlose Interface-Methoden und generische Interface-Methoden, die die GUID als Parameter erwarten	IF_OS_FACTORY~CREATE_PERSISTENT()
	IF_OS_FACTORY~CREATE_TRANSIENT()
	IF_OS_CA_PERSISTENCY~GET_PERSISTENT_BY_OID(guid)

Tabelle 5.5 Methoden zur Verwaltung des Lebenszyklus für persistente Instanzen mit der Objektidentität »GUID«

Kategorie	Methode
generische Interface-Methoden, die eine Objektreferenz als Parameter erwarten	IF_OS_FACTORY~DELETE_PERSISTENT(oref)
	IF_OS_FACTORY~REFRESH_PERSISTENT(oref)
	IF_OS_FACTORY~RELEASE(oref)

Tabelle 5.5 Methoden zur Verwaltung des Lebenszyklus für persistente Instanzen mit der Objektidentität »GUID« (Forts.)

Der Klassenakteur löst bei der Ausführung der Methoden zur Verwaltung des Lebenszyklus persistenter Instanzen Ereignisse aus. Diese können dazu verwendet werden, in der Anwendung auf Änderungen an Instanzen der persistenten Klassen zu reagieren. Solche Ereignisse werden ausgelöst, wenn Instanzen erzeugt (Ereignisse CREATED_PERSISTENT und CREATED_TRANSIENT) oder geladen werden (Ereignisse LOADED_WITH_STATE und LOADED_WITHOUT_STATE) bzw. gelöscht werden sollen (Ereignis DELETED). Alle Verwaltungsereignisse innerhalb des Lebenszyklus sind im globalen Interface IF_OS_FACTORY der Object Services definiert. Mithilfe dieser Ereignisse ist es also möglich, in der Anwendung alle Objekte zu verfolgen, die erzeugt, geladen oder gelöscht werden.

5.6.4 Ein persistentes Objekt erzeugen

Zur Erzeugung eines persistenten Objekts kann die klassenspezifische Methode CREATE_PERSISTENT des Klassenakteurs verwendet werden. Die benötigten Parameter hängen vom Objektidentitätstyp ab (siehe Tabelle 5.4 und Tabelle 5.5):

▶ Für Objekte, die mit der Objektidentität »Business Key« identifiziert werden, sind die Komponenten des semantischen Schlüssels und (optional) die übrigen Attribute (Werte und/oder Referenzen) anzugeben. Die persistente Instanz wird zunächst nur im internen Modus erzeugt, und erst zum Commit-Zeitpunkt wird das persistente Objekt in der Datenbank angelegt. Aus Performance-Gründen wird nur die Existenz im Speicher des internen Modus überprüft. Wenn im Speicher bereits eine Instanz mit derselben Identität besteht, wird die klassenbasierte Ausnahme CX_OS_OBJECT_EXISTING ausgelöst. Um sicherzustellen, dass das Objekt auch auf der Datenbank nicht existiert, kann mittels Aufruf einer GET_PERSISTENT-Methode (siehe Abschnitt 5.6.5) der Versuch unternommen werden, das Objekt zu laden.

▶ Für Objekte, die mit der Objektidentität »GUID« identifiziert werden, müssen keine Identitätsinformationen übergeben werden. Die übrigen Attribute (Werte und/oder Referenzen) sind optionale Parameter. Die GUID wird intern erzeugt und der Instanz zugeordnet.

In Abschnitt 5.4 haben wir Ihnen gezeigt, wie die persistenten Klassen für eine Anwendung, die Sitzplatzreservierungen in einem Flugzeug realisieren soll, angelegt werden. Wir demonstrieren Ihnen nun, wie diese Klassen in der Anwendung verwendet werden, also welches Coding zum Reservieren eines Sitzplatzes zu schreiben ist. Als erstes wollen wir eine die Reservierung repräsentierende persistente Instanz der persistenten Klasse ZCL_BOOKING erzeugen (siehe Listing 5.1).

```
 1 REPORT object_services_1.
 2
 3 DATA: booking         TYPE REF TO zcl_booking,
 4       booking_agent   TYPE REF TO zca_booking,
 5       bookid          TYPE s_book_id.
 6
 7 START-OF-SELECTION.
 8   booking_agent = zca_booking=>agent.
 9
10   bookid = ...  " Get bookid
11
12   TRY.
13       booking = booking_agent->create_persistent(
14          i_carrid   = 'LH'
15          i_connid   = '2104'
16          i_fldate   = '20010801'
17          i_bookid   = bookid ).
18       COMMIT WORK.
19     CATCH cx_os_object_existing.
20       ROLLBACK WORK.
21   ENDTRY.
```

Listing 5.1 Erzeugen einer persistenten Instanz einer persistenten Klasse

In Zeile 8 wird die Referenz auf den Klassenakteur aus dem statischen Attribut ZCA_BOOKING=>AGENT in der lokalen Variablen booking_agent gespeichert. In Zeile 10 ist angedeutet, dass sich die Anwendung eine Buchungsnummer besorgt. In den Zeilen 13 bis 18 wird eine persistente Instanz mit dem semantischen Schlüssel (»Business Key«) »LH 2104 20010801 ...« im internen Modus erzeugt. Existiert bereits eine Instanz mit dieser Identität im Speicher, wird die Ausnahme CX_OS_OBJECT_EXISTING ausgelöst. Diese Ausnahme wird in Zeile 19 abgefangen und die Transaktion im Ausnahmefall mit der Anweisung ROLLBACK WORK zurückgerollt. Das Objekt wird in der Datenbank gespeichert, wenn die Transaktion mit der Anweisung COMMIT WORK beendet wird (Zeile 18). Wenn bereits ein

Objekt mit dieser Identität in der Datenbank existiert, tritt ein Verbuchungsfehler auf.

5.6.5 Ein persistentes Objekt laden

Beim Laden eines persistenten Objekts kann man sich abhängig vom Objektidentitätstyp verschiedener Methoden bedienen:

▶ Ein persistentes Objekt mit der Objektidentiät »Business Key« kann mit der klassenspezifischen Methode GET_PERSISTENT des Klassenakteurs geladen werden, bei der die Komponenten des sematischen Schlüssels als Parameter übergeben werden müssen. Wurde das Objekt bereits geladen, gibt die Methode eine Referenz auf das geladene Objekt zurück. Wenn das Objekt nicht gefunden werden kann, wird die Ausnahme CX_OS_OBJECT_NOT_FOUND ausgelöst. Ebenso kann die generische Interface-Methode IF_OS_CA_PERSISTENCY~GET_PERSISTENT_BY_KEY verwendet werden, die den semantischen Schlüssel in Form einer Struktur erwartet.

▶ Persistente Objekte mit einer Objektidentiät »GUID« werden bei der Navigation von einem Objekt zu einem anderen automatisch geladen. Ist die GUID bekannt, kann das Objekt auch mit der generischen Interface-Methode IF_OS_CA_PERSISTENCY~GET_PERSISTENT_BY_OID geladen werden. Die GUID wird dabei als Parameter erwartet.

Mit der Interface-Methode IF_OS_FACTORY~REFRESH_PERSISTENT bewirken Sie, dass eine bereits geladene persistente Instanz in dem Moment erneut aus der Datenbank geladen wird, in dem auf diese Instanz lesend oder schreibend zugegriffen wird. Als Parameter wird eine Referenz auf die Instanz erwartet.

Unser in Listing 5.1 begonnenes Beispiel ist noch nicht vollständig. Um einen Sitzplatz für einen bestimmten Flug zu reservieren, gilt es zunächst herauszufinden, ob dieser Sitzplatz noch verfügbar ist. Diese Information ist in dem persistenten Objekt der Klasse ZCL_FLIGHT gespeichert, das den Flug repräsentiert. Es muss daher aus der Datenbank geladen werden. Darüber hinaus steigt die Zahl der belegten Sitzplätze für diesen Flug. Um die Datenkonsistenz zu gewährleisten, müssen beide Änderungen innerhalb einer Transaktion stattfinden. Listing 5.2 zeigt den Beispielcode, mit dem diese Aufgabe durchgeführt werden kann.

```
1 REPORT object_services_2.
2
3 DATA: flight       TYPE REF TO zcl_flight,
4       flight_agent TYPE REF TO zca_flight,
5       seatsfree    TYPE i,
6       seatsocc     TYPE i,
```

```
 7          bookid         TYPE s_book_id,
 8          customid       TYPE s_customer.
 9
10 DATA: booking        TYPE REF TO zcl_booking,
11       booking_agent  TYPE REF TO zca_booking.
12
13 START-OF-SELECTION.
14   flight_agent = zca_flight=>agent.
15   booking_agent = zca_booking=>agent.
16
17   bookid   = ... " Get bookid
18   customid = ... " Get customid
19
20   TRY.
21       flight = flight_agent->get_persistent(
22          i_carrid  = 'LH'
23          i_connid  = '2104'
24          i_fldate  = '20010801' ).
25       seatsfree = flight->get_seatsmax( ) -
26                   flight->get_seatsocc( ).
27       IF seatsfree > 0.
28         booking = booking_agent->create_persistent(
29            i_carrid   = 'LH'
30            i_connid   = '2104'
31            i_fldate   = '20010801'
32            i_bookid   = bookid
33            i_customid = customid ).
34         seatsocc = flight->get_seatsocc( ) + 1.
35         flight->set_seatsocc( seatsocc ).
36       ENDIF.
37       COMMIT WORK.
38     CATCH cx_os_error.
39       ROLLBACK WORK.
40   ENDTRY.
```

Listing 5.2 Laden und Aktualisieren eines persistenten Objekts

In den Zeilen 17 und 18 ist angedeutet, dass sich die Anwendung eine Buchungsnummer und eine Kundennummer besorgt. In den Zeilen 21 bis 24 wird der Flug mit der Identität »LH 2104 20010801« aus der Datenbank geladen. In den Zeilen 25 und 26 wird die Anzahl an verfügbaren Sitzplätzen aus den persistenten Attributen `SEATSOCC` und `SEATSMAX` berechnet. In den Zeilen 28 bis 33 wird eine Reservierung erzeugt, wenn für diesen Flug noch ein Sitzplatz verfügbar ist. In den Zeilen 34 und 35 wird das Attribut `SEATSOCC` des Flugs um 1 erhöht. Hier ist beispielhaft zu sehen, wie die beiden Zugriffsmethoden GET_SEATSOCC und SET_SEATSOCC in der Praxis eingesetzt werden. Wenn der Flug nicht gefunden wird, wird die Ausnahme CX_OS_OBJECT_NOT_FOUND ausgelöst, die in Zeile 38 generisch durch Angabe der Oberklasse CX_OS_ERROR aller Ausnahmeklassen der Object Services abgefangen wird; eine Reservierung wird dann nicht erzeugt. Existiert bereits eine Reservierung mit dieser Identität im Speicher, wird die Ausnahme CS_OS_OBJECT_EXISTING ausgelöst und durch den gleichen Ausnahmebehandler abgefangen. In diesem Behandler wird die Transaktion zurückgerollt, damit die Konsistenz der Daten erhalten bleibt. Vor dem Ausführen des Programms sollte sichergestellt werden, dass die Beispieldaten für den Flug auch in der Datenbank existieren – verwenden Sie andernfalls andere Daten oder legen Sie den Flug beispielsweise mithilfe von Transaktion SE16 oder noch besser über die Verwendung einer geeigneten persistenten Klasse in der Datenbanktabelle an. Als weiterführende Übung kann der Code noch um die fehlenden Zeilen ergänzt werden, die dafür sorgen, dass eine geeignete Buchungsnummer aus dem entsprechenden Nummernbereich und die Kundenummer aus der Kundentabelle geholt wird.

5.6.6 Ein persistentes Objekt löschen

Persistente Objekte müssen gelegentlich auch gelöscht werden. Ein persistentes Objekt kann mit der Interface-Methode IF_OS_FACTORY~DELETE_PERSISTENT zum Löschen vorgemerkt werden, wobei eine Referenz auf die Instanz als Parameter erwartet wird. Zum Commit-Zeitpunkt wird das persistente Objekt dann von der Datenbank gelöscht. Sollte mittels einer Zugriffsmethode auf eine zum Löschen vorgemerkte Instanz zugegriffen werden, wird die Ausnahme CX_OS_OBJECT_NOT_FOUND ausgelöst. In bestimmten Fällen[8] muss zur Sicherstellung der Konsistenz der Verwaltungsdaten das persistente Objekt vor dem Löschen erst von der Datenbank geladen werden, wobei es zu weiteren Ausnahmen kommen kann.

5.7 Funktionsweise des Transaktionsdienstes

Die vorhergehenden Abschnitte haben Ihnen gezeigt, wie persistente Objekte mit dem Persistenzdienst erzeugt, geladen, verwaltet und gelöscht werden können. Darüber hinaus verfügen die Object Services noch über einen überaus hilfreichen

---

8 Konkret: Bei persistenten Klassen mit gemischten Objektidentitäten (»Business Key« und »GUID«, siehe Abschnitt 5.8).

Transaktionsdienst, der das Verwalten von Transaktionen in objektorientierten Anwendungen erheblich vereinfacht.

Der Transaktionsdienst macht es möglich, programmgesteuert innerhalb einer Anwendung Transaktionsgrenzen festzulegen. Transaktionen werden durch so genannte Transaktionsobjekte dargestellt, die vom Transaktionsmanager verwaltet werden. Transaktionen und der Transaktionsmanager sind wie die Klassenakteure Objekte spezieller globaler Klassen. Die Klasse des Transaktionsmanagers folgt dem Singleton-Pattern und verfügt über eine Factory-Methode zur Erzeugung von Transaktionsobjekten. Der Transaktionsmanager implementiert das Interface IF_OS_TRANSACTION_MANAGER, eine Transaktion das Interface IF_OS_TRANSACTION.

Um einen Transaktionsmanager zu erzeugen, benötigt man die statische Methode GET_TRANSACTION_MANAGER der allgemeinen Systemdienstklasse CL_OS_SYSTEM, die eine Referenz auf den Transaktionsmanager zurückgibt. Mit dessen Methode CREATE_TRANSACTION wird ein Transaktionsobjekt erzeugt. Ein Transaktionsobjekt kann für genau eine Transaktion verwendet werden.

Eine Transaktion wird mit ihrer Methode START gestartet und mit ihrer Methode END abgeschlossen. Mit der Methode UNDO können die seit START durchgeführten Änderungen an Instanzen persistenter Klassen rückgängig gemacht werden.[9]

Die Object Services unterstützen auch geschachtelte Transaktionen, was bedeutet, dass innerhalb einer Transaktion eine Untertransaktion gestartet werden kann. Wird eine Untertransaktion rückgängig gemacht, dann werden alle Instanzen persistenter Klassen, die in dieser Untertransaktion geändert wurden, wieder in den Ursprungszustand versetzt, den sie beim Starten des Teilvorgangs hatten. Geschachtelte Transaktionen sind sinnvoll, um das operative Verhalten einer aufgerufenen Prozedur vom Aufrufenden zu isolieren. Mithilfe einer eigenen Untertransaktion kann die aufgerufene Prozedur ihre Änderungen an Instanzen persistenter Klassen rückgängig machen, ohne die Transaktionslogik des Aufrufenden zu verletzen.[10] Jede Transaktion, die während einer anderen Transaktion gestartet wird, ist eine Untertransaktion; parallele Transaktionen werden nicht unterstützt. Eine Transaktion, die nicht Untertransaktion einer anderen Transaktion ist, wird *Top-Level-Transaktion* genannt. Ein Programm kann zu einem Zeitpunkt immer nur eine Top-Level-Transaktion haben. Nach Beendigung einer Top-Level-Transaktion kann aber wieder eine neue Transaktion als Top-Level-Transaktion gestartet werden.

---

9 Dies gilt insbesondere auch für die transienten Instanzen persistenter Klassen.
10 Voraussetzung ist, dass die Untertransaktion nebenwirkungsfrei programmiert wurde und alle Zustandsaspekte als Attribute persistenter Klassen vorliegen.

Beim Aufruf der Methode END der Top-Level-Transaktion werden die Änderungen an den persistenten Instanzen mit der Datenbank abgeglichen und implizit die ABAP-Anweisung COMMIT WORK ausgeführt. Beim Aufruf der Methode UNDO der Top-Level-Transaktion werden die geänderten Instanzen wieder in den Zustand versetzt, den Sie vor Beginn der Transaktion hatten, und es wird implizit die ABAP-Anweisung ROLLBACK WORK ausgeführt.[11]

Um beim Aufruf von UNDO den Ursprungszustand wiederherstellen zu können, merken sich die Object Services die ursprünglichen Zustände aller Instanzen, die in einer Transaktion geändert werden, in einem Undo-Buffer. Wird eine Transaktion erfolgreich beendet, wird der Undo-Buffer gelöscht. Der Undo-Buffer verwendet zu diesem Zweck die beiden Interface-Methoden IF_OS_STATE~GET und IF_OS_STATE~SET des Persistenzdienstes.

Bei Ausführungen hintereinander, also beim Beenden einer Top-Level-Transaktion und dem nachfolgenden Start einer neuen Top-Level-Transaktion, werden die betroffenen persistenten Objekte invalidiert: Zu Beginn einer nachfolgenden Transaktion werden geladene persistente Instanzen invalidiert und erneut geladen (und auch wieder initialisiert), wenn in der nachfolgenden Transaktion auf sie zugegriffen wird. Das Invalidieren kann durch die Verwendung so genannter verketteter Transaktionen unterbunden werden. Verkettete Transaktionen werden mit den Methoden END_AND_CHAIN bzw. UNDO_AND_CHAIN verbunden. Die Methoden liefern die nachfolgende verkettete Transaktion als Rückgabewert.

Wie der Transaktionsdienst genutzt werden kann, sei anhand unserer Beispielanwendung aus Listing 5.2 im Folgenden kurz erläutert. In den bisherigen Listings haben wir noch nicht den Transaktionsdienst, sondern die klassische Anweisung COMMIT WORK verwendet, um unsere persistenten Instanzen auf die Datenbank zu schreiben. Es bietet sich jetzt natürlich an, den Transaktionsdienst anstelle der Anweisung COMMIT WORK zu verwenden. Listing 5.3 zeigt den Beispielcode, in dem die Zeilen 13 bis 18 sowie 21, 22, 31, 48 und 50 die für die Arbeit mit dem Transaktionsdienst entscheidenden sind.

```
1 REPORT object_services_3.
2
3 DATA: flight        TYPE REF TO zcl_flight,
4       flight_agent  TYPE REF TO zca_flight,
5       seatsfree     TYPE i,
6       seatsocc      TYPE i,
```

---

[11] Beim Aufruf der Methode undo einer Untertransaktion wird die Anweisung ROLLBACK WORK dagegen nicht ausgeführt und registrierte Verbuchungsfunktionsbausteine werden deshalb nicht zurückgenommen.

```
 7            bookid         TYPE s_book_id,
 8            customid       TYPE s_customer.
 9
10 DATA: booking       TYPE REF TO zcl_booking,
11       booking_agent TYPE REF TO zca_booking.
12
13 DATA: tm TYPE REF TO if_os_transaction_manager,
14       t TYPE REF TO if_os_transaction.
15
16 LOAD-OF-PROGRAM.
17   cl_os_system=>init_and_set_modes(
18     i_external_commit = oscon_false ).
19
20 START-OF-SELECTION.
21   tm = cl_os_system=>get_transaction_manager( ).
22   t = tm->create_transaction( ).
23
24   flight_agent = zca_flight=>agent.
25   booking_agent = zca_booking=>agent.
26
27   bookid   = ... " Get bookid
28   customid = ... " Get customid
29
30   TRY.
31       t->start( ).
32       flight = flight_agent->get_persistent(
33         i_carrid  = 'LH'
34         i_connid  = '2104'
35         i_fldate  = '20010801' ).
36       seatsfree = flight->get_seatsmax( ) -
37                   flight->get_seatsocc( ).
38       IF seatsfree > 0.
39         booking = booking_agent->create_persistent(
40           i_carrid   = 'LH'
41           i_connid   = '2104'
42           i_fldate   = '20010801'
43           i_bookid   = bookid
44           i_customid = customid ).
45         seatsocc = flight->get_seatsocc( ) + 1.
46         flight->set_seatsocc( seatsocc ).
```

```
47        ENDIF.
48        t->end( ).
49     CATCH cx_os_error.
50        t->undo( ).
51   ENDTRY.
```

Listing 5.3 Verwendung des Transaktionsdienstes anstatt der Anweisung COMMIT WORK

In den Zeilen 17 und 18 wird der Transaktionsdienst explizit initialisiert[12], dies muss im Ereignisblock LOAD-OF-PROGRAM geschehen. In den Zeilen 21 und 22 wird ein Transaktionsobjekt erzeugt. Die eigentliche Transaktion beginnt in Zeile 31 und wird in Zeile 48 beendet. Falls eine Ausnahme abgefangen wurde, wird in Zeile 50 die Transaktion zurückgerollt.

5.7.1 Transaktionsinteroperabilität

Um Interoperabilität mit ABAP-Standardtransaktionen zu gewährleisten, sind die Transaktionen der Object Services eng mit dem SAP-LUW-Konzept verbunden.

Angenommen, eine Legacy-Anwendung (eine ABAP-Standardanwendung) riefe eine Komponente, die den Object-Services-Persistenzdienst verwendet, auf. Falls noch keine Top-Level-Transaktion aktiv ist, erzeugen und starten die Object Services automatisch eine Top-Level-Transaktion. Wenn die Legacy-Anwendung die ABAP-Anweisung COMMIT WORK ausführt, wird die Top-Level-Transaktion implizit beendet und es werden Verbuchungsbausteine registriert, die die Änderungen an den persistenten Instanzen mit der Datenbank abgleichen. Diese werden zusammen mit allen übrigen registrierten Verbuchungsbausteinen der Verbuchung zur Ausführung übergeben.

Dieses Szenario wird als *Kompatibilitätsmodus* bezeichnet. Die aufgerufene Object-Services-Komponente kann auch verschachtelte Transaktionen verwenden, um eigene Änderungen lokal rückgängig zu machen. Im Kompatibilitätsmodus kann wie gewohnt mithilfe der ABAP-Anweisung SET UPDATE TASK LOCAL die lokale Verbuchung bzw. mit COMMIT WORK AND WAIT die synchrone Verbuchung aktiviert werden.

---

12 Falls keine solche explizite Initialisierung erfolgt, werden persistente Objekte im so genannten Kompatibilitätsmodus innerhalb klassischer SAP-LUWs behandelt. Die Anweisung COMMIT WORK muss dann explizit im Programm angegeben werden, um Änderungen festzuschreiben (siehe Abschnitt 5.7.1).

Angenommen, eine Object-Services-Anwendung (eine Anwendung, die sowohl den Persistenz- als auch den Transaktionsdienst nutzt) riefe eine Komponente einer Legacy-Anwendung auf (eine ABAP-Standardkomponente). Wenn die Object-Services-Anwendung explizit eine Top-Level-Transaktion beendet, werden automatisch Verbuchungsbausteine registriert, die die Änderungen an den persistenten Instanzen mit der Datenbank abgleichen. Danach führen die Object Services implizit die ABAP-Anweisung COMMIT WORK aus. Damit werden alle registrierten Verbuchungsbausteine ausgeführt, also auch die von der Legacy-Komponente registrierten Verbuchungsbausteine. Dieses Szenario wird als *OO-Transaktionsmodus* bezeichnet. Sollte die aufgerufene Legacy-Komponente die Anweisung COMMIT WORK ausführen, wird ein nicht abfangbarer Laufzeitfehler ausgelöst. Im OO-Transaktionsmodus kann beim Aufruf der Methode INIT_AND_SET_MODES der Klasse CL_OS_SYSTEM mithilfe des Parameters I_UPDATE_MODE der so genannte *Update-Modus* gesetzt werden. Wie in einer klassischen SAP-LUW gibt es die asynchrone, lokale und synchrone Verbuchung. An I_UPDATE_MODE können hierfür die Konstanten oscon_dmode_update_task, oscon_dmode_local und oscon_dmode_update_task_sync der Typgruppe OSCON übergeben werden.

Der OO-Transaktionsmodus kann entweder durch den Aufruf der Methode INIT_AND_SET_MODES der Klasse CL_OS_SYSTEM und der Übergabe der Konstanten oscon_false (aus der Typgruppe OSCON) an den Parameter I_EXTERNAL_COMMIT aktiviert werden oder einfacher durch den Aufruf des Programms über einen Transaktionscode, der in der ABAP Workbench (Transaktion SE93) als OO-Transaktion angelegt wurde und bei dem die Checkbox **OO-Transaktionsmodell** markiert ist. Beim Anlegen eines solchen Transaktionscodes ist auch die Angabe des Update-Modus möglich.

Gemäß dem ABAP-Programmiermodell muss ein Anwendungsprogramm die Isolation von Transaktionen über Sperren des SAP-Enqueue-Servers sicherstellen: Über so genannte Sperrobjekte können mithilfe von generierten ENQUEUE- bzw. DEQUEUE-Funktionsbausteinen Lese- und Schreibsperren angefordert werden. Da es für die Object Services zurzeit keinen eigenen Sperrdienst gibt, muss der Aufruf der Funktionsbausteine vom Anwendungsentwickler selbst implementiert werden. Hier bietet es sich an, im Klassenakteur entsprechende Methoden zum Sperren und Entsperren einer Instanz anzubieten, die dann vom Verwender der persistenten Klasse aufgerufen werden.

5.8 Tipps für die Arbeit mit Object Services

Zum Abschluss möchten wir Ihnen einige hilfreiche Tipps für das Anlegen und die Verwendung persistenter Klassen nicht vorenthalten:

- Wenn Sie Datenbanktabellen vorhandener ABAP-Standardanwendungen mit einer persistenten Klasse verknüpfen möchten, sollten Sie die Objektidentität »Business Key« verwenden. Sie können dann mit dem üblichen Tabellenschlüssel, einem semantischen Schlüssel, auf die Daten zugreifen.

- Wenn große Objektgraphen persistent gemacht werden sollen, dann unter Verwendung der Objektidentität »GUID« und persistenter Referenzen.

- Wenn Sie mit einem semantischen Schlüssel auf einen Objektgraphen zugreifen möchten, sollte eine Klasse mit der Objektidentität »Business Key« und eine persistente Referenz auf die Wurzelklasse des Objektgraphen verwendet werden.

- Auch eine Mischung der Objektidentitäten »Business Key« und »GUID« ist möglich; mit der Konsequenz, dass dann auf ein persistentes Objekt sowohl mit dem semantischen Schlüssel als auch über eine persistente Referenz zugegriffen werden kann. In diesem Fall ist der semantische Schlüssel auf die Schlüsselfelder abgebildet. Das Feld, das die GUID beinhaltet, ist kein Schlüsselfeld. Es muss aber ein eindeutiger Sekundärindex auf diesem Feld angelegt werden.

- Wenn Sie nicht alle Felder einer Datenbanktabelle als persistente Attribute in der persistenten Klasse abbilden wollen, können Sie die Attribute auf die Felder eines updatefähigen Views mappen, der nur die relevanten Felder der Datenbanktabelle beinhaltet. Der **Pflegestatus** des Views muss **lesen und ändern** sein.

- Eine persistente Klasse kann statt auf eine Datenbanktabelle auch auf eine Struktur des ABAP Dictionary gemappt werden. In diesem Fall muss der Code für den Datenbankzugriff (Lesen, Einfügen, Aktualisieren, Löschen) durch Redefinition der Methoden MAP_LOAD_FROM_DATABASE_KEY, MAP_LOAD_FROM_DATABASE_GUID bzw. MAP_SAVE_TO_DATABASE in der Klasse des Klassenakteurs selbst implementiert werden. Damit können beispielsweise tabellenartige persistente Attribute in persistenten Klassen realisiert werden.

- Da es zurzeit keine Query-Language gibt, kann es notwendig sein, zusätzliche GET_PERSISTENT-Methoden in die Klassenakteure aufzunehmen, mit denen persistente Objekte anhand bestimmter persistenter Attribute der Klasse von der Datenbank geladen werden können. Zur Verbesserung der Performance sind auch GET_PERSISTENT-Methoden zum Laden mehrerer Instanzen mit einem einzigen Open-SQL-Statement denkbar.

- Wie bei Open SQL wird das Mandantenfeld in mandantenabhängigen Datenbanktabellen von den Object Services automatisch behandelt. Aus diesem Grund kann und darf für das Mandatenfeld kein objektrelationales Mapping angegeben werden.

- Bei Objektpersistenz-Frameworks wie den Object Services entstehen durch die automatische Persistenzverwaltung natürlich zusätzliche Kosten beim Zugriff auf die Inhalte von Datenbanktabellen, da die Inhalte immer erst in ein Objekt geladen werden müssen. Bei Anwendungen, die Millionen von Objekten behandeln, können diese zusätzlichen Kosten zu einem Performance-Engpass führen, sodass es in solchen Fällen besser sein kann, Objekte manuell mithilfe von Open-SQL-Anweisungen persistent zu machen bzw. die Daten in internen Tabellen vorzuhalten.

5.9 Fazit

Dieses Kapitel hat gezeigt, wie Object Services die Lücke zwischen dem relationalen Datenmodell, das nach wie vor die Grundlage (fast) jeder persistenten Datenspeicherung im ABAP-basierten SAP Web Application Server ist, und dem objektorientierten Modell, das seit der Einführung von ABAP Objects zur Programmierung des Web Application Servers zur Verfügung steht, schließt:

- Der Persistenzdienst bietet eine transparente Objektpersistenz, wobei die meisten Aspekte automatisch behandelt werden. Es ist kein eigener Open-SQL-Code mehr nötig, um Objekte in einer Datenbank persistent zu machen.

- Mit dem Transaktionsdienst können Transaktionen objektorientiert durchgeführt und kontrolliert werden. Objektorientierte Transaktionen bieten im Gegensatz zur alleinigen Verwendung des klassischen SAP-LUW-Konzeptes die Möglichkeit, Transaktionen zu schachteln.

Da dieses Kapitel natürlich nur einen kleinen Überblick über die Object Services geben konnte, soll es Sie hauptsächlich dazu anregen, sich der geschilderten Methoden selbst einmal zu bedienen. Für detailliertere Informationen über die Object Services möchten wir auf das entsprechende Kapitel der SAP-Bibliothek verweisen. Sie finden es unter *http://help.sap.com* (**Documentation · SAP NetWeaver · SAP Web Application Server · ABAP-Technologie · ABAP-Programmierung und Laufzeitumgebung · Object Services**).

6 Praktische Einführung in die ABAP-Dateischnittstelle

Gerd Kluger

Bei der Dateiein- und -ausgabe handelt es sich um eine der seltenen Gelegenheiten, bei der ABAP-Programmierer nicht umhin können, die ihnen vertraute Welt eines SAP-Systems zu verlassen. Der Programmierer überschreitet dabei die Grenzen einer perfekt abgestimmten, homogenen Umgebung und wird mit der heterogenen Wirklichkeit konfrontiert, die von verschiedenen Betriebs- und Dateisystemen geprägt ist.

Die Erfahrung lehrt, dass es gerade bei der Ein- und Ausgabe von Dateien häufig zu Problemen kommt. Stellvertretend seien hier fehlerhafte Daten und unerwartetes Verhalten von Programmen genannt. Die Gründe hierfür sind vielfältig. Programmierer kennen oft nicht die Herausforderungen, auf die sie außerhalb eines SAP-Systems treffen, wie z. B. plattformspezifische Besonderheiten. Oder sie sind sich über die im Hintergrund ablaufenden impliziten Prozesse, beispielsweise wie Datensätze in ABAP auf physikalischen Dateien des Dateisystems abgebildet werden, nicht gänzlich im Klaren.

Dieses Kapitel bietet Ihnen einen Überblick über die verschiedenen Aspekte, die es bei der Arbeit mit Dateien in ABAP zu bedenken gilt. Schwerpunktmäßig werden dabei Fallstricke beschrieben, die typischerweise auftreten, und es wird Ihnen erläutert, wie Sie diese vermeiden können. Der erste Teil des Kapitels (Abschnitte 6.1 und 6.2) befasst sich hauptsächlich mit der Dateischnittstelle der R/3-Releases bis einschließlich Release 4.6. Ab Release 6.10 wartet das SAP-System mit vielen Änderungen und Verbesserungen auf, wodurch die Arbeit mit Dateien erheblich sicherer wird. Diese Änderungen, zusammen mit den wichtigsten neuen Merkmalen der Dateischnittstelle, sind Gegenstand des zweiten Teils dieses Kapitels (Abschnitte 6.3 und 6.4).

6.1 Grundlegendes zur Ein- und Ausgabe von Dateien

Ein typisches ABAP-basiertes SAP-System ist in seiner Architektur mehrschichtig aufgebaut und besteht aus einer Datenbank, einem oder mehreren Applikationsservern und vielen separaten Präsentationsservern (Frontends). Das macht die Ein- und Ausgabe von Dateien zu einem mehrdeutigen Begriff, den es zunächst zu klären gilt: Ist der Zugriff auf Dateien auf dem Präsentationsserver oder auf dem Applikationsserver gemeint? Im Rahmen dieses Kapitels bezieht sich der Begriff der »Dateibehandlung« immer auf jene Dateien, die auf dem *Applikationsserver* liegen. Es gibt keine Möglichkeit, Dateien des Präsentationsservers direkt mit ABAP-Anweisungen zu bearbeiten. Wenn auf Dateien des Frontends zugegriffen werden soll, müssen besondere Funktionsbausteine namens GUI_UPLOAD und GUI_DOWNLOAD[1] verwendet werden. Nur dadurch wird eine programminterne Bearbeitung solcher Dateien ermöglicht.

Es gibt zwei Arten von Dateioperationen: Lesen des Dateiinhalts sowie die Übertragung von Daten in eine Datei. Bevor mit einer Datei gearbeitet werden kann, muss diese typischerweise erst geöffnet werden. Ein Bearbeitungszyklus endet mit dem Schließen der Datei. Die mit diesen vier Tätigkeiten korrespondierenden Anweisungen sind in ABAP die folgenden:

- `OPEN DATASET dsn.`
  zum Öffnen einer Datei
- `READ DATASET dsn INTO f.`
  zum Einlesen aus einer Datei
- `TRANSFER f TO dsn.`
  zum Schreiben in eine Datei
- `CLOSE DATASET dsn.`
  zum Schließen einer Datei

Bei allen Operationen ist `dsn` der Dateiname, unter dem die Datei dem jeweiligen Betriebssystem bekannt ist; es handelt sich dabei um den »physikalischen« Dateinamen. Anders als in anderen Programmiersprachen gibt es in ABAP kein *File-Handle* zur Kennzeichnung einer Datei, vielmehr dient der Name der Datei selbst als solcher. Infolgedessen kann eine Datei auch nicht mehrfach in demselben Programm geöffnet werden.

Da es sich bei `dsn` um den Dateinamen handelt, wie er dem Betriebssystem bekannt ist, kann es bei heterogenen Umgebungen zu Problemen kommen. In einem UNIX-System werden Dateien beispielsweise durch Pfade gekennzeichnet, die sich aus dem Namen des Verzeichnisses, in dem die Datei liegt, und dem tatsächlichen Namen der Datei zusammensetzen. Die einzelnen Angaben werden hierbei durch einen Schrägstrich (/) voneinander getrennt. Zum Beispiel ist *foo/bar* ein korrekter Dateiname; dieser bezeichnet die Datei *bar* im Verzeichnis *foo*. Auch in Windows gibt es den Begriff des Pfades, allerdings werden hier die Verzeichnisse und Dateinamen durch einen Backslash (\) voneinander getrennt. Gleichzeitig können Verzeichnisse zu verschiedenen Laufwerken gehören, gekennzeichnet durch einen Laufwerksbuchstaben, oder es können zum Zugriff

---

1 Diese Funktionsbausteine lösen seit Release 6.10 die Funktionsbausteine WS_UPLOAD und WS_DOWNLOAD ab. Eine objektorientierte Verschalung wird durch die umfassendere Klasse CL_GUI_FRONTEND_SERVICES zur Verfügung gestellt.

auf Remote-Dateien so genannte UNC-Namen benutzt werden. Ein Beispiel für den ersten Fall ist *C:\foo\bar*: Die Datei *bar* befindet sich im Verzeichnis *foo* auf dem Laufwerk *C*. *\\somehost\foo\bar* bezeichnet hingegen die Datei *bar* im Verzeichnis *foo* auf dem Rechner *somehost*, auf dem für das Verzeichnis *foo* eine Netzwerkfreigabe erteilt wurde.

Wie Sie bereits an diesen einfachen Beispielen sehen können, ist es nicht sinnvoll, Dateinamen direkt zu verwenden – auch wenn dies der Einfachheit halber in diesem Kapitel so gehandhabt wird: Wenn nämlich Applikationsserver auf verschiedenen Plattformen arbeiten, ist es möglich, dass ein Dateiname, der auf der einen Plattform korrekt ist, auf einer anderen Plattform keinen korrekten Pfadnamen bezeichnet. Viel besser ist es daher, plattformunabhängige, logische Dateinamen zu verwenden. Die Zuordnung der logischen Dateinamen zu entsprechenden physikalischen Dateinamen wird in Transaktion FILE definiert. Der Funktionsbaustein FILE_GET_NAME kann dann innerhalb eines Programms verwendet werden, um den physikalischen Namen zu einer logischen Datei zu bestimmen.

Ein weiterer wichtiger Punkt, den es zu erwähnen gilt, bevor wir uns den eigentlichen Dateioperationen zuwenden, betrifft die Zugriffsrechte bzw. Berechtigungsprüfungen. Aus Sicht des Betriebssystems werden nämlich alle ABAP-Dateioperationen vom ABAP-Kernel ausgeführt – mit der Konsequenz, dass sie untrennbar mit der Identität des Benutzers des Betriebssystems verknüpft sind, der den aktuellen Workprozess gestartet hat. Für gewöhnlich handelt es sich dabei um den Benutzer, unter dem das SAP-System installiert wurde. Dies hat folgende Konsequenzen:

▶ Der Betriebssystembenutzer, der das SAP-System gestartet hat, muss über Betriebssystemzugriffsrechte für alle Dateien und Verzeichnisse verfügen, die in den ABAP-Dateioperationen verwendet werden.

▶ Zugriffsberechtigungen des Betriebssystems können nicht zur Kontrolle der Dateizugriffe durch verschiedene SAP-Benutzer verwendet werden. Hier wird ein anderer Mechanismus benötigt. Dies erledigt die SAP-Berechtigungsprüfung, die mit Transaktion PFCG (Rollenpflege) als Nachfolger der Transaktionen SU02 (Profile) und SU03 (Berechtigungen) konfiguriert werden kann. Diese Berechtigungsprüfung ist in den Kernel integriert, um zu gewährleisten, dass Benutzer nur dann auf die Betriebssystemressourcen zugreifen können, wenn ihnen dazu ausdrücklich das Recht eingeräumt wurde. Wenn z. B. ein Benutzer versucht, ohne Berechtigung mit der Anweisung OPEN DATASET eine Datei zu öffnen, führt das zu einem Laufzeitfehler.[2]

---

2 Zur Vermeidung des Laufzeitfehlers verwenden Sie den Funktionsbaustein AUTHORITY_CHECK_DATASET. Prüfen Sie damit vor einem Zugriff, ob der Benutzer über Zugriffsrechte verfügt.

6.1.1 Öffnen einer Datei

Wie bereits erwähnt, dient der Befehl OPEN DATASET zum Öffnen einer Datei. Die eigentliche Anweisung besitzt sehr viele Zusätze, mit denen dem System mitgeteilt wird, was mit der Datei geschehen soll, wie ihr Inhalt strukturiert ist usw.

Ab Release 6.10 gibt es vier verschiedene Zugriffsmodi, in denen die Datei geöffnet werden kann; in allen älteren Versionen stehen nur die ersten drei Zusätze zur Verfügung:

- **FOR INPUT**
  Dieser Zusatz öffnet eine vorhandene Datei für lesenden Zugriff.
- **FOR OUTPUT**
  Dieser Zusatz öffnet eine Datei für schreibenden Zugriff. Falls die Datei nicht vorhanden ist, wird sie angelegt; falls sie bereits existiert, wird ihr ursprünglicher Inhalt gelöscht.
- **FOR APPENDING**
  Mit diesem Zusatz wird eine vorhandene Datei zur Fortschreibung geöffnet. Ist die Datei nicht vorhanden, wird sie angelegt.
- **FOR UPDATE** (ab Release 6.10)
  Mit diesem Zusatz kann der Inhalt einer vorhandenen Datei geändert werden – d.h., man kann eine vorhandene Datei lesen und darin schreiben. Die Datei muss dazu allerdings vorhanden sein.

In den Releases vor 6.10, die über den Zusatz FOR UPDATE noch nicht verfügten, erfolgte das Ändern einer vorhandenen Datei durch das Öffnen über FOR INPUT und anschließende TRANSFER-Anweisungen, wobei der Zusatz FOR INPUT einfach ignoriert wurde. Es ist ersichtlich, dass dies leicht zu unerwünschten Ergebnissen führen kann, da Dateien hiermit nicht effektiv gegen Überschreiben geschützt werden können. Um ein versehentliches Schreiben in eine Datei, die nur zum Lesen geöffnet wurde, auszuschließen, wurde mit Release 6.10 die Anwendung von TRANSFER-Anweisungen auf solche Dateien verboten. Entsprechend musste der neue Zusatz FOR UPDATE eingeführt werden, um die Funktionalität des Änderns von Dateien zu erreichen.

Nach der Festlegung der Zugriffsart für die Datei sollte angegeben werden, wie ihre Daten strukturiert sind:

- Wenn die Daten in Zeilen angeordnet sind, öffnen Sie die Datei mit dem Zusatz IN TEXT MODE.
- Wenn die Daten unstrukturiert sind und Byte für Byte bearbeitet werden sollen, öffnen Sie die Datei mit dem Zusatz IN BINARY MODE.

In den Releases vor 6.10 besteht der Hauptunterschied zwischen TEXT MODE und BINARY MODE in der Verwendung bzw. Berücksichtigung von Zeilenende-Markierungen. Leider werden die Daten in beiden Modi immer in binärer Form übertragen (bzw. gelesen). Dies führt zu unerwarteten Ergebnissen, wenn eine Datei im Textmodus geöffnet wird, einige Daten jedoch dasselbe Bytemuster aufweisen wie die Zeilenende-Markierung. Dies ist beispielsweise bei der Übertragung von Integer-Werten (Datentyp i) nicht ganz unwahrscheinlich.

Die Zeilenende-Markierung ist je nach Plattform unterschiedlich. Auf UNIX-Plattformen besteht sie aus einem einzigen Zeilenvorschub-Zeichen (<LF>), Windows verwendet den »Wagenrücklauf mit Zeilenvorschub« (eine Folge der zwei Zeichen <CR><LF>).

Wenn eine vorhandene Datei unter Windows in TEXT MODE geöffnet wird, versucht die ABAP-Laufzeitumgebung aus dem Inhalt der Datei abzulesen, wie die Zeilen getrennt werden, und verwendet dann diesen Stil. Der von der Plattform abhängige Stil wird nur verwendet, wenn die Datei noch nicht vorhanden ist. Dies trägt häufig zur Verwirrung bei, insbesondere wenn eine bereits existierende Datei FOR OUTPUT geöffnet wird, da hier der ursprüngliche Inhalt gelöscht wird, der Zeilenende-Stil jedoch wider Erwarten erhalten bleibt. Um dies zu vermeiden, löschen Sie die Datei, bevor Sie sie für einen schreibenden Zugriff öffnen. Eine Datei kann mit der Anweisung DELETE DATASET gelöscht werden.

Zwei weitere Zusätze zum OPEN DATASET sollten noch erwähnt werden:

- **AT POSITION pos**
  Dieser Zusatz wird zum Öffnen einer Datei an einer bestimmten Stelle verwendet (z.B. nicht am Anfang). Dabei ist Vorsicht geboten, wenn eine vorhandene Datei an einer bestimmten Position geändert werden soll! Öffnen Sie die Datei in diesem Fall mit dem Zusatz FOR UPDATE. Mit der Anweisung FOR OUTPUT würde die Datei nämlich erst gelöscht und erst dann an die angegebene Stelle positioniert werden. Da in den Releases vor 6.10 der Zusatz FOR UPDATE zur Anweisung OPEN DATASET nicht existiert, haben Sie hier nur die Möglichkeit, die Datei mit dem Zusatz FOR INPUT zu öffnen.

- **FILTER f**
  Diese Filteroption wurde entwickelt, um Daten durch externe Betriebssystemanweisungen wie z.B. COMPRESS oder UNCOMPRESS zu schleusen. Viele Programmierer verwenden sie jedoch auch zum Starten von Betriebssystemanweisungen aus ABAP heraus.

6.1.2 Schließen einer Datei

Eine Datei, auf die nicht mehr lesend oder schreibend zugegriffen werden soll, wird mit der Anweisung CLOSE DATASET geschlossen. Obwohl das Schließen nicht absolut notwendig ist, da diese Aufgabe letzten Endes automatisch von der ABAP-Laufzeitumgebung bei Beendigung des Programms vorgenommen wird, gibt es für das explizite Schließen von Dateien einige gute Gründe:

1. Das Schließen von Dateien gibt interne Ressourcen frei. Die Anzahl an Dateien, die gleichzeitig geöffnet sein können, ist begrenzt. Wenn eine Datei also länger als nötig geöffnet ist, werden File-Handle-Ressourcen verschwendet. Dies kann zu Lasten einer Datei gehen, die tatsächlich geöffnet sein muss.

2. Da jede Ein- und Ausgabe gepuffert wird, kann es sein, dass geschriebene Daten erst dann physikalisch auf der Festplatte landen, wenn die Datei geschlossen wird, da dann alle Puffer geleert werden. Manche Probleme werden aber erst beim Leeren des Puffers entdeckt, z.B. wenn kein Speicherplatz mehr vorhanden ist oder bei Remote-Dateien Probleme in der Netzwerkverbindung bestehen. Die Anweisung CLOSE DATASET liefert hier eine behandelbare Ausnahme, auf die vor der Fortführung eines Programms reagiert werden kann.

3. Bei einer mit den Zusätzen FILTER und FOR OUTPUT geöffneten Datei ist das Schließen sehr wichtig, da der Prozess, der das Hintergrund-Kommando ausführt, nur dann ein Dateiende-Signal bekommt und seine Bearbeitung beenden kann. Zudem ist dies der einzige Weg, um überprüfen zu können, ob der Filterbefehl erfolgreich war.

Beim Schließen einer Datei ist die Bedeutung des Rückgabewertes des Befehls (sy-subrc) unterschiedlich – je nachdem, ob die Datei mit dem Filterzusatz geöffnet wurde oder nicht. War dies nicht der Fall, zeigt ein Rückgabewert von »0« an, dass die Datei korrekt geschlossen werden konnte. Wurden Daten geschrieben bzw. in der Datei geändert, so sind diese anschließend physikalisch in der Datei vorhanden. Wenn ein Filterzusatz verwendet wurde, wird der Exit-Status der Shell zurückgegeben, die das zum Filterbefehl korrespondierende Betriebssystemkommando gestartet hat. Im Allgemeinen wird sich die Shell mit dem Exit-Status des Kommandos beenden, das sie gestartet hat, und es ist üblich, dass sich Kommandos im Erfolgsfall mit einem Status von »0« beenden. All dies ist jedoch stark plattformabhängig und nicht der Kontrolle der ABAP-Laufzeitumgebung unterworfen. Demnach können sich zahlreiche Probleme ergeben, wenn das Verhalten der externen Befehle nicht genau bekannt ist (insbesondere hinsichtlich des Exit-Status) oder wenn nicht bekannt ist, ob die Shell überhaupt das Kommando kennt. Zum Beispiel kann nicht zwischen einem Fehler, der von der Shell gemeldet wird (z.B. weil ein Programm nicht gefunden wurde) und dem

Exit-Status des aufgerufenen Kommandos unterschieden werden, wenn beide den gleichen Wert aufweisen, da beide mit demselben Rückgabewert signalisiert werden. Im Regelfall können Sie jedoch beruhigt davon ausgehen, dass die Anweisung erfolgreich abgeschlossen wurde, wenn es zu keiner Ausnahme kam und `sy-subrc` den Wert »0« enthält.

Wenn während des Schließens einer Datei ein Problem auftritt und das Risiko eines Datenverlustes besteht, wird eine behandelbare Ausnahme ausgelöst. Dies ist insbesondere dann der Fall, wenn Daten im Ausgabepuffer verblieben sind, die nicht auf die Festplatte übertragen werden konnten, oder wenn eine Datei `FOR OUTPUT` mit dem Filterzusatz geöffnet wurde und das Filterkommando mit einem Exit-Status ungleich 0 beendet wurde.

6.1.3 Lesen aus einer Datei

Mit der Anweisung `READ DATASET` werden Daten aus einer Datei gelesen. Hierzu gibt man den Namen der Datei an und spezifiziert eine Variable, in die diese Daten übertragen werden sollen. Die Variable kann von unterschiedlichem Typ sein, z. B. zeichenartig oder numerisch. Es kann sich auch um eine so genannte *flache* Struktur handeln, also eine Struktur, die keine Elemente enthält, die nicht in-place in der Struktur gespeichert werden können, wie z. B. Strings, interne Tabellen oder Daten- bzw. Objektreferenzen. Strings als Zielfeld sind aber durchaus erlaubt, wenn sie selbst direkt als Zielfeld (und nicht als Komponente einer Zielstruktur) verwendet werden.

Der Rückgabewert (`sy-subrc`) zeigt an, ob die Daten gelesen wurden – ein `sy-subrc` von 4 bedeutet beispielsweise, dass das Dateiende erreicht wurde und keine weiteren Daten mehr verfügbar sind. Wie die Daten der Datei gelesen werden, hängt davon ab, ob die Datei im Textmodus oder im Binärmodus geöffnet wurde. Im Binärmodus werden die Daten gelesen, bis die angegebene Variable gefüllt ist. Wenn Sie eine Binärdatei in eine Variable vom Typ `xstring` einlesen, ist die Länge der einzulesenden Daten im Standardfall nicht festgelegt und es wird die gesamte Datei eingelesen. Um die Anzahl der Bytes zu begrenzen, die maximal in einer Anweisung `READ DATASET` eingelesen werden soll, können Sie den Zusatz `MAXIMUM LENGTH` verwenden.

Wenn die Datei im Textmodus geöffnet wurde, wird davon ausgegangen, dass die Datei aus einzelnen Zeilen besteht und jede `READ DATASET`-Anweisung liest – außer, wenn der Zusatz `MAXIMUM LENGTH` verwendet wird – genau eine Zeile. Die Daten werden dann an die Variable übertragen. Wenn die Variable zu kurz ist, um die gelesenen Daten vollständig aufzunehmen, werden die überzähligen Daten verworfen; ist sie größer, wird sie mit Leerzeichen aufgefüllt.

Um herauszufinden, wie viele Daten beim READ DATASET aus der Datei gelesen wurden, kann der Zusatz LENGTH len verwendet werden. Der in der Variablen len zurückgegebene Wert gibt die tatsächliche Länge der eingelesenen Daten an. Im Binärmodus bezieht sich der Wert auf die Länge in Byte, im Textmodus auf die Länge in Zeichen. Beachten Sie dabei, dass die Zeilenende-Markierungen im Textmodus nicht übergeben werden und auch nicht als Zeichen gezählt werden.

6.1.4 Schreiben in eine Datei

Mit der Anweisung TRANSFER kann in eine Datei geschrieben werden. In der Anweisung werden das zu schreibende Datenobjekt und der Name der Datei, die diese Daten aufnehmen soll, angegeben. Genau wie bei der Anweisung READ DATASET können Sie auch hier verschiedene Datentypen verwenden. Bei Strukturen muss auch hier sichergestellt sein, dass diese flach sind, also keine Strings, internen Tabellen oder Referenzen enthalten. Für gewöhnlich ist die geschriebene Datenmenge vom Datentyp abhängig; mit dem Zusatz LENGTH kann aber auch eine explizite Länge vorgegeben werden. Dies ist besonders nützlich, wenn lediglich Teile einer größeren Struktur geschrieben werden sollen (die explizit angegebene Länge muss dann kleiner sein als die Größe der Datenstruktur) oder wenn die Daten in einer Textdatei zusätzlich mit Leerzeichen bzw. in einer Binärdatei mit hexadezimal 0 aufgefüllt werden sollen (die angegebene Länge muss dann größer sein).

Wie die Daten geschrieben werden, hängt wiederum davon ab, in welchem Modus die Datei geöffnet wurde: Im Binärmodus wird einfach das Speicherlayout der Daten auf die Datei übertragen, im Textmodus hingegen werden schließende Leerzeichen entfernt und die Daten werden zusätzlich mit einer Zeilenende-Markierung abgeschlossen.

Denken Sie daran, dass alle Ausgaben gepuffert werden. Gehen Sie also nicht davon aus, dass die Daten direkt nach einer TRANSFER-Anweisung auch tatsächlich in der Datei enthalten sind. Die Daten werden nur nach einem Flush physikalisch auf der Festplatte gespeichert. Dies geschieht beispielsweise dann, wenn der Puffer beim Schreiben voll wird, wenn Sie vom Schreiben zum Lesen wechseln, wenn Sie die Dateiposition ändern oder die Datei schließen.

6.2 Fallen bei der Ein- und Ausgabe von Dateien

Beim Arbeiten mit Dateien kommt es in der Praxis immer wieder zu unterschiedlichen Problemen, von denen einige in den folgenden Abschnitten genauer beschrieben und analysiert werden sollen. Sie lassen sich in unterschiedliche Kategorien einordnen: Beispielsweise solche, die durch Automatismen der ABAP-

Laufzeitumgebung bedingt sind, oder solche, die sich durch unterschiedliche Plattformen und Öffnungsmodi ergeben. Auch das Netzwerk und die Tatsache, dass unter Umständen mehrere Benutzer an den Dateien arbeiten, bringen des Öfteren Schwierigkeiten mit sich, die ebenfalls im Folgenden näher erläutert werden.

6.2.1 Probleme impliziter Mechanismen der ABAP-Laufzeit

Eines der anfänglich mit ABAP verfolgten Hauptziele lautete, so viel wie möglich zu automatisieren, um Anwendungsprogrammierern die Arbeit zu erleichtern. Implizite Arbeitsbereiche für interne Tabellen sind dafür ein gutes Beispiel. Ein anderes ist der Verzicht auf strenge Typisierung oder auch die Semantik von Anweisungen wie MOVE, die es erlauben, (fast) beliebige Daten auf jede Variable zu übertragen, wobei (mehr oder weniger) sinnvolle Konvertierungen automatisch stattfinden. Während das Programmieren durch diese automatisierten Mechanismen durchaus erleichtert wurde, kam es andererseits auch häufig zu schwer lösbaren Problemen.

Die Dateischnittstelle ist in hohem Maße von diesen automatischen Mechanismen betroffen. Als Beispiel sei die Anweisung OPEN DATASET angeführt: Man braucht dem System nicht explizit »mitzuteilen«, ob in eine Datei geschrieben werden soll – selbst wenn eine Datei nur zum Lesen geöffnet wird, kann dennoch in die Datei geschrieben werden. Tatsächlich müssen Sie dem System nicht einmal vermitteln, welche Zugriffsart Sie verwenden möchten; wenn Sie nichts angeben, wird standardmäßig der Zusatz FOR INPUT verwendet. Es liegt auf der Hand, dass ein solcher Spielraum gewisse Risiken in sich birgt, da die Datei z. B. unbeabsichtigt überschrieben werden kann.

Nicht so offensichtlich ist das Problem, das durch das automatische Öffnen einer Datei beim ersten READ oder TRANSFER entsteht. In ABAP muss nämlich eine Datei nicht einmal ausdrücklich mit der Anweisung OPEN DATASET geöffnet werden. Dies geschieht durch die erste READ- oder TRANSFER-Anweisung automatisch. Da jedoch READ oder TRANSFER über keine Optionen verfügen, die den Öffnungsmodus festlegen, muss auf einen Standardwert zurückgegriffen werden. Der Standardwert ist derselbe wie bei OPEN DATASET ohne jegliche Zusätze: Die Datei wird FOR INPUT und IN BINARY MODE geöffnet. Dies kann zu einer unangenehmen Situation führen, wie in Abbildung 6.1 zu sehen ist.

```
         ┌──────────────────┐
         │  OPEN DATASET dsn│
         │  IN TEXT MODE.   │◄──┐
         └────────┬─────────┘   │
              a   │         b
                  ▼
                 ⊗ ◄────────────┘
                  │
                  ▼
         ┌──────────────────┐
         │  READ DATASET dsn│
         │       INTO f.    │
         └──────────────────┘
```

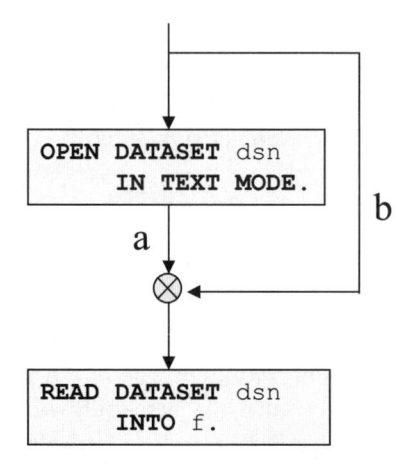

Abbildung 6.1 Konsequenzen des impliziten Öffnens einer Datei

Als Beispiel mag eine Datei dienen, die in einer Anwendung im Textmodus geöffnet wird. Die Daten werden aus dieser Datei eingelesen, wobei die Anweisung READ DATASET jedoch nicht direkt im Anschluss an das OPEN DATASET erscheint, sondern in einem Funktionsbaustein enthalten ist (»Pfad a« in Abbildung 6.1). Wenn die Anweisung OPEN DATASET zufälligerweise nicht verarbeitet wird, vielleicht weil sie Bestandteil einer IF-Anweisung ist, öffnet die Anweisung READ DATASET die Datei implizit im BINARY MODE und nicht, wie eigentlich beabsichtigt, im TEXT MODE (»Pfad b« in Abbildung 6.1). Da die Semantik des Lesens/Schreibens größtenteils vom Öffnungsmodus einer Datei abhängt, wird man zu vollkommen unterschiedlichen Ergebnissen kommen.

Das automatische Öffnen einer Datei wurde eingeführt, um Programmierern die Arbeit zu erleichtern. Sie sollten sich nicht darum kümmern müssen, ob die Datei bereits offen ist oder nicht. Aus diesem Grund ist es in ABAP sogar möglich, dass ein OPEN DATASET auf einer Datei aufgerufen werden kann, die bereits geöffnet ist.[3] Spätestens jetzt treten aber gewisse Fragen auf: Was passiert, wenn beide Anweisungen sich widersprechende Optionen verwenden, z. B. wenn die eine im Textmodus öffnet, während die andere im Binärmodus öffnet? Wird der erste Modus beibehalten, oder wird er durch den aktuelleren Modus überschrieben?[4] Solche Fragestellungen sorgen für Verwirrung und machen deutlich, dass automatische oder fehlertolerante Mechanismen nicht gerade zu einem klaren und einfachen Verständnis der Dateischnittstelle beitragen. Deshalb führte SAP mit Release

---

3 In Releases vor 6.10 müssen Sie bei bestimmten Anforderungen sogar so vorgehen, da Sie nur mit dem Zusatz AT POSITION der Anweisung OPEN DATASET die Dateiposition ändern können. Seit Release 6.10 gibt es dafür eigene Anweisungen.
4 Der erste Modus wird beibehalten – außer der Angabe der Dateiposition –, wenn der Zusatz AT POSITION verwendet wurde.

6.10 wesentliche Änderungen in diesem Bereich ein. Darauf werden wir in Abschnitt 6.3 näher eingehen.

6.2.2 Plattformabhängige Probleme

Plattformen unterscheiden sich in vielerlei Hinsicht voneinander; als Beispiel sei hier erneut auf das Problem unterschiedlicher Zeilenende-Markierungen verwiesen. Zwar berücksichtigt SAP weitestgehend diese Unterschiede beim Arbeiten mit Dateien, dies muss aber nicht notwendigerweise für Applikationen von Drittanbietern gelten, so dass beim Datenaustausch mit solchen Applikationen besondere Sorgfalt geboten ist.

Ein schwerwiegendes Problem ergibt sich aus den Abweichungen in der Bytereihenfolge – z. B. von Zahlen auf unterschiedlichen Plattformen. Die Bytereihenfolge legt fest, wie Bytefolgen, die einen Wert darstellen, im Speicher gespeichert werden. Wenn das höchstwertige Byte der Folge die niedrigere Speicheradresse erhält, wird die Reihenfolge Big Endian genannt. Die Verwendung von Big Endian ist unter den meisten UNIX-Plattformen und AS/400-Systemen üblich. Gerade umgekehrt ist es bei Little Endian: Hier erhält das höchstwertige Byte auch die höchste Adresse. Beispielplattformen hierfür sind Linux auf Intel-Prozessoren und Microsoft Windows. Wenn eine Datei in einer heterogenen Umgebung verwendet wird – z. B. bei der gleichzeitigen Verwendung von Unix- und Windows-Applikationsservern – oder wenn die Datei zum Datenaustausch mit externen Applikationen dient, möchten wir Ihnen dringend davon abraten, Zahlen direkt im Binärformat zu speichern. Stattdessen sollte stets die textuelle Darstellung von Zahlen gespeichert werden.[5]

6.2.3 Probleme in Hinblick auf den Öffnungsmodus

Die einzigen Unterschiede zwischen Textmodus und Binärmodus bestehen darin, dass im Textmodus Zeilentrennzeichen verwendet und schließende Leerzeichen entfernt werden. Auch im Textmodus können Binärdaten ungehindert (binär) geschrieben werden. Diese Vorgehensweise ist jedoch nicht empfehlenswert, da es unangenehme Konsequenzen haben kann, wenn Binärdaten im Textmodus geschrieben werden.

Angenommen, eine Datei sei im Textmodus geöffnet worden, und eine ganzzahlige Variable i vom Datentyp i mit dem Wert 487202848 soll geschrieben werden. Der Wert 487202848 entspricht binär der Bytefolge 1D0A2020 (Big Endian). Da die letzten beiden Bytes einen hexadezimalen Wert von 20 haben,

---

[5] Weitere Informationen zu flachen Strukturen mit numerischen Komponenten in anonymen Containern finden Sie auch in Abschnitt 1.10.

was (in ASCII) dem Zeichencode eines Leerzeichens entspricht, werden sie als schließende Leerzeichen interpretiert und entfernt. Da die Datei im Textmodus geöffnet wurde, wird weiterhin eine zusätzliche Zeilenende-Markierung in die Datei geschrieben – auf UNIX-Plattformen entspricht das dem hexadezimalen Wert 0A –, was zur Bytefolge 1D0A0A führt (siehe Abbildung 6.2).

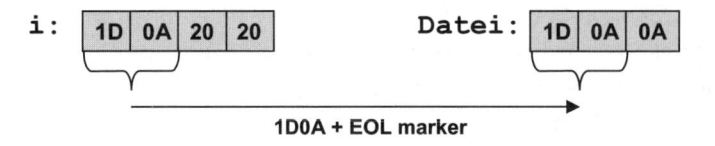

Abbildung 6.2 Schreiben von Binärdaten im Textmodus

Doch nicht nur das Schreiben von Daten führt zu falschen Ergebnissen (siehe Abbildung 6.3).

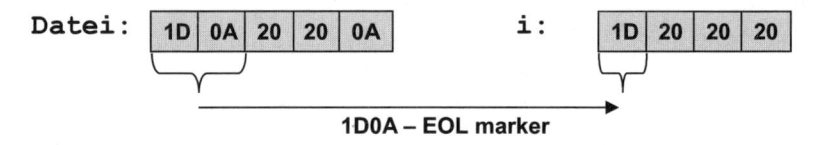

Abbildung 6.3 Lesen von Binärdaten im Textmodus

Angenommen, der Binärwert von i sei korrekt in eine Datei geschrieben worden, zufälligerweise auch noch korrekt mit einer Zeilenende-Markierung abgeschlossen. Im Textmodus würde dann eine aus den ersten beiden Bytes bestehende Zeile eingelesen werden, da das zweite Byte dem Zeilenende-Zeichen entspricht. Dieses Zeichen würde entfernt – Zeilenende-Zeichen werden im Textmodus ja nie zurückgegeben – und da die Zielvariable damit nicht vollständig gefüllt wäre, würden die verbliebenen Bytes mit Leerzeichen aufgefüllt. Am Ende ergäbe sich darum das Bytemuster 1D202020, das (in Big Endian) einem ganzzahligen Wert von 488644640 entspricht, also alles andere als korrekt ist.

Was für eine einzelne Zahl in Abbildung 6.3 gilt, lässt sich ohne Weiteres auf das Lesen oder Schreiben vollständiger Strukturen übertragen, wenn sie Komponenten des Typs i oder f enthalten.

6.2.4 Probleme bei gleichzeitigem Zugriff mehrerer Benutzer

Es kommt bisweilen vor, dass mehrere Programme gleichzeitig in eine bestimmte Datei schreiben müssen oder dass Benutzer bereits verwendete Dateien (versehentlich) zu ändern versuchen. Ersteres ist häufig der Fall, wenn Logdateien geschrieben werden; der zweite Fall kann vorkommen, wenn Daten temporär in einer Datei abgelegt werden sollen, als (temporärer) Dateiname aber der Name einer bereits existierenden Datei verwendet wird.

Abbildung 6.4 verdeutlicht diese Problematik: Zwei Programme können auf einem Applikationsserver gleichzeitig dieselbe lokale Datei öffnen oder Programme auf verschiedenen Applikationsservern greifen auf die gleiche Netzwerkdatei zu.

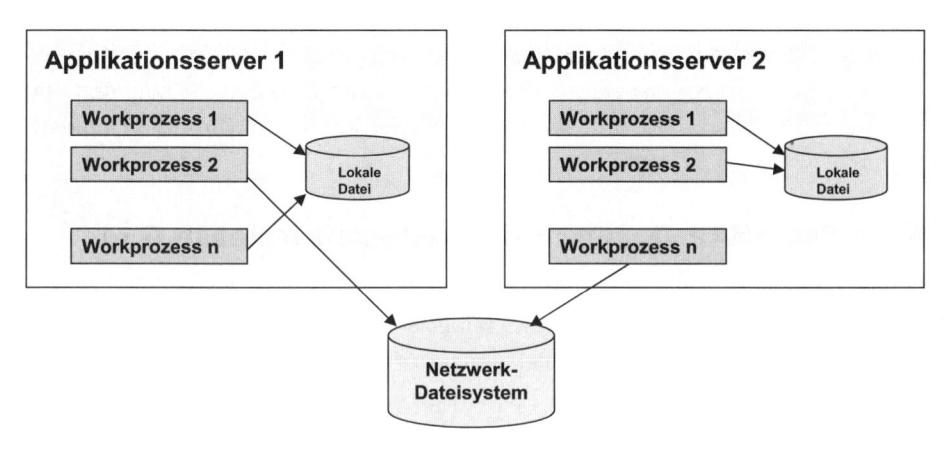

Abbildung 6.4 Mehrfacher Dateizugriff

Es ist wichtig zu wissen, dass es in der Dateischnittstelle keinen integrierten Synchronisationsmechanismus gibt, der die potenziellen Risiken, die sich durch gleichzeitiges Schreiben in eine Datei ergeben, verhindert. Wenn zwei Programme eine Datei zum Schreiben öffnen und beide gleichzeitig Daten in die Datei übertragen, wird das Ergebnis unvorhersehbar sein.

Um mehrere Schreibzugriffe auf eine Datei zu synchronisieren, sollte der Sperrmechanismus von SAP verwendet werden. Im ABAP Dictionary (Transaktion SE11) können Sperrobjekte festgelegt und anschließend die generierten Funktionsbausteine ENQUEUE_* und DEQUEUE_* aufgerufen werden. Natürlich funktioniert das nur, wenn alle Benutzer einer Datei diese Regel befolgen. Für den Fall, dass einfach nur eine lokale Datei benötigt wird und man sicherstellen möchte, dass sie von keinem anderen Benutzer verwendet wird, genügt es auch, einen eindeutigen Dateinamen zu generieren – z.B. über eine GUID, die Sie mithilfe des Funktionsbausteins GUID_CREATE erzeugen können.

6.2.5 Netzwerkprobleme

Bei Dateien, auf die über ein Netzwerk direkt zugegriffen wird, z.B. unter Verwendung von NFS oder des LAN-Managers, treten häufig Probleme bei der Ein- und Ausgabe auf. Unter Windows ist es dabei gleichgültig, ob die Verzeichnisse bestimmten Laufwerksbuchstaben zugeordnet sind oder ob auf die Dateien direkt über UNC-Pfadnamen[6] zugegriffen wird. In allen genannten Fällen zeigen sich folgende Symptome:

- Dateien werden unvollständig gelesen oder geschrieben.
- Es wird vorzeitig das Datei-Ende festgestellt.
- Das System liefert einen `DATASET_CANT_CLOSE`-Fehler.

Derartige Probleme lassen sich vermeiden, indem Sie die gewünschte Datei mithilfe von Betriebssystemanweisungen auf das lokale Dateisystem kopieren, sie dort mit ABAP bearbeiten und sie danach wieder auf das gewünschte Laufwerk kopieren.

6.3 Die ABAP-Dateischnittstelle seit Release 6.10

Mit ABAP Release 6.10 wurde die SAP Basis zum SAP Web Application Server. Eine der wichtigsten Zielsetzungen bei seiner Entwicklung war die Erreichung der Unicode-Fähigkeit: Die Programmiersprache ABAP sollte mit dem Unicode-Zeichensatz arbeiten können, einem Zeichensatz, in dem jedem Zeichen aus allen bedeutenden Sprachen der Welt eine eindeutige Kennung zugeordnet ist. Dies bedeutete eine Abkehr von den traditionellen 8-Bit-Zeichensätzen, bei denen die gleiche Kennung für unterschiedliche Zeichen in verschiedenen Alphabeten stehen konnte.

Der Übergang sollte dabei möglichst reibungslos vonstatten gehen, wobei eine gemeinsame Codebasis als wesentliche Voraussetzung gesehen wurde. Das Prinzip der gemeinsamen Codebasis besagt, dass alle Programme sowohl auf einem Unicode-System (UC) als auch auf einem nicht-Unicode-System (nUC) arbeiten sollen, ohne dass Anpassungen oder spezielle Programmierungen notwendig sind. Um diesen Zustand zu erreichen, müssen die Programmierer bei der Umstellung auf Unicode bei vorhandenen nUC-Programmen unter Umständen einige Änderungen vornehmen. Ein Programmierer kann bei einer früheren Programmierung z. B. Annahmen bezüglich der Größe eines Zeichens oder des Layouts der Datenstruktur im Speicher gemacht haben, die mit Unicode so nicht mehr stimmen.

Um sein ABAP-Programm Unicode-fähig zu machen, kommt ein ABAP-Programmierer also nicht umhin, es selbst auf jene Stellen zu untersuchen, an denen sein Coding angepasst werden muss. Die Tatsache, dass eine solche Überprüfung ohnehin unumgänglich ist, wurde von SAP zum Anlass genommen, die

---

6 Bei UNC handelt es sich um die *Universal Naming Convention*. UNC-Pfadnamen folgen dem Muster \\<*host*>\<*share*>\...

Dateischnittstelle so zu überarbeiten, dass ihre Benutzung deutlich klarer und sicherer wird. Zwar ist die neue Schnittstelle nicht vollständig mit der alten kompatibel, doch ist bestehendes Coding sehr einfach anzupassen und bietet zusätzliche Sicherheit aufgrund strengerer Überprüfungen. Der Vorgang ist vergleichbar mit dem zur Einführung von ABAP Objects, bei der alte und obsolete Sprachelemente entfernt wurden. Die Unicode-Fähigkeit zu erreichen ist demnach mehr, als nur mit Unicode-Zeichensätzen umgehen zu können. Mit ihr gehen vielmehr verbesserte Programmiereigenschaften in ABAP einher. Auch in Bezug auf die Dateischnittstelle wird dabei dem allgemeinen Trend gefolgt: Weg von impliziten Mechanismen, die häufig zu Fehlern führen, hin zu einem expliziteren Programmierstil, der sagt, was gemeint ist, und nicht länger Anlass zu Spekulationen gibt, was der Entwickler gemeint haben könnte.

Bei der Umstellung eines nUC-Programms in ein UC-Programm sind also einige strengere Programmierregeln zu beachten. Und dies gilt insbesondere auch für das Arbeiten mit Dateien, da durch die Verwendung von Unicode neue Anforderungen an die Dateischnittstelle gestellt werden. Der Begriff »Umstellung« und die damit verbundenen Kosten mögen Sie abschrecken, insbesondere wenn Unicode für Sie »kein Thema« ist. Diese Sorge ist allerdings vollkommen unbegründet, denn solange ein Programm als nUC-Programm gekennzeichnet ist, muss nichts geändert werden – die Vorteile aller neuen, in Abschnitt 6.3.1 beschriebenen Sprachelemente sind trotzdem nutzbar. Auf die zusätzlichen Vorteile, die sich durch die strengeren, mit Unicode verfügbaren Überprüfungen ergeben, wird man in einem solchen Fall jedoch verzichten müssen. Da in einem nUC-System beide Programmtypen (UC und nUC) gleichzeitig zusammenarbeiten können, bietet es sich aber durchaus an, bestehendes Coding Schritt für Schritt anzupassen oder zumindest neue Programme stets Unicode-fähig zu machen.

6.3.1 Neue Anforderungen durch Unicode

Die Verwendung von Unicode bedeutet, dass jedes Zeichen nicht mehr durch ein Byte, sondern durch zwei oder möglicherweise auch durch vier Bytes dargestellt wird.

Abbildung 6.5, die das Speicherlayout einer einfachen Struktur in einem nUC- und einem UC-System zeigt, verdeutlicht, welche Folgen eine Veränderung der Zeichengröße nach sich zieht.

```
DATA:
  BEGIN OF struc,
    c(3) TYPE C,
    i    TYPE I,
  END OF struc.
```

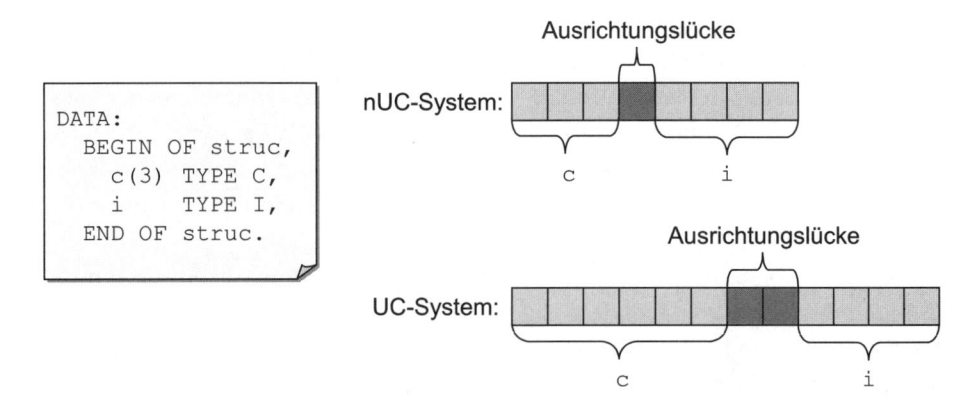

Abbildung 6.5 Speicherlayout einer einfachen Struktur in nicht-Unicode- und Unicode-Systemen

Beim Vergleich von nUC- und UC-System fällt zunächst auf, dass Strukturen, die Elemente des Typs c enthalten, nicht mehr übereinstimmen, da sich die Größe der Komponenten vom Typ c verdoppelt (im Beispiel auf sechs Bytes gegenüber drei Bytes). Die Ausrichtung im Speicher kann sich ebenfalls ändern – dies ist allerdings weniger offensichtlich. Darüber hinaus wird die Bytereihenfolge jetzt auch für zeichenartige Elemente relevant, wie dies bisher nur für die Speicherung von Integer- und Gleitpunktwerten der Fall war.

Die Daten in Dateien spiegeln häufig einfach das Speicherlayout der Daten im Hauptspeicher wider. Hinsichtlich der Dateischnittstelle ergeben sich mit der Unterstützung von Unicode neue Herausforderungen, da der Datenaustausch zwischen unterschiedlichen Systemen unterstützt werden muss, z. B. zwischen:

- UC-Systemen und nUC-Systemen
- verschiedenen UC-Systemen
- nUC-Systemen in verschiedenen (traditionellen) Codepages

Zu beachten ist dabei, dass die Benutzer die Daten aus nUC-Systemen in einem UC-System verwenden können müssen und umgekehrt. Wie bereits erwähnt, bestand eines der Hauptziele darin, Programme sowohl in einer Unicode-Umgebung als auch in einer nicht-Unicode-Umgebung lauffähig zu machen, ohne dass ausdrücklich im Applikationscode zwischen UC- und nUC-Systemen unterschieden werden muss.

6.3.2 Textformaterweiterungen

Soll eine Datei im Textmodus geöffnet werden, genügt es nicht mehr, nur zu wissen, dass es sich um eine Textdatei handelt. Vielmehr kann in einem nUC- und muss in einem UC-Programm die Kodierung der Datei angegeben werden. Zurzeit werden drei verschiedene Kodierungsarten unterstützt:

- **ENCODING UTF-8**
  Die entsprechende Datei wird in UTF-8 gelesen und geschrieben. Es handelt sich dabei um ein Zeichenformat, das vollständig mit ASCII kompatibel ist, solange nur 7-Bit-ASCII verwendet wird. Nur Zeichen, die über den Zeichenbereich zwischen 0 und 127 hinausgehen, benötigen zum Speichern zwei oder mehr Bytes. Aufgrund der Transparenz zum 7-Bit-ASCII-Code ist dies das am häufigsten verwendete Unicode-Format zur externen Speicherung.

- **ENCODING NON-UNICODE**
  Die entsprechende Datei wird in der von der aktuell verwendeten Sprache festgelegten Codepage gelesen und geschrieben. So können Daten zwischen einem UC-System und einem nUC-System ausgetauscht werden.

- **ENCODING DEFAULT**
  Die entsprechende Datei wird abhängig vom System, auf dem das Programm gerade läuft, gelesen und geschrieben – nämlich in UTF-8 auf einem UC-System und in einer nicht-Unicode-Codepage auf einem nUC-System.

Listing 6.1 in Abschnitt 6.3.3 zeigt ein Beispiel, das die Option ENCODING DEFAULT benutzt. Die Verwendung dieser Option ist der richtige Weg, wenn Sie keine Annahmen über das System machen wollen (nUC oder UC) oder das Datensatzformat nicht festliegt, z.B. weil die Datei nur innerhalb des Systems verwendet wird. Natürlich ist diese Option nicht anwendbar, wenn die Datei zum Datenaustausch mit einem Fremdprodukt vorgesehen ist, das eine bestimmte Kodierung vorsieht.

6.3.3 Erweiterte Prüfungen in UC-Programmen

Indem Sie Ihre Programme Unicode-fähig machen, ergibt sich ein überaus nützlicher Nebeneffekt: Ihre Programme werden weniger fehleranfällig. In Bezug auf die Dateischnittstelle ergeben sich für jedes Programm, das als Unicode-fähig markiert ist, folgende Syntaxverschärfungen:

- Jede Datei muss explizit mit der Anweisung OPEN DATASET geöffnet werden, bevor aus ihr gelesen oder in sie geschrieben werden kann. Die Anweisung OPEN DATASET schlägt fehl, wenn die Datei bereits geöffnet ist.
- Beim Öffnen der Datei müssen Zugriffsart (INPUT, OUTPUT, UPDATE oder APPENDING) und Modus (BINARY MODE oder TEXT MODE) angegeben werden.
- Wird die Datei im TEXT MODE geöffnet, so ist der Zusatz ENCODING zwingend erforderlich.

- Aus einer mit dem Zusatz FOR INPUT geöffneten Datei kann nur gelesen werden. Wenn die Datei mit dem Zusatz FOR APPENDING geöffnet wurde, können Daten nur an die Datei angehängt werden. Zum Einlesen *und* Überschreiben muss der Zusatz FOR UPDATE verwendet werden.
- Wurde eine Datei im TEXT MODE geöffnet, können nur zeichenartige Daten aus der Datei gelesen oder in die Datei übertragen werden. Zeichenartige Daten sind Daten der Typen c, n, d, t und string, sowie Strukturen, die nur Komponenten des Typs c, n, d und t enthalten.

Die letzte Einschränkung ist sicherlich die schwerwiegendste. Sie ist aber auch diejenige, die die zuvor beschriebenen Fehler aus Abbildung 6.2 und Abbildung 6.3 am wirkungsvollsten vermeidet.

Als Konsequenzen für das Speichern von gemischten Strukturen in einem UC-Programm, also von Strukturen, die gleichzeitig zeichenartige Daten und nichtzeichenartige Daten (z.B. Integer-Werte) enthalten, müssen Sie zunächst entscheiden, welcher Öffnungsmodus geeignet ist. Ist die Datei für Archivierungszwecke oder zum Datenaustausch mit anderer Software gedacht (eventuell auf unterschiedlichen Plattformen), ist die Verwendung des Textformats stets die bessere Wahl, da dieses Format nicht vom Speicherlayout oder von plattformspezifischen Eigenschaften wie der Bytereihenfolge abhängt.[7] Sollen die Daten jedoch nur temporär gespeichert werden und muss auf verschiedene Plattformen keine Rücksicht genommen werden, ist das Binärformat geeigneter, da Schreiben und Lesen viel schneller ablaufen.

Gemischte Strukturen, die in einer Textdatei gespeichert werden sollen, müssen in einem UC-Programm erst in zeichenartige Strukturen umgewandelt werden, bevor sie in die Datei geschrieben werden können (siehe Zeile 18 in Listing 6.1).

```
 1 PROGRAM dataset_1.
 2
 3 DATA: BEGIN OF mixed_struc,
 4         last_name   TYPE c LENGTH 30,
 5         first_name  TYPE c LENGTH 30,
 6         age         TYPE i,
 7       END OF mixed_struc.
 8
 9 DATA: BEGIN OF stored_struc,
10         last_name   TYPE c LENGTH 30,
```

---

[7] Beispielsweise sollten XML-Darstellungen von ABAP-Daten, die mit der Anweisung CALL TRANSFORMATION (siehe Kapitel 7) erzeugt werden, immer im Textformat abgespeichert werden.

```
11          first_name TYPE c LENGTH 30,
12          age(3)     TYPE n,
13       END OF stored_struc.
14
15 OPEN DATASET dsn FOR OUTPUT IN TEXT MODE
16                              ENCODING DEFAULT.
17
18 MOVE corresponding mixed_struc TO stored_struc.
19 TRANSFER stored_struc TO dsn.
20
21 CLOSE DATASET dsn.
```

Listing 6.1 Schreiben gemischter Strukturen in Textdateien

6.3.4 Kompatibilitäts- und Umsetzungsprobleme

Wie in Abschnitt 6.3.3 bereits gezeigt, wurde die Semantik von TEXT MODE und BINARY MODE zu Release 6.10 nicht unbeträchtlich geändert. Damit stellt sich die Frage, wie Daten gelesen werden sollen, die in Releases vor 6.10 erstellt wurden, oder wie Daten in einem älteren Format gespeichert werden sollen, damit ein Datenaustausch mit Systemen des Releases 4.6 oder älter stattfinden kann. Oder – um es noch komplizierter zu machen – wie soll es in Zukunft aussehen, wenn tatsächlich eine Umstellung auf Unicode durchgeführt wird und die alten Dateien trotzdem weiter verarbeitet werden müssen?

Ab Release 6.10 unterstützen zwei neue Modi diese Fälle: der LEGACY TEXT MODE und der LEGACY BINARY MODE. Beide haben exakt dieselbe Semantik wie TEXT MODE und BINARY MODE in den Releases vor 6.10, nur dass sie zusätzlich nUC-Strukturen in UC-Programmen lesen und schreiben können. Auf einem UC-System werden dabei textuelle Daten automatisch in die bzw. von der durch die aktuelle Sprache definierten Codepage übertragen und Strukturen werden zwischen UC und nUC korrekt umgesetzt. Dies ist aufgrund der unterschiedlichen Anforderungen hinsichtlich der Ausrichtung notwendig (siehe Abbildung 6.5).

In den Releases vor 6.10 wurde die Umsetzung zwischen unterschiedlichen Codepages und Bytereihenfolgen durch folgende Anweisungen unterstützt:

```
TRANSLATE ... FROM / TO CODE PAGE ...
TRANSLATE ... FROM / TO NUMBER FORMAT ...
```

Bei beiden Anweisungen wird die Umsetzung in-place durchgeführt. Nach einer Umsetzung dürfen die Daten deshalb in einem Programm nicht weiter benutzt werden – zumindest nicht, ohne sie erneut umzusetzen. In einem UC-Programm dürfen diese Varianten der Anweisung TRANSLATE nicht mehr verwendet werden, da dort nicht mehr von der Darstellung eines Zeichens in einem Byte ausgegangen werden kann. Stattdessen ist die Funktion zum Umsetzen direkt in die LEGACY-Modi integriert worden. Die Umsetzung wird automatisch dann durchgeführt, wenn Daten die Grenze zwischen externer (d.h. der Datei) und interner Darstellung überschreiten.

Diese automatische Umsetzung wird durch zwei weitere Zusätze zur Anweisung OPEN DATASET bei der Verwendung der LEGACY-Modi ermöglicht:

- **CODE PAGE cp**
  Textuelle Daten in der Datei werden als in der Codepage cp kodiert interpretiert.

- **LITTLE ENDIAN|BIG ENDIAN**
  Daten in der Datei, die von der Bytereihenfolge abhängen, werden in Little oder Big Endian interpretiert.

Das Beispiel in Listing 6.2 zeigt, wie eine gemischte Struktur in eine Binärdatei geschrieben wird, die mit dem Format aus Release 4.6 oder älter kompatibel ist und deren textuelle Daten als EBCDIC (*Extended Binary Coded Decimal Interchange Code* von IBM) und deren numerische Daten im Big Endian Format gespeichert werden.

```
 1 PROGRAM dataset_2.
 2
 3 DATA: BEGIN OF struc,
 4         c TYPE c LENGTH 3,
 5         i TYPE i,
 6       END OF struc.
 7
 8 OPEN DATASET dsn FOR OUTPUT IN LEGACY BINARY MODE
 9                  CODE PAGE '0120' big endian.
10
11 TRANSFER struc TO dsn.
12
13 CLOSE DATASET dsn.
```

Listing 6.2 Schreiben einer Datei im Legacy-Mode

Für weitergehende Konvertierungsanforderungen gibt es ABAP-Systemklassen, die einem stream-basierten Ansatz folgen, d.h. sie lesen aus einem bzw. schreiben in einen Binärstream, dargestellt durch einen xstring, und konvertieren die Daten entsprechend. Folgende Klassen stehen hierfür zur Verfügung:

- **CL_ABAP_CONV_IN_CE**
  Diese Klasse wird zum Lesen von Daten aus einer externen Darstellung verwendet.

- **CL_ABAP_CONV_OUT_CE**
  Diese Klasse wird zum Schreiben von Daten in ein bestimmtes Format verwendet.

- **CL_ABAP_CONV_X2X_CE**
  Diese Klasse wird verwendet, um Daten von einem externen Format in ein anderes externes Format zu konvertieren.

- **CL_ABAP_CHAR_UTILITIES**
  Diese Klasse enthält Attribute und Methoden, die Eigenschaften einzelner Zeichen wie z. B. Sonderzeichen, Zeilenende-Markierungen usw. auf der aktuellen Plattform liefern.

Beim Konvertieren textueller Daten besteht immer das Risiko, dass einige Zeichen nicht in der angegebenen Codepage dargestellt werden können. Da in der Dateischnittstelle die Konvertierung automatisch durchgeführt wird, benötigt man in solchen Fällen Möglichkeiten für die Behandlung von Fehlern. In der Anweisung OPEN DATASET kann deshalb festgelegt werden, was in diesem Fall bei einer bestimmten Datei passiert. Da dies für jede Datei individuell geschehen kann, gehört die Fehlerbehandlung zu den Eigenschaften einer Datei. Das ist besonders wichtig, da Konvertierungsfehler bei manchen Dateien eine entscheidende Rolle spielen, während sie bei anderen vielleicht ohne Bedeutung sind.

Mit Konvertierungsfehlern können Sie auf folgende Weise umgehen:

- Mit dem Zusatz IGNORING CONVERSION ERRORS der Anweisung OPEN DATASET kann festgelegt werden, dass Konvertierungsfehler ignoriert werden und stattdessen ein Ersetzungszeichen verwendet wird, wenn ein bestimmtes Zeichen in der angegebenen Codepage nicht vorhanden ist. Wenn dieser Zusatz nicht verwendet wird, wird bei jedem Konvertierungsfehler eine Ausnahme ausgelöst. Diese Ausnahme kann anschließend mit CATCH abgefangen und behandelt werden (siehe Kapitel 3).

- Das Standardersetzungszeichen ist die Raute (#). Es können aber auch andere Ersetzungszeichen mit dem Zusatz REPLACEMENT CHARACTER rc zur Anweisung OPEN DATASET festgelegt werden.

Im Allgemeinen werden Sie Konvertierungsfehler ignorieren, wenn Daten nur zu Ansichtszwecken aus einer Datei gelesen werden sollen. Auch wenn einige Zeichen nicht korrekt angezeigt werden können, werden Sie üblicherweise die verfälschten Zeichenfolgen anzeigen wollen, anstatt sie überhaupt nicht zu sehen. Auf der anderen Seite sollten beim Ändern von vorhandenen Daten oder beim permanenten Speichern die korrekten Daten erfasst werden. Demnach sollte beim Auftreten eines Konvertierungsfehlers in diesem Fall eine Ausnahme ausgelöst werden, anstatt das unbekannte Zeichen stillschweigend durch ein anderes Zeichen zu ersetzen.

6.4 Weitere neue Merkmale

Abgesehen von den bereits beschriebenen Funktionen bietet die Dateischnittstelle seit Release 6.10 weitere neue Eigenschaften, die häufig gewünscht wurden: Beispielsweise die Unterstützung sehr großer Dateien, die Unterstützung von Dateinamen, die Leerzeichen enthalten, sowie Funktionen, die das Programmieren mit Dateien generell einfacher machen – das explizite Positionieren des Dateizeigers oder das Ändern von Eigenschaften bereits geöffneter Dateien sowie das Feststellen der entsprechenden Eigenschaften.

6.4.1 Unterstützung für große Dateien

Seit Release 6.10 wird die Bearbeitung von Dateien, die größer als zwei Gigabytes sind, vollständig unterstützt. Dies war ein häufig nachgefragtes Merkmal. Obwohl Patches für ältere Versionen verfügbar sind, die ein fortlaufendes Lesen bzw. Schreiben großer Dateien ermöglichen, war es bis einschließlich Release 4.6 unmöglich, den Dateizeiger explizit hinter die Grenze von zwei Gigabytes zu setzen.

Seit Release 6.10 wird diese Lücke in der Funktionalität geschlossen und der Dateizeiger kann nun an jede beliebige Stelle innerhalb einer Datei beliebiger Größe gesetzt werden. Beachten Sie jedoch, dass Offsets von mehr als zwei Gigabytes nicht mehr in einer Variablen des Typs i gespeichert werden können. Wenn Sie mit großen Dateien arbeiten, müssen Sie daher auf Variablen des Typs p, f oder auch n zurückgreifen.

6.4.2 Positionierung des Dateizeigers

Bevor der Dateizeiger an einer bestimmten Stelle positioniert werden kann, stellt sich die Frage, wie diese Position bestimmt werden kann. Vor Release 6.10 gab es keine Möglichkeit, die aktuelle Position des Dateizeigers relativ zum Dateianfang festzustellen. Es mussten vielmehr alle bisher geschriebenen Bytes gezählt werden. Dies ist keine einfache Aufgabe, insbesondere nicht im TEXT MODE, bei dem ja abschließende Leerzeichen entfernt und Zeilenende-Markierungen automatisch angefügt werden. Die Tatsache, dass die Länge von Zeilenende-Markierungen je nach Plattform unterschiedlich ist, machte die Sache auch nicht leichter. Unter Unicode ist das Zählen der Bytes schließlich fast unmöglich: Man kann nie im Voraus wissen, wie viele Bytes für eine Zeichenfolge benötigt werden, da in UTF-8 die Anzahl der für ein Zeichen benötigten Bytes vom Zeichen selbst abhängt.

Seit Release 6.10 gibt es deshalb eine neue Anweisung zur Lösung dieses Problems:

```
GET DATASET dsn POSITION pos.
```

Diese Anweisung ermittelt die Position des Dateizeigers in der Datei dsn und speichert sie in der Variablen pos. Das Gegenstück zu dieser Anweisung lautet:

```
SET DATASET dsn POSITION pos.
```

Diese Anweisung ändert die Position des Dateizeigers in der Datei.[8] Sie löst damit die Anwendung der Anweisung OPEN DATASET mit dem Zusatz AT POSITION pos auf eine bereits geöffnete Datei ab. In einem UC-Programm ist das ohnehin verboten, da es im Widerspruch zu den strengeren Regeln zum Öffnen einer Datei steht (siehe Abschnitt 6.3.3).

Durch die oben erwähnten Anweisungen wird die Positionierung in Dateien auf einfache Art und Weise möglich, wie das Beispiel in Listing 6.3 zeigt. Es funktioniert mit Dateien beliebiger Größe, wenn die Variable pos vom entsprechenden Typ ist.

```
 1 PROGRAM dataset_3.
 2
 3 DATA pos TYPE p.
 4
 5 OPEN DATASET dsn FOR OUTPUT IN TEXT MODE
 6                         ENCODING DEFAULT.
 7 ... " transfer as many data to the file as you like
 8 GET DATASET dsn POSITION pos.
 9 ... " more transfers
10 CLOSE DATASET dsn.
11 ...
12 OPEN DATASET dsn FOR INPUT IN TEXT MODE
13                         ENCODING DEFAULT.
14 ... " read some data from the file
```

---

[8] Achtung, Falle! Der Dateizeiger kann sogar hinter dem Dateiende positioniert werden, ohne dass eine Ausnahme ausgelöst wird. Bei einem ändernden Zugriff auf die Datei wird sie vor der eigentlichen Operation bis zu dieser Position verlängert und dabei mit hexadezimal 0 aufgefüllt.

```
15 SET DATASET dsn POSITION pos.
16 ... " read data from the file at position pos
```

Listing 6.3 Positionierung des Dateizeigers

6.4.3 Festlegen und Ändern von Eigenschaften geöffneter Dateien

In Abschnitt 6.3 haben wir gezeigt, dass Sie ab Release 6.10 vom »lockeren« (und fehleranfälligen) Umgang mit der Dateischnittstelle Abschied nehmen müssen. Es wird daher wichtig, die Eigenschaften einer Datei wie z. B. ihren Öffnungsmodus, die Zugriffsart, die Art der Fehlerbehandlung usw. während der Programmausführung zu kennen. Solche Informationen waren bisher nicht Eigenschaften der Datei, sondern mussten separat gespeichert werden. Seit Release 6.10 können diese einfach abgefragt werden, und es ist sogar möglich, einige dieser Einstellungen zur Laufzeit zu ändern und damit festzulegen bzw. neu zu bestimmen, wie mit der Datei umgegangen werden soll. Dazu muss die Datei nicht geschlossen und erneut geöffnet werden.

Zum Überprüfen und Festlegen der Dateieigenschaften können Sie die neuen Anweisungen GET DATASET dsn und SET DATASET dsn verwenden. In Abschnitt 6.4.2 haben wir Ihnen bereits gezeigt, wie *eine* bestimmte Eigenschaft einer Datei – nämlich die Position des Dateizeigers – bestimmt werden kann: durch den Zusatz POSITION pos zur Anweisung GET DATASET. Für alle anderen Eigenschaften gibt es den Zusatz ATTRIBUTES attr, wobei attr eine Variable des Typs dset_attributes (einer in der Typgruppe dset definierten Struktur) sein muss, in der die Eigenschaften entsprechend gespeichert werden. Die Struktur ist in zwei Teile untergliedert:

▶ **Nicht änderbare Eigenschaften**
Dabei handelt es sich um Eigenschaften, die bei geöffneter Datei nicht geändert werden können. Zu dieser Gruppe gehören Eigenschaften wie der Öffnungsmodus, die Zugriffsart, die Kodierung (bei einer Textdatei) und ein möglicher Filterzusatz.

▶ **Änderbare Eigenschaften**
Diese Eigenschaften können geändert werden, ohne dass die Datei dazu geschlossen werden muss. Typische Eigenschaften sind die Codepage oder der Endiantyp (wenn es sich um eine Legacy-Datei handelt), das Ersetzungszeichen oder die Art der Fehlerbehandlung (wenn es sich um eine Text- oder Legacy-Datei handelt).

Beide Gruppen verfügen über eine Indikatorstruktur, die festlegt, welche Komponenten der Struktur bei einer Änderung von Einstellungen relevant sind. Eine

Änderung von Einstellungen findet nur statt, wenn die gleichnamigen Komponenten in der Indikatorstruktur auf »X« gesetzt wurden.

Das Beispiel in Listing 6.4 zeigt die Verwendung der Struktur `dset_attributes`. Nachdem die Dateieigenschaften festgestellt wurden (Zeile 9), wird zunächst geprüft, ob die Datei im Textmodus geöffnet ist (Zeile 10 und 11). Ist dies der Fall, wird das Ersetzungszeichen in * geändert (Zeile 15) und die ABAP-Laufzeitumgebung wird angewiesen, Konvertierungsfehler zu ignorieren (Zeile 16).

```
 1 PROGRAM dataset_4.
 2
 3 TYPE-POOLS dset.
 4
 5 DATA attr TYPE dset_attributes.
 6
 7 OPEN DATASET dsn ...
 8 ...
 9 GET DATASET dsn ATTRIBUTES attr.
10 IF attr-fixed-mode = dset_text_mode OR
11    attr-fixed-mode = dset_legacy_text_mode.
12   CLEAR attr-changeable.
13   attr-changeable-indicator-repl_char = dset_significant.
14   attr-changeable-indicator-conv_errors = dset_significant.
15   attr-changeable-repl_char = '*'.
16   attr-changeable-conv_errors = dset_ignore_conv_errors.
17   SET DATASET dsn ATTRIBUTES attr-changeable.
18 ENDIF.
19 ...
```

Listing 6.4 Ändern von Dateieigenschaften zur Laufzeit

6.4.4 Dateinamen mit Leerzeichen

Bis einschließlich Release 4.6 wurden keine Dateinamen mit Leerzeichen unterstützt. Enthielt der Dateiname dennoch ein Leerzeichen, wurden die Zeichen hinter dem ersten Leerzeichen abgeschnitten. Unter UNIX stellte dies kein schwerwiegendes Problem dar, unter Windows als Betriebssystem des Applikationsservers ist dies jedoch nicht länger tragbar, da es bei Windows relativ üblich ist, Leerzeichen in Dateinamen zu verwenden. Seit Release 6.10 werden deshalb auch Leerzeichen in Dateinamen *unterstützt* – aus Gründen der Rückwärtskompatibilität allerdings nur in UC-Programmen.

6.5 Fazit

Das Arbeiten mit Dateien in ABAP ist nicht ganz so einfach, wie man es vielleicht auf den ersten Blick hätte annehmen können. Es gibt viele Probleme, die darauf warten, »entdeckt« zu werden – sogar für erfahrene Programmierer.

Die Mehrzahl dieser Probleme ergibt sich aus der Nähe der Dateischnittstelle zur Betriebssystemebene. Plattformspezifische Besonderheiten treten zu Tage und erschweren die Programmierung. Darüber hinaus kann es ebenfalls Probleme geben, die auf die frühere Definition der Dateischnittstelle zurückzuführen sind.

Mit plattformspezifischen Besonderheiten muss jeder Programmierer leben. Die sinnvollste Art, Probleme zu verhindern, besteht darin, Sie auf alle Gefahrenquellen hinzuweisen – genau das war das Ziel dieses Kapitels, das zudem Wege aufgezeigt hat, wie Sie die wichtigsten Fallen umgehen können.

Auch die ABAP-Entwicklungsgruppe der SAP hat aus den hausgemachten Problemen mit der Dateischnittstelle gelernt. Als Folge davon wurde diese im Rahmen der Unicode-Umstellung von ABAP zu Release 6.10 vollständig überarbeitet und die meisten Stolpersteine wurden entfernt. Zugegebenermaßen wird die Kodierung dadurch umfangreicher und ausführlicher. Fehler, die schwierig zu finden sind, treten jetzt jedoch so gut wie nicht mehr auf – und das sollte die zusätzlich aufgewendete Zeit doch mehr als wert sein.

7 ABAP und XML – XSLT als Brücke

Karsten Bohlmann, Christian Fecht und Christoph Wedler

XML, die *eXtensible Markup Language*, ist bereits der Webstandard für die generische Darstellung strukturierter Daten und wird sich auch in der ABAP-Anwendungsentwicklung zunehmend bemerkbar machen. Denn XML entwickelt sich auch zunehmend zum zentralen Standard für die offene Anwendungsintegration – eine dringliche Angelegenheit für die meisten SAP-Kunden.

Der enorme Erfolg von XML beruht ironischerweise zum großen Teil darauf, dass die Sprache keine Bedeutung hat. XML selbst ist lediglich ein generisches Baummodell mit generischer Syntax (*Markup*) zur Beschreibung von Elementen dieses Modells. Durch die Einschränkung der Namen von Baumknoten und der zulässigen Baumstrukturen – im XML-Jargon wird das als Festlegung eines *Schemas* bezeichnet – können beliebige Untermengen des allgemeinen Modells festgelegt werden. Erst die Definition einer Anwendung mit einem bestimmten Verhalten auf einer solchen Untermenge führt zu sinnvollen Ergebnissen, z.B. zu einem Nachrichtenformat, einem Layout-Vokabular oder sogar zu einer Programmiersprache. Das Potenzial für die Erstellung neuer Schemas oder für die Erweiterung bereits existierender Schemas ist unbegrenzt, unterschiedliche XML-Dialekte können kombiniert werden. So ist es beispielsweise möglich, ein Fragment eines Layout-Dialekts in eine Meldung einzubinden, die wiederum in einem anderen Dialekt verfasst ist. XML-Namensräume liefern den notwendigen Modularisierungsmechanismus. Diese beliebigen Kombinationsmöglichkeiten machen XML zu einer überaus geeigneten Sprache für die Anwendungsintegration.

Bei vielen ABAP-Entwicklern weckt der Begriff XML Erinnerungen an den SAP Business Connector (SAP BC). Der SAP BC bietet eine auf XML basierende Kommunikation für SAP-Systeme über den Mechanismus des *Remote Procedure Call* (RPC) an, mithilfe des SAP BC können SAP-Schnittstellenfunktionen von externen Softwarekomponenten aufgerufen werden und umgekehrt. Bei diesen Aufrufen werden die Daten mittels des XML-Standards übergeben. Gegenüber proprietären Binär- oder Textformaten (wie in älteren Integrationsmechanismen) bietet der Einsatz von XML gewisse Vorteile, da die Hürde für die Integration von Nicht-SAP-Software dadurch niedriger wird.

Es wäre jedoch falsch zu glauben, dass jede Kommunikation mit einem SAP-System eine Spielart von RPC ist. Gerade mit XML als Datenübertragungsformat wäre das zu kurz gedacht. Und gerade mit dem SAP Web Application Server eröffnen sich diverse Möglichkeiten, XML einzusetzen. Die am häufigsten verbreitete

Methode ist das Senden und Empfangen von XML-Nachrichten über HTTP. Ferner können XML-Dokumente über einen der bestehenden RPC-Mechanismen versandt werden oder es können *Business Server Pages* (BSP) eingesetzt werden (siehe Kapitel 9), die XML erstellen.

Dieses Kapitel beschreibt die Behandlung von XML-Daten, die aus einer der genannten (oder auch aus anderen) Quellen stammen, in ABAP-Programmen. Um sich den Unterschied zwischen den in diesem Kapitel beschriebenen Methoden und einem auf XML basierenden RPC zu verdeutlichen, sei daran erinnert, welche Aufgaben dieser abdeckt: Wenn ein externes Programm, das z. B. in Java geschrieben wurde, mit einem ABAP-basierten SAP-System verbunden werden soll, wird der Business Connector eingesetzt, um BAPIs im SAP-System oder externe Funktionen vom SAP-System aus aufzurufen. Der BC packt die Daten der Aufrufe in ein spezielles XML-Format, das in die jeweilige Datenstruktur der beiden miteinander kommunizierenden Seiten transformiert wird. Der BC übernimmt auch andere technische Aspekte der Kommunikation wie beispielsweise das Session-Management.

Die Werkzeuge, die in diesem Kapitel zur Sprache kommen, beschäftigen sich dagegen nicht mit solchen Einzelheiten des Kommunikationsmechanismus, sondern lediglich mit XML als Format des Dateninhalts. Diese Werkzeuge sind nicht geeignet, um eine Verbindung mit irgendeinem System herzustellen, aber wenn man eine Verbindung hat, über die man XML kommunizieren will, sorgen diese Werkzeuge für eine reibungslose Transformation von XML-Dateien und ABAP-Datenobjekten. Stellen Sie sich beispielsweise einen Informationsanbieter vor, der einen Dienst (z. B. Fluginformation) in Form von XML-Nachrichten über HTTP anbietet. Eine ABAP-Anwendung könnte mit diesem Dienst über HTTP Verbindung aufnehmen (was nicht Thema dieses Kapitels ist), die Nachricht entschlüsseln und in eigene Datenstrukturen umwandeln, ohne dass man sich dabei mit den eigentlichen XML-Dokumenten in ABAP herumschlagen müsste. Wenn Sie selbst einen solchen Dienst anbieten möchten, ist es umgekehrt auch möglich, beliebige Transformationen von ABAP-Datenstrukturen nach XML zu definieren. Die hier besprochene Handhabung von XML bietet daher sowohl *mehr* als auch *weniger* als XML-RPC: Mehr, weil sie völlig allgemein gehalten ist, und weniger, weil sie die tatsächliche Kommunikation nicht abdeckt.[1]

Das Werkzeug, das zur wechselseitigen Transformation von XML-Dokumenten und ABAP-Datenstrukturen eingesetzt wird, ist der W3C-Standard XSLT (*eXten-*

---

[1] Der Business Connector bietet zwar ebenfalls die Möglichkeit zur Transformation zwischen externen XML-Formaten und dem RPC-Datenformat. Sollten Sie aber primär an dieser Art der Transformation interessiert sein, so zeigt Ihnen dieses Kapitel eine fortgeschrittenere Lösung auf, um eine solche Aufgabe zu realisieren.

sible Stylesheet Language Transformations). Hierbei handelt es sich um eine deklarative Baumtransformationssprache, die explizit mit dem Ziel entwickelt wurde, das stetig wachsende Volumen von XML-Schemas zu bewältigen. In einem XSLT-Programm definiert man Regeln, die festlegen, wie ein XML-Eingabebaum in einen XML-Ausgabebaum transformiert wird. In Release 6.10 des SAP Web Application Servers wurde im Kernel ein XSLT-Prozessor implementiert, der diese Sprache unterstützt, wobei als SAP-spezifische Innovation der Anwendungsbereich von XML- auf ABAP-Datenstrukturen erweitert wurde. Das bedeutet, dass XSLT-Programme geschrieben werden können, die Transformationen zwischen XML-Dokumenten und ABAP-Datenstrukturen realisieren. Diese besondere Eigenschaft wurde mit Release 6.20 nochmals erweitert und ist Hauptthema dieses Kapitels.

Nach einer kurzen allgemeinen Erläuterung von XML als Datenmodell und XSLT als Transformationssprache werden die Grundlagen dieses neuen Werkzeugs in den Vordergrund gerückt. Eine detaillierte Einführung würde den Rahmen dieses Kapitels bei weitem sprengen, XML-Grundkenntnisse sowie XSLT- und XPath-Vorkenntnisse sind daher von Vorteil. Es soll im Folgenden gezeigt werden, wie XSLT-Programme erstellt und aufgerufen werden und wie ABAP-Programme XSLT nutzen können, um XML aus ABAP heraus so zu verarbeiten, dass die jeweiligen Datenstrukturen auf ABAP-Seite aufrecht erhalten bleiben und gleichzeitig beliebige Schemas auf XML-Seite unterstützt werden. Auf einige eher SAP-spezifische Erweiterungen wie ABAP-Aufrufe aus XSLT und auf die klassische Verwendung von XSLT als Stylesheet-Language (mit HTML als Ergebnis) wird nur kurz eingegangen.

7.1 Hintergründe zu XML und XSLT

SAPs vorrangiges Ziel für die SAP Web Application Server-Architektur[2] ist die Unterstützung offener Webstandards. Die Entwicklung weg von proprietären Formaten und Mechanismen liegt in der Überzeugung begründet, dass systemübergreifende Integration eine Schlüsseleigenschaft eines jeden erfolgreichen Softwareproduktes sein muss. Es ist demnach nicht länger die individuelle Entscheidung eines Anbieters, welche Standards er für gut befindet und daher für unterstützenswert hält – »gut« steht stattdessen einfach als Synonym für »allgemein verwendet«. Gemäß dieser Definition ist XML ein extrem guter Standard. Selbst berechtigte Einwände der Art, dass die XML-Syntax holprig, das Datenmodell unvollständig und der physische Strukturierungsmechanismus eine Katastro-

---

2 Der SAP Web Application Server wird definiert als Kombination aus der webunterstützten klassischen ABAP-Servertechnologie und einem J2EE-Server. Dieses Kapitel befasst sich ausschließlich mit der auf ABAP basierenden Entwicklung. Die Java-Komponente unterstützt ebenfalls XML, wird hier jedoch nicht besprochen.

phe ist, ändern nichts daran: XML wird in der Zukunft von Webanwendungen in jedem Fall eine dominierende Rolle spielen. Wie bereits erwähnt, ist der Erfolg dieser Sprache hauptsächlich dadurch zu erklären, dass sie einen einheitlichen Mechanismus für die Definition von baumförmigen Datenschemas liefert, ohne dabei die Semantik festzulegen, durch die diese Schemas beliebig zusammengesetzt werden können.

7.1.1 Warum hat XSLT diese XML-Syntax?

Als erste Reaktion auf den Anblick eines XSLT-Programmes hört man häufig: »Was für eine hässliche Syntax.« Die Schlüsselwörter der Sprache sind selbst XML-Elemente und unterscheiden sich von Nicht-Schlüsselwörtern dadurch, dass sie sich in einem bestimmten Namensraum befinden. Mit dieser Art, eine Syntax zu definieren, gewinnt man zwar sicherlich keinen Preis für Eleganz, doch sie birgt durchaus ihre Vorteile. XSLT ist ein gutes Beispiel für die *Kombinierbarkeit* von XML. Der Zweck eines XSLT-Programmes ist es ja, ein Ergebnis in einem bestimmten Schema zu produzieren. Es ist nur logisch, die Elemente dieses Ergebnisschemas im Programm wörtlich niederzuschreiben. Um jedoch ein wohlgeformtes XML-Ergebnis zu erhalten, müssen die Anweisungen der Transformationssprache ebenfalls im XML-Format geschrieben sein. Um diese von den anderen Elementen unterscheiden zu können, werden sie in einen eigenen Namensraum gesteckt. Dies ist im folgenden XSLT-Fragment sichtbar:

```
<xsl:if test="@name">                      <!-- if current node has
                                                a "name" attribute... -->
  <customer-name>                          <!-- create a
                                                "customer-name"
                                                result element... -->
    <xsl:value-of select="@name"/>         <!-- with the attribute
                                                value as content... -->
  </customer-name>                         <!-- and close the result
                                                element -->
</xsl:if>                                  <!-- end of conditional
                                                fragment -->
```

XSLT kann also mit jedem anderen Schema kombiniert werden. Und da XSLT-Programme wohlgeformtes XML darstellen, können sie sogar selbst mit XSLT verarbeitet werden – der SAP XSLT-Compiler ist sogar teilweise selbst in XSLT geschrieben.

XSLT ist eine Programmiersprache, die sowohl *in* XML als auch *für* XML definiert wurde: Ihre konkrete Syntax orientiert sich an einem XML-Schema und ihr Zweck ist es, XML-Bäume zu transformieren. Als direkte Konsequenz aus der Offenheit von XML entwickelt sich XSLT zu einer wichtigen Technologie: Da XML Interoperabilität auf einer rein syntaktischen Ebene bietet und eine stetig wachsende Menge an Schemas mit individueller Semantik fördert, besteht dringender Bedarf nach einer Technologie, die eine wechselseitige Transformation von Instanzen ähnlicher, aber dennoch unterschiedlicher Schemas unterstützt.

Dieser Bedarf wurde vom World Wide Web Consortium während der Ausarbeitung einer Dokumentformatierungssprache für XML (namens XSL) erkannt, was zur Trennung der beiden Bereiche Transformation und Layout der Sprache und dem zungenbrecherischen Namen XSLT führte. Die einfache, aber leistungsstarke Ausdruckssprache *XPath* wurde separat zur Navigation durch XML-Bäume definiert und in XSLT integriert.[3]

Der Zweck, den die XSLT-XPath-Kombination erfüllt, ist treffend mit dem Slogan »SQL des Webs« charakterisiert worden: So wie SQL auf dem relationalen Datenbankmodell (d.h. auf Tabellen) »navigiert« und Elemente dieses Modells »konstruiert«, arbeitet XSLT-XPath auf dem XML-Baummodell. Die besonderen Merkmale der Sprache sind dabei:

▶ **High-level**
Das Konzept der Baumtransformation (als Kombination aus Baumnavigation und Baumkonstruktion) ist eine fundamentale Eigenschaft der Sprache; es ist nicht notwendig, dass Programmierer Transformationen indirekt aus Konzepten niedrigerer Ebenen entwickeln.

▶ **Deklarativität**
Transformationen werden funktional ausgedrückt, ohne Manipulation eines expliziten Zustands; Sie formulieren, *was* getan werden soll, nicht *wie* es getan werden soll.

▶ **Regelbasiertheit**
Der Kontrollfluss läuft implizit durch den Musterabgleich gegen den Quellbaum.

Die typischen Vorteile, die mit deklarativen, höheren Programmiersprachen einhergehen, treffen auch auf XSLT zu (verglichen mit der Handhabung von XML in prozeduralen Sprachen):

▶ **höhere Entwicklungsproduktivität**
aufgrund von kürzeren Programmen und Debugging-Zeiten

---

3 Der Layout-orientierte Teil von XSL heißt XSL-FO (*Formatting Objects*), sodass die Gleichung »XSL = XSLT + XSL-FO« lautet. Das Formatierungsschema XSL-FO ist nicht Teil des SAP Web Application Servers. XSLT (*http://www.w3.org/TR/xslt*) und XPath (*http://www.w3.org/TR/xpath*) sind W3C-Empfehlungen; die aktuelle Version ist in beiden Fällen Version 1.0 vom November 1999, Version 2.0 befindet sich in der Entwicklung.

- **bessere Modularität**
  aufgrund von regelbasiertem Kontrollfluss ohne Nebeneffekte
- **bessere Wartbarkeit und Anpassbarkeit**
  insbesondere in Verbindung mit der Weiterentwicklung von Schemas sowohl auf der Eingabe- als auch auf der Ausgabeseite (was bei XML häufig vorkommt)

Da im Rahmen dieses Kapitels keine detaillierte Einführung in XSLT und XPath gegeben werden kann, möchten wir Sie dazu anregen, sich weiter mit diesem interessanten Thema zu beschäftigen.

7.1.2 XML und XSLT im SAP-System

XML-Kernfunktionen, auf denen bereits viele bestehende SAP-Anwendungen basieren, werden seit Release 4.6D von der iXML-Library[4] bereitgestellt. Sie beinhaltet einen *Parser*, einen *Renderer* und eine *DOM-Implementierung*[5]. Diese Werkzeuge wurden in C++ im Kernel implementiert und Sie können von ABAP aus mittels Proxy-Klassen auf diese Werkzeuge zugreifen. Die Proxy-Klassen sind Klassen von ABAP Objects, deren Implementierung aus Kernelaufrufen besteht. Die umfangreiche Dokumentation zur iXML-Library finden Sie in der SAP Online-Hilfe (*http://help.sap.com*) unter **Documentation · SAP NetWeaver · Application Platform (SAP Web Application Server) · Connectivity · XML-Library**.

Mit Release 6.10 wurde dem SAP Web Application Server ein echter *XSLT-Prozessor* – eine Engine, die XSLT-Programme ausführt – hinzugefügt. Dafür gab es mehrere Gründe, einer ist die klassische Verwendung von XSLT als Stylesheet-Sprache: Das Ergebnis einer XSL-Transformation kann sowohl XML als auch HTML, WML oder jedes andere textbasierte Dokumentformat sein, sodass die Kombination von XML und XSLT eingesetzt werden kann, um geräteabhängige Benutzeroberflächen zu implementieren. Diese Vorgehensweise wird in Abschnitt 7.4 kurz erläutert. Von noch größerer Bedeutung für SAP ist die Verwendung von XSLT für Transformationen von XML nach XML, beispielsweise in Middleware-Anwendungen. Als SAP-Spezialität wurde schließlich mit der wechselseitigen Transformation von XML- und ABAP-Datenstrukturen ein weiteres XSLT-Anwendungsgebiet geschaffen, das im Folgenden beschrieben wird.

---

4 Nur um Verwirrung zu vermeiden: Das »i« steht für *integrated*, im Sinne von »in den Kernel integriert«.
5 DOM (*Document Object Model*) ist eine objektorientierte Programmierschnittstelle zu (einer leicht veränderten Version) des so genannten *XML Infoset*, dem abstrakten XML-Datenmodell. Abweichungen vom Modell sind durch Mängel bei der Entwicklung von XML-Standards begründet. Das XPath-Datenmodell, das auch von XSLT verwendet wird, ist dem XML Infoset und DOM sehr ähnlich, jedoch nicht mit diesen identisch. Die iXML-Library unterstützt die DOM-Level-2-Kernspezifikation sowie eine ereignisbasierte Parsing-Schnittstelle, die SAX (*Simple API für XML*) ähnelt.

7.2 XML, ABAP und XSLT: Zwei Datenmodelle und eine Brücke

Die Rolle von XML als Datenmodell wurde bereits hervorgehoben. Diese Rolle ist weitaus interessanter als die ursprüngliche Bestimmung von XML – nämlich als Document Markup Language zu fungieren. Datenmodelle haben ihren Ursprung in Programmiersprachen. Während jedoch das Datenmodell einer Programmiersprache wie z. B. ABAP in erster Linie die Basis für die *Datenverarbeitung* ist, liegt die Stärke von XML in der *Datenübermittlung*. Die Notwendigkeit, diese beiden Datenmodelle miteinander zu verbinden, ergibt sich von selbst, wenn auf ABAP basierende Systeme mithilfe von XML integriert werden.

7.2.1 Ein XML-Format für ABAP-Datenstrukturen

Ein Integrationsszenario, in dem Daten aus ABAP als XML-Dokument an ein anderes System oder eine andere Anwendung übergeben werden sollen, oder in dem umgekehrt ABAP-Datenobjekte mit den Daten eines empfangenen XML-Dokuments aufgefüllt werden sollen, mag als Beispiel dienen. Objekte als Instanzen von Klassen und anonyme, mit CREATE DATA erzeugte Datenobjekte werden hier zunächst außer Acht gelassen. Unsere Daten setzen sich also aus den elementaren ABAP-Typen, Strukturen und internen Tabellen zusammen.

Die aus vielen ABAP-Schulungen bestens bekannte Beispieltabelle SFLIGHT leistet auch in diesem Zusammenhang wertvolle Dienste. Nehmen wir an, es läge eine interne Tabelle des strukturierten Zeilentyps BAPISFLDAT aus dem ABAP Dictionary vor. Eine Zeile dieser Tabelle, die die Information über einen einfachen Flug enthält, könnte wie in Tabelle 7.1 aussehen.

Komponente	Inhalt	Typ	
AIRLINEID	DL	C	3
AIRLINE	Delta Airlines	C	20
CONNECTID	1699	N	4
FLIGHTDATE	20011123	D	8
AIRPORTFR	JFK	C	3
CITYFROM	NEW YORK	C	20
AIRPORTTO	SFO	C	3
CITYTO	SAN FRANCISCO	C	20
DEPTIME	171500	T	6

Tabelle 7.1 Interne Tabelle des Typs BAPISFLDAT

Komponente	Inhalt	Typ	
ARRTIME	203700	T	6
ARRDATE	20011123	D	8
PRICE	513.6900	P	12
CURR	USD	C	5
CURR_ISO	USD	C	3

Tabelle 7.1 Interne Tabelle des Typs BAPISFLDAT (Forts.)

Eine solche Datenstruktur lässt sich leicht in XML ausdrücken. Beinahe jede Struktur kann nämlich in XML dargestellt werden; insbesondere dann, wenn ihre Komponentenhierarchie baumförmig ist wie z.B. eine zyklenfreie Datenstruktur. Listing 7.1 zeigt dieselben Fluginformationen als Fragment im asXML-Format (*ABAP Serialization XML*) für ABAP-Datenstrukturen.[6]

```
<BAPISFLDAT>
    <AIRLINEID>DL</AIRLINEID>
    <AIRLINE>Delta Airlines</AIRLINE>
    <CONNECTID>1699</CONNECTID>
    <FLIGHTDATE>2001-11-23</FLIGHTDATE>
    <AIRPORTFR>JFK</AIRPORTFR>
    <CITYFROM>NEW YORK</CITYFROM>
    <AIRPORTTO>SFO</AIRPORTTO>
    <CITYTO>SAN FRANCISCO</CITYTO>
    <DEPTIME>17:15:00</DEPTIME>
    <ARRTIME>20:37:00</ARRTIME>
    <ARRDATE>2001-11-23</ARRDATE>
    <PRICE>513.69</PRICE>
    <CURR>USD</CURR>
    <CURR_ISO>USD</CURR_ISO>
</BAPISFLDAT>
```

Listing 7.1 Struktur vom Typ BAPISFLDAT in asXML

Dieses Format wurde ursprünglich im SAP Business Connector unter dem Namen XRFC eingeführt, um Parameter darzustellen, wenn Funktionsbausteine über

---

[6] Die Anordnung der Strukturkomponenten ist in asXML irrelevant. So könnte <AIRLINE> z.B. vor <AIRLINEID> stehen. Da das XML-Baummodell jedoch nicht über ein Konzept aus strukturierten, ungeordneten Knoten verfügt – es gibt ausschließlich strukturierte, geordnete Knoten (Elemente) und unstrukturierte, ungeordnete Knoten (Attribute) –, muss eine redundante Anordnung hinzugefügt werden.

XML aufgerufen werden. Das Beispiel zeigt Strukturen und einfache Werte einiger Grundtypen. Ein strukturierter Wert wird als Element mit Unterelementen dargestellt, die den Komponenten entsprechend benannt sind. Die Darstellung elementarer Werte entspricht der kanonischen Darstellung von XML-Schemadatentypen[7]. Eine interne Tabelle mit Flügen würde in asXML wie in Listing 7.2 dargestellt. Für eine detailliertere Beschreibung von asXML sei auf Kapitel 8 verwiesen. Im Moment reicht es festzustellen, dass die beiden äußeren Elemente von asXML eine konstante Hülle bilden, in der sich eine Liste mit symbolischen Namen befindet – in Listing 7.2 ist es nur einer, nämlich FLIGHT_LIST –, und dass sich unter jedem Namen die XML-Darstellung des Inhalts eines ABAP-Datenobjekts befindet.

```
<asx:abap xmlns:asx="http://www.sap.com/abapxml" version="1.0">
  <asx:values>
    <FLIGHT_LIST>
      <BAPISFLDAT> ... </BAPISFLDAT>
      ...
      <BAPISFLDAT> ... </BAPISFLDAT>
    </FLIGHT_LIST>
  </asx:values>
</asx:abap>
```

Listing 7.2 Interne Tabelle von BAPISFLDAT in asXML

Im Zuge der Evolution der SAP-Basis zum SAP Web Application Server wurde asXML im Kernel implementiert. Seit Release 6.10 ist es möglich, eine XML-Darstellung in ABAP-Werte umzuwandeln, seit Release 6.20 ist auch die Umkehrung möglich. Diese Umwandlung, von asXML nach ABAP und umgekehrt, wird üblicherweise als *Identitätstransformation* bezeichnet, da sie einen Baum von einem Datenmodell in ein anderes Datenmodell transformiert, ohne dabei die Struktur zu ändern.

Aber genügt eine derartige Transformation den praktischen Anforderungen? Man hätte sich dann wohl folgendes Szenario vorzustellen: Mit der Identitätstransformation kann jedes ABAP-Datenobjekt in XML dargestellt und an ein anderes System geschickt werden; darüber hinaus kann ein Format für erwartete XML-Informationen festgelegt werden, um damit ABAP-Datenobjekte zu füllen. In der Praxis werden ABAP-Datenobjekte nicht immer direkt für die XML-Kommunikation freigegeben. Vielmehr wird in den meisten Fällen ein begrenzter Satz an »Kommunikationsdatenstrukturen« vorliegen und es werden (in ABAP) entsprechende Transformationen zwischen diesen und den eigentlichen Quell- oder Ziel-

---

[7] Dies wurde auch vom SOAP-Standard (*Simple Object Access Protocol*) übernommen.

objekten implementiert sein. Dieser Ansatz wird als *Inside-Out* oder *ABAP-zentrisch* bezeichnet.

In einer Welt der offenen Standards kann solch eine Inside-Out-Vorgehensweise natürlich keine Lösung sein. Wenn in ABAP nur XML verstanden wird, das dem vom ABAP-Typsystem abgeleiteten Metaschema entspricht, bringt das wenig oder gar nichts. Wenn sich beispielsweise ein weltweiter Standard für Fluginformation namens »XFlight« entwickelt, der wie in Listing 7.3 aussieht und der dem ABAP-Metaschema einfach nicht entspricht, könnten solcherart strukturierte Daten nicht behandelt werden.

```
<connections>
  <connection city-from="NEW YORK"
              city-to="SAN FRANCISCO" from="JFK" to="SFO">
    <carrier code="DL" name="Delta Airlines">
      <flight code="1699">
        <departure>
          <date>2001-11-23</date>
          <time>17:15:00</time>
        </departure>
        <arrival>
          <date>2001-11-23</date>
          <time>20:37:00</time>
        </arrival>
        <price>
          <amount>513.69</amount>
          <currency>USD</currency>
          <currency-iso>USD</currency-iso>
        </price>
      </flight>
    </carrier>
    <carrier code="AA" name="American Airlines">
      ...
    </carrier>
  </connection>
</connections>
```

Listing 7.3 Hypothetisches XML-Standardformat XFlight

Wenn ein Inside-Out-Ansatz demnach keine Lösung ist, was sind dann die Alternativen?

7.2.2 Der Umgang mit externen XML-Formaten

Das Gegenteil der Inside-Out-Methode wird *Outside-In* genannt. Man geht dabei XML-zentriert anstatt ABAP-zentriert vor, indem man für ein XML-Schema eine eigene Datenstruktur ableitet, die diese XML-Struktur exakt widerspiegelt, woraufhin wiederum die Identitätstransformation eingesetzt wird, um Daten zwischen den beiden Modellen zu bewegen. Es wird Ihnen nicht schwer fallen, sich eine von XFlight abgeleitete Datenstruktur vorzustellen.

Dieser Ansatz wird in einer ganzen Reihe von Aktivitäten in der Java-Community verfolgt, am bekanntesten ist hier wohl JAXB[8]. Das Konzept wird als *Data Binding* bezeichnet. Doch es gibt mindestens vier gute Gründe, sich *nicht* für diesen Outside-In-Ansatz zu entscheiden.

1. Die Klasse der XML-Schemas, denen Datentypen sinnvoll zugeordnet werden können, ist begrenzt. Vornehmlich muss es sich um ein sehr reguläres Schema handeln. Irreguläre Strukturen können lediglich generisch und sehr ineffizient als Objektgraphen ausgedrückt werden.

   Für Java ist dieses Argument nicht ganz so schlüssig, da Java ohnehin auf Objekte beschränkt ist. Es wäre aber nicht sinnvoll, diese Beschränkung für die Bindung von ABAP und XML zu übernehmen, weil das eine mangelhafte Unterstützung für Strukturen und interne Tabellen zur Folge hätte.

2. Dieser Ansatz führt zu einer Inflation von Datentypen.

3. Die bestehende Funktionalität kann nicht ohne Weiteres mit den neuen Datentypen zusammenarbeiten. Es müssten erst Anpassungsprogramme in ABAP geschrieben werden, um alte und neue Typen einander zuordnen zu können.

4. Eine gute Datenübermittlungsstruktur ist im Allgemeinen keine gute Datenverarbeitungsstruktur. Das heißt, dass es recht wahrscheinlich ist, dass neue, um diese Strukturen herumentwickelte Funktionalität schlecht entworfen sein wird, und zwar selbst dann, wenn keine bestehende Funktionalität an die vom Schema abgeleiteten Datenstrukturen angepasst werden müsste.

Wenn also weder der ABAP-zentrische noch der XML-zentrische Ansatz zu einem zufrieden stellenden Ergebnis führt, bedarf es einer *symmetrischen* Lösung für den ABAP-XML-Austausch, die folgende Kriterien erfüllt:

▶ Sie muss beliebige ABAP-Datenobjekte unterstützen, ohne dabei zu einer Inflation der XML-Schemas zu führen.

▶ Sie muss beliebige XML-Schemas unterstützen, ohne dabei zu einer Inflation der Datentypen zu führen.

---
8 JAXB wird derzeit durch das Java-Community-Process-Programm unter JSR-31 entwickelt.

- Es darf kein ABAP-Code notwendig werden, um die Verarbeitungsstrukturen den Kommunikationsstrukturen zuzuordnen und umgekehrt.
- Sie darf kein fehlerhaftes, auf dem XML-Datenmodell beruhendes Anwendungsdesign fördern.

Genau diese Kriterien erfüllt die Implementierung von SAP XSLT.

7.2.3 Baumtransformation mit XSLT

Die Lösung kann nur darin liegen, das asXML-Format für ABAP-Datenobjekte einerseits und beliebige XML-Formate andererseits miteinander zu kombinieren und die XML-Transformationssprache XSLT als Brücke zur Definition der notwendigen Transformationen zwischen diesen Formaten einzusetzen.

Listing 7.4 zeigt ein XSLT-Programm, das unser hypothetisches Format XFlight in das ABAP-spezifische BAPISFLDAT-Format[9] transformiert.

```
<xsl:transform version="1.0"
               xmlns:xsl="http://www.w3.org/1999/XSL/Transform">
<xsl:strip-space elements="*"/>
<xsl:template match="connections">
  <asx:abap version="1.0" xmlns:asx="http://www.sap.com/abapxml">
    <asx:values>
      <FLIGHT_LIST>
        <xsl:apply-templates/>
      </FLIGHT_LIST>
    </asx:values>
  </asx:abap>
</xsl:template>
<xsl:template match="connection">
  <xsl:variable name="conn" select="."/>
  <xsl:for-each select="carrier">
    <xsl:variable name="carr" select="."/>
    <xsl:for-each select="flight">
      <xsl:variable name="dep"   select="departure"/>
      <xsl:variable name="arr"   select="arrival"/>
      <xsl:variable name="price" select="price"/>
      <BAPISFLDAT>
```

---

9 Eventuell ist Ihnen aufgefallen, dass beispielsweise das Datum auf der XML-Seite als »2001-11-23« formatiert ist, während es auf der ABAP-Seite als »20011123« dargestellt wird. Um zu vermeiden, dass jedes XSLT-Programm Stringmanipulationen für einfache Werte durchführen muss, wird die Darstellung dieser Werte automatisch übernommen.

```
            <AIRPORTFR ><xsl:value-of select="$conn/@from"/></AIRPORTFR>
            <CITYFROM  ><xsl:value-of select="$conn/@city-from"/>
               </CITYFROM>
            <AIRPORTTO ><xsl:value-of select="$conn/@to"/></AIRPORTTO>
            <CITYTO    ><xsl:value-of select="$conn/@city-to"/></CITYTO>
            <AIRLINEID ><xsl:value-of select="$carr/@code"/>
               </AIRLINEID>
            <AIRLINE   ><xsl:value-of select="$carr/@name"/>
               </AIRLINE>
            <CONNECTID ><xsl:value-of select="@code"/></CONNECTID>
            <FLIGHTDATE><xsl:value-of select="$dep/date"/>
               </FLIGHTDATE>
            <DEPTIME   ><xsl:value-of select="$dep/time"/></DEPTIME>
            <ARRDATE   ><xsl:value-of select="$arr/date"/></ARRDATE>
            <ARRTIME   ><xsl:value-of select="$arr/time"/></ARRTIME>
            <PRICE     ><xsl:value-of select="$price/amount"/>
               </PRICE>
            <CURR      ><xsl:value-of select="$price/currency"/>
               </CURR>
            <CURR_ISO  ><xsl:value-of select="$price/currency-iso"/>
               </CURR_ISO>
         </BAPISFLDAT>
      </xsl:for-each>
   </xsl:for-each>
</xsl:template>
</xsl:transform>
```

Listing 7.4 XSLT-Programm zur Umwandlung von XFlight in asXML

Hierbei handelt es sich um ein einfaches XSLT-Programm, das die drei Strukturebenen der XFlight-Dokumente (`connection – carrier – flight`) in einer Schleife durchläuft und die Flüge als flache, aus gemäß BAPISFLDAT strukturierten Datensätzen bestehende Liste auswirft. XSLT-Anweisungen sind erkennbar am `xsl:`-Namensraumpräfix, der Rest des Codes besteht aus literalen Ergebniselementen. Die Anweisungen `xsl:for-each`, `xsl:variable`, und `xsl:value-of` arbeiten mit XPath-Ausdrücken, um Knotenmengen des Quellbaums auszuwählen. Der Ausdruck `$conn/@from` selektiert beispielsweise das Attribut `from` (eine einelementige Knotenmenge) des Knotens, der an die Variable `conn` (das aktuelle `connection`-Element) gebunden ist.

Es bleibt zu klären, was es mit der Identitätstransformation auf sich hat, deren Existenz wir bisher einfach vorausgesetzt haben. Vom Konzept her kann eine XSL-

Transformation eines beliebigen XML-Baumes in einen ABAP-Baum tatsächlich als eine (strukturverändernde) Transformation von einem XML-Baum in den kanonischen asXML-Baum verstanden werden, an die sich eine (strukturerhaltende) Identitätstransformation anschließt, die den asXML-Baum in ABAP-Datenobjekte umwandelt. Tatsächlich wurde in den SAP XSLT-Prozessor eine Optimierung integriert, wobei die ABAP-Objekte direkt durch Ausführen des XSLT-Programms gefüllt werden, anstatt den Übergangs-XML-Baum zu konstruieren. Dieser Prozess ist in Abbildung 7.1 dargestellt.

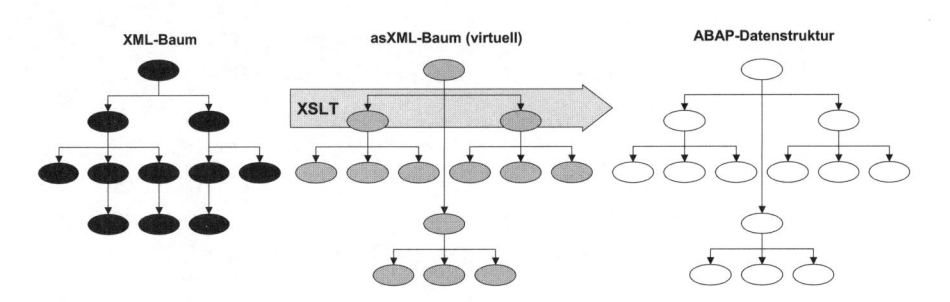

Abbildung 7.1 Transformation von XML nach ABAP

Die entgegengesetzte Transformation verläuft analog dazu. Die ABAP-Datenstruktur wird durch die Identitätstransformation in einen asXML-Baum umgewandelt und ein XSLT-Programm transformiert diesen Baum dann in den finalen XML-Baum (bzw. HTML oder Text). Bei der Transformation von ABAP nach XML muss der Übergangs-asXML-Baum tatsächlich erstellt werden, da XSLT-Programme über die Location-Path-Ausdrücke von XPath Direktzugriff auf den Quellbaum benötigen. Der asXML-Baum in Abbildung 7.2 ist daher nicht nur virtuell – er wird durch einen impliziten Aufruf der Identitätstransformation konstruiert, wenn es sich bei dem Quellbaum um eine Struktur handelt.

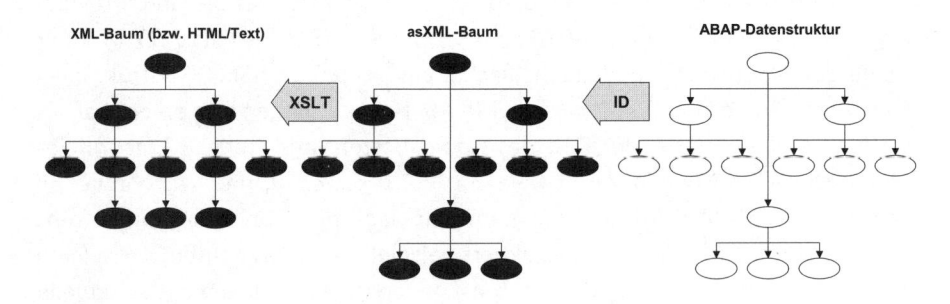

Abbildung 7.2 Transformation von ABAP nach XML

Für unser XFlight-Beispiel bedeutet die Transformation von ABAP nach XML eine größere Herausforderung als die von XML nach ABAP in Listing 7.4, da die in diese Richtung erstellte Struktur wesentlich komplexer ist. Das entsprechende XSLT-Programm finden Sie in Listing 7.8 (siehe Abschnitt 7.5). Es zeigt, dass XSLT nicht auf einfache Umsetzungen beschränkt ist, sondern komplexe strukturelle Transformationen ausdrücken kann. Eine Transformation kann prinzipiell einen Baum zum Ergebnis haben, der völlig anders aussehen kann als der Quellbaum.

7.3 XSLT im SAP Web Application Server

Bisher haben wir Ihnen gezeigt, wie die Transformation zwischen XML- und ABAP-Datenobjekten mittels XSLT konzeptionell funktioniert. Um die Konzepte auch anwenden zu können, bedarf es noch der Erklärung, wie XSLT-Programme im SAP Web Application Server gepflegt und aufgerufen werden können. Die Verwaltung von XSLT-Programmen in der ABAP Workbench ist unabhängig von reinen XML-ABAP-Transformationen. Wenn Sie XSLT-Programme schreiben wollen, um beispielsweise XML in HTML umzuwandeln, können Sie der gleichen Vorgehensweise folgen.

7.3.1 Implementierung von XSLT im SAP Web Application Server

Die Tatsache, dass sie auf einem Applikationsserver läuft, hat für die Implementierung einer Programmiersprache erhebliche Konsequenzen. Die meisten auf dem Markt erhältlichen XSLT-Prozessoren verfolgen einen Ansatz, der nicht unbedingt für den Einsatz auf einem Server geeignet ist. Dieser Ansatz kann als »Bauminterpretation« beschrieben werden – das XSLT-Programm wird in eine baumähnliche interne Darstellung verwandelt und diese Struktur wird rekursiv interpretiert; möglicherweise, nachdem sie zwecks Optimierung umgestellt wurde.[10] Üblicherweise wird der Stack der Implementierungssprache (z. B. Java) für die Rekursion verwendet, was den Nachteil hat, dass die Ausführung des Programms, z. B. für ein Prozess-Scheduling, nur schwer unterbrochen werden kann. Zudem gibt es keine effiziente Möglichkeit zum Speichern und erneuten Laden der Ergebnisse der Programmanalyse (des Programmbaums). Aus diesem Grund ist es zwar effizient möglich, ein Programm mehrere Male hintereinander auszuführen; wenn die Menge der aktiven Programme jedoch zu groß wird, müssen Programmbäume entsorgt und neu aufgebaut werden, wenn das Programm erneut gebraucht wird. Da auf einem stark ausgelasteten Applikationsserver die Anzahl von Programmen üblicherweise sehr hoch und die Ausführungsreihenfolge oftmals zufällig ist, skaliert die Bauminterpretation unter solchen Bedingungen nicht.

---

10 Dieser Vorverarbeitungsschritt wird manchmal (unzutreffenderweise) als Kompilation bezeichnet.

Dies sind exakt dieselben Probleme, die bei ABAP-Programmen auftreten und im Verlauf der letzten zehn Jahre im SAP-Kernel auf eine Weise gelöst wurden, die im Vergleich zu anderen Applikationsservern ihresgleichen sucht. Die Lösung beruht auf einer Reihe bekannter Prinzipien, die konsequent implementiert wurden. ABAP-Programme werden nicht als Programmbäume interpretiert, sondern in einen Bytecode übersetzt, der von einer *virtuellen Maschine* interpretiert wird. Dieser Bytecode (*Programm-Load*) kann in Form von binären Einheiten effizient in der Datenbank gespeichert und von dort abgerufen werden. Umfangreiche Optimierungen können schon zur Compile-Zeit durchgeführt werden, da sich die Ergebnisse speichern lassen. Ist ein Programm einmal ausgeführt worden, wird bei erneutem Aufruf mit großer Wahrscheinlichkeit nicht auf die Datenbank zugegriffen, da sich der Bytecode noch im Programmpuffer PXA (*Program eXecution Area*) befindet.

Diese ausgereifte Infrastruktur wurde auch für den SAP XSLT-Prozessor eingesetzt. Da es sich bei XSLT jedoch um eine völlig andersartige Sprache handelt, konnten die virtuelle Maschine und der Bytecode von ABAP natürlich nicht verwendet werden und es wurde eine eigene virtuelle Maschine speziell für XSLT entwickelt. Die Speicher- und Puffermechanismen wurden dagegen direkt aus der ABAP-Implementierung übernommen, woraus für XSLT-Entwickler die folgenden Vorteile resultieren:

- **Physikalischer Speicher**
  Sie müssen sich nicht mit der physikalischen Speicherung der XSLT-Programme befassen, sondern diese lediglich bearbeiten und ausführen. Die XSLT-Quellen und -Loads werden transparent in der Datenbank gespeichert.

- **Pufferung**
  Die XSLT-Loads befinden sich zur Ausführung im PXA-Puffer. Der XSLT-Prozessor arbeitet direkt auf dem Bytecode im PXA. Es werden die bewährten Puffermethoden des PXA eingesetzt.

- **Gemeinsame Nutzung**
  Der PXA steht allen Workprozessen des Applikationsservers zur Verfügung, die dadurch simultan auf die Programm-Loads zugreifen können.

- **Synchronisation**
  Wird auf dem Applikationsserver eine XSLT-Quelle geändert, so werden alle anderen Server über diese Änderung in Kenntnis gesetzt. Der PXA wird darüber informiert, dass der aktuelle Load überholt ist und dass bei der nächsten Anforderung die neue Version geladen werden muss.

- **Versionierung**
  Der PXA unterstützt gleichzeitig mehrere Versionen desselben XSLT-Programms. Wird ein XSLT-Programm geändert, während eine laufende Transak-

tion dieses Programm nutzt, wird die Ausführung mit der alten Version weitergeführt, während die neue Version schon sichtbar ist.

7.3.2 Die Pflege von XSLT-Programmen in der ABAP Workbench

XSLT-Programme sind *Repository Objekte* des SAP Web Application Servers. Wenn Sie mit der ABAP-Entwicklungsumgebung vertraut sind, wissen Sie, dass dieser Status eine Reihe hochintegrierter Bearbeitungsmöglichkeiten mit sich bringt, die von Anlegen, Editieren und Debugging bis hin zu systemübergreifendem Transport und Auslieferung reichen. Insbesondere gibt es die von ABAP-Programmen und anderen Entwicklungsobjekten her bekannte Aktivierung, vor der eine veränderte, inaktive Programmversion auf syntaktische Richtigkeit hin getestet werden kann, bevor bei erfolgreicher Prüfung die vorhergehende ausführbare Version abgelöst wird.

XSLT-Programme anlegen

Ein neues XSLT-Programm können Sie wie folgt erstellen:

1. Starten Sie den Object Navigator (Transaktion SE80) und wählen Sie die Paket-Ansicht für das Paket, in dem Sie das Programm erstellen möchten. Alternativ können Sie natürlich auch **Lokale Objekte** wählen.

2. Folgen Sie im Kontextmenü (rechte Maustaste) der Wurzel des Objektbaums dem Pfad **Anlegen · Weitere · Transformation**.

3. Geben Sie im Fenster **Transformation anlegen** den Namen und eine Kurzbeschreibung des neuen Programms ein.

4. Wählen Sie für die **Transformations-Art** den Eintrag **XSLT-Programm** und bestätigen Sie Ihre Eingaben. Bestätigen Sie auch das eingeblendete Dialogfenster für den Objektkatalogeintrag.

Der Name des neu erstellten Programms wird in der Objektliste unterhalb des Knotens Transformationen angezeigt. Im Werkzeugbereich des Object Navigators wird der Transformationseditor dargestellt. Die Registerkarte Eigenschaften enthält eine Kurzbeschreibung, den Namen des Erstellers, die Entwicklungsklasse usw. Durch die Auswahl der Registerkarte Quelltext gelangen Sie in den Quelltexteditor, der bereits einige Zeilen Standardinhalt einschließlich des Elements `<xsl:transform>` mit Namensraumangaben sowie eines leeren, zum Wurzelknoten passenden Templates enthält. Hier können Sie jetzt mit dem Editieren anfangen.

Wie schon erwähnt, sind XSLT-Programme als Repository Objekte wie alle anderen Entwicklungsobjekte in die ABAP Workbench integriert. Neben dem eben beschriebenen Weg können Sie alle Ihnen schon bekannten Vorgehensweisen wie z.B. die Vorwärtsnavigation (im ABAP-Editor) verwenden, um neue XSLT-Programme zu erstellen oder vorhandene zu ändern; das gilt natürlich auch für das Kopieren, Löschen, Umbenennen usw.

Die seit Release 6.40 alternativ angebotene Transformations-Art ist **Simple Transformation**. *Simple Transformations* (ST) werden in einer SAP-eigenen Programmiersprache für Transformationen zwischen XML-Formaten und ABAP-Daten und umgekehrt geschrieben. Mit Simple Transformations können wie mit XSLT Serialisierungen und Deserialisierungen von ABAP-Daten, aber keine Transformationen von XML nach XML durchgeführt werden. Der Aufruf einer Simple Transformation erfolgt wie der Aufruf eines XSLT-Programms mit der Anweisung CALL TRANSFORMATION.

Simple Transformations wurden zusätzlich zu XSLT eingeführt, um auch große Datenmengen effizient bearbeiten zu können und um Serialisierung und Deserialisierung durch ein einziges Programm ausdrücken zu können. Für ausführliche Informationen und Beispiele zu ST sei an dieser Stelle auf die Online-Dokumentation ab Release 6.40 verwiesen. Wir möchten Ihnen auch durchaus nicht verschweigen, dass die Verwendung von Simple Transformations, wie der Name schon sagt, für die genannten Zwecke einfacher und empfehlenswerter sein kann als die Verwendung von XSLT. Außer der Verwendung einer anderen Programmiersprache ändert dies aber nichts an der prinzipiellen, in diesem Kapitel beschriebenen, allgemein gültigen Vorgehensweise.

XSLT-Programme editieren und aktivieren

Der XSLT-Editor ist derselbe Volltexteditor, der auch für ABAP-Quelltext verwendet wird. Als zusätzliche Bearbeitungshilfe bietet eine Tag Library (Auswahl über den Button **Tag Library**) die Möglichkeit, passende Tags per Drag & Drop (XSLT, HTML usw.) in den Quelltext einzufügen (siehe Abbildung 7.3). Ab Release 6.40 beinhaltet die Tag Library auch die Tags für Simple Transformations.

Wie der ABAP-Editor bietet auch der XSLT-Editor die Buttons Prüfen und Aktivieren an. Der erste startet den XSLT-Compiler, ohne das Programm persistent zu speichern, der zweite aktualisiert nach erfolgreicher Kompilation den Programm-Load und veröffentlicht ihn als ausführbare Version. Fehler und Warnmeldungen des Compilers werden wie üblich in einem separaten Fenster am unteren Rand des Bildschirmbilds angezeigt (siehe Abbildung 7.4). Ein Programm mit Syntaxfehlern kann nicht aktiviert werden, es kann jedoch im inaktiven Status gespeichert werden. Wie bei allen Repository Objekten bezieht sich ein Verwender eines XSLT-Programms – beispielsweise bei Einbeziehung durch ein anderes XSLT-Programm – immer auf die aktive Version.

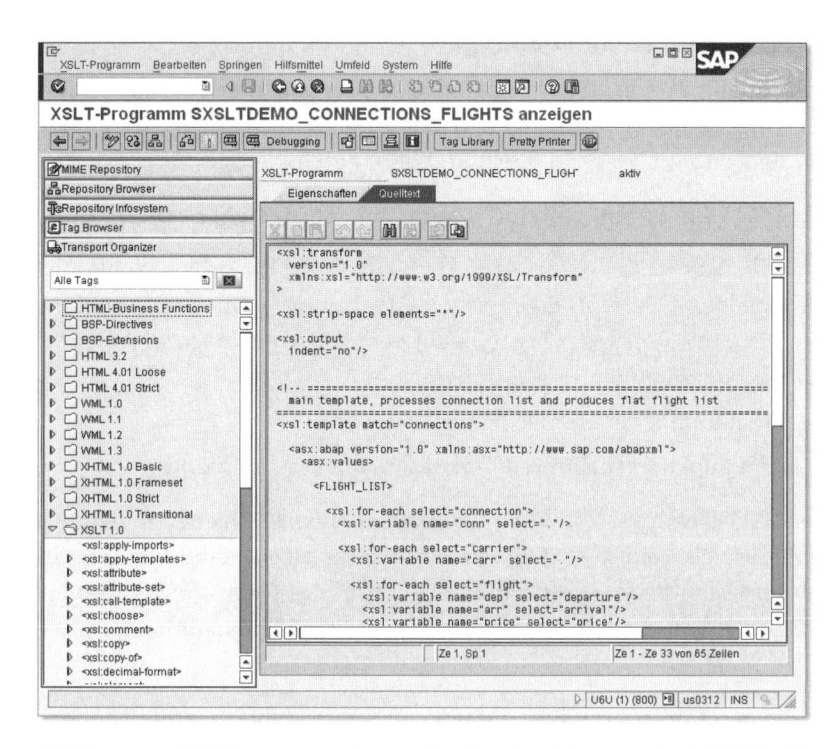

Abbildung 7.3 XSLT-Programm mit eingeblendeter Tag Library in der ABAP Workbench

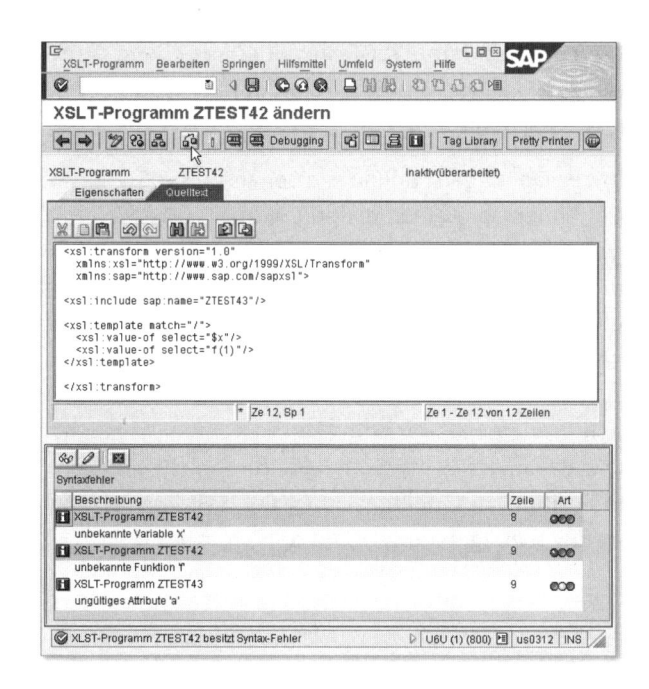

Abbildung 7.4 Compiler-Meldungen im XSLT-Editor

XSLT im SAP Web Application Server

XSLT-Programme testen und debuggen

Um zu testen, ob ein aktives XSLT-Programm seine Aufgaben erfüllt, können Sie ihm ein XML-Eingabedokument übergeben, das Programm darauf ausführen und das Ergebnis auswerten. Dies kann direkt im Editor geschehen.

1. Wählen Sie **XSLT-Programm testen (F8)**, um den XSLT-Tester zu starten.
2. Geben Sie eine lokale Datei als XML-Quelldokument zum Hochladen an.
3. Geben Sie eine lokale Datei als Ergebnisdokument zum Herunterladen an, oder wählen Sie die Option, dass das Ergebnis auf dem Bildschirm angezeigt werden soll (als String oder in einem HTML-Browser).
4. Geben Sie Programmparameter (als Stringwerte) an.
5. Wählen Sie die Funktion **Ausführen**, um das Programm auszuführen.

Den visuellen XSLT-Debugger[11] können Sie verwenden, um Fehler zu finden und um die Funktionsweise eines XSLT-Programms besser zu verstehen, indem Sie seine Ausführung Schritt für Schritt mitverfolgen. Um das Debugging zu starten, können Sie beispielsweise einen Breakpoint in dem XSLT-Programm setzen, das sie debuggen[12] möchten:

1. Bewegen Sie den Cursor im Editor auf eine Zeile und wählen Sie die Funktion **Breakpoint setzen** aus, um einen Breakpoint in dieser Zeile zu setzen. Eine erneute Auswahl der Funktion auf der Zeile entfernt den Breakpoint wieder.
2. Starten Sie das Program entweder mit dem XSLT-Tester oder aus einem ABAP-Programm. Die Ausführung des XSLT-Programms wird an der Stelle, an der Sie den Breakpoint gesetzt haben, angehalten.

Auf eine detaillierte Erklärung der Debugger-Funktionen sei an dieser Stelle verzichtet, Abbildung 7.5 vermittelt Ihnen aber einen ersten Eindruck. Das XSLT-Programm, das gerade debuggt wird, wird im Fenster oben rechts angezeigt. Breakpoints sind gelb gekennzeichnet, die aktuelle Zeile ist blau markiert. Auf der linken Seite ist der XML-Quellbaum zu sehen, in dem der aktuelle Knoten blau gekennzeichnet ist. Das untere Fenster zeigt das vorläufige Ergebnis und kann auf die Anzeige der Breakpoints, des Aufrufstapels oder der Werte der Variablen umgeschaltet werden. Die Ausführung des Programms kann in unterschiedlichen Modi fortgesetzt werden, wie z.B. Einzelschritt, weiter bis zum nächsten Breakpoint, weiter bis zur nächsten Position im Quelltext und weiter bis zur nächsten Änderung des Resultats; die beiden Letztgenannten sind XSLT-spezifisch.

---

11 Der XSLT-Debugger steht ab Release 6.20 zur Verfügung.
12 Bisher besteht noch keine Möglichkeit, aus dem ABAP Debugger beim Aufruf eines XSLT-Programms in dieses zu gelangen.

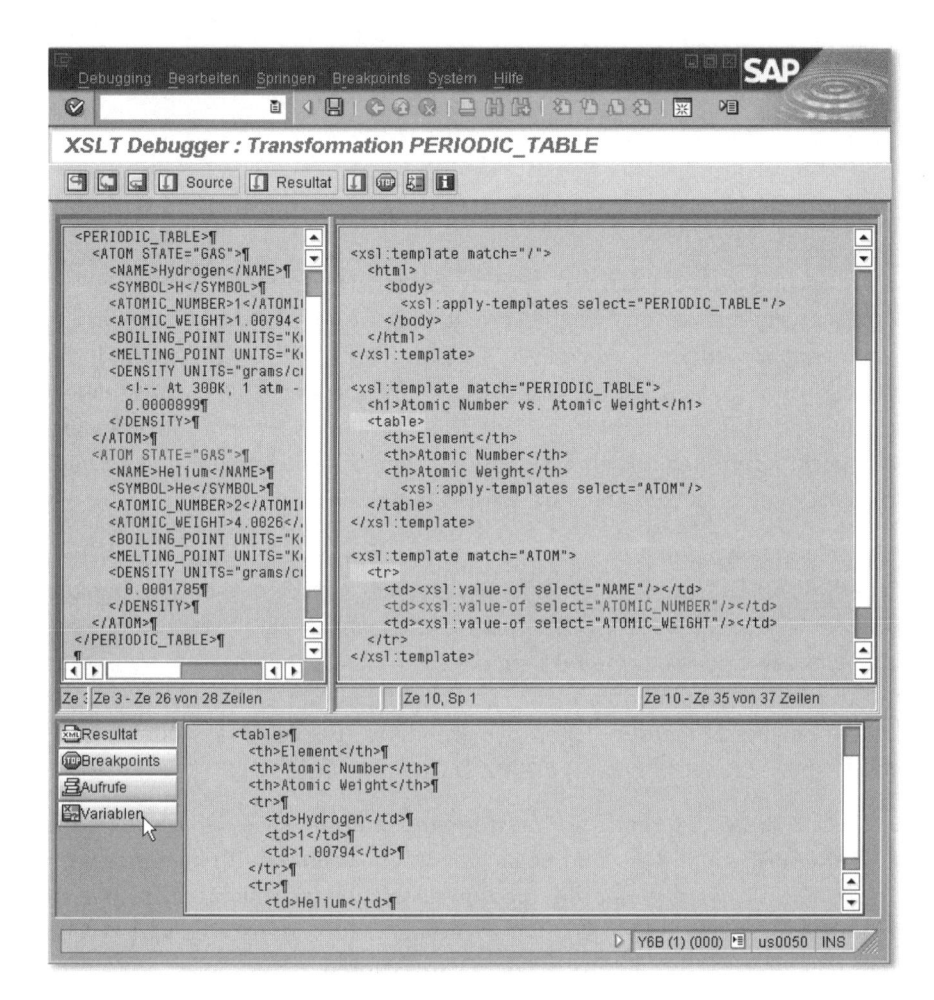

Abbildung 7.5 XSLT-Debugger

7.3.3 XSLT-Programme aus ABAP heraus aufrufen

Nachdem Sie in der Workbench ein XSLT-Programm (fehlerfrei) erstellt haben, brauchen Sie natürlich auch noch eine Möglichkeit, um es zu verwenden. Da XSLT lediglich eine leistungsstarke Sprache für Baumtransformationen und keine universelle Programmiersprache ist, müssen Sie SAP XSLT-Programme zu ihrer Verwendung aus ABAP-Programmen heraus aufrufen.

Der Aufruf von XSLT wurde daher als neue ABAP-Anweisung CALL TRANSFORMATION implementiert, die den Anweisungen CALL FUNCTION und CALL METHOD ähnelt. Der Aufruf des in Listing 7.4 dargestellten XSLT-Programms, davon ausgehend, dass es im Repository unter dem Namen CONNECTIONS abgelegt ist, sieht wie folgt aus:

```
CALL TRANSFORMATION
    connections
  SOURCE XML
    xflight_string
  RESULT
    flight_list = it_sflight.
```

Diese Anweisung aktiviert den XSLT-Prozessor, der den String `xflight_string` (mit XML-Inhalt in unserem XFlight-Format) in eine interne ABAP-Tabelle `it_sflight` vom Zeilentyp BAPISFLDAT transformiert. Der erste Operand der Anweisung, `connections`, ist der Name des XSLT-Programms. Die Schlüsselwörter SOURCE und RESULT leiten Klauseln ein, die Quelle und Ergebnis der Transformation spezifizieren. Beginnt eine Klausel mit dem Sprachelement XML, so handelt es sich um einen XML-Baum, andernfalls um einen ABAP-Baum.

Ein ABAP-Baum wird durch eine Liste von Bindungen, `name = var`, spezifiziert. `var` ist ein ABAP-Datenobjekt, `name` ist ein Elementname, der die XML-Darstellung des ABAP-Werts (FLIGHT_LIST in Listing 7.2) einschließt.[13] Der Name einer Bindung dient als Ebene der Indirektion, die die XML-Darstellung vom konkreten Namen des Datenobjekts entkoppelt. Die Datentypen der Datenobjekte, die in Bindungen eingesetzt werden, legen die generierte (bei ABAP als Quelle) bzw. geforderte (bei ABAP als Ergebnis) asXML-Darstellung fest.

CALL TRANSFORMATION kann für Transformationen von XML nach XML, XML nach ABAP, ABAP nach XML und sogar von ABAP nach ABAP eingesetzt werden.[14] Das XSLT-Programm und die Bindungsliste können dynamisch spezifiziert werden. XML-Quellen oder -Ergebnisse können auf unterschiedliche Weise bereitgestellt werden, z.B. als String oder DOM-Knoten.

Um beispielsweise eine Transformation, deren Name in der Variablen `xslt_program` gespeichert ist, auf eine Tabelle `bindings` (vom Typ `abap_trans_srcbind_tab`) anzuwenden und das Ergebnis im DOM-Knotendokument (des Typs REF TO if_ixml_document) zu erhalten, schreibt man:

```
CALL TRANSFORMATION
      (xslt_program)
```

---

[13] Da ABAP die Groß- und Kleinschreibung nicht beachtet, werden Bindungsnamen, die mit `name = var` eingeführt werden, in Großbuchstaben umgewandelt. (Im Fall von dynamisch spezifizierten Bindungen ist sowohl Groß- als auch Kleinschreibung möglich). Beachten Sie jedoch, dass XML die Groß- und Kleinschreibung beachtet und diese daher bei Bindungsnamen korrekt eingehalten werden muss, wenn diese Namen in XSLT-Programmen abgeglichen oder generiert werden.

[14] Dies gilt nur beim Aufruf von XSLT-Programmen. Beim Aufruf von Simple Transformations kann nicht zwischen gleichartiger Quelle und Ziel transformiert werden.

```
SOURCE
   (bindings)
RESULT XML
   document.
```

7.3.4 ABAP aus XSLT aufrufen und andere SAP XSLT-Erweiterungen

Die XSLT-Spezifikation beschreibt zwei legitime Arten, die Sprache zu erweitern: *Erweiterungsanweisungen* auf der XSLT-Ebene und *Erweiterungsfunktionen* auf der XPath-Ebene, die in herstellerspezifische Namensräume eingeteilt werden müssen. Der für SAP-Erweiterungen gewählte Namensraum lautet `http://www.sap.com/sapxsl`.[15]

Eine Art von Erweiterungen besteht aus Anweisungen und Funktionen, die bestimmte, klar definierte Funktionalitäten hinzufügen. Erweiterungen dieser Art müssen in den XSLT-Prozessor implementiert werden.

Eine andere, sehr allgemeine Art der Erweiterung lässt sich nutzen, indem man Konstrukte für Aufrufe in andere Programmiersprachen implementiert. Dies erweist sich als nützlich, wenn zusätzliche Informationen abgerufen (z.B. von einer Datenbank) oder Berechnungen durchgeführt werden sollen, die sich nicht leicht in XSLT ausdrücken lassen.

Doch Vorsicht: Sie sollten ABAP (oder in einem anderen Kontext andere universelle Programmiersprachen) nicht vorschnell von XSLT aus aufrufen. XSLT und XPath selbst können bereits für eine große Menge von Aufgaben eingesetzt werden, darunter String- und numerische Berechnungen sowie rekursive Funktionen. Mischt man das reine XSLT mit ABAP (oder anderen Sprachen), so führt das zu Programmen, die nicht nur schwer verständlich, sondern auch schwer zu pflegen sind. Darüber hinaus sollten Sie beachten, dass Nebeneffekte, die durch ABAP-Aufrufe entstehen können, in jedem Fall zu vermeiden sind, da diese nur schwer mit dem nebeneffektfreien Charakter von XSLT vereinbar wären.

Es werden ausschließlich Methodenaufrufe in Klassen unterstützt, die in ABAP Objects definiert sind. Dazu gehören Instanzmethoden, statische Methoden und Instanzkonstruktoren, jedoch keine Funktionsbausteine. Instanzmethoden und -konstruktoren machen es notwendig, Instanzen von ABAP-Klassen in XSLT zu behandeln. Diese so genannten *externen Objekte* sind ein separater Werte-

---

15 Wie im Fall des XSLT-Namensraums muss auch der SAP XSLT-Namensraum von einem XSLT-Programm, das SAP-Erweiterungen verwendet, deklariert werden, z.B. `xmlns:sap=http://www.sap.com/sapxsl`. Als Konvention wird das Präfix `sap` für den SAP-Namensraum verwendet.

typ, wie Strings und Zahlen. Daher können sie beim Starten des XSLT-Programms an ABAP-Objekte gebunden werden, indem man sie als Top-Level-Parameter des XSLT-Programms deklariert. Wenn beispielsweise ein externes Objekt an eine Variable x gebunden ist, dann sieht ein Instanzmethodenaufruf wie in Listing 7.5 aus.

```
<sap:call-external name="x" method="METHOD">
  <sap:callvalue param="IMP" select="42"/>
  <sap:callvariable name="v1" param="EXP1" type="boolean"/>
  <sap:callvariable name="v2" param="EXP2" type="number"/>
</sap:call-external>
```

Listing 7.5 ABAP aus XSLT aufrufen

Dieses etwas holprige Format ist notwendig, um auch ABAP-Methoden mit mehr als einem Rückgabewert (EXPORTING- oder CHANGING-Parameter) abdecken zu können. Dies wird dadurch ermöglicht, dass das Sprachkonstrukt für einen externen Aufruf aus XSLT-Sicht als eine Anweisung *mit Variablenbindung* interpretiert wird. Im Beispiel wird der Wert 42 an den IMPORTING-Parameter IMP der ABAP-Methode METHOD übergegeben. Die von der Methode zurückgegebenen EXPORTING-Parameter EXP1 und EXP2 sind an Variablen gebunden, auf die in folgenden XPath-Ausdrücken über $v1 und $v2 zugegriffen werden kann. Der Scope der Variablen im Element sap:call-external ist wie der von xsl:variable. Für den erwarteten XSLT-Typ kann mit type ein Hinweis gegeben werden, sodass beispielsweise ein Zeichen »X« nicht als String, sondern als Boole'sche Variable (»wahr«) interpretiert werden soll. Abgesehen davon werden Werte passend konvertiert, beispielsweise sind XSLT/XPath-Zahlen mit allen numerischen ABAP-Typen kompatibel, sofern es deren Wertebereich zulässt.

Ab Release 6.20 ist eine elegantere Syntax für Methodenaufrufe mit einem einzigen Rückgabewert möglich (wobei die Methode auch mehrere EXPORTING-Parameter besitzen kann, aber nur einer verwendet wird). Statt das Muster des ABAP-Aufrufs mit allen seinen benannten Parametern bei jedem Aufruf auszuschreiben, kann es einmal auf höchster Ebene definiert werden; die Methodenaufrufe können dann wie in Listing 7.6 in einer funktionalen Syntax (mit Positionsparametern) aus *XPath* ausgeführt werden.

```
<!-- top-level instance method declaration: -->
<sap:external-function name="p:f1"
                       method="METHOD1" kind="instance">
  <sap:argument param="IMP1"/>
  <sap:argument param="IMP2"/>
  <sap:result param="EXP" type="number"/>
```

```
</sap:external-function>
<!-- top-level class method declaration: -->
<sap:external-function name="p:f2" class="CL_CLASS"
                       method="METHOD2" kind="class">
  <sap:argument param="IMP"/>
  <sap:result param="EXP" type="number"/>
</sap:external-function>
<!-- top-level constructor declaration: -->
<sap:external-function name="p:new" class="CL_CLASS"
                       kind="constructor"/>
<!-- constructor, instance method, and class method call: -->
<xsl:value-of select="p:f1(p:new(), 42, 'foo') + p:f2('bar')"/>
```

Listing 7.6 ABAP aus XPath aufrufen

Es muss ein – ansonsten beliebiger – Namensraum (beispielsweise `xmlns:p="myFunctions"`) für solcherart definierte, externe Funktionen gewählt werden, da der »Null«-Namensraum für XPath-Standardfunktionen reserviert ist. Die Regel, dass der erste Parameter eines Instanzmethodenaufrufs das Objekt ist, ist im »allgemeinen Java-Bindungsmechanismus« von auf Java basierenden XSLT-Prozessoren[16] als Quasi-Standard definiert.

Die häufige Nutzung externer Aufrufe (an Java) in anderen XSLT-Implementierungen beruht auf einer Lücke in der XSLT 1.0-Spezifikation: sie stellt nämlich kein Konstrukt zur Verfügung, mit dem *selbst definierte Funktionen* von XPath aus aufgerufen werden können. *Template Rules* sind zwar selbst definiert, sie dienen jedoch der Generierung von Baumfragmenten und es ist sehr unhandlich, beispielsweise eine Zahl oder einen String mittels einer rekursiven Template Rule zu berechnen. XSLT 2.0 schließt diese Lücke durch die auf höchster Ebene eingeführte Erweiterungsanweisung `xsl:function`, deren Gebrauch in Listing 7.7 dargestellt ist.

```
<!-- top-level function definition (recursive): -->
<xsl:function name="p:factorial" >
  <xsl:param name="n"/>
  <xsl:result select = "
    sap:if($n &lt;= 0, 0,
```

---

[16] Da der allgemeine Java-Bindungsmechanismus Java-Klassen anhand des Namensraums identifiziert und der SAP-Mechanismus die ABAP-Methoden in einem Konstrukt spezifiziert, das von anderen Prozessoren ignoriert wird, und die Namensräume oder lokalen Namen der definierten Funktionen ignoriert, ist es sogar möglich, dasselbe XSLT-Programm in einem ABAP- oder einem Java-Kontext einzusetzen. Voraussetzung hierfür ist allerdings, dass die externen Funktionen in beiden Kontexten existieren.

```
      sap:if($n = 1, 1,
        $n * p:factorial($n - 1) ) ) " />
</xsl:function>
<!-- function call: -->
<xsl:value-of select="p:factorial(5)"/>
```

Listing 7.7 Selbst definierte XPath-Funktionen

Diese Anweisung erleichtert die Definition von (wechselseitig rekursiven) Funktionen, bei deren Implementierungen es sich um einfache XPath-Ausdrücke handelt. Eine weitere hierfür entscheidende XPath-Erweiterung ist der *Bedingungsausdruck* `sap:if(c, t, e)`, der, wenn »c« wahr ist, »t« und andernfalls »e« ausgibt. In Listing 7.7 wird `sap:if()` genutzt, um die Rekursion zu beenden. Auch hier gilt, dass die selbst definierten Funktionen weder im Namensraum »Null« noch im XSLT-Namensraum oder dem SAP XSLT-Namensraum liegen dürfen. Mehrere Funktionsdefinitionen können denselben Namen haben, so lange sie sich hinsichtlich der Anzahl der Argumente unterscheiden.

7.3.5 Dokumentzentrische Anwendungen

Zentrales Thema dieses Kapitels war die Verwendung von XSLT für die Transformation von XML nach XML. (Falls diese Aussage bei Ihnen leichte Irritation hervorrufen sollte, weil es doch um die Transformation von XML nach ABAP und umgekehrt geht[17], möchten wir Sie nochmals auf die Abbildungen 1.1 und 1.2 verweisen. Die Transformation eines XML-Baums in ABAP-Datenobjekte wird mithilfe eines XSLT-Programms realisiert, das den XML-Baum in einen *anderen* XML-Baum im asXML-Format umwandelt, was der kanonischen Darstellung von ABAP-Daten entspricht. Konzeptionell spielt es keine Rolle, dass der Ergebnisbaum vom SAP XSLT-Prozessor *implizit* nicht als XML-Baum, sondern gleich als ABAP-Datenstruktur konstruiert wird. Bei der Richtung ABAP nach XML tritt der asXML-Baum explizit auf.) Solche Anwendungen werden üblicherweise *datenzentrisch* genannt: Die transformierten XML-Dokumente sind typischerweise nicht auf ein Betrachten seitens der Anwender hin ausgerichtet. Ziel ist es vielmehr, Anwendungsdaten von einem Datenformat in ein anderes umzuwandeln. Bei *dokumentzentrischen* Transformationen geht es hingegen darum, Informationen in einem abstrakten XML-Format für den Anwender besser lesbar darzustellen.

---

[17] Bei den neuen Simple Transformations ab Release 6.40 geht es tatsächlich nur um diese Transformationen. Ein asXML-Format als Zwischenschritt wird nicht benötigt. Die Datenknoten einer Simple Transformation sind immer direkt an ein ABAP-Datenobjekt angebunden und spezielle Sprachkonstrukte wie z.B `loop` erlauben die Verarbeitung ABAP-spezifischer Datentypen wie interne Tabellen.

Die SAP XSLT-Implementierung kann auch für dokumentzentrische Anwendungen eingesetzt werden. Zwar ist die High-end-Markup-Sprache XSL-FO nicht im SAP-Kernel implementiert, jedoch kann jedes textbasierte Ausgabeformat auch schon mit XSLT generiert werden; das wohl wichtigste dieser Formate ist HTML. Eine übliche Anwendung ist die Transformation in ein *plattformabhängiges* Layout: Die Ausgabe wird zunächst plattformunabhängig in XML erstellt und anschließend, abhängig davon, wo die Anzeige stattfindet, in einen spezifischen HTML-Dialekt oder ein anderes Format (z. B. WML) transformiert.

Ein Beispiel für eine Transformation von XML nach HTML ist in Listing 7.9 gezeigt (siehe Abschnitt 7.5). Unter anderem können Sie dort sehen, dass XSLT und *Cascading Style Sheets* (*CSS*) keine konkurrierenden, sondern vielmehr sich ergänzende Technologien sind: Mit XSLT wird die HTML-Struktur erstellt und CSS wird dazu verwendet, um die Anzeige bestimmter HTML-Elemente zu steuern. Eine weitere ergänzende Technologie ist Dynamic HTML. Im letzten Template des Beispiels in Listing 7.9 werden (während der Transformation) *statisch* zusätzliche Informationen für jeden Flug in das HTML-Ergebnis eingefügt, die über einen ABAP-Aufruf von der Datenbank abgerufen werden. Diese Informationen werden jedoch zunächst in einem JavaScript-Aufruf »versteckt« und erst dann (während der Anzeige) *dynamisch* angezeigt, wenn der Benutzer den jeweiligen Flug anklickt. Abbildung 7.6 zeigt das Ergebnis.

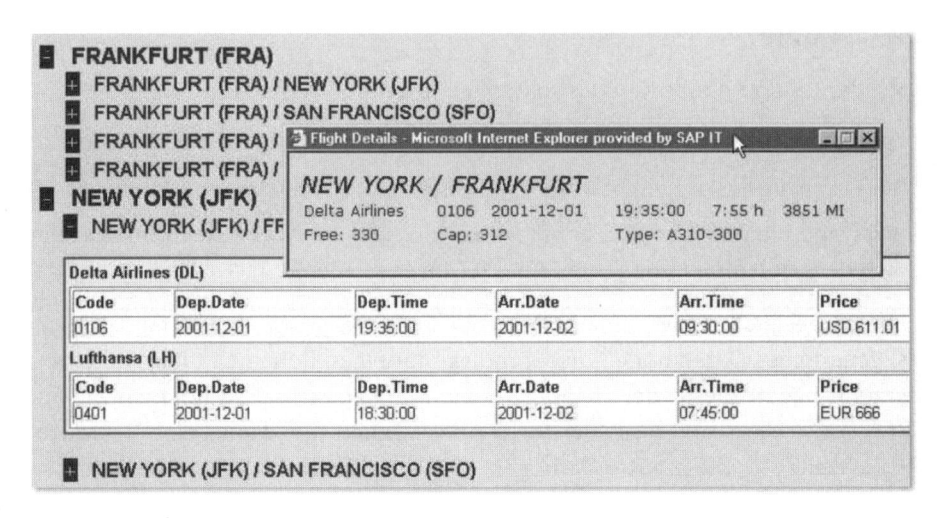

Abbildung 7.6 HTML-Ausgabe für ein XFlight-Dokument

Daraus ergibt sich, dass SAP XSLT auch für die mehr oder weniger direkte Transformation von ABAP-Datenstrukturen in ein Darstellungsformat wie HTML verwendet werden kann. In Listing 7.10 (siehe Abschnitt 7.5) wurden die Programme aus Listing 7.8 und Listing 7.9 kombiniert, um die in Abbildung 7.6 gezeigte HTML-Ausgabe über die Übergangsstruktur XFlight zu generieren.

Bei genauerer Betrachtung wird Ihnen auffallen, dass die literalen englischen Texte, die in der HTML-Ausgabe auftauchen (»Dep.Date«, »Price« usw.), ein Hindernis für die Internationalisierung darstellen können. Aus diesem Grund bietet SAP XSLT Erweiterungsfunktionen für den Zugriff auf Texte im *Online Text Repository* (OTR), wodurch die Transformationslogik in Analogie zu den Textelementen von ABAP-Programmen effizient von sprachspezifischem Inhalt getrennt werden kann. Auch beim Thema Internationalisierung setzt die XSLT-Implementierung demnach auf die bewährte SAP-Servertechnologie auf.

Darüber hinaus lassen sich Business Server Pages und XSLT gewinnbringend miteinander kombinieren. BSPs gehören derzeit sicherlich noch zu den wichtigsten Webtechnologien der ABAP Personality des SAP Web Application Servers. So können Sie z.B. ein plattformabhängiges Layout implementieren, indem Sie eine BSP-Anwendung erstellen, deren Seiten plattformunabhängiges XML enthalten, das dann von XSLT vor der Versendung an den Client entsprechend formatiert wird. Der Aufruf von XSLT kann bequem über eine BSP-Extension realisiert werden (ähnlich wie eine Tag Library). Eine umfassende Erläuterung der dazu notwendigen Schritte finden Sie in Kapitel 9.

7.4 Fazit

Nach der Lektüre dieses Kapitels sollten die folgenden Fragen für Sie geklärt sein:

1. Warum ist XML wichtig für ABAP-basierte Entwicklungen?
2. Wie kann die Lücke zwischen der ABAP- und der XML-Welt geschlossen werden?
3. Was sind die wichtigsten Eigenschaften von XSLT im Allgemeinen und bezüglich der Implementierung von SAP XSLT im Speziellen?

Zusammengefasst ist XML eine bedeutende Technologie, da sie als standardisiertes, generisches Datenmodell die Grundlage für einen hohen Grad an Systemintegration bildet, die in der IT-Industrie eine immer zentralere Rolle spielt. Für ABAP-Entwickler – und nicht nur für diese – ergeben sich daraus eine Reihe von Möglichkeiten und Herausforderungen. Um an offenen, auf XML basierenden Kommunikationsstandards teilzunehmen, muss Branchensoftware einen sich ständig entwickelnden Satz an Datenschemas bewältigen können. Daher wäre es zwecklos, die Datenstrukturen einer Anwendungsschnittstelle einfach in XML zu verschlüsseln und zu erwarten, dass sie von anderen bedient wird. Ebenso wenig wäre es angebracht, das Datenmodell einer Anwendung nach irgendeinem XML-Schema aufzubauen.

Die Implementierung von SAP XSLT bildet die Brücke zwischen den XML-Kommunikationsdaten und den ABAP-Verarbeitungsdaten. Sie basiert auf der Definition einer kanonischen XML-Darstellung (asXML) von ABAP-Datenobjekten. XSLT-Programme können beliebige Transformationen von XML nach asXML (oder umgekehrt) realisieren. Über den Aufruf CALL TRANSFORMATION in ABAP-Programmen angewandt, können XSLT-Programme direkt in ABAP-Datenobjekte schreiben oder diese auslesen. Diese Lösung ist insofern symmetrisch, als dass sie beliebige Schemas auf beiden Seiten unterstützt und die Transformation zwischen diesen in separaten Programmen einer Sprache isoliert, die eigens hierfür entwickelt wurde.

Die Implementierung der deklarativen, regelbasierten, höheren Transformationssprache XSLT im SAP Web Application Server verwendet eine Reihe wichtiger Komponenten der bewährten SAP-Serverarchitektur, darunter die Bytecode-Interpretation und den Programmpuffer. Die Integration in die ABAP Workbench deckt Aspekte wie Versionierung und Transport ab. Der Sprache wurden eine Reihe von SAP-spezifischen Erweiterungen hinzugefügt, unter denen der Aufruf von ABAP-Methoden die größte Bedeutung hat. ABAP wurde um die Anweisung CALL TRANSFORMATION zum Aufruf von Transformationen (XSLT und ST) erweitert, deren Zusätze datenzentrische Transformationen erlauben, an denen ABAP-Datenobjekte direkt beteiligt sind. Klassische »Stylesheet«-Anwendungen von XSLT (zur Generierung von HTML usw.) werden ebenfalls unterstützt. Die Interoperabilität mit den XML-Werkzeugen der SAP iXML-Library ist dabei gewährleistet.

Mit diesen Werkzeugen ausgestattet, sollte Ihnen in der ABAP-Umgebung auch die Arbeit mit XML leicht von der Hand gehen. Falls Sie also demnächst einmal vor der Aufgabe stehen, in einem ABAP-Programm mit XML umgehen zu müssen, verzweifeln Sie nicht: Graben Sie dieses Kapitel wieder aus, frischen Sie (anhand der Literatur) Ihre XSLT-Kenntnisse wieder auf, schauen Sie sich ruhig auch einmal die Möglichkeiten der ab Release 6.40 zur Verfügung stehenden Simple Transformations an – und legen Sie einfach los!

7.5 Beispielprogramme

Dieser Abschnitt ergänzt das vorliegende Kapitel um drei XSLT-Beispielprogramme, die Transformationen von ABAP nach XML, von XML nach HTML und von ABAP nach HTML definieren. Eine ausführliche Beschreibung von asXML finden Sie in Kapitel 8.

Die hier gezeigten XSLT-Programme sind etwas komplizierter als das in Listing 7.4 gezeigte Beispiel. Listing 7.8 zeigt ein XSLT-Programm, das eine ABAP-Flugliste in das hypothetische XML-Standardschema XFlight umwandelt. Listing 7.9 wandelt XFlight in HTML um und Listing 7.10 verbindet Listing 7.8 mit Listing 7.9, um HTML direkt aus ABAP zu generieren. Bei genauerer Betrachtung von Listing 7.8 fällt auf, dass das Programm ein recht komplexes Verfahren durchführt, um ein Ziel zu erreichen, das einfach als »Gruppierung« charakterisiert werden kann: Das flache `flights`-Dokument wird in das strukturiertere `connections`-Dokument umgewandelt, in dem Flüge mit gemeinsamen Eigenschaften in Gruppen zusammengefasst werden. Das Programm ist deshalb so umständlich und groß, weil das hier verwendete XSLT 1.0 zur Bildung von Gruppen nicht besonders gut geeignet ist. In XSLT 2.0 ist die Anweisung `xsl:for-each-group` enthalten, mit der sich diese Probleme eleganter lösen lassen. Der SAP XSLT-Prozessor unterstützt die neue Anweisung seit Release 6.20.

```
<xsl:transform version="1.0"
   xmlns:xsl="http://www.w3.org/1999/XSL/Transform"
   xmlns:sap="http://www.sap.com/sapxsl">
<xsl:variable name="root" select="/"/>
<!-- ================================================================
    key for connections,
    using the "connection-key" {AIRPORTFR} '|' {AIRPORTTO}
    ============================================================ -->
<xsl:key name="connkey"
         match="BAPISFLDAT"
         use="concat(AIRPORTFR,'|',AIRPORTTO)"/>
<!-- ================================================================
    process flat flight list,
    produce list grouped by connections
    ============================================================ -->
<xsl:template name="connections" match="FLIGHT_LIST">
<!-- collect all connections in $connections,
   sorted by connection-key -->
  <xsl:variable name="connections">
    <xsl:for-each select="*">
      <xsl:sort select="concat(AIRPORTFR,'|',AIRPORTTO)"
                data-type="text"/>
      <connect conn-key = "{concat(AIRPORTFR,'|',AIRPORTTO)}"
               city-from = "{CITYFROM}"
               city-to = "{CITYTO}" />
    </xsl:for-each>
  </xsl:variable>
<!-- output flights grouped by connections -->
```

```xml
    <connections>
      <xsl:for-each select=" sap:node-set($connections)/connect">
        <xsl:if test="not(@conn-key =
          preceding-sibling::connect[1]/@conn-key)">
          <xsl:call-template name="connection"/>
        </xsl:if>
      </xsl:for-each>
    </connections>
</xsl:template>
<!-- ================================================================
  template for single connection
================================================================ -->
<xsl:template name="connection">
  <xsl:variable name="conn-key" select="@conn-key"/>
  <connection from = "{substring-before($conn-key,'|')}"
              to = "{substring-after($conn-key,'|')}">
    <xsl:copy-of select="@city-from | @city-to"/>
<!-- change source context back to original source,
  because key() is used -->
    <xsl:for-each select="$root">
<!-- collect flights for connection in $flights-by-carrier,
  sorted by AIRLINEID -->
      <xsl:variable name="flights"
                  select="key('connkey',$conn-key)"/>
      <xsl:variable name="flights-by-carrier">
        <xsl:for-each select="$flights">
          <xsl:sort select="AIRLINEID"/>
          <flight carrier-code="{AIRLINEID}"
                  carrier-name="{AIRLINE}"
            code="{CONNECTID}">
            <departure>
              <date><xsl:value-of select="FLIGHTDATE"/></date>
              <time><xsl:value-of select="DEPTIME"/></time>
            </departure>
            <arrival>
              <date><xsl:value-of select="ARRDATE"/></date>
              <time><xsl:value-of select="ARRTIME"/></time>
            </arrival>
            <price>
              <amount><xsl:value-of select="PRICE"/></amount>
```

```
                <currency><xsl:value-of select="CURR"/></currency>
                <currency-iso><xsl:value-of select="CURR_ISO"/>
                  </currency-iso>
              </price>
            </flight>
          </xsl:for-each>
        </xsl:variable>
<!-- output flights for this connection, grouped by carrier -->
        <xsl:for-each
           select=" sap:node-set($flights-by-carrier)/flight">
          <xsl:variable name="carrier-code"
                     select="string(@carrier-code)"/>
          <xsl:if test="not($carrier-code =
            preceding-sibling::flight[1]/@carrier-code)">
             <carrier code="{$carrier-code}"
                      name="{@carrier-name}">
              <xsl:for-each
              select=". | following-sibling::flight
                [@carrier-code=$carrier-code]">
                <flight>
                  <xsl:copy-of select="@code | *"/>
                </flight>
              </xsl:for-each>
            </carrier>
          </xsl:if>
        </xsl:for-each>
      </xsl:for-each>
    </connection>
  </xsl:template>
</xsl:transform>
```

Listing 7.8 XSLT-Programm zur Umwandlung einer ABAP-Flugliste (in asXML) in XFlight

```
<xsl:transform version="1.0"
  xmlns:xsl="http://www.w3.org/1999/XSL/Transform"
  xmlns:sap="http://www.sap.com/sapxsl">
<xsl:strip-space elements="*"/>
<xsl:output method="html" version="4.0"/>
<!-- ==========================================================
  process XML connection list (ordered by dep/arr airport),
  produce HTML
```

```
=========================================================== -->
<xsl:template match="connections">
  <HTML>
    <HEAD>
      <STYLE type="text/css">
        BODY {background-color:#bcdeff; color:#010188}
... more CSS styles ...
      </STYLE>
      <SCRIPT LANGUAGE="JavaScript">
        <xsl:text>
          function toggleDisplay(button, item) {
            if(button.value=='-') { item.style.display='none';
                                    button.value='+'; }
            else                  { item.style.display='';
                                    button.value='-'; }
          }
          function infoWindow(wid, cfr, cto, car, cod, dat, tim,
                              dur, dis, pty, fre, cap) {
... JavaScript to pop up information window ...
          }
        </xsl:text>
      </SCRIPT>
    </HEAD>
    <BODY>
      <TITLE>Flight Connections</TITLE>
<!-- for each departure airport,
  process first connection (beginning of group) -->
      <xsl:apply-templates
        select="connection
          [not(@from=preceding-sibling::connection/@from)]"
        mode="first"/>
    </BODY>
  </HTML>
</xsl:template>
<!-- ===========================================================
  template for group of connections with
  identical departure airport
=========================================================== -->
<xsl:template match="connection" mode="first">
  <xsl:variable name="from" select="@from"/>
```

```xml
      <!-- title for this group -->
        <DIV class="airport">
          <INPUT type="button" value="-" style="cursor:hand"
            onclick="toggleDisplay(this, {$from});"/>  
          <xsl:value-of select="@city-from"/>
          (<xsl:value-of select="$from"/>)
        </DIV>
      <!-- table of all connections in this group
        (including the first connection) -->
        <TABLE id="{$from}" width="100%">
          <xsl:apply-templates
            select=". | following-sibling::connection[@from=$from]"/>
        </TABLE>
    </xsl:template>
    <!-- ===========================================================
      template for single connection
      =========================================================== -->
    <xsl:template match="connection">
      <xsl:variable name="id" select="concat(@from,'_',@to)"/>
      <TR><TD> </TD><TD>
      <!-- title for this connection -->
          <DIV class="conn">
      <!-- open/close button for this connection -->
            <INPUT type="button" value="+" style="cursor:hand"
              onclick="toggleDisplay(this, {$id});"/>  
            <xsl:value-of select="@city-from"/>
              (<xsl:value-of select="@from"/>) /
            <xsl:value-of select="@city-to"/>
              (<xsl:value-of select="@to"/>)
          </DIV>
      <!-- table of carriers for this connection (initially closed) -->
          <DIV id="{$id}" style="display:none">
            <BR/>
            <TABLE border="0" class="conn" width="100%">
              <xsl:apply-templates/>
            </TABLE>
            <BR/>
          </DIV>
        </TD></TR>
    </xsl:template>
```

```
<!-- ============================================================
  template for carrier in connection
     ============================================================ -->
<xsl:template match="carrier">
<!-- title for this carrier -->
  <TR><TD>
    <DIV class="carrier">
      <xsl:value-of select="@name"/>
        (<xsl:value-of select="@code"/>)
    </DIV>
  </TD></TR>
<!-- table of flights for this carrier -->
  <TR><TD>
    <TABLE class="flight" border="1" width="100%">
      <TR class="head">
        <TD width="10%">Code</TD>
        <TD width="18%">Dep.Date</TD>
        <TD width="14%">Dep.Time</TD>
        <TD width="18%">Arr.Date</TD>
        <TD width="14%">Arr.Time</TD>
        <TD width="26%">Price</TD>
      </TR>
      <xsl:apply-templates/>
    </TABLE>
  </TD></TR>
</xsl:template>
<!-- ============================================================
  template for flight by carrier in connection
     ============================================================ -->
<xsl:template match="flight">
  <xsl:variable name="carr" select=".."/>
  <xsl:variable name="conn" select="$carr/.."/>
  <TR class="flight">
    <sap:call-external  class  = "CL_SXSLTDEMO_FLIGHT_INFO"
                        method = "FLIGHT_GETDETAIL">
      <sap:callvalue    param  = "AIRLINEID"
                        select="string($carr/@code)"/>
      <sap:callvalue    param  = "CONNECTIONID"
                        select="string(@code)"/>
      <sap:callvalue    param  = "FLIGHTDATE"
```

```
                        select="string(departure/date)"/>
      <sap:callvariable param  = "FLIGHTTIME"   name="duration"/>
      <sap:callvariable param  = "DISTANCE"     name="distance"
                        type="number"/>
      <sap:callvariable param  = "UNIT"         name="unit"/>
      <sap:callvariable param  = "PLANETYPE"    name="planetype"/>
      <sap:callvariable param  = "ECONOMAX"     name="emax"/>
      <sap:callvariable param  = "ECONOFREE"    name="efree"/>
      <sap:callvariable param  = "BUSINMAX"     name="bmax"/>
      <sap:callvariable param  = "BUSINFREE"    name="bfree"/>
      <sap:callvariable param  = "FIRSTMAX"     name="fmax"/>
      <sap:callvariable param  = "FIRSTFREE"    name="ffree"/>
    </sap:call-external>
    <xsl:attribute name="onclick">
      infoWindow(
<!-- insert first half of JavaScript parameters: basic flight
  information -->
      <xsl:value-of select='concat("&apos;",
        translate(concat($conn/@from,$conn/@to,departure/date),
          " -:","___"),
        "&apos;,&apos;", $conn/@city-from, "&apos;,", "&apos;",
          $conn/@city-to,
        "&apos;,&apos;", $carr/@name, "&apos;,", "&apos;", @code,
        "&apos;,&apos;", departure/date, "&apos;,", "&apos;",
          departure/time,
        "&apos;,")'/>
<!-- insert second half of JavaScript parameters:
  additional flight information -->
      <xsl:value-of select='concat(
        "&apos;", $duration, " h", "&apos;,",
        "&apos;", $distance, " ", $unit, "&apos;,",
        "&apos;", $planetype, "&apos;,",
        "&apos;", $efree + $bfree + $ffree, "&apos;,",
        "&apos;", $emax + $bmax + $fmax, "&apos;" )'/>
      );
    </xsl:attribute>
    <TD><xsl:value-of select="@code"/></TD>
    <TD><xsl:value-of select="departure/date"/></TD>
    <TD><xsl:value-of select="departure/time"/></TD>
    <TD><xsl:value-of select="arrival/date"/></TD>
```

```
    <TD><xsl:value-of select="arrival/time"/></TD>
    <TD><xsl:value-of select=" concat(price/currency-iso, ' ',
                         number(price/amount))"/></TD>
  </TR>
</xsl:template>
</xsl:transform>
```

Listing 7.9 XSLT-Programm zur Umwandlung von XFlight in HTML

```
<xsl:transform version="1.0"
  xmlns:xsl="http://www.w3.org/1999/XSL/Transform"
  xmlns:sap="http://www.sap.com/sapxsl">
<xsl:include sap:name="SXSLTDEMO_FLIGHTS_CONNECTIONS"/>
<xsl:include sap:name="SXSLTDEMO_CONNECTIONS_HTML"/>
<xsl:template match="FLIGHT_LIST">
<!-- create connection list from flight list -->
  <xsl:variable name="connection-list">
    <xsl:call-template name="connections"/>
  </xsl:variable>
<!-- produce HTML document for connection list -->
  <xsl:apply-templates
    select=" sap:node-set($connection-list)"/>
</xsl:template>
</xsl:transform>
```

Listing 7.10 XSLT-Programm zur Umwandlung einer ABAP-Flugliste in HTML

8 ABAP und XML – Serialisierung mit dem asXML-Format

Stefan Bresch, Christian Stork und Christoph Wedler

Für viele SAP-Entwickler ist der Austausch von Daten mit anderen Anwendungen und Systemen eine Alltäglichkeit. Doch die Implementierung kann selbst für erfahrene ABAP-Programmierer eine komplizierte Angelegenheit sein. In der Regel gilt es, Anwendungsdaten in einen Stream (z. B. einen String) zu *serialisieren* (oder zu *schreiben*), und zwar in einem Format, das eine andere Anwendung lesen kann. Umgekehrt muss ein Stream einer anderen Anwendung *deserialisiert* (oder *gelesen*) werden, um die Daten in der eigenen Anwendung *verwenden zu können*. In der Vergangenheit waren die Möglichkeiten der Serialisierung[1] auf das beschränkt, was mithilfe der ABAP-Anweisungen EXPORT und IMPORT erreicht werden konnte. Seit Release 6.20[2] bietet die *ABAP-XML-Serialisierung* ABAP-Programmierern, Klassendesignern und XSLT-Programmierern eine Alternative mit weitaus mehr Fähigkeiten:

- Es werden alle Datentypen einschließlich Daten- und Objektreferenzen unterstützt. Die EXPORT/IMPORT-Methode unterstützte lediglich elementare Datentypen, Strukturen und interne Tabellen.

- Entwickler von Klassen können steuern, ob und wie die Objekte einer Klasse serialisiert werden können.

- Es wird ein auf XML basierendes Format asXML (*ABAP Serialization XML*) verwendet, das ein allgemeines Zwischenformat für den Austausch von Daten zwischen SAP- und Nicht-SAP-Systemen darstellt. Sie können die XML-Transformationssprache XSLT einsetzen, um Dokumente einfach von asXML in andere auf XML basierende Formate zu transformieren und umgekehrt. (siehe Kapitel 7).

Der Schlüssel zum Erfolg beim Umgang mit der ABAP-XML-Serialisierung mit XSLT ist es, das asXML-Format zu beherrschen. Im vorliegenden Kapitel wird deshalb das asXML-Format für alle Datentypen erläutert und die Objektserialisierung im Detail untersucht. Bei der Verwendung der SAP-eigenen Transformationsspra-

---

[1] Zur Vereinfachung wird der allgemeine Begriff »Serialisierung« für den Prozess in beide Richtungen verwendet, also Serialisierung und Deserialisierung. Ist speziell eine Richtung gemeint, wird explizit darauf verwiesen.
[2] Die ABAP-XML-Deserialisierung wurde zwar bereits in Release 6.10 implementiert, jedoch mit erheblichen Einschränkungen. Beispielsweise wurde die Deserialisierung von Objekten noch nicht unterstützt.

che Simple Transformations, die seit Release 6.40 verfügbar ist, wird asXML nicht als Zwischenformat benötigt – statt dessen muss dann natürlich die neue Sprache erlernt werden.

8.1 Überblick über die ABAP-XML-Serialisierung

Zu Beginn sei die Funktionsweise der ABAP-XML-Serialisierung noch einmal kurz beschrieben (siehe Abbildung 8.1). XML hat sich zum Webstandard für die generische Darstellung baumartiger Datenstrukturen entwickelt. XML verfügt über ein generisches Datenmodell und eine Syntax (»Markup«) zum Schreiben (»Serialisieren«) der Daten. Wie andere Programmiersprachen bietet auch ABAP ein eigenes Modell für strukturierte Daten. Bei der Serialisierung von ABAP-Daten in XML-Dokumente werden sie zunächst in einen äquivalenten XML-Baum umgewandelt. Anschließend wird dieser XML-Baum mithilfe des generischen XML-Markups serialisiert. Die Serialisierung erstellt also aus ABAP-Daten XML-Bäume oder XML-Dokumente im asXML-Format. Optional kann ein XSLT-Programm diese Bäume oder Dokumente in Dokumente eines XML-Standardformats transformieren. Es ist üblich, den Begriff XML-Serialisierung auch dann zu verwenden, wenn der zweite Schritt, die Serialisierung des asXML-Baums, in einer bestimmten Situation ausgelassen wird. Beim entgegengesetzt verlaufenden Prozess, der Deserialisierung eines XML-Dokuments oder XML-Baums in ABAP-Daten, werden Inhalte von ABAP-Datenobjekten aus asXML erstellt.

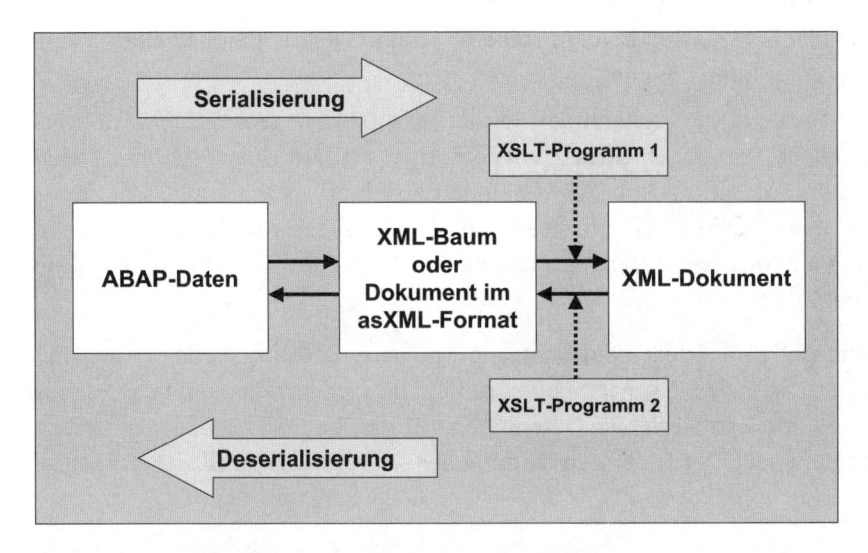

Abbildung 8.1 Funktionsweise der ABAP-XML-Serialisierung

8.1.1 Die Rolle des ABAP-Datentyps

Es ist immer der ABAP-Datentyp, der bestimmt, wie Daten im asXML-Format dargestellt werden:

- Bei der Serialisierung von ABAP-Daten bestimmt der Datentyp der ABAP-Quelldatenobjekte das Format der Daten im generierten asXML-Dokument.
- Bei der Deserialisierung von XML bestimmt der Datentyp der ABAP-Daten, die aus den XML-Daten konstruiert werden, das erwartete Format. Der ABAP-Datentyp ist der elementare Typ eines Feldes, das die konstruierten Daten enthalten wird, der Typ einer Komponente (vom Strukturtyp abgeleitet), der Typ einer Tabellenzeile (vom Tabellentyp abgeleitet) etc.

Während der Serialisierung und Deserialisierung werden automatisch Formatprüfungen durchgeführt, um die Daten zu validieren. Diese Prüfungen sind bei der Deserialisierung üblicherweise weniger streng als bei der Serialisierung. So können beispielsweise XML-Dokumente selbst dann deserialisiert werden, wenn die Daten nicht *exakt* mit dem Serialisierungsformat übereinstimmen, bei Zahlen sind z. B. Leerzeichen am Anfang und am Ende insignifikant. Wenn jedoch die Daten in einem XML-Dokument nicht einmal mit dieser lockeren Formatinterpretation übereinstimmen, dann löst das System eine Ausnahme aus. Die meisten Ausnahmen während der Serialisierung sind auf Datentyp- oder Formatprobleme zurückzuführen. Tabelle 8.1 beschreibt die Ausnahmen, die in den Fehlerfällen ausgelöst werden. Bei diesen Ausnahmen handelt es sich um klassenbasierte Ausnahmen, die mit Release 6.10 eingeführt wurden (siehe Kapitel 3).

Ausnahmeklasse	Ursache	Beispiel
Bei der Serialisierung ...		
CX_XSLT_SERIALIZATION_ERROR	▶ Die ABAP-Daten sind unlesbar. ▶ Ein Teil der ABAP-Daten kann nicht angemessen dargestellt werden.	Die Daten enthalten eine unzulässige Dezimalzahl. Eine arithmetische Operation würde den Kurzdump BCD_BADDATA zur Folge haben.
Bei der Deserialisierung ...		
CX_XSLT_FORMAT_ERROR	▶ Die Struktur des XML-Dokuments stimmt nicht mit dem ABAP-Datentyp überein, der konstruiert wird.	Sie erwarteten eine Zahl, doch das XML-Dokument enthält Elemente, die den Komponenten einer Struktur entsprechen.

Tabelle 8.1 Mögliche Fehler bei der Serialisierung

Ausnahmeklasse	Ursache	Beispiel
CX_XSLT_DESERIALIZATION_ERROR	▶ Zeichendaten entsprechen nicht dem angegebenen Zeichenformat. ▶ Die Deserialisierung führt zu Mehrdeutigkeiten oder unzulässigen Daten.	Ein XML-Textknoten enthält Buchstaben, es wird jedoch eine Zahl konstruiert.

Tabelle 8.1 Mögliche Fehler bei der Serialisierung (Forts.)

Wenn Sie Klassen anlegen, deren Objekte serialisierbar sind (Implementierung des Interfaces IF_SERIALIZABLE_OBJECT, siehe Abschnitt 8.4) und dabei Serialisierung und Deserialisierung selbst definieren (siehe Abschnitt 8.4.3), können Sie festlegen, ob und wann die zugehörigen Ausnahmen ausgelöst werden sollen:

▶ CX_XSLT_SERIALIZATION_ERROR, z.B. wenn das Objekt nicht angemessen dargestellt werden kann

▶ CX_XSLT_DESERIALIZATION_ERROR, z.B. wenn Attributwerte unzulässig sind

▶ CX_XSLT_FORMAT_ERROR ist in diesem Fall nicht relevant und sollte nicht ausgelöst werden

8.1.2 Serialisierung aus ABAP aufrufen

Die Transformation von ABAP-Daten nach und aus XML geschieht mithilfe der ABAP-Anweisung CALL TRANSFORMATION, bei der Serialisierung und XSLT-Transformation kombiniert werden. Um die Beispiele in diesem Kapitel auf asXML zu fokussieren, wird immer die vordefinierte XSLT-Transformation ID verwendet, die nichts tut. Mit anderen Worten: CALL TRANSFORMATION id führt eine Serialisierung ohne eine XSLT-Transformation durch.

Folgende CALL TRANSFORMATION-Syntax dient demnach dazu, ABAP-Daten zu serialisieren:

```
CALL TRANSFORMATION id
  SOURCE bn_1 = e_1 ... bn_n = e_n
  RESULT XML asx_doc.
```

Die Parameter e_i (mit 1 ≤ i ≤ n) sind die zu serialisierenden ABAP-Datenobjekte. Die Parameter bn_i (mit 1 ≤ i ≤ n) sind die entsprechenden Bindungsnamen (die symbolischen Namen in der XML-Darstellung), an die die Datenobjekte gebunden sind. Das Ergebnis der Serialisierung ist dem Feld asx_doc zugeordnet, das vom Typ string oder xstring bzw. eine Referenzvariable für einen iXML-DOM oder einen iXML-Output-Stream sein kann. Sie können auch eine interne Tabelle des Zeilentyps C verwenden, aus Performancegründen ist dies jedoch nicht empfehlenswert

Ein Datenobjekt vom Typ string enthält einen Stream aus Zeichen derselben Codepage. Wenn ein solches XML-Dokument in das Dateisystem geschrieben wird, wird es in die Codepage des Betriebssystems umgewandelt. Da ein XML-Dokument selbst eine Information über das verwendete Encoding enthält (und diese Information wird bei der Konvertierung der Zeichen nicht geändert), sollte man deshalb den Ergebnistyp xstring verwenden, wenn ein XML-Dokument in das Dateisystem geschrieben werden soll, um die Umwandlung zu vermeiden; bei der Verwendung von xstring als Ergebnistyp wird das Ergebnis in der Zeichendarstellung UTF-8 abgelegt.

Die folgende CALL TRANSFORMATION-Syntax dient dazu, XML-Dokumente zu deserialisieren:

```
CALL TRANSFORMATION id
  SOURCE XML asx_doc
  RESULT bn_1 = v_1 ... bn_n = v_n.
```

Die Parameter v_i (mit 1 ≤ i ≤ n) sind die ABAP-Datenobjekte, in denen die deserialisierten Daten gespeichert werden sollen. Die Parameter bn_i (mit 1 ≤ i ≤ n) sind die entsprechenden Bindungsnamen (die symbolischen Namen in der XML-Darstellung), an die die Datenobjekte gebunden sind. Die Quelle der Deserialisierung ist das Feld asx_doc, das vom Typ string oder xstring bzw. eine Referenzvariable für einen iXML-Knotensatz oder einem iXML-Input-Stream sein kann. Wie beim Output-Stream können Sie auch eine interne Tabelle des Zeilentyps C verwenden – wovon wir auch hier aus Performancegründen abraten –, und wie bei der Serialisierung sollte der Quelltyp xstring verwendet werden, wenn ein XML-Dokument aus dem Dateisystem in das Quelldatenobjekt gelesen werden soll.

Alternativ zur statischen Syntax können Sie die Parameter der Anweisung CALL TRANSFORMATION dynamisch als interne Tabelle mit Paaren aus Bindungsnamen und Referenzen auf Datenobjekte eingeben. Das folgende Code-Fragment zeigt, wie eine interne Tabelle bei der Serialisierung verwendet werden kann:

```
CALL TRANSFORMATION id
  SOURCE (itabsrc)
  RESULT XML asx_doc.
```

Bei der Deserialisierung wird eine interne Tabelle wie in folgendem Code-Fragment verwendet:

```
CALL TRANSFORMATION id
  SOURCE XML asx_doc
  RESULT (itabres).
```

Die Quelltabelle `itabsrc` muss vom Typ `ABAP_TRANS_SRCBIND_TAB` und die Ergebnistabelle `itabres` muss vom Typ `ABAP_TRANS_RESBIND_TAB` sein.

8.1.3 Einführung in das asXML-Format

Das asXML-Format definiert die Darstellung von ABAP-Daten in XML. Wie aus Listing 8.1 hervorgeht, sind Dokumente im asXML-Format an einer konstanten Hülle mit dem Wurzelelement `abap` im Namensraum `http://www.sap.com/abapxml` zu erkennen. Das Wurzelelement enthält das obligatorische Unterelement `values` (im selben Namensraum), das seinerseits wiederum die Elemente `BN_i` (mit 1 ≤ i ≤ n) ohne XML-Namensraum[3] enthält. Diese Elementnamen sind die Bindungsnamen der ABAP-Anweisung `CALL TRANSFORMATION`.

```
<asx:abap version="1.0" xmlns:asx="http://www.sap.com/abapxml">
  <asx:values>
    <BN_1>...</BN_1>
    ...
    <BN_n>...</BN_n>
  </asx:values>
  <asx:heap>
    <!-- sequence of referenced objects and data objects -->
  </asx:heap>
</asx:abap>
```

Listing 8.1 asXML-Dokumentformat

Das Wurzelelement `abap` enthält zudem ein optionales Attribut `version` mit einer vorzeichenlosen Zahl und maximal einer Dezimalstelle. Dieses Attribut gestattet es SAP, das asXML-Format in Zukunft zu erweitern, ohne dass dies Auswirkungen auf bestehende asXML-Dokumente hat.

Bei der Serialisierung wird dem Attribut `version` automatisch der Defaultwert `1.0` zugeordnet. Bei der Deserialisierung geben Sie das Attribut `version` nicht an oder spezifizieren es mit einem Wert zwischen `0.0` und `1.9`. Ein Wert außerhalb dieses Bereichs führt zu einer Ausnahme der Klasse `CX_XSLT_FORMAT_ERROR`. Bei der Deserialisierung wird durch Erkennen eines Wertes zwischen `1.1` und `1.9`

---

[3] Mehr über XML-Namensräume finden Sie in der XML-Spezifikation unter *http://www.w3.org/TR/REC-xml-names/*.

eine eingeschränkte Aufwärtskompatibilität des aktuellen Kernels (Release 6.40) mit zukünftigen Formaterweiterungen sichergestellt.

Das optionale Element `heap` enthält referenzierte Objekte und Datenobjekte (siehe Abschnitt 8.3).

8.1.4 Serialisierung eines Strings

Als Ausgangspunkt für ein einfaches Beispiel dient uns ein ABAP-Programmfragment, das zeigt, wie ein einfacher String in ein Dokument im asXML-Format serialisiert wird:

```
DATA: hello TYPE string VALUE
      'hello'.
DATA: result TYPE string.
CALL TRANSFORMATION id
  SOURCE greeting = hello
  RESULT XML result.
```

Dieser Code generiert eine Zeichenkette im asXML-Format in `result` mit folgendem Inhalt (wie beispielsweise im Debugger angezeigt):

```
#<?xml version="1.0" encoding="utf-16"?>#<asx:abap xmlns:asx=
    "http://www.sap.com/abapxml" version="1.0"><asx:values>
    <GREETING>hello</GREETING></asx:values></asx:abap>
```

Beachten Sie die folgenden Eigenschaften der resultierenden Zeichenkette:

▶ Sie beginnt mit einem XML-Header, der automatisch während der Serialisierung hinzugefügt wurde. Er enthält eine BOM (*Byte Order Mark*) am Anfang des Headers (nur auf Unicode-Systemen) und einen Zeilenumbruch am Ende, beides ist im Beispiel als Rautenzeichen (#) dargestellt. Der Wert des Elements `encoding` hängt von der Codepage des jeweiligen SAP-Systems ab, dieses Beispiel wurde auf einem Unicode-System erzeugt.

▶ Es gibt keine Einrückungen oder zusätzlichen Zeilenumbrüche.

▶ Die asXML-Hülle wurde ebenfalls automatisch während der Serialisierung hinzugefügt.

▶ Dieses Beispiel enthält nicht das optionale Element `heap`, da keine Referenzvariablen serialisiert wurden.

▶ Das Element `values` enthält ein Element mit dem Bindungsnamen GREETING, das seinerseits die asXML-Darstellung des Inhalts des ABAP-Feldes `hello` enthält.

Im Folgenden werden wir Ihnen die asXML-Darstellung von Daten detaillierter vorstellen. Zur besseren Übersicht haben wir den XML-Header in den folgenden Beispielen weggelassen, zur besseren Verdeutlichung aber Einzüge und Zeilenumbrüche hinzugefügt. Nicht verwendete XML-Namensräume werden ebenfalls nicht gezeigt.

8.2 Darstellung von Datenwerten in asXML

Nachdem Sie jetzt die Grundlagen der ABAP-XML-Serialisierung kennen, wendet sich der folgende Abschnitt der detaillierten Beschreibung der Darstellung von ABAP-Daten in asXML zu. Nach einer kurzen Übersicht, wie die in ABAP angegebenen Bindungsnamen in XML dargestellt werden, wird geschildert, wie elementare ABAP-Datentypen (wie Strings oder Zahlen), Strukturen und interne Tabellen dargestellt werden. Im darauf folgenden Abschnitt geht es um komplexere Aufgaben, beispielsweise wie man Referenzvariablen, referenzierte Datenobjekte und referenzierte Objekte darstellt. Darüber hinaus werden in diesem Zusammenhang einige Formatregeln erläutert, die Sie beachten sollten.

8.2.1 ABAP-Bindungsnamen und XML-Elementnamen

Abgesehen von Textfeldliteralen oder Stringliteralen sind ABAP-Namen von der Groß-/Kleinschreibung unabhängig und werden intern in Großschrift normalisiert. Aus diesem Grund werden diese Namen im generierten XML-Dokument immer in Großbuchstaben dargestellt. XML unterscheidet jedoch sehr wohl zwischen Groß- und Kleinschreibung. Werden nun Bindungsnamen in zu deserialisierenden asXML-Dokumenten in Kleinbuchstaben geschrieben, werden die entsprechenden Elemente standardmäßig nicht deserialisiert. Sie können aber beim Serialisieren oder Deserialisieren mit kleinbuchstabigen Elementen umgehen, indem Sie die Parameter von CALL TRANSFORMATION dynamisch angeben. Werden die Bindungsnamen als Inhalte von Strings zur Verfügung gestellt, werden sie nicht in Großschrift normalisiert.

ABAP-Namen können auch Zeichen enthalten, die für XML-Elementnamen unzulässig sind. Diese Zeichen werden während der Serialisierung automatisch durch Standard-Escape-Sequenzen ersetzt. Der ABAP-Name /CRM/FOO wird beispielsweise automatisch in _-CRM_-FOO umgewandelt. Tabelle 8.2 listet alle Regeln für die Umwandlung von ABAP-Namen in XML-Elementnamen auf; diese Regeln sind zum XRFC-Format des SAP Business Connectors kompatibel.

Zeichen in ABAP-Namen	Umgewandeltes Zeichen in XML-Elementnamen
xml als erste drei Zeichen (in beliebiger Kombination aus Groß- und Kleinbuchstaben)	x-ml (in der entprechenden Kombination aus Groß- und Kleinbuchstaben) – das Präfix xml ist im XML-Standard reserviert
A bis Z, a bis z, _ (Unterstrich)	unverändert – das Zeichen bleibt, wie es ist
0 bis 9, nicht jedoch als erstes Zeichen eines Namens	unverändert – das Zeichen bleibt, wie es ist
/ (Schrägstrich)	_-_ – beachten Sie, dass ABAP-Namensräume nicht in XML-Namensräume umgewandelt werden, da die Konzepte unterschiedlich sind
ein beliebiges anderes ASCII-Zeichen, einschließlich der Zahlen 0 bis 9 als erstes Zeichen eines Namens	_--hex(c) – hex(c) beschreibt dabei die aus zwei Zeichen bestehende hexadezimale Darstellung des ASCII-Codes des Zeichens c

Tabelle 8.2 Regeln für die Umwandlung von ABAP-Namen in XML-Elementnamen

8.2.2 Darstellung elementarer Datentypen

ABAP-Daten eines elementaren Datentyps werden mithilfe der kanonischen Repräsentation des entsprechenden XML-Schema-Datentyps als Zeichen dargestellt; weitere Hinweise dazu finden Sie unter *http://www.w3.org/TR/xmlschema2/#canonical-lexical-representation*.

Wenn Sie mit elementaren Datentypen arbeiten, gelten automatisch die Standardregeln zur XML-Zeichenkodierung (&, <, und > werden in &, < und > transformiert). Einige Steuerzeichen (wie z. B. Seitenvorschub) sind keine gültigen XML-Zeichen[4]. Sie können nicht einmal mit Zeichenreferenzen kodiert werden, die Verwendung von  anstelle des Seitenvorschubs ist beispielsweise nicht zulässig. Wenn die ABAP-Laufzeitumgebung eines dieser Zeichen während der Serialisierung erstellen muss, wird eine Ausnahme der Klasse CX_XSLT_SERIALIZATION_ERROR ausgelöst. Bei der Deserialisierung lehnt der XML-Parser Dokumente mit diesen Zeichen ab und löst eine Ausnahme der Klasse CX_XSLT_RUNTIME_ERROR aus.

Durch die Verwendung der Darstellungsregeln von XML-Schema – insbesondere für die eingebauten Datentypen, zu denen Sie weitere Informationen unter *http://www.w3.org/TR/xmlschema-2/#built-in-datatypes* finden – stellt das asXML-Format sicher, dass elementare Werte auf die gleiche Weise dargestellt werden wie in XML-basierten Standards. Diese Konsistenz erleichtert das Erstellen von XSLT-Programmen, die Dokumente zwischen XML-Standardformaten und

---

[4] Sie können nicht einmal mit Zeichenreferenzen kodiert werden; die Verwendung von  anstelle des Seitenvorschubs ist beispielsweise nicht zulässig.

asXML transformieren. Für viele Datentypen entspricht die Darstellung der bekannten textuellen Darstellung von ABAP-Werten. Für einige Datentypen weicht die Darstellung jedoch etwas ab (siehe Tabelle 8.3).

ABAP-Typ	ABAP-Beispiel	XML-Schema-Typ	XML-Beispiel	Anmerkung
string	_Hello_	string	_Hello_	Zeichenketten (der Unterstrich steht für ein Leerzeichen)
c	_Hi_	string	_Hi	
n	001234	string (nur Ziffern)	001234	numerische Zeichenketten
i	123-	int	-123	Zahlen
b, s		unsignedByte, short		
p	1.23-	decimal	-1.23	
f	-3.1400000000000000E+02	double	-3.14E2	
d	20020204	date	2002-02-04	ISO8601 Datum/Zeit
t	201501	time	20:15:01	
xstring	456789AB	base64Binary	RweJqw==	zur Base64 kodierte Binärdaten
x	ABCDEF	base64Binary	q83v	

Tabelle 8.3 Darstellung der eingebauten ABAP-Typen als entsprechende XML-Schema-Typen

Die Inhalte von ABAP-Datenobjekten aller Datentypen außer string und c werden in asXML ohne voran- und nachgestellte Leerzeichen dargestellt. Daten des Typs c werden wie aus der Zeichenkettenverarbeitung in ABAP gewohnt ebenfalls ohne nachgestellte Leerzeichen dargestellt, bei der Serialisierung werden solche Leerzeichen ignoriert.

Die asXML-Darstellung eines Wertes ist nicht in allen Fällen vollständig identisch mit der des in Tabelle 8.3 gezeigten korrespondierenden Built-in-Datentyps von XML-Schema: Genauer gesagt sind die asXML-Darstellungen einiger gültiger ABAP-Werte des Typs d und t nicht gültig bezüglich der Darstellungsregeln des korrespondierenden XML-Schema-Typs. Diese Abweichung wurde in Kauf genommen, da es das Designziel von SAP war, möglichst alle gültigen ABAP-Werte im asXML-Format darstellen zu können. Für die Datentypen n, d, t sind die gültigen Werte – also Ziffernfolgen, Datums- und Zeitangaben – eine Teilmenge ihres Wertebereiches. In der Regel ergeben Zuweisungen an solche Felder in ABAP gültige Werte, es gibt aber auch Ausnahmen. Weiterhin kann der Inhalt solcher Felder mit Casting-Operationen ungültig gemacht werden.

In den folgenden Punkten gehen wir deshalb noch etwas genauer auf die asXML-Darstellung der eingebauten Datentypen ein:

▶ In asXML werden ABAP-Daten des Typs `string`, `c` und `n` direkt dargestellt. Für Daten des Typs `n` sind als Zeichen nur Ziffern zulässig; erscheint etwas anderes als eine Ziffer, wird eine Ausnahme ausgelöst. Bei der Deserialisierung werden voran- oder nachgestellte Leerzeichen vor der Prüfung auf Ziffern gelöscht. Werden Daten in ein Feld des Typs `c` oder `n` deserialisiert, das länger ist, als die Daten des Dokuments, wird der Rest des Feldes für Typ `c` mit Leerzeichen bzw. der Anfang des Feldes für Typ `n` mit Nullen gefüllt (wie bei der ABAP-Anweisung `MOVE`). Kommt es zu Datenverlust, wenn das Feld zu kurz ist – die Länge wird nach dem Löschen von voran- oder nachgestellten Leerzeichen (sowie von führenden Nullen bei Typ `n`) überprüft – wird eine Ausnahme ausgelöst.

▶ ABAP-Daten des Typs `i` – einschließlich der eingeschränkten Ganzzahltypen, die durch die eingebauten Typen `b` und `s` (bzw. der eingebauten Typen `INT1` und `INT2` im ABAP Dictionary) dargestellt werden –, `p` und `f` werden als Dezimalzahl mit einem optionalen führenden Vorzeichen dargestellt, wobei für Typ `f` die wissenschaftliche Darstellung verwendet wird. Bei der Serialisierung wird kein positives Vorzeichen, weder als Pluszeichen (+) noch als Leerzeichen, erstellt. Bei der Deserialisierung ist auch die ABAP-Darstellung für Daten des Typs `i` und `p` (nachgestelltes Vorzeichen) zulässig. Beim Lesen von Zahlen kann es zu Ausnahmen kommen: Bei der Serialisierung einer unlesbaren Zahl des Typs `p` wird eine Ausnahme ausgelöst. Dasselbe geschieht, wenn eine Zahl in ein Feld des Typs `p` mit zu wenigen Dezimalstellen deserialisiert wird. Wenn bei der Serialisierung eine korrupte Zahl des Typs `p` in einer arithmetischen Operation verwendet wird, wird der Kurzdump `BCD_BADDATA` angezeigt.

▶ ABAP-Daten des Typs `d` oder `t` werden in Übereinstimmung mit ISO8601 mit Einschränkungen und Erweiterungen dargestellt, z. B. muss das Jahr im Bereich 0–9999 liegen. Ein Datumswert wird mit vier Zeichen für das Jahr, zwei Zeichen für den Monat und zwei Zeichen für den Tag dargestellt, die jeweils durch Bindestriche (-) voneinander getrennt sind. Ein Zeitwert wird mit zwei Zeichen für die Stunde, zwei Zeichen für die Minuten und zwei Zeichen für die Sekunden dargestellt, die jeweils durch Doppelpunkte (:) voneinander getrennt sind. Unglücklicherweise umfasst der Wertebereich für die Typen `d` und `t` in ABAP beliebige Zeichen, sodass die oben genannten Zeichen nicht immer Zahlen sein müssen. Weitere Tests werden nicht durchgeführt, beispielsweise ist das Datum 0000-00-00 (laut ISO8601 kein zulässiges Datum) in ABAP zulässig.[5]

---

[5] Es ist zwar auch in ABAP kein gültiges Datum, spielt dort aber häufig die Rolle eines Null-Wertes.

Ist das erste oder das letzte Zeichen eines Wertes ein Leerzeichen, so kann der Wert keinen Bindestrich für Werte des Typs d und keinen Doppelpunkt für Werte des Typs t enthalten. Um diese Formateinschränkung zu verstehen, stellen Sie sich vor, Sie hätten die beiden Werte ' : : : : : ' und ' : : : : : ' des Typs t. Da ABAP-Daten des Typs t ohne voran- oder nachgestellte Leerzeichen dargestellt werden, werden beide Werte als ' : : : : : : ' dargestellt.[6] Bei der Deserialisierung könnte das ABAP-Laufzeitsytem dann nicht entscheiden, welcher der beiden Werte aus dieser Darstellung zu erstellen wäre. Um dieses Problem zu lösen, hätte SAP die Regel, voran- oder nachgestellte Leerzeichen für die Typen d und t zu ignorieren, abschaffen können. Man entschied sich jedoch dagegen, da Benutzer dies nicht erwarten und die Einschränkungen lediglich auf recht ungewöhnliche Werte für Daten des Typs d und t Auswirkungen haben.

▶ In asXML werden ABAP-Daten des Typs xstring oder x mithilfe der Kodierung zur Basis 64 dargestellt[7], dem Standard für die Kodierung von Binärdaten in XML-Dokumenten, weil hierbei 33 % weniger Zeichen als bei der hexadezimalen Kodierung verwendet werden. Bei der Deserialisierung von Daten in ein Feld des Typs x, das länger ist als die Daten des Dokuments, wird der Rest des Feldes mit binären Nullen gefüllt (wie bei der ABAP-Anweisung MOVE). Kommt es zu einem Datenverlust, wenn das Feld zu kurz ist, wird eine Ausnahme ausgelöst.

Tritt ein Fehler bei der Transformation auf, wird bei der Serialisierung eine Ausnahme der Klasse CX_XSLT_SERIALIZATION_ERROR, bei der Deserialisierung eine Ausnahme der Klasse CX_XSLT_DESERIALIZATION_ERROR ausgelöst. Die zugehörigen Ausnahmeobjekte enthalten im Attribut PREVIOUS eine Referenz auf die eigentliche Ausnahme.

Listing 8.2 zeigt ein einfaches Beispiel für die Serialisierung, in dem ein elementarer Datentyp (ein Datum) serialisiert wird.

```
1 PROGRAM asxml_2.
2
3 DATA: today  TYPE d VALUE '20040816',
4       result TYPE string.
5
6 CALL TRANSFORMATION id
```

---

[6] Bei der Serialisierung eines Wertes vom Typ t werden unabhängig vom Inhalt zwei Doppelpunkte eingefügt.

[7] Dies ist in RFC 2045 (*Request for Comments*) definiert, weitere Informationen dazu können Sie unter *http://www.ietf.org/rfc/rfc2045.txt* finden.

```
7    SOURCE today = today
8    RESULT XML result.
```

Listing 8.2 Serialisierung eines Datums

In Listing 8.3 ist das asXML-Ergebnis zu sehen, das in Listing 8.2 in den `result`-String generiert wurde.

```
<asx:abap xmlns:asx="http://www.sap.com/abapxml" version="1.0">
  <asx:values>
    <TODAY>2004-08-16</TODAY>
  </asx:values>
</asx:abap>
```

Listing 8.3 asXML-Ergebnis eines serialisierten Datums

8.2.3 Darstellung von Strukturen

Eine Struktur wird durch eine Abfolge von Unterelementen des Strukturelements dargestellt, die die Komponenten der Struktur repräsentieren. Der Name jedes Elements ist der Name der Komponente; für Elementnamen werden – wenn nötig – die Regeln aus Tabelle 8.2 angewandt. Der Inhalt jedes Unterelements ist die asXML-Darstellung des Wertes der Komponente.

Während die Serialisierung eines elementaren Datenobjekts ein einziges Element umfasst, geht es bei der Serialisierung einer Struktur um die Darstellung mehrerer Elemente. Bei der Serialisierung werden alle Komponenten einer Struktur in der Reihenfolge serialisiert, wie sie in der Struktur definiert ist. Bei der Deserialisierung spielt die Reihenfolge der XML-Elemente, für die es gleichnamige Komponenten in der angebundenen ABAP-Struktur gibt, keine Rolle. Überzählige XML-Elemente werden ignoriert – Elementnamen mit einem nicht-leeren XML-Namensraum lösen eine Ausnahme des Typs CX_XSLT_FORMAT_ERROR aus – und Komponenten einer bei der Deserialisierung gebundenen ABAP-Struktur, für die es kein gleichnamiges XML-Element gibt, behalten ihren Wert bei.

Das Code-Fragment in Listing 8.4 macht in einem etwas komplexeren Beispiel deutlich, wie eine Struktur serialisiert wird.

```
1 PROGRAM asxml_4.
2
3 TYPES: BEGIN OF struc_type,
4          /abap/s TYPE string,
5          i       TYPE i,
6        END OF struc_type.
7
```

```
 8 DATA: struc  TYPE struc_type,
 9       result TYPE string.
10
11 struc-/abap/s = 'the answer is'.
12 struc-i       = 42.
13
14 CALL TRANSFORMATION id
15   SOURCE structure = struc
16   RESULT XML result.
```

Listing 8.4 Serialisierung einer Struktur

Listing 8.5 zeigt das generierte asXML-Ergebnis. Besonders interessant ist dabei die Transformation des ABAP-Komponentennamens /abap/s (siehe Listing 8.4) in den XML-Elementnamen _-ABAP_-S nach den Regeln aus Tabelle 8.2.

```
<asx:abap xmlns:asx="http://www.sap.com/abapxml" version="1.0">
  <asx:values>
    <STRUCTURE>
      <_-ABAP_-S>the answer is</_-ABAP_-S>
      <I>42</I>
    </STRUCTURE>
  </asx:values>
</asx:abap>
```

Listing 8.5 asXML-Ergebnis einer serialisierten Struktur

8.2.4 Darstellung interner Tabellen

Eine interne Tabelle wird durch eine Abfolge von Unterelementen des Tabellenelements dargestellt, die die Zeilen der internen Tabelle repräsentieren. Der Inhalt jedes Unterelements ist die asXML-Darstellung der jeweiligen Tabellenzeile.

Wie Strukturen bestehen auch interne Tabellen aus mehreren Elementen – in diesem Fall aus einer variablen Anzahl von Tabellenzeilen. Bei der Serialisierung einer internen Tabelle entspricht der Name jedes Unterelements dem Namen des Zeilentyps im ABAP Dictionary. Ist der Zeilentyp lokal im ABAP-Programm definiert, ist der Name jedes Unterelements item. Bei der Deserialisierung ist der Name der Unterelemente irrelevant. Tabellen werden bei der Deserialisierung automatisch sortiert, wenn der Ergebnistyp dies erforderlich macht. Jede Tabellenart (Standardtabelle, sortierte Tabelle, Hash-Tabelle) ist zulässig.

Listing 8.6 zeigt beispielhaft, wie eine einfache, dreizeilige interne Tabelle serialisiert wird.

```
 1 PROGRAM asxml_6.
 2
 3 TYPES tab_type TYPE STANDARD TABLE OF i WITH DEFAULT KEY.
 4
 5 DATA: tab    TYPE tab_type,
 6       result TYPE string.
 7
 8 APPEND 6 TO tab.
 9 APPEND 7 TO tab.
10 APPEND 42 TO tab.
11
12 CALL TRANSFORMATION id
13   SOURCE itab = tab
14   RESULT XML result.
```

Listing 8.6 Serialisierung einer internen Tabelle

In Listing 8.7 ist das im String `result` generierte asXML-Ergebnis aus Listing 8.6 zu sehen. Wie Sie sehen, ist der Elementname für die Tabellenzeile item, da der Tabellenzeilentyp kein Typ des ABAP Dictionaries ist.

```
<asx:abap xmlns:asx="http://www.sap.com/abapxml" version="1.0">
  <asx:values>
    <ITAB>
      <item>6</item>
      <item>7</item>
      <item>42</item>
    </ITAB>
  </asx:values>
</asx:abap>
```

Listing 8.7 asXML-Ergebnis einer serialisierten internen Tabelle

8.3 Darstellung von Referenzen

Während die in Abschnitt 8.2 behandelte Darstellung von direkten ABAP-Datenwerten in asXML relativ unkompliziert ist, verhält es sich mit ABAP-Referenzvariablen, die Referenzen (entweder auf Datenobjekte oder Objekte) enthalten, etwas anders. Bei der Serialisierung von Referenzvariablen muss sowohl die Referenz selbst als auch das referenzierte Objekt behandelt werden. Im folgenden Abschnitt werden einige Probleme beschrieben, die im Zusammenhang mit der Darstellung von Referenzen in asXML auftreten können. Die entsprechenden Lösungshinweise zeigen aber, dass keines dieser Probleme unlösbar ist, die darauf folgenden Abschnitte beschreiben die Darstellung von Referenzvariablen, referenzierten Datenobjekten und referenzierten Objekten genauer.

8.3.1 Herausforderungen bei der Darstellung von Referenzen in asXML

Alle ABAP-Datentypen, die keine Referenztypen sind oder enthalten, sind baumähnlich und passen daher in das XML-Datenmodell. ABAP-Datenobjekte mit Referenztypen verfügen jedoch über eine beliebige Struktur, wie die zyklische Darstellung in Abbildung 8.2 zeigt.

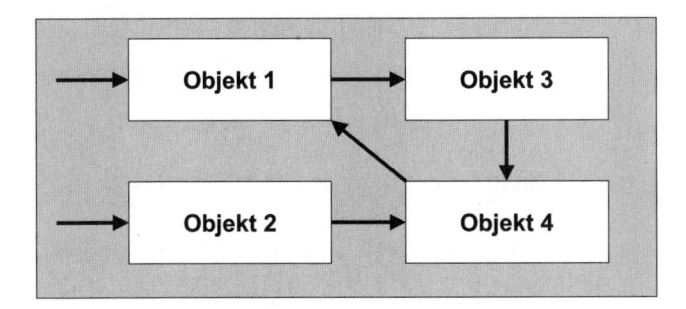

Abbildung 8.2 Willkürliche Struktur von ABAP-Datenobjekten mit Referenzen

Da zwei oder mehr Referenzvariablen auf dasselbe (Daten-)Objekt verweisen könnten, kann die asXML-Darstellung des *Objekts* nicht in die asXML-Darstellung jeder *Referenzvariable*, die auf dieses Objekt verweist, eingebettet werden. Wenn man dies täte, ginge die eindeutige Identität des Objekts unweigerlich verloren, da der XML-Parser bei der Deserialisierung nicht wüsste, ob er zwei Objekte mit demselben Wert oder nur ein Objekt erstellen soll. Bei der Lösung dieses Problems hilft der XML-Referenzmechanismus, in dem ein Schlüssel das referenzierte Objekt im XML-Dokument eindeutig identifiziert. Bei der Serialisierung wählt die ABAP-Laufzeitumgebung automatisch einen Namen für den Schlüssel. Bei der Deserialisierung kann der Schlüssel einen nahezu beliebigen Namen haben.[8] Eine Referenz auf ein Datenobjekt oder ein Objekt wird in XML durch die Angabe des Schlüssels dargestellt. Beachten Sie bitte, dass in asXML eine Referenz nur Schlüssel verwenden kann, die für ein Datenobjekt oder Objekt im Bereich heap definiert sind.

---

8 Der Name muss aus Buchstaben, Ziffern, Unterstrichen (_), Bindestrichen (-) und Punkten (.) bestehen und entweder mit einem Buchstaben oder einem Unterstrich beginnen. Dies entspricht der Produktionsregel »Name« in der XML-Spezifikation (siehe *http://www.w3.org/TR/REC-xml*). Die Werte der XML-Schema-Typen ID und IDREF müssen ebenfalls die Produktionsregel »Name« einhalten.

Ein weiteres Problem bei der Darstellung von Referenzvariablen in asXML ergibt sich daraus, dass ABAP-Referenzen üblicherweise polymorph sind. Daher kann die ABAP-Laufzeitumgebung den dynamischen Typ des referenzierten (Daten-)Objekts, also den Datentyp bzw. die Klasse des (Daten-)Objekts, auf das verwiesen wird, nicht vom statischen Typ der Referenzvariablen ableiten. Eine Referenzvariable, die auf eine Ganzzahl zeigt, könnte z. B. statisch mit REF TO data deklariert sein, der dynamische Typ ist jedoch REF TO i. Damit die ABAP-Laufzeitumgebung das Objekt während der Deserialisierung mit dem richtigen Typ erzeugen kann, muss die asXML-Darstellung eines referenzierten Datenobjekts oder Objekts auch den Datentyp- bzw. Klassennamen enthalten.

Sie werden sich jetzt wahrscheinlich fragen, wo die asXML-Darstellung eines Objekts eingefügt werden muss, wenn sie nicht in die asXML-Darstellung der Referenzvariablen, die auf dieses Objekt verweist, eingebettet werden kann. In diesem Zusammenhang möchten wir Sie an den optionalen Bereich heap eines asXML-Dokuments erinnern, den wir in Abschnitt 8.1.3 erwähnt haben: Das XML-Element, das ein referenziertes Objekt darstellt, wird als Element im Bereich heap dargestellt – genauer gesagt als Unterelement von heap im Namensraum http://www.sap.com/abapxml.

Zusammengefasst bedeutet das, dass ein anonymes (durch CREATE DATA erzeugtes) Datenobjekt bzw. Objekt mit seiner Identität (repräsentiert durch den Schlüssel) *und* seinem dynamischen Typ dargestellt werden muss. Aus diesem Grund unterscheidet man zwischen dem *Wert eines Datenobjekts*, der z. B. eine Ganzzahl sein kann und dessen asXML-Darstellung aus der Beschreibung in Abschnitt 8.2.2 bekannt ist, und dem *referenzierten Datenobjekt* selbst. Letztgenanntes wird in asXML als XML-Element mit seinem Schlüssel, seinem dynamischen Typ und der asXML-Darstellung des Wertes als Inhalt dargestellt. Genauso wird zwischen dem Wert eines Objekts und dem referenzierten Objekt selbst unterschieden.

8.3.2 Darstellung von Referenzvariablen

Der Inhalt einer Referenzvariablen (eine Referenz) wird als Attribut href des XML-Elements der Referenzvariablen mit einem Wert dargestellt, der wie folgt aussieht: #key. key ist dabei der Schlüssel, der das referenzierte Datenobjekt oder Objekt im Bereich heap bestimmt. Handelt es sich bei der Referenz um eine Null-Referenz oder wird sie als solche aufgefasst (siehe Abschnitt 8.3.3), wird sie durch nichts dargestellt: Das Element, das die Referenzvariable darstellt, enthält weder das Attribut href noch einen anderen Inhalt.

Ein anonymes Datenobjekt oder Objekt wird nur dann serialisiert, wenn eine Referenzvariable, die auf es zeigt, serialisiert wird. Bestimmte Datenreferenzen werden bei der Serialisierung aber auch als Null-Referenzen angesehen. Für ein

Element, das im Bereich `heap` ein referenziertes Datenobjekt oder Objekt darstellt, muss der Wert des Attributs `id` der Schlüssel `key` (ohne Rautenzeichen) sein.

Listing 8.8 zeigt ein Fragment eines ABAP-Programms, das die Datenreferenzvariable `ref_to_data` mit einem referenzierten anonymen Datenobjekt serialisiert.

```
 1 PROGRAM asxml_8.
 2
 3 DATA: ref_to_i    TYPE REF TO i,
 4       ref_to_data TYPE REF TO data,
 5       result      TYPE string.
 6
 7 CREATE DATA ref_to_i.
 8
 9 ref_to_i->* = 42.
10 ref_to_data = ref_to_i.
11
12 CALL TRANSFORMATION id
13   SOURCE reference = ref_to_data
14   RESULT XML result.
```

Listing 8.8 Serialisierung einer Datenreferenz

In Listing 8.9 ist nicht nur das in dem String generierte asXML-Ergebnis `result` aus Listing 8.8 zu sehen, sondern auch, wie der referenzierte Datenwert im Bereich `heap` dargestellt wird. Dies wird in Abschnitt 8.3.3 näher erläutert. Sie können aber schon den Bezug des Elements REFERENCE über das Attribut `href` auf den Schlüssel d1 des Attributs `id` im referenzierten Datenobjekt erkennen.

```
<asx:abap xmlns:asx="http://www.sap.com/abapxml" version="1.0">
  <asx:values>
    <REFERENCE href="#d1"/>
  </asx:values>
  <asx:heap xmlns:xsd="http://www.w3.org/2001/XMLSchema">
    <xsd:int id="d1">42</xsd:int>
  </asx:heap>
</asx:abap>
```

Listing 8.9 asXML-Ergebnis einer serialisierten Datenreferenz

8.3.3 Darstellung anonymer Datenobjekte

Ein anonymes Datenobjekt wird als Element im Bereich `heap` dargestellt. Der Elementname entspricht dem Namen des XML-Schema-Typs für den Typ des Datenobjekts, der Wert des Attributs `id` ist die Identität des Datenobjekts (es definiert den Schlüssel) und der Inhalt des Elements ist die asXML-Darstellung des Wertes des Datenobjekts.

Ein Datenobjekt heißt anonym, wenn es *dynamisch* bzw. mit der ABAP-Anweisung `CREATE DATA` erzeugt wurde. Datenobjekte, die zwar von Referenzvariablen referenziert, aber nicht dynamisch erstellt wurden, werden bei der Serialisierung der Referenzvariablen *nicht* serialisiert. Dafür, warum diese Werte nicht serialisiert werden, gibt es zwei Gründe:

1. Referenzierte Datenobjekte, die nicht dynamisch erstellt wurden, würden in gewissen Fällen als dynamisch erstellte Datenobjekte aufgefasst.
2. Die Kombination der beiden ABAP-Anweisungen `GET REFERENCE` und `ASSIGN...CASTING` könnte zu einer Situation führen, in der derselbe Speicherbereich von verschiedenen Referenzen als unterschiedlich geschrieben angesehen werden könnte.

Referenzen auf solche Datenobjekte werden bei der Serialisierung als Null-Referenz angesehen, beispielsweise werden Referenzen auf globale oder lokale Variablen als Null-Referenz dargestellt.

Der Wert eines anonymen Datenobjekts wird wie bei benannten Datenobjekten immer über einen elementaren Datentyp, einen Strukturtyp, einen Tabellentyp oder einen Referenztyp beschrieben. Die zugehörigen asXML-Darstellungen haben wir in den Abschnitten 8.2 und 8.3.2 bereits näher erläutert. Der noch ausstehende Aspekt eines referenzierten Datenobjekts ist der Elementname, der nach folgenden Regeln durch den Namen des XML-Schema-Typs für den Datenobjekttyp gebildet wird:

- Ist der Typ im ABAP Dictionary definiert, so entspricht der Name des XML-Schema-Typs dem Namen des Dictionary-Typs mit einem speziellen XML-Namensraum für Dictionary-Typen (siehe Tabelle 8.5).
- Ist der Typ mit einem elementaren ABAP-Typ identisch, basiert der Name des XML-Schema-Typs auf den in Tabelle 8.4 gezeigten Einträgen.
- Ist der Typ im Deklarationsteil einer globalen oder lokalen Klasse definiert, so entspricht der Name des XML-Schema-Typs dem Klassennamen, der durch den Typnamen erweitert wird, wobei die beiden Teile des Namens durch einen Punkt (.) getrennt werden. Ein XML-Namensraum (siehe Tabelle 8.5) unterscheidet globale und lokale Klassen desselben Namens.

- Ist der Typ an anderer Stelle definiert, z.B. in einem Programm oder einem Unterprogramm, dann ist der Name des XML-Schema-Typs der Typname. Ein XML-Namensraum (siehe Tabelle 8.5) unterscheidet verschiedene Typen desselben Namens.
- Wenn der Typ über keinen Namen verfügt und nicht mit einem elementaren ABAP-Typ übereinstimmt, wird bei der Serialisierung eine Ausnahme der Klasse CX_XSLT_SERIALIZATION_ERROR ausgelöst. Ein Datentyp ohne Namen ist ein gebundener Datentyp, der nur als Eigenschaft eines Datenobjekts vorkommt. Anonyme Datenobjekte können durch Anweisungen wie `CREATE DATA dref TYPE TABLE OF i` genau wie benannte Datenobjekte gebundene Datentypen haben.

Die asXML-Darstellung des Inhalts elementarer Datenobjekte entspricht nicht immer genau der Darstellung des entsprechenden Built-in-Datentyps von XML-Schema aus Tabelle 8.3 (siehe Abschnitt 8.2.2). Da der Name des Schema-Typs für ein referenziertes Datenobjekt in der asXML-Darstellung enthalten ist, muss er genau mit dem ABAP-Typ übereinstimmen. Es müssen daher für einige ABAP-Typen andere XML-Typen als die Built-in-XML-Schema-Typen verwendet werden. Generische ABAP-Typen benötigen sogar die in Tabelle 8.4 gezeigten zusätzlichen Attribute.

ABAP-Typ	XML-Schema-Typname	Zusätzliche Attribute
string	xsd:string	–
c	abap:string	maxLength
n	abap:digits	maxLength
i	xsd:int	–
b	xsd:unsignedByte	
s	xsd:short	
p	abap:decimal	totalDigits, (fractionDigits)
f	xsd:double	–
d	abap:date	–
t	abap:time	
xstring	xsd:base64Binary	–
x	abap:base64Binary	maxLength
Das Namensraum-Präfix xsd steht für den Namensraum http://www.w3.org/2001/XMLSchema. Das Namensraum-Präfix abap steht für den Namensraum http://www.sap.com/abapxml/types/built-in.		

Tabelle 8.4 XML-Schema-Typnamen für elementare ABAP-Typen

Tabelle 8.4 zeigt die XML-Schema-Typnamen für den Fall, dass der Typ des referenzierten Datenobjekts ein elementarer ABAP-Typ ist. Die folgenden Punkte erläutern diese Regeln noch etwas näher:

- Für die ABAP-Typen `string`, `i` – hier sind die eingeschränkten Ganzzahltypen `b` und `s` mit einbezogen –, `f` und `xstring` gelten dieselben Darstellungsregeln, wie für die entsprechenden eingebauten Datentypen des XML-Schemas. Aus diesem Grund entsprechen die Namen des XML-Schema-Typs für diese ABAP-Typen denen der Built-in-Datentypen von XML-Schema.

- Die Darstellungsregeln für die ABAP-Typen `d` und `t` ähneln denen für die eingebauten XML-Schema-Datentypen `date` und `time`. Die Namen der XML-Schema-Typen für diese ABAP-Typen sind ebenfalls `date` und `time`, jedoch im Namensraum `http://www.sap.com/abapxml/types/built-in`.

- Die ABAP-Typen `c`, `n` und `x` sind generisch bezüglich ihrer Länge. Sie können diese ABAP-Typen vervollständigen, indem Sie die Länge (die sich nicht immer vom Inhalt ableiten lässt) als Wert des Attributs `maxLength`[9] angeben. Der XML-Schema-Datentyp `abap:digits` beschränkt den Wertebereich des Built-in-XML-Schema-Typs `string` auf eine Sequenz von Ziffern.

- Der ABAP-Typ `p` ist generisch bezüglich seiner Länge und der Anzahl der Nachkommastellen. Sie können ihn vervollständigen, indem Sie die Gesamtzahl an Ziffern und (optional) die Anzahl an Dezimalstellen (der Standardwert ist 0) als Werte für die Attribute `totalDigits` und `fractionDigits` angeben. Der zulässige Bereich für diese Werte ist 1–31 und 0–14. Bei der Serialisierung ist der Wert von `totalDigits` immer ungerade, denn bei einer Deklaration in ABAP geben Sie die Gesamtzahl der Ziffern an, indem Sie die zum Speichern der Dezimalzahl notwendige Bytelänge spezifizieren; da ein Byte zwei Ziffern speichert und ein Byte für das Vorzeichen verwendet wird, ist die Gesamtzahl der Ziffern immer ungerade. Bei der Deserialisierung wird ein gerader Wert auf die nächste ungerade Zahl aufgerundet.

Ist das referenzierte Datenobjekt selbst Referenzvariable mit generischem Typ, wird es zur Namensfindung wie ein elementarer ABAP-Typ behandelt. Für mit `REF TO data` definierte Datenreferenzvariablen lautet der XML-Schema-Typname `refData`, für mit `REF TO object` definierte Objektreferenzvariablen `refObject`. Beide befinden sich im Namensraum `http://www.sap.com/abapxml/types/built-in`.

Listing 8.10 zeigt ein Beispiel für die Erzeugung einer Dezimalzahl als anonymes Datenobjekt sowie dessen Serialisierung.

---

[9] In XML-Schema wird derselbe Attributname verwendet, um den Wertebereich der Datentypen einzuschränken.

```
 1 PROGRAM asxml_10.
 2
 3 TYPES: p_7_2 TYPE p LENGTH 4 DECIMALS 2.
 4
 5 DATA: dref   TYPE REF TO p_7_2,
 6       result TYPE string.
 7
 8 CREATE DATA dref.
 9
10 dref->* = '5320.15'.
11
12 CALL TRANSFORMATION id
13   SOURCE ref = dref
14   RESULT XML result.
```

Listing 8.10 Serialisierung einer Referenz auf eine Dezimalzahl

In Listing 8.11 ist das im String `result` aus Listing 8.10 generierte asXML-Ergebnis zu sehen. Der XML-Schema-Typname folgt den in Tabelle 8.4 abgebildeten Namensregeln.

```
<asx:abap xmlns:asx="http://www.sap.com/abapxml" version="1.0">
  <asx:values>
    <REF href="#d1"/>
  </asx:values>
  <asx:heap
    xmlns:abap="http://www.sap.com/abapxml/types/built-in">
    <abap:decimal totalDigits="7" fractionDigits="2" id="d1">
      5320.15
    </abap:decimal>
  </asx:heap>
</asx:abap>
```

Listing 8.11 asXML-Ergebnis einer serialisierten Referenz auf eine Dezimalzahl

8.3.4 Darstellung von Objekten

Ein Objekt (Instanz einer Klasse) wird als Element im Bereich `heap` dargestellt. Der Elementname entspricht dem Namen des XML-Schema-Typs für den Klassennamen des Objekts, der Wert des Attributs `id` ist die Identität des Objekts (es definiert den Schlüssel) und der Inhalt (Unterelemente) ist die asXML-Darstellung des Objektwertes. Objekte, die nicht serialisiert werden können, werden ohne Inhalt dargestellt, diese leere Hülle kann von SAP für zukünftige Erweiterungen der Serialisierung/Deserialisierung verwendet werden. Referenzen auf solche Objekte werden während der Deserialisierung wie Null-Referenzen behandelt.

Die Fähigkeit, Objekte zu serialisieren/deserialisieren, hängt von der jeweiligen Klasse ab. Objekte können nur dann serialisiert werden, wenn ihre Klasse (direkt oder indirekt) das Interface IF_SERIALIZABLE_OBJECT implementiert. Entwicklern von Klassen sei an dieser Stelle dringend empfohlen, immer die Implementierung dieses Interfaces in Betracht zu ziehen, um Benutzern die Serialisierung von Objekten zu ermöglichen. Dieses Konzept wird in Abschnitt 8.4 genauer erläutert.

Der XML-Schema-Typname für Objekte im Bereich heap besteht aus dem Klassennamen, der durch einen XML-Namensraum erweitert wird, um zwischen globalen und lokalen Klassen mit demselben Namen zu unterscheiden (siehe Tabelle 8.6). Die asXML-Darstellung von Objektwerten wird im folgenden Abschnitt dargestellt.

8.4 Darstellung von Werten serialisierbarer Objekte

In Abschnitt 8.3 haben wir Ihnen die Grundlagen der asXML-Darstellung von referenzierten Datenobjekten und Objekten vermittelt. Ein Element fehlt jedoch noch: Wie wird der *Wert* eines Objekts dargestellt, und wie können Entwickler von Klassen diese Darstellung beeinflussen?

Wie bereits in Abschnitt 8.3.4 erwähnt, sind Objekte nur serialisierbar, wenn ihre Klasse das Interface IF_SERIALIZABLE_OBJECT direkt oder indirekt implementiert. Eine solche Klasse heißt serialisierbar, auch wenn die Klasse selbst nie serialisiert wird, sondern nur die Instanzen dieser Klasse. Entwickler von Klassen müssen explizit deklarieren, dass eine Klasse an der Serialisierung teilnehmen soll. Wird diese Entscheidung für irgendeine Klasse getroffen, sind die folgenden Punkte unbedingt zu beachten:

▶ Der Objektwert, auch Objektzustand genannt, wird standardmäßig durch die Instanzattribute realisiert und standardmäßig werden alle Instanzattribute serialisiert – einschließlich geschützter und privater Attribute –, die versteckte Daten speichern könnten. Statische Attribute gehören nicht zum Objektwert und werden nicht serialisiert. Der Entwickler einer Klasse muss daher entscheiden, ob die Standardserialisierung eingesetzt werden soll oder ob diese geändert und angepasst werden muss (siehe Abschnitt 8.4.3).

▶ Für Attribute mit bestimmer Bedeutung sind in der Regel nicht alle technisch möglichen Werte auch zulässig. Wenn Attribute während der Serialisierung oder Deserialisierung geprüft werden sollen, muss man auch den Code schreiben, um die entsprechende Prüfung durchzuführen.

- Einige Objekte (wie z.B. aktive Handles) enthalten Informationen, die nur im aktuellen Kontext der Laufzeitumgebung Sinn machen. Die Serialisierung von Objekten dieses Typs ist daher wenig sinnvoll.

Entwickler von Klassen sollten sich dadurch aber nicht von der Implementierung des Interfaces IF_SERIALIZABLE_OBJECT abhalten lassen. Eine Deklaration von geeigneten Klassen als serialisierbar macht sie nämlich deutlich brauchbarer. Diese Aufgabe muss also unkompliziert und leicht zu realisieren sein – was sie auch ist. Der ABAP-XML-Serialisierungsmechanismus zeichnet sich durch die folgenden Vorzüge aus:

- **einfach in der Handhabung**
  In einfachen Fällen muss lediglich das dazugehörige Interface implementiert werden.

- **generisch**
  Die Arten von Klassen, die serialisiert werden können, unterliegen keiner Beschränkung.

- **sicher**
  Ein Versionierungsmechanismus wird eingesetzt, um serialisierte Daten vor Änderungen des Klassendesigns zu schützen.

- **flexibel**
  Die Serialisierung und Deserialisierung von Klassen ist steuerbar. Sie können festlegen, ob für eine Klasse die Standardserialisierung (die alle Attribute serialisiert/deserialisiert) oder eine selbst definierte Serialisierung (die nur bestimmte Attribute serialisiert/deserialisiert) eingesetzt wird.

Die Darstellung von Objektwerten sei im Folgenden etwas genauer unter die Lupe genommen. Dabei werden wir Ihnen erläutern, wie die Standard- bzw. eine selbst definierte Serialisierung für die jeweilige Klasse festgelegt wird.

8.4.1 Die Aufteilung von Objektwerten in Objektteile

Der Wert eines serialisierbaren Objekts wird durch eine Abfolge von Unterelementen dargestellt, die ihrerseits die serialisierbaren Objektteile darstellen. Der Name eines Elements ist der dem Objektteil entsprechende Klassenname. Der Inhalt des Elements ist die (standardmäßige oder selbst definierte) asXML-Darstellung des Objektteils. Hat der Objektteil eine Version, so verfügt das Element über das Attribut »classVersion« mit der Versionsnummer als Wert.

Wenn Sie – als Entwickler von Klassen – die Serialisierung Ihrer Klassen individuell anpassen möchten, wollen Sie dabei sicherlich nicht private Attribute berücksichtigen müssen, die in den Oberklassen der aktuellen Klasse definiert sind, da sich in der Regel bereits deren Entwickler um die korrekte Serialisierung der Attribute gekümmert haben. Aus diesem Grund genügt es, die Serialisierung nur für die in der eigenen Klasse definierten Attribute anzupassen.

Daher wird der Objektzustand in Teile unterteilt, sodass Entwickler einer Klasse für jeden Teil entscheiden können, ob die Standardserialisierung (die kein zusätzliches Programmieren notwendig macht) oder eine selbst definierte Serialisierung durchgeführt werden soll. Beide Optionen werden in den Abschnitten 8.4.2 bzw. 8.4.3 besprochen. Ein Objektteil wird durch die Klasse bestimmt, in der Instanzattribute deklariert sind bzw. in der ein Interface eingebunden ist, das Instanzattribute enthält. Eine serialisierbare Klasse enthält einen Objektteil für sich selbst sowie Objektteile für alle Oberklassen mit Instanzattributen im aktuellen Pfad des Vererbungsbaums bis einschließlich der Klasse, die das Interface IF_SERIALIZABLE_OBJECT implementiert. Ein Objektteil enthält immer die direkt in der zugehörigen Klasse definierten Instanzattribute, jedoch nicht die geerbten. Interface-Attribute gehören zu dem Teil, der für die oberste Klasse in der Klassenhierarchie steht, die das Interface implementiert.

Um direkt zwischen Teilen von globalen und lokalen Klassen in der Objekthierarchie unterscheiden zu können[10], steht vor dem Namen des Elements, das den Objektteil darstellt, das Präfix `local` sowie ein Punkt (.), wenn die entsprechende Klasse eine lokale Klasse ist.

Der Begriff »serialisierbar« wird auch für Objektteile verwendet. Ein Teil ist nur dann serialisierbar, wenn die entsprechende Klasse (direkt oder indirekt) das Interface IF_SERIALIZABLE_OBJECT implementiert, dabei werden immer nur die serialisierbaren Teile eines Objekts serialisiert. Von einem Objekt einer serialisierbaren Unterklasse werden nur die geerbten Instanzattribute serialisiert, deren Oberklassen ebenfalls serialisierbar sind – also ab der Klasse in der Vererbungshierarchie, ab der das Interface IF_SERIALIZABLE_OBJECT implementiert ist.

Bei der Serialisierung eines Objekts ist die Reihenfolge, in der die serialisierbaren Teile des Objekts serialisiert werden, an der Klassenhierarchie orientiert. Der Teil, der zur obersten serialisierbaren Klasse gehört, steht in dieser Reihenfolge an erster, der zur Klasse des Objekts selbst gehörende Teil steht an letzter Stelle. Bei der Deserialisierung erzeugt die ABAP-Laufzeitumgebung zunächst das Objekt mit Initialwerten für alle Attribute (der Instanzkonstruktor der Klasse wird nicht aufgerufen) und setzt dann die Attribute des Objekts durch Deserialisierung der

---

10 Diese Unterscheidung ist notwendig, da eine Klassenhierarchie eine globale und eine lokale Klasse mit gleichem Namen beinhalten kann, bei der Deserialisierung die Reihenfolge der Teile einer Klasse aber beliebig sein soll. Deshalb müssen die Teile einen eindeutigen Namen haben. Eine weitere Kennzeichnung der lokalen Klasse ist aber nicht notwendig, da es nicht zwei lokale Klassen mit gleichem Namen in einer Klassenhierarchie geben kann.

Teile. Die Reihenfolge der Teile ist dabei nicht relevant. Würde die ABAP-Laufzeitumgebung den Konstruktor aufrufen, könnte sie dies nur ohne die Angabe von Aktualparametern tun. Da ABAP das Überladen von Methoden nicht erlaubt, müsste jede serialisierbare Klasse über einen Konstruktor ohne Parameter (oder lediglich mit optionalen Parametern) verfügen. Diese Einschränkung hätte jedoch zur Folge, dass viele Klassen nicht als serialisierbar deklariert werden könnten.

Zusätzlich hat ein Objektteil eine Version, wenn in der entsprechenden Klasse eine private Konstante `serializable_class_version` definiert ist, die vom Typ `i` sein muss. Entwickler von Klassen können den Wert dieser Konstanten erhöhen, wenn eine Änderung der Klasse zur inkorrekten Deserialisierung von XML-Dokumenten führen könnte, die durch die Serialisierung einer vorherigen Version dieser Klasse generiert wurden. Stimmen bei der Deserialisierung die Versionsnummer im XML-Dokument und die Versionsnummer in der Konstante nicht überein, wird eine Ausnahme der Klasse CX_XSLT_DESERIALIZATION_ERROR ausgelöst. Die Versionen werden als übereinstimmend angesehen, wenn entweder beide Versionsangaben nicht existieren oder wenn beide Versionsangaben existieren und die Werte identisch sind.

8.4.2 Standarddarstellung eines Objektteils

Standardmäßig wird ein serialisierbarer Objektteil durch eine Abfolge von Unterelementen dargestellt, die ihrerseits die Instanzattribute darstellen, die zu diesem Teil gehören. Der Name jedes Unterelements ist der Name des Attributs, der Inhalt des Elements ist die asXML-Darstellung des Attributwertes.

Klassen für die Serialisierung in die Standarddarstellung zu deklarieren, ist eine denkbar einfache Aufgabe, die viele Klassen weitaus brauchbarer macht. Es genügt, das Interface IF_SERIALIZABLE_OBJECT zu implementieren, ohne Methoden implementieren zu müssen. Das Systeminterface IF_SERIALIZABLE_OBJECT ist kein Interface im üblichen Sinn. Seine Implementierung zeigt der Laufzeitumgebung die Serialisierbarkeit einer Klasse an und erlaubt es, in der Klasse bestimmte weitere Komponenten nach festen Syntaxregeln zu deklarieren.

Ist man mit der Standarddarstellung eines zugehörigen Objektteils zufrieden – was für viele Klassen der Fall sein dürfte –, gibt es darüber hinaus nichts zu tun. Dies ist ein weiterer Grund, warum der Objektzustand in Teile unterteilt wird. Die Entwickler der Oberklassen der eigenen Klasse haben sich möglicherweise für eine individuelle Darstellung ihrer Teile entschieden. Entwickler untergeordneter Klassen können dennoch die Standarddarstellung wählen, da sie sich keine Gedanken über die korrekte Serialisierung von Attributen machen müssen, die in den Oberklassen definiert sind.

Handelt es sich bei einem serialisierten Attribut um ein Interface-Attribut, so besteht der Elementname aus dem Interface-Namen und dem Attributnamen, die miteinander verbunden werden, ein Punkt (.) dient als Trennzeichen. Bei der Serialisierung werden alle Attribute in der Reihenfolge serialisiert, wie sie in der Klasse definiert ist. Bei der Deserialisierung spielt die Reihenfolge der XML-Elemente, die den Attributen entsprechen, keine Rolle. Zusätzliche XML-Elemente, deren Name keinem Attribut entspricht, werden bei der Deserialisierung ignoriert; Elementnamen mit nicht-leerem XML-Namensraum lösen aber eine Ausnahme des Typs CX_XSLT_FORMAT_ERROR aus. Attribute, für die kein gleichnamiges XML-Element deserialisiert wird, behalten ihren Wert bei.

Listing 8.12 enthält die Definition einer Klassenhierarchie und zeigt, wie eine Objektreferenzvariable, die auf ein Objekt einer Unterklasse zeigt, serialisiert wird.

```
 1 PROGRAM asxml_12.
 2
 3 INTERFACE lif_1.
 4   DATA  a TYPE REF TO lif_1.
 5 ENDINTERFACE.
 6
 7 CLASS lcl_1 DEFINITION.
 8   PUBLIC SECTION.
 9     INTERFACES if_serializable_object.
10   PRIVATE SECTION.
11     DATA a TYPE i VALUE 1.
12     CONSTANTS serializable_class_version TYPE i VALUE 7.
13 ENDCLASS.
14
15 CLASS lcl_1 IMPLEMENTATION.
16   ...
17 ENDCLASS.
18
19 CLASS lcl_2 DEFINITION INHERITING FROM lcl_1.
20   PUBLIC SECTION.
21     INTERFACES lif_1.
22   PRIVATE SECTION.
23     DATA a TYPE i VALUE 2.
24 ENDCLASS.
25
26 CLASS lcl_2 IMPLEMENTATION.
```

```
27  ...
28  ENDCLASS.
29
30  ...
31
32  DATA: result TYPE string,
33        object TYPE REF TO lcl_2.
34
35  CREATE OBJECT object.
36
37  object->lif_1~a = object.
38
39  CALL TRANSFORMATION id
40    SOURCE object_ref = object
41    RESULT XML result.
```

Listing 8.12 Definition einer Klasse und Serialisierung von Objektteilen mit der Standarddarstellung

Die Klasse lcl_2 verfügt über zwei serialisierbare Teile, da die Klasse lcl_2 von der serialisierbaren Klasse lcl_1 erbt. Die Klasse lcl_1 (und damit ihre Unterklasse lcl_2) ist serialisierbar, weil sie das Interface IF_SERIALIZABLE_OBJECT implementiert. Da das Interface lif_1 in der Klasse lcl_2 deklariert ist (und nicht in einer ihrer Oberklassen), gehören die Interface-Attribute zu dem Objektteil, der der Klasse lcl_2 entspricht. Das Interface-Attribut lif_1~a enthält eine Referenz auf das Objekt selbst. Beachten Sie nochmals, dass alle Instanzattribute der Klassen serialisiert werden, und zwar einschließlich der privaten Attribute der Oberklassen.

```
<asx:abap xmlns:asx="http://www.sap.com/abapxml" version="1.0">
  <asx:values>
    <OBJECT_REF href="#o11"/>
  </asx:values>
  <asx:heap>
    <prg:LCL_2 id="o11" xmlns:prg=
      "http://www.sap.com/abapxml/classes/program/ASXML_12">
      <local.LCL_1 classVersion="7">
        <A>1</A>
      </local.LCL_1>
      <local.LCL_2>
        <A>2</A>
        <LIF_1.A href="#o11"/>
```

```
      </local.LCL_2>
    </prg:LCL_2>
  </asx:heap>
</asx:abap>
```

Listing 8.13 asXML-Ergebnis eines mit der Standardteildarstellung serialisierten Objekts

In Listing 8.13 ist das im String `result` aus Listing 8.12 generierte asXML-Ergebnis zu sehen. Der Schlüssel für das Objekt ist `o11`. Der die lokale Klasse `lcl_2` im Programm `asxml_12` darstellende Elementname lautet `LCL_2` mit dem XML-Namensraum `http://www.sap.com/abapxml/classes/program/ASXML_12`.

8.4.3 Selbst definierte Darstellung eines Objektteils

Ein einer Klasse entsprechender serialisierbarer Objektteil wird in eine Abfolge von Elementen serialisiert (oder aus diesen deserialisiert), die die EXPORTING- (bzw. IMPORTING-)Parameter der privaten Instanzmethode `serialize_helper` (bzw. `deserialize_helper`) darstellen, sofern diese Methode in der Klasse `class` definiert ist. Die ABAP-Laufzeitumgebung ruft diese Methode bei der Serialisierung (bzw. Deserialisierung) des Objekts auf. Der Name jedes Elements ist der Name des jeweiligen Parameters, der Inhalt des Element ist die asXML-Darstellung des Parameterwertes. Die Instanzattribute des Objektteils werden dann nicht serialisiert und deserialisiert.

Auch wenn die Standarddarstellung eines Objektteils die einfachste ist, ist sie nicht immer die geeignetste. Eine selbst definierte Darstellung eines Objektteils ist in den folgenden Fällen sinnvoll:

- Der Objektteil ist der oberste serialisierbare Teil des Objekts und Sie möchten, dass die XML-Darstellung des Objekts auch die Werte von Attributen enthält, die zu Teilen gehören, die nicht-serialisierbaren Oberklassen entsprechen.
- Einige Attribute (z.B. private) sollen von der XML-Darstellung ausgeschlossen werden.
- Während der Deserialisierung muss getestet werden, ob die Attributwerte des neu erstellten Objekts zulässig sind.
- Die Darstellung spezieller Attribute soll vollständig verändert werden.
- Es sollen ältere asXML-Darstellungen unterstützt werden (XML-Dokumente, die mit einer vorhergehenden Version der Klassenimplementierung erstellt wurden, sollen deserialisiert werden).
- Der Objektteil enthält Interface-Attribute. Da die Standarddarstellung dann Elemente beinhalten würde, die keine `deserialize_helper`-Methode (die

möglicherweise in zukünftigen Versionen implementiert werden soll) deserialisieren könnte, muss vorgesorgt werden.

Bei der Serialisierung werden die EXPORTING-Parameter in der festgelegten Reihenfolge serialisiert. Bei der Deserialisierung spielt die Reihenfolge der XML-Elemente, die den Parametern entsprechen, keine Rolle. Zusätzliche XML-Elemente werden ignoriert – Elementnamen mit nicht-leerem XML-Namensraum lösen aber eine Ausnahme des Typs CX_XSLT_FORMAT_ERROR aus –, Parameter ohne gleichnamiges XML-Element werden als nicht versorgt angesehen.

Um einen Objektteil individuell definiert darzustellen, müssen die folgenden Bedingungen erfüllt sein; dies wird von der Syntaxprüfung sichergestellt. Zusätzlich reserviert SAP die Methodennamen serialize_replace und deserialize_replace für zukünftige Erweiterungen.

- Die Methoden serialize_helper und deserialize_helper müssen beide gleichzeitig definiert sein. Sind sie nicht definiert, wird die Standarddarstellung verwendet.
- Beide Methoden müssen private Instanzmethoden sein.
- Die Methode serialize_helper darf nur EXPORTING-Parameter enthalten. Die Methode deserialize_helper darf nur IMPORTING-Parameter enthalten.
- Für jeden Parameter in der Methode serialize_helper muss es einen entsprechenden Parameter in der Methode deserialize_helper geben. Zusätzliche Parameter in der Methode deserialize_helper müssen optional sein.
- Die Methode serialize_helper darf keinen Parameter serializable_class_version enthalten. Die Methode deserialize_helper kann einen optionalen Parameter serializable_class_version enthalten. Ist er definiert, muss er vom Typ i sein.

Wenn die Methode deserialize_helper einen Parameter serializable_class_version definiert, wird der am Ende von Abschnitt 8.4.1 vorgestellte Versionstest nicht durchgeführt, sondern statt dessen wird dieser Parameter mit der Versionsnummer im generierten asXML-Ergebnis (der Wert des Attributs classVersion im XML-Element für diesen Teil) versorgt, sofern die Versionsnummer im XML-Element vorhanden ist.

Listing 8.14 zeigt, wie Entwickler von Klassen eine selbst definierte Darstellung eines Objektteils für die Objektserialisierung festlegen können.

```
1 PROGRAM asxml_14.
2
```

```abap
 3 CLASS lcl_1 DEFINITION.
 4   PUBLIC SECTION.
 5     INTERFACES if_serializable_object.
 6     DATA pfli TYPE REF TO cl_spfli_persistent.
 7   PRIVATE SECTION.
 8     METHODS:
 9       serialize_helper
10         EXPORTING
11           value(carrid) TYPE s_carr_id
12           value(connid) TYPE s_conn_id,
13       deserialize_helper
14         IMPORTING
15           value(carrid) TYPE s_carr_id
16           value(connid) TYPE s_conn_id
17         RAISING cx_os_object_not_found.
18 ENDCLASS.
19
20 CLASS lcl_1 IMPLEMENTATION.
21   METHOD serialize_helper.
22     IF pfli IS NOT INITIAL.
23       carrid = pfli->get_carrid( ).
24       connid = pfli->get_connid( ).
25     ENDIF.
26   ENDMETHOD.
27   METHOD deserialize_helper.
28     DATA ca TYPE REF TO ca_spfli_persistent.
29     ca = ca_spfli_persistent=>agent.
30     pfli = ca->get_persistent( i_carrid = carrid
31                                i_connid = connid ).
32   ENDMETHOD.
33 ENDCLASS.
34
35 ...
36
37 DATA: result TYPE string,
38       object TYPE REF TO lcl_1,
39       ca     TYPE REF TO ca_spfli_persistent.
40
41 CREATE OBJECT object.
42
```

```
43 ca = ca_spfli_persistent=>agent.
44 object->pfli = ca->get_persistent( i_carrid = 'LH'
45                                    i_connid = '2402' ).
46
47 CALL TRANSFORMATION id
48   SOURCE object_ref = object
49   RESULT XML result.
```

Listing 8.14 Selbst definierte Darstellung eines Objektteils bei der Serialisierung von Objekten

Die serialisierbare Klasse `lcl_1` verfügt über das Attribut `pfli`, das eine Referenz auf die persistente Klasse CL_SPFLI_PERSISTENT enthält (siehe Kapitel 5). Da die persistente Klasse CL_SPFLI_PERSISTENT nicht serialisierbar ist, ist es sinnvoll, stattdessen die Komponenten des »Business Keys« des persistenten Objekts in die XML-Darstellung aufzunehmen. Der »Business Key« besteht aus den Komponenten `carrid` und `connid`, die auch die Formalparameter der Methoden `serialize_helper` und `deserialize_helper` sind. Bei der Serialisierung werden die Komponenten des »Business Keys« mithilfe der geeigneten get-Methoden vom persistenten Objekt abgerufen. Bei der Deserialisierung werden die Komponenten des »Business Keys« der Factory-Methode `get_persistent` des Instanzmanagers CA_SPFLI_PERSISTENT zur Verfügung gestellt (Zeile 30 und 31). Diese Methode gibt die Referenz an das persistente Objekt zurück.

In Listing 8.15 ist das generierte asXML-Ergebnis des referenzierten Objekts zu sehen (wobei die Identität im XML-Dokument hier o56 ist). Wie Sie sehen, besteht der Objektteil für die Klasse `lcl_1` aus den Formalparametern `carrid` und `connid`.

```
<prg:LCL_1 id="o56"
  xmlns:prg="http://www.sap.com/abapxml/classes/
  program/ASXML_14">
  <local.LCL_1>
    <CARRID>LH</CARRID>
    <CONNID>2402</CONNID>
  </local.LCL_1>
</prg:LCL_1>
```

Listing 8.15 asXML-Ergebnis eines mit der individuell definierten Teildarstellung serialisierten Objekts

Bei einer Deserialisierung wird das persistente Objekt aus der Datenbank geladen, wenn es sich noch nicht im Cache für persistente Objekte befindet. Wenn das Objekt nicht gefunden wird, wird eine Ausnahme des Typs CX_OS_OBJECT_

NOT_FOUND ausgelöst, die zum Abbruch der Deserialisierung führt. Diese Ausnahme wird vom ABAP-Laufzeitsystem abgefangen und als Ursache (Attribut `previous`) einer neu ausgelösten Ausnahme des Typs CX_XSLT_DESERIALIZATION_ERROR gespeichert. Diese neue Ausnahme kann vom Aufrufer der Deserialisierung abgefangen werden.

8.5 Fazit

Der SAP Web Application Server beinhaltet seit Release 6.20 ein leistungsstarkes Leistungsmerkmal, das den offenen, standardbasierten Datenaustausch unterstützt. Die ABAP-XML-Serialisierung ermöglicht die Persistierung und den Austausch aller SAP-Daten, einschließlich Objektreferenzvariablen mit ihren referenzierten Objekten. Die Leistungsfähigkeit ist nicht zuletzt auf das zugrunde liegende asXML-Format zurückzuführen, das die Basis für die Darstellung von ABAP-Daten in XML bildet. In Verbindung mit dem SAP-XSLT-Prozessor (siehe Kapitel 7) kann man nun auf einfache Weise Dokumente oder Kommunikationsdaten generieren und lesen, die auf einem beliebigen XML-Standard basieren.

Ziel des vorliegenden Kapitels war es, Sie von der Leistungsfähigkeit des asXML-Formats und der ABAP-XML-Serialisierung zu überzeugen und Sie so zu ermutigen, sich dieser Werkzeuge in Ihrer eigenen SAP-Umgebung zu bedienen. Das Kapitel vermittelte deshalb alle für die Nutzung des asXML-Formats und der ABAP-XML-Serialisierung notwendigen Informationen. Die Schwerpunkte waren dabei:

- Überblick über den ABAP-XML-Serialisierungsmechanismus
- Aufruf und Steuerung der ABAP-XML-Serialisierung in eigenen ABAP-Programmen
- asXML-Formatregeln für die Serialisierung und Deserialisierung von Datenobjekten, Objekten und deren Referenzen
- standardisierte und selbst definierte Serialisierung von Klassen

Diese Informationen werden Ihnen dabei helfen, die Implementierung des Datenaustauschs für den SAP Web Application Server ABAP zu vereinfachen und zu verbessern. Entwickler von Klassen können brauchbare Klassen definieren, indem sie diese serialisierbar machen. ABAP-Programmierer können Daten in und aus XML mit einer einzigen ABAP-Anweisung serialisieren und deserialisieren. XSLT-Programmierer können auf Grundlage des asXML-Formats leicht XSL-Transformationen für den Datenaustausch beliebiger Systeme mit ABAP-Anwendungen auf dem SAP-Applikationsserver verwenden.

Beim Einsatz der ABAP-XML-Serialisierung sollten Sie bei eigenen Entwicklungen noch folgende hilfreiche Hinweise beachten:

▶ Verwenden Sie in asXML-Dokumenten, die Sie deserialisieren wollen, in Elementnamen Großbuchstaben, wenn diese an ABAP-Datenobjekte wie z.B. Komponentennamen angebunden werden sollen.

▶ Wird während der Deserialisierung eine Fehlermeldung angezeigt, werten Sie das Attribut TREE_POSITION des Ausnahmeobjekts aus, um herauszufinden, welcher XML-Knoten den Fehler ausgelöst hat.

▶ Machen Sie Ihre Klassen wann immer möglich serialisierbar, indem Sie das Interface IF_SERIALIZABLE_OBJECT implementieren.

8.6 XML-Namensräume

Wie in Abschnitt 8.3 bereits eingeführt, bestimmen XML-Schema-Typnamen den dynamischen Typ oder die dynamische Klasse eines referenzierten Datenobjekts oder Objekts. XML-Namensräume werden verwendet, um zwischen globalen und lokalen ABAP-Typen oder ABAP-Klassen desselben Namens zu unterscheiden. Mit den beiden folgenden Tabellen liefern wir Ihnen eine vollständige Zusammenstellung der bei der Serialisierung verwendeten XML-Namensräume.

Typ definiert in ...	XML-Namensraum
ABAP Dictionary	http://www.sap.com/abapxml/types/dictionary
ABAP-Programm prg	http://www.sap.com/abapxml/types/program/PRG
Class-Pool cpool	http://www.sap.com/abapxml/types/class-pool/CPOOL
Typgruppe tpool	http://www.sap.com/abapxml/types/type-pool/TPOOL
Funktionsgruppe fpool	http://www.sap.com/abapxml/types/function-pool/FPOOL
Funktionsbaustein func	http://www.sap.com/abapxml/types/function/FUNC
Unterprogramm form im Programm prg	http://www.sap.com/abapxml/types/program.form/PRG/FORM
Unterprogramm form in der Funktionsgruppe fpool	http://www.sap.com/abapxml/types/program.form/PRG/FORM
Methode meth der globalen Klasse GCLS	http://www.sap.com/abapxml/types/method/GCLS/METH
Methode meth der lokalen Klasse lcls im Programm prg	http://www.sap.com/abapxml/types/program.method/PRG/LCLS/METH

Tabelle 8.5 XML-Namensräume für ABAP-Typen

Typ definiert in ...	XML-Namensraum
Methode meth der lokalen Klasse lcls im Class-Pool cpool	http://www.sap.com/abapxml/types/class-pool.method/CPOOL/LCLS/METH
Methode meth der lokalen Klasse lcls in der Funktionsgruppe fpool	http://www.sap.com/abapxml/types/function-pool.method/FPOOL/LCLS/METH

Tabelle 8.5 XML-Namensräume für ABAP-Typen (Forts.)

Klasse definiert in ...	XML-Namensraum
Klassenbibliothek	http://www.sap.com/abapxml/classes/global
Programm prg	http://www.sap.com/abapxml/classes/program/PRG
Class-Pool cpool	http://www.sap.com/abapxml/classes/class-pool/CPOOL
Funktionsgruppe fpool	http://www.sap.com/abapxml/classes/function-pool/FPOOL

Tabelle 8.6 XML-Namensräume für ABAP-Klassen

Um XML-Namensräume als URL nutzen zu können, werden die folgenden Abbildungsregeln für die variablen Teile der Namensräume angewandt (PRG, CPOOL, TPOOL, FPOOL, FUNC, FORM, METH, GCLS und LCLS):

▶ Die Zeichen a bis z, A bis Z, 0 bis 9, - (Bindestrich) und _ (Unterstrich) werden nie umgewandelt. Sie bleiben unverändert.

▶ Alle anderen Zeichen c werden in !hex(c) umgewandelt, wobei hex(c) die aus zwei Zeichen bestehende Darstellung des ASCII-Codes des Zeichens c ist.

9 Erstellung von BSP- und MVC-basierten Webanwendungen

Karl Kessler, überarbeitet von Manfred Lutz

9.1 Überblick

Mit Release 6.10 des SAP Web Application Servers vollzog SAP eine Abkehr vom traditionellen Basis-System hin zum weborientierten Applikationsserver. Die neue Technologie verfügt über eine systeminterne Unterstützung von Protokollen, z.B. HTTP, die ein separates Internet-Gateway wie etwa den Internet Transaction Server (ITS) überflüssig macht. Teil des Web AS ist ein Entwicklungsmodell namens Business Server Pages (BSPs) für die Entwicklung von Webanwendungen, die zur Laufzeit auf den SAP-Datenbestand zugreifen können. Für die Entwicklung steht der *Web Application Builder* als Bestandteil der ABAP Workbench zur Verfügung. Der ABAP Debugger wurde dahin gehend erweitert, dass jetzt auch BSPs mit Haltepunkten versehen werden können, sodass eine vollständige Unterstützung für das Testen von BSPs gegeben ist.

Bei einer BSP-Anwendung handelt es sich um eine Anzahl von HTML-Seiten, die serverseitige Skripts mit ABAP-Anweisungen, u.a. für Datenbehandlung, Navigation und Parameterübergabe enthalten. Der Internet Communication Manager (ICMan) ermöglicht es, solche BSPs mit einem Webbrowser via HTTP und der ihr zugeordneten URL direkt aufzurufen. Durch BSP-Extensions, eine Bibliothek mit User-Tags, kann man mit nur wenigen Zeilen Code dem Programm komplexe Oberflächenelemente wie z.B. Table Controls hinzufügen. Durch die Unterstützung des Model-View-Controller-Konzepts (MVC) ab Release 6.20 kann die Anwendungslogik vollständig von der Präsentation getrennt werden, was zu einer besseren Wiederverwendbarkeit und Wartbarkeit des Codings führt.

Dieses Kapitel beschreibt Schritt für Schritt den Entwicklungsprozess von einer ganz einfachen Business Server Page zu einer komfortablen Webanwendung, die dann auf BSP-Extensions und dem MVC-Konzept beruht.

9.1.1 Web AS vs. Internet Transaction Server

Vor Erscheinen des SAP Web Application Servers war der Internet Transaction Server die wichtigste Plattform von SAP für die Entwicklung von Webanwendungen. Er ermöglicht simplifizierte, webbasierte R/3-Transaktionen (Easy Web Transactions) und erlaubt über das SAP GUI für HTML-Komponenten Zugriff auf fast alle R/3-Standardtransaktionen und -reports. Aus diesem Grund ist ITS die Plattform, auf der viele SAP-Internetlösungen, z.B. ESS und BBP aufsetzen.

Ziel der ITS-Entwicklung war es, möglichst viele SAP-Transaktionen und SAP-Reports ohne großen Programmieraufwand über das Web erreichbar zu machen. Daher wurde ITS an das traditionelle R/3-Programmiermodell angepasst und leistet gute Dienste in Situationen, in denen Dialoge zu traditionellen R/3-Transaktionen erforderlich sind. Wenn jedoch rein webbasierte Anwendungen von Grund auf neu entwickelt werden sollen, ist der flexible BSP-Ansatz des Web AS als geeigneteres Programmiermodell vorzuziehen, da er den technischen Herausforderungen zustandsloser Webprotokolle mühelos gerecht wird.

9.1.2 Web AS und Java/J2EE

Durch die Anforderungen des Marktes und die Vorteile der Java-Technologie entschied sich SAP, Java als strategische Plattform zur Webaktivierung zu nutzen. SAP ist mehreren großen Konsortien und Komitees beigetreten, um in die Zukunftsentwicklung dieser leistungsstarken Technologie involviert zu sein. Mit einem voll funktionstüchtigen integrierten J2EE-Server verspricht der Web Application Server Entwicklern ab Release 6.40 eine Vielzahl von Möglichkeiten für die Erstellung portabler und skalierbarer Anwendungen. Der Zugriff auf mySAP.com-Komponenten (ABAP) wird über den SAP Java Connector (JCo) gewährleistet, den Sie kostenlos unter *http://service.sap.com/connectors* herunterladen können.

Tabelle 9.1 vergleicht die Eigenschaften des ITS mit denen des Web AS, sodass Sie sich für die Serverlösung entscheiden können, die zu Ihrer spezifischen Umgebung am besten passt.

Eigenschaft	Internet Transaction Server (ITS)	SAP Web Application Server (Web AS)	
		Business Server Pages	Integrated J2EE-Server
Plattform	Windows/Linux	Windows/Linux	Windows/Linux
Programmiersprachen	ABAP, HTML-Business	ABAP	Java
Programmiermodell	ABAP (traditionell) mit HTML-Templates	ABAP-Scripting	Servlet/JSP
Session-Management	zustandsbehaftet (IACs); zustandslos (WebRFC/Flow Logic)	beinahe zustandslos; zustandsbehaftet wird unterstützt	zustandslos

Tabelle 9.1 Vergleich der Eigenschaften von ITS und Web AS

Eigenschaft	Internet Transaction Server (ITS)	SAP Web Application Server (Web AS)	
		Business Server Pages	Integrated J2EE-Server
Programmierstil	Inside-Out (IACs); Outside-In (Mini-Apps)	Outside-In	Outside-In
SAP-Screenrendering	integriertes WebGUI	nein	nein
Customer-Branding	Themen, CSS (Cascading Style Sheets)	Themen, CSS (Cascading Style Sheets)	CSS (Cascading Style Sheets)
Entwicklungswerkzeug	Web Studio oder Web Application Builder	Web Application Builder und jedes Web-DAV-kompatible Werkzeug	JBuilder und Add-Ons
Abstraktion der Benutzeroberfläche	HTML-Business	Tag Librarys (beinhalten Custom-Tags, die leistungsstärkere Elemente und eigene HTML-Renderer bieten)	Tag Librarys (beinhalten Custom-Tags, die leistungsstärkere Elemente und eigene HTML-Renderer bieten)
Quelltext-Management	dateibasiert, Repository	Repository	dateibasiert
Schnittstelle zu mySAP.com-Komponenten	BAPIs, RFMs, SAP-Bildschirme, Reports	BAPIs, direkt (sofern mySAP.com-Komponente auf Release 6.10 basiert)	BAPIs
Syntaxprüfung	zur Umwandlungszeit	zur Umwandlungszeit	zur Umwandlungszeit
Debugging	unterstützt	unterstützt	unterstützt
Integration der SQL-Datenbank	nein	ja	ja
Zusammenfassung	starker Inside-Out-Zugriff zu mySAP.com; integriertes WebGUI und Web Reporting	starke Outside-In-Plattform für die ABAP-Community; flexibleres Programmiermodell	starke Outside-In-Plattform für die Java-Community; Zugriff auf die SQL-Datenbank über JDBC

Tabelle 9.1 Vergleich der Eigenschaften von ITS und Web AS (Forts.)

9.2 Einführung in Business Server Pages

Auf dem Prinzip der Business Server Pages basierende Webanwendungen bestehen aus HTML-Seiten, die beliebige HTML- oder WML-Standard-Tags enthalten. Um Daten aus SAP- und Nicht-SAP-Systemen dynamisch einzubinden, wird eine Logik (in Form von Skriptanweisungen) in die Seite eingebettet, die auf Anforderung hin abgearbeitet wird und die die endgültigen, statischen HTML- oder WML-Seiten generiert. Auf diese Weise können Daten aus SAP- und Nicht-SAP-Quellen für die Ausgabe abgerufen, verarbeitet und formatiert werden. Dieses Modell folgt in seinem Ansatz den Technologien von Java Server Pages (JSPs) und Active Server Pages (ASPs), die für die Entwicklung von Webanwendungen weit verbreitet sind.

Der größte Unterschied zwischen BSPs und mit dem ITS erstellten Internet Application Components (IAC) ist der die Architektur betreffende Ansatz. ITS ist ein Internet Gateway, das SAP-Transaktionen in einem Webbrowser ermöglicht und Entwicklern die Möglichkeit bietet, ein HTML-Layout mit minimalem Aufwand über ein herkömmliches SAP-Dynpro zu erstellen. Mit diesem Dynpro als Ausgangspunkt arbeiten die Entwickler innerhalb des klassischen SAP-Dialogprotokolls. Trotzdem ist es in BSP-Anwendungen nicht notwendig, dass Entwickler in SAP-Dialogschritten denken, wodurch eine flexiblere Herangehensweise an die Erstellung von Webanwendungen ermöglicht wird, die auf dynamischen, serverseitig geschriebenen Seiten basiert.

Im folgenden Codebeispiel sehen Sie eine einfache BSP, in der die Zeichenkette »Hello World.« fünfmal mit verschiedenen Schriftgraden gerendert wird. Der statische HTML-Text enthält serverseitigen ABAP-Code, in diesem Fall eine do-Schleife, die ausgeführt wird, um die Webseite dynamisch zu generieren. Die Zeichenkette wird innerhalb der Schleife ausgegeben. Der Schriftgrad, der als ABAP-Variable in Zeile 2 deklariert ist, wird in Zeile 7 inkrementiert, bevor die Schleife erneut durchlaufen wird.

```
1 <%@page language = "ABAP" %>
2 <% data: fontsize type I value 1. %>
3   <% do 5 times. %>
4     <font size = <%= fontsize %>
5       Hello World.
6     </font>
7     <% add 1 to fontsize. %>
8   <% enddo. %>
```

Während der Lebensdauer einer BSP wird Skriptcode als Reaktion auf verschiedene Ereignisse ausgeführt. Ein Initialisierungsereignis löst beispielsweise den Abruf von Daten aus Datenbanktabellen oder den Aufruf von Funktionsbausteinen aus; es ist demnach einem PBO-Modul ähnlich (Process Before Output). Ein Eingabeverarbeitungsereignis löst anschließend eine Reaktion auf die Übermittlung von Formulardaten nach der Benutzereingabe aus; es handelt sich deshalb um eine Art PAI-Modul (Process After Input).

Der Skriptcode von BSPs kann in oder ABAP geschrieben werden. Für die Erstellung einer BSP-Anwendung benötigen Sie nur den Web Application Builder.

9.2.1 Web Application Builder

Der Web Application Builder für BSP-Anwendungen ist die Zusammenstellung einzelner integrierter Werkzeuge, mit denen komplexe Webanwendungen gebaut werden können. Entwickler, die mit der Entwicklung für die ITS-Laufzeitplattform vertraut sind – die ja auf der ABAP Workbench basiert –, werden viele Gemeinsamkeiten in der Verwendung der ITS-Werkzeuge und der des Web Application Builders entdecken.

Tabelle 9.2 bietet Ihnen einen Überblick über die Werkzeuge des Web Application Builders. Das Hauptentwicklungswerkzeug ist der BSP-Editor, mit dem dynamische Serverseiten entwickelt werden – und zwar sowohl was das Layout einer dynamischen Seite als auch die dazugehörigen Eventhandler angeht. Tag Library und MIME Repository sind Werkzeuge, mit denen die typischen Entwicklungsaufgaben bei HTML-basierten Anwendungen leichter erledigt werden können.

Das wichtigste Laufzeitwerkzeug ist der ABAP Debugger, mit dem das schrittweise Debugging von BSP-Anwendungen vorgenommen werden kann. Dies ist ein wesentlicher Unterschied im Vergleich zur ITS-Entwicklung, bei der das serverseitige Debugging schwierig werden kann. Da der Web Application Builder in die herkömmliche ABAP-Workbench-Umgebung integriert ist, können Sie mühelos zu anderen Workbench-Werkzeugen wie ABAP Dictionary, ABAP-Funktions- und -Klassenbibliotheken sowie ABAP Editor navigieren.

Werkzeug	Eigenschaften
BSP-Editor	▶ Preview-Fähigkeit ▶ Editor für Skriptsprachen ▶ Editor für HTML (z. B. Drag & Drop) ▶ Syntaxprüfung ▶ Unterstützung von WebDAV-kompatiblen Entwicklungswerkzeugen anderer Anbieter (z. B. Adobe GoLive)
Tag Library	▶ Out-of-the-Box-Librarys für Standards wie HTML, WML und XHTML ▶ Drag & Drop Tag-Definitionen und -Attribute
MIME Repository	▶ speichert Bilder, Icons, Style Sheets usw. ▶ Zugriff aus PC-basierten, WebDAV-aktivierten Designprogrammen möglich ▶ in das Change and Transport System (CTS) der ABAP Workbench integriert
ABAP Debugger	▶ integrieres ABAP-Debugging auf Serverseite, sowohl im BSP- als auch im ABAP-Ereignisbehandlungs-Code

Tabelle 9.2 Werkzeuge des Web Application Builders

Eine BSP wird in eine lokale ABAP-Klasse kompiliert. Dieses kleine Implementierungsfragment kann beim Debugging einer BSP-Anwendung leicht nachvollzogen werden. Das Seitenlayout und die zugehörigen Eventhandler sind Methoden der generierten Klasse. Der in die Seite eingebettete Skriptcode wird in den Code der generierten Layoutmethode übersetzt, die Seitenparameter ihrerseits in die Methodenargumente der generierten Klasse. Beim Debugging werden alle generierten Methodennamen sichtbar.

Abbildung 9.1 zeigt den allgemeinen Aufbau einer BSP-Anwendung. Sie besteht aus verschiedenen dynamischen, skriptgestützten Webseiten, von denen jede über eigene Parameter verfügen kann, um BSPs flexibler zu gestalten. Ereignisbehandler sind auf Seitenebene zugeordnet. Wenn eine BSP von ihrer Anwendungslogik getrennt werden soll, um die Pflege der BSP zu erleichtern, kann eine Anwendungsklasse geschaffen werden, die alle Methoden aufnimmt, die diese Anwendungslogik repräsentieren.

Zur Veranschaulichung dieser Konzepte werden wir im Folgenden eine sehr einfache Webanwendung mit zwei Seiten erstellen; die zu erledigenden Arbeitsschritte werden Ihnen detailliert geschildert.

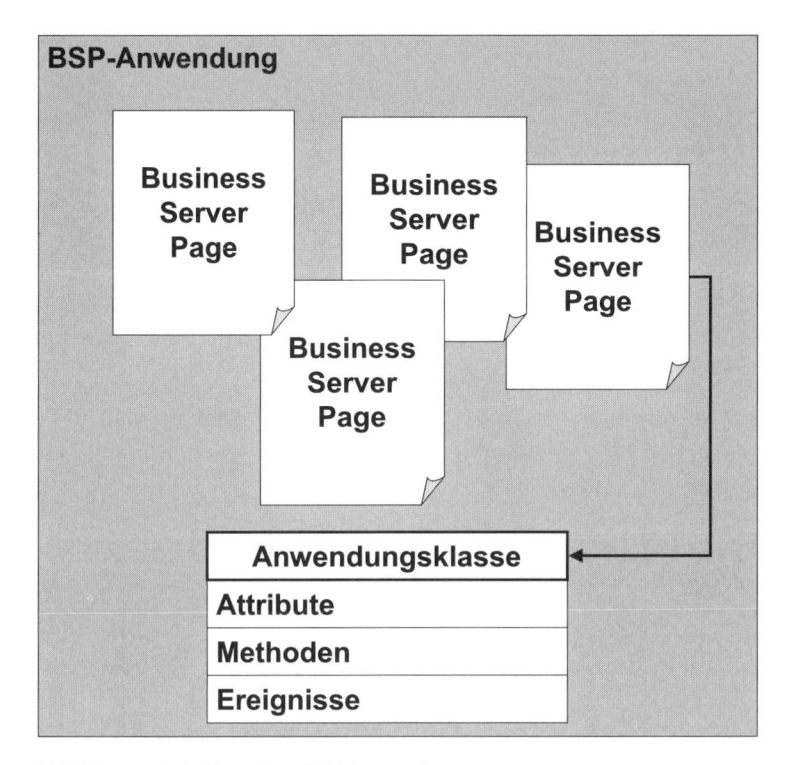

Abbildung 9.1 Aufbau einer BSP-Anwendung

9.3 Erstellung einer BSP-Anwendung

Die Entwicklung einer BSP-Anwendung umfasst sechs grundlegende Schritte:

1. Anlegen einer neuen BSP-Anwendung
2. Seitenparameter hinzufügen
3. HTML-Tags einfügen
4. Daten und Code in der Seite einbetten
5. Eventhandler hinzufügen
6. Seite fertig stellen

Wie sich jeder dieser einzelnen Schritte praktisch gestaltet, wird anhand folgender Entwicklung einer einfachen Demoanwendung gezeigt.[1] Diese Anwendung soll eine Liste mit Flügen aus dem aus SAP-Schulungen allgemein bekannten Flug-

---

[1] Wenn Sie die Entwicklung parallel selbst ausprobieren möchten, benötigen Sie Zugriff auf einen Web Application Server ab Release 6.10 und müssen über ein SAP GUI 6.10 verfügen. Testversionen des Web Application Servers können Sie über den SAP Service Marketplace (*http://service.sap.com*) beziehen.

modell anzeigen. Die anzuzeigenden Datensätze sind in der Datenbanktabelle SFLIGHT enthalten.

9.3.1 Anlegen einer neuen BSP-Anwendung

Zu Beginn legen Sie eine BSP-Anwendung und eine einfache Anzeigeseite für die Flugliste an. Führen Sie dazu die folgenden Schritte aus:

1. Melden Sie sich über das SAP GUI am SAP Web AS an.
2. Nachdem das Menü **SAP Easy Access** angezeigt wurde, starten Sie – wie bei der herkömmlichen Entwicklung – Transaktion SE80.
3. Wählen Sie, wie in Abbildung 9.2 gezeigt, in der Objektlistenauswahl **BSP-Applikation** und geben Sie den Namen Ihrer neuen BSP-Anwendung ein, in unserem Beispiel »Flightdemo1«.

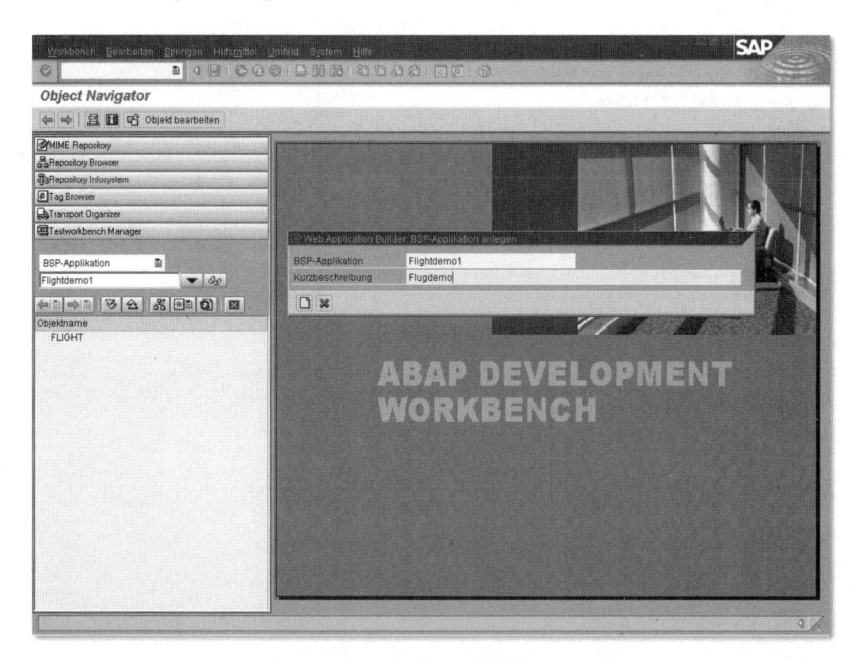

Abbildung 9.2 Namen und Beschreibung der BSP-Anwendung eingeben

4. Klicken Sie auf den Button **Anzeigen**. Das System warnt Sie, dass die Applikation nicht vorhanden ist, und fragt, ob sie erstellt werden soll. Klicken Sie auf **Ja**.
5. Geben Sie in das sich daraufhin öffnende Dialogfenster eine Beschreibung Ihrer BSP-Anwendung ein und drücken Sie die **Eingabetaste**. Das System aktualisiert den linken Rahmen und zeigt den Wurzelknoten *Flightdemo1* Ihrer BSP-Anwendung an.

6. Klicken Sie im linken Navigationsrahmen doppelt auf **Flightdemo1**.
7. Um die erste Seite Ihrer BSP-Anwendung anzulegen, klicken Sie mit der rechten Maustaste auf den Knoten **Flightdemo1** und wählen **Anlegen · Seite**.
8. Wie in Abbildung 9.3 gezeigt, fordert ein Dialogfenster den Namen Ihrer BSP an. Geben Sie »display.htm« ein und geben Sie eine geeignete Beschreibung für die Seite an, z. B. »Anzeige«.

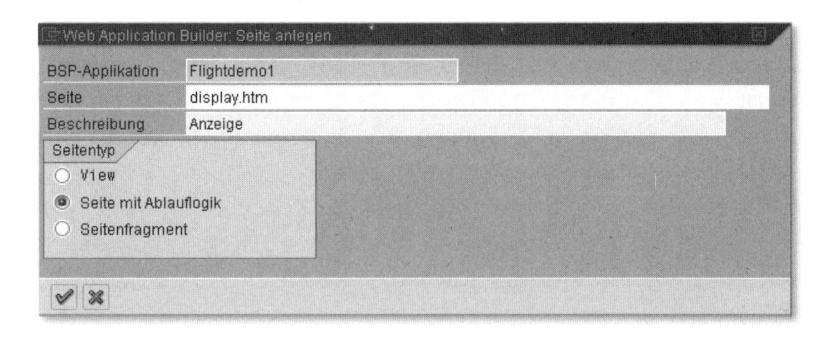

Abbildung 9.3 Business Server Page benennen

9. Das System öffnet die Seite im Editorrahmen der Registerkarte **Layout** mit einem HTML-Standardcode (siehe Abbildung 9.4).

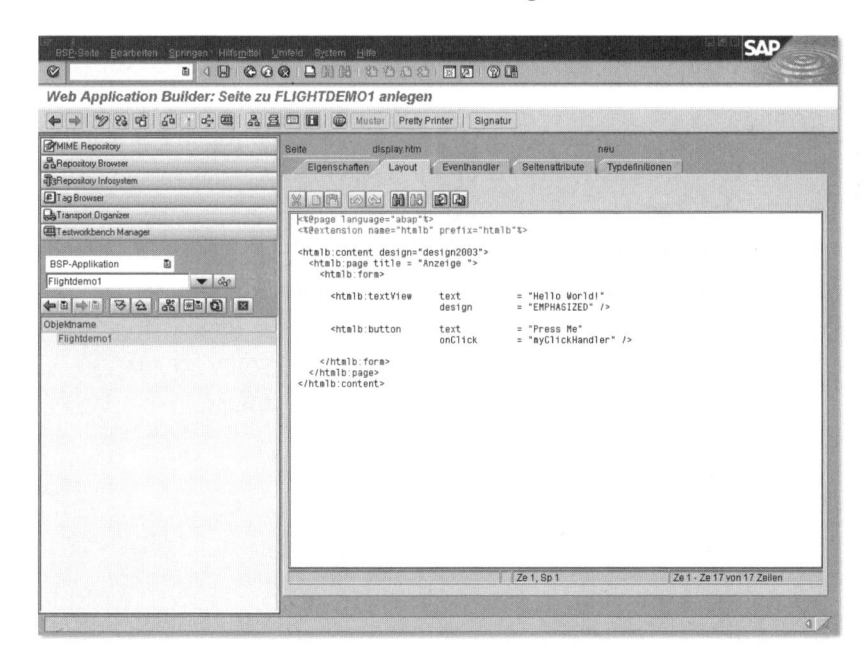

Abbildung 9.4 HTML-Standardcode für die Business Server Page

9.3.2 Seitenparameter hinzufügen

Sie haben Ihre erste Business Server Page angelegt, die jedoch noch keinen HTML-Inhalt auf den Bildschirm ausgibt. Sie könnten nun mit dem Hinzufügen von Skriptcode beginnen. Bedenken Sie jedoch, dass dynamische Webseiten später gegebenenfalls wieder verwendet werden sollen, weshalb die Seite so flexibel wie möglich gestaltet werden sollte. Aus diesem Grund sollten Sie der Seite zuerst Parameter hinzufügen.

Seitenparameter können mehreren Zwecken dienen. Wenn Daten im Seitenlayout und der dazugehörige Eventhandler gemeinsam genutzt oder Daten von einer Seite zur nächsten übergeben werden sollen, sind Seitenparameter unverzichtbar. Sie können als eine Art Methodenparameter verstanden werden, da sie tatsächlich zu Parametern der zugeordneten Methode der generierten lokalen ABAP-Klasse werden. Aufgrund des zustandslosen Wesens von BSP-Anwendungen werden die Parameterwerte erst initialisiert, wenn eine Seite angefordert wird.

Ihrer Seite *display.htm* fügen Sie wie folgt Parameter hinzu:

1. Wählen Sie im Editorrahmen den Karteireiter **Seitenattribute**.
2. Geben Sie einen neuen Parameter mit Namen »flights« ein. Sie müssen für diesen Parameter einen ABAP-Datentyp angeben, wählen Sie »FLIGHTTAB«.
3. Wie beim standardmäßigen ABAP Editor ist das Datentypfeld mit dem ABAP Dictionary verknüpft. Klicken Sie dieses Feld doppelt an, damit das System zum ABAP Dictionary navigiert. Dort sehen Sie, dass FLIGHTTAB eine interne Tabelle mit Zeilen der Struktur SFLIGHT ist. Deshalb kann der Parameter FLIGHTTAB zum Speichern einer Liste mit Flügen verwendet werden, die zur Laufzeit aus der Tabelle SFLIGHT abgerufen wird.
4. Fügen Sie anschließend einen zweiten Parameter mit dem Namen »flight« hinzu. Sie benötigen diesen zweiten Parameter zum Iterieren über die Datensätze Ihrer internen Tabelle. Jeder Datensatz wird automatisch gerendert. Geben Sie »SFLIGHT« als Datentypnamen für diesen Parameter ein.
5. Wenn Sie fertig sind, sollten alle Einträge mit den in Abbildung 9.5 gezeigten übereinstimmen.

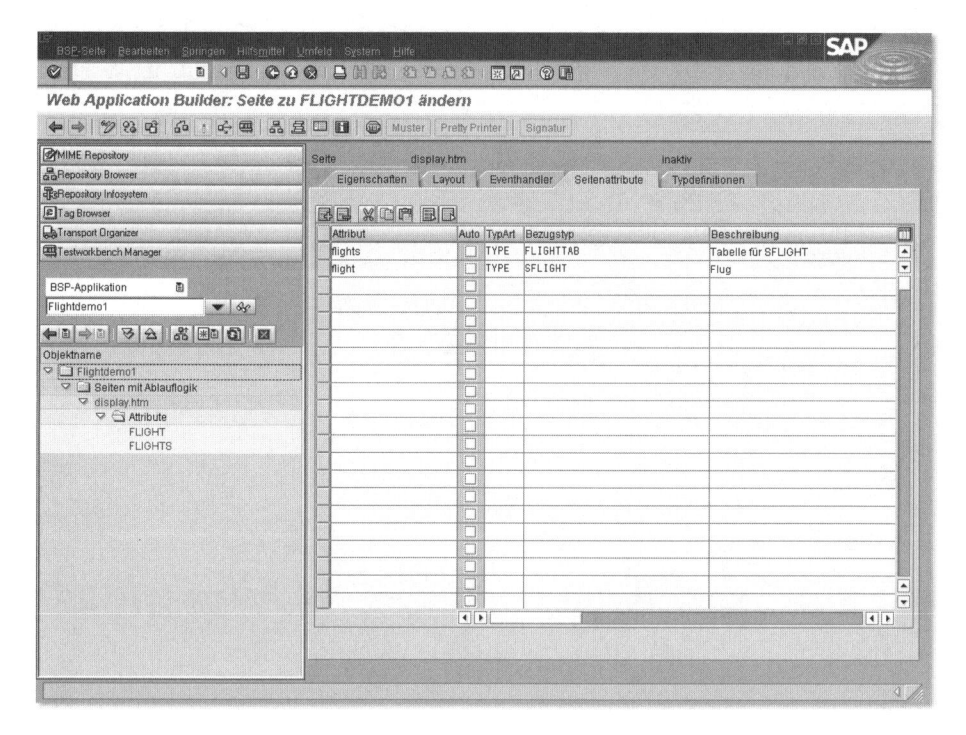

Abbildung 9.5 Parameter für die Business Server Page

9.3.3 HTML-Tags einfügen

Im dritten Schritt kann nun der Skriptcode für das Layout eingegeben werden. Da die Flüge in der internen Tabelle `flights` enthalten sind, muss sie in einer Schleife durchlaufen werden, die den HTML-Code Datensatz für Datensatz rendert. Für das Rendering werden HTML-Standard-Tags verwendet.

Wenn z.B. drei Spalten der Tabelle `flights` angezeigt werden sollen, wird das folgende HTML-Gerüst benötigt:

```
<table>
  <tr>
    <td></td>
    <td></td>
    <td></td>
  </tr>
</table>
```

Die manuelle Kodierung dieses Konstrukts wie auch anderer HTML-Konstrukte erfordert nicht nur viele mühselige Eingaben, sondern bedarf auch fundierter Kenntnisse bezüglich der HTML-Tags- und -Attribute. Glücklicherweise enthält der Web Application Builder zu Ihrer Unterstützung den Tag-Library-Browser (siehe Abbildung 9.6). Mit seiner Hilfe können HTML-Tags per Drag & Drop bequem eingefügt werden.

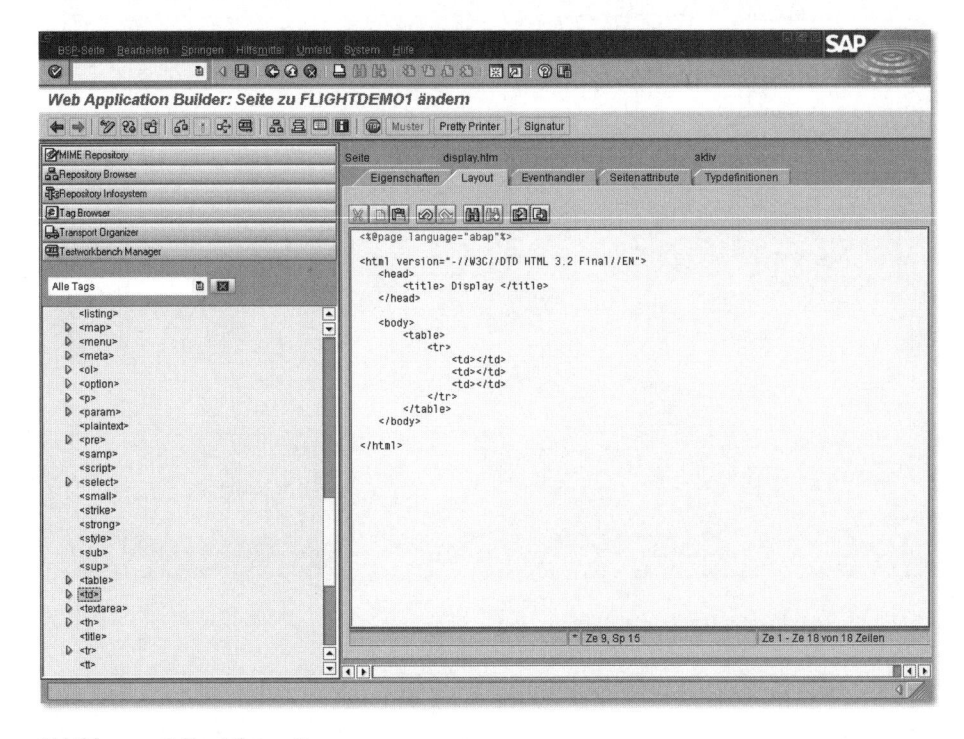

Abbildung 9.6 Tag-Library-Browser

Gehen Sie dabei wie folgt vor:

1. Öffnen Sie den Tag-Library-Browser durch einen Klick auf den Button **Tag Browser**. Der Browser wird in den Navigationsrahmen geladen.
2. Klappen Sie den Unterpunkt **HTML 3.2** auf, um sich die Liste gültiger HTML-Tags anzeigen zu lassen.
3. Kopieren Sie die Tags <table>, <tr> und <td> per Drag & Drop in den Editorrahmen der Registerkarte **Layout**. Die entsprechenden schließenden Tags werden automatisch eingefügt.
4. Um HTML-Fragmente noch schneller zu kodieren, markieren Sie beispielsweise das Tag <td> im Editorrahmen und kopieren es, indem Sie die Tastenkombinationen **Strg+C** (Kopieren) und **Strg+V** (Einfügen) ausführen.

9.3.4 Daten und Code in der Seite einbetten

Als Nächstes wird eine spezielle Skriptsyntax zum Einfügen und Formatieren von Daten zur Laufzeit benötigt. Eine nähere Untersuchung der ersten Zeilen in der automatisch erzeugten Seite *display.htm* zeigt, dass das System für das Scripting die Verwendung von ABAP vorschlägt:

```
<%@page language="abap"%>
```

Der Tag-Library-Browser enthält nicht nur HTML-Tags, sondern auch eine Bibliothek mit Skript-Tags. Beginnen Sie mit dem Hinzufügen von Code mithilfe des Tag-Library-Browsers wie folgt:

1. Öffnen Sie den Tag-Library-Browser und verzweigen Sie zu **BSP-Direktiven**.
2. Kopieren Sie das Code-Tag `<% %>` per Drag & Drop unmittelbar hinter das `<table>`-Tag unserer Seite.
3. Markieren Sie das Code-Tag und kopieren Sie es unmittelbar vor das schließende Tag `</table>`.
4. Geben Sie in das erste Code-Tag zwischen `<%` und `%>` »loop at flights into flight.« ein.
5. Geben Sie in das zweite Code-Tag analog »endloop.« ein.
6. Kopieren Sie das Feldauswertungs-Tag `<%= %>` per Drag & Drop zwischen die drei Tags `<td>` und `</td>`.
7. Geben Sie »flight-carrid«, »flight-connid« und »flight-fldate« in jeweils eines der drei Feldauswertungs-Tags unmittelbar hinter dem Gleichheitszeichen (=) ein.
8. **Speichern** Sie Ihre Eingaben.

Wenn Sie an WYSIWYG-Editoren wie Microsoft FrontPage gewöhnt sind, denken Sie an dieser Stelle möglicherweise, dass die HTML-Kodierung auf diese Weise relativ zeitaufwändig ist. Da der Web Application Builder jedoch WebDAV-konform entwickelt wurde, können Sie Seiten, die Sie in einem – WebDAV-kompatiblen – Editor Ihrer Wahl entworfen haben, in den Web Application Builder importieren. WebDAV ist ein Standard, der von vielen beliebten Werkzeugen für den Austausch von Webanwendungsobjekten (z.B. HTML-Seiten) unterstützt wird. Mehr zum Import mittels WebDAV erfahren Sie in Abschnitt 9.6.2.

9.3.5 Eventhandler hinzufügen

Jetzt fehlt noch der Code zum Abrufen von Fluginformationen aus der Tabelle SFLIGHT. Der Datenbankzugriff wird mithilfe des Eventhandlers `OnInitialization` (siehe Abbildung 9.7) implementiert.

1. Wählen Sie den Karteireiter **Eventhandler**.
2. Wählen Sie im Dropdown-Listenfeld den Eventhandler `OnInitialization`.
3. Fügen Sie dort folgenden Code hinzu:

    ```
    select * from sflight into table flights.
    ```

4. **Speichern** Sie Ihre Eingaben.

Seit Release 4.6C besteht in Native SQL auch die Möglichkeit, von ABAP aus Verbindungen mit beliebigen SQL-Datenbanken aufzubauen. Dazu müssen Sie lediglich die Native-SQL-Anweisung `CONNECT` mit einer geeigneten Verbindung angeben.

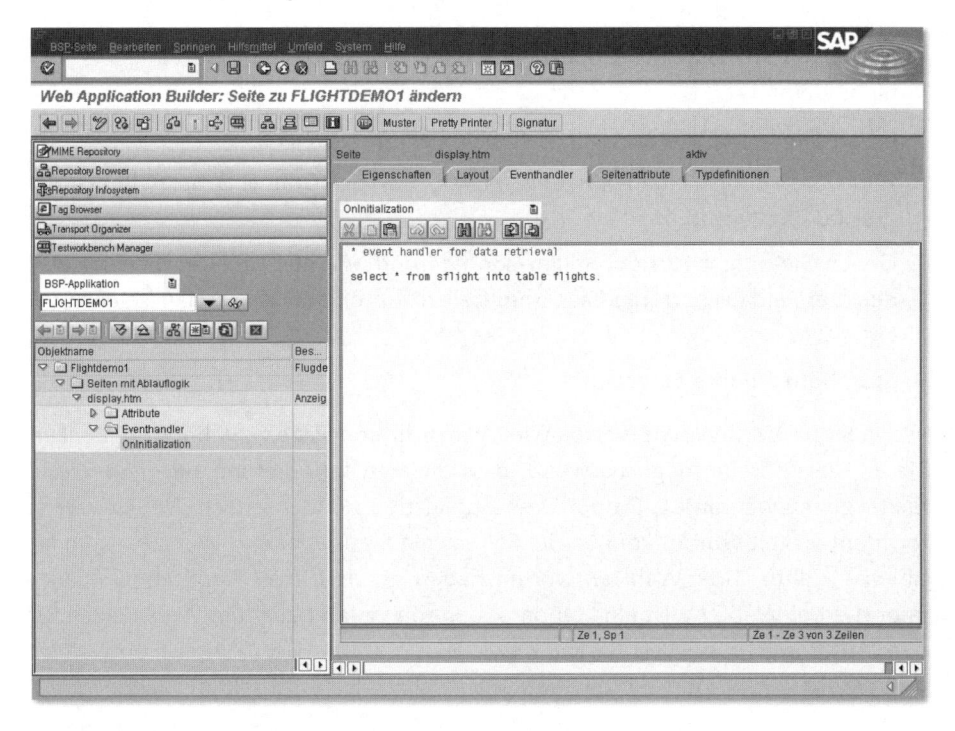

Abbildung 9.7 Implementierung des Datenbankzugriffs mit dem Eventhandler OnInitialization

Ihre Seite kann nun kompiliert werden:

1. Aktivieren Sie Ihre Seite, indem Sie auf den Button **Aktivieren** klicken. Die Seite wird daraufhin auf syntaktische und semantische Richtigkeit geprüft. Es wird eine lokale ABAP-Klasse mit Methoden erzeugt, die Ihren Eventhandlern und Layoutangaben entsprechen.
2. Wählen Sie den Karteireiter **Eigenschaften**, um in der gleichnamigen Registerkarte die URL anzuzeigen, die die Seite lädt.
3. Drücken Sie die Taste **F8**. Das System startet den Webbrowser und lädt die URL.
4. Eine Anmeldeaufforderung erscheint. Sobald Sie sich erfolgreich angemeldet haben, wird die Ergebnisseite *display.htm* angezeigt. Die dargestellten Daten hängen natürlich vom Inhalt der Tabelle SFLIGHT in Ihrem System ab. Verwenden Sie den Data Browser (Transaktion SE16) oder ein entsprechendes Programm, um der Tabelle Zeilen hinzuzufügen, falls Daten fehlen.

9.3.6 Seite fertig stellen

Um die Seite fertig zu stellen, sollten zur besseren Lesbarkeit noch Spaltenüberschriften erscheinen. Dazu können Sie wiederum auf den Tag-Library-Browser zurückgreifen oder einfach die entsprechenden `<th></th>`-Tags sowie die gewünschten Spaltennamen – »Carrid«, »Connid« und »Fldate« – eingeben. Der Code sollte nun wie in Listing 9.1, die Ergebnisseite wie in Abbildung 9.8 aussehen.

```
1  <table>
2    <th>Carrid</th>
3    <th>Connid</th>
4    <th>Fldate</th>
5    <% loop at flights into flight.%>
6      <tr>
7        <td><%=flight-carrid%></td>
8        <td><%=flight-connid%></td>
9        <td><%=flight-fldate%></td>
10     </tr>
11   <% endloop.%>
12 </table>
```

Listing 9.1 Code der Business Server Page

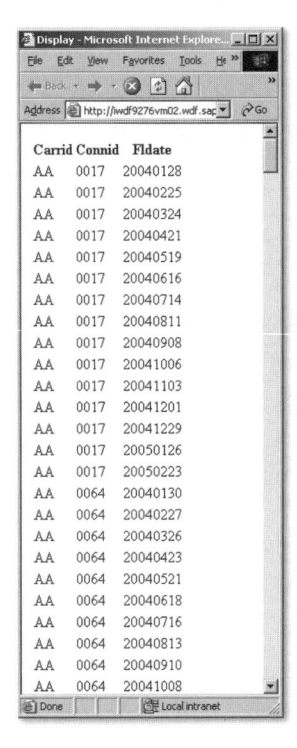

Abbildung 9.8 Anzeigeseite der Business Server Page

9.3.7 Zusätzliche Formatierungen

Wenngleich funktionsfähig, ist das Aussehen unserer Demoanwendung noch ziemlich simpel. Webseiten haben meist weitaus mehr visuelle Elemente – wenn auch nur in der Absicht, die Seite besonders hervorzuheben. HTML bietet standardmäßig eine umfassende Bibliothek an Tags und Attributen, mit denen ein ansprechendes Design implementiert werden kann. Statisch programmierte Formatierungsoptionen führen jedoch zu einer Anwendung, die nicht oder nur schwer gepflegt werden kann. Insbesondere bei großen Anwendungen wäre es ideal, wenn es eine Möglichkeit gäbe, Entwurfselemente für Webseiten zentral zu speichern (z.B. Buttons und Hintergrundfarben), damit sich Änderungen sofort in der gesamten Anwendung auswirken.

An dieser Stelle kommen Cascading Style Sheets ins Spiel. CSS dient der Definition visueller Elemente in einer separaten, als Stylesheet bezeichneten Datei, auf die im gesamten HTML-Code einer Anwendung verwiesen wird.

Unabhängig davon, ob sie inner- oder außerhalb des Web Application Builders erstellt wurden, müssen Stylesheets und auch alle weiteren MIME-Objekte wie beispielsweise Bilder im MIME Repository gespeichert werden. Das MIME Repository ist ein reservierter, persistenter Speicherbereich für binäre und andere Objekte, die in Webanwendungen genutzt werden, wie z. B. Grafiken und Klänge. Außerhalb von SAP erstellte Objekte können in das MIME Repository geladen werden.

Optimieren wir unsere Seite grafisch mithilfe eines im MIME Repository vorhandenen Stylesheets:

1. Blenden Sie das **MIME Repository** ein, indem Sie im linken Navigationsrahmen auf den entsprechenden Button klicken. Sollte Ihre Bildschirmmaske diesen Button nicht enthalten, können Sie ihn leicht hinzufügen: Navigieren Sie zu **Hilfsmittel • Einstellungen** und wechseln Sie zur Registerkarte **Workbench allgemein**. Wählen Sie in der angezeigten Werkzeugliste **MIME Repository**.

2. Es wird der Ordner *SAP* angezeigt, der zum SAP-Namensraum gehört. Klappen Sie die Ordner **BC**, **BSP**, **SAP**, **Public** und **BSP** in der Verzeichnisstruktur auf.

3. Unterhalb des Ordners *Styles* wird Ihnen eine Liste von Stylesheets angezeigt (siehe Abbildung 9.9). Wenn Sie doppelt auf den Namen eines Stylesheets klicken (z. B. **sapbsp.css**), wird links unten ein Editorrahmen mit den Klassendefinitionen des Stylesheets angezeigt.

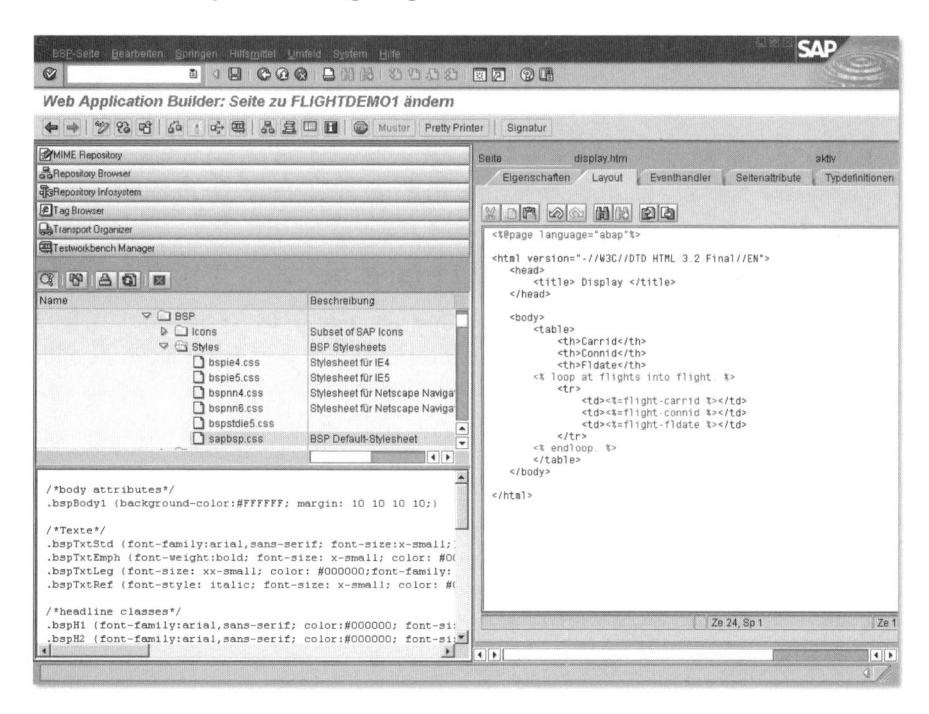

Abbildung 9.9 Stylesheets im MIME Repository anzeigen

Erstellung einer BSP-Anwendung

4. Ändern Sie zur Verbesserung der Lesbarkeit die Größe des Editorfensters und scrollen Sie bis zum Ende, wo Sie die Style-Klassen für das Rendern von Tabellen finden.

5. Kopieren Sie die Style-Namen per Drag & Drop in die entsprechenden HTML-Tags im Editorrahmen der Registerkarte **Layout** und setzen Sie vor jeden Style-Namen die Zeichenkette »class=«, z. B.:

```
<table class="bspTbvStd">
```

6. Fügen Sie den Verweis auf das gewählte Stylesheet in die HTML-Datei ein:

```
<link rel="stylesheet"
      href="../../sap/public/bc/bsp/styles/sapbsp.css">
```

7. Wenn auch nicht direkt relevant für unsere CSS-Implementierung, wollen wir die Gelegenheit nutzen, um die Formatierung des Feldes `flight-fldate` zu verbessern. Ersetzen Sie die Zeichenkette

```
<%=flight-fldate%>
```

durch

```
<% data: str type char10.
   write flight-fldate to str. %> <%=str %>.
```

Dieser Code wandelt das interne Datumsformat in die Voreinstellung des Benutzers für die Datumsformatierung gemäß seines Stammsatzes in der Datenbank um.

8. Ihr Code sollte nun dem in Listing 9.2 entsprechen.

9. Aktivieren Sie Ihre Seite und starten Sie sie neu. Wie Sie in Abbildung 9.10 sehen können, sieht die Tabellenausgabe wesentlich besser aus als in Abbildung 9.8.

```
 1 <%@page language="abap"%>
 2 <html>
 3   <head>
 4     <link rel="stylesheet"
 5       href="../../sap/public/bc/bsp/styles/sapbsp.css">
 6     <title> Display </title>
 7   </head>
 8   <body class="bspBody1">
 9     <table class="bspTbvStd">
10       <th class="bspTbvHdrStd">Carrid</th>
11       <th class="bspTbvHdrStd">Connid</th>
```

```
12          <th class="bspTbvHdrStd">Fldate</th>
13          <% loop at flights into flight.%>
14            <% data: str type char10.
15               write flight-fldate to str. %>
16            <tr>
17              <td class="bspTbvCellStd"><%=flight-carrid%></td>
18              <td class="bspTbvCellStd"><%=flight-connid%></td>
19              <td class="bspTbvCellStd"><%=str%></td>
20            </tr>
21          <% endloop.%>
22        </table>
23      </body>
24    </html>
```

Listing 9.2 Verbesserter HTML-Code für die Anzeigeseite

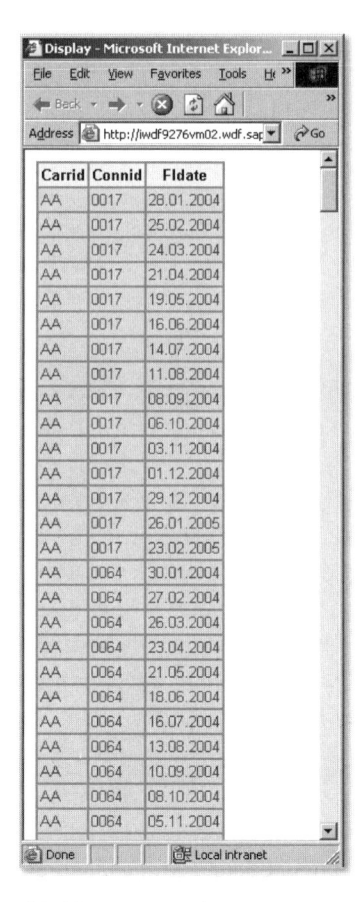

Abbildung 9.10 Verbesserte Anzeigeseite

9.4 Verarbeitung von Benutzereingaben

Bislang haben Sie erfahren, wie Sie dynamische Webseiten rendern, die SAP-Daten enthalten. In diesem Abschnitt wird Ihnen erläutert, wie Benutzerinteraktionen wie z. B. das Absenden von HTML-Formularen behandelt werden.

Zur Veranschaulichung erweitern wir die Demoanwendung um eine Einstiegsseite *search.htm*, auf der der Anwender die Kennung einer Fluggesellschaft (*Carrier-ID*) eingeben kann, um die resultierende Flugliste einzuschränken. In unserer Webanwendung wird dazu das Ereignis `OnInputProcessing` für diese Seite implementiert.

1. Blenden Sie den **Repository Browser** ein, indem Sie im Navigationsrahmen auf den entsprechenden Button klicken.
2. Öffnen Sie das Kontextmenü und fügen Sie Ihrer BSP-Anwendung gemäß den in Abschnitt 9.3.1 beschriebenen Schritten eine weitere Seite hinzu, die Sie *search.htm* nennen.
3. Fügen Sie, wie in Abbildung 9.11 dargestellt, den folgenden Code in den Editorrahmen der Registerkarte **Layout** ein; dazu können Sie wieder HTML-Tags per Drag & Drop aus dem Tag-Library-Browser kopieren.

```html
<form method="POST">
  Carrier
  <input name="Carrid"/>
  <input value="Go" type="SUBMIT"
         name="OnInputProcessing(select)"/>
</form>
```

Dieser Code bedarf näherer Erläuterung: Zum Absenden von Feldern von einem Server zu einem Webbrowser müssen die Felder zunächst mit den Tags `<form></form>` umgeben werden. In unserem Beispiel gibt es zwei Eingabefelder: Ein Feld dient als Auswahlkriterium für Fluggesellschaften, vor dem der Bezeichner **Carrier** steht; das andere ist ein Button mit der Beschriftung »Go«. Wird das Formular durch einen Klick auf **Go** abgesendet, wird die Steuerung an den Web AS übergeben, der das Ereignis `OnInputProcessing` der Seite aufruft. Beachten Sie, dass auf Seiten mit mehreren Buttons die Zeichenkette `select` durch unterschiedliche Werte ersetzt wird, wodurch der Code im Eventhandler bestimmen kann, auf welchen Button geklickt wurde.

Vor der Implementierung des Eventhandlers `OnInputProcessing` für diese Seite gilt es zunächst, die ursprüngliche Seite *display.htm* so zu ändern, dass die neue Fähigkeit zur Selektion nach der Fluggesellschaft unterstützt wird. Ein zusätzlicher Parameter soll dafür sorgen, dass die vom Benutzer eingegebene Carrier-ID an die Seite übergeben wird (siehe Abbildung 9.12).

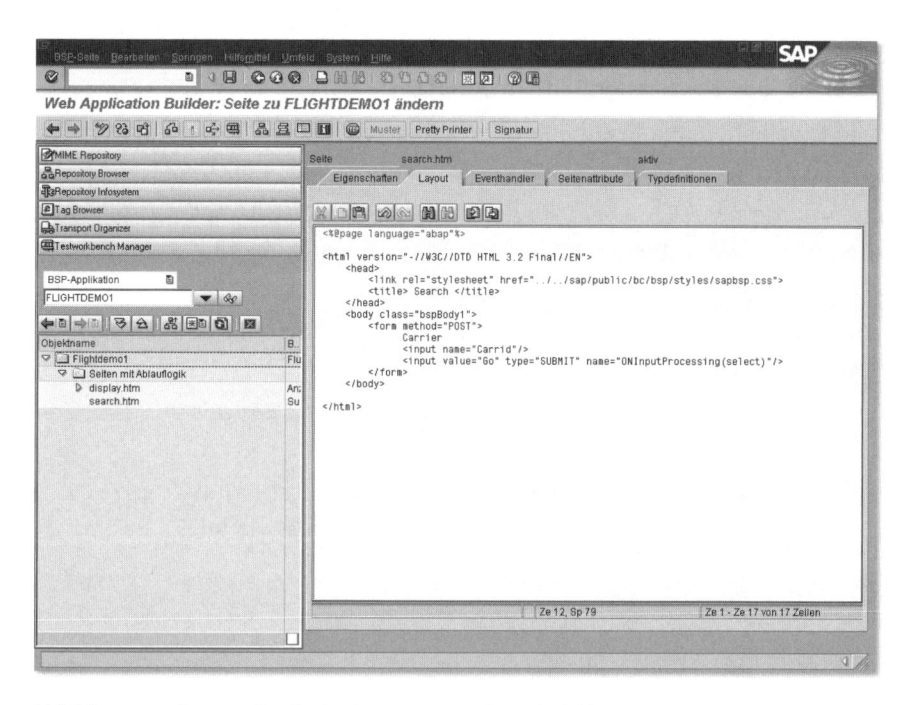

Abbildung 9.11 Layout der Suchseite mit einem Eingabefeld

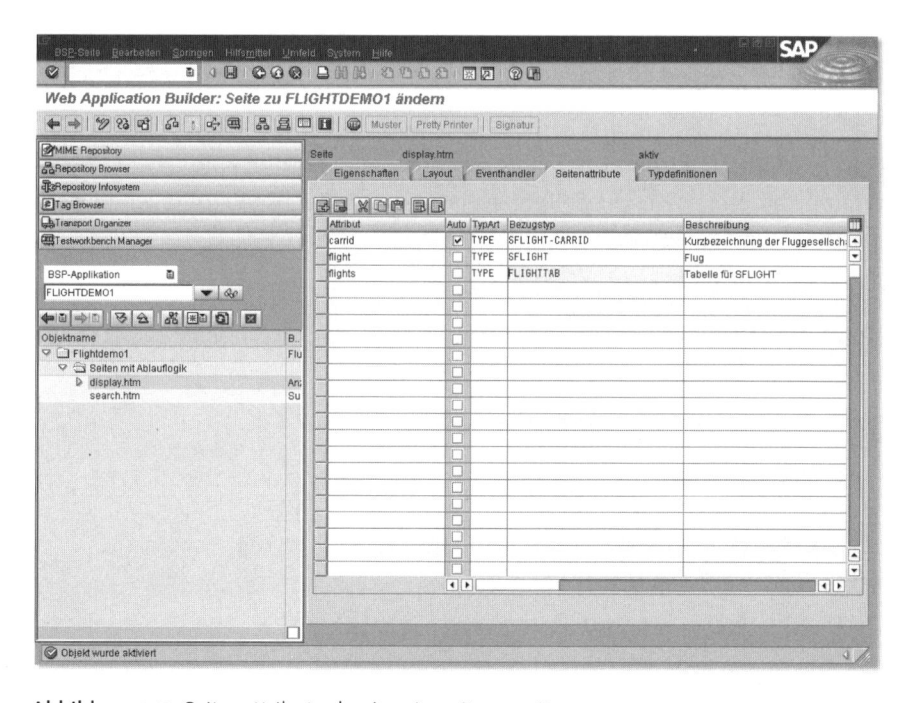

Abbildung 9.12 Seitenattribute der Anzeigeseite erweitern

Verarbeitung von Benutzereingaben **321**

1. Klicken Sie im linken Navigationsrahmen doppelt auf **display.htm**.
2. Wählen Sie den Karteireiter **Seitenattribute**.
3. Fügen Sie einen neuen Parameter mit Namen »carrid« ein.
4. Aktivieren Sie das Kennzeichen **Auto**. Auf diese Weise stellen Sie sicher, dass beim Anfordern der Seite der Parameter mit einem URL-Parameter gefüllt wird, der entsprechend festgelegt ist, also den zugehörigen Substring `parameter = value` enthält.
5. Geben Sie »SFLIGHT-CARRID« als ABAP-Datentypnamen für den neuen Parameter ein.
6. Wählen Sie den Karteireiter **Eventhandler** und dort das Ereignis `OnInitialization`.
7. Ergänzen Sie Ihre `SELECT`-Anweisung durch den Zusatz `where carrid = carrid` (siehe Abbildung 9.7), wodurch der neue Code wie folgt aussieht:

```
* event handler for data retrieval
select * from sflight into table
     where carrid = carrid.
```

Sie können die Seite bereits jetzt auf ihre Funktionsfähigkeit hin testen, indem Sie **F8** drücken. Da der Parameter nicht gefüllt wird, erscheint auf der Seite eine leere Tabelle. Wenn Sie der URL im Webbrowser manuell den Zusatz `?carrid=AA` hinzufügen und die Seite neu laden, werden Ihnen nur die Flüge der Fluggesellschaft AA angezeigt.

Um diesen Schritt zu automatisieren, integrieren wir jetzt noch die Übergabe der Programmparameter sowie die Seitennavigation in die Suchseite, und vervollständigen so das Flugplanszenario.

1. Klicken Sie im linken Navigationsrahmen doppelt auf die Suchseite **search.htm**.
2. Wählen Sie den Karteireiter **Eventhandler** und dort das Ereignis `OnInputProcessing`.
3. Geben Sie den folgenden Code ein (siehe Abbildung 9.13):

```
data: carrid type sflight-carrid.
carrid = request->get_form_field( name = 'CARRID' ).
navigation->set_parameter( name = 'Carrid' value = carrid ).
navigation->goto_page( 'display.htm' ).
```

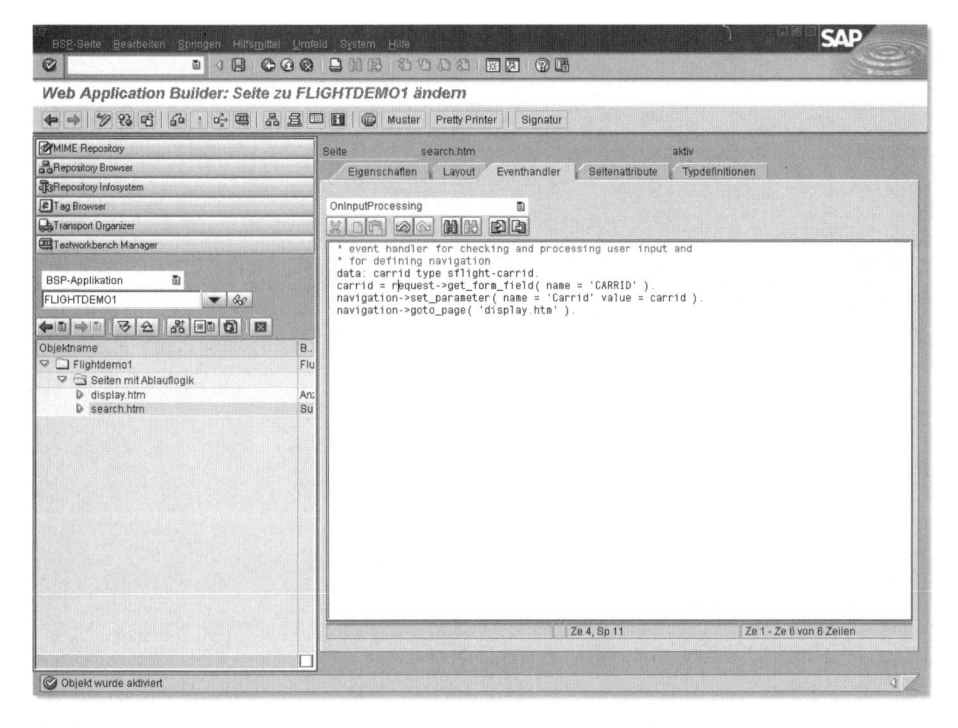

Abbildung 9.13 Parameterübergabe und Seitennavigation der Suchseite

Dieser Code ruft den Inhalt des Formularfeldes carrid ab, der bei der Absendung des HTML-Formulars übergeben wird. Anschließend wird der Seitenparameter **carrid** geladen, der zuvor der Parameterliste der Ergebnisseite hinzugefügt wurde (siehe Abbildung 9.12). Schließlich weist goto_page über eine HTTP-Umleitung den Web AS an, mit der Verarbeitung der Seite *display.htm* zu beginnen.

Die Objekte request und navigation bringen sich praktisch von selbst ins Spiel: Jeder Eventhandler verfügt über einige automatisch generierte Parameter, deren Methoden die Untersuchung der Umgebung einer bestimmten Anforderung unterstützen oder eine nachfolgende Aktion wie z. B. die Navigation vorbereiten. Wenn Sie auf den **Signatur**-Button in der Symbolleiste klicken, erscheint eine vollständige Liste der vordefinierten Parameter (siehe Abbildung 9.14); ein Doppelklick auf einen Parameter führt direkt zum Class Builder, in dem Sie seine öffentlichen Methoden untersuchen können.

Sie können die fast vollständige Demoanwendung nun ausführen. Abbildung 9.15 zeigt das Ergebnis der Abfrage, wenn Sie als Kennung für die Fluggesellschaft »AZ« eingegeben haben. Klicken Sie auf den **Zurück**-Button Ihres Webbrowsers, um andere Fluggesellschaften einzugeben.

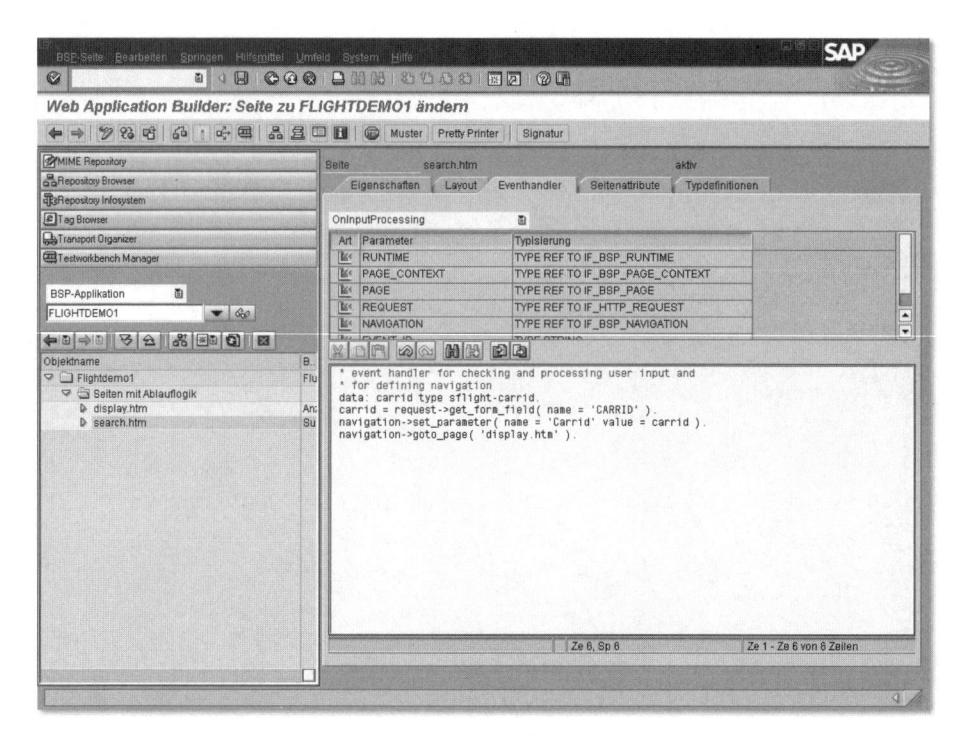

Abbildung 9.14 Liste der vordefinierten Parameter

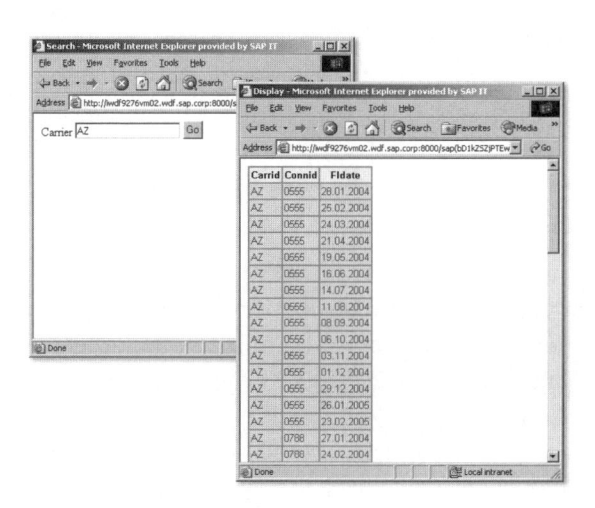

Abbildung 9.15 Anzeige aller Carrier mit der ID »AZ«

Wenn Sie **F8** drücken, um die Seite aufzurufen und anzuzeigen, wird die URL der Seite, die Sie gerade bearbeiten, automatisch angefordert. Die Eingabe einer anderen URL in der Registerkarte Eigenschaften der BSP-Anwendung genügt, um eine andere Einstiegsseite festzulegen.

9.5 Testen und Debugging

Da der Web Application Builder dieselben Navigations-, Bearbeitungs- und Debugging-Features wie die herkömmliche ABAP Workbench unterstützt, fällt es ABAP-Programmierern relativ leicht, Webanwendungen für den Web AS zu entwickeln. Das Anlegen von Seiten, Ändern ihrer Attribute und Hinzufügen von Code zu Eventhandlern geht so leicht von der Hand wie bei der herkömmlichen ABAP-Programmierung. Dies überrascht nicht, da eine BSP-Anwendung im Vergleich zu Funktionsgruppen, Programmen oder Klassen lediglich einem weiteren Typ für Entwicklungsobjekte entspricht.

Auch wenn bei der Entwicklung ITS-basierter Anwendungen innerhalb der ABAP Workbench der Ansatz ein ähnlicher ist, gibt es dennoch hinsichtlich der Laufzeitumgebung von ITS-basierten Anwendungen und BSP-Anwendungen einen wichtigen Unterschied. ITS befindet sich auf einem separaten Server, sodass für ITS entwickelte HTML-Vorlagen aus dem Entwicklungs-Repository auf diesen Server übertragen werden müssen. Da ITS ein HTML-Gateway ist und deshalb nicht auf dem ABAP-Laufzeitsystem basiert, haben ABAP-Programmierer bei der Verwendung herkömmlicher, ABAP-basierter Werkzeuge weniger Steuerungsmöglichkeiten für ITS. Bei BSP-Anwendungen werden die Entwicklungs- und Laufzeitumgebungen in derselben Prozessfamilie ausgeführt. Sie können in der Definitionsphase eine Syntaxprüfung des ABAP Dictionaries und Repositories durchführen und die Sitzung anschließend wie bei einem herkömmlichen ABAP-Programm sofort debuggen. Viele der ABAP-Werkzeuge wie z. B. die Laufzeitanalyse können zum Testen neuer Webanwendungen verwendet werden.

Prinzipiell führen Sie beim Debugging im Web Application Builder folgende Schritte aus:

1. Setzen Sie im ABAP Editor in einem oder in mehreren Eventhandlern Haltepunkte.
2. Starten Sie die Anwendung in einem Webbrowser.
3. Wird ein Haltepunkt gefunden, startet der Web AS automatisch den ABAP Debugger in einem getrennten SAP-GUI-Fenster auf dem Client-PC. Hier können Sie den Code in Einzelschritten durchlaufen, die Programmverschachtelung untersuchen, Watchpoint-Bedingungen festlegen usw.

Wie bei ITS können Sie auch eine laufende Sitzung debuggen; jede URL-Anforderung kann dem Debugging unterzogen werden. Das Setzen eines Haltepunktes auf der Seite (Layout, Eventhandler) genügt, um den ABAP Debugger einzublenden, sobald die Seite angefordert wird.

Die Einfachheit des Debuggings beruht auf der Tatsache, dass der SAP Web AS wie herkömmliche Client/Server-Umgebungen sowohl eine Entwicklungs- als auch eine Laufzeitumgebung beinhaltet. Zum besseren Verständnis erläutern wir Ihnen das Debugging der Seite *search.htm*, die wir für unsere Demoanwendung erstellt haben, noch einmal Schritt für Schritt:

1. Klicken Sie im linken Navigationsrahmen doppelt auf **search.htm**.
2. Wechseln Sie zur Registerkarte **Eventhandler** und wählen Sie den Eventhandler für `OnInputProcessing`.
3. Setzen Sie, wie in Abbildung 9.16 gezeigt, einen Haltepunkt im Code.
4. Drücken Sie **F8**, um die Suchseite anzufordern und zu laden.
5. Geben Sie »AA« in das Feld **Carrier** ein und klicken Sie auf **Go**.
6. Das Fenster des ABAP Debuggers wird eingeblendet (siehe Abbildung 9.16) und der Debugger stoppt am gesetzten Haltepunkt.
7. Führen Sie den Code in Einzelschritten aus. Wie Sie sehen, befinden Sie sich innerhalb der generierten Methode der dazugehörigen generierten Klasse Ihrer BSP-Anwendung.
8. Klicken Sie auf den **Weiter**-Button in der Drucktastenleiste des ABAP Debuggers. Das Debugger-Dialogfenster wird geschlossen, der Webbrowser zeigt die Ergebnisseite an.

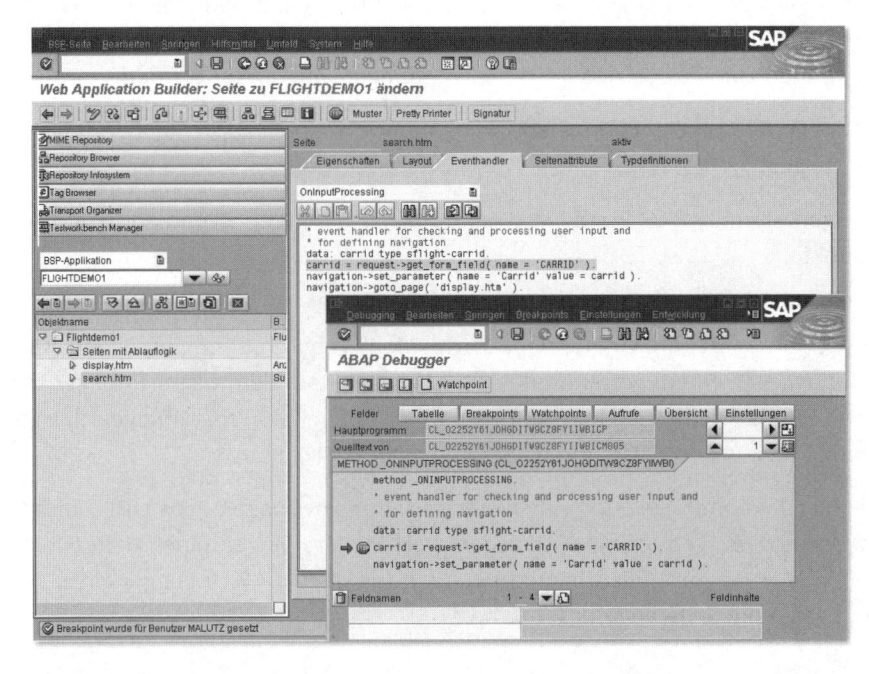

Abbildung 9.16 Setzen von Haltepunkten für den ABAP Debugger

9.6 MIME Repository und WebDAV-Zugriff

Im MIME Repository können Bilder, Icons, Stylesheets usw. gespeichert werden. Über die WebDAV-Schnittstelle können Sie mit externen Entwicklungswerkzeugen wie Microsoft FrontPage auf diese Inhalte zugreifen. Diese beiden Eigenschaften des Web AS und ihre Interaktion sind Gegenstand der folgenden Abschnitte.

9.6.1 Das MIME Repository

Der vielleicht größte Vorteil webbasierter Anwendungen für Unternehmen ist ihre Benutzerfreundlichkeit. Der ergonomisch einwandfreie Entwurf der Benutzeroberfläche einer Anwendung ist sehr wichtig und bedarf besonderer Kompetenz, weshalb dieser Aufgabenbereich in vielen Entwicklerteams Webdesignern anstelle von Programmierern übertragen wird. Die Tätigkeit solcher Designer beschränkt sich dabei nicht auf den Entwurf der Benutzeroberfläche; sie erstellen darüber hinaus häufig Bilder, Stylesheets und andere benötigte Dateien mithilfe spezieller Werkzeuge. Was die Effektivität und die Versionskontrolle angeht, sind alle diese Elemente den gleichen Anforderungen unterworfen wie von Programmierern entwickelter Code.

Es wurde bereits gezeigt, wie das MIME Repository zum Speichern von Stylesheets verwendet wird, die in BSPs einbezogen werden können. Das MIME Repository beinhaltet (ab Release 6.40) eine Versionierung für die Objekte. Extern erstellte Bilder und Styles können problemlos geladen werden, sodass Entwickler, die an der Logik der Anwendung arbeiten, direkt auf diese zugreifen können. Zur Laufzeit stellt der Web AS alle von BSPs im MIME Repository referenzierten Bilder bereit. Auf diese Weise fungiert das MIME Repository als Content-Management-Lösung.

Wenn Sie in der Vergangenheit bereits Webanwendungen entwickelt haben, unterscheidet sich dieser Ansatz vom herkömmlichen direkten Bereitstellen von MIME-Dateien in einem Verzeichnis auf dem Webserver. Im MIME Repository werden MIME-Objekte physisch in der Datenbank des Web AS gespeichert und zur Laufzeit bereitgestellt. Aus Performancegründen stellt der Web AS binäre Bilddateien in einem besonderen Cache für die Internetkommunikation zur Laufzeit zur Verfügung, wodurch zeitaufwändige Datenbankabfragen entfallen.

Aus Sicht der Entwicklungsperspektive ist das MIME Repository in mehrere Unterhierarchien gegliedert, den SAP-Namensraum sowie eine Unterhierarchie für jede BSP-Anwendung. Der Ordner *Public*, der bereits bei der Suche nach Styles eine Rolle spielte (siehe Abschnitt 9.3.7), enthält anwendungsunabhängige MIME-Objekte. Innerhalb der Unterhierarchie einer BSP-Anwendung können –

wie in einem normalen Dateisystem auch – nach Wunsch Unterordner erstellt werden. Diese MIME-Objekte können mühelos verwaltet und in einer BSP-Anwendung angesprochen werden.

Wir möchten Ihnen an dieser Stelle davon abraten, Kundenobjekte im Ordner *Public* abzulegen, da die Kundeninhalte beim Upgrade auf das nächste Release gegebenenfalls überschrieben werden. Erstellen Sie stattdessen eine Dummy-Webanwendung für öffentliche Kundeninhalte und verweisen Sie darauf über eine UNIX-ähnliche Verkettung wie z. B. *.../ZPUBLIC/IMAGES/LOGO.jpg*.

Wie das MIME Repository in der Praxis eingesetzt werden kann, werden wir Ihnen jetzt anhand der Demoanwendung verdeutlichen:

1. Öffnen Sie das **MIME Repository**, indem Sie im linken Navigationsrahmen auf den entsprechenden Button klicken. Verzweigen Sie nach *SAP/BC/BSP/SAP/PUBLIC*, um Ihre anwendungsspezifische Verzweigung (**Flightdemo1**) anzuzeigen, die im Augenblick noch nicht gefüllt ist.

2. Klicken Sie mit der rechten Maustaste auf den Namen Ihrer BSP-Anwendung (**Flightdemo1**), um das Kontextmenü zu öffnen. Wählen Sie **Anlegen • Mime-Objekt • Anlegen**, wie in Abbildung 9.17 gezeigt.

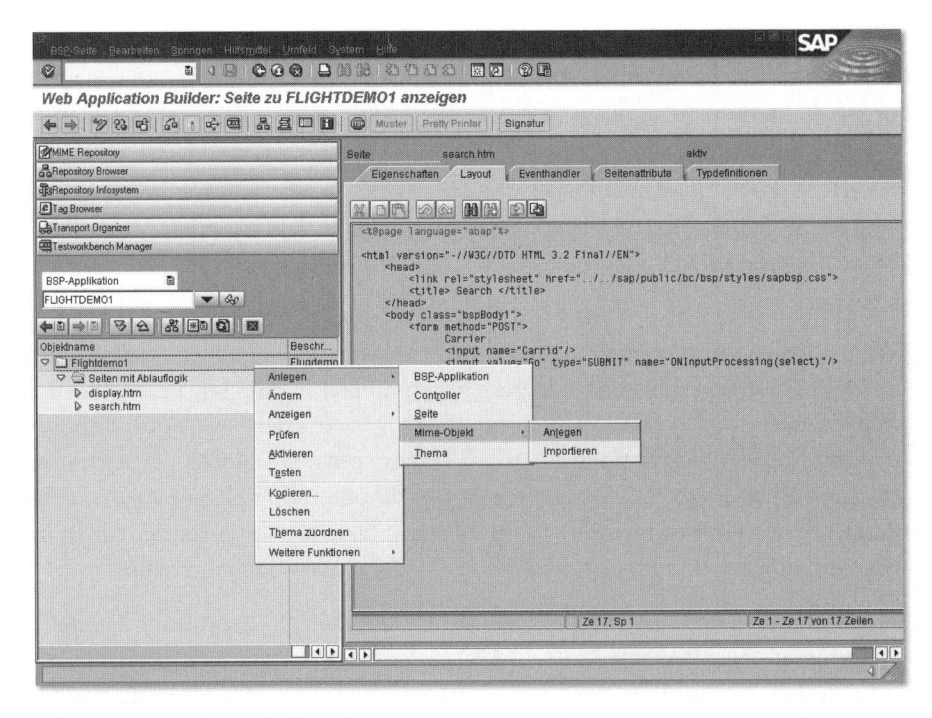

Abbildung 9.17 MIME-Objekt anlegen

3. Geben Sie einen Ordnernamen (»Search«) sowie eine passende Beschreibung an und klicken Sie auf **Speichern**.

4. Klicken Sie mit der rechten Maustaste auf den neuen Ordner und wählen Sie im Kontextmenü **Importieren · MIME-Objekte**. Ein Auswahlfeld wird eingeblendet.

5. Wählen Sie im Dateisystem eine Bilddatei aus und bestätigen Sie Ihre Wahl mit der **Eingabetaste**. Daraufhin wird das Bild, in unserem Beispiel *sap_logo.gif*, in das MIME Repository geladen und im Ordner angezeigt.

6. Klicken Sie doppelt auf den Bildnamen, um sich eine Vorschau anzeigen zu lassen (siehe Abbildung 9.18).

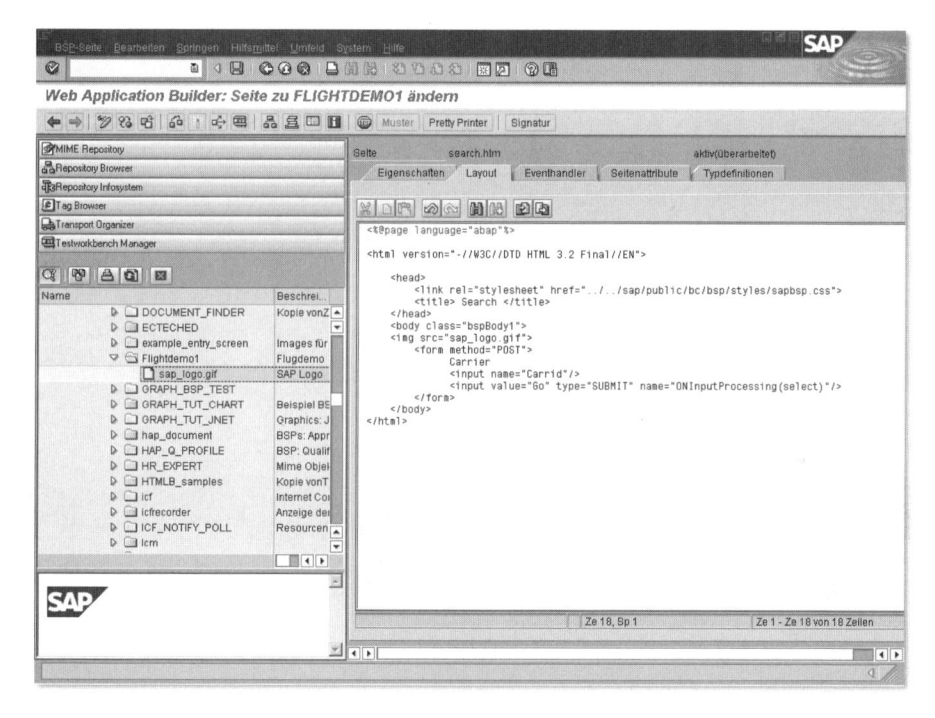

Abbildung 9.18 Vorschau des gewählten Objekts

7. Öffnen Sie die Business Server Page **search.htm**, die wir für unsere Demoanwendung angelegt haben, und navigieren Sie zum Editorrahmen der Registerkarte **Layout**.

8. Blenden Sie den Tag-Library-Browser ein, indem Sie auf den Button **Tag Browser** klicken.

9. Ziehen Sie das `<img>`-Tag im Editorrahmen zwischen die Tags `<body>` und `<form>`.

10. Erweitern Sie das `<img>`-Tag und ziehen Sie das Attribut `src` in das Bild-Tag, das dann folgendermaßen aussehen sollte:

`<img src="">`

11. Um schließlich den Link zu Ihrem Bild einzufügen, blenden Sie im linken Rahmen nochmals das **MIME Repository** ein und ziehen den Namen des Bildes zwischen die doppelten Anführungszeichen des Attributes `src` im `<img>`-Tag.

12. Aktivieren Sie Ihre Seite und laden Sie sie neu. Wie in Abbildung 9.19 zu sehen, wird das Bild nun über dem Eingabefeld angezeigt.

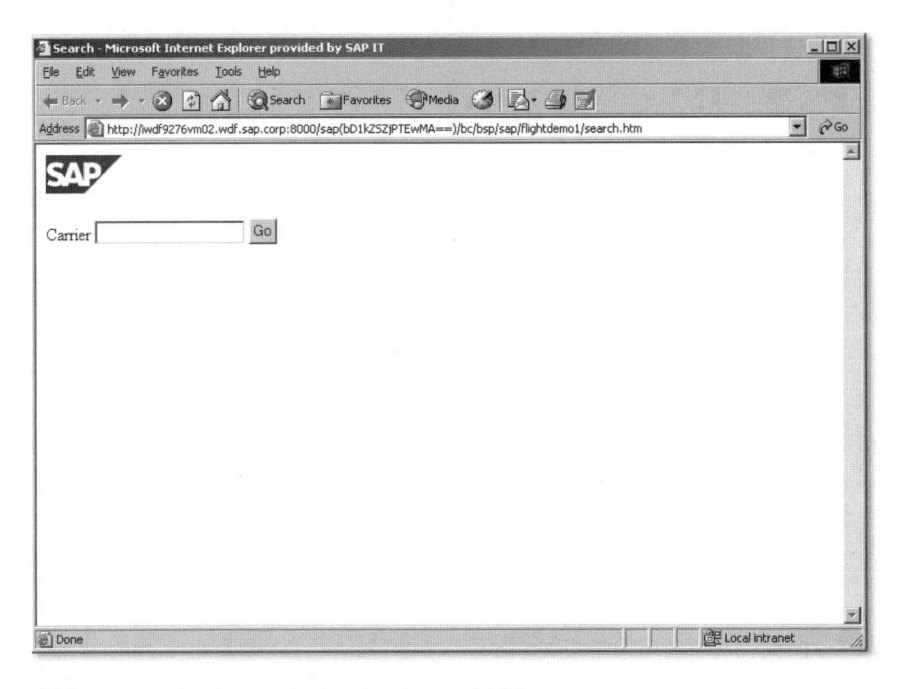

Abbildung 9.19 Suchseite mit eingebundenem SAP-Logo

9.6.2 Zugriff über WebDAV

Der Inhalt des MIME Repositories bildet ein virtuelles Dateisystem, das für WebDAV-Clients den wie Windows NT Explorer sichtbar ist. Andere WebDAV-Clients sind z. B. Adobe GoLive oder Windows 98 und 2000. Um das virtuelle Dateisystem im Windows NT Explorer erscheinen zu lassen, gehen Sie wie folgt vor:

1. Starten Sie auf Ihrem Desktop den Windows NT Explorer.

2. Fügen Sie über den Assistenten im Ordner *Webordner* einen neuen Webordner hinzu. Die Adresse des Webordners lautet *http://<SAP Web AS>:<Port No>/sap/bc/bsp_dev._dev.* (Unter Windows 2000 wählen Sie im Windows-

Explorer **Extras · Netzwerklaufwerk verbinden ...** und klicken dann auf den Link **Verknüpfung mit Webordner oder FTP-Server erstellen**.)

3. Arbeiten Sie mit dem virtuellen Dateisystem wie mit einem beliebigen anderen Ordner.

4. Wie Abbildung 9.20 zeigt, können Sie BSP-Projekte und andere MIME-Repository-Dateien in einem WebDAV-fähigen Webdesign-Programm wie Microsoft FrontPage direkt öffnen. Änderungen, die mit diesem oder anderen mit WebDAV kompatiblen Designprogrammen vorgenommen werden, führen zu einer sofortigen Aktualisierung der Bilder und HTML-Seiten im MIME Repository.

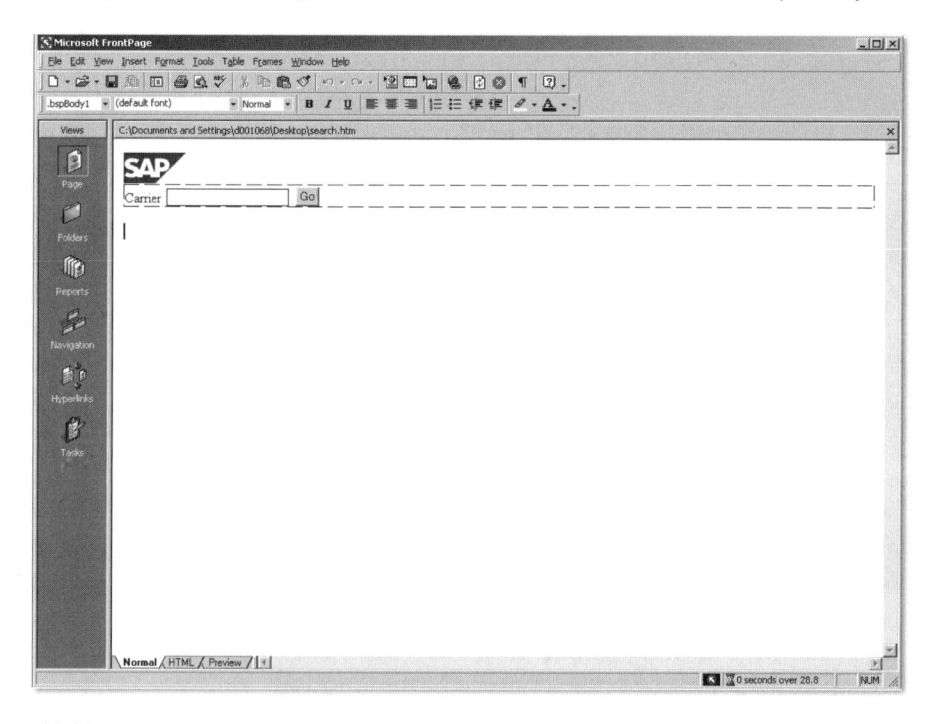

Abbildung 9.20 Zugriff auf MIME-Repository-Dateien mit Microsoft FrontPage

Bitte achten Sie darauf, dass Sie keine Objekte des MIME-Repository-Ordners *Public* überschreiben, da dies Auswirkungen auf alle Anwendungen hat, die sich auf das geänderte Objekt beziehen.

9.7 BSP-Extensions

Die vorherigen Abschnitte behandelten die Grundlagen von BSPs. Sie entsprechen dem technischen Stand, wie er mit dem SAP Web AS zu Release 6.10 ausgeliefert wurde. Trotz der fantastischen neuen Möglichkeiten war sich SAP der Tatsache bewusst, dass der bisher geschilderte BSP-Ansatz durchaus Raum für

Verbesserungen ließ. BSP-Seiten können nämlich schnell eine Größe erreichen, die die Pflege oder Wiederverwendung zu einem schwiegen Unterfangen werden lässt. Zudem kann die Entwicklung von Oberflächen in HTML aufgrund der Vielzahl von Tags und Optionen, die es zu erlernen gilt, eine recht mühsame Angelegenheit sein.

An dieser Stelle greifen die so genannten *BSP-Extensions*, mit denen Ihnen der SAP Web AS seit Release 6.20[2] die Arbeit erleichtert: Mit BSP-Extensions, einer Bibliothek von Benutzer-Tags, können Entwickler ihren Seiten mit nur wenigen Zeilen Code komplexe Oberflächenelemente wie Table Controls hinzufügen. Mit Web AS 6.20 liefert SAP eine Reihe von vordefinierten BSP-Extensions aus, die Sie jederzeit um eigene, selbst erstellte Extensions ergänzen können.

9.7.1 Wie funktionieren BSP-Extensions?

In unserer Demoanwendung zu BSPs haben Sie mit dem Codebeispiel in Listing 9.2 gesehen, wie eine BSP-Anwendung auf Basis von Release 6.10 aussieht, die eine Flugliste aus einer Flugtabelle ausgibt. Dieser Code ist jedoch bei weitem nicht optimal: HTML wird mit dem ABAP-Skriptcode gemischt, was die Anwendung schwer lesbar macht. Die Konstruktion der BSP-Seite ist zudem sehr prozedural und nutzt die deklarative Natur von HTML nicht aus. Darüber hinaus werden in HTML alle Daten als Zeichen behandelt, was eine manuelle Programmierung von Datentypumwandlungen unumgänglich macht. Ein weiteres Manko ist die bisherige Darstellung der Seite in einem Webbrowser: Die Tabelle wird zwar vollständig abgebildet, die Flüge werden aber einfach nur aufgelistet und z. B. nicht in übersichtlichen Abschnitten angezeigt, die mit Navigationselementen zum Blättern versehen sind. Wenn Sie sich bereits mit Webentwicklung beschäftigt haben, werden Sie wissen, wie viel HTML- und möglicherweise JavaScript-Code notwendig wäre, um eine solche Funktionalität zu implementieren.

BSP-Extensions bieten dagegen eine klarere und kompaktere Möglichkeit, BSP-Anwendungen zu schreiben. Das verdeutlicht Listing 9.3, in dem eine vordefinierte HTMLB-Extension eingesetzt wird, um die Flugliste darzustellen. Im Vergleich zu Listing 9.2 hat sich der Quellcode auf ganze zehn Zeilen reduziert, die Seite wirkt erheblich HTML-ähnlicher und kommt ohne Schleifen oder andere Programmkonstrukte aus, was die Lesbarkeit deutlich verbessert.

---

[2] Release 6.20 wird als technische Basis von R/3 Enterprise und anderen mySAP.com-Komponenten genutzt. Im Gegensatz dazu wurde Release 6.10 nur als eigenständige Basis angeboten.

```
 1 <%@page language="abap" %>
 2 <%@extension name="htmlb" prefix="htmlb" %>
 3 <htmlb:content>
 4   <htmlb:page>
 5     <htmlb:form>
 6       <htmlb:tableView id    = "t1"
 7                        table = "<%= flights %>" />
 8     </htmlb:form>
 9   </htmlb:page>
10 </htmlb:content>
```

Listing 9.3 Neue Fassung von Listing 9.2 unter Verwendung von HTMLB-Extensions

Zunächst wird festgelegt, auf welche BSP-Extension Sie zurückgreifen möchten. In Zeile 2 sehen Sie eine neue BSP-Direktive namens @extension, die dem BSP-Compiler mitteilt, dass die HTMLB-Extension verwendet werden soll. Die vordefinierte HTMLB-Extension enthält Tags, die übliche Oberflächenelemente (wie Eingabefelder, Buttons und Table Controls) kapseln.

Die Verwendung dieser Tags ist denkbar einfach. Viele von ihnen haben ihre Pendants in HTML – z.B. verwenden Sie anstelle des HTML-Tags <form> nun das Tag <htmlb:form> (Zeile 5). Wenn Sie die zu verwendende Extension deklarieren, müssen Sie ein individuelles Präfix spezifizieren, um sich auf eine BSP-Extension zu beziehen. In diesem Beispiel heißt das Präfix htmlb (Zeile 2). Eine solche Namenskonvention erweist sich als äußerst hilfreich, wenn Sie mit mehreren Extensions gleichzeitig arbeiten.

Als Nächstes folgt das Tag <htmlb:content> (Zeile 3). Dieses obligatorische Tag ist dafür zuständig, den Bereich der HTMLB-Tags zu eröffnen; alle anderen HTMLB-Tags werden zwischen <htmlb:content> und </htmlb:content> platziert.

Üblicherweise würden nun die beiden Tags <htmlb:head> für den Kopf und <htmlb:body> für den Textkörper Ihres Dokuments spezifiziert. Wenn Sie jedoch wie in diesem Beispiel eine einfache Seite schreiben, die keine JavaScript- oder Stylesheet-Vorlage im Kopfbereich enthält, können Sie einfach das Tag <htmlb:page> einsetzen (Zeile 4), das automatisch sowohl die Kopf- als auch die Body-Tags generiert.

Es folgt das Tag <htmlb:form> (Zeile 5). Da im Table Control des Beispiels (später) interaktive Funktionen benötigt werden – nämlich für die Navigationsfunktionalität –, wird das Tag <htmlb:tableView> in die Struktur eingebettet (Zeile 6 und 7), das die Attribute id und table aufweist. Ersteres dient der eindeutigen Identifikation des HTML-Table-Controls innerhalb der HTML-Seite (z.B. für den

Fall, dass Sie sie später über die Ereignisbehandlung referenzieren möchten), letzteres verweist auf die darzustellende interne Tabelle.

Beachten Sie, dass in Listing 9.3 der Name der internen Tabelle `flights` dem Element `<htmlb:tableView>` zugewiesen wird. Diese interne Tabelle wird durch den ABAP-Code im Eventhandler `OnInitialization` der Seite geladen und nicht durch den BSP-Code selbst. Um die interne Tabelle `flights` nun innerhalb der BSP-Seite verfügbar zu machen, wird sie auf der Registerkarte Seitenattribute des BSP-Seiteneditors als Seitenattribut deklariert. Den Datenbeschaffungscode auf diese Weise vom Layoutcode zu trennen, ist in der Programmierung gemeinhin üblich und vereinfacht die Pflege und Wiederverwendung von Anwendungen.

An Listing 9.3 kann geradezu exemplarisch abgelesen werden, warum BSP-Extensions die Entwicklung von Webanwendungen beschleunigen. Der Code ist vollständig deklarativ und enthält lediglich eine Referenz auf eine Datenquelle, die darzustellende interne Tabelle. Er ist zudem wesentlich kompakter und kann auf vielfältige Weise erweitert werden.

Für das Arbeiten mit HTMLB-Extensions anstatt einfacher HTML-Tags spricht auch, dass HTMLB vollständig vom BSP-Compiler analysiert wird. So prüft der Compiler beispielsweise, ob alle obligatorischen Attribute spezifiziert sind und ob innere Tags korrekt behandelt werden. Beim einfachen BSP-Ansatz findet nur eine grobe Syntaxprüfung statt, die in erster Linie den inneren ABAP-Code prüft – mit der Folge, dass viele Fehler erst zur Laufzeit auftreten. Ein weiterer Aspekt ist die Portabilität: Mithilfe von HTMLB stellen Sie sicher, dass Ihr HTML-Code in Übereinstimmung mit der unterliegenden Plattform gerendert wird. Einfache BSP-Seiten hingegen sind beinahe immer abhängig vom Webbrowser.

9.7.2 Webanwendung mithilfe von BSP-Extensions erstellen

Da Sie nun das grundlegende Konzept von BSP-Extensions kennen gelernt haben, verfügen Sie über das Basiswissen, um eine Demoanwendung von Grund auf mithilfe von BSP-Extensions zu erstellen:

1. Melden Sie sich am Web AS 6.20 an. Öffnen Sie den Object Navigator (Transaktion SE80) der ABAP Workbench, und wählen Sie **BSP-Anwendung** in der Dropdown-Box links oben im Bild. Geben Sie einen Namen für die neue BSP-Anwendung in das Eingabefeld ein, in unserem Beispiel »zflightdemo«.

2. Klicken Sie auf den Button **Anzeigen**. Wenn Sie gefragt werden, ob Sie diese Anwendung erstellen möchten, antworten Sie mit einem Klick auf **Ja**. Das System erstellt nun eine neue BSP-Anwendung und zeigt eine Gliederung im linken Rahmen des Bildschirmbilds an.

3. Klicken Sie mit der rechten Maustaste auf den Namen der neuen BSP-Anwendung, um das Kontextmenü zu öffnen, und wählen Sie **Anlegen • Seite**. Es erscheint ein Dialogfenster, in dem Sie den Namen der Seite mit Ablauflogik angeben müssen. Geben Sie den Namen (»display.htm«) sowie eine Kurzbeschreibung der Seite (»Anzeige«) ein und drücken Sie die **Eingabetaste**. Das System erstellt die Seite mit HTML-Standardcode in der Registerkarte **Layout** des BSP-Seiteneditors.

4. Sie können den Standardcode nun durch den Code aus Listing 9.3 ersetzen, indem Sie ihn eingeben – es gibt jedoch auch eine einfachere Möglichkeit: Klicken Sie auf den Button **Tag Browser**, um den Tag-Library-Browser zu öffnen (siehe Abbildung 9.21). Das System zeigt im Rahmen links eine hierarchische Liste aller verfügbaren Bibliotheken an.

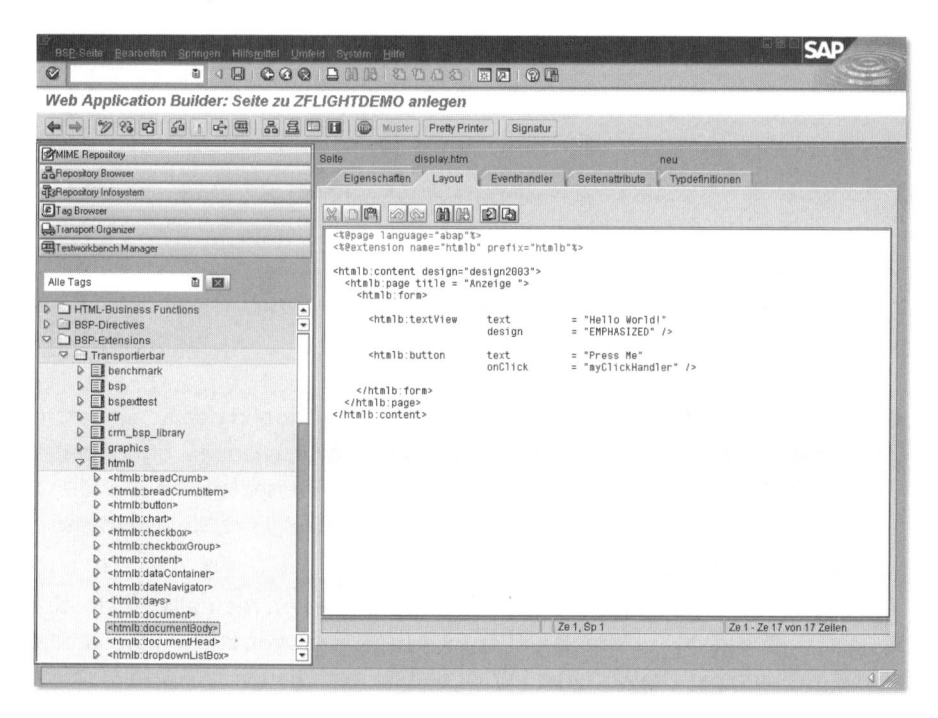

Abbildung 9.21 HTMLB-Tags und Seiteneditor

5. Klappen Sie den Ordner **BSP-Extensions** auf. Das System zeigt transportierbare und lokale Extensions an, sofern sie vorhanden sind.

Nach der Expansion des Knotens **htmlb** erscheint die vollständige Liste verfügbarer HTMLB-Extension-Tags. Wenn Sie `<htmlb:page>` doppelt anklicken, zeigt das System die Online-Dokumentation für das ausgewählte Tag an (siehe Abbildung 9.22).

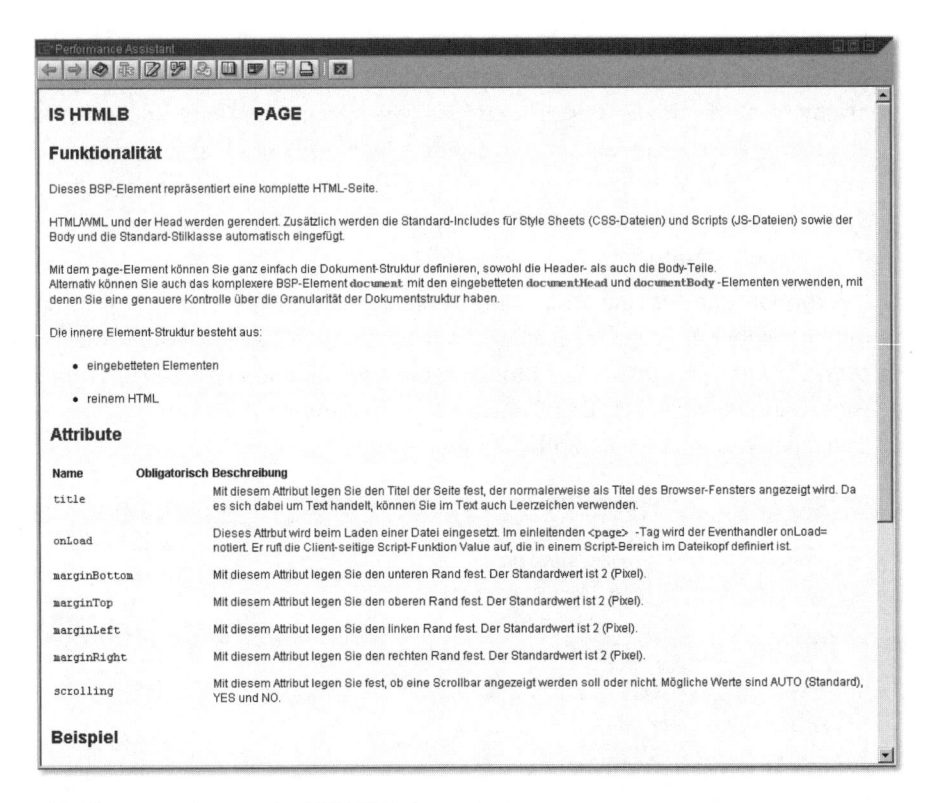

Abbildung 9.22 Anzeige der HTMLB-Dokumentation

6. Ziehen Sie das Tag `<htmlb:content>` per Drag & Drop in den Seiteneditor für die Seite *display.htm*. Das System fügt die entsprechenden öffnenden und schließenden Tags automatisch ein. Auf diese Weise können Sie die Tags `<htmlb:page>`, `<htmlb:form>` und `<htmlb:tableView>` ebenso in den Seiteneditor ziehen.

7. Expandieren Sie das Tag `<htmlb:tableView>`; es werden alle Attribute des Tags angezeigt. Wie beim Tag `<htmlb:content>` zuvor können Sie auch hier die Attribute per Drag & Drop in den Seiteneditor ziehen.

8. Klicken Sie den Karteireiter **Seitenattribute** an und legen einen Parameter mit dem Namen »flights« und dem Typ »FLIGHTTAB« *an*. Das Coding für das Ereignis `OnInitialization` sieht folgendermaßen aus:

```
select * from sflight into table flights.
```

9. Klicken Sie auf den **Speichern**-Button, anschließend auf den **Aktivieren**-Button und führen Sie die BSP-Anwendung schließlich mit der Taste **F8** aus. Das System startet den Webbrowser automatisch und zeigt die Flugliste an, wie in Abbildung 9.23 gezeigt.

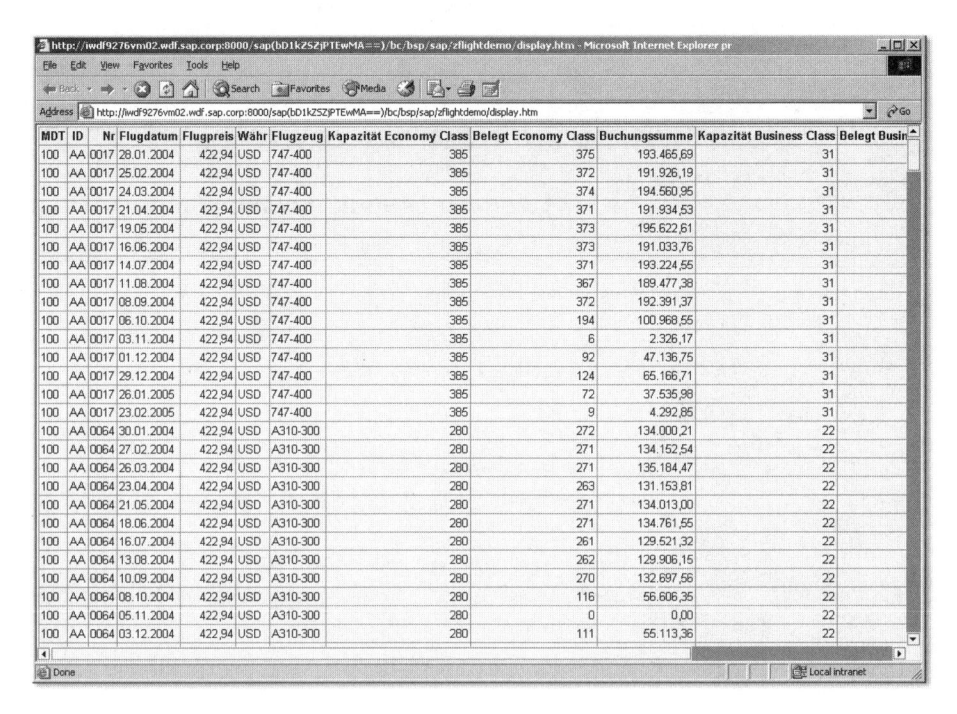

Abbildung 9.23 Anzeige der neuen Flugliste

Jede Spalte der Fluglistentabelle wurde entsprechend ihres Datentyps aus dem ABAP Dictionary formatiert. Der geeignete Kopftext für jedes Feld wird ebenfalls automatisch aus dem ABAP Dictionary abgerufen. Vergleichen Sie diesen Komfort mit der einfachen BSP-Seite in Listing 9.2, in der die Spaltenüberschriften im Layout fest programmiert werden mussten.

9.7.3 Einzelheiten zu HTMLB-Extensions

Im Object Navigator der ABAP Workbench finden Sie eine BSP-Demoanwendung namens SBSPEXT_HTMLB (siehe Abbildung 9.24), mit deren Hilfe Sie sich mit den unterschiedlichen HTMLB-Tags vertraut machen können.

Nach dem Starten der Demoanwendung erscheint links im Bild ein Navigationsrahmen, in dem Sie aus einer Reihe von HTMLB-Tags, z.B. für Buttons, Checkboxen oder Table Controls, eines auswählen können.

Auf der rechten Seite erscheint dann eine Liste mit Beispielen, basierend auf dem von Ihnen ausgewählten Tag. Besonders für diejenigen, die bisher noch nicht mit BSP-Extensions gearbeitet haben, ist die Demoanwendung SBSPEXT_HTMLB sehr zu empfehlen, um die Bibliothek mit den dort verfügbaren BSP-Extensions kennen und nutzen zu lernen.

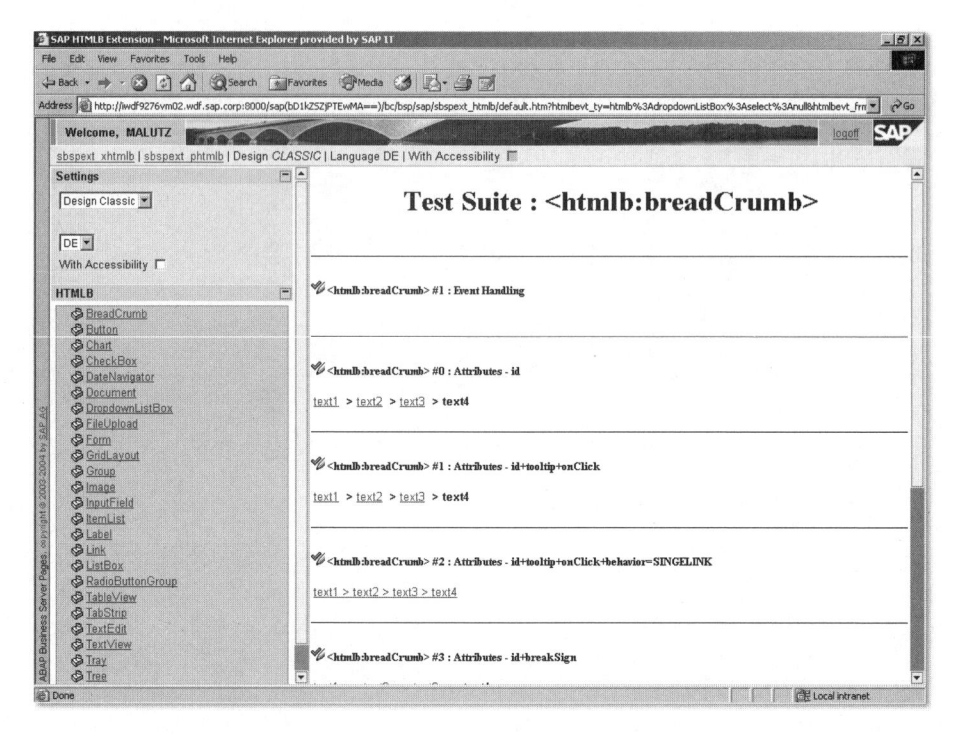

Abbildung 9.24 Demoanwendung HTMLB_SAMPLES

9.7.4 Webanwendung mithilfe von BSP-Extensions erweitern

Mit den nötigen Grundkenntnissen bezüglich der Verwendung von BSP-Extensions ausgestattet, werden Sie jetzt einige Finessen kennen lernen, mit denen Webanwendungen erweitert werden können und das Potenzial von BSP-Extensions weiter ausgeschöpft werden kann. Dazu soll die Demoanwendung nun um einige Extras ergänzt werden.

Anzeige einschränken und Navigationsfunktion hinzufügen

Um die Anzeige großer Datenmengen übersichtlicher zu gestalten und sie damit leichter verwalten zu können, wird zunächst die Anzahl der gleichzeitig angezeigten Zeilen im Webbrowser eingeschränkt. Dafür wird das Attribut visibleRowCount des Tags <htmlb:tableView> eingesetzt, über das sich die Anzahl der angezeigten Zeilen bestimmen lässt. Wird dieses Attribut in ein <htmlb:tableView>-Tag integriert, fügt das System automatisch Pfeile zur Navigation in die Fußzeile der Tabelle ein (siehe Abbildung 9.25). Vergleichen Sie diese bequeme Lösung mit dem einfachen BSP-Ansatz, bei dem Sie für diese Logik selbst hätten sorgen müssen.

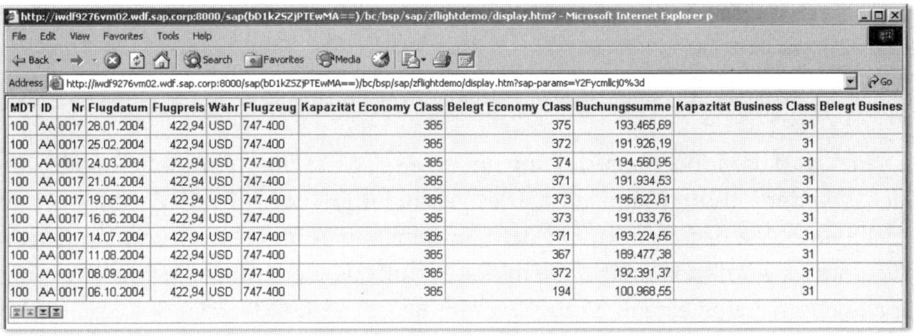

MDT	ID	Nr	Flugdatum	Flugpreis	Wahr	Flugzeug	Kapazität Economy Class	Belegt Economy Class	Buchungssumme	Kapazität Business Class	Belegt Busines
100	AA	0017	28.01.2004	422,94	USD	747-400	385	375	193.465,69	31	
100	AA	0017	25.02.2004	422,94	USD	747-400	385	372	191.926,19	31	
100	AA	0017	24.03.2004	422,94	USD	747-400	385	374	194.560,95	31	
100	AA	0017	21.04.2004	422,94	USD	747-400	385	371	191.934,53	31	
100	AA	0017	19.05.2004	422,94	USD	747-400	385	373	195.622,61	31	
100	AA	0017	16.06.2004	422,94	USD	747-400	385	373	191.033,76	31	
100	AA	0017	14.07.2004	422,94	USD	747-400	385	371	193.224,55	31	
100	AA	0017	11.08.2004	422,94	USD	747-400	385	367	189.477,38	31	
100	AA	0017	08.09.2004	422,94	USD	747-400	385	372	192.391,37	31	
100	AA	0017	06.10.2004	422,94	USD	747-400	385	194	100.968,55	31	

Abbildung 9.25 Anzeige der neuen Flugliste mit Navigationselementen

Im nächsten Schritt beschränken wir die Anzeige der internen Tabelle auf drei Spalten (bzw. Felder). In der Standardeinstellung zeigt das Tag `<htmlb:table-View>` *alle* Spalten an. Für die Beschränkung genügt es, `<htmlb:tableViewColumn>`-Tags innerhalb des Tags `<htmlb:tableView>` zu platzieren. Erneut zeigt sich, wie einfach und bequem BSP-Extensions dazu verwendet werden können, um Anwendungen mit einer Reihe von Eigenschaften zu versehen (siehe Listing 9.4); Ihnen müssen lediglich die verfügbaren BSP-Tags und -Attribute mit ihren Bedeutungen bekannt sein.

```
1  <%@page language="abap"%>
2  <%@extension name="htmlb" prefix="htmlb" %>
3  <htmlb:content>
4    <htmlb:page>
5      <htmlb:form>
6        <htmlb:tableView id = "t1"
7             table = "<%= flights %>"
8             visibleRowCount = "10">
9          <htmlb:tableViewColumns>
10           <htmlb:tableViewColumn columnName = "carrid" />
11           <htmlb:tableViewColumn columnName = "connid" />
12           <htmlb:tableViewColumn columnName = "fldate" />
13           <htmlb:tableViewColumn columnName = "details"
                                        type = "user" >
14             <htmlb:button id="$connid$" text="Details" />
15           </htmlb:tableViewColumn>
16         </htmlb:tableViewColumns>
17       </htmlb:tableView>
18     </htmlb:form>
```

```
19  </htmlb:page>
20 </htmlb:content>
```

Listing 9.4 Spalten mit <htmlb:tableViewColumn>-Tags einschränken

Ergänzt wird die Tabellendarstellung um eine selbst definierte, variable Spalte, die nicht Teil der internen Tabelle ist. Dies geschieht in Listing 9.4 in Zeile 14. Diese Spalte enthält einen Button, mit dem Einzelheiten zu den verschiedenen Flügen angefordert werden können. Jedem dieser Buttons wird abhängig vom Wert der Spalte `connid` eine eigene ID zugewiesen. Beachten Sie, dass das System `connid` in diesem Zusammenhang als Variable und nicht als Konstante betrachtet werden muss. Das erreicht man, indem man `connid` mit zwei Dollarzeichen ($) umgibt.

Das BSP-Extensions-Framework enthält weitere hilfreiche, vordefinierte Variablen, auf die Sie in Ihren Seiten zurückgreifen können. Dazu gehört eine eindeutige Standard-ID namens `TVCID` (Table View Counter ID), die unter Verwendung der »$$«-Syntax zur Identifikation eingesetzt werden kann. Steht Ihnen beispielsweise ein eindeutiges Feld – wie das Feld `connid` in unserem Beispiel – nicht zur Verfügung, können Sie $TVCID$ für die Generierung fortlaufender eindeutiger IDs nutzen, die anschließend in der Ereignisbehandlung verwendet werden können.

Suchseite hinzufügen

Um der Demoanwendung eine interaktive Suchseite – wie schon bei einfachen BSPs – hinzuzufügen, mit der ein Benutzer seine Suche anwendungsfreundlich mittels Carrier-ID einschränken kann, gilt es zunächst, das Layout der Suchseite festzulegen und einen geeigneten Eventhandler anzugeben.

Erstellen Sie eine neue Seite namens »search.htm« und fügen Sie den in Listing 9.5 gezeigten Code ein. Das kann wiederum mit dem Tag-Library-Browser oder auch durch die direkte Eingabe des Quellcodes geschehen. Abbildung 9.26 zeigt, wie die fertig gestellte Seite aussieht, wenn in einem Webbrowser darauf zugegriffen wird.

```
1 <%@page language="abap"%>
2 <%@extension name="htmlb" prefix="htmlb" %>
3 <htmlb:content>
4   <htmlb:page>
5     <htmlb:form>
6       <htmlb:label for  = "carrier"
7                    id   = "lab1"
8                    text = "Carrier" />
9       <htmlb:inputfield id = "carrier" />
```

```
10        <htmlb:button id      = "button"
11                      onClick = "search"
12                      text    = "Go" />
13        </htmlb:form>
14    </htmlb:page>
15 </htmlb:content>
```

Listing 9.5 Layout der neuen Suchseite

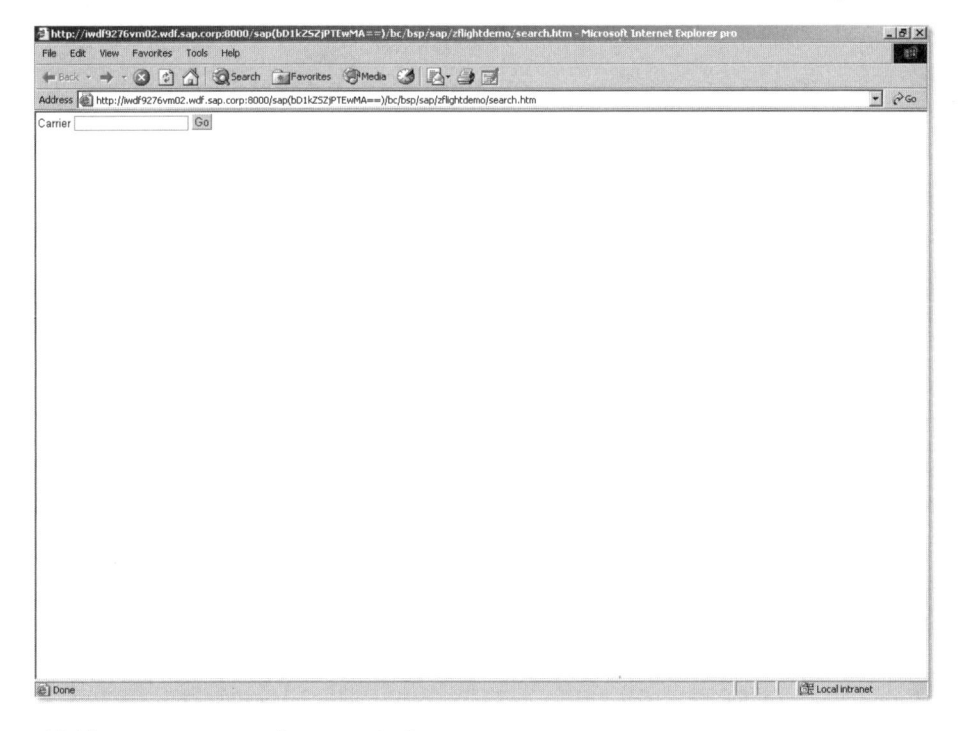

Abbildung 9.26 Anzeige der neuen Suchseite

Listing 9.5 enthält drei neue HTMLB-Tags: `<htmlb:inputfield>`, das ein Eingabefeld namens `carrier` definiert; `<htmlb:label>`, das einen Bezeichner mit dem Titel **Carrier** links neben dem Eingabefeld erstellt, und `<htmlb:button>`, das den Button zum Absenden des Formulars mit der Beschriftung **Go** rendert. Der Wert des Attributs `onClick` – in diesem Fall `search` – wird als Parameter an den registrierten HTMLB-Eventhandler weitergereicht. Diese Ereignisbehandlung ist Gegenstand des nächsten Abschnitts.

Ereignisbehandlung

Die HTMLB-Ereignisbehandlung findet immer im BSP-Standardereignis `OnInputProcessing` statt. Klicken Sie auf den Karteireiter **Eventhandler** der Seite *search.htm* und öffnen Sie den Seiteneditor. Geben Sie den Ereignisbehandlungscode aus Listing 9.6 ein.

```
1  OnInputProcessing
2  DATA: event TYPE REF TO cl_htmlb_event,
3        car   TYPE string.
4  IF event_id = cl_htmlb_manager=>event_id.
5     event = cl_htmlb_manager=>get_event( request ).
6     IF event->name = 'button'.
7        car = request->get_form_field( 'carrier' ).
8        navigation->set_parameter( name = 'carrier'
9                                   value = car ).
10       navigation->goto_page( 'display.htm' ).
11    ENDIF.
12 ENDIF.
```

Listing 9.6 Ereignisbehandlungscode für die Suchseite

Folgendes sei zu diesem Ereignisbehandlungscode angemerkt:

▶ In Zeile 2 wird das HTMLB-Ereignisobjekt (`cl_htmlb_event`) referenziert, das wichtige Ereignisinformationen enthält; beispielsweise, welcher Button vom Benutzer gedrückt wurde.

▶ Zeile 4 prüft daraufhin, ob der Standardparameter `event_id` auf ein HTMLB-Ereignis hinweist. Dabei handelt es sich um eine reine Vorsichtsmaßnahme, da in unserem Beispiel HTML-Absendebuttons und HTMLB-Objekte nicht miteinander kombiniert werden.

▶ Zeile 6 bestimmt, ob der Benutzer auf den **Go**-Button der Suchseite mit der Eigenschaft `event->name` geklickt hat.

▶ Zeile 7 ruft den vom Benutzer im Eingabefeld `carrier` eingegebenen Wert mithilfe des BSP-Standardobjekts `request` ab.

▶ Die Zeilen 8 bis 10 geben die eingegebene Carrier-ID mithilfe von Methodenaufrufen im Objekt `navigation` (`set_parameter` und `goto_page`) an die zuvor entwickelte Seite *display.htm* weiter.

Um diese Erweiterungen zu vervollständigen, fügen Sie der Seite *display.htm* ein automatisches Seitenattribut namens »carrier« hinzu und modifizieren die WHERE-Klausel des Ereignisses `OnInitialization` – das Sie zuvor bereits kodiert haben –, um die Auswahl auf die der Carrier-ID zu beschränken, die durch den Benutzer angegeben wurde.

Eigene BSP-Extensions erstellen

Die vordefinierten HTMLB-Extensions stellen einen leistungsfähigen Satz an Tags und Features bereit, die Ihnen mühsame Aufgaben wie die Tabellenformatierung abnehmen können. Trotz dieses großen Angebotes wird es aber immer wieder Situationen geben, in denen Sie eigene Objekte (z. B. spezialisierte Grafiken oder Benutzerelemente wie ein »Adress«-Element) entwickeln möchten, die genau zu Ihren Anforderungen passen.

Eine BSP-Extension ist schlicht gesagt eine Bibliothek, die aus BSP-Elementen besteht, die durch Tag-Namen identifiziert werden. Dabei muss für jedes Element eine Handler-Klasse angegeben werden, die es rendert. Die Handler-Klasse wiederum enthält alle Attribute, die das Element über öffentliche Klassenattribute unterstützen wird – wie z. B. das Attribut `onClick` des Tags `<htmlb:button>`. Auf diese Attribute kann anschließend aus den Render-Methoden des Elements heraus zugegriffen werden.

Gehen Sie bei der Erstellung einer eigenen BSP-Extension wie folgt vor:

1. Starten Sie den Object Navigator der ABAP Workbench und wählen Sie *BSP-Extension* in der Dropdown-Box. Geben Sie im Namensfeld der Maske einen neuen Namen für die Extension ein, in unserem Beispiel »zflightext«.

2. Klicken Sie auf die **Anzeigen**-Button und geben Sie im folgenden Dialogfenster ein Präfix (»flext«) sowie einen Kurztext (»Flight Extension«) ein. Drücken Sie die **Eingabetaste**.

3. Klicken Sie mit der rechten Maustaste auf den Namen der neu erstellten BSP-Extension **zflightext**, um das Kontextmenü zu öffnen, und wählen Sie **Anlegen · BSP Element**.

4. Geben Sie im eingeblendeten Dialogfenster (siehe Abbildung 9.27) den Elementnamen (»flightelement«), den Kurztext (»Flight element«) sowie den Namen der Handler-Klasse (»zcl_flight_handler«) ein und bestätigen Sie Ihre Eingaben mit der **Eingabetaste**. Das System zeigt rechts im Bild die grundlegenden Eigenschaften Ihrer BSP-Extension in der Registerkarte **Eigenschaften** an (siehe Abbildung 9.28).

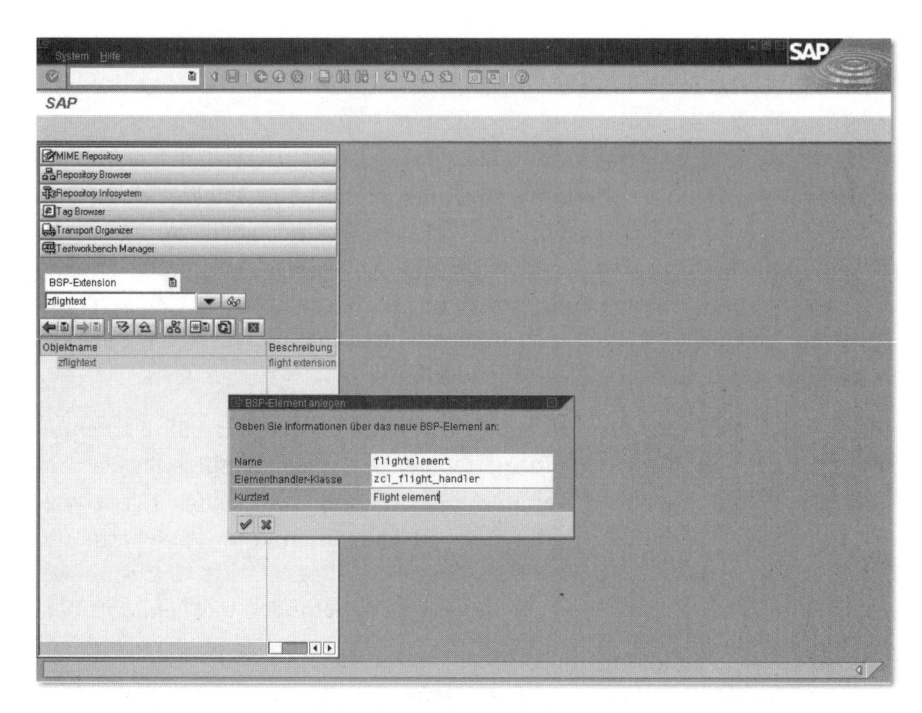

Abbildung 9.27 Anlegen eines BSP-Elements

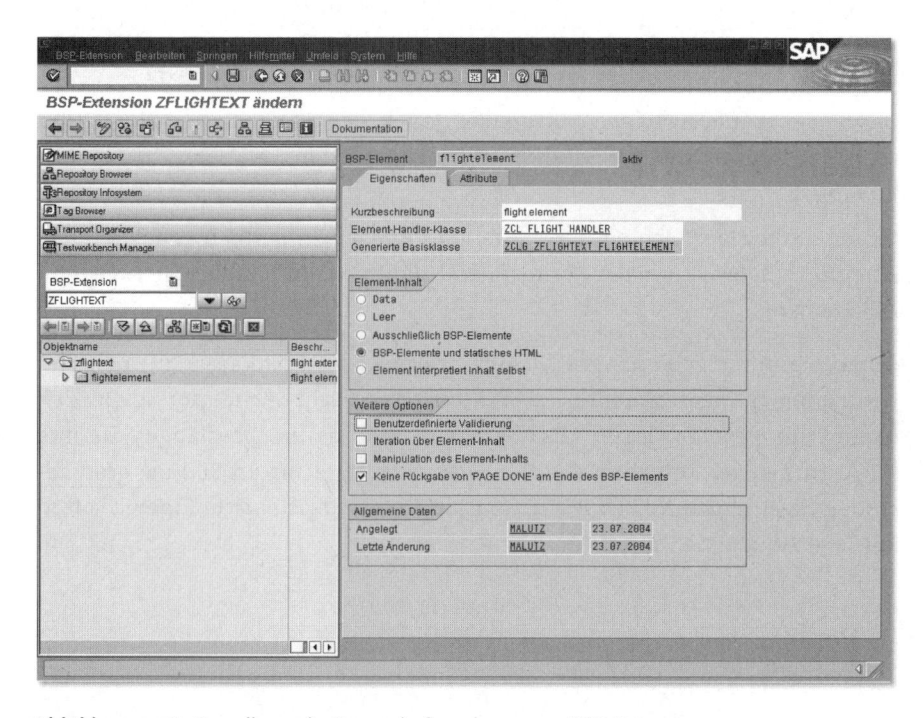

Abbildung 9.28 Grundlegende Eigenschaften der neuen BSP-Extension

5. Klicken Sie doppelt auf die Handler-Klasse des Elements **ZCL_FLIGHT_HANDLER**. Das System navigiert zum Class Builder, in dem Sie die aus dem BSP-Extensions-Framework stammenden Methoden sehen können.

6. Überschreiben bzw. redefinieren Sie die Methode `do_at_beginning` mit folgendem Code:

```
...
data : out type ref to if_bsp_writer.
       out = get_previous_out( ).
       out -> print_string( 'my custom tag' ).
```

Der Code holt sich eine Referenz auf den HTML-Output-Stream und fügt diesem das Literal `'my custom tag'` hinzu; hier können Sie einen beliebigen HTML-Code hinzufügen.

Sobald Sie Ihre Änderungen im Class Builder gespeichert und aktiviert haben, können Sie den Tag-Library-Browser öffnen und Ihre neu definierte BSP-Extension expandieren. Wie Sie es schon von den Elementen in der HTMLB-Extension her kennen, können Sie per Drag & Drop BSP-Elemente aus Ihrer Extension auf eine BSP-Seite ziehen. Nach dem Starten der Seite wird der im obigen Code definierte Benutzerstring (`my custom tag`) in Ihrer Seite gerendert.

Eine vollständige Erläuterung des BSP-Extensions-Frameworks würden den Darstellungsrahmen an dieser Stelle übersteigen. Weitere Informationen hierzu finden Sie in der Online-Dokumentation des SAP Web AS 6.20 unter *http://help.sap.com* (**Documentation · SAP NetWeaver · SAP Web Application Server 6.20 · Business Server Pages · Web Application Server · Web Applikationen und Business Server Pages · Programmiermodell · BSP-Extensions**).

Auch wenn es auf den ersten Blick leicht erscheinen mag, eine neue BSP-Extension mit eigenen Tags selbst zu definieren, sollten Sie dennoch die Entwicklung eines umfangreichen Werkzeugsatzes ähnlich der HTMLB-Extension nicht unterschätzen.

Hilfreiche Hinweise für die Verwendung von BSP-Extensions

Wenn Sie Ihre Arbeit mit BSP-Extensions beginnen, sollten Sie die folgenden hilfreichen Hinweise beachten.

- Zur besseren Lesbarkeit sollten Sie ein einheitliches Design für Eingabefelder und die damit verbundenen Buttons verwenden.
- Die Renderzeit des *Date Navigators* lässt sich erheblich verkürzen, indem Sie für die Anzahl der Monate für die Anzeige eine kleine Zahl wählen (z.B. eins oder zwei).

- Wenn Sie mit Table Controls arbeiten, ruft das System automatisch Kopftexte aus dem ABAP Dictionary ab. Wenn Sie Ihren eigenen Text angeben wollen, müssen Sie diese Texte lediglich mithilfe des Tags `<htmlb:tableViewColumn>` überschreiben und das Attribut `title` setzen.

- Geben Sie immer das Ereignis `onClick` oder `onClientClick` an, wenn Sie einen Input Button definieren. Andernfalls wird der Button inaktiv gerendert.

- Verwenden Sie das Tag `<htmlb:documentHead>`, um eingebettete Stylesheet-Vorlagen zu definieren.

- Das Tag `<htmlb:documentBody>` ist der Container für alle sichtbaren HTMLB-Tags und für Standard-HTML. Der BSP-Compiler prüft den Standard-HTML-Bereich nicht auf syntaktische Korrektheit oder Webbrowser-Kompatibilität.

- Verwenden Sie Dropdown-Boxen nur, um kleine Auswahlsätze anzuzeigen. Große Datensätze sollten immer mithilfe des Tags `<htmlb:tableView>` angezeigt werden.

- Beachten Sie die Barrierefreiheit für Behinderte. Geben Sie z. B. bei der Darstellung von Bildern immer das Attribut `alt` mit einem zusätzlichen Hilfetext an, auf den das Bildschirmlesegerät alternativ zurückgreifen kann.

- BSP-Extensions verfügen über hilfreiche Renderfähigkeiten, es gibt jedoch in bestimmten Situationen eine Reihe guter Gründe, weiterhin BSP-Seiten zu verwenden, beispielsweise wenn Ihr Seitenlayout extern erstellt wird. Sie können Seiten, die reines HTML enthalten, und Seiten, die nur HTMLB enthalten, miteinander verbinden.

- Verwenden Sie den Tag-Library-Browser zum Hinzufügen von Tags. Bei der Benennung von Tags sollten Sie große Sorgfalt walten lassen, da hier zwischen Groß- und Kleinbuchstaben unterschieden wird: Tags beginnen alle mit einem Kleinbuchstaben (z. B. `<htmlb:checkbox>`), zur Strukturierung langer Namen werden Großbuchbuchstaben eingesetzt (z. B. `<htmlb:checkboxGroup>`). Die Verwendung der Tag Library stellt sicher, dass diese Namenskonventionen immer korrekt eingehalten werden.

9.8 Model View Controller (MVC)

Mit BSP-Extensions können zwar einzelne BSP-Seiten optimiert werden, sie sind jedoch nicht dazu geeignet, eine *Anwendung* in ihrer Gesamtheit so zu strukturieren, dass ein Höchstmaß an Wiederverwendbarkeit des Codes erreicht und gleichzeitig der Pflegeaufwand minimiert wird.

Der Web AS 6.10 unterstützt Entwickler dabei, wieder verwendbare Teile eines Codes oder von HTML mithilfe von so genannten *Server Side Includes* zu kapseln. Es handelt sich dabei um einzelne Fragmente einer BSP-Seite, die in anderen Seiten zur Entwicklungszeit eingefügt werden können. So erstellen viele Entwickler beispielsweise Kopf- und Fußbereiche von Seiten, um Bannerbilder und Texte anzuordnen, die auf allen Seiten einer Webanwendung erscheinen sollen. Diese Kopf- und Fußbereiche werden dann in jeder Seite innerhalb der BSP-Anwendung mittels einer einzelnen Include-Direktive eingefügt.

Das Model-View-Controller-Modell, das von Java-Entwicklern bereits seit Jahren erfolgreich eingesetzt wird, ist seit Release 6.20 des Web AS auch für BSPs verfügbar und geht mit seinem wesentlich umfassenderen Ansatz bei der Kapselung wesentlich weiter als einfache Include-Dateien. Durch das MVC-Modell lassen sich die Oberfläche sowie Geschäfts- und Ablauflogik einer Webanwendung so voneinander trennen, dass sie einfach wieder verwendet und gepflegt werden können.

Aufgrund der großen Aufmerksamkeit, die dem MVC-Modell in einigen Kreisen während der letzten Jahre zuteil wurde, könnte man vermuten, dass es sich dabei um eine brandneue Technologie handelt. Dies ist jedoch nicht der Fall. Das MVC-Modell ist ein bewährter und gleichsam einfacher Ansatz, der die Benutzeroberfläche in drei verschiedene Bereiche unterteilt (siehe Abbildung 9.29):

- Das *Model* kapselt die tatsächlichen Geschäftsdaten und Geschäftsfunktionalitäten. Es dient als Datenquelle für jede Art der Visualisierung und bietet einen zentralen Punkt für das Aktualisieren oder Abrufen von Daten. In unserem Flugbeispiel besteht das Model aus Geschäftsobjekten wie Flügen und Buchungen.

- Der *View* visualisiert die Anwendungsdaten mithilfe einer grafischen Darstellung. Dieselben Anwendungsdaten können auf unterschiedliche Weise angezeigt werden, eine Tabelle beispielsweise in der Matrix- oder in der Diagrammsicht. Wenn die Anwendungsdaten (das Model) geändert werden, müssen in der Regel alle damit verbundenen Views aktualisiert werden. In unserem Flugbeispiel handelt es sich bei der aus drei Spalten bestehenden Flugliste um einen einfachen View der Flugdaten.

- Der *Controller* verwaltet die Interaktion zwischen Endbenutzer auf der einen sowie Model und View auf der anderen Seite. Der Controller ist für die Behandlung von Ereignissen, für die Aktualisierung der Anwendungsdaten und für die Behandlung von Navigationsrequests verantwortlich. In unserem Flugbeispiel fungiert der Code, der Anfragen an die Datenbank stellt, Flüge bucht oder von einer Übersicht in eine Detailansicht navigiert, als Controller.

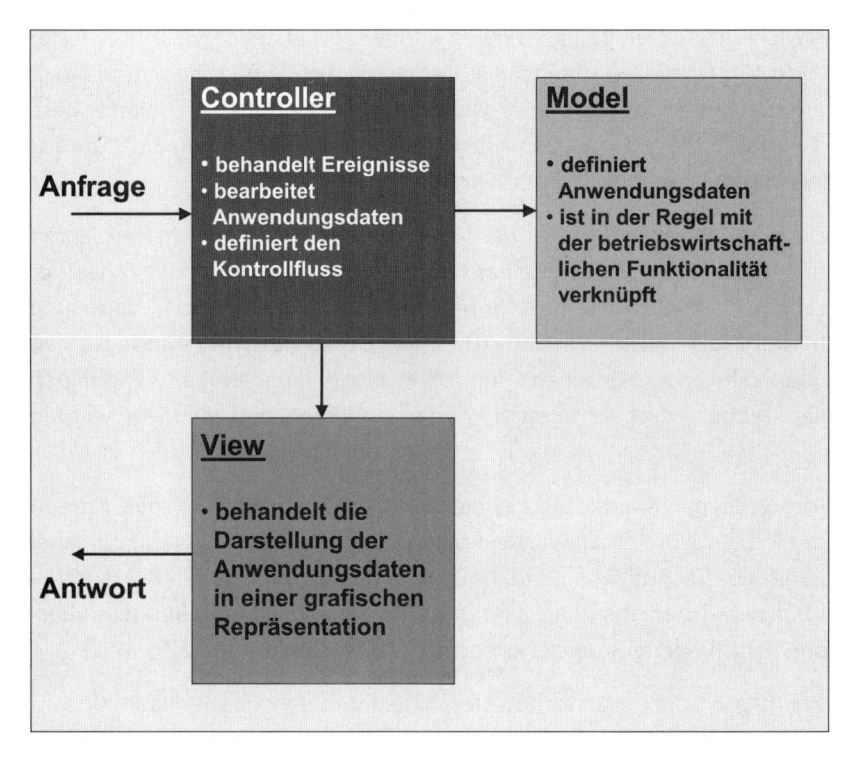

Abbildung 9.29 MVC-Modell

Das MVC-Modell hilft Ihnen dabei, die Konstruktion komplexer Benutzeroberflächen zu vereinfachen sowie die potenziellen Auswirkungen von Änderungen einzuschränken. Außerdem erhöht es das Maß an Wiederverwendbarkeit und erleichtert die Pflege der meisten BSP-Anwendungen. Wenn beispielsweise einer Ihrer Benutzer eine aktuelle Datentabelle mit einer neuen Sortierung anzeigen möchte, müssen Sie mithilfe des MVC-Modells nur einen neuen View und möglicherweise ein oder zwei Zeilen Code zum Controller hinzufügen. Das Model als besonders sensible Komponente der Anwendung muss dabei (in den meisten Fällen) nicht geändert werden.

9.8.1 BSP-Unterstützung für das MVC-Modell

Welche Konsequenzen hat die Benutzung des MVC-Modells für den Aufbau von BSP-Seiten? Die wichtigste Veränderung besteht darin, dass herkömmliche BSP-Seiten, die ursprünglich das HTML-Layout und die Eventhandler enthalten, konzeptionell in zwei Bereiche aufgeteilt werden: *BSP-Controller* und *BSP-View* (siehe Abbildung 9.30).

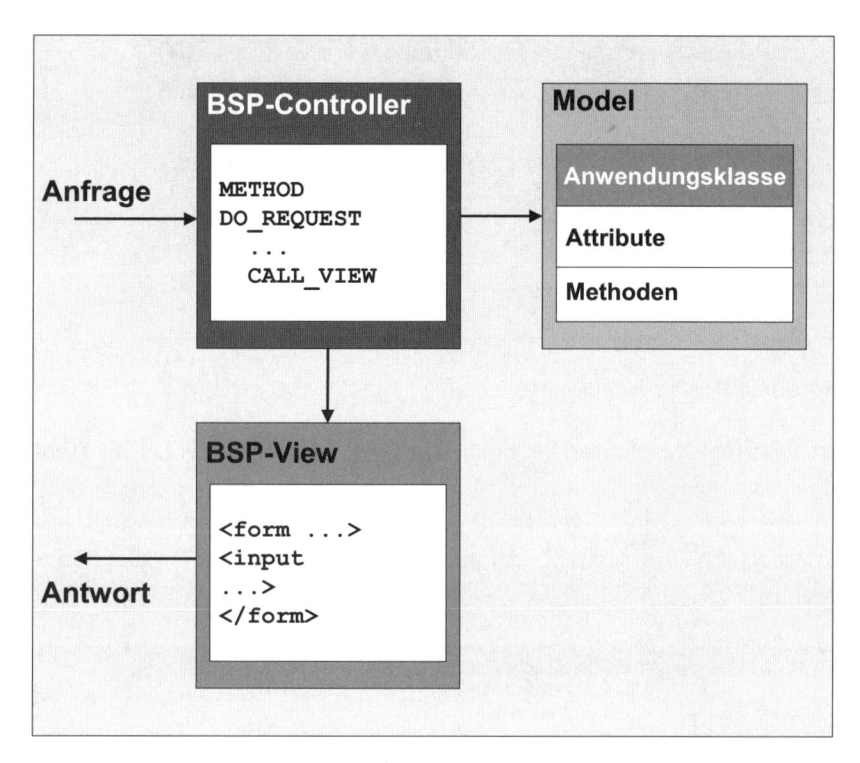

Abbildung 9.30 MVC-Modell zum Erstellen von BSP-Seiten

Der Controller ist für die Behandlung aller eingehenden Navigationsrequests oder Datenübertragungen verantwortlich. Er kommuniziert mit dem unterliegenden Model, das als ABAP-Klasse implementiert ist. Nachdem er die benötigten Daten vom Model abgerufen oder sie an dieses gesendet hat, ruft der Controller den geeigneten View auf und gibt alle vom View zum Rendern der endgültigen HTML-Seite benötigten Daten weiter.

Das soll anhand einer Veränderung unserer Demoanwendung mithilfe des MVC-Modells gezeigt werden. Führen Sie die folgenden Schritte durch:

1. Zeigen Sie die Gliederung der Demoanwendung in Transaktion SE80 an.

2. Klicken Sie mit der rechten Maustaste auf den Namen der BSP-Anwendung (**zflightdemo**), um das Kontextmenü zu öffnen, und wählen Sie **Anlegen · Seite**.

3. Geben Sie im eingeblendeten Dialogfenster den Namen einer neuen Seite ein (»vflights.htm«), fügen Sie eine Kurzbeschreibung hinzu (»View flights«) und wählen Sie den Typ (**View**), wie in Abbildung 9.31 gezeigt. Bestätigen Sie Ihre Eingaben mit der **Eingabetaste**.

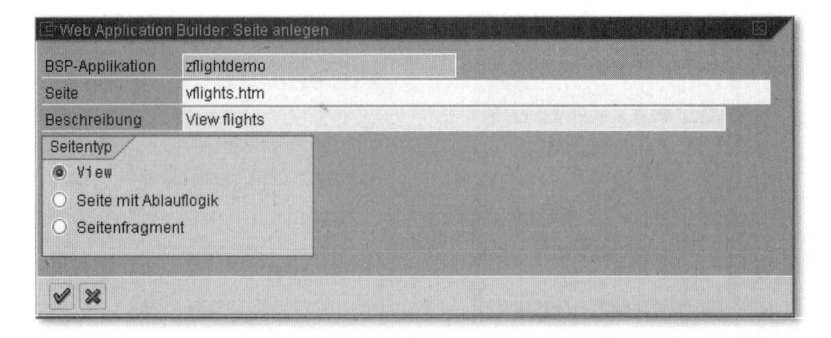

Abbildung 9.31 Erstellung des Views

4. Das System öffnet den Editor für den View (siehe Abbildung 9.32). Es steht Ihnen frei, das Layout in reinem HTML anzugeben, eine BSP-Extension (z. B. HTMLB) oder Ihre eigene Extension zu verwenden; in unserem Beispiel verwenden wir HTMLB. Kopieren Sie daher den Code aus Listing 9.3 in den Editor für den View.

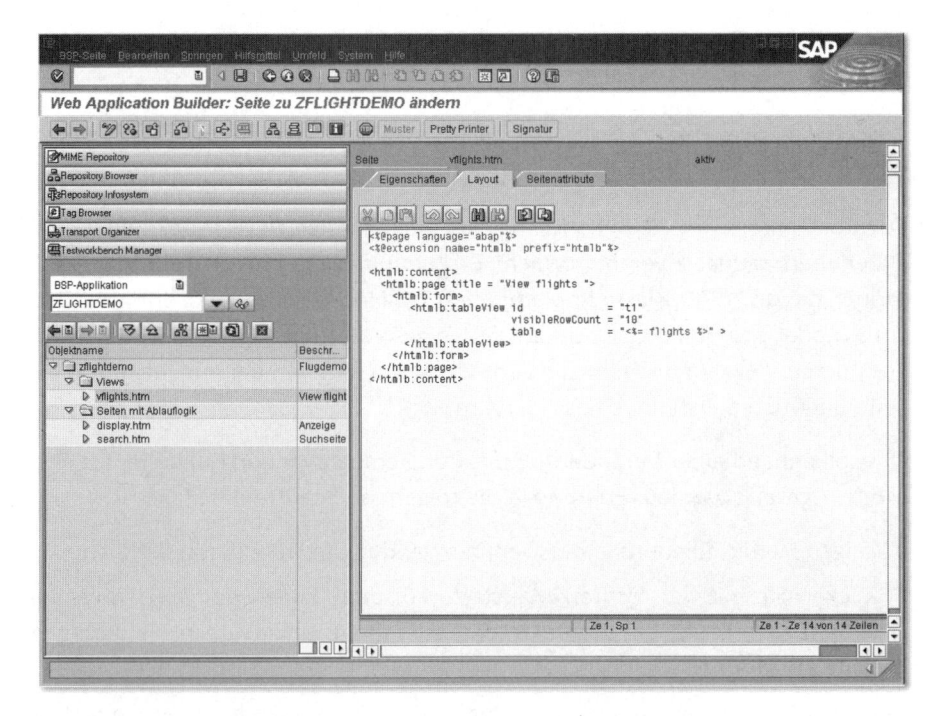

Abbildung 9.32 Layout des Views

5. Wählen Sie den Karteireiter **Seitenattribute** und erstellen Sie ein neues Attribut mit dem Namen »flights« und dem Typ »FLIGHTTAB«, wie bereits in Abschnitt 9.7.2 erläutert.

6. Klicken Sie mit der rechten Maustaste auf den Namen der BSP-Anwendung **zflightdemo**, um das Kontextmenü zu öffnen, und wählen Sie **Anlegen • Controller**. Geben Sie im folgenden Dialogfenster (siehe Abbildung 9.33) den Namen des Controllers (»flight.do«) – in der Standardeinstellung ist die Erweiterung des Controllernamens *.do* – sowie eine Kurzbeschreibung (»Flight controller«) ein. Bestätigen Sie Ihre Eingaben mit der **Eingabetaste**.

Abbildung 9.33 Erstellung des Controllers

7. Das System zeigt die Eigenschaftenseite des neu erstellten Controllers an (siehe Abbildung 9.34). Diese Seite legt die Attribute des Controllers sowie die Controllerklasse fest, die das Verhalten des Controllers implementiert. Geben Sie in das Feld **Controller-Klasse** »ZCL_FLIGHT_CONTROLLER« ein, um die Controllerklasse zu erstellen, und klicken Sie auf den **Speichern**-Button.

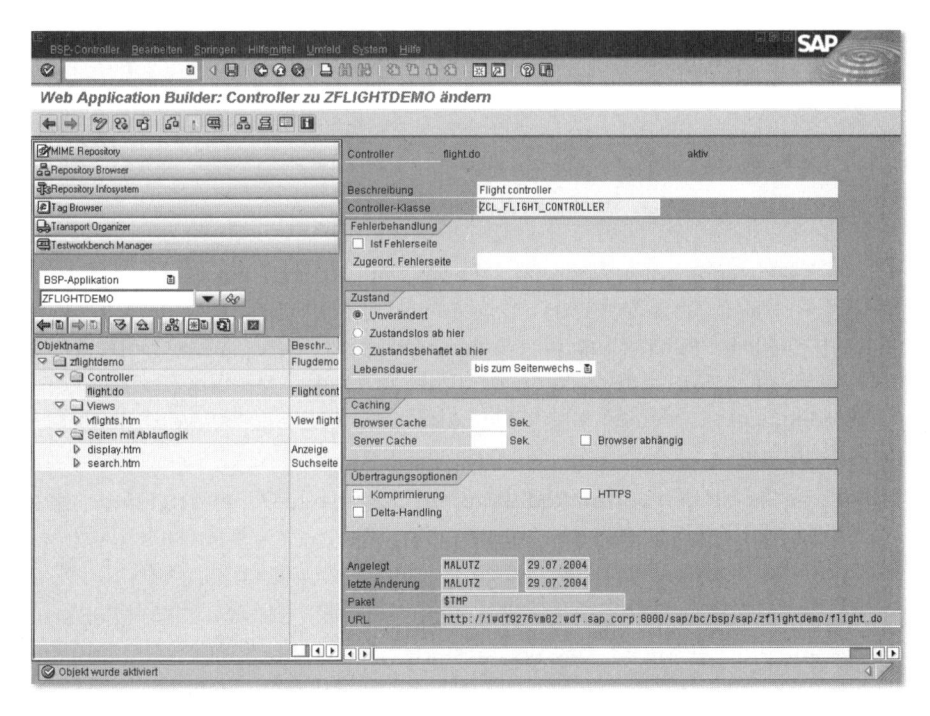

Abbildung 9.34 Eigenschaften des erstellten Controllers

8. Klicken Sie doppelt auf den Klassennamen. Sie werden gefragt, ob Sie diese neue Klasse erstellen möchten; antworten Sie mit **Ja**. Das System navigiert in den Class Builder und zeigt die geerbten Methoden an (siehe Abbildung 9.35) – alle Controllerklassen sind Unterklassen der Systemklasse CL_BSP_CONTROLLER2 und erben aus diesem Grund die Methoden der Systemklasse.

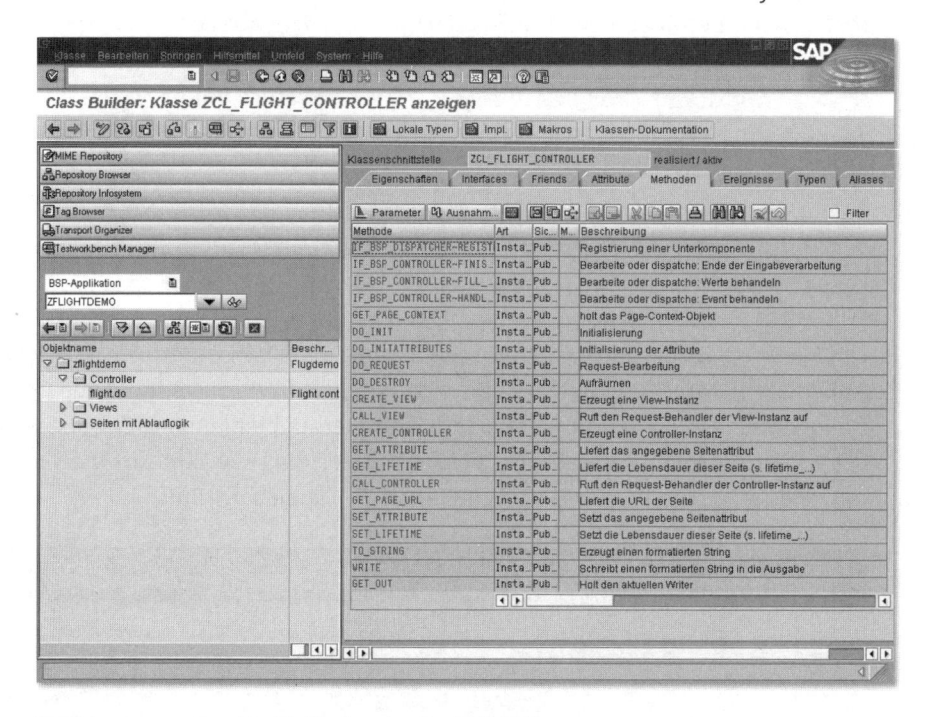

Abbildung 9.35 Geerbte Methoden der Controllerklasse

9. Wechseln Sie in den Änderungsmodus und wählen Sie die Methode do_request aus. Diese Methode ist die eigentliche Schaltzentrale des Controllers, in der jegliche Behandlung von Ereignissen stattfindet. Da ein Controller über eine eigene URL verfügt, kann er direkt in einem Webbrowser angefordert werden. Die Implementierung der Methode do_request wird dann sofort aufgerufen.

10. Klicken Sie auf den Button **Redefinieren**. Das System öffnet den Editor, in dem Sie die Aktionen spezifizieren können, die ausgeführt werden sollen, wenn der Controller angefordert wird. Geben Sie den Code aus Listing 9.7 ein.

11. **Speichern** und **Aktivieren** Sie Ihre Arbeit, wählen Sie den Controller erneut aus und drücken Sie **F8**. Das System startet den Webbrowser automatisch und zeigt die Flugliste wie zuvor an (siehe Abbildung 9.23) – allerdings sind Sie nun wesentlich flexibler, wenn Sie schnell und einfach neue Views hinzufügen möchten.

```
1 METHOD do_request.
2   DATA: view1   TYPE REF TO if_bsp_page,
3         flights TYPE flighttab.
4   SELECT * FROM sflight INTO TABLE flights.
5   view1 = create_view( view_name = 'vflights.htm').
6   view1->set_attribute( name = 'flights' value = flights).
7   call_view( view1 ).
8 ENDMETHOD.
```

Listing 9.7 Aktionen des Controllers angeben

Der Code des Controllers in Listing 9.7 bedarf noch einiger Erklärungen. In Zeile 2 wird die Variable `view1` deklariert, um eine Referenz auf das View-Objekt zu speichern, das in Zeile 5 instanziiert wird. Die interne Tabelle `flights` (Zeile 3) wird mit Datensätzen aus der Tabelle `sflight` in Zeile 4 gefüllt. Der Controller legt die interne Tabelle dann als View-Attribut (Zeile 6) fest und ruft zuletzt in Zeile 7 den View auf.

Dieses Beispiel verdeutlicht, dass das MVC-Modell ein Mehr an Flexibilität im Vergleich zum reinen BSP-Programmiermodell bietet: Der View ist sauber vom Code für die Anforderungsbehandlung getrennt. Im Gegensatz zu reinen BSP-Seiten, die sowohl Daten abrufen als auch die endgültige HTML-Seite generieren, delegieren BSP-Seiten, die auf dem MVC-Modell basieren, diese Aufgabe an eine zentrale Controllerklasse, die je nach Bedarf dynamisch aus einer Vielzahl von Views auswählen kann. Auf diese Weise lassen sich schnell neue Views hinzufügen, ohne dass die Datenbeschaffungslogik komplett neu geschrieben werden muss.

Ein weiterer Vorteil ist die Effizienz: In der BSP-Laufzeitumgebung des Web AS wird die Navigation zwischen Seiten mittels Umleitungsanforderungen behandelt. Wenn eine neue Seite angezeigt werden muss, wird eine Umleitungsanforderung an den Webbrowser geschickt, die zusätzlichen Netzwerkverkehr zur Folge hat. Auch wenn die Anwendung zustandslos ist, gehen alle Kontextinformationen zwischen den beiden Seiten verloren. Beim MVC-Modell konstruiert der Controller den View und sendet die HTML-Ausgabe der Ansicht an den Webbrowser zurück, wodurch der Kontext zwischen Seitenanforderungen gültig bleibt.

9.8.2 Hilfreiche Hinweise für die Verwendung des MVC-Modells

Das MVC-Modell besitzt gegenüber dem herkömmlichen BSP-Programmiermodell viele Vorteile:

- BSP-Controller bieten einen zentralen Punkt für jede Art von Benutzeranforderung und Navigationsbehandlung. Zusätzlich sind BSP-Controller aufrufbare Einheiten, die in anderen Anwendungen einfacher wieder verwendet werden können als bei der herkömmlichen BSP-Ereignisbehandlung.
- BSP-Views sind passive Objekte – sie dienen lediglich der Anzeige von Daten und Variablen mittels HTML oder HTMLB. Die Tatsache, dass in Views kein Scripting-Code zulässig ist, führt zu einer besseren Trennung von View- und Anwendungslogik.
- BSP-Controller und Views können gestuft werden, um »aufgeteilte« Weboberflächen anstelle von großen unstrukturierten HTML-Seiten zu erstellen. BSP-Controller können Aufgaben an Subcontroller delegieren, die direkt mit einem bestimmten View interagieren. Ein solcher View kann wiederum einen anderen Controller aufrufen (siehe Abbildung 9.36).

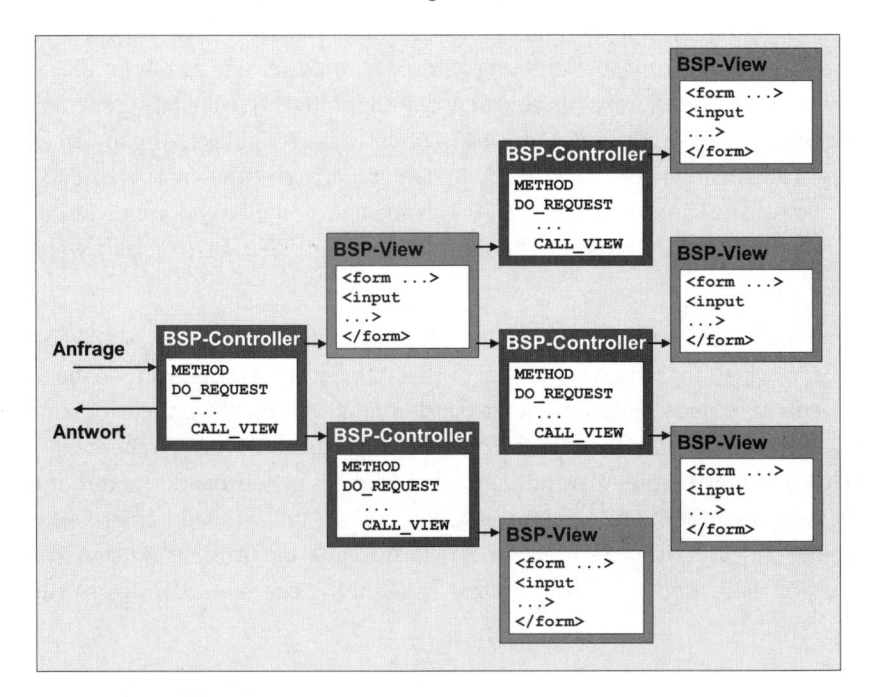

Abbildung 9.36 Komplexere MVC-Szenarios

- Anstatt jeden Controller mit dem unterliegenden Anwendungsmodell zu verbinden, können Sie individuelle Modelle für jedes Controller-View-Paar festlegen, das den Kontext für die Felder des Views enthält. Ein großes Anwendungsmodell kann auf diese Weise in Bereiche aufgeteilt werden, die sich besser verwalten lassen.

9.9 Fazit

Mit Release 6.10 des SAP Web AS wurden Business Server Pages eingeführt, die im Vergleich zur vorherigen ITS-Technologie einen großen Schritt zur direkten Webfähigkeit des Applikationsservers darstellten und diesen damit zum »echten« Web Application Server machten.

BSP-Extensions und die Unterstützung des Model-View-Controller-Modells sind ab SAP Web Application Server 6.20 verfügbar und bieten Entwicklern von Applikationen auf dem SAP Web AS eine enorme Erleichterung und vielfältige Möglichkeiten. BSP-Extensions nutzen den reinen HTML-Code und bieten eine Reihe von eingebauten Funktionalitäten, die den Programmierer von mühsamen Aufgaben wie der Tabellenformatierung oder der manuellen Erstellung von Navigationsmöglichkeiten entbinden. Das MVC-Modell ermöglicht es Entwicklern, die Bereiche Oberfläche, Datenspeicher und Anwendungsfluss Ihrer Anwendungen in einzelne Teile zu unterteilen.

Sowohl BSP-Extensions als auch das MVC-Modell sind vollständig in die ABAP Workbench integriert und können gemeinsam oder unabhängig voneinander verwendet werden, sodass Sie Ihre BSP-Anwendungen so flexibel, pflegeleicht und wieder verwendbar wie möglich gestalten können.

10 Qualitätsüberprüfung mit dem Code Inspector

Randolf Eilenberger und Andreas Simon Schmitt

Software, die sich nicht an festgelegte Qualitätsstandards hält, kann sowohl für Benutzer als auch für Entwickler zu ernsten Problemen führen. Stellen Sie sich vor, Sie haben eine Erfolg versprechende Anwendung entwickelt, die jedoch kein Kunde installieren kann, weil die Dokumentation unvollständig und der Installationsprozess fehleranfällig ist. Oder denken Sie an ein Programm, das im Produktivsystem nur langsam abläuft, obwohl es in der Entwicklungsumgebung stets eine gute Performance aufwies. Die Benutzer werden mit einer solchen Produktivitätsbremse nur sehr ungern arbeiten. Natürlich können Sie dann Experten anfordern, die Performance-Tests durchführen, Trace-Dateien analysieren und versuchen, Engpässe aufzuspüren. Doch Fehler in dieser späten Phase zu korrigieren – wenn die Anwendung bereits produktiv genutzt wird – ist wesentlich aufwändiger und teurer als eine frühzeitige Überarbeitung in der Planungs-, Entwurfs- oder Entwicklungsphase.

Um eine hohe Produktqualität zu erreichen und beizubehalten, *müssen* Entwickler und Qualitätsmanager eine Vorstellung davon haben, inwieweit ihre Programme die relevanten Standards erfüllen. Einige Standards, wie z. B. die funktionale Fehlerfreiheit, sind dabei für alle Anwendungen und Produkte bindend, während andere nur für eine Untermenge relevant sind – die Benutzerfreundlichkeit ist z. B. nur für Programme mit einer Benutzeroberfläche von Bedeutung. Weitere wichtige Standards sind Barrierefreiheiten, Sicherheit und Performance, aber auch die Dokumentation des Produktes, die Unterstützung von Upgrades und die Möglichkeit der Datenarchivierung gehören dazu.

Der *Code Inspector* kann Ihnen dabei helfen, einige dieser Standards in Ihren ABAP-Programmen selbst zu überwachen. Der Code Inspector durchsucht Programme auf der Basis des statischen ABAP-Codes auf mögliche Probleme, insbesondere in den Bereichen Performance und Sicherheit. Sie können diese Informationen bereits während der Entwicklung des Programms abrufen und damit Fehler korrigieren, bevor sie das Produktivsystem erreichen.

Dieses Kapitel bietet Ihnen eine Einführung in den Code Inspector und seine Funktionsweise, die Erläuterung der Prüfumgebung sowie die Vorstellung einiger wichtiger Prüfungen, die mit dem Code Inspector ausgeliefert werden und sofort einsatzbereit sind. Doch bevor wir uns mit dem Code Inspector an sich näher beschäftigen, werfen wir zunächst einen kurzen Blick auf das Zusammenspiel von dynamischen und statischen Tests.

10.1 Dynamische und statische Tests zur Bestimmung der Programmqualität

Neben der kritischen Begutachtung der geplanten Softwarearchitektur und von Programmprototypen ist das Testen die effizienteste Technik um Programmqualität zu kontrollieren. Auch wenn es nicht immer möglich ist, mit automatisierten Tests zu arbeiten, so wäre es dennoch wünschenswert, um die Einhaltung von Standards zu überprüfen. Dabei kann man zwischen *dynamischen* und *statischen* Tests unterscheiden.

Zur Durchführung dynamischer Tests erstellen Sie Testfälle und Testdaten, führen das zu testende Programm oder Szenario aus und bewerten die Ergebnisse, die Ihnen Datenbank- und Laufzeit-Traces liefern. Der Vorteil dynamischer Tests ist, dass die meisten der entdeckten Probleme auch relevant sind. Ein Fehler wird jedoch nur dann entdeckt, wenn der kritische Codepfad, der den Fehler enthält, Teil eines Testfalls ist und somit auch ausgeführt wird. Durch zusätzliche Testfälle kann zwar eine größere Menge an Codepfaden geprüft werden, die vollständige Einbeziehung aller möglichen Codepfade erreichen Sie jedoch nie. Selbst wenn Sie über eine erhebliche Menge an Testfällen verfügen, kann das Auftreten eines Fehlers auch von einer bestimmten Datenkonstellation verursacht werden, die Sie nicht berücksichtigt haben.

Einige dieser Nachteile lassen sich durch statische Analysen während des Entwicklungsprozesses ausgleichen. Bei einem statischen Test überprüfen Sie die Qualität eines Objekts auf der Basis seiner statischen Definition. Sie können z. B. versuchen, die Programmqualität zu bestimmen, indem Sie den statischen Code analysieren. Da statische Tests oftmals einfacher zu automatisieren sind als dynamische Tests, können Sie dadurch zudem Ihre Testkosten reduzieren. Stellen Sie sich statische Prüfungen als wissensbasierte Systeme vor, die die herkömmliche ABAP-Syntaxprüfung erweitern. Betrachten Sie dazu beispielsweise folgende Open-SQL-Anweisung:

```
SELECT SINGLE * FROM dbtab WHERE name = author.
```

Wenn das Feld `name` nicht das erste Feld in einem Datenbankindex der Tabelle DBTAB ist (oder das zweite Feld, wenn die Tabelle mandantenabhängig ist und das erste Feld des Indexes den Mandanten enthält), verursacht diese Anweisung eine vollständige Durchsuchung der Tabelle (*Full Table Scan*). Bei vielen Einträgen in der Tabelle kann dies zu extrem hohen Antwortzeiten führen. Die zugehörige statische Prüfung sucht in einem Programm nach SELECT-Anweisungen und vergleicht deren WHERE-Bedingungen mit den Definitionen der betreffenden Datenbanktabellen und zugehörigen Indexe. Die Prüfung löst eine Meldung aus, wenn name nicht das erste (oder zweite) Feld eines Indexes der Tabelle DBTAB ist.

Statische Prüfungen haben aber auch ihre Mängel. In vielen Fällen beziehen sie sich lediglich auf die möglichen Probleme, die eine Anweisung nach sich ziehen könnte. Vielleicht treten diese Probleme jedoch niemals auf, weil

- die Anweisung niemals, nur sehr selten oder unter außergewöhnlichen Umständen ausgeführt wird, sodass sie in einem Produktivsystem niemals ein Problem darstellen wird.
- die Anweisung niemals mit kritischen Daten ausgeführt wird. So muss im oben besprochenen Beispiel ein vollständiges Durchsuchen der Tabelle selbst in einem Produktivsystem keine negativen Auswirkungen haben, wenn die Datenbanktabelle nur wenige Einträge enthält.

Einer statischen Prüfung ist die Relevanz des untersuchten Codes selten bekannt. Auch kann eine solche Prüfung nicht vorhersehen, welche Daten ein Programm in einem Produktivsystem verarbeiten wird. Der Erfolg einer statischen Prüfung hängt damit nicht zuletzt von der Kenntnis des Entwicklers ab, der die Ergebnisse der Prüfung durchsieht und entscheiden muss, ob ein potenzielles zu einem realen Problem führen kann.

Gut geeignet für statische Prüfungen sind Namenskonventionen, Formatvorgaben für das Layout und andere einfache Programmierstandards, die eng mit dem statischen Code verknüpft sind. Bis zu einem bestimmten Grad können Sie statische Prüfungen auch zur Suche nach Anweisungen verwenden, die die Systemstabilität und -sicherheit gefährden, wie z. B. Datenbankhinweise oder Anweisungen zum Manipulieren von Programmen.

Dagegen hängt die Programm-Performance vom zur Laufzeit ausgeführten Code und den verarbeiteten Daten ab. Die Performance ist in einem Entwicklungssystem, in dem oft keine repräsentativen Testdaten vorhanden sind, normalerweise kein Problem. Beim produktiven Einsatz mit einer viel höheren Zahl von Nutzern und großen Datenmengen kann sich das jedoch schnell ändern. Glücklicherweise erlaubt Ihnen auch die statische Analyse, bereits verschiedene Annahmen zur Programm-Performance anzustellen. Sie können beispielsweise durch die statische Analyse von Programmquelltext und ABAP-Dictionary-Definitionen bestimmen, ob Open-SQL-Anweisungen aufgrund einer schlecht kodierten WHERE-Bedingung oder eines fehlenden Datenbankindexes zum Performance-Engpass werden können.

Zur Durchführung statischer Qualitätsprüfungen benötigen Sie ein Werkzeug, um Programmquelltexte und andere Entwicklungsobjekte effizient untersuchen zu können. Ab Release 6.10 des SAP Web Application Servers steht Ihnen mit dem Code Inspector ein solches Werkzeug zur Verfügung. Es überprüft Programme, Funktionsgruppen, Klassen und andere Repository-Objekte. Als ABAP-Entwickler können Sie mühelos alle Objekte auswählen, für die Sie zuständig sind. Als Qualitätsmanager können Sie nach Wunsch alle Objekte für eine Anzahl von Paketen (die früheren Entwicklungsklassen) auswählen. Objektmengen werden mit einer Zusammenstellung von Einzelprüfungen kombiniert und anschließend wird ein Test ausgeführt. Die Architektur des Code Inspectors unterstützt die effiziente Nutzung gemeinsamer Daten durch Einzelprüfungen sowie die Option zur parallelen Ausführung von Tests in bis zu zwölf Prozessen. Das hat zur Folge, dass Sie selbst bei sehr großen Objektmengen die Testergebnisse minutenschnell erhalten.

Für beste Ergebnisse empfehlen wir Ihnen eine Kombination aus statischen und dynamischen Tests. Beispielsweise besteht der SAP-Produktstandard »Performance« aus einer Reihe von Einzelkriterien. Um diese Kriterien einzuhalten, wird eine Kombination aus den folgenden Tests eingesetzt:

- Statische Perfomance-Prüfungen mit dem Code Inspector (Transaktion SCI) für alle Objekte
- Dynamische Prüfungen mit der Laufzeitanalyse (Transaktion SE30) und dem Performance-Trace (Transaktion ST05) für die wichtigsten Szenarios.

Sie können und sollten diese Werkzeuge in jedem Fall auch für Ihre eigenen Tests nutzen.

10.2 Die Prüfumgebung des Code Inspectors

Der Code Inspector unterstützt die statische Analyse von ABAP-Programmen und anderen Entwicklungsobjekten und bietet Ihnen eine vollständige Prüfumgebung, die Sie selbst durch neue individuelle Prüfmodule erweitern können. Im Einzelnen ermöglicht Ihnen der Code Inspector:

- das Überprüfen von Einzelobjekten und Objektmengen
- das einfache Kombinieren von Einzelprüfungen zu einer Prüfvariante
- das Speichern und Wiederverwenden von Objektmengen sowie von Prüfvarianten, die auch durch die Systemlandschaft transportiert werden können
- das Festlegen von Parametern zum Steuern des Prüfverhaltens
- eine schnelle Ausführung der Prüfung durch die gemeinsame Datennutzung für Prüfungen und eine optionale Parallelverarbeitung

- das Zugreifen auf eine Online-Dokumentation für Prüfungen und Ergebnismeldungen
- das einheitliche Anzeigen von Prüfungsergebnissen in einer hierarchischen Baumstruktur
- das direkte Navigieren zum Objekt, das eine Meldung ausgelöst hat

Technisch gesehen besteht die Prüfumgebung des Code Inspectors aus zwei Funktionsbereichen: dem *Testtreiber* sowie einer erweiterbaren Menge von *Prüfungen*. Der Testtreiber definiert und speichert die Testaufgaben, führt diese aus, speichert die Ergebnisse und zeigt sie an. Neben den standardmäßig eingebauten Prüfungen – weitere werden in künftigen Releases hinzugefügt – können Sie auch eigene Prüfungen definieren. Die Prüfungen können die aufbereiteten Daten der zu untersuchenden Objekte gemeinsam nutzen. Damit führt der Code Inspector die Datenaufbereitung, wie z. B. das Zerlegen eines Programms in seine einzelnen ABAP-Token, nur einmal pro Objekt durch.

Abbildung 10.1 veranschaulicht die verschiedenen Elemente des Code Inspectors sowie die Beziehungen zwischen ihnen. Eine *Inspektion* (der auszuführende Test) besteht aus der Kombination einer *Objektmenge* (die zu prüfenden Objekte) mit einer *Prüfvariante* (die Menge der durchzuführenden Prüfungen). Die Ausführung einer Inspektion liefert als Ausgabe die *Ergebnisse*. Im Folgenden betrachten wir die einzelnen Elemente im Detail.

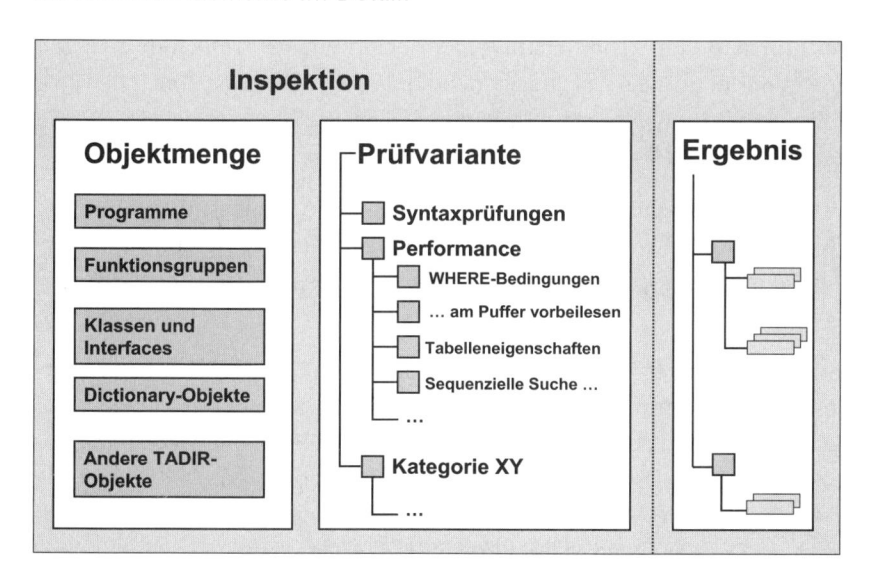

Abbildung 10.1 Elemente des Code Inspectors

10.2.1 Inspektion

Die Inspektion bezeichnet die Angabe der Testaufgabe, die zunächst aus zwei Komponenten besteht:

- den durchzuführenden Prüfungen gemäß der angegebenen Prüfvariante
- der Objektmenge, auf die die Prüfungen angewendet werden sollen

Eine Inspektion kann dabei entweder *anonym* oder *benannt* sein.

- Anonyme Inspektionen sind temporär und werden nicht persistent gespeichert. Wählen Sie anonyme Inspektionen für die Ausführung kleiner Ad-hoc-Abfragen von Einzelobjekten oder kleinen Objektmengen bzw. wenn keine Persistenz erforderlich ist.
- Benannte Inspektionen sind für die Behandlung großer Objektmengen (mit mehr als 20 Objekten) gedacht. Sie sind erforderlich, wenn die Ergebnisse persistent gespeichert werden sollen. Benannte Inspektionen werden durch einen Namen und eine Versionsnummer identifiziert und können, im Gegensatz zu anonymen Inspektionen, parallel in mehreren Prozessen ausgeführt werden. Nach dem Ende des Prüflaufs enthält eine Inspektion die Ergebnisse als weitere Komponente.

10.2.2 Prüfvariante

Der Code Inspector bietet eine Vielzahl von Einzelprüfungen, die Kategorien wie Syntax, Performance und Sicherheit zugeordnet sind. Einige Prüfungen verfügen auch über Parameter, mit deren Hilfe Sie den konkreten Geltungsbereich der Prüfung und ihr Verhalten weiter steuern können. Eine Prüfvariante bezeichnet die Zusammenstellung einer oder mehrerer Einzelprüfungen.

Um eine Prüfung auf ein Objekt anzuwenden, müssen Sie zunächst die Prüfung zu einer Prüfvariante hinzufügen. Sie können Prüfvarianten zur späteren Wiederverwendung benennen und speichern sowie durch die Systemlandschaft transportieren.

Das Code-Inspector-Paket S_CODE_INSPECTOR wird mit einer Vielzahl individueller Prüfungen ausgeliefert, die sich zu Prüfvarianten zusammenfassen lassen. Sie können globale Prüfvarianten (siehe Abschnitt 10.2.4) wie jedes andere transportierbare SAP-Objekt durch die Systemlandschaft transportieren. Mit dem Code Inspector werden bereits einige globale Prüfvarianten ausgeliefert, die beiden wichtigsten sind DEFAULT und PERFORMANCE_CHECKLIST:

- DEFAULT
  Jede Prüfung, die aus der ABAP Workbench gestartet wird (siehe Abschnitt 10.3.1), verwendet die umfangreiche globale DEFAULT-Prüfvariante. Diese

Prüfvariante enthält die herkömmlichen und erweiterten ABAP-Syntaxprüfungen sowie zusätzlich Performance- und Sicherheitsprüfungen, diese Prüfungen werden in Abschnitt 10.4 detaillierter besprochen. Sie können Workbench-Objekte auch mit einer anderen Prüfungskombination prüfen, indem Sie Ihre eigene lokale DEFAULT-Prüfvariante definieren, die die globale außer Kraft setzt. Ihre lokale DEFAULT-Prüfvariante können Sie entweder mit Transaktion SCI oder aus dem Ergebnisbild einer Workbench-Inspektion erstellen.

▶ PERFORMANCE_CHECKLIST
Diese Prüfvariante enthält einen Satz grundlegender Prüfungen für die Performance-Analyse, wie z.B. »Analyse der WHERE-Bedingung für SELECT, UPDATE, und DELETE«. Sie umfasst die wichtigsten Performance-Prüfungen, um schlecht kodierte WHERE-Bedingungen oder Anweisungen, die den SAP-Tabellenpuffer umgehen, bereits in der Implementierungsphase zu erkennen. Eine detaillierte Beschreibung der Performance-Prüfungen finden Sie ebenfalls in Abschnitt 10.4.

10.2.3 Objektmenge

Prüfungen werden auf Objekte angewendet. Ein Objekt kann ein beliebiges Entwicklungsobjekt sein, das in einem SAP-System vorhanden ist und über einen Eintrag im Katalog der Repository-Objekte (Datenbanktabelle TADIR) verfügt. Dies können ABAP-Programme (wie z.B. ausführbare Programme, Funktionsgruppen, Class- und Interface-Pools), Dynpros, Benutzungsoberflächen, Typ- und Datenbankdefinitionen im ABAP Dictionary usw. sein. Eine Objektmenge ist die Spezifikation der zu prüfenden Objekte. Der Code Inspector bietet vier verschiedene Möglichkeiten zum Anlegen von Objektmengen. Sie können Objekte aus

▶ dem Katalog der Repository-Objekte (Datenbanktabelle TADIR)

▶ einem Transportauftrag

▶ der Schnitt- oder Vereinigungsmenge zweier anderer Objektmengen

▶ der Ergebnismenge einer ausgeführten Inspektion

auswählen. Mit Release 6.40 des SAP Web Application Servers wurden zusätzlich Objektkollektoren eingeführt, die es erlauben, von anderen SAP-Werkzeugen erzeugte Objektlisten in eine Code-Inspector-Objektmenge zu überführen. Wichtigste Beispiele hierfür sind Objektlisten aus dem Verwendungsnachweis, der ABAP-Laufzeitanalyse (Transaktion SE30), dem Coverage Analyzer (Transaktion SCOV, siehe Kapitel 11) oder aus einer Datei.

In einem Kundensystem wird das Ablegen eines SAP-Objekts in einer Objektmenge nicht unterstützt. Durch einen SAP-Hinweis geänderte Objekte können aber bis zu sieben Tage nach der Änderung mit einem Einzeltest (Auswahl eines Einzelobjektes anstelle einer Objektmenge in der Inspektion) geprüft werden.

Objektmengen werden durch einen Namen und eine Versionsnummer identifiziert und können beliebig wieder verwendet werden.

10.2.4 Globale und lokale Elemente

Jede Instanz eines Elements des Code Inspectors (Inspektion, Prüfvariante, Objektmenge) kann entweder *global* oder *lokal* sein. Globale Elemente sind für jeden Benutzer eines System sichtbar und können von allen Benutzern verwendet werden. Um redundante Definitionen zu vermeiden, sollten Sie Elemente als global definieren, wenn diese von vielen Benutzern verwendet werden – z. B. Prüfvarianten, die von allen Entwicklern einer Abteilung oder der ganzen Firma genutzt werden sollen. Beispiele hierfür sind die DEFAULT-Prüfvariante für die aus der ABAP Workbench gestarteten Inspektionen (siehe Abschnitt 10.3.1) oder große und wichtige Objektmengen. Andererseits sollten Sie die Anzahl von Einträgen, die einzelne Benutzer in der **F4**-Hilfe sehen, minimieren. Elemente, die nur für einen Benutzer von Interesse sind, sollten von diesem lokal definiert werden. Für globale Inspektionen akzeptiert der Code Inspector nur die Kombination aus einer globalen Objektmenge und einer globalen Prüfvariante.

Achten Sie darauf, dass das Kennzeichen für lokal bzw. global korrekt gesetzt ist, wenn Sie ein Code-Inspector-Element anzeigen wollen. Wenn Sie beispielsweise eine globale Prüfvariante angelegt haben, zeigt der Code Inspector eine Fehlermeldung an, falls Sie versuchen, diese bei auf lokal gesetztem Kennzeichen anzuzeigen.

10.3 Mit dem Code Inspector arbeiten

Der Code Inspector ist ein automatisiertes Werkzeug, mit dessen Hilfe die statischen Definitionen von Repository-Objekten bezüglich unterschiedlicher Kategorien, wie Performance und Sicherheit, überprüft werden können. Als Ergebnis der Prüfung wird eine hierarchische Liste mit Meldungen angezeigt, die auf Objekte oder Anweisungen in Objekten verweisen, die problematisch erscheinen.

Diese Meldungen sind mit den Attributen **Information**, **Warnung** und **Fehler** klassifiziert. Insbesondere bei Prüfungen der Performance-Kategorie weisen viele dieser Meldungen nur auf potenzielle Probleme hin. Sie müssen mithilfe Ihres Wissens und Ihrer Erfahrung entscheiden, ob der Code Inspector »ins Schwarze« getroffen hat oder einfach nur überempfindlich war. Umgekehrt ist das Fehlen von Meldungen zur Performance keine Garantie dafür, dass eine Anwendung tatsächlich frei von Performance-Problemen ist. Sicherheit können hier nur dynamische Tests bringen.

Bevor wir uns genauere Informationen zur Interpretation der Ergebnisse ansehen, lassen Sie uns zunächst untersuchen, wie Sie mit dem Code Inspector arbeiten.

10.3.1 Den Code Inspector für ein Einzelobjekt aufrufen

Wenn Sie an einem Programm, einem Funktionsbaustein oder einer Klasse arbeiten, sind Sie es gewohnt, die ABAP-Syntaxprüfung direkt im ABAP Editor aufzurufen. Die Performance- oder Sicherheitsprüfungen des Code Inspectors sind genauso komfortabel integriert. Ab Release 6.10 können Sie den Code Inspector für das Objekt, an dem Sie arbeiten, im Menü der ABAP Workbench (Transaktion SE80), im ABAP Editor (Transaktion SE38), im Function Builder (Transaktion SE37) oder im Class Builder (Transaktion SE24) aufrufen. Wählen Sie einfach **<Objekt> · Prüfen · Code Inspector** (siehe Abbildung 10.2), wobei »<Objekt>« für **Programm**, **Funktionsbaustein** oder **Klasse** steht. Ab Release 6.40 können Sie so auch die Definitionen von Datenbanktabellen im ABAP Dictionary (Transaktion SE11) überprüfen. Bei der Überprüfung eines Funktionsbausteines untersucht eine Prüfung die gesamte Funktionsgruppe, zu der ein Baustein gehört, da Funktionsbausteine, ebenso wie Unterprogramme und Methoden, aus Sicht der Syntaxprüfung keine eigenständigen Objekte darstellen.

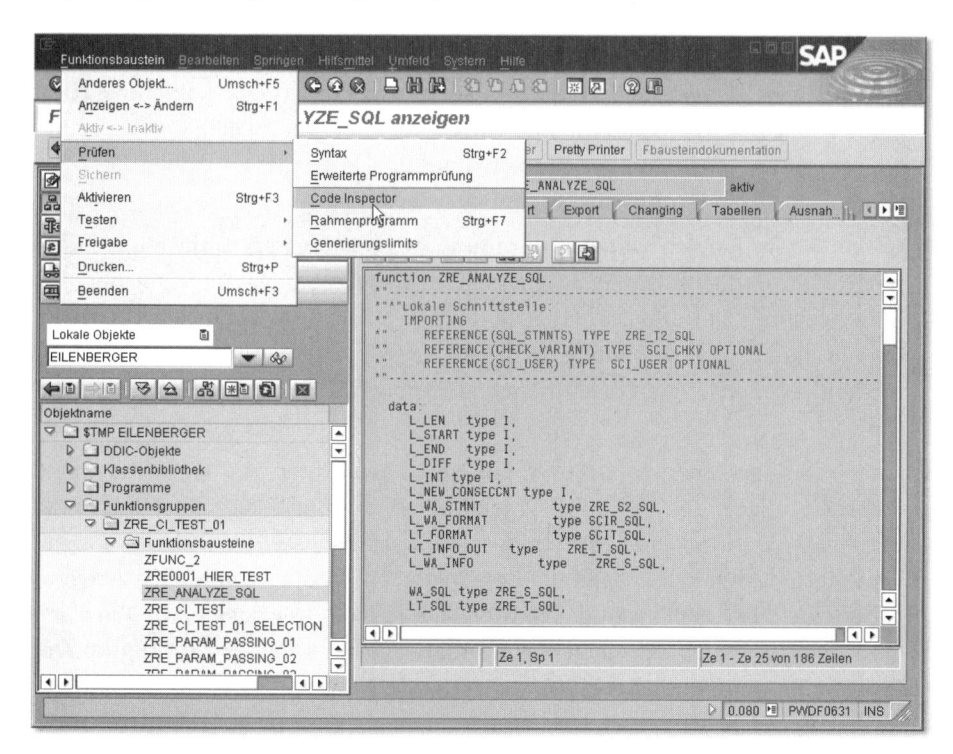

Abbildung 10.2 Aufruf des Code Inspectors aus dem Menü der ABAP Workbench

Beim Aufruf aus den Workbench-Transaktionen wendet der Code Inspector automatisch die Prüfvariante DEFAULT auf die zu untersuchenden Objekte an (siehe Abschnitt 10.2.1). Die Ergebnisse einer solchen Workbench-Inspektion werden nicht persistent gespeichert.

10.3.2 Den Code Inspector für mehrere Objekte aufrufen

Um Objekte zu prüfen, die keine Programme, Funktionsgruppen, Klassen oder Datenbanktabellen sind, oder um viele Objekte gleichzeitig zu prüfen, müssen Sie den Code Inspector direkt verwenden. Sie können damit beliebige Objektmengen anlegen, Einzelprüfungen zu Prüfvarianten zusammenstellen und je eine Objektmenge und Prüfvariante zu einer Inspektion kombinieren. Jede Instanz dieser Elemente kann dabei entweder global oder lokal sein (siehe Abschnitt 10.2.4).

Objektmengen anlegen

Um mehrere Objekte zu prüfen, definieren Sie eine Objektmenge. Wenn Sie beispielsweise alle globalen Klassen prüfen möchten, für die ein Benutzer mit dem Namen »MORIARTY« zuständig ist, führen Sie dazu die folgenden Schritte aus:

1. Rufen Sie den Code Inspector auf (Transaktion SCI).
2. Geben Sie im Einstiegsbildschirm des Code Inspectors (siehe Abbildung 10.3) einen Namen für die **Objektmenge** – in diesem Beispiel »SUSPEKT« – ein, und wählen Sie die Funktion **Anlegen**, woraufhin Sie zu der in Abbildung 10.4 (Seite 368) gezeigten Ansicht wechseln.
3. Geben Sie im Bereich **Objekt-Zuordnung** des Karteireiters **ObjMenge selektieren** den Benutzernamen »MORIARTY« in das Feld Verantwortlicher ein. Bitte beachten Sie, dass Sie das Feld nicht mit dem Feld **Verantwortlicher** im oberen Bereich von Abbildung 10.4 verwechseln, das den Namen des Benutzers enthält, der für die Objektmenge zuständig ist – in diesem Beispiel »HOLMES«.
4. Geben Sie im Bereich **Objekt-Selektion** einen Stern (»*«) in das Feld **Klasse/Interface** ein, um die Objektmenge ausschließlich auf Klassen zu begrenzen. Der Stern stellt sicher, dass *alle* dem Benutzer »MORIARTY« zugewiesenen Klassen einbezogen werden. Wenn Sie beispielsweise »CL_A*« eingeben, werden nur Klassen ausgewählt, die mit »CL_A« beginnen. Ohne den Stern würde die Objektmenge auch andere Objekttypen (Funktionsgruppen, Programme usw.) enthalten.

5. **Speichern** Sie mit der entsprechenden Funktion in der Symbolleiste. Wenn Sie die Checkbox **Nur Selektionen sichern** im oberen Bereich des Karteireiters **ObjMenge selektieren** auswählen (siehe Abbildung 10.4), werden Ihre Selektionskriterien gespeichert, ohne dass eine Objektliste generiert wird (*virtuelle Objektmenge*). Wenn Sie eine virtuelle Objektmenge in einem Inspektionslauf verwenden, erzeugt der Code Inspector zur Laufzeit eine aktuelle Liste, wodurch sicher gestellt wird, dass die Inspektion keine veraltete Objektmenge untersucht. Sie sollten immer dann mit virtuellen Objektmengen arbeiten, wenn Objekte im ausgewählten Bereich Ihrer Objektmenge (z.B. einem Paket) häufig erstellt oder gelöscht werden. In diesen Fällen führt eine fest angelegte Objektliste andernfalls dazu, dass die Objektmenge im Laufe der Zeit veraltet.

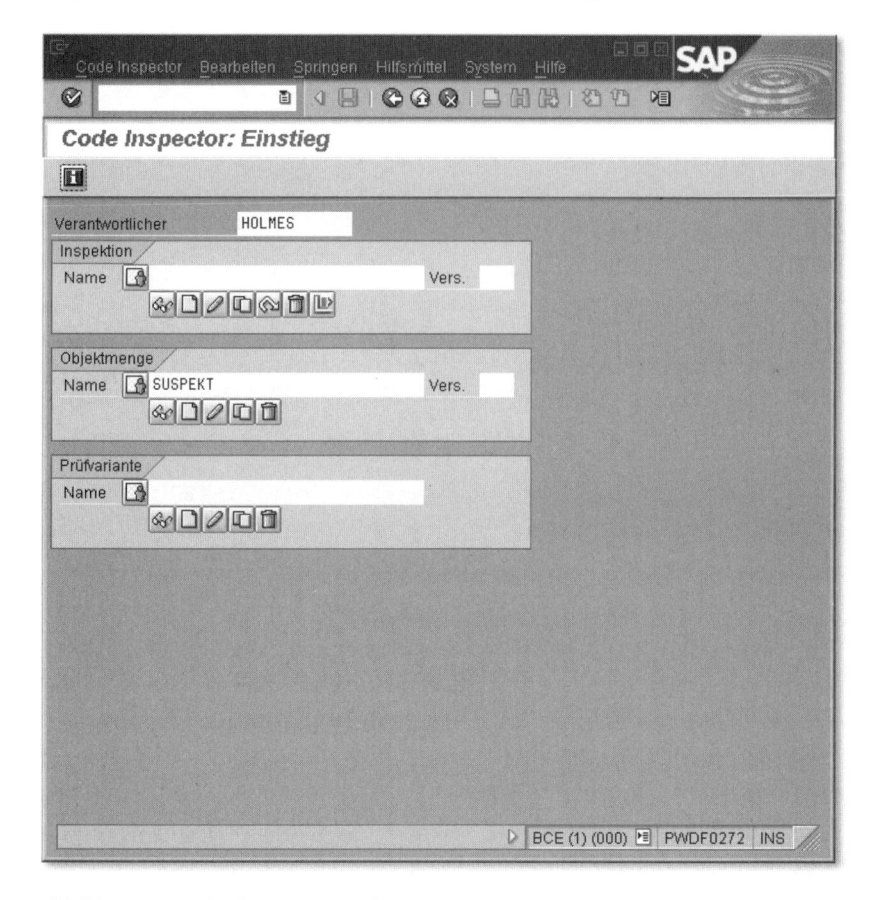

Abbildung 10.3 Objektmenge erstellen

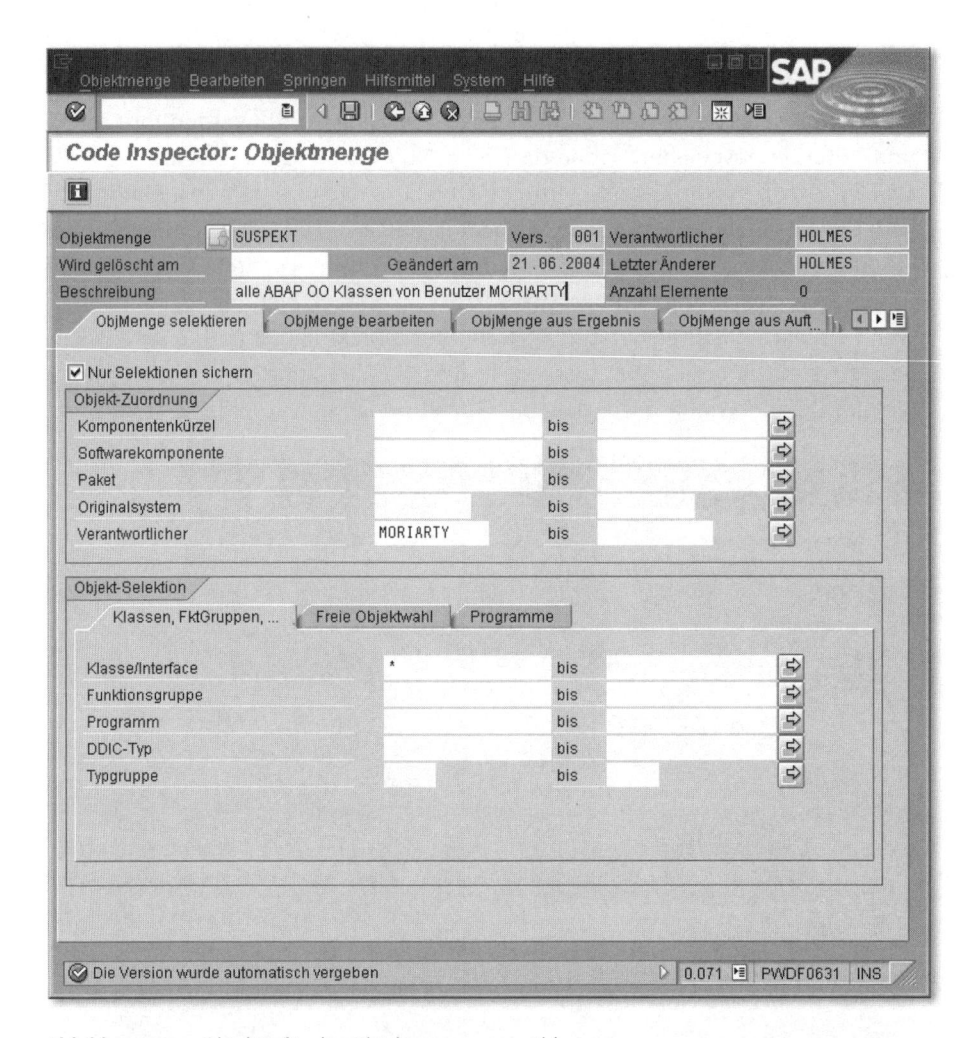

Abbildung 10.4 Objekte für die Objektmenge auswählen

Nachdem Sie die Objektmenge erstellt und gespeichert haben, können Sie Ihre Objektselektion weiter anpassen. Im Bereich **Objekt-Zuordnung** (siehe Abbildung 10.4) können Sie Objekte entsprechend ihrer Zuordnung zu den Ordnungskriterien **Komponentenkürzel** (SAP-Komponentenhierarchie), **Softwarekomponente**, **Paket** (Nachfolger der früheren Entwicklungsklasse), **Originalsystem** und **Verantwortlicher** auswählen. Diese Ordnungskriterien werden dabei durch UND-Operationen verknüpft: Wenn Sie Ordnungskriterien auswählen, die keine Schnittmenge haben, ist die resultierende Objektmenge leer.

Im Bereich **Objekt-Selektion** (siehe Abbildung 10.4) können Sie verschiedene Typen von Objekten auswählen. Tabelle 10.1 beschreibt die einzelnen Karteireiter und gibt an, für welche Objekttypen sie gedacht sind.

Karteireiter	Auswahlmöglichkeiten	Auszuwählen, wenn Sie ...
Klassen, FktGruppen, ...	▶ globale Klassen und Interfaces ▶ Funktionsgruppen ▶ andere Programme ▶ Dictionary-Typen (Datenelemente, Strukturen/Datenbanktabellen, Views, physikalische Pool- und Clustertabellen, Tabellentypen) ▶ Typgruppen	... Ihrer Objektmenge diese vordefinierten Objekttypen hinzufügen möchten.
Freie Objektwahl	▶ jeder TADIR-Objekttyp (wie DOMA für Domänen)	... einen Objekttyp hinzufügen möchten, der nicht im Karteireiter **Klassen, FktGruppen, ...** definiert ist.*
Programme	▶ ein Programm mit Eigenschaften, wie sie in der Tabelle der Programmquellen REPOSRC definiert sind (z. B. Programmtyp oder Status)	... mit dem SAP-Konzept von Programmen und Includes gut vertraut sind. Wenn Sie Ihrer Objektmenge lediglich ein Programm hinzufügen möchten, verwenden Sie besser den Karteireiter **Klassen, FktGruppen, ...** Da Fehler in diesem Karteireiter, wie das Nicht-Spezifizieren eines Programmnamens, sehr lange Antwortzeiten zur Folge haben können, muss hier die Funktion **Selektion aktivieren** ausgewählt werden, um die Auswahl zu aktivieren.

* Wenn Sie im Karteireiter **Freie Objektwahl** einen Objekttyp wählen, vergewissern Sie sich zunächst, ob der Code Inspector für diesen Objekttyp eine Prüfung bereitstellt. Ist dies nicht der Fall, so wird das Objekt zwar Teil einer Objektmenge, eine Prüfung erfolgt jedoch nicht. Mit den von SAP mitgelieferten Prüfungen lassen sich Programme (inklusive globalen Klassen und Funktionsgruppen) sowie die Definitionen von Datenbanktabellen prüfen. Sie können auch eine neue Prüfung hinzufügen, um Objekte eines anderen Typs zu untersuchen, und diese dann im Karteireiter **Freie Objektwahl** auswählen.

Tabelle 10.1 Bedeutung der Karteireiter im Bereich Objekt-Selektion

Weitere Methoden für die Erstellung einer Objektmenge

Üblicherweise werden Sie zu Beginn Ihrer Arbeit Objektmengen mit dem Code Inspector durch die oben beschriebene Objektselektion erstellen. Später bieten andere Methoden zur Erstellung von Objektmengen zusätzliche Leistung und Flexibilität. Auf diese zusätzlichen Methoden wird über die folgenden Karteireiter (siehe Abbildung 10.4) zugegriffen:

- **ObjMenge bearbeiten**
  Wählen Sie diese Option, wenn Sie eine Objektmenge erstellen möchten, die aus der Kombination zweier anderer Objektmengen besteht. Sie können Objektmengen vereinigen oder Schnittmengen bilden und sie nach den Attributen **Objekttyp**, **Objektname**, **Paket** und **Verantwortlicher** filtern.

- **ObjMenge aus Ergebnis**
  Wählen Sie diese Option, wenn Sie Ihre Ergebnismenge in mehreren Schritten bestimmen wollen. Sie können eine neue Objektmenge erstellen, die Objekte beinhaltet, die während einer Inspektion eine Meldung ausgelöst haben – verwenden Sie also alle Objekte, die in einer ersten Inspektion eine Meldung auslösen, als Objektmenge für eine zweite darauf folgende Inspektion. Auch hier können Sie die Menge nach den Attributen **Objekttyp**, **Objektname**, **Paket** und **Verantwortlicher** filtern sowie die Meldungscodes und die Meldungspriorität (**Fehler**, **Warnung** oder **Information**) einer Einzelprüfung auswählen.

- **ObjMenge aus Auftrag**
  Wählen Sie diese Option, wenn Sie die Objekte aus einem Transportauftrag prüfen möchten. So können Sie z. B. sicherstellen, dass nur diejenigen Objekte in Ihr Produktivsystem transportiert werden, die Ihren Sicherheitsbestimmungen entsprechen. Sie können die Objektmengen aus Transportaufträgen/-aufgaben extrahieren und diese nach den Attributen **Objekttyp**, **Objektname**, **Paket** und **Verantwortlicher** filtern. Enthält der Auftrag Programme, so enthält die neue Objektmenge ausschließlich die damit verbundenen Rahmenprogramme (Class- und Interface-Pools oder Funktionsgruppen anstatt Include-Programmen, einzelnen Methoden oder Funktionsbausteinen).
  Seit Release 6.40 wird im Transport Organizer (Transaktion SE09) die Prüfung von Objekten in Transportaufträgen übrigens vom Code Inspector durchgeführt (**Auftrag/Augabe · Gesamtprüfung · Objekte**).

Damit der Code Inspector nicht zu viele Daten ansammelt, gibt es für Inspektionen und Objektmengen ein automatisch generiertes Löschdatum von 50 Tagen; gesteuert durch einen täglichen Hintergrundjob werden die Inspektionen oder Objektmengen jeweils nach diesem Zeitraum gelöscht. Inspektionen, die noch nicht ausgeführt wurden, und Objektmengen, die in diesen Inspektionen enthalten sind, werden nicht gelöscht. Wenn Sie Ihre Objektmengen oder Inspektionen über einen längeren Zeitraum als 50 Tage aufbewahren möchten, müssen Sie lediglich das Löschdatum ändern. Das Löschdatum kann individuell für die einzelnen Inspektionen und Objektmengen geändert werden.

Prüfvariante anlegen

Nach dem Anlegen einer Objektmenge besteht der nächste Schritt in der Entscheidung, welche Prüfungen Sie auf diese Objekte anwenden möchten. Der Code Inspector verwendet stets Prüfvarianten, d.h. Zusammenstellungen von Einzelprüfungen, und nicht die Einzelprüfungen selbst. Die von SAP ausgelieferten Prüfvarianten werden in Abschnitt 10.4 vorgestellt. Diese können zu Beginn ausreichend sein, doch früher oder später werden Sie aus Gründen der Flexibilität Ihre eigenen Prüfvarianten anlegen wollen.

Das Anlegen einer Prüfvariante ist ein einfacher Vorgang, bei dem Prüfungen aus einem Baum ausgewählt werden, der alle aktiven Prüfkategorien mit ihren entsprechenden aktiven Einzelprüfungen enthält.

Führen Sie zum Anlegen einer neuen Prüfvariante die folgenden Schritte aus:

1. Geben Sie im Einstiegsbildschirm des Code Inspectors einen geeigneten Namen für die **Prüfvariante** ein und wählen Sie die Funktion **Anlegen** aus.

2. Wenn Sie eine neue Prüfvariante anlegen, zeigt der Code Inspector den aktuellen Baum der Prüfungen an. Um eine Prüfung hinzuzufügen oder zu entfernen, wenn Sie beispielsweise eine neue Prüfung implementiert haben, wählen Sie **Springen • Verwaltung von • Tests**. Es wird eine Liste angezeigt, in der Sie Einzelprüfungen und Prüfkategorien durch die Auswahl einer Checkbox aktivieren und deaktivieren können – allerdings nur, wenn Sie diese selbst angelegt haben oder eine entsprechende Berechtigung besitzen.

3. Um Ihrer Prüfvariante eine Prüfung hinzuzufügen, wählen Sie die Checkbox neben der gewünschten Prüfung aus (siehe Abbildung 10.5).

4. Um Informationen zu einer Prüfung anzuzeigen, klicken Sie auf den **Information**-Button rechts neben der Checkbox.

5. Für Prüfungen mit Benutzerparametern führen Sie die folgenden Schritte aus:

    ▸ Der Button mit dem gelben Pfeil neben dem Namen der Prüfung gibt an, dass Sie einen oder mehrere Parameter festlegen können, um die Prüfattribute zu definieren. Diese Attribute können Eingabeparameter sein oder eine Unterprüfung aktivieren – eine Komponente einer Einzelprüfung, die eine Meldung generieren kann. Wenn Sie auf den **Pfeil**-Button klicken, öffnet sich ein Dialogfenster, in dem Sie die Parameter festlegen können.

    ▸ Wählen Sie nach Festlegung der Parameter im angezeigten Dialogfenster die Funktion **Ausführen**. Falls eine Prüfung mit der von Ihnen gewählten Parametereinstellung nicht ausführbar ist, wird eine entsprechende Fehlermeldung erzeugt. Suchfunktionen können beispielsweise nur ausgeführt werden, wenn Sie ein Suchwort angegeben haben, das mindestens drei Zeichen umfasst. Wenn eine Prüfung mit den aktuellen Parametereinstellungen ausgeführt werden kann, ist das Feld unter dem Pfeil grün; falls nicht, ist das Feld grau.

6. **Speichern** Sie die Prüfvariante. Wenn eine Prüfung ausgewählt ist, deren Parametereinstellungen nicht gültig sind, speichert der Code Inspector die Prüfvariante nicht, sondern zeigt eine Fehlermeldung.

Wenn Sie die Wurzel in der Baumstruktur der Prüfvarianten anklicken, werden zwar alle Prüfungen selektiert, einige Prüfungen benötigen jedoch zusätzliche Attribute, um ausgeführt werden zu können. Ihre Prüfvariante wird daher zunächst nicht speicherbar sein. Wählen Sie für eine neue Prüfvariante deshalb die gewünschten Prüfungen dem Bedarf entsprechend einzeln aus.

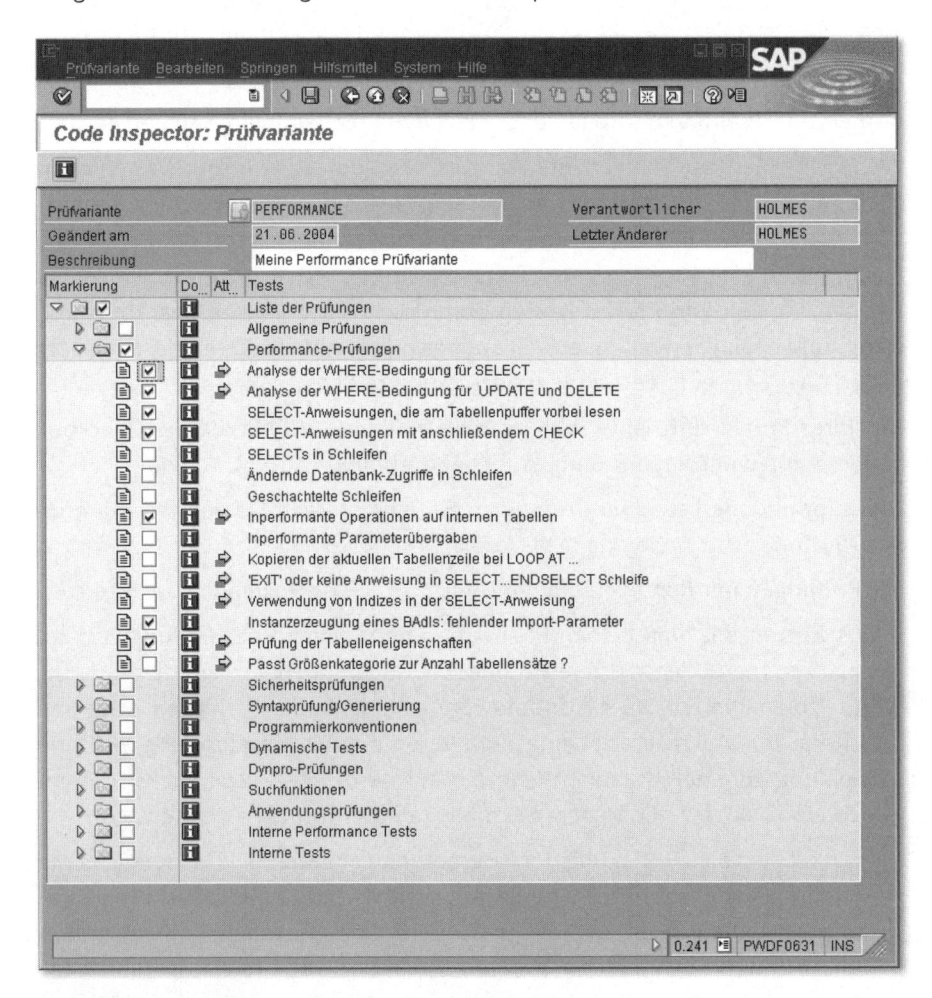

Abbildung 10.5 Prüfungen zu einer Prüfvariante hinzufügen

Inspektion anlegen und ausführen

Sie wissen nun, wie Sie eine Objektmenge und eine Prüfvariante angelegen. Im nächsten Schritt sollen die Einzelprüfungen der Prüfvariante auf die Objekte in der Objektmenge angewendet werden. Dieser Vorgang erfolgt während eines Inspektionslaufs. Sie müssen ein Einzelobjekt oder eine Objektmenge mit einer Prüfvariante kombinieren, um die Testaufgabe festzulegen, die von der Inspektion ausgeführt wird. Die Inspektion kann entweder anonym oder benannt sein (siehe Abschnitt 10.2.1).

Anonyme Inspektionen sind für Ad-hoc-Analysen gedacht. Wenn Sie lediglich einige Objekte prüfen möchten und keine persistenten Ergebnisse benötigen – beispielsweise ist es ratsam, zunächst nur ein Einzelobjekt zu prüfen, wenn Sie testen möchten, ob eine Einzelprüfung wie erwartet funktioniert –, wählen sie im Bereich **Inspektion** des Code Inspectors die Funktion **Anlegen**, ohne einen Namen für die Inspektion einzugeben. Sie können dann eine kleine Objektmenge oder ein Einzelobjekt mit einer bestehenden Prüfvariante (**Vordefiniert**) oder einer spontan aus dem Prüfungsbaum (**Temporäre Definition**) gewählten Variante kombinieren. Wenn Sie anschließend die Funktion **Ausführen** wählen, wird die Inspektion sofort auf dem lokalen Server ausgeführt.

Wählen Sie nach der Durchführung einer anonymen Inspektion die Funktion **Ergebnisse**, um die Ergebnisse anzuzeigen. Die Funktion **Wiederholen** ermöglicht, die Eingabeparameter für eine anonyme Inspektion zu ändern und diese erneut auszuführen. Bitte bedenken Sie, dass die Ergebnisse der vorherigen Inspektion verloren gehen, wenn sie diese Funktion wählen oder den Bereich **Inspektion** verlassen.

Eine *benannte Inspektion* wird entweder auf dem lokalen Server oder parallel auf den Servern einer Servergruppe ausgeführt. Eine Inspektion mit einer großen Objektmenge sollten Sie bevorzugt durch eine Servergruppe ausführen, da das SAP-System durch die Ausführung einer Inspektion mit vielen Objekten einer großen Last ausgesetzt wird. Die Servergruppe sorgt automatisch für eine Lastverteilung zwischen den verschiedenen Servern, wodurch die Parallelverarbeitung effizienter wird – die Inspektion wird dann parallel in bis zu zwölf Aufgaben auf allen Servern der Servergruppe bearbeitet, falls diese genügend freie Ressourcen haben, die Last wird automatisch in Pakete mit zehn bis 50 Objekten aufgeteilt. Zur weiteren Entlastung können Sie eine benannte Inspektion auch außerhalb der Geschäftszeiten Ihres Unternehmens ausführen, indem Sie sie durch einen Hintergrundjob starten.

Führen Sie zum Anlegen und Ausführen einer benannten Inspektion die folgenden Schritte aus:

1. Geben Sie im Einstiegsbildschirm des Code Inspectors im Bereich **Inspektion** einen Namen ein und wählen Sie die Funktion **Anlegen**.
2. Kombinieren Sie in der **Objektauswahl** eine Objektmenge, ein Einzelobjekt oder Objekte aus einem Auftrag mit einer vorhandenen **Prüfvariante** (siehe Abbildung 10.6).

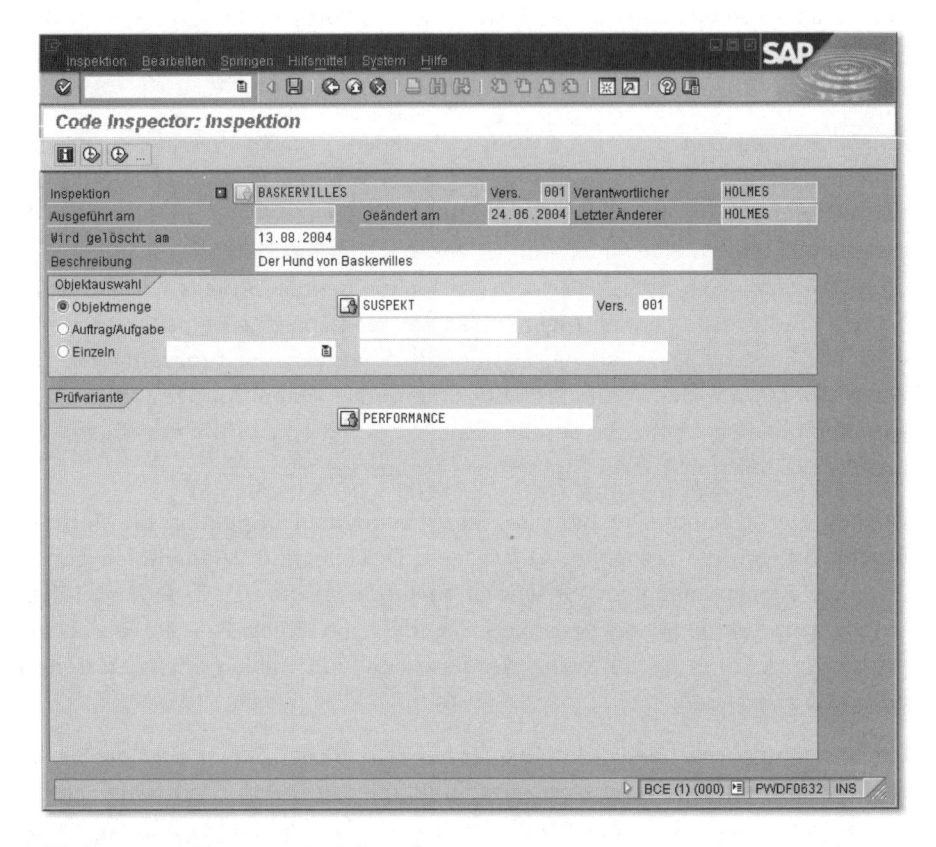

Abbildung 10.6 Benannte Inspektion anlegen

3. Sie können die benannte Inspektion auf eine von zwei Weisen ausführen:
   - Klicken Sie auf den **Ausführen**-Button, um die Inspektion sofort auf dem lokalen Server in einer Einzelaufgabe zu starten.
   - Mit einem Klick auf den **Ausführen ...**-Button öffnet sich das Dialogfenster **Ausführoptionen** (siehe Abbildung 10.7). Hier können Sie steuern, wie und wann die Inspektion ausgeführt werden soll.
   Sie können dabei eine Servergruppe auswählen, auf der die Inspektion ausgeführt werden soll. Stellen Sie vor dem Ausführen der Inspektion sicher, dass die Gruppe ausschließlich aktive Server mit ausreichenden Ressourcen enthält. Über die Funktion **Servergruppen pflegen** gelangen Sie direkt zum

Pflegebild der Servergruppe (Transaktion RZ12), in dem Sie eine Servergruppe anlegen und Ressourcenparameter für die Server in der Gruppe festlegen können. Um die Inspektion durch einen Hintergrundjob zu starten, wählen Sie **Im Hintergrund** aus.

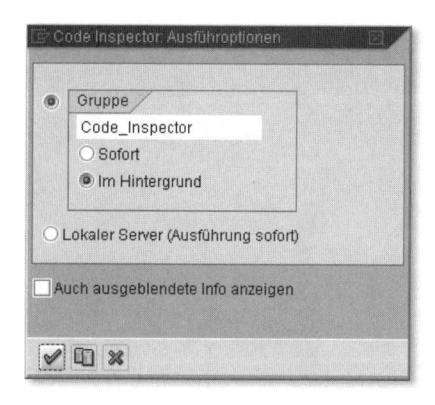

Abbildung 10.7 Ausführungsoptionen für eine Inspektion setzen

4. Klicken Sie auf den **Weiter**-Button, um die Inspektion zu starten. Wenn Sie zuvor die Option **Im Hintergrund** gewählt hatten, wird zunächst ein Dialogfenster eingeblendet, in dem Sie den Job für Ihre Inspektion zeitlich einplanen können. Ab Release 6.40 können Sie eine Inspektion auch regelmäßig durchführen, indem Sie diese in einen periodischen Hintergrundjob einplanen – so ersparen Sie sich das wiederholte Kopieren und Starten der Inspektion. Planen Sie aber keine zu kurze Periode, da die Versionsnummer der Inspektion bei jeder Ausführung automatisch erhöht wird und maximal 999 Versionen möglich sind.

Wenn ein Inspektionslauf erfolgreich abgeschlossen wird, wird in der Statusleiste des Code Inspectors die in Abbildung 10.8 dargestellte Statusmeldung angezeigt. Wenn Sie auf den **Ergebnisse**-Button klicken, zeigt der Code Inspector die Ergebnisse der Inspektion in einer gut lesbaren hierarchischen Baumstruktur. Abbildung 10.9 zeigt ein Beispiel der Ergebnisse eines Inspektionslaufs.

Die Farbcodes in der Ergebnisanzeige haben folgende Bedeutung: Ein Eintrag in der linken (roten) Spalte zeigt eine Fehlermeldung an, ein Eintrag in der mittleren (gelben) Spalte kennzeichnet eine Warnmeldung und ein Eintrag in der rechten (grünen) Spalte weist auf eine Informationsmeldung hin.

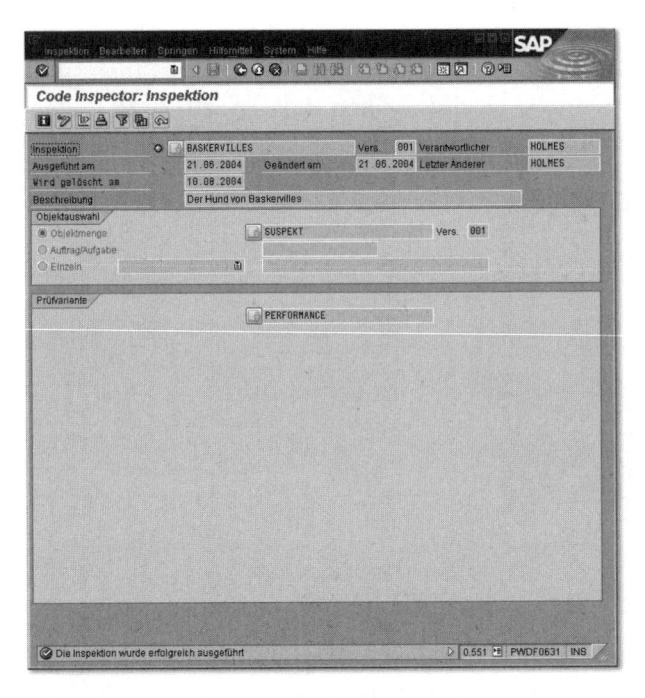

Abbildung 10.8 Code Inspector nach Fertigstellung eines Inspektionslaufs

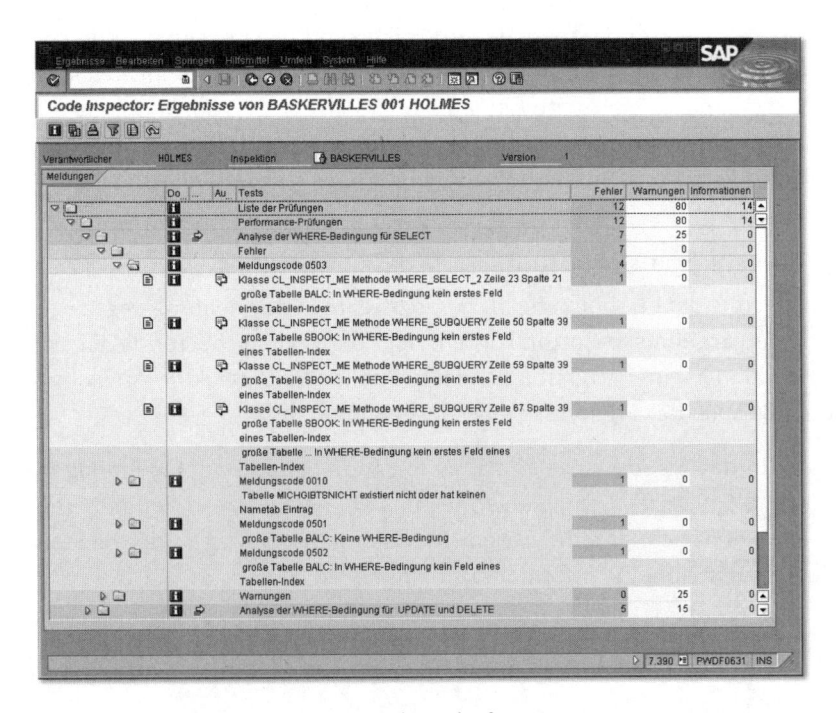

Abbildung 10.9 Ergebnisse eines Inspektionslaufs

Jede Meldung enthält den Namen des untersuchten Objekts sowie eine kurze Erklärung, warum die Meldung ausgelöst wurde. Ist das untersuchte Objekt programmartig, wird auch die Quelltextstelle der Anweisung angezeigt, die die Meldung ausgelöst hat. Durch einen Doppelklick auf den Meldungstext gelangen Sie zur ABAP Workbench, in der Sie das Objekt anzeigen und bearbeiten können. Wenn Sie auf den **Information**-Button neben der Meldung klicken, werden Ihnen eine Erklärung des Problems und weitere Verknüpfungen mit der Online-Dokumentation des Code Inspectors eingeblendet.

Bevor Sie eine große Objektmenge mit einer Prüfung untersuchen, bei der Sie nicht genau wissen, wie viele Meldungen sie erzeugt, sollten Sie die Prüfung zuerst mit einem einzelnen Objekt testen.

Inspektionsmeldungen unterdrücken

Bei einigen Prüfungen schlägt der Code Inspector einen Pseudokommentar vor, den Sie in den ABAP-Code einfügen können, um diese Meldung zu unterdrücken. Bei vielen Meldungen des Code Inspectors handelt es sich nämlich eher um Empfehlungen oder Fragen an den Entwickler als um echte Fehlermeldungen. Unter bestimmten Umständen kann etwas, das im Ergebnisbaum als Fehler angezeigt wird, durchaus korrekt sein. Aus diesem Grund können Sie solche Meldungen explizit unterdrücken, indem Sie in den Code, der die Meldung während der Inspektion auslöste, den angegebenen Pseudokommentar einfügen.

Bis Release 6.20 werden Ausnahmen für den Code Inspector allein durch Pseudokommentare definiert. Ab Release 6.40 gibt es für beliebige – aber hauptsächlich für nicht-programmartige – Objekte die Möglichkeit, Ausnahmen durch Einträge in Ausnahmetabellen zu definieren. Für diese gilt das »Vier-Augen-Prinzip«: Sie müssen von einer zweiten Person, in der Regel von einem Qualitätsmanager, genehmigt werden. Für die überwiegende Zahl von Meldungen aus programmartigen Objekten werden aus den folgenden Gründen aber weiterhin Pseudokommentare verwendet:

▶ Entwickler müssen den Code modifizieren, um eine Meldung zu unterdrücken. Sie sollten sich zunächst Gedanken über die Verbesserung ihres Programmes machen und erst dann das Einfügen eines Pseudokommentars in Betracht ziehen.

▶ Im Fall von Pseudokommentaren bleiben das die Meldung auslösende Objekt und die entsprechende Ausnahme am selben Ort, nämlich im ABAP-Code.

▶ Pseudokommentare dienen als Form der Dokumentation. Entwickler zeigen, dass sie die Meldung und das mögliche Problem kennen, sich jedoch entschieden haben, die Meldung zu unterdrücken.

Sie können auch eine Inspektion durchführen, die alle Pseudokommentare ignoriert. Diese Vorgehensweise kann in Verbindung mit der Suche nach Pseudokommentaren, die ebenfalls mit dem Code Inspector durchführbar ist, nützlich sein, um zu überprüfen, ob Pseudokommentare sinnvoll verwendet werden.

Eine Performance-Prüfung des Code Inspectors könnte beispielsweise Folgendes anzeigen: »Tabelle ABC: In WHERE-Bedingung kein erstes Feld eines Tabellen-Index«. Wenn Sie den Information-Button vor der Prüfmeldung anklicken, um die Online-Dokumentation für diese Prüfung anzuzeigen, erhalten Sie die in Abbildung 10.10 gezeigte Dokumentation dargestellt. Dort erhalten Sie weitere Informationen zur Prüfmeldung sowie oft auch eine Empfehlung – in unserem Beispiel: »TIP: Das können Sie tun« –, wie Sie die Meldung beheben können.

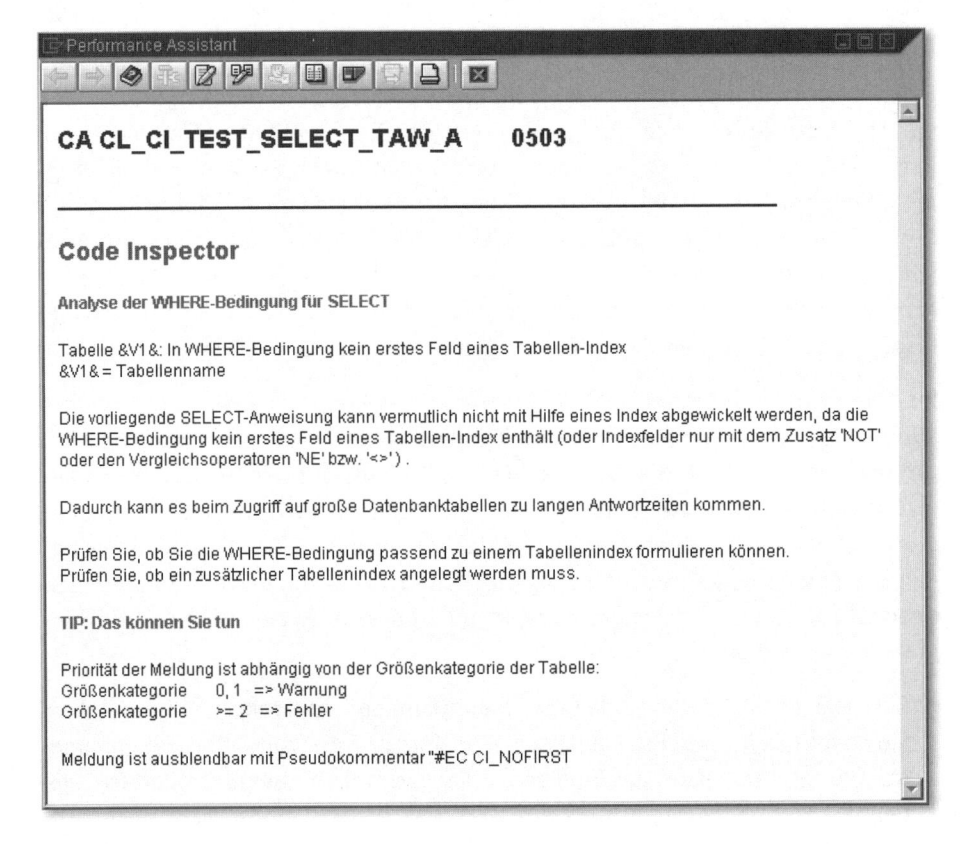

Abbildung 10.10 Information zu einer Prüfmeldung

Wie Ihnen die Online-Dokumentation anzeigt, können Sie den Pseudokommentar "#EC CI_NOFIRST in die Anweisung (oder in die auf die Anweisung folgende Zeile) in Ihrem ABAP-Programm einfügen, wenn Sie die in Ihrem Programm bemängelte WHERE-Bedingung nicht ändern können (oder wollen). Der Code

Inspector unterdrückt dann die Meldungen in weiteren Inspektionsläufen. Ab Release 6.40 gibt es im Ergebnisbaum ein eigenes Icon für die Anzeige des Pseudokommentars.

Inspektionsstatistiken

Bei jeder benannten Inspektion werden zu einem Inspektionslauf statistische Daten erzeugt. Diese Informationen sind besonders nützlich in Situationen, in denen ein Lauf aufgrund des Ausfalls eines Servers oder eines Fehlers während der Ausführung unterbrochen wurde. Wählen Sie, nachdem der Lauf abgeschlossen oder abgebrochen wurde, im Inspektionsbildschirm den Button **Statistik**. Danach können Sie sich Start- und Enddatum/-uhrzeit des Laufs, die kumulierte Laufzeit, die Namen der beteiligten Server, die Anzahl der Aufgaben und Objekte sowie den Ausführungsstatus der Objekte anzeigen lassen; Fehlerbedingungen werden ebenfalls angegeben.

10.3.3 Top-Down-Methode

Sie haben in diesem Abschnitt bislang erfahren, wie Sie eine neue Inspektion »von unten nach oben« anlegen: Sie legen zuerst die Objektmenge, anschließend die Prüfvariante und schließlich die Inspektion an. Diese Methode wird für unerfahrene Benutzer empfohlen, damit sie sich mit dem Code Inspector vertraut machen können. Später können Sie nach Wunsch zur schnelleren Top-Down-Methode wechseln:

1. Legen Sie eine neue Inspektion an.

2. Wählen Sie über die **F4**-Hilfe eine vorhandene Objektmenge aus oder geben Sie alternativ den Namen einer neuen Objektmenge in das Feld **Objektmenge** ein. Klicken Sie das Feld doppelt an und beantworten Sie die Frage »Das Element existiert nicht. Soll es angelegt werden?« im Dialogfenster mit **Ja**.

3. Erstellen und speichern Sie die neue Objektmenge, und kehren Sie zum Inspektionsbildschirm zurück.

4. Wählen Sie über die **F4**-Hilfe eine vorhandene Prüfvariante aus oder geben Sie alternativ den Namen einer neuen Prüfvariante in das Feld **Prüfvariante** ein. Klicken Sie das Feld doppelt an und beantworten Sie die Frage »Das Element existiert nicht. Soll es angelegt werden?« im Dialogfenster mit **Ja**.

5. Erstellen und speichern Sie die neue Prüfvariante, und kehren Sie zum Inspektionsbildschirm zurück.

6. Führen Sie die Inspektion aus.

10.4 Standardprüfungen im Code Inspector

Der Code Inspector wird standardmäßig bereits mit einer Vielzahl eingebauter Prüfungen ausgeliefert, die in verschiedene Kategorien eingeteilt sind. Damit Sie sofort das Optimum aus dem Code Inspector herausholen können, wollen wir nun die wichtigsten Prüfungen in diesen Kategorien vorstellen. Da SAP die Prüfumgebung des Code Inspectors ständig durch neue Prüfmodule erweitert, enthält Ihr System eventuell schon zusätzliche Prüfungen, wenn Sie dieses Kapitel lesen. Beim Anlegen einer neuen Prüfvariante können Sie sich die Online-Dokumentation für eine Einzelprüfung anzeigen lassen, um mehr über diese zu erfahren.

10.4.1 Syntaxprüfungen und Programmgenerierung

Die Kategorie »Syntaxprüfungen und Programmgenerierung« enthält Prüfungen, die mit der ABAP-Syntaxprüfung verknüpft sind. Alle Prüfungen sind Standardtests, die auch einzeln in der ABAP Workbench verfügbar sind. Der Vorteil der Prüfungsdurchführung im Code Inspector besteht darin, dass Sie diese mit anderen Prüfungen kombinieren und gleichzeitig auf eine Gruppe von Programmen anwenden können. Die Prüfungen in dieser Kategorie sind:

- ABAP-Syntaxprüfung
- erweiterte Programmprüfung
- Generierung von ABAP-Programmen

Sie können einer Prüfvariante eine, zwei oder alle drei dieser Prüfungen hinzufügen. Da die ABAP-Syntaxprüfung aber auch Teil der Programmgenerierung ist, brauchen Sie diese beiden nicht zu kombinieren.

ABAP-Syntaxprüfung

Diese Prüfung führt die ABAP-Syntaxprüfung aus, die auch in den Werkzeugen der ABAP Workbench verfügbar ist, die Quelltext bearbeiten. Sie steuern ihr Verhalten durch folgende Parameter:

- **Mehr als ein Fehler**
  Normalerweise wird die Syntaxprüfung nach dem ersten entdeckten Fehler beendet; Sie können sie über diesen Parameter jedoch auch fortsetzen. Wird ein schwerwiegender Fehler entdeckt oder die Höchstzahl von 50 Fehlern überschritten, wird die Prüfung beendet.

- **(Mit oder ohne) Warnungen**
  Neben Fehlermeldungen gibt die Syntaxprüfung auch Warnungen bei geringfügigen Syntaxproblemen zurück, wie z. B. bei fehlenden Implementierungen von Interface-Methoden. Über diesen Parameter können Sie diese Warnungen aktivieren oder deaktivieren.

Erweiterte Programmprüfung

Diese Prüfung verwendet dieselbe Gruppe von Prüfungen, die auch bei der Workbench-Transaktion SLIN für Einzelobjekte verfügbar ist. Sie führt statische Prüfungen durch, die für die normale Syntaxprüfung zu kompliziert oder zu zeitaufwändig sind. Die erste Operation dieser Prüfung ist eine normale Syntaxprüfung. Wird ein Fehler entdeckt, werden keine weiteren Prüfungen durchgeführt. Die erweiterte Programmprüfung wird in folgende Kategorien unterteilt:

- **Externe Programmschnittstellen**
  Prüft, ob referenzierte externe Programmeinheiten vorhanden sind und deren Schnittstellen korrekt verwendet werden. Überprüfbare programmexterne Einheiten sind:
  - Transaktionen, die mit CALL TRANSACTION aufgerufen werden
  - Dialogbausteine, die durch CALL DIALOG aufgerufen werden
  - ausführbare Programme, die mit SUBMIT aufgerufen werden
  - Funktionsbausteine, die durch CALL FUNCTION aufgerufen werden
  - externe Unterprogramme, die durch PERFORM...IN PROGRAM aufgerufen werden
  - Dynpros, die durch CALL SCREEN aufgerufen werden
  - globale Nachrichten, auf die durch MESSAGE verwiesen wird
  - Benutzeroberflächen, auf die durch SET PF-STATUS und SET TITLE-BAR verwiesen wird
  - Berechtigungsobjekte, auf die durch AUTHORITY-CHECK verwiesen wird

  Voraussetzung für die statische Überprüfung in obigen Anweisungen ist die statische Angabe der externen Einheit. In Anweisungen, in denen das Ziel prinzipiell als Inhalt eines (zeichenartigen) Datenobjektes angegeben wird, wie z.B. bei CALL FUNCTION, funktioniert die Überprüfung in der Regel nur bei Angabe eines Literals.

- **Mehrsprachenfähigkeit**
  Sucht nach Konstrukten, die die Nutzung eines Programms in verschiedenen Sprachen behindern, wie z.B. Textfeldliterale ohne Angabe eines Textsymbols. Textfeldliterale werden immer in der Sprache angezeigt, in der sie eingegeben werden, und nicht von den Übersetzungsdiensten verarbeitet.

- **Paketprüfungen**
  Erkennt die unzulässige Verwendung von Objekten aus anderen Paketen.

- **EBCDIC/ASCII Portabilität**
  Erkennt, wenn sich ein Programm in EBCDIC und ASCII unterschiedlich verhält, z.B. beim Vergleich von Zeichenfeldern.

▶ **Generierungslimits**
Stellt fest, ob Generierungslimits erreicht werden, wie z.B. die Höchstzahl an Datenobjekten.

▶ **Anweisungen in falschem Kontext**
Sucht nach Anweisungen, die in einem ungeeigneten Sprachkontext verwendet werden. So führt beispielsweise die Anweisung COMMIT WORK in einer SELECT...ENDSELECT-Schleife zum Verlust des Datenbank-Cursors.

▶ **Unbenutzte Einheiten**
Sucht nach Unterprogrammen, die in keinem Programm verwendet werden, oder nach Feldern ohne Lesezugriff.

Generierung von ABAP-Programmen

Da jede Programmgenerierung mit einer Syntaxprüfung beginnt, ähnelt diese Prüfung den anderen dieser Kategorie sehr. Der wichtige Unterschied besteht darin, dass diese Prüfung auch den Bytecode generiert, also das Ergebnis der Generierung eines ABAP-Programms mit dem ABAP-Compiler. Diese Eigenschaft können Sie zum gezielten Präkompilieren von Programmen verwenden, um zu vermeiden, dass ein Programm erst dann kompiliert wird, wenn ein Benutzer es ausführen möchte, was zu verzögerten Systemantwortzeiten führt. Die gesteuerte Programmgenerierung kann auch benutzt werden, um Inkonsistenzen zu entfernen, die mitunter während eines System-Upgrades in einem SAP-System auftreten.

10.4.2 Sicherheitsprüfungen

Verschiedene ABAP-Anweisungen können bei nachlässiger oder böswilliger Verwendung die Stabilität, Datenintegrität und allgemeine Programmsicherheit gefährden. Die Sicherheitsprüfungen des Code Inspectors informieren Sie über:

▶ die Verwendung von Anweisungen, die als kritisch eingestuft werden

▶ statische Zugriffe auf bestimmte Datenbanktabellen

▶ Anweisungen, bei denen der Systemrückgabewert nicht behandelt wird

Kritische Anweisungen

Diese Prüfung sucht nach den folgenden Anweisungstypen, die entweder aus Gründen der Systemsicherheit oder wegen einer möglichen Gefährdung der Programmstabilität als kritisch eingestuft werden:

▶ **Interne Anweisungen**
Einige ABAP-Anweisungen sind ausschließlich zur internen Verwendung in SAP-Programmen vorgesehen. Die Anweisung SYSTEM-CALL interagiert z.B. mit dem ABAP-Kernel. SAP kann diese Anweisungen jederzeit ohne Vorankün-

digung ändern, was zu Inkompatibilitäten in Ihrem Programm führen kann. Aus diesem Grund sollten Sie darüber informiert sein, ob und wann diese Anweisungen in Ihren Programmen verwendet werden.

- **Anweisungen, für die eine Berechtigungsprüfung notwendig ist**
  Im SAP-System schützen automatische Berechtigungsprüfungen den Aufruf von Transaktionen und ausführbaren Programmen. Aus Performance-Gründen werden diese automatischen Prüfungen nur ausgeführt, wenn die Elemente direkt von einem Benutzer aufgerufen werden. Werden sie intern durch ein Programm aufgerufen, müssen die Berechtigungsprüfungen in der Regel durch das aufrufende Programm durchgeführt werden.

- **Datenbankoperationen**
  Die Anweisung `EXEC SQL` greift unter Umgehung der SAP-Datenbankschnittstelle auf Datenbanktabellen zu. Die SQL-Syntax in der Anweisung kann spezifisch nur für ein Datenbanksystem gelten, wodurch die Portabilität des Programms behindert werden kann. Native SQL-Anweisungen umgehen auch den SAP-Tabellenpuffer (einschließlich dessen Invalidierung bei Tabellenänderungen), was zu Inkonsistenzen führen kann, wenn auf gepufferte Tabellen zugegriffen wird.

  Die Anweisung `ROLLBACK WORK` macht alle Datenbankänderungen rückgängig, die seit dem letzten Datenbank-Commit in einer Datenbank-LUW vorgenommen wurden. Die fehlerhafte Verwendung dieser Anweisung kann zu ernsthaften Inkonsistenzen führen.

  Ein Datenbankhinweis – eine Vorschrift für den Datenbankoptimierer, wie eine bestimmte Datenbankanweisung zu bearbeiten ist – ist spezifisch für jedes Datenbanksystem. Datenbankhinweise sollten nur im Ausnahmefall eingesetzt und ihre Verwendung sorgfältig geprüft werden.

- **Lesen oder Schreiben von Repository-Objekten**
  Die wichtigsten Repository-Objekte in einem SAP-System sind Programme, Dynpros und globale Typen im ABAP Dictionary. Die Anweisungen zur Bearbeitung dieser Objekte sollten in der Regel nur von internen Entwicklungswerkzeugen verwendet werden. Der Einsatz dieser Anweisungen in Anwendungsprogrammen kann möglicherweise den Zustand des Systems zerstören. Das Lesen dieser Objekte kann ebenfalls problematisch sein, da sich ihre Datenstrukturen ohne Vorankündigung ändern können.

Tabelle 10.2 fasst die als kritisch eingestuften ABAP-Anweisungen nochmals zusammen. Sie können die zu untersuchenden Anweisungstypen durch das Festlegen der Prüfparameter einzeln oder in einer beliebigen gewünschten Kombination auswählen.

Problembereich	Anweisungstyp	Untersuchte Anweisungen	Priorität
Interne Anweisung	Aufruf von Systemfunktionen	`CALL 'cfunc'`	Warnung
	Aufruf der Systemfunktionalität	`SYSTEM-CALL`	Warnung

	Generierung von Programmen und Dynpros	`GENERATE REPORT`
		`GENERATE SUBROUTINE POOL`
		`GENERATE DYNPRO`
			Information

Berechtigungsprüfung	Aufruf von Transaktionen	`CALL TRANSACTION`	Information
	Aufruf von ausführbaren Programmen	`SUBMIT REPORT`	Information
	Aufruf des ABAP Editors	`EDITOR-CALL`	Information
Datenbankzugriffe	Verwendung von Native SQL	`EXEC...ENDEXEC`	Warnung
	Auslösen von Datenbank-Rollbacks	`ROLLBACK WORK`	Information
	Verwendung von Datenbankhinweisen	`%_HINTS...`	Warnung
Zugriff auf Repository-Objekte	Lesen eines Programms oder Text-Pools	`READ REPORT` `READ TEXTPOOL`	Information
	Überschreiben oder Löschen eines Programms oder Text-Pools	`INSERT|DELETE REPORT` `INSERT|DELETE TEXTPOOL`	Warnung
	Lesen eines Dynpros	`IMPORT DYNPRO`	Information
	Überschreiben oder Löschen eines Dynpros	`EXPORT|DELETE DYNPRO`	Warnung
	Lesen der Informationen zu einem globalem Typ	`IMPORT NAMETAB`	Information
	Überschreiben der Informationen zu einem globalem Typ	`EXPORT NAMETAB`	Warnung

Tabelle 10.2 Von der Prüfung auf kritische Anweisungen erfasste Anweisungen

Zugriff auf Datenbanktabellen

Diese Prüfung sucht nach Zugriffen auf bestimmte Datenbanktabellen. Einige Datenbanktabellen enthalten kritische Informationen, wie z.B. persönliche Daten. Nur Programme, die durch Berechtigungsobjekte geschützt sind, dürfen auf diese Tabellen zugreifen. Die Prüfung kann den Zugriff auf bestimmte Tabellen erkennen, wenn der Tabellenname statisch verwendet wird. Sie können eine Liste kritischer Tabellen als Prüfparameter angeben. Darüber hinaus kann diese Prüfung die folgenden Situationen erkennen:

- Dynamische Tabellenzugriffe und dynamische WHERE-Bedingungen können kritisch sein, da sie einen Zugriff auf kritische Tabellen verbergen können.
- Das SAP-System unterstützt das Konzept der Mandanten. Daten verschiedener Mandanten müssen strikt voneinander getrennt werden. Im Gegensatz zu Systemprogrammen darf Produktivanwendungen nur der Zugriff auf die Daten ihres eigenen Mandanten erlaubt werden.

Tabelle 10.3 zeigt die Anweisungen, die Sie mithilfe dieser Prüfung untersuchen können – eigentlich sind es zwei Prüfungen, eine für SELECT-Anweisungen und eine für ändernde Datenbankzugriffe. Auch hier können Sie durch das Festlegen der Prüfparameter einen oder mehrere Anweisungstypen kombinieren.

Anweisungstyp	Untersuchte Anweisungen	Priorität
Zugriff auf bestimmte Datenbanktabellen	SELECT, INSERT, UPDATE, MODIFY, DELETE	Information
Dynamischer Zugriff auf Tabellen	SELECT...FROM (dbtab) INSERT|UPDATE|MODIFY|DELETE (dbtab)	Information
Dynamische WHERE-Bedingung	SELECT...WHERE (where_cond) UPDATE...WHERE (where_cond) DELETE...WHERE (where_cond)	Information
Mandanten-übergreifender Datenbankzugriff	SELECT|INSERT|UPDATE|MODIFY|DELETE...CLIENT SPECIFIED	Warnung

Tabelle 10.3 Von der Prüfung für Zugriffe auf Datenbanktabellen erfasste Anweisungen

Behandlung des Rückgabewertes (Systemfeld sy-subrc)

In ABAP wird von vielen Anweisungen das Systemfeld sy-subrc gesetzt, wobei ein sich von 0 unterscheidender Rückgabewert auf ein Problem bei der Ausführung hindeutet. In einigen Fällen kann die Nichtbehandlung dieses Rückgabewertes verdächtig sein. Diese Situation ist im Fall der Anweisung AUTHORITY-CHECK offenkundig, bei der die Nichtbeachtung des Rückgabewertes bedeutet, dass *keine* Berechtigungsprüfung durchgeführt wird. Bei anderen Anweisungen können die Rückgabe- oder Exportparameter undefiniert sein, wenn sy-subrc ungleich 0 ist. Wird der Rückgabewert in solchen Fällen ignoriert, kann dies zu Anwendungsfehlern führen.

Tabelle 10.4 zeigt die Anweisungen, die Sie mithilfe dieser Prüfung untersuchen können. Auch hier können Sie die Anweisungstypen auswählen und durch das Festlegen der Prüfparameter frei kombinieren. Darüber hinaus können Sie beliebige andere Anweisungen in einer Eingabeliste angeben.

Anweisungstyp	Untersuchte Anweisungen	Priorität
Lesende Datenbankoperation	SELECT, FETCH	Warnung
Ändernde Datenbankoperationen	INSERT, UPDATE, MODIFY, DELETE	Warnung
Berechtigungsprüfung	AUTHORITY-CHECK	Fehler
Aufruf von Funktionsbausteinen oder Methoden	CALL FUNCTION CALL METHOD	Information
Sperrenanforderungen (SAP-Sperren)	CALL FUNCTION 'ENQUEUE_...'	Warnung
Abfangen von Laufzeitfehlern	CATCH...ENDCATCH	Information
Dynamische Zuordnung zu Feldsymbolen	ASSIGN (f) TO <fs>	Information

Tabelle 10.4 Von der Prüfung auf Behandlung des Rückgabewerts erfasste Anweisungen

10.4.3 Performance-Prüfungen

Der Code Inspector wurde in Zusammenarbeit mit der SAP-Gruppe »Performance, Data Management and Scalability« entwickelt, die es sich u. a. zum Ziel gesetzt hatte, eine Menge automatisierter Performance-Prüfungen zu erarbeiten. Gemeinsam mit dynamischen Prüfungen und manuellen Performance-Untersuchungen tragen diese statischen Prüfungen dazu bei, die Einhaltung des »pragmatischen Standards« Performance zu überwachen.

Diese Prüfungen suchen zusammengefasst nach folgenden Bedingungen:

- Datenbankzugriffe, die zu langen Laufzeiten führen können, da die WHERE-Bedingung keinen vorhandenen Datenbankindex nutzen kann
- SELECT-Anweisungen, die die SAP-Tabellenpuffer implizit umgehen und dadurch zu unnötigen Datenbankzugriffen führen
- CHECK-Anweisungen in SELECT...ENDSELECT-Schleifen, die von der Datenbank gelesene Daten wieder aussortieren, was auf unvollständige WHERE-Bedingungen hinweist
- sequenzielle Suche auf internen Tabellen (ab Release 6.40)
- ineffiziente Parameterübergabe durch Wert- statt Referenzübergabe (ab Release 6.40)

In den folgenden Abschnitten gehen wir näher auf die einzelnen Prüfungen ein.

Analyse der WHERE-Bedingung für SELECT-, UPDATE- und DELETE-Anweisungen

Diese Prüfungen suchen nach SELECT-, UPDATE- oder DELETE-Anweisungen, die keinen Datenbankindex verwenden können. Sie vergleichen die statisch in der WHERE-Bedingung angegebenen Datenbankfelder mit den Indexdefinitionen im ABAP Dictionary. Wenn keine WHERE-Bedingung vorhanden ist oder die WHERE-Bedingung kein (erstes) Feld eines Datenbanktabellen-Indexes enthält, führt die Datenbank eine vollständige Tabellendurchsuchung – bei einer mandantenabhängigen Tabelle eine Durchsuchung aller Einträge des aktuellen Mandanten – durch. Dies kann sich sehr negativ auf die Performance auswirken. Tabelle 10.5 zeigt alle Anweisungen, die von dieser Prüfung berücksichtigt werden.

Untersuchte Anweisungen	Priorität
SELECT|UPDATE|DELETE ohne WHERE-Bedingung	Fehler/Warnung*
kein Feld eines Tabellenindexes in einer WHERE-Bedingung	
kein erstes (oder im Fall von mandantenabhängigen Tabellen kein zweites) Feld eines Tabellenindexes in einer WHERE-Bedingung	

* Die Priorität einer Meldung hängt von der Größenkategorie der Tabelle ab, die in den technischen Einstellungen für die Tabelle im ABAP Dictionary definiert ist:
Größenkategorie ≥ 2 → Priorität = Fehler
Größenkategorie < 2 → Priorität = Warnung

Tabelle 10.5 Von der Prüfung der WHERE-Bedingung erfasste Anweisungen

Für die SELECT-Anweisung berücksichtigt die Prüfung nur Tabellen, die nicht im SAP-Tabellenpuffer gepuffert sind. Eine vollständige Durchsuchung des Puffers (*Full Buffer Scan*) ist zwar für die Programm-Performance auch problematisch, wird aber als nicht so kritisch eingestuft wie eine vollständige Durchsuchung einer Datenbanktabelle (*Full Table Scan*).

Es werden zwei unabhängige Prüfungen unterstützt, eine für SELECT-Anweisungen und eine für UPDATE- und DELETE-Anweisungen. Die Anweisungen aus Tabelle 10.5 können – gesteuert durch die Prüfparameter – einzeln untersucht werden. Wir empfehlen die Aktivierung aller Parameter.

Wenn Sie die Meldung erhalten, dass eine WHERE-Bedingung keinen bestehenden Datenbanktabellen-Index verwenden kann, sollten Sie *keinesfalls* einen neuen Datenbankindex für Anweisungen anlegen, die nur selten benutzt werden. Jeder Index erhöht die Datenbanklast zusätzlich, da er gepflegt werden muss, wenn

Einträge eingefügt oder gelöscht werden. Eine zu große Anzahl an Indexen kann sich außerdem negativ auf den Datenbankoptimierer auswirken und somit das Risiko fehlerhafter Zugriffspläne erhöhen. Daher sollten nur erfahrene Entwickler einen neuen Index anlegen oder einen bestehenden Index verändern. Versuchen Sie zunächst, das Problem mithilfe der folgenden Alternativen zu beheben:

- Wird die Anweisung (in einer Prozedur oder einem Programm) nicht mehr genutzt, löschen Sie sie.

- Wird die Anweisung nur selten genutzt, z. B. als Teil eines Prüfprogramms oder -werkzeugs, das nur in Ausnahmefällen eingesetzt wird, versehen Sie die Anweisung mit dem Pseudokommentar "#EC CI_NOFIELD (für WHERE-Bedingungen ohne Indexfeld) oder "#EC CI_NOFIRST (für WHERE-Bedingungen ohne ein erstes Feld eines Indexes).

- Wird die Anweisung häufig ausgeführt, sollten Sie die WHERE-Bedingung so umschreiben, dass ein bestehender Index verwendet werden kann. Vielleicht können Sie auch ein fehlendes Indexfeld aus einer anderen, möglichst gepufferten Tabelle hinzulesen.

- Wird die Anweisung häufig ausgeführt und kann nicht umgeschrieben werden, bleibt Ihnen als letzte Möglichkeit nur, den Indexaufbau entweder anzupassen oder einen neuen Index zu erstellen. Änderungen eines Indexes können aber, wie oben angesprochen, Auswirkungen auf andere Anweisungen haben bzw. wird die Datenbank durch jeden zusätzlichen Index belastet – gehen Sie mit dieser Möglichkeit also sehr sensitiv um.

SELECT-Anweisungen, die am Tabellenpuffer vorbeilesen

Kleine Tabellen, die nur selten geändert werden – insbesondere Customizing-Tabellen –, sollten im SAP-Tabellenpuffer gepuffert werden, da der Lesezugriff dadurch spürbar beschleunigt wird. Da der SAP-Tabellenpuffer nur einfache Anweisungen unterstützt, sollten Sie komplexe SELECT-Anweisungen bei gepufferten Tabellen vermeiden, um den Performance-Vorteil nicht zu gefährden. Neben der expliziten Umgehung des Puffers mit SELECT...FOR UPDATE und SELECT...BYPASSING BUFFER umgehen viele Anweisungen den Puffer implizit.

Tabelle 10.6 zeigt die wichtigsten Varianten von SELECT-Anweisungen, die den SAP-Tabellenpuffer implizit umgehen. Diese Liste kann sich in Zukunft ändern, falls die Funktion des SAP-Tabellenpuffers erweitert wird. Die Prüfung sucht immer nach allen diesen Anweisungen und bietet keine Parameter, mit denen Sie die Suche auf eine bestimmte Anweisungsvariante beschränken können.

Untersuchte Anweisungen	Priorität
SELECT mit JOIN-Ausdrücken	Warnung
SELECT auf eine einzelsatzgepufferte Tabelle ohne den Zusatz SINGLE	
SELECT ohne vollständige Spezifizierung des generisch gepufferten Bereichs in der WHERE-Bedingung	
SELECT mit Subquery	
SELECT mit Aggregatfunktionen: COUNT, MIN, MAX, SUM, AVG	
SELECT DISTINCT...	
SELECT...GROUP BY...HAVING cond...	
SELECT...WHERE...IS [NOT] NULL	
SELECT...ORDER BY, wenn die Sortierreihenfolge vom Primärschlüssel abweicht	
SELECT mit CLIENT SPECIFIED ohne Mandantenfeld in der WHERE-Bedingung	

Tabelle 10.6 Von der Prüfung auf Umgehung des Tabellenpuffers erfasste Anweisungen

Beachten Sie, dass diese Prüfung nicht nach den beiden folgenden Anweisungen sucht, die ebenfalls den SAP-Tabellenpuffer umgehen:

- Verwendung von Native SQL mit EXEC SQL...ENDEXEC
- Vergleich zwischen den Feldern verschiedener Datenbankspalten in der WHERE-Bedingung (Beispiel: SELECT...FROM dbtab WHERE dbtab~field1 = dbtab~field2)

Während die zweite Anweisung nur sehr selten verwendet wird, können Sie Native SQL mithilfe der Prüfung auf kritische Anweisungen erkennen.

Bei Meldungen dieser Prüfungen sollten Sie *keinesfalls* übereilt die Puffereinstellungen der betroffenen Tabelle verändern, um diese großzügiger (mit weniger Schlüsselfeldern) zu puffern. Bedenken Sie, dass das Ändern der Puffereinstellungen Auswirkungen auf andere Anweisungen haben kann. Die Größe des SAP-Tabellenpuffers ist begrenzt. Große Tabellen, die vollständig oder mit einem generischen Schlüsselbereich von nur einem oder zwei Feldern gepuffert werden, können viele kleinere Tabellen aus dem Puffer verdrängen. Einfügungen oder Löschoperationen auf gepufferte Tabellen führen zur Invalidierung des gepufferten Schlüsselbereiches. Wenn dies häufig geschieht, wird das Puffern von Tabellen sinnlos und verbraucht lediglich Ressourcen. Aus diesem Grund sollten nur erfahrene Entwickler die Puffereinstellungen ändern. Versuchen Sie zunächst, das Problem mithilfe der folgenden Alternativen zu beheben:

- Ist die Anweisung – in einer Prozedur, einem Programm etc. – Teil des Customizing Ihrer Anwendung, prüfen Sie, ob Sie der SELECT-Anweisung eine explizite BYPASSING BUFFER-Anweisung hinzufügen sollten. Möglicherweise *müssen* Sie den Puffer umgehen und verwenden dazu eine Anweisung, die ihn *implizit* umgeht. Doch die Liste der Anweisungen, die den Tabellenpuffer umgehen, könnte sich ändern. Wenn Sie also direkt von der Datenbank lesen müssen, umgehen Sie den Puffer besser mit der *expliziten* Anweisung.

- Wenn Sie das Umgehen des Puffers nicht benötigen, es jedoch nicht verhindern können, fügen Sie der SELECT-Anweisung den geeigneten Pseudokommentar ?#EC CI_... hinzu.

- Wird die Anweisung häufig in einem Produktivsystem eingesetzt, versuchen Sie, die WHERE-Bedingung so umzuschreiben, dass der Puffer verwendet werden kann. So können Sie Joins, die gepufferte Tabellen enthalten, durch einzelne SELECT-Anweisungen auf die Tabellen ersetzen. Oder Sie können die Zusätze DISTINCT und ORDER BY mit ABAP-Funktionalität ersetzen – Letzteres ist aber nur notwendig, wenn hinter ORDER BY nicht PRIMARY KEY angegeben ist oder die explizit aufgeführten Sortierfelder nicht die Reihenfolge des Primärschlüssels aufweisen. So können Sie z.B. die Anweisung SORT für interne Tabellen verwenden, anstatt in der Datenbank mit der Anweisung ORDER BY zu sortieren. Das Ersetzen von Anweisungen ist selbstverständlich nur dann sinnvoll, wenn die SELECT-Anweisung die Tabelle danach auch unter Nutzung des SAP-Tabellenpuffers mit besserer Performance einlesen kann.

- Erst zuletzt sollten Sie das Ändern der Puffereinstellungen der Tabelle in Betracht ziehen. Sehen Sie sich dazu die verschiedenen Tabellenzugriffe in der Liste des Verwendungsnachweises der Tabelle an. Häufig verwendete Zugriffe sollten aus dem Puffer bedient werden, Pufferinvalidierungen sollten nur selten vorkommen.

SELECT...ENDSELECT-Schleifen, die eine CHECK-Anweisung enthalten

Um den Datentransfer von der Datenbank zum Applikationsserver zu minimieren und um Datenbankressourcen einzusparen, sollten nur die Daten aus der Datenbank gelesen werden, die in einem Programm wirklich benötigt werden. Zu diesem Zweck sollte die WHERE-Bedingung die Größe der Ergebnismenge einer SELECT-Anweisung so weit wie möglich beschränken.

Diese Prüfung sucht deshalb nach ABAP-Anweisungen mit dem Schlüsselwort CHECK in SELECT...ENDSELECT-Schleifen, die von der Datenbank gelesene Daten wieder aussortieren. Um diese Daten erst gar nicht zu lesen, sollte die CHECK-Bedingung in die WHERE-Bedingung integriert werden.

Eine CHECK-Anweisung kann in Fällen erforderlich sein, in denen eine Bedingung von der Datenbankschnittstelle nicht verarbeitet werden kann, z.B. bei komplexen Zeichenkettenoperationen. In diesem Fall kann der Entwickler die Prüfung ignorieren, was wiederum mithilfe eines Pseudokommentars realisiert werden kann.

Sequenzielle Suche auf internen Tabellen (ab Release 6.40)

Wie bei einer Datenbanktabelle beschleunigt die Verwendung eines Indexes auch den Zugriff auf eine interne Tabelle enorm. Ein (expliziter oder impliziter) Index wird bei folgenden Zugriffen genutzt:

- expliziter Indexzugriff auf Standard- oder sortierte Tabellen (Indextabellen).
  Beispiel: READ TABLE...INDEX...
- Zugriff mit vollständig spezifiziertem Tabellenschlüssel auf sortierte oder Hash-Tabellen.
  Beispiel: READ TABLE...WITH TABLE KEY

Bei Indexzugriffen besteht keine bzw. nur eine schwache Abhängigkeit der Zugriffszeit von der Datenmenge. Auch das Lesen eines Eintrags aus einer Standardtabelle mit READ TABLE...BINARY SEARCH ist immer ein Indexzugriff. Dabei muss der Entwickler allerdings den Mehraufwand für die zuvor notwendige Sortierung der Tabelle beachten.

Beim Lesen von Standardtabellen mit READ TABLE itab WITH KEY... sollte der Zusatz BINARY SEARCH verwendet werden. Dazu muss die Standardtabelle aber gemäß des angegebenen Schlüssels in der Reihenfolge der Schlüsselfelder aufsteigend sortiert sein. Es gibt eine minimale Anzahl von Lesezugriffen, ab der der Nachteil durch den zusätzlichen Sortieraufwand durch die schnelleren Lesezugriffe gerechtfertigt ist.

Für eine Standardtabelle mit etwa 1000 Einträgen lohnt sich das Sortieren, wenn danach mindestens 40 bis 50 Lesezugriffe mit READ TABLE itab WITH KEY...BINARY SEARCH erfolgen. Bei viel kleineren Tabellen lohnt sich der Sortieraufwand in der Regel nicht.

Ein zusätzlicher Sortieraufwand entsteht natürlich nicht, wenn die Standardtabelle so aufgebaut wird, dass sie stets nach einem bestimmten Schlüssel sortiert vorliegt. Dies kann durch einmaliges sortiertes Füllen aus der Datenbank erreicht werden, oder auch dadurch, dass das Einfügen von Zeilen in die interne Tabelle stets mit einem Index an der richtigen Stelle – unter Erhaltung der Sortierreihenfolge – erfolgt.

Kann kein Index genutzt werden, wird die interne Tabelle sequenziell durchsucht, was im schlechtesten Fall dazu führt, dass jeder Eintrag der Tabelle durchlaufen wird. Folgende Anweisungen können zu einer sequenziellen Suche führen:

- `READ TABLE...WITH KEY`
- `LOOP AT...WHERE...`
- `INSERT...`
- `MODIFY...`
- `DELETE...`

Beispielsweise hat bei einer Standardtabelle jede `LOOP AT...WHERE...`-Anweisung eine vollständige Durchsuchung der internen Tabelle zur Folge. Gleiches gilt für `READ TABLE` ohne `BINARY SEARCH` bei Standardtabellen. Bei sortierten Tabellen führt eine bezüglich des Tabellenschlüssels nicht linksbündige Schlüsselangabe in den Zusätzen `WHERE` oder `WITH KEY` dazu, dass kein Index genutzt werden kann. Bei Hash-Tabellen gilt dies schon, wenn nicht der vollständige Schlüssel angegeben wird.

Problematisch an der sequenziellen Suche ist, dass die Laufzeit für einen Zugriff linear mit der Zahl der zu durchsuchenden Einträge ansteigt. Eine Kombination von sequenziellen Zugriffen, wie sie z.B. bei geschachtelten Schleifen über interne Tabellen auftreten kann, kann zu einer quadratischen oder noch stärkeren Abhängigkeit der Laufzeit von der Datenmenge führen. Eine Anwendung mit solchen Zugriffen ist praktisch nur für kleine Datenmengen nutzbar.

Der Code Inspector zeigt sequenzielle Suchen für alle Tabellenarten – Standard-, sortierte und Hash-Tabellen sowie für generisch mit `INDEX` und `ANY` typisierte Tabellen – an. Schleifen über interne Tabellen ohne `WHERE`-Bedingung führen dabei nicht zu einer Prüfmeldung, da hier offenbar auf alle Einträge zugegriffen werden soll und dies sequenziell am schnellsten geht.

Ineffiziente Parameterübergabe (ab Release 6.40)

Beim Aufruf von Prozeduren (Unterprogrammen, Funktionsbausteinen, Methoden) besteht für die Parameterübergabe die Wahl zwischen Wertübergabe (*call-by-value*) oder Referenzübergabe (*call-by-reference*). Nur in folgenden Fällen ist eine der beiden Übergabearten fest vorgegeben:

- Beim `RETURNING`-Parameter von funktionalen Methoden, allen Parametern von Ereignisbehandler-Methoden, nicht-`TABLES`-Parametern von remote-fähigen und Verbuchungs-Funktionsbausteinen wird immer eine Wertübergabe ausgeführt.

▶ Für die (obsoleten) TABLES-Parameter von Unterprogrammen und Funktionsbausteinen wird immer eine Referenzübergabe ausgeführt.

In ABAP ist die Referenzübergabe eines Parameters immer performanter als die Wertübergabe: Zur Laufzeit werden alle Datenobjekte über so genannte Daten-Kontrollblöcke verwaltet. Bei jeder Wertübergabe ist der formale Parameter ein eigenes Datenobjekt mit einem eigenen Daten-Kontrollblock, der initialisiert werden muss. Daher benötigt auch die Wertübergabe eines Feldes von nur einem Byte mehr CPU-Zeit als eine Referenzübergabe. Dieses Verhalten unterscheidet ABAP von Programmiersprachen wie C oder Pascal, in denen die Wertübergabe von kleinen Feldern performanter ist als die Referenzübergabe, da dort lediglich die Kosten für das Kopieren des Übergabewertes anfallen. Diese Kopierkosten fallen in ABAP (zusätzlich zur Initialisierung des Daten-Kontrollblocks) natürlich auch an und überwiegen bei großen Parametern (ab einigen 100 Bytes) die Initialisierungskosten deutlich.

Daher sollte die Wertübergabe nur bei kleinen Eingabeparametern (< 100 Bytes) verwendet werden, die in der Prozedur zwar geändert, vom Aufrufer aber nicht zurück übernommen werden sollen. In allen anderen Fällen, also bei anderen Parameterarten (Ein-/Ausgabeparameter, Ausgabeparameter) und größeren Datentypen, sollte die Referenzübergabe verwendet werden.

Die Prüfung **Ineffiziente Parameterübergabe** untersucht, ob für einen Parameter eine Wertübergabe vorliegt. Dabei wird unterschieden, ob es sich um einen elementaren Datentyp, eine interne Tabelle oder um eine geschachtelte interne Tabelle handelt. Außerdem wird untersucht, ob der Parameter in der Prozedur nur gelesen oder ob er geschrieben, also verändert wird. Tabelle 10.7 zeigt die möglichen Meldungen der Prüfung.

Datentyp des Parameters	Zusatzbedingung	Priorität
elementarer Datentyp	Referenzübergabe wäre möglich	Information
interne Tabelle	Referenzübergabe wäre möglich	Information
elementarer Datentyp, Länge <= 100 Bytes	befindet sich auf Schreibposition, einfache Umstellung auf Referenzübergabe nicht möglich	keine Meldung
elementarer Datentyp, Länge > 100 Bytes	befindet sich auf Schreibposition, einfache Umstellung auf Referenzübergabe nicht möglich	Warnung

Tabelle 10.7 Meldungen zur Ineffizienten Parameterübergabe bei der Verwendung von Wertübergabe

Datentyp des Parameters	Zusatzbedingung	Priorität
interne Tabelle	befindet sich auf Schreibposition, einfache Umstellung auf Referenzübergabe nicht möglich	Warnung
geschachtelte interne Tabelle	Tabellen-Sharing kann bei geschachteltem Tabellentyp nicht durchgeführt werden	Warnung

Tabelle 10.7 Meldungen zur Ineffizienten Parameterübergabe bei der Verwendung von Wertübergabe (Forts.)

Um festzustellen, ob sich ein Parameter auf einer Schreibposition befindet, wird untersucht, ob er durch eine Anweisung geändert wird. Typische Schreibpositionen sind:

- die linke Seite einer Zuweisung
- die Übergabe als Formalparameter an einen Ein/Ausgabe- oder Ausgabeparameter einer Prozedur

Ist dies nicht der Fall, geht die Prüfung davon aus, dass der Parameter in der untersuchten Prozedur nicht geändert wird und daher ebenso gut per Referenz übergeben werden könnte; die Prüfmeldung lautet in diesem Fall: »Allem Anschein nach kann ohne Probleme Referenzübergabe verwendet werden«. Die Umstellung auf die Referenzübergabe kann allerdings zu funktionalen Fehlern führen, wenn unsauber programmiert wurde. Folgende Fälle sind kritisch – und so sollten Sie dementsprechend nie programmieren:

- zweifache Übergabe einer Variablen an eine Prozedur; sowohl an einen Ein-, als auch an einen Ausgabeparameter
- Änderung eines mit USING deklarierten Formalparameters in einem Unterprogramm
- lesender Zugriff auf einen Ausgabeparameter in einer Prozedur, bevor dieser in der betreffenden Prozedur zum ersten Mal geschrieben wurde

Außerdem ist zu beachten, dass beim Abbruch einer Prozedur durch eine Nachricht vom Typ »E« oder »W« Ein-/Ausgabe- und Ausgabeparameter bei der Wertübergabe nicht zurückgegeben werden; bei der Referenzübergabe bleiben die Änderungen dagegen bestehen.

Eine spezielle Situation liegt in ABAP bei der Behandlung von internen Tabellen vor. Auf interne Tabellen wird – wie auch auf Strings – intern über Referenzen zugegriffen. Bei der Zuweisung zwischen internen Tabellen wird in der Regel nur eine Referenz auf die Quelltabelle angelegt (Tabellen-Sharing seit Release 6.10). Die eigentlich notwendige Kopieroperation wird so lange verzögert, bis eine der beteiligten Tabellen geändert wird. Falls keine Änderung erfolgt, unterbleibt das Kopieren völlig.

Dieses Tabellen-Sharing bewirkt, dass auch die Wertübergabe von großen Tabellen bei ausschließlich lesenden Zugriffen nicht dramatisch langsam ist. Dennoch ist zu beachten, dass das Verwalten des Tabellen-Sharings – verglichen mit einer Referenzübergabe – immer noch relativ hohe Kosten verursacht. Wenn eine der beteiligten Tabellen geändert wird, wird das Sharing aufgelöst, was einem verzögerten Kopieren der Tabelle entspricht. Wenn der Zeilentyp einer Tabelle selbst eine Tabelle ist, erfolgt prinzipiell kein Tabellen-Sharing. Für solche geschachtelten internen Tabellen führt jede Wertübergabe sofort zum Kopieren der Tabelle.

10.4.4 Suchfunktionen

Der Code Inspector wurde hauptsächlich für die statische Analyse von Entwicklungsobjekten konzipiert; das Werkzeug ist zusätzlich aber auch mit Suchfunktionen ausgestattet. Ab Web Application Server 6.20 bietet der Code Inspector zwei Funktionen zum Durchsuchen von ABAP-Programmen:

- Suchen nach einzelnen Token (ABAP-Wörtern)
- Suchen nach vollständigen Anweisungen

Wie Sie wissen, bietet die ABAP Workbench bereits vielfältige Suchfunktionen. Die Suchfunktionen des Code Inspectors weisen jedoch die folgenden besonderen Vorteile auf:

- musterbasiertes Suchen mithilfe der Platzhalter »*« und »+«
- eine beliebige Anzahl von Suchmustern
- Möglichkeit der parallelen Ausführung der Suche, wodurch eine große Anzahl von Objekten bearbeitet werden kann
- persistent gespeicherte Suchergebnisse

Wie Sie sich sicher vorstellen können, sind die Suchfunktionen des Code Inspectors sehr hilfreich, wenn Sie viele Programme reorganisieren müssen, z.B. beim Umbenennen von Prozeduren oder Austauschen von Anweisungen.

Um nach einzelnen Token oder vollständigen Anweisungen zu suchen, legen Sie eine Prüfvariante an, die nur eine oder beide der Suchprüfungen enthält. Sie können als Prüfparameter eines oder mehrere Suchmuster mit mindestens drei Zeichen angeben. Um anschließend die Suche durchzuführen, legen Sie wie gewohnt eine Inspektion an und führen sie aus. Übereinstimmende Muster in Ihrer Objektmenge werden dann mit dem Attribut **Information** im Ergebnisbaum des Code Inspectors angezeigt.

10.4.5 Namenskonventionen (ab Release 6.40)

Die durchgängige Verwendung von Namenskonventionen für Typen (Datentypen, Klassen, Interfaces), Datenobjekte, Prozeduren und andere Einheiten in einem Programm oder einem Paket erleichtert das Verstehen des Quelltextes und des Daten- bzw. Programmiermodells erheblich.

Die Prüfung ermöglicht es, Namenskonventionen für Programme, globale und lokale Klassen/Interfaces, Methoden- und Ereignisparameter, Funktionsbausteine und Unterprogramme vorzugeben. Geprüft werden für diese Einheiten u.a. Bezeichnungen von Typen, Variablen, Konstanten, Feldsymbolen, Parametern, Ereignissen und der Einheit selbst. Für jede Namenskonvention können durch die Prüfparameter Werte vorgegeben bzw. ausgeschlossen werden. Bei Verstößen gegen vorgegebene Namenskonventionen gibt der Code Inspector eine Warnmeldung aus.

10.4.6 Anweisungsstatistik (ab Release 6.40)

Um die Frage, »Wie viel Code betreue ich?«, zu beantworten, ist die wichtigste Kennzahl die Zahl der ABAP-Anweisungen in Ihren programmartigen Objekten. Diese Prüfung bildet eine auf Wunsch nach Modularisierungseinheiten aufgeschlüsselte Statistik über die Zahl der ABAP-Anweisungen. Kommentare werden dabei – im Gegensatz zu Makro-Definitionen – mitgezählt.

Die Anweisungsstatistik besitzt folgende Parameter:

- **nur operative Anweisungen**
  Es wird die Zahl der operativen Anweisungen bestimmt, deklarative Anweisungen wie Daten- oder Objektdeklarationen werden nicht mitgezählt.

- **pro Modularisierungseinheit**
  Die Statistik wird aufgeschlüsselt nach Anweisungen in Verarbeitungsblöcke, die durch eine explizite END...-Anweisung beendet werden (Dialogmodule, Unterprogramme, Funktionsbausteine, Methoden), und nach Anweisungen in den übrigen Verarbeitungsblöcken (Ereignisblöcke).

- **ohne mehrfach verwendete Anweisungen**
  Ist dieser Parameter nicht gesetzt, so werden die Anweisungen aller in einem Programmobjekt verwendeten Include-Programme mitgezählt. Da Include-Programme beliebig oft verwendet werden können, kann es dadurch zu Mehrfachzählungen kommen. Ist der Parameter gesetzt, so werden die Anweisungen von Include-Programmen, die systemweit in mehr als einem Programm eingebunden sind, nicht mitgezählt.

Die Anzeige für die Anweisungsstatistik erfolgt im Ergebnisbaum des Code Inspectors als mehrzeiliger Text einer Informationsmeldung.

10.5 Fazit

Sie sind nun grundlegend mit dem Code Inspector vertraut, mit dem Sie statische Prüfungen Ihrer Wahl auf Repository-Objekte anwenden können:

- Prüfen Sie ein Einzelobjekt (wie ein Programm oder eine Klasse), indem Sie den Code Inspector im Menü des entsprechenden Werkzeuges der ABAP Workbench aufrufen.
- Prüfen Sie gleichzeitig mehrere Objekte, indem Sie mit dem Code Inspector (Transaktion SCI) eine Objektmenge anlegen.
- Kombinieren Sie verschiedene Einzelprüfungen zu einer Prüfvariante, indem Sie aus dem Prüfvariantenbaum die gewünschten Prüfungen und deren Parameter auswählen.
- Um einen Test vollständig zu definieren, kombinieren Sie eine Objektmenge und eine Prüfvariante zu einer Inspektion. Überprüfen Sie nach Ausführung der Inspektion die Ergebnisse in einem hierarchischen Baumformat.

Darüber hinaus haben Sie einige der wichtigsten Prüfungen kennen gelernt, die der Code Inspector standardmäßig bereitstellt. Diese sofort einsatzbereiten Prüfungen erleichtern das Durchsuchen Ihrer Programme auf potenzielle Probleme, insbesondere auch in Hinsicht auf Performance- und Sicherheitsaspekte.

Und angenommen, es gibt eine bestimmte Prüfung, die *Sie* auf Ihre Programme anwenden möchten, die aber nicht in diesem Kapitel erwähnt ist: Dann wagen Sie ein Do-it-yourself-Projekt! Schöpfen Sie die Möglichkeiten des Code Inspectors voll aus, indem Sie Ihre eigene Prüfung implementieren und diese in die Prüfumgebung des Code Inspectors integrieren.

Weitere Einzelheiten finden Sie auf der Performance-Seite im SAP Service Marketplace unter *http://service.sap.com/performance*. Der Ordner **Media Library · Literatur** enthält sowohl das Code-Inspector-Benutzerhandbuch als auch eine Anleitung zum Erstellen eigener Prüfungen.

11 Verbesserte Testabdeckung mit dem Coverage Analyzer

Christian Hansen

Selbst lang anhaltendes und ausgiebiges Testen kann nicht zur Aufdeckung aller Fehler in einer Softwareanwendung führen, wenn nicht zumindest sichergestellt wird, dass die zu testenden Programme vollständig durchlaufen werden. Solange keine flächendeckenden Informationen über die Laufzeitabdeckung in ABAP-Programmen vorliegen, ist es schwierig, Testfälle vorzugeben, die eine vollständige Abdeckung erreichen.

Seit Release 6.10 des Web Application Servers müssen Autoren und Tester von Testplänen nicht mehr im Dunkeln tappen: Mit dem in der Standardauslieferung enthaltenen *ABAP Coverage Analyzer* kann systemweit die Ausführung von ABAP-Programmen verfolgt und überwacht werden. Qualitätsmanager oder Entwickler können mithilfe des Coverage Analyzers folgende Aufgaben erledigen:

▶ globale Überprüfung von Testaktivitäten im System
▶ Überwachung von Testaktivitäten verschiedener Benutzergruppen
▶ Abruf von detaillierten Informationen zur Verwendung verschiedener Programmeinheiten (Prozeduren, Dialogmodule usw.)
▶ Ermittlung möglicher Ansatzpunkte für Performanceverbesserungen
▶ Identifizierung von unbenutzten Programmeinheiten
▶ Unterstützung bei der Implementierung von Unicode in ABAP-Programmen

Im Folgenden wird Ihnen erläutert, worum es sich beim Coverage Analyzer handelt, wie er funktioniert und wie Sie ihn einsetzen können. Des Weiteren wird Ihnen anhand praktischer Beispiele die Verwendung des Coverage Analyzers demonstriert. Es geht dabei insbesondere um die Effektivitätssteigerung von systemweiten Tests sowie um die Bewertung der Aufrufhäufigkeit von Programmen sowie ihrer Unterprogramme.

11.1 Funktionsweise des Coverage Analyzers

Beim Coverage Analyzer (Transaktion SCOV) handelt es sich um ein Werkzeug, das zur Aufzeichnung von ABAP-Programmausführungen dient. Während die Laufzeitanalyse (Transaktion SE30) detaillierte Informationen bezüglich der Ausführungsdauer, der Tabellenzugriffe etc. für ein einzelnes Programm zur Verfügung stellt – allerdings nur für die Dauer dieses Programms –, verfolgt der Coverage Analyzer automatisch und jederzeit die Ausführung jeder Programmeinheit *im System* und speichert die aktuellen Daten in der Systemdatenbank. Dies geschieht, ohne dass die Programme eigens dafür instrumentiert werden müssten, etwa durch einen Trace-Aufruf über ein eigenes Sprachelement.

In Tabelle 11.1 sind die mit dem Coverage Analyzer untersuchbaren Programmeinheiten mit ihren zugehörigen ABAP-Schlüsselwörtern aufgelistet.

Programmeinheit	ABAP-Schlüsselwort
Prozeduren	FORM FUNCTION METHOD
Dialogmodule	MODULE
Ereignisblöcke	AT LINE SELECTION AT PF<xx> AT SELECTION SCREEN AT USER COMMAND END-OF-PAGE END OF SELECTION GET GET LATE INITIALIZATION START-OF-SELECTION TOP-OF-PAGE
Programme	PROGRAM REPORT

Tabelle 11.1 Übersicht der mit dem Coverage Analyzer untersuchbaren Programmeinheiten

Im Kontext des Coverage Analyzers entspricht jede untersuchbare Programmeinheit einem *Verarbeitungsblock*; mit Ausnahme von gesamten Programmen, die z. B. mit SUBMIT gestartet werden, und technisch gesehen natürlich keine Verarbeitungsblöcke sind. Da der Coverage Analyzer jedoch Programmstarts und Verarbeitungsblöcke – genauer gesagt, den Eintritt in den Definitionsteil eines jeden Verarbeitungsblocks – verfolgt, soll hier der Einfachheit halber der Begriff Verarbeitungsblock auch für Programme bei Programmstarts gelten.

Für jeden dieser Verarbeitungsblöcke erfasst der Coverage Analyzer die folgenden Informationen:

▶ Anzahl der Ausführungen

▶ Anzahl der Laufzeitfehler im Verarbeitungsblock

Sobald der Coverage Analyzer gestartet ist, laufen periodisch Hintergrundjobs auf jedem Applikationsserver des Systems ab, die Daten sammeln. In den Einstellungen des Coverage Analyzers können Sie bestimmen, wie oft das geschieht. Der Coverage Analyzer leitet die Informationen über die Ausführung von Verarbeitungsblöcken, wie in Abbildung 11.1 dargestellt, von der Laufzeitumgebung an die zentrale Datenbank des SAP-Systems weiter:

1. Der Coverage Analyzer erfasst die Aufrufhäufigkeit für jeden Verarbeitungsblock, der gerade in einem bestimmten Workprozess läuft, im Speicher eines aktiven internen Modus.

2. Ausgelöst durch regelmäßige Hintergrundjobs, wird beim Rollout des internen Modus bei einem Wechsel des Workprozesses diese Information an das Shared Memory des Applikationsservers weitergeleitet und dann in dafür vorgesehene Tabellen der Datenbank eingefügt.

3. Droht das Shared Memory knapp zu werden, wird von der Laufzeitumgebung die Abholung der Daten aus dem Shared Memory zusätzlich zu den regelmäßig laufenden Hintergrundjobs veranlasst. Steht trotzdem kein Shared Memory mehr zur Verfügung, werden die Daten in eine temporäre Datei geschrieben. Die Inhalte dieser Datei werden automatisch erneut gelesen und während späterer Hintergrundjobs in die Datenbank eingefügt.

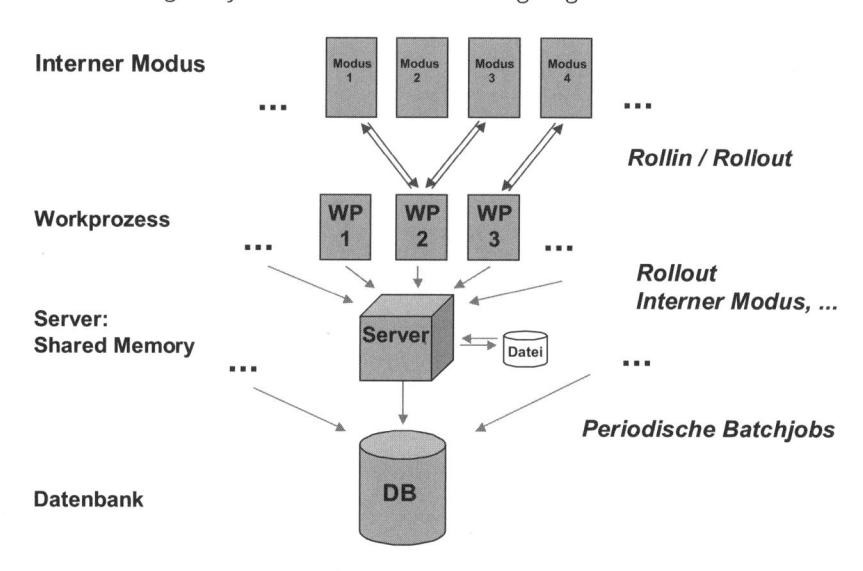

Abbildung 11.1 Informationssammlung durch den Coverage Analyzer

Der Coverage Analyzer berücksichtigt weder Aufrufe von Transaktionen oder Dialogbausteinen noch von anderen übergeordneten Einstiegspunkten für die Programmausführung. Des Weiteren werden keine Kontrollstrukturen innerhalb von Verarbeitungsblöcken wie z. B. Verzweigungen (IF, CASE etc.) oder Schleifen (DO, WHILE etc.) zerlegt.

11.1.1 Auswirkungen auf die gesamte Systemperformance

Sollten Sie befürchten, dass die Systemperformance durch das ständige Überwachen und Mitschneiden der Programmausführungen beeinträchtigt werden könnte, können wir Sie beruhigen: Die Auswirkungen des Coverage Analyzers auf die Performance sind nur minimal. Der zeitliche Effekt entspricht dem einer zusätzlichen Deklaration und Zuweisung – wie z. B. `DATA progname TYPE sy-repid. progname = sy-repid` – pro Verarbeitungsblock. Der regelmäßig ablaufende Hintergrundjob benötigt ebenfalls etwas Zeit, um die Testabdeckungsdaten in die Datenbank einzufügen. In einem der produktiven Anwendungsentwicklungssysteme stellte SAP eine Verarbeitungsgeschwindigkeit von etwa zehn Programmen pro Sekunde, respektive von etwa 100 Verarbeitungsblöcken pro Sekunde fest. Damit dauerte es nur eineinhalb Minuten, die Testabdeckungsdaten für 1.000 Programme mit 10.000 Verarbeitungsblöcken zu verarbeiten, bzw. 15 Minuten, um 10.000 Programme mit 100.000 Verarbeitungsblöcken zu verarbeiten.

Bei einem nicht-Unicode-System beträgt der Speicherverbrauch normalerweise 0,2 bis 1,8 Megabytes, auf einem Unicode-System – also einer SAP-Installation, die Unicode sowohl auf dem Applikationsserver als auch in der Datenbank verwendet – 0,3 bis 3,4 Megabytes. In der Datenbank hängt die Datenmenge von der Anzahl der Programme im jeweiligen System sowie der erreichten Abdeckung ab. Ein Beispiel: Auf einem nicht-Unicode-Basissystem mit 50.000 Programmen und 20% Abdeckung wurden auf der Datenbank 30 Megabytes an Abdeckungsdaten abgelegt.

11.1.2 Nützliche Eigenschaften für das Testen in einer realen Testumgebung

Obwohl es kein Entwicklungssystem ist, ist auch in einem Testsystem die Software in der Regel nicht statisch. Einzelne Programme erfahren Änderungen durch Entwicklung und Transport oder – in einem reinen Testsystem – aufgrund von Fehlerkorrekturen und Patches. Der Coverage Analyzer setzt die aktuellen Testabdeckungsergebnisse für Programme zurück, die entweder explizit (durch eine Code-Änderung) oder implizit (durch die Änderung einer referierten Definition im ABAP Dictionary) verändert wurden. Die Datensammlung beginnt dann für die betroffenen Programme gleichsam wieder bei Null.

Beachten Sie, dass sich auch kleine Änderungen an zentralen Definitionen im ABAP Dictionary immens auf die Testabdeckungsergebnisse für das gesamte System auswirken können. Würde z. B. ein Feld zur zentralen Systemstruktur SYST hinzugefügt, die in jedem Programm verwendet wird, invalidiert das praktisch alle aktuellen Abdeckungsergebnisse.

Der Coverage Analyzer verfügt über Zähler, die nicht nur die aktuellen, sondern kumulativ alle Ausführungen von Verarbeitungsblöcken seit dem Teststart verfolgen und unter anderem Folgendes festhalten:

- die kumulative Anzahl der Ausführungen
- die kumulative Anzahl der Laufzeitfehler in einem Verarbeitungsblock
- die Anzahl, wie oft die aktuellen Ergebnisse zurückgesetzt wurden

Der Coverage Analyzer verfolgt standardmäßig alle Aufrufe eines Verarbeitungsblocks im System unabhängig davon, wer den Aufruf durchführt. Sollten Sie nur an den Aktivitäten von bestimmten Benutzergruppen bzw. deren Überwachung interessiert sein, können Sie Testgruppen einrichten, denen eine bestimmte Menge von Benutzern zugeordnet ist. Dadurch ist es auch möglich, die Ergebnisse verschiedener Testgruppen voneinander zu unterscheiden und miteinander zu vergleichen. Eine solche Einzelanalyse, z.B. der Abdeckung durch das Testwerkzeug CATT (*Computer Aided Test Tool*) ohne Einbeziehung anderer Systemaktivitäten, lässt erkennen, wie das CATT effektiver eingesetzt werden kann. Um Testgruppen einzurichten, wählen Sie Testgruppen im Hauptmenü des Coverage Analyzers.

Für die Analyse der Ergebnisse gibt es im Coverage Analyzer zwei Ansichten namens *Detailsicht* und *globale Sicht*, die in Tabelle 11.2 beschrieben und in den Beispielszenarien in Abschnitt 11.3 genauer betrachtet werden.

Sicht	Anzeige	Konfigurierbare Datenmenge?
Detailsicht	Ergebnisse für ein Programmobjekt oder einen einzelnen Verarbeitungsblock	Nein – es wird automatisch alles eingeschlossen, von lokalen Objekten bis zu SAP- und Kundenobjekten.
globale Sicht	Ergebnis für das gesamte System, sortiert nach Paket oder Objektverantwortlichem; liefert auch zusätzliche Informationen, wie z.B. die Verwendungshäufigkeit	Ja – die Berechnung und Anzeige der Abdeckungsergebnisse wird auf die jeweils interessierenden Pakete oder Transportschichten beschränkt. Sind Sie z.B. nicht an SAP-Programmen interessiert, wählen Sie nur die Pakete im Kundennamensbereich.

Tabelle 11.2 Ergebnisanalyse des Coverage Analyzers

Programmausführungen auf einem einzelnen System mit dem Coverage Analyzer zu verfolgen reicht nicht aus, wenn Tests auf mehreren Systemen gleichzeitig stattfinden und das Gesamtergebnis der Testaktivitäten ermittelt werden soll – denn Sie können nicht einfach die Abdeckung (in Prozent) der verschiedenen Systeme zusammenrechnen, weil dabei mögliche Überschneidungen bei den getesteten Programmeinheiten unberücksichtigt bleiben. Als Lösung dieses Problems führt eine Aktivierung der Option **Datenverdichtung aus verschiedenen Remotesystemen (Administration • An/Aus, Status • Datenverdichtung**) zu einer korrekten Zusammenfassung der Testabdeckungsergebnisse für alle Systeme und hat die tatsächliche Gesamtabdeckung zum Ergebnis.

11.2 Inbetriebnahme des Coverage Analyzers

Da der Coverage Analyzer standardmäßig im Web Application Server ABAP enthalten ist, ist seine Inbetriebnahme für einen Systemadministrator denkbar einfach:

1. Geben Sie in Transaktion SCOV unter **Administration • Einstellungen • Batchjob zum Anstoßen der Datensammlung** den Namen des Applikationsservers an, auf dem der Trigger für die Hintergrundjobs zur Datensammlung laufen soll.
2. Setzen Sie den Ausführungszeitraum für den Trigger.
3. Schalten Sie den Coverage Analyzer ein.
4. Schalten Sie die automatische Aufzeichnung der Historie über **Administration • An/Aus, Status • Historie** ein, um die Auswertung für die globale Sicht zu aktivieren.

Während der Initialisierung werden alle Programme einmal generiert, um eine vollständige Liste aller Verarbeitungsblöcke des Systems zu erstellen. Anschließend sammelt der Coverage Analyzer Daten zur Ausführung aller Programme im System. Ein explizites Einschalten des Coverage Analyzers für ein Programm oder ein Programmpaket erübrigt sich. Die globale Sicht kann so konfiguriert werden, dass nur Daten zu solchen Programmobjekten angezeigt werden, die für den Benutzer interessant sind.

In der Online-Hilfe (*http://help.sap.com*) können Sie detailliert nachlesen, wie der Coverage Analyzer eingerichtet und gestartet wird und wie die Ergebnisse und die Monitoranzeige zu interpretieren sind. Dort ist auch die Beschreibung weiterer administrativer Werkzeuge zu finden. Dieselben Informationen sind natürlich auch in Transaktion SCOV über **Hilfe • Hilfe zur Anwendung** zugänglich.

11.3 Verwendung des Coverage Analyzers

Da Sie nun mit der grundsätzlichen Funktionsweise vertraut sind, sollen Ihnen die folgenden Abschnitte anhand dreier Szenarios beispielhaft veranschaulichen, wie Sie den Coverage Analyzer in Ihrer eigenen Systemumgebung effektiv einsetzen können.

- **Szenario 1: »Was ist ein guter Test?«**
  Dieses Szenario beschreibt, wie die Effektivität eines systemweiten Tests bewertet und verbessert werden kann.

- **Szenario 2: »Wie wird ein Programm verwendet?«**
  In diesem Szenario wird erörtert, wie detaillierte Informationen zur Programmnutzung gewonnen werden können.

- **Szenario 3: »Wie weit ist ein Projekt zur Umstellung auf Unicode?«**
  Dieses Szenario untersucht, wie die Fortschritte in einem Projekt kontrolliert werden können, das die Umstellung auf Unicode zum Ziel hat.

11.3.1 Was ist ein guter Test?

Stellen Sie sich vor, Sie sind als Qualitätsmanager verantwortlich für die Koordination von 30 Testern. Die Tester sollen anhand eines gut durchdachten Testplans eine Woche lang Ihre neuesten ABAP-Entwicklungen genau unter die Lupe nehmen. Nach einer Woche ununterbrochenen Testens decken die Tester nur zwei Fehler auf. Aus diesem Ergebnis können Sie verschiedene Rückschlüsse ziehen:

1. Die Tester haben unzureichende Arbeit geleistet.
2. Der Testplan war ungeeignet.
3. Sie haben eine ausgezeichnete Softwarequalität.

Bis zur Einführung des Coverage Analyzers gab es für die Beantwortung der Frage, welche der drei Schlussfolgerungen die richtige sei, nur recht eingeschränkte Entscheidungshilfen. Mit dem Coverage Analyzer können die ersten beiden Möglichkeiten nun ganz einfach bewiesen bzw. ausgeschlossen werden.

Auf Grundlage des gleichen einwöchigen Testszenarios werden zwei Gruppen von je 15 Testern (»Gruppe A« und »Gruppe B«) mit dem Test befasst. Es schließt sich eine Auswertung der Testergebnisse an, die sich auf einen Vergleich der quantitativen Daten der jeweiligen Gruppe stützt. Abbildung 11.2 zeigt beispielhaft Ergebnisse, wie sie nach einer Woche intensiven Testens in der globalen Sicht des Coverage Analyzers so oder so ähnlich zu finden wären.

Im linken Bereich des Bildschirmbildes ist das Gesamtergebnis jeder Testgruppe zu sehen. In Tabelle 11.3 erhalten Sie einen Überblick, was die Spalten inhaltlich zu bedeuten haben. Nach einem Doppelklick auf eine Testgruppe erscheint auf der rechten Seite eine grafische Darstellung des Testverlaufs – um die Lesbarkeit der eigentlich farbigen Diagramme zu erhöhen, haben wir in Abbildung 11.3 und Abbildung 11.4 eine alternative Darstellung verwendet.

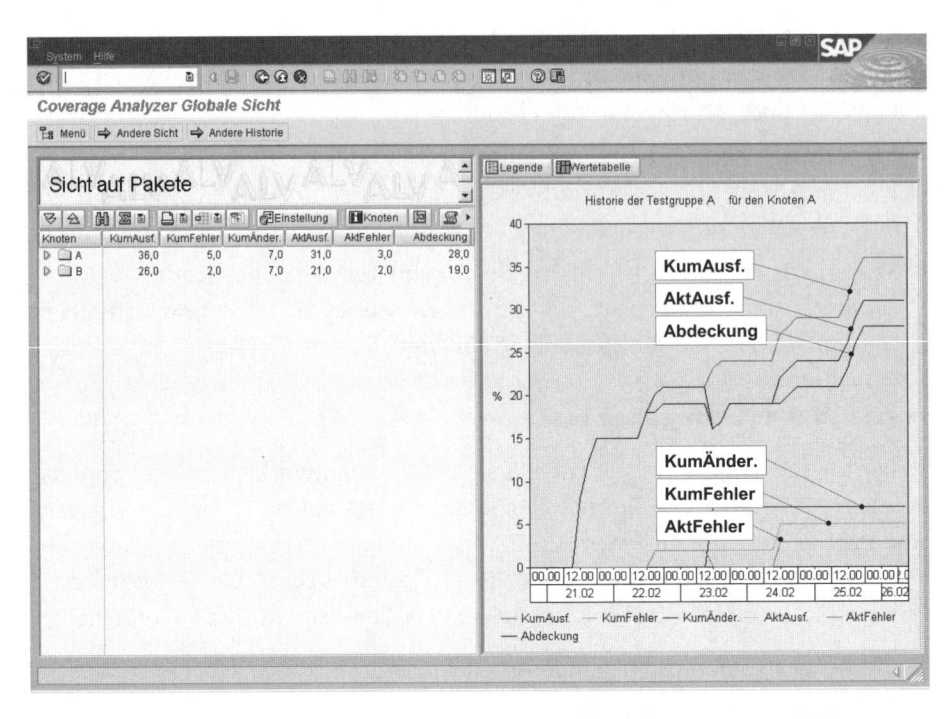

Abbildung 11.2 Beispielhafte Testergebnisse im Coverage Analyzer

Abkürzung	Vollständiger Name	Inhalt (in Prozent)
KumAusf.	kumulierte Ausführungen	Verarbeitungsblöcke, die seit Start des Coverage Analyzers ausgeführt wurden
KumFehler	kumulierte Fehler	Verarbeitungsblöcke, in denen seit Start des Coverage Analyzers ein Laufzeitfehler aufgetreten ist
KumÄnder.	kumulierte Änderungen	Verarbeitungsblöcke, die zurückgesetzt wurden
AktAusf.	aktuelle Ausführungen	Verarbeitungsblöcke, die in der aktuellen Version (der letzten und unveränderten Version eines Verarbeitungsblocks) ausgeführt wurden, die also seit dem letzten Rücksetzen ausgeführt wurden
AktFehler	aktuelle Fehler	Verarbeitungsblöcke, in denen ein Laufzeitfehler in der aktuellen Version aufgetreten ist
Abdeckung	Abdeckung	getestete Verarbeitungsblöcke*

* Wählen Sie **Coverage Analyzer** · **Administration** · **Einstellungen**, um die Bedingung für **Verarbeitungsblock gilt als getestet** zu setzen. Für das Beispiel in Abbildung 11.2 wurde die Standardeinstellung »Wurde in der aktuellen Version ohne Laufzeitfehler ausgeführt.« gewählt.

Tabelle 11.3 Spalten in der globalen Sicht

Die Ergebnisse in Abbildung 11.2 zeigen, dass durch die Arbeit von Gruppe A 36% aller Verarbeitungsblöcke im untersuchten Bereich ausgeführt wurden. In einer Woche hat diese Gruppe in 5% dieser Verarbeitungsblöcke Laufzeitfehler entdeckt. Im Testsystem wurden 7% der Verarbeitungsblöcke geändert. 31% der Verarbeitungsblöcke im untersuchten Bereich liefen in der aktuellen Version und es wurden Laufzeitfehler in 3% der aktuellen Versionen der Verarbeitungsblöcke entdeckt. Aus diesem Grund werden 28% der Verarbeitungsblöcke im untersuchten Bereich als »getestet« bewertet.

Zum Vergleich: Von Gruppe B wurden nur 26% aller Verarbeitungsblöcke im untersuchten Bereich zur Ausführung gebracht. In einer Woche hat diese Gruppe in 2% dieser Verarbeitungsblöcke Laufzeitfehler entdeckt. Genau wie Gruppe A stellte Gruppe B fest, dass 7% der Verarbeitungsblöcke im Testsystem geändert wurden. 21% der Verarbeitungsblöcke im untersuchten Bereich liefen in der aktuellen Version. Es wurden Laufzeitfehler in 2% der aktuellen Versionen der Verarbeitungsblöcke gefunden. Daher werden nur 19% der Verarbeitungsblöcke im untersuchten Bereich als »getestet« bewertet – und Gruppe B testete damit etwa ein Drittel weniger als Gruppe A. Gruppe A lieferte demnach eindeutig bessere Testergebnisse als Gruppe B, die unter Umständen den Testplan nicht vollständig abgearbeitet hat.

Genauere Analyse des Testablaufs

Eine andere Darstellung der Ergebnisse der globalen Sicht ist in Abbildung 11.3 und Abbildung 11.4 zu sehen, die vom Coverage Analyzer erzeugte Daten nach dem Export in ein Tabellenkalkulationsprogramm zeigen. Um Ihnen den Vergleich zu erleichtern, sind dabei wichtige Punkte im Verlauf des Tests mit römischen Zahlen markiert.

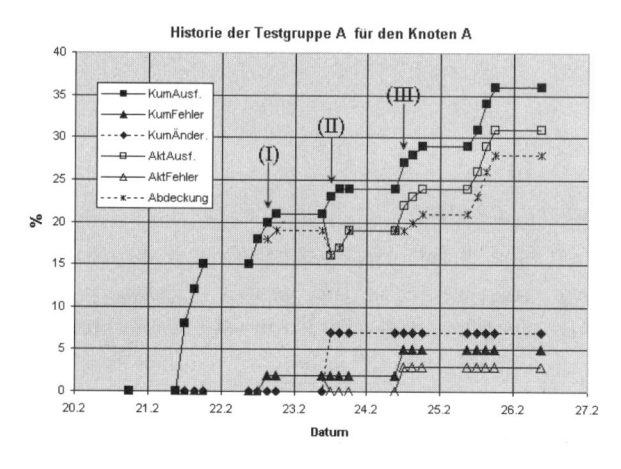

Abbildung 11.3 Historie von Testgruppe A

In Abbildung 11.3 sehen Sie den Testverlauf von Gruppe A, die am 21. Februar mit dem Testen begann. Am 22. Februar (I) wurden in 2% der Verarbeitungsblöcke Fehler gefunden. Gruppe A meldete die Fehler, die dann am 23. Februar behoben waren (II). Diese Fehlerbehebungen setzen die Abdeckungsergebnisse für 7% der Verarbeitungsblöcke zurück. Danach wurden die 2% der Verarbeitungsblöcke, die Fehler enthielten, erneut getestet. Am 24. Februar (III) wurden in weiteren 3% der Verarbeitungsblöcke Fehler gefunden, die bis zum Testende nicht behoben wurden.

In Abbildung 11.4 sehen Sie den analogen Testverlauf von Gruppe B. Diese Gruppe war, wie leicht zu erkennen ist, langsamer als Gruppe A. Gruppe B entdeckte die ersten von Gruppe A gefundenen Fehler nicht, da sie bereits behoben waren, bevor Gruppe B an diesen Punkt des Testplans gelangte. Gruppe B stellt nur fest, dass am 23. Februar an 7% der Verarbeitungsblöcke Änderungen vorgenommen wurden (II). Gegen Ende der Testphase am 25. Februar (IV) hatte Gruppe B nur 2% der Verarbeitungsblöcke als fehlerhaft erkannt und lag damit um 1% unter der Fehlerquote von 3%, die Gruppe A am 24. Februar gemeldet hatte.

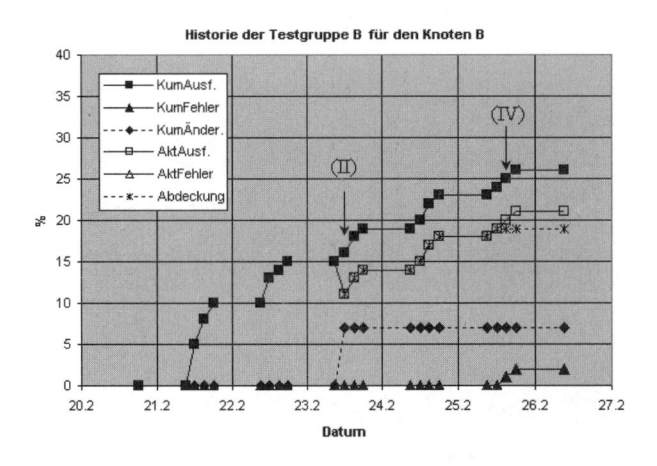

Abbildung 11.4 Historie von Testgruppe B

Ermittlung von nicht getestetem Code

Der Coverage Analyzer vermittelt eine detaillierte Einsicht in die Testergebnisse und gibt Auskunft darüber, wie der eigentliche Test verläuft. Das wichtigste Ergebnis dabei ist allerdings, dass identifiziert werden kann, welche Funktionalitäten in einem System gänzlich ungetestet sind. Selbst bei der zuverlässiger arbeitenden Gruppe A blieben 64% des Codes unberührt. Werden strengere Maßstäbe angelegt und Programme nur dann als »getestet« bewertet, wenn sie fehlerfrei in der aktuellen Version laufen, wurden sogar 72% des Codes nicht getestet.

Die Detailsicht des Coverage Analyzers liefert eine Liste selten oder nicht getesteter Programmobjekte, die in die überarbeiteten Testpläne mit einbezogen werden sollten. Abbildung 11.5 ist zu entnehmen, dass z.B. das Programm RSCVR_INIT noch gar nicht getestet wurde, während dies mit Teilen der Funktionsgruppe SCVA_ADMIN bereits geschehen ist.

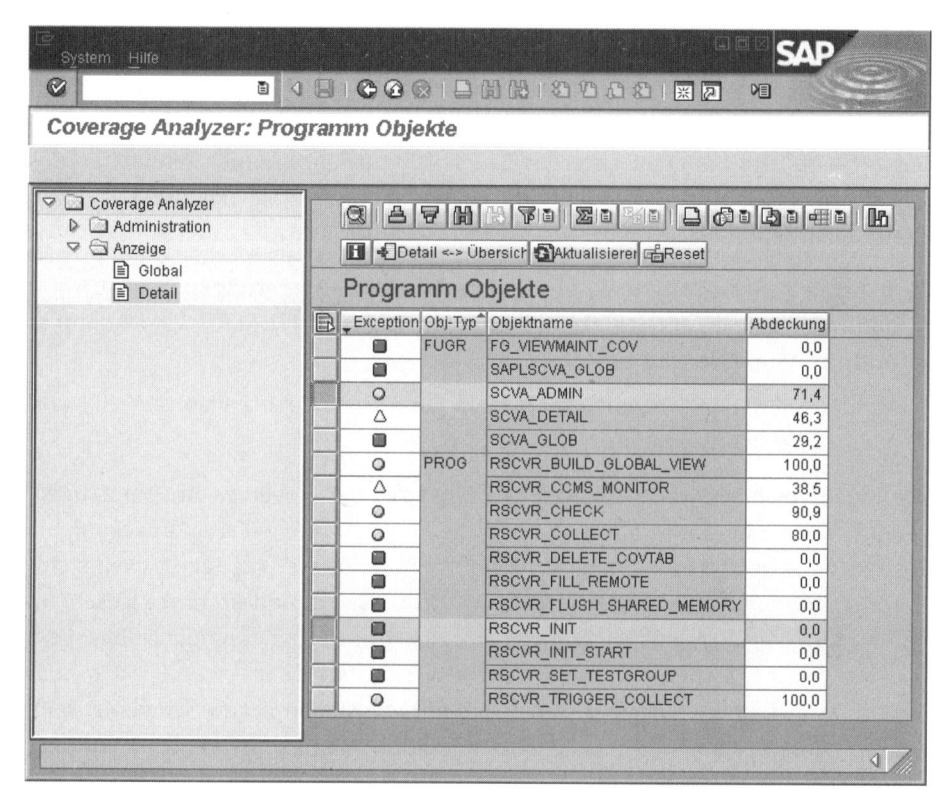

Abbildung 11.5 Liste der (nicht) getesteten Programmobjekte in der Detailsicht

Optimale Nutzung des Coverage Analyzers

Die motivierende Wirkung der Ergebnisse des Coverage Analyzers auf die Tester sollte nicht unterschätzt werden: Sie können so die Fortschritte ihrer Arbeit verfolgen, was für viele Tester bereits Ansporn genug ist, sich neue Wege durch den Code zu suchen, um so die Testabdeckung zu erhöhen und damit letztlich zur Verbesserung der Testpläne beizutragen. Für so genannte Blackbox-Tests, bei denen der Tester den Programmcode nicht untersucht, sind die Ergebnisse des Coverage Analyzers bereits sehr wertvoll; sie werden aber noch von den so genannten Whitebox-Tests übertroffen, bei denen der Tester für die Analyse der

Ergebnisse auf den Programmcode zugreifen kann. Allerdings sollten Sie für solche Tests nur hinreichend erfahrene Tester – am besten die Entwickler selbst – einsetzen, die auch die Verbindung zwischen ungetesteten Programmobjekten und den entsprechenden Aktionen, die ausgeführt werden müssen, ermitteln können und damit diese Objekte erreichen. Auf diese Weise wird der Coverage Analyzer zu einem wichtigen diagnostischen Werkzeug, mit dessen Hilfe ABAP-Programme verbessert werden können.

Der vielleicht größte Vorteil des Coverage Analyzers ist der, dass mit ihm automatisierte Testwerkzeuge wie das CATT besser genutzt werden können. Zunächst wird die Abdeckung von automatisiert wiederholten Tests gemessen, die darauf aufbauend so erweitert werden können, dass die Abdeckung kontinuierlich verbessert wird. Um die Ergebnisse des CATT nicht zu sehr von den Aktivitäten des zugewiesenen Benutzers beeinflussen zu lassen, sollten Sie mit der folgenden Methode arbeiten:

1. Erstellen Sie eine Testgruppe über **Administration · Testgruppen** (z.B. »CATT«) und weisen Sie ihr einen einzelnen Benutzer (z.B. »CATTUSER«) über **Administration · Registrierung** zu.
2. Melden Sie sich im System unter diesem Benutzer an, starten Sie das CATT und melden Sie sich wieder ab.

Wenn Sie von der Zweckmäßigkeit des Einsatzes des Coverage Analyzers überzeugt sind, werden Sie sich zwangsläufig die Frage stellen, welche Abdeckung bei Tests zu erreichen ist bzw. erreicht werden kann. Auf diese Frage gibt es keine eindeutige Antwort. Eine Abdeckung von 100% ist zumindest unrealistisch. In einem normalen Test wird nicht jedes einzelne Unterprogramm mit einbezogen. Das Testen eines Unterprogramms beispielsweise, das dafür vorgesehen ist, das System nach einem Systemabsturz wieder herzustellen, kann schwierig sein. Andere Unterprogramme zur Fehlerbehandlung bleiben während eines Tests möglicherweise unberücksichtigt, da die Fehlerbedingung nicht auftritt. Auf der anderen Seite sollte dieser ungetestete Code jedoch einwandfrei funktionieren, wenn die entsprechende Situation plötzlich doch eintritt. Daher gilt es eine Möglichkeit zu finden, damit dieser Code getestet werden kann, wie schwierig das auch immer sein mag. Fehlerbehandlungsroutinen machen nur einen geringen Teil des gesamten Codes in einem System aus. Daher sind Zweifel angebracht, wenn jemand behauptet, da der verbleibende ungetestete Code nur Fehlerbehandlungsroutinen umfasse, sei eine Testabdeckung von 50% durchaus angemessen. Auch wenn Sie Fehlerbehandlungsroutinen vom Test ausschließen, sollte das nicht dazu führen, mit einer niedrigen Abdeckung zufrieden zu sein.

Selbst eine hypothetische Abdeckung von 100% würde jedoch nicht notwendigerweise garantieren, dass der Code fehlerfrei ist, denn der Coverage Analyzer verfolgt nur Verarbeitungsblöcke und löst keine Verzweigungen (IF...ELSEIF...ELSE) oder einzelne Anweisungen auf (siehe Abschnitt 11.1). Selbst wenn dies im Coverage Analyzer möglich wäre, könnte es immer noch zu datenabhängigen Fehlern kommen. Des Weiteren können auch syntaktisch völlig korrekte Programme in Bezug auf die implementierte Anwendungslogik vollkommen unsinnig sein.

Trotz dieser vermeintlichen Mankos werden mit dem Coverage Analyzers alle im Test unberührten oder ungetesteten Elemente zu 100% ermittelt. Diese wertvollen Informationen waren vor der Einführung des Coverage Analyzers nicht vorhanden.

11.3.2 Wie wird ein Programm verwendet?

Stellen Sie sich einen Entwickler vor, der für einen grafischen Layouteditor verantwortlich ist und in dessen Verantwortungsbereich zudem ein älterer, alphanumerischer Layouteditor fällt. Dieser Entwickler sieht sich eines Tages mit dem Vorschlag konfrontiert, die Unterstützung des älteren Editors einzustellen, da ihn angeblich »niemand mehr verwendet«. Bisher gab es nur wenig zufrieden stellende Möglichkeiten, diese Behauptung zu verifizieren:

1. die Befragung aller Benutzer dieses Werkzeugs
2. die Befragung einiger Kollegen, gefolgt von der Hochrechnung des Ergebnisses auf die tatsächliche Entwicklerzahl
3. den alten Editor aus dem Betrieb nehmen und warten, bis sich jemand beschwert

Der Coverage Analyzer bietet Ihnen in diesem Punkt eine effektivere Möglichkeit: Mit seiner Hilfe können Sie die Aufrufhäufigkeit der beiden Editoren untersuchen und diese Zahlen bei Ihrer Entscheidung mit berücksichtigen. Entscheidungen gründen somit auf quantitativen Tatsachen und sind nicht mehr rein spekulativer Art.

Wenn die Einstiegspunkte zu den beiden Editoren in verschiedenen Verarbeitungsblöcken liegen, leistet der Coverage Analyzer gute Dienste. Aktivieren Sie ihn in einem System, in dem beide Editoren verwendet werden, und sammeln Sie die Daten über eine Zeitspanne, die lang genug ist, um zu einem aussagekräftigen Bild über die Verwendung der beiden Editoren zu kommen. Werten Sie die Ergebnisse anschließend aus.

Zur Veranschaulichung dieser Möglichkeit mag ein hypothetisches Beispiel dienen: Wenn sich SAP in Bezug auf den grafischen bzw. alphanumerischen Layouteditor des Screen Painters dieselbe Frage stellen würde, die wir uns zuvor gestellt haben – eine Frage, die in der Realität natürlich nicht zur Diskussion steht –, so könnte ein seit zehn Monaten laufendes internes System bei SAP darüber Klarheit schaffen, wie oft die jeweiligen Editoren verwendet wurden. Die Einstiegspunkte zu den Editoren befinden sich in der Funktionsgruppe WBSCREEN in den Unterprogrammen ENTER_ALPHA_SCREEN (ein alphanumerischer Editor) und ENTER_GRAF_SCREEN (ein grafischer Editor).

Zunächst wird im Selektionsbild der Detailsicht des Coverage Analyzers der Name des Paketes eingegeben, das die Funktionsgruppe WBSCREEN enthält. Wählen Sie dazu **Coverage Analyzer • Anzeige • Detail**. Wie in Abbildung 11.6 dargestellt, wird eine Übersicht aller Programmobjekte in diesem Paket angezeigt. Die Funktionsgruppe WBSCREEN weist eine Abdeckung von 59,0% und mit 363.796 Aufrufen eine hohe aktuelle Aufrufhäufigkeit aus. Daher ist eine nützliche Statistik zur Verwendung der beiden Editoren zu erwarten.

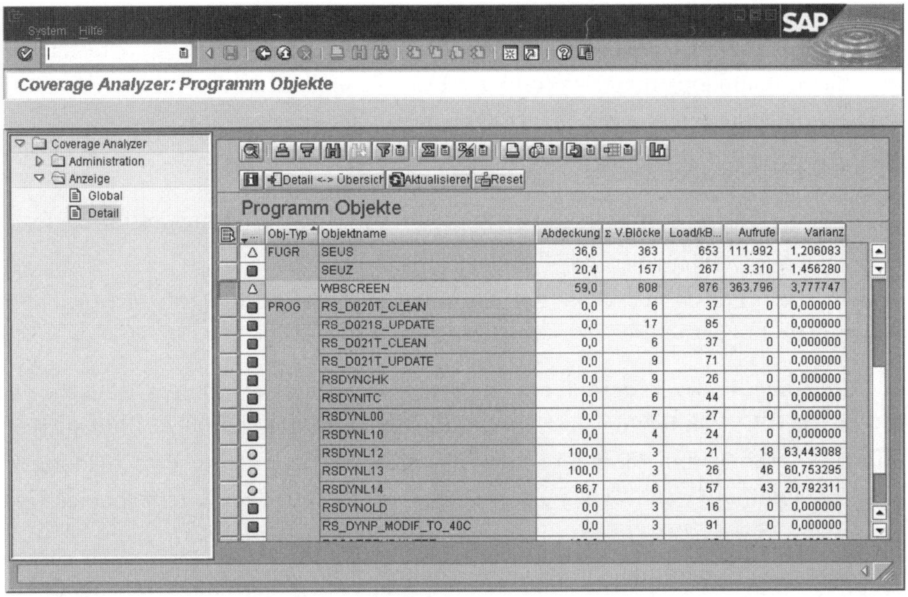

Abbildung 11.6 Ergebnisse für Programmobjekte

Durch einen Doppelklick auf die markierte Zeile werden die Verarbeitungsblöcke der Funktionsgruppe WBSCREEN angezeigt (siehe Abbildung 11.7). Die Ergebnisse zeigen 3.477 Aufrufe für den alphanumerischen Layouteditor und 10.358 Aufrufe für den grafischen Layouteditor, womit die ursprüngliche Frage geklärt wäre, wie häufig welcher Layouteditor genutzt wird. Der alphanumerische Layouteditor wird demnach zwar seltener genutzt als der grafische Layouteditor; ihm deshalb die Unterstützung zu entziehen, wäre dennoch die falsche Konsequenz, denn eine Aufrufhäufigkeit von 3.477 (bzw. 25% aller Aufrufe der Layouteditoren) ist nicht unerheblich.

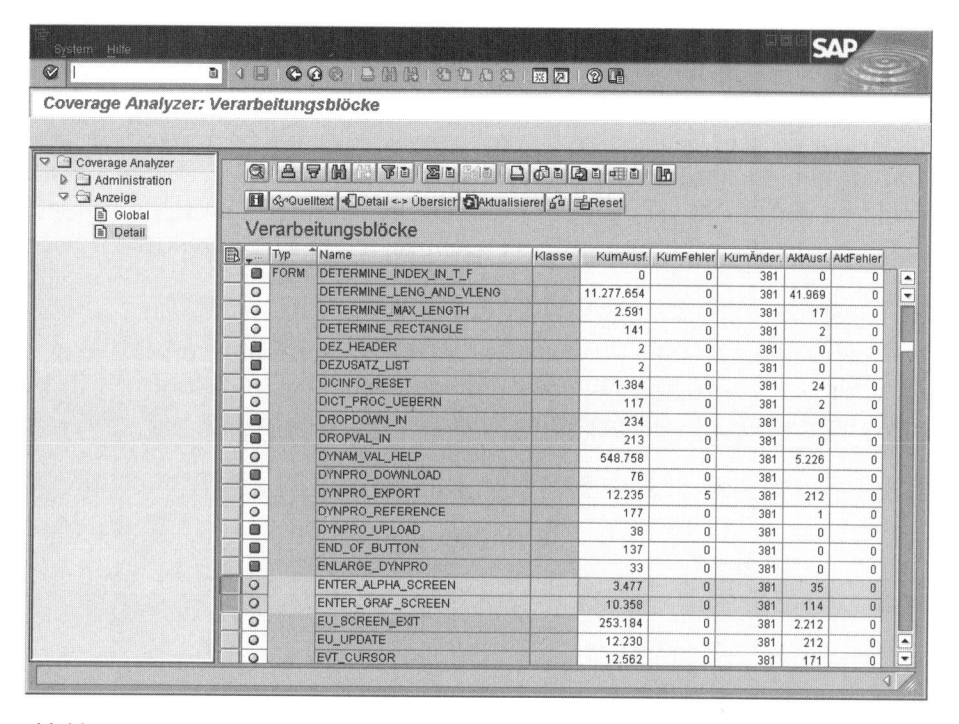

Abbildung 11.7 Ergebnisse für Verarbeitungsblöcke

Abbildung 11.7 können noch weitere interessante Informationen entnommen werden:

- Wenn Sie unbenutzten Code finden wollen, geben diese Ergebnisse einen ersten Hinweis darauf, wo Ihre Suche Erfolg versprechend sein könnte. Das Unterprogramm DETERMINE_INDEX_IN_T_F lief beispielsweise in den zehn Monaten überhaupt nicht und könnte ein möglicher Kandidat sein.

- Wenn Sie Programme identifizieren wollen, deren Performance zu optimieren eine Überlegung wert ist, sind die häufig aufgerufenen Programme erste Wahl. In diesem Beispiel ist es das Unterprogramm DETERMINE_LENG_AND_VLENG, das in zehn Monaten 11.277.654-mal aufgerufen worden ist.

11.3.3 Wie weit ist ein Projekt zur Umstellung auf Unicode?

Der Coverage Analyzer kann auch dazu eingesetzt werden, die Fortschritte in einem Projekt zur Umstellung eines SAP-Systems auf Unicode, d.h. die Verwandlung von ABAP-Programmen in Unicode-Programme zu verfolgen. Abbildung 11.8 zeigt die Ergebnisse in der globalen Sicht für eine typische Phase dieses Projektes in einem nicht-Unicode-Entwicklungssystem. Zusätzlich zu den bereits erörterten Werten KumAusf und AktAusf. ist der Anteil der in den Programmobjekten enthaltenen Verarbeitungsblöcke zu sehen, in denen die Syntaxregeln von Unicode erfüllt sind (die Kurve mit der Bezeichnung »Unicode«). Obwohl dieser Wert eine statische Eigenschaft eines Verarbeitungsblocks ist – und nicht laufzeitbezogen –, ist er im Standard des Coverage Analyzers ebenfalls verfügbar.

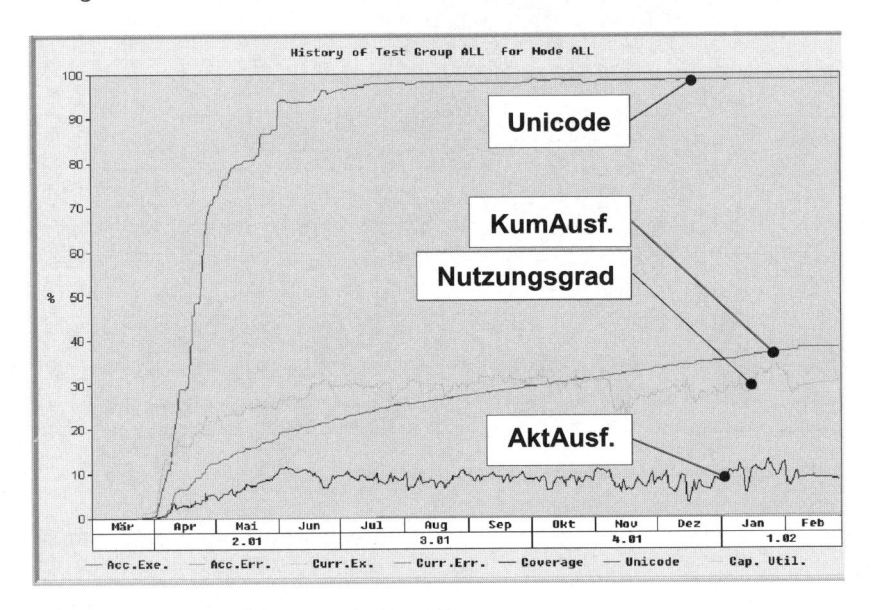

Abbildung 11.8 Prozess der Unicode-Umstellung

Wie Abbildung 11.8 verdeutlicht, verläuft der Prozess zur Umstellung auf Unicode anfangs sehr schnell, verlangsamt sich aber in der zweiten Phase des Projektes. Diese Verlangsamung zeigt, dass der größte Teil des Codes bereits Unicode-fähig war und es daher genügte, das Programmattribut zu setzen, dass das Programmobjekt den Unicode-Syntaxregeln entspricht. Teile des verbleibenden Codes sind jedoch nicht von Anfang an Unicode-fähig, was Programmänderungen nötig werden lässt, die viel zeitaufwändiger sind.

Während der Umstellung auf Unicode muss ab einem bestimmten Zeitpunkt die Umstellung vom Zustand, dass die meisten Programmobjekte mit der alten Syntax laufen, zum Zustand, dass alle relevanten Programme mit der neuen Syntax laufen, erfolgen. Um diese Umstellung zu forcieren, können Sie die Verwendung der Unicode-Syntaxregeln für alle Programme zwingend durchsetzen, indem Sie den Profilparameter »abap/unicode_check« setzen. Dadurch werden die Entwickler alarmiert, die ihre Aufgaben im Rahmen der Umstellung noch nicht erledigt haben. Der Coverage Analyzer kann in einem solchen Fall dazu verwendet werden, um benutzte, aber noch nicht Unicode-fähige Programme zu suchen. Die Detailsicht zeigt entweder, dass alle benutzten Programme bereits Unicode-fähig sind, oder liefert eine Liste, die nach Priorität geordnet anzeigt, welche Programmobjekte zuerst umgestellt werden müssen.

Natürlich ist die Überprüfung des Programmstatus nur der erste Schritt. Die Durchführung abschließender Laufzeittests in einem richtigen Unicode-System und das Erreichen einer guten Testabdeckung sind unabdingbar.

Die grafische Darstellung in Abbildung 11.8 zeigt darüber hinaus die Kurve zum Nutzungsgrad, einer weiteren wichtigen Kenngröße, die vom Coverage Analyzer geliefert wird. Sie zeigt das Verhältnis zwischen der tatsächlich genutzten Anzahl von Verarbeitungsblöcken und der Anzahl von Verarbeitungsblöcken, die in den ABAP-Programmspeicher geladen wurden. Dieser Wert hilft bei der Ermittlung von schlecht proportionierten Subroutinen-Pools, Klassen oder Funktionsgruppen in Bezug auf den ABAP-Programmspeicherverbrauch. Eine viel verwendete Zeilenumbruchroutine sollte z. B. nie gemeinsam mit einer Prozedur, die eine Jahresendabrechnung durchführt, der gleichen Funktionsgruppe angehören, denn die Prozedur würde die meiste Zeit im internen Modus liegen, ohne überhaupt verwendet zu werden.

11.4 Hilfreiche Hinweise

Bevor Sie den Coverage Analyzer in Ihrer Umgebung einsetzen, sollten Sie noch einige Dinge beachten:

- Da der Coverage Analyzer alle Programme des Systems während seiner Initialisierung generiert, ist es sinnvoll, diese Initialisierung entweder über Nacht oder wenn das System nicht übermäßig beansprucht wird, durchzuführen.
- Erstellen Sie nicht zu viele Testgruppen. Je mehr Testgruppen Sie haben, desto größer ist die Belastung für Ihr System.
- Sollten Sie Ihr Programmobjekt nicht im Coverage Analyzer finden, kann das daran liegen, dass es beim Start des Coverage Analyzers syntaktisch falsch war. Der Coverage Analyzer zeigt nur Objekte an, die generiert wurden – dies ist bei Programmen mit Syntaxfehlern nie der Fall.
- Wenn die letzte Änderung Ihres Programms nicht im Coverage Analyzer angezeigt wird – selbst wenn es keine Syntaxfehler enthält –, kann das daran liegen,

dass das Programmobjekt aktiviert, aber nicht generiert wurde, z. B. wenn Sie Objekte in das System importiert haben, ohne sie zu generieren. Verwenden Sie die Konsistenzprüfung unter **Coverage Analyzer • Administration • Konsistenzprüfungen**, um solche Probleme zu lösen.

11.5 Fazit

Sie haben in diesem Kapitel Beispiele kennen gelernt, um mit dem Coverage Analyzer die Qualität von ABAP-Programmen zu verbessern, indem diese effektiver getestet werden. Abschließend seien einige wichtige Grundregeln, die es dabei zu beachten gilt, noch einmal kurz zusammengefasst:

- Verwenden Sie die globale Sicht zum »Testen der Tests«. Bestimmen Sie messbare Kenngrößen für Ihre Tests und legen Sie Ziele für Ihren Qualitätsprozess fest.

- Wenden Sie das Konzept der »Testgruppen« an, um die Abdeckung Ihrer automatisierten Tests zu analysieren und zu verbessern.

- Verwenden Sie die Detailsicht, um festzustellen, wie und wie häufig ein bestimmtes Programm verwendet wird.

- Untersuchen Sie die Aufrufhäufigkeit für verschiedene Programmeinheiten, um geeignete Programme für Performanceverbesserungen zu identifizieren, oder um veraltete unbenutzte Programme zu entdecken, die gelöscht werden können.

- Mit dem Einsatz des Coverage Analyzers geht zudem eine steigende Motivation der Tester einher, denn sie verfolgen jetzt positive und messbare Ziele. Einen Satz wie: »Wir haben keine Fehler gefunden!«, werden Sie nicht mehr hören. Vielmehr wird die Aussage lauten: »Wir haben 50% des Codes getestet!«

Herausgeber und Autoren

Andreas Blumenthal

Andreas Blumenthal studierte Linguistik, Mathematik, Philosophie und Judaistik an der Universität Heidelberg, wo er 1985 seinen Magisterabschluss machte. Nach zwei Jahren Forschungsarbeit im Bereich der Computerlinguistik kam er 1987 zur SAP AG. Seit Beginn des R/3-Projekts war er im Bereich der R/3-Technologie-Entwicklung tätig und hat maßgeblich dazu beigetragen, dass ABAP zu der modernen, objektorientierten Programmiersprache wurde, die sie heute ist. 1996 wurde Andreas Blumenthal Development Manager der ABAP-Language-Gruppe. Derzeit ist er als Vice President verantwortlich für den Bereich »NetWeaver Developer Tools ABAP«.

Horst Keller

Horst Keller studierte an der Technischen Universität Darmstadt und promovierte dort in der Fachrichtung Physik. Nach Forschungstätigkeiten in verschiedenen internationalen Einrichtungen kam er 1995 zur SAP AG. Er ist Mitglied der Gruppe »NetWeaver Developer Tools ABAP« und dort hauptsächlich für die Dokumentation zu ABAP und ABAP Objects verantwortlich, wobei er auch die Programme zur Aufbereitung und Darstellung der ABAP-Dokumentation betreut. Er ist Autor der Bücher *ABAP Objects – Einführung in die SAP-Programmierung* (SAP PRESS, Bonn 2001) und *ABAP-Referenz* (SAP PRESS, Bonn 2004) sowie zahlreicher Veröffentlichungen und Workshops zu diesem Thema.

Karsten Bohlmann

Karsten Bohlmann studierte Informatik an der Rheinisch-Westfälischen Technischen Hochschule Aachen und promovierte in Informatik an der Technischen Universität Berlin. 1998 begann er seine Arbeit bei der SAP AG. Seit 2000 ist er Mitglied der »Server Technology Group«, die inzwischen Teil der Gruppe »NetWeaver Developer Tools ABAP« ist. Karsten Bohlmann entwickelte den XSLT-Prozessor im SAP-Kernel und die SAP-eigene Mapping-Sprache Simple Transformations.

Stefan Bresch

Stefan Bresch ist Absolvent der Universität Karlsruhe im Fachbereich Informatik. Seit 2000 arbeitet er in der Gruppe »NetWeaver Developer Tools ABAP« der SAP AG. Seither beschäftigt er sich mit transparenter Objektpersistenz für ABAP (Object Services) und Java (JDO, Java Data Objects) sowie an der Integration von XML in ABAP.

Randolf Eilenberger

Randolf Eilenberger promovierte an der Universität Stuttgart in Physik. Er kam 1998 zur SAP AG und arbeitet seit 1999 in der »Performance, Data Management and Scalability Group« von SAP. Als Co-Entwickler des Code Inspectors hat er auch die meisten Performance-Prüfungen des Werkzeugs implementiert.

Christian Fecht

Christian Fecht studierte Informatik an der Universität des Saarlandes in Saarbrücken, wo er 1997 über ein Thema im Bereich Compilerbau und Programmiersprachen promovierte. Er kam 1998 zur SAP AG und war als Mitglied der Gruppe »NetWeaver Developer Tools ABAP« für die ABAP-Laufzeitumgebung verantwortlich, insbesondere für den ABAP Objects Garbage Collector. Er war auch an der Entwicklung der Object Services und des ABAP-XML Binding beteiligt. Derzeit arbeitet er in der Gruppe »NetWeaver Foundation Java Server Technology« und beschäftigt sich mit J2EE, Java Persistenz und dem Enterprise Portal.

Adrian Görler

Adrian Görler studierte Physik an der Ruprecht-Karls-Universität in Heidelberg mit dem Spezialgebiet Computational Biophysics. Er promovierte am Max-Planck-Institut für medizinische Forschung in Heidelberg und arbeitete nach der Promotion in verschiedenen internationalen Forschungslaboren. Görler kam 1999 zur heutigen SAP-Gruppe »NetWeaver Developer Tools ABAP«. Als Kernel-Entwickler war er für die Implementierung und Pflege von Open SQL und Native SQL im ABAP-Compiler und -Interpreter zuständig und realisierte einige neue Merkmale im dynamischen Open SQL. Inzwischen ist er Mitglied der Gruppe »NetWeaver Java Server Technology« und arbeitet an der Entwicklung und Pflege von Open SQL for Java.

Christian Hansen

Christian Hansen studierte Physik an der Albert-Ludwigs-Universität in Freiburg. Seinen Doktortitel erhielt er am Max-Planck-Institut für Polymerforschung in Mainz. 1997 kam er zur SAP AG und beschäftigt sich dort als Mitglied der Arbeitsgruppe »NetWeaver Developer Tools Internationalization« mit der Entwicklung, den Werkzeugen und dem Rollout der Unicode-Unterstützung für ABAP. Der ABAP Coverage Analyzer ist eines der Werkzeuge, die zur Qualitätsverbesserung und -sicherung des ABAP-Codes während der Umstellung auf Unicode entwickelt und genutzt wurden

Holger Janz

Holger Janz ist Software-Entwickler in der Arbeitsgruppe »NetWeaver Developer Tools ABAP« der SAP AG. Vor Beginn seiner Tätigkeit bei der SAP 1997 studierte er Informatik an den Universitäten Rostock und Konstanz mit Schwerpunkt objektorientierte Programmiersprachen. Als Mitglied des ABAP-Entwicklungsteams bei der SAP zählen Teile der ABAP Virtual Machine und des ABAP Compiler sowie die Integration der JavaScript Virtual Machine in den SAP ABAP Application Server zu seinen Aufgabenbereichen.

Karl Kessler

Karl Kessler ist Absolvent der Technischen Universität München im Fachbereich Informatik. 1992 trat er dem Basis-Entwicklungsteam der SAP AG bei, in dem er Erfahrungen mit der SAP-Basistechnologie sammelte. 1994 wechselte er in die Produktmanagementgruppe der ABAP Development Workbench. Seit 2003 ist Karl Kessler Produktmanager für die Application Platform von SAP NetWeaver.

Gerd Kluger

Gerd Kluger studierte Informatik an der Universität in Kaiserslautern. Nach seinem Abschluss war er für ein Unternehmen tätig, dessen Schwerpunkt auf der Entwicklung von Programmiersprachen für Geschäftsanwendungen lag. Dort war er für die Entwicklung des Compilers und der Programmierumgebung für die objektorientierte Programmiersprache Eiffel verantwortlich. Gerd Kluger kam 1998 zur SAP AG und ist seitdem in der Gruppe »NetWeaver Developer Tools ABAP« tätig. Er ist hauptsächlich für die Entwicklung von ABAP Objects, das neue klassenbasierte Ausnahmekonzept und die Weiterentwicklung verschiedener Systemschnittstellen, insbesondere der Dateischnittstelle, verantwortlich.

Ulrich Koch

Ulrich Koch promovierte an der Westfälischen Wilhelms-Universität Münster im Fachbereich Mathematik. Koch kam 1990 zur SAP AG und ist derzeit als Development Manager in der Gruppe »NetWeaver Developer Tools ABAP« hauptsächlich für die externen Schnittstellen der Sprache ABAP zuständig. Dazu gehört im Besonderen der Entwurf der Semantik und die Implementierung der ABAP-Befehle, die die Open-SQL- und Native-SQL-Teile von ABAP bilden. Des Weiteren beschäftigt er sich mit den Spezialgebieten ABAP-Transaktionsbehandlung und der transparenten Objektpersistenz.

Manfred Lutz

Manfred Lutz kam 1989 zur SAP AG und arbeitete in der Logistikentwicklung an einem Projekt für einen dezentralen Fertigungsleitstand. Sein Tätigkeitsschwerpunkt lag dabei auf der Kommunikation mit externen Systemen. Im Jahr 1992 wechselte er ins Partnermanagement im Bereich Zertifizierung von »Third Party Products« und arbeitete später in der Projektgruppe »Globale E-Post« mit. Seit 2002 ist er im Produktmanagement der Basistechnologie tätig.

Andreas Simon Schmitt

Andreas Simon Schmitt studierte und promovierte an der Technischen Universität Darmstadt in den Fachbereichen Elektrotechnik und Informatik. 1991 kam er zur SAP AG und begann seine Arbeit in der ABAP Language Group (»NetWeaver Developer Tools ABAP«). Seitdem ist er an der Weiterentwicklung der Sprache ABAP beteiligt. Als Development Architect ist er für den ABAP Compiler zuständig. Er hat mehrere interne und externe Werkzeuge für die statische Analyse von Programmen, Dokumentationen und anderer Objekte entworfen und entwickelt.

Christoph Stöck

Christoph Stöck studierte Chemie an der Georg-August-Universität Göttingen und promovierte im Fach Physikalische Chemie am Max-Planck-Institut für Strömungsforschung, Göttingen. Seit 1996 ist er Mitarbeiter der Gruppe »NetWeaver Developer Tools ABAP« der SAP AG. Als Development Architect ist Christoph Stöck für die Arithmetik und Konvertierung, die Handhabung von Zeitzonen und Zeitstempeln in ABAP und den Time Service des SAP Application Servers und zuständig. Momentan beschäftigt er sich hauptsächlich mit sprachnahen Entwickler-Tools, wie dem ABAP Debugger.

Christian Stork

Christian Stork studierte Mathematik und Informatik an der Westfälischen Wilhelms-Universität Münster. Von 1995 an arbeitete er zwei Jahre lang als Kursleiter für die SAP AG. Anschließend verfasste er seine Doktorarbeit im Bereich algebraische Geometrie. 2000 kam Christian Stork erneut zur SAP und wurde Mitarbeiter der Gruppe »NetWeaver Developer Tools Services and Interfaces ABAP«, in der er als Kernelentwickler arbeitet. Seither ist er für die Implementierung und Wartung der Object Services, ABAP-Aufrufe von Methoden aus XSLT und Simple Transformations mitverantwortlich.

Christoph Wedler

Christoph Wedler schloss 1993 sein Studium der Informatik an der Universität Erlangen ab. Seit 1999 arbeitet er für die SAP AG und ist heute Mitarbeiter der Gruppe »NetWeaver Developer Tools ABAP«. Er ist für die Integration von XML in die ABAP-Sprache und für unterschiedliche Bereiche der ABAP-Laufzeitumgebung verantwortlich

Index

Symbols
<htmlb:body> 333
<htmlb:button> 341
<htmlb:content> 333
<htmlb:documentBody> 346
<htmlb:documentHead> 346
<htmlb:form> 333
<htmlb:head> 333
<htmlb:inputfield> 341
<htmlb:label> 341
<htmlb:page> 333
<htmlb:tableView> 333
<htmlb:tableViewColumn> 339, 346
<htmlb:visibleRowCount> 338

A
ABAP Debugger 305, 306, 325, 326
ABAP Serialization XML Æ asXML
ABAP-Ausnahmen 122
ABAP-Bindungsnamen 272
ABAP-Dateischnittstelle 201
ABAP-Datentypen 17
ABAP-Operationen 17
ABAP-Syntaxprüfung 358
ABAP-Typenhierarchie 53
ABAP-XML-Serialisierung 265
 Überblick 266
 Vorteile 288
abfangbare Laufzeitfehler 122
anonyme Container 42
anonyme Datenobjekte 28, 139
Anweisungsstatistik 396
arithmetische Operation 18
asXML 234
 Darstellung von Datentypen 275
 Darstellung von Referenzen 280
 Einführung 270
 Formatregel für anonyme Datenobjekte 283
 Formatregel für die selbst definierte Darstellung 293
 Formatregel für elementare Datentypen 273
 Formatregel für interne Tabellen 278
 Formatregel für Objekte 286

Formatregel für Objektwerte 288
Formatregel für Referenzvariablen 281
Formatregel für Strukturen 277
Formatregel zur Standarddarstellung eines Objektteils 290
Ausgabe von Dateien 201
Ausnahmebehandlung 99, 151
 Anwendungsfälle 127
Ausnahme-ID 119
Ausnahmeklassen 101, 117
Ausnahmen
 auslösen 102
 behandeln 103
 definieren 117
 deklarieren 109
 Entscheidungskriterien 114
 Kategorien 114
Ausnahmetexte 118
AUTHORITY-CHECK 385

B
Barrierefreiheit 346
Basisklassenakteur 184
Behandler 103
benannte Datenobjekte 27
Berechtigungsprüfung 383
Big Endian 44, 211
Binärmodus 205, 211
BSP-Anwendung 307
 anlegen 308
 Aufbau 306
 Seitenparameter hinzufügen 310
BSP-Controller 348, 354
BSP-Editor 305, 306
BSP-Extensions 331, 334, 343
BSP-Extensions-Framework 345
BSP-Views 348, 354
Business Key 175
Business Server Pages 302, 304

C
CALL 'cfunc' 384
CALL TRANSACTION 384

CALL TRANSFORMATION 45, 247, 268
call-by-reference 392
call-by-value 392
Cascading Style Sheets Æ CSS
Casting-Methode 40
CL_ABAP_MATH 26
CLOSE DATASET 206
Code Inspector 357, 360, 364
  ABAP-Syntaxprüfung 380
  Aufruf für ein Einzelobjekt 365
  Aufruf für mehrere Objekte 366
  Elemente 361
  erweiterte Programmprüfung 381
  Fehler 364
  Generierung von ABAP-
    Programmen 382
  Information 364
  Objektmenge 363
  Objektmengen anlegen 366
  Objektmengen erstellen 369
  Performance-Prüfung 378
  Prüfumgebung 360
  Prüfungen 361
  Prüfvariante 362
  Prüfvariante anlegen 371
  Sicherheitsprüfungen 382
  Standardprüfungen 380
  Suchfunktionen 395
  Testtreiber 361
  Top-Down-Methode 379
  Warnung 364
COMPUTE 18, 20
Copy on write 62
Coverage Analyzer 399
  Auswirkungen auf die Systemperformance 402
  Detailsicht 409
  Ergebnisanalyse 403
  Funktionsweise 399
  globale Sicht 406
  Hinweise 415
  Inbetriebnahme 404
  Merkmale 399
CREATE DATA 36, 138
CSS 253, 316

D

DATA 34
Datei
  große 222
  lesen 207
  Netzwerkprobleme 213
  öffnen 204
  schließen 206
  schreiben 208
  Schreibzugriffe synchronisieren 213
Dateieigenschaften
  festlegen 224
  überprüfen 224
Dateinamen 202
  mit Leerzeichen 225
Dateioperationen 202
Dateizeiger
  Positionierung 222
Datenbankaktualisierungen 153, 155
Datenbanktabellen 384
Datendeklaration
  in-place 33
  Kontexte 34
Datenobjekte
  anonyme 28
  benannte 27
Datenreferenzen 70
Datentyp
  konkreter 52
  vollständiger 52
Datentyp d 31
  Konvertierungsregeln 32
Datentyp f 23
Datentyp i 28
Datentyp p 20
  Arithmetik 22
Datentyp t 31
  Konvertierungsregeln 32
Datentypen 53
Deklarationsanweisungen 35
DELETE DYNPRO 384
DELETE REPORT 384
DELETE TEXTPOOL 384
Dezimalarithmetik 20
Dezimalbruch 26
Dualbruch 26
dynamische Datentypen 162
dynamische Merkmale

von ABAP 51
dynamische Programmierung 47, 50
  Techniken 47
dynamische Prozeduren 50
dynamische Tabellennamen 153
dynamische Tests 358
  Vorteile 358
dynamische Token-Angabe 76, 77, 136
dynamische Typen 57
dynamische WHERE-Klausel 141
dynamischen Programmierung
  Vorteile 48
dynamischer Prozeduraufruf 80
dynamisches Open SQL 135
  Konzept 136, 143

E

Easy Web Transactions 301
EDITOR-CALL 384
Eingabe von Dateien 201
elementare Datentypen 27
elementare Operationen 18
Ereignisbehandlung 342
Eventhandler 323
EXEC SQL 383
EXEC...ENDEXEC 384
EXPORT DYNPRO 384
EXPORT NAMETAB 384
eXtensible Markup Language Æ XML
eXtensible Stylesheet Language Transformations Æ XSLT
externe Objekte 249

F

Fehlerbehandlung 122
  Unicode 221
Feldsymbole 65
  deklarieren 65
  Verwendung von 67
Festpunktzahl 21
  dezimale 20
FILE_GET_NAME 203
flache Struktur 40
flag 36
FROM-Klauseln 157
Full Buffer Scan 387
Full Table Scan 358, 387

G

Garbage Collector 72
GENERATE DYNPRO 384
GENERATE REPORT 384
GENERATE SUBROUTINE POOL 384
generische Programmierung 47
generische Typen 52, 55
gepackte Zahlen 19, 20
Gleitpunktzahlen 19, 20, 21, 25
  binäre 20
  dezimale 20
Global Unique Identifier 175
globale Daten 38
globale Elemente 364
globale Sicht 406
GROUP BY-Klausel 147
GUID Æ Global Unique Identifier

H

Hash-Tabellen 58
HAVING-Klausel 150
HTMLB-Dokumentation 336
HTMLB-Extension 333

I

Identitätstransformation 235
IMPORT DYNPRO 384
IMPORT NAMETAB 384
ineffiziente Parameterübergabe 392, 393
Initialisierung 35
INSERT REPORT 384
INSERT TEXTPOOL 384
Inside-Out-Ansatz 236
Inspektionen 361, 362
  anlegen 373
  anonyme 362, 373
  benannte 362, 373, 374
  Ergebnisse 375
  im Hintergrund 373
Inspektionsmeldungen unterdrücken 377
Inspektionsstatistiken 379
Instanziierung 33
Integer 19, 20
interne Tabellen 57, 59, 139, 391, 394
  dynamische 139
interne Tabellenoperationen 58

Internet Application Components 304
Internet Transaction Server 301, 302, 325
iXML-Library 232

J
J2EE-Server 302
Java Connector (JCo) 302

K
kanonische Repräsentation 273
Klassenakteur 184
Kompatibilitätsmodus 196
komplexe Datentypen 54
konkreter Datentyp 52
Kritische Anweisungen 382

L
Laufzeitfehler
    abfangen 123
Literale 28
Little Endian 44, 211
lokale Elemente 364

M
Mapping 182
    Klasse zu Tabelle 183
    objektrelationales 181
MESSAGE 125
MIME Repository 305, 306, 316, 327
MIME-Objekte 327
Modul-Pool 36
MVC-Modell 346, 347
    Controller 347
    Model 347
    View 347
    Vorteile 353

N
Namenskonventionen 396
Native SQL 314, 389
nicht-Unicode-Systeme 42, 45

O
Object Identity 181
Object Services 172, 198
    Laufzeitumgebung 172
Objektidentität 174

Objektmenge 361, 366
Objektpersistenz 171
Objektreferenzen 70
objektrelationales Mapping 175, 181
Objektselektion 368
Objekttypen 54
OnInitialization 314, 334
OnInputProcessing 320, 342
Online Text Repository 119, 254
OO-Transaktion 197
OO-Transaktionsmodus 197
OPEN CURSOR 166
OPEN DATASET 204, 209
Open SQL
    dynamisches 135
OTR Æ Online Text Repository
Outside-In-Ansatz 237

P
Performance 359, 360
Performance-Prüfungen 386
persistente Instanz 174
    Lebenszyklus 185
    Verwaltung des Lebenszyklus 186
persistente Klassen 184, 185
    anlegen 176
persistente Objektreferenzen
    Verwaltung 181
persistente Programmgenerierung 96
persistentes Objekt
    erzeugen 188
    laden 190
    löschen 192
Persistenzdienst 173
Process After Input 305
Process Before Output 305
Programmgenerierung 93, 380
    persistente 96
    transiente 94
Programmierung
    dynamische 47
    generische 47
Programm-Load 242
Prozeduraufruf
    dynamischer 80
Prüfvariante 361, 362
    DEFAULT 362
    PERFORMANCE_CHECKLIST 363

Prüfvarianten 371
Pseudokommentar 377
Publish and subscribe 116

R

RAISING-Klausel 111
READ DATASET 207, 210
READ REPORT 384
READ TEXTPOOL 384
Referenzen 69
    Arbeiten mit 71
Referenzübergabe 393
Remote Procedure Call Æ RPC
ROLLBACK WORK 383, 384
ROUND_F_TO_15_DECS 26, 27
RPC 227
RTTC 85, 90
RTTI 85, 90
RTTS 85
    Klassenhierarchie 86
Rückgabewert
    Behandlung 385
Run Time Type Creation Æ RTTC
Run Time Type Identification Æ RTTI
Run Time Type Services Æ RTTS
Runden 20, 24
    falsches 26

S

S_CODE_INSPECTOR 362
SAP Business Connector 227
SBSPEXT_HTMLB 337
Seitenparameter 310
SELECT...BYPASSING BUFFER 388
SELECT...FOR UPDATE 388
SELECT-Klausel 146
sequenzielle Suche 391, 392
Serialisierung
    eines Strings 271
    mögliche Fehler 267
Server Side Includes 346
Sharing 63
Simple Transformations 45, 244
sortierte Tabellen 58
Stackimplementierung 61
Standardtabellen 58, 391
statische Prozeduren 49
statische Tests 358

Nachteile 359
Vorteile 358
Stringliterale 28, 146
Stringoperationen 64
Strings 62
strukturierte Typen 39
SUBMIT REPORT 384
Syntaxprüfungen 380
SYSTEM-CALL 382, 384
sy-subrc 385

T

Tabellen
    interne 57, 139
Tabellenname
    zur Laufzeit angeben 136
Tabellenoperationen 58
Tabellenpuffer 388, 389
Tabellen-Sharing 395
Tabellentypen
    in ABAP 59
Table View Counter ID (TVCID) 340
Tag Library 305, 306
Tag-Library-Browser 312, 313, 346
Template Rules 251
temporärer Subroutinen-Pool 94
Testabdeckung 402, 415
    optimale 410
Testen 399
Testqualität 405
Textfelder 63
Textfeldliterale 28
Textmodus 205, 211
tiefe Struktur 39
Token-Angabe
    dynamische 76
Top-Level-Transaktion 193
Transaktion RZ12 375
Transaktion SCI 360
Transaktion SCOV 363
Transaktion SE09 370
Transaktion SE11 365
Transaktion SE16 315
Transaktion SE24 365
Transaktion SE30 360, 363
Transaktion SE37 365
Transaktion SE38 365
Transaktion SE80 365

Transaktion SLIN 381
Transaktion ST05 360
Transaktionsdienst 193
Transaktionsmanager 193
TRANSFER 208
transiente Instanz 174
transiente Programmgenerierung 94
transparente Navigation 174
Typecast 40
Typen 52
  elementare mit generischer Länge 56
  generische 52
  ohne Eigenschaften 56
  teilgenerische 56

U
Unicode 414
  neue Anforderungen 215
  Textformaterweiterungen 216
  Umstellung auf 219
Unicode-Fähigkeit 214
Unicode-Fragmentsichten 42
Update-Modus 197

V
Verarbeitungsblöcke 400, 412
Vererbung
  persistenter Klassen 182
virtuelle Objektmenge 367
vollständiger Datentyp 52

W
Web Application Builder 301, 305
  Debugging 325
  Werkzeuge 306
WebDAV 313, 330
Wertübergabe 393
WHERE-Klausel 141

X
XML 227, 254
XML-Namensräume 298
XML-Schema-Typnamen 285, 298
XPath 231
XSL
  Transformationen 240
XSLT 228, 229, 230, 238, 241, 255

XSLT- Programme
  anlegen 243
XSLT-Debugger 246
XSLT-Editor 244
XSLT-Programme 243
  editieren 244
  testen 246

Z
Zahlenliterale 28
  Konvertierung von 30
Zeichenliterale 29

2., stark erweiterte und komplett überarbeitete Neuauflage zu Release 6.40

1256 S., 2., aktualisierte und erweiterte Auflage 2004, mit 2 CDs, 79,90 Euro
ISBN 3-89842-444-8

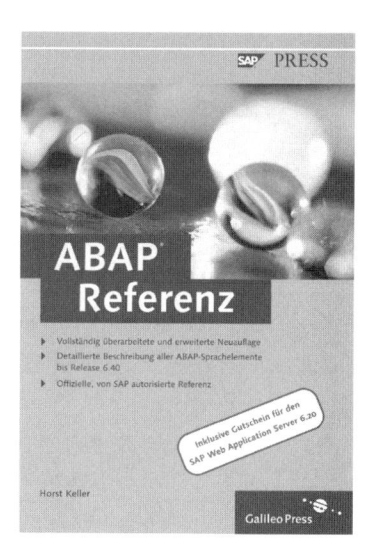

ABAP-Referenz

www.sap-press.de

Horst Keller

ABAP-Referenz

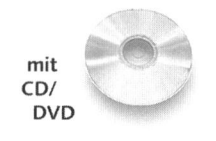

Diese Sprachreferenz bietet in der Neuauflage eine Beschreibung aller Anweisungen von ABAP und ABAP Objects, Release 6.40. Sie finden zu jedem Befehl Erläuterungen, Beispiele und einen Überblick über den Anwendungskontext. Jedem Thema ist eine Einführung in die zugehörigen Konzepte vorangestellt. Zahlreiche Themen sind neu beschrieben oder Sie finden sie, wie z.B. ABAP und XML und Shared Objects, zum ersten Mal in dieser Ausführlichkeit erläutert. Inklusive Gutschein für das Mini-SAP-System 6.20!

Das neue ABAP –
einsteigen und
aufsteigen

665 S., 2., durchgesehene Auflage 2001, mit 2 CDs,
64,90 Euro
ISBN 3-89842-147-3

ABAP Objects

www.sap-press.de

Horst Keller, Sascha Krüger

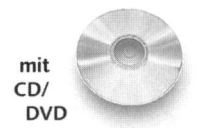

ABAP Objects

Einführung in die SAP-Programmierung

mit CD/DVD

Dieser Klassiker von SAP PRESS führt in den Sprachumfang von ABAP Objects ein und erläutert anhand zahlreicher Beispiele sowohl das prozedurale als auch das objektorientierte Programmiermodell. Es richtet sich an alle, die in die ABAP-Programmierung einsteigen wollen oder einen einfachen Umstieg auf ABAP Objects suchen.
Auf 2 CDs: Testversion SAP-Basis-System 4.6 mit implementierten Buchbeispielen!

Eleganteres und besseres ABAP schreiben!

ca. 450 S., ca. 59,90 Euro
ISBN 3-89842-354-9, Januar 2005

ABAP Best Practices

www.sap-press.de

Sascha Krüger, Jörg Seelmann-Eggebert

ABAP Best Practices

Lösungen für die täglichen Aufgaben der ABAP-Programmierung

Gutes und elegantes ABAP - das ist die Voraussetzung für Haltbarkeit und Performance Ihrer Programme. "ABAP Best Practices" zeigt Ihnen für die täglich wiederkehrenden Aufgaben der SAP-Programmierung (Datenbankzugriffe, Dynpro-Programmierung, Dateizugriffe u.v.m.) exemplarische Lösungsbeispiele: nicht quick-and-dirty, sondern sauber programmiert. Das Buch eignet sich sowohl für Einsteiger als auch für "alte ABAP-Hasen", die einmal einem Kollegen über die Schulter schauen wollen.

Improve efficiency and quality of ABAP development in your organization

500 pp., 2004, US$ 69.95
ISBN 1-59229-030-2

Enhancing the Quality of ABAP Development

www.sap-press.com

Wouter Heuvelmans, Albert Krouwels, Ben Meijs, Ron Sommen

Enhancing the Quality of ABAP Development

Shortcomings in performance because of ABAPs? Delay in development due to endless test cycles? This book teaches developers and heads of department how to improve their work performance. Starting with the organization of the department, testing and fault tracing, up to documentation - the entire cycle is dealt with and assistance is provided to enable a quantitive optimization.

Hat Ihnen dieses Buch gefallen?
Hat das Buch einen hohen Nutzwert?

Wir informieren Sie gern über alle Neuerscheinungen von SAP PRESS. Abonnieren Sie doch einfach unseren monatlichen Newsletter:

www.sap-press.de

SAP PRESS